1897—2022

商务印书馆一百二十五年

——我与商务印书馆

上册

商务印书馆编辑部 编

图书在版编目(CIP)数据

商务印书馆一百二十五年:1897-2022:我与商务印书馆:上下册/商务印书馆编辑部编.—北京:商务印书馆,2022

ISBN 978-7-100-20837-6

Ⅰ.①商… Ⅱ.①商… Ⅲ.①商务印书馆—1897-2022—纪念文集 Ⅳ.①G239.22-53

中国版本图书馆 CIP 数据核字(2022)第 038719 号

权利保留,侵权必究。

1897—2022
商务印书馆一百二十五年
——我与商务印书馆
(上下册)
商务印书馆编辑部 编

商 务 印 书 馆 出 版
(北京王府井大街36号 邮政编码100710)
商 务 印 书 馆 发 行
北京中科印刷有限公司印刷
ISBN 978-7-100-20837-6

2022 年 4 月第 1 版　　开本 850×1168　1/32
2022 年 4 月北京第 1 次印刷　印张 32¾

定价:168.00 元

编者前言

2017年商务印书馆120年馆庆和2022年125年馆庆期间，我们向社会和学界发起了"我与商务印书馆"主题征文活动，承蒙作译者和读者的厚爱，我们收到了大量来稿。本书所收入的大部分文章来自这两次征文。除此之外，我们还选录了一些本馆老员工及其后人的记述或追忆文稿。

文稿的目次，基本按文章作者开始与商务印书馆交往或在商务印书馆工作的年代先后排列。

因编辑时间仓促，疏漏之处，敬请批评指正。

商务印书馆编辑部
2022年3月

目　　录

上　册

六十年之回顾	邝富灼	1
忆商务印书馆电影部	杨小仲	16
商务印书馆前期的推广和宣传	戴孝侯	31
我的祖父黄葆戉	黄一晴	42
父亲罗家伦与商务印书馆	罗久芳	46
略谈商务印书馆印刷部门的管理方法	宣节	50
父亲冯定革命人生的起点	冯宋彻	66
追忆商务总务处片段	张勉之	73
值得怀念的十年	蒋启新	76
回忆发行所点滴	方桂生	81
商务发行所忆旧	陆元洪	84
我在商务印书馆厦门分馆	张善庆	88
高等教育出版社与商务印书馆	周连芳	92
口述：我在商务一辈子 ——林尔蔚先生访谈录	张稷	99
一九五四年以来	梁志学	129

五十年代开始的深厚缘分	汝 信	134
我与商务印书馆的书缘	马 斌	138
商务印书馆对我国西班牙语教学建设的贡献	孙义桢 张婧亭	144
我与商务印书馆的百年书缘	杨敬年	149
我妈妈在商务印书馆工作的三十三年	周 晖	155
工具书成了我和商务印书馆关系的纽带	陆俭明	163
笔墨因缘五十年	黄鸿森	169
汉译世界学术名著出版对中国学术界的贡献	厉以宁	183
我与商务印书馆	高年生	190
我所熟悉的商务印书馆	洪汉鼎	195
六十多年历久弥深的战友情谊	韩敬体	204
我与商务印书馆	陈鼓应	219
谈谈1970年《新华字典》的修订	曹先擢	221
曹乃木先生访谈录	张 稷	225
商务印书馆：我的良师益友	庄绎传	234
我在商务的难忘往事	朱 原	241
《古汉语常用字字典》和商务印书馆	蒋绍愚	246
逾半个世纪的不解之缘 ——我和商务印书馆交往的点滴	黄建华	252
《现代日汉大词典》编写忆往	姚莉萍	256
辞书情缘四十载	郑述谱	264
我参与《辞源》修订工作的历史回忆	方厚枢	278
我与商务印书馆有缘	吴模信	291

我与商务印书馆的缘分	车洪才	302
在商务印书馆的日子	王新善	321
我与商务印书馆	张双棣	339
我与"商务"的情缘	周祖达	344
一套传授"仰望"的书	杜小真	352
关于商务印书馆策划出版"日本丛书"的回忆和感想	陈应年	357
对商务印书馆的感念	马克垚	362
嫁衣绣出缘深浅	史有为	367
我和商务印书馆的缘分	徐家玲	374
记与商务交往的二三事	王 路	378
学术出版重镇，民族文化标杆		
——庆贺商务印书馆成立125周年	陈 平	383
我的怀念		
——因郑振铎研究而结缘的几代"老商务"	陈福康	386
商务印书馆：一座神圣的殿堂	张振兴	394
我与商务的因缘	裘锡圭	401
一本小书影响一个人的人生道路	郭 锐	405
我与商务印书馆的缘分	冯志伟	408
视野与担当		
——祝贺商务印书馆建馆125周年	宗福邦	411
一个地理学人心目中的商务印书馆	蔡运龙	416
结缘商务四十载　书卷飘香人未老	袁毓林	424

我与商务印书馆的不解之缘	江蓝生	431
由《简明法语教程》结识商务印书馆的三代法语编辑	孙 辉	436
商务有个地理编辑室	顾朝林	442
我与商务印书馆的情缘	董 琨	447
青春常在的百年老店	周明鑑	456
祝贺与希望		
——写在商务印书馆120年馆庆之际	刘意青	462
我与商务印书馆的缘分	张绪山	469
商务印书馆建构了中国学人的精神之家	刘华杰	474
翻译也是陈述思想的方式		
——记为商务印书馆翻译几本政治学著作的杂感	沈 汉	479
我与商务印书馆：从受教到合作的经历	高丙中	486
我与商务结缘三十年	潘 钧	493
千万里，我追寻着你	周 荐	502
和商务印书馆工作交往二三事	齐沪扬	507
我与商务印书馆二三事	金 莉	515

六十年之回顾

邝富灼

余家世业农,居粤省台山县一小村,村距县城十余里,同村仅十家,俱邝其姓,余以1869年(同治八年)生于是,行二,上有一兄,下有一弟二妹,幼时,家况清苦,余父不善治生,益以食口既繁,薄田数亩,殊不足供温饱,恒以甘薯代饭,终岁衣褐跣足,惟新岁始获著履耳。余甫能步,即须助作佣工,牧牛挚水,终日孜孜不已。余八岁入村塾,肄业四年,毕四书,五经亦习一二,顾日后则遗忘殆尽矣。记在塾时,师甚严厉,学生不成诵者,以朱涂面示罚,余罹此刑,不止一次也。又忆一日,师以事他往,嘱吾辈静坐念书,吾辈待其去后,即喧哗游戏恣意耍乐,不意师忽回,睹吾辈状,大怒,遍挞吾侪,在塾之事,今尚能历历记忆者,以此为著。

余度半农半读之岁月,忽忽至十二龄,余父以乡间务农,终非为余展足之地,且习见乡人之往美国工作者,辄囊赀而归,颇思遣余渡美。会有邻人自彼邦返而拟重往者，余父谋以余托之，得其许诺，余亦喜有此壮行，于是余父为余假得资斧后，余遂于1881年（光绪七年）冬季，偕同行者16人，离别乡井，向香港出发，临行时，祖母尚健在，祖母倚闾嘱以慎择良友一语，言犹在耳，惟余自美返时，二老已不可复见矣。

自余家至香港，今只需24小时，当时则需五日之久。海中遇风，船颠簸不已，余等皆大窘，既抵香港，始悉年内无船开行，同人因废然作回家度岁计，新正始再往港。小住数天，同行中有一童子，年与余相若，同人俱外出，吾与童子，特以年幼奉命留店中，待诸长者去后，吾二人亦潜出游睹，余少见世面，即本邑县城亦罕至，今骤见香港之繁盛，惊奇不已，终日走览，不觉倦乏，见西妇衣长裙，雪白之脸，蔽以黑纱，深以为异。又在市中，见摊上售物如糖，购而食之，方悟为西人所用之醛团，寻又见零售劈橘，每片取价一文，余衣袋适有一钱，乃掷诸摊上，取橘一片，置入口中，追摊主执钱细视，曰，此铅钱耳，余大窘，幸同行之童，为余代出其值，始得解围，当日之村鲁情形，今日回想，犹不禁哑然失笑也。

余等居港数日，旋乘一邮船名"中国"者，首途赴美，舟中乘客甚多，几无隙地。缘美政府已通过禁止华工入口之例，数月后便实行，故在此数月内，华工之拟入境者，争先恐后，邮船每渡赴美，无不满载而往。余在舟中，见乘客年与余龄相若者甚多，皆携有篮箧，实以家人所赠之果饵，余以家贫独缺，见他人食，不禁垂涎，加以途中遭风，浪如山立，昏晕不快，饭不能下咽，益觉果饵之可口，同行者见余馋状，乃以少许馈余，又有一人授余英语。船抵三藩市（俗称金山大埠），同行长者，示余坐行李货车之顶，往中国市（此为金山大埠华人聚居之街）余初见街上电车往来，心大奇之，时美人之不肖者，见华工联贯入，竟持洋葱向余辈投掷，此等侮辱，即为余登新大陆，所受之欢迎也。

当时市政府见华人纷至沓来，而法令又未便施行，为消极之抵制计，乃下令限制每家住户，不得超过一定人数，违者处罚，余因此不敢明居室中，匿于地室数日，其后余转往撒加缅度Sacramento（粤人称之曰二埠，以其繁盛及华侨之多仅亚于金山也），投吾叔，吾叔业菜贩，为我介绍，入一美人家当执爨之役，每星期得工值金币一元，是家待余甚优渥，主人有一子，与余尤相得，常以十钱银币赠余，由是余始事储蓄。

余叔虽不学，然知英语可为余进身之益，因命余就中国市纲纪慎（按：此为撒加缅度之中国市）教会设立之学校读夜班。余是时年方幼，不经世故，交友不辨损益，不久遂为恶友所诱惑，习染赌博，并嗜观戏剧，对于学业日渐懈怠，终且辍读矣，而积蓄亦尽罄。此事为余叔所闻，乃向余大加申斥，复命余入夜校肄业，时校中之新任教师为陈才，与余初面，即垂青眼，对余百般诱掖，导余于正轨，使余感愧不已。初余不知基督教道，在舟中时，已习闻诽谤教会之言，先入余心，故余之肄业于该校，纯为英文起见，而对于教会，则抱与我无涉之态度，比与陈君善，受其热诚之感化，余向之成见，始渐消融。同时校中同学之德行，复与余以良好之印象，余既日与端人相处，久之受其熏陶，颇有向道之意，然胸中犹徘徊万端，不能骤决，则以向日习染，根深蒂固，一时未易排除，且环顾父母亲友，俱非教徒，苟余一旦进教，彼辈势将与余脱离关系，即余亦常自问，余家敬神拜祖，历代相传如此，苟余皈依基督教，必将与家人背道而驰，诚使基督教之道，能永久可恃，则亦无他，否则余损失之巨，宁堪设想乎。因是疑虑，顾每与信徒辩论，又终为其道所说服，余之思潮，由是起伏不已，踌躇而莫能决。

适于是时，余之毗邻（在中国市），遭回禄之殃，波及余所居之地室，余之什物，俱被火焚化，乃他徙。顾新仍居仍晦暗湫隘如昔，兼以吾叔嗜阿芙蓉，吞云吐雾，使室中空气，益闷不可当，余曩固已厌此为地狱之居处，至是遂决意作迁地为良计，谋诸陈君，询以教会公所之室，可否容一席栖身地，教会原无此例，第鉴余苦况，特允之。余旋将吾意告诸亲友，时叔适去他邑，以余托之其友，渠闻余言，殊不以为然，惟见余志决，则邀集同乡之老成者，齐来劝阻，谓如必欲迁入教堂，亦当先禀父母俟其许可而后行，余不答，取衣物捆作二包，自携其一，友人携其他，扬长而去。

余寄居公所凡四年（约自 15 岁至 19 岁），此时殆为余一生建立事业之关键，以斯时余友尽善士，陈君授余中文与圣道，待余诚恳如家人。西妇加凌 Carrington 敦氏，亦刮目相待，授余英文及初等科学，当日所之生理学、天路历程、斐洲游记等书，俱深入余脑中，至今不能忘。每星期加入学道会一次，按例作学友，如是者半载，即蒙教会为余施洗，而成正式教友，同时余仍执役于人家不辍，所得工资虽不丰，然余能衣食俭约，节省金钱，寄回家中，付还来美时所贷之旅费，补助家用之不敷，即吾兄之完姻，亦藉余之力焉。

按余之皈依基督教也，主因为益友之提撕警觉，此为理知之体认，为感情之激动，而非有彻底之觉悟者也，故余常觉试诱之环绕，而无法自脱。一夕，余工毕还家，途中闻金角声，因趋视之，则见救世军，方在街中，作宣道之举焉。余奇其行，因立而观其究竟，则觉其传道之热心异常，不顾人之诽笑。

初，救世军之至西方也，此次原为创见，居民不明其用意，所往视为怪物、无赖之徒，从而揶揄之，百方侮弄，阻其进行，但彼中人漠不为动。其时各派教会中人，亦因未明其旨趣，讥为无理取闹，自招凌辱，用是彼等所处之地位，其窘苦之状，可想见矣。余独敬彼等集会，聆其真理，久之，余觉彼等所奉之信条，固有深谛存焉，而余私心，亦颇愿仿行，以冀得救之志。自是厥后，方寸常感不安，继日以增，卒至不能忍受，俯伏帝前呼吁求救。一夕，余又在会中听道，良心正悲痛自责不已，闻主讲者邀认罪之人，上讲台前悔忏，余亦随众前往，主讲为余代祈主恩，余亦切心祈祷，倏忽之间，觉自仿佛如置身基督之前，基督立于小丘上，鲜血自心窝涓滴而下，此情此景，为吾毕生所不能忘者，自是吾已彻悟，基督之血是为罪人而流，因之，吾人之罪戾得以赦免。是夕，余离会后，良心上如释重负，宛如更生，举凡所见之天地星月，与乎人间百物，无不现其光彩，心中不禁惊喜欲狂。自后余逢人，即述己所阅历，该军每聚集时亦嘱余作证，因此而受人之笑骂凌辱，不可胜数，以余为华人，所遭较之西士为尤苦，然余始终不以此为意。

初，救世军久拟向华侨宣道，顾苦未得谙华语之教士，比得余为其士卒（救世军称信徒为士卒），遂欲实行其事，爰命余往金山大埠之救世军大本营中，练习宣教事宜，自兹后余不复执佣役之业，而专受救世军之供给。六月后，练习事竣，奉遣至太平洋岸各城作布道旅行，凡加利福尼亚阿利冈华盛顿各城邑，余之足迹几遍。余到各处传道，因余为华人，受人攻击特甚，加以当时太平洋岸一带地方，排斥华工激烈异常，华人无不在危险中。一夕，余独行于路上，突来一壮夫，向余猛击，余固不敌，又不能逃，正当千钧一发之时，适有一西女士至，见状大抱不平，与之理论，余始得脱难，否则余即不丧命，亦必残废矣。一日余道经一棒球场，群童见余，即向余追逐，幸奔入一西女士家中，始告无事。又一日，美国工人开会议谋抵制华工之策，余方自外归寓，有童子数人睹余，立欲向余包围，余急走避，彼等亦紧紧追迫，迫将逼近之际，余见势色不佳，乃掣出身畔小刀示威，彼等始不敢近，然犹遥作恐吓之状，视余抵家门始已。又一次，余至塔哥买城传道，其时当地之人，已尽逐华人他徙，余之同伴，犹不知余已入险地也，而以为余过此传道一二天，或不致有意外，然余则颇惴惶不安，是夜余辈方会议间，突闻门外喧嚷之声不绝，同伴悟为寻衅者之来，乃急着余易装出走，投一友人家，既而友人犹以为未稳妥，复引余跋涉长途至一海湾，在一船上过宿，事后闻人言，则是夜门外果聚数百人，盖皆欲得余甘心者也。余如是旅行传道者（是时余已升为救世军官佐）一年有余，然后返金山大埠。时救世军大本营中之厨夫忽他去，余乃自动请愿，代理其职务，初不以降格为耻，盖救世军素持平等主义，是故各按其能，各执所役，而不以役之贱为慊也。余所获之酬资，除留己日用所需者外，悉以寄家中，同时亦略事储蓄，备为求学之用。既而余见救世军对于向华侨传道之计划，迄未见实行，颇以留待军中为无聊，乃储蓄意舍去，欲就商业学校，专习"速写法"及"打字"焉。余以此意陈诸该营长官，并求许余暂离军籍，长官初不允，以为余既有工作，则何用学问为，及见余立志坚决，始可余之请，于是余乃实践余之志愿，入校数月便毕业。

当余求学之时，每日课余仍如前之工作，赖此以自给。余学艺既成，仍返军中，但不复操烹饪之役，而充书记矣，旋又升为太平洋岸某大佐之书。余居此任有四五年，在此时期内，余之学业大进，盖每日所与接触之人，莫不为智识阶级中人，耳所闻者，多为文雅之英语，同时常识亦渐广博，复以当时余有一少年同事者，为余之金石交，时以进德修业之言相勉励，再则，余于公务之余，暇晷颇多，足资余自修之用，总之，余当时所交之友，及所观察之事物，在在皆可以促进余知识者也。在此期内，余尝侧身于文艺界，为某文学会员，藉是得探讨古籍，获益良多，余亦尝致力于研究救世军之组织法及管理法，因是余得获见蒲斯大将之女公子及其贤媳，此二女子者，均不愧为女中豪杰，睹其颜色，实令人意气为之顿壮者也。计余自十九岁投救世军，至是余之年龄已届二十有七，时则余已被擢为旗官矣，余在军中所经之八年，实为余壮年前最重要之时期，及今每一回顾，犹觉余兴已未也。

自斯时起，余常觉有更求精造学问之必要，而希冀能入大学肄业，以偿私愿，夫余既有恒业，而犹欲求学者，则以余关怀祖国一念之所动也。余年事渐长，益觉国事之重要，然念苟碌碌无所长，则曷能为力于国家乎，故余亟欲饱学后方归国，否则宁终老于异域耳。此求学之念，旦夕回旋于余之脑际，同时余亦反躬自省，觉穷措大如我，甘旨之奉，尚不之给，遑论求学之资耶，意以为绝望矣，不谓世事固有出人意料者。1897年，余以事至加利福尼亚省南部，遇一友人，余告以求学之志，斯友为有心人，后竟为余谋成厥志。余返金山大埠后，友往见盘马奈大学校长，陈述余之愿，及余贫乏之境况，未几该校长适以事至金山大埠，即来访余，余告以余之多年储蓄，仅得三百金而已，渠谓此数已足为入学之用。余复告以余之半工读计划，渠亦赞成，并促余作速赴校，于是余辞退救世军之职，而入盘马奈大学为预科生矣。初，余在金山大埠认识之人闻余入大学肄业，均笑余之非计，而欲阻止余之进行，盖当时一般人之心目中，不知有所谓大学教育，况余以有恒业之人而为此，则更令彼等百思莫解也。

余入校未几，不幸便须暂行中止学业，盖救世军之发起人蒲斯将军，以是时适来美作汗漫游，大本营以电召余往，命余充将军旅行队打字员，于是余与将军一行人先至纽约，然后又周游全美各省。当时救世军中人，常劝余弃学从军，但余不之顾。迨旅行毕，余仍返校，度且工且读之生涯，时校中学生之半工半读者，实繁有徒，故余殊不觉己之境地为特苦也，校中师友亦以余为华人，另眼相看，余此时之日用，尤为节省，烹饪洗濯，均躬自为之。其后余与李君赁 built not rented 小屋同居，菜蔬均取自邻近中国人之菜圃，圃主念予贫乏，亦不向我等索值，余每日课余，即为人沥扫居室，或打字，或当侍者等役，藉博其微小工值，每届暑期，则往乡间任摘果之劳，凡此种种，皆为金钱起见，至工作之如何卑贱如何劳苦，则非余所欲计较者也。

余因遇事劳动，而营养又不足，康健遂至不保。经医生之督促,余乃停学,并在山上一帐幕内逸居,以事休养。期年,余之康健已完全恢复,遂返校继续求学,四年预科学程,倏忽已满,而升入正科一年级,计余在盘马奈大学肄业凡五年,在此期内,友人时与余以助力,其拳拳意,实余毕生所不能忘者也。余在盘马奈大学一年级肄毕,即转入加利福尼亚省立大学二年级,三年后,获文学士位,时为1905年也,余在该校之首二年,仍工作以自给,平常在大学宿舍当佣,暑假时,余或当庖丁,或远至乡间为人摘果,至大学四年级时,因有友人供余膳宿,余始不复工作,而专致力于读书焉。在大学之末年,余服务于校内青年会之执行委员会,兼充书记之职,自兹起,余之交游渐广,余既毕业于加省大学,同时复得免费学额,乃往纽约入哥伦比亚大学,专攻文学及教育学,学年终,余获文学硕士及教育学硕士二衔。余自入大学以来以此一年为余最得意之时期,余在此一年,盖得置身于大学林立及万民辐辏之纽约城内,藉与中国留学生多人订交,又得参观规模宏敞之东方各大学,因是增加余之见识不少。余居纽城一年,觉东方人物之风俗习尚,实与西方人有霄壤之别,余在大学修业既完,再往新英伦参加学生大会,作为余在美最后一度之流连。余将届毕业之时,曾往美京谒中国公使梁震东先生,自陈欲回国任事之志愿,梁使乃为余介绍于两广总督,竟蒙委为广州方言学堂教员,余见位置既有着落,即与旅居二十四年之合众国告别,重返祖国。余抵里门时见屋宇均非旧观,少年皆不相识,昔日父老,多已物故,殊不胜今昔之感也。余之祖母已不可复睹,惟双亲则犹健在,余在方言学堂任教职一年,与同事及学生,感情甚洽。

1907年秋（光绪卅三年），余晋京应留学生试，获文学进士衔，清廷旋以邮传部某职见委，余接事未几即弃去，盖余私念，时国内方缺乏英文人才，苟余回粤任教席者，以己之资格论，尚可出人头地，固胜于浮沉无定之宦海也。会商务印书馆颜骏人博士辞职，聘余继其位为英文部主任，正投余之所好，良以余凤主张实事求是，不尚浮华虚誉，文墨生涯，正合余之志。余在该馆，历年工作，幸蒙国人嘉纳，而尤以早年著作，谬承海内学者交誉备至，此则余可引为自慰者也。该馆同人，办事之忠诚戮力，余早信其必能操成功之券，故余稍具积蓄，即以之附充为该公司股份，其后仍继续投资者有年，余每自顾曰，余今不仅为馆之职员，徒为他人作嫁衣而已也。余恒告人曰，该馆之有今日成绩，良非偶然，一则管理有方，二则不受政治牵涉，有以致之也。余每低回往事，觉余之能向祖国稍贡其服务之诚者，全赖商务印书馆之力，故余对于该馆，常抱无限感戴之意，今者，该馆之出版物，已风行全国矣，而余虽足不出上海之门，顾能与国人相见于文字中，彼习英文者，则知余更详也。

余在该馆早年之工作，以著作或编辑学校课本为多，惟自馆内之英文部扩充以来，该项事业，遂以时间关系，鲜克进行。抑余亦欲从事于馆内其他事业，故余除担任撰述外，或则擘划广告之术，藉以宣传该馆出版之英文书籍，或置身于暑天游览之地，或与各学校当局酬酢，或参与各教育会议等等，统而言之，其目的要不外推广销路而已。余在该馆服务之晚季，对于英文著作方面，辄延致外界投稿，余觉此项计划之成效，较前尤著。最近该馆所出版之英文书籍，其中实不乏精彩者，凡留心该馆出版物之人，当信余言之不谬，而谓该项书籍之内容，及式样，确有进步之实情也。近者各方纷来奖赞之言，称该馆之英文出品，实可与舶来者相颉颃，由是余相信吾人之作品，确已提高程度，同时该馆之令誉亦有蒸蒸日上之势，此则余至用欣慰者。盖凡此种种成绩，余均与有力焉，吾人在世上，能有所建树，实为无上之愉快，余殊不能不感谢该馆之予余以此机会也。

余一生事业之重要者，舍著述外，要以青年会事业为其次。余之与青年会发生关系，盖始自大学时代，余以为青年会之功用，在最低限度内，可以将基督之人格，向青年广事宣传，使之发奋有为，即如余之能奋斗成功，殆无不拜基督榜样之赐。余在加利福尼亚大学读书时，叨为该校青年会之阁员，藉此得与其他教徒相过从，余曾两度参与太平洋学生大会，得聆各名人之伟论，且与之论交谊，而得其感导之力不少。余因曾致力于青年会工作，故余在未回祖国以前，国人已得闻余之名，用是，香港青年会特函聘余为该会干事，时则余仍在大学四年级肄业，去毕业之期不远，余当时满拟接纳其聘，惟一念自己之国文程度太浅，不足以为人群服务，复以中国政府方面界，畀余以方言学堂之教席，待遇更为优厚，遂使余弃前者而采其后者矣。不明余衷者，或轻余为醉心名利之徒，庸知余为家庭境遇计，固不得不如是。再以余之连年颠沛潦倒，今欲稍苏余困，想亦人之常情，而大雅所能谅者耳。

当沪上青年会中人，闻余有卜居海上消息，中华青年会全国协会，竟预选余为该会执事，同时上海青年会亦举余为董事，自1908年起，以至于今，余服务于斯二会未稍辍，余曾连任协会执事会之主席凡十二年，余又曾当上海青年会之会长数年。忆余初与青年会干事会面时，其情景实与余以莫大之兴味，盖余莅沪未几，即有一西干事名洛维廉者，以惠林罗结之传记假余，其意殆以为惠林之事业，足为余他山之助。诚然惠林者，世界青年会之鼻祖，而其生平事迹，堪为一般基督徒服务之模范者也。余所与接触之青年会中人，有颜骏人博士，及已故之唐价臣君，及黄佐庭君，此三者皆为一时之领袖而曾一度为余之导师者也。其他如巴黎满君来活理博士，及洛维廉君等，则为余之同事，与余论交，不惟恳挚，而其言行实能鼓舞人之向上，令人振拔有为。余之在青年会服务，常须参加会议，故每在商务印书馆工毕，即须往青年会任事，终日辛劳，几无余隙之暇。尤甚者，则当余任中国青年杂志主笔之时，恒工作至深夜方止，因是余积劳之体，遂不若前此之健康矣。虽然，余常谓余之在青年会工作，所失者远不若所得者之多，盖余在该会习于"乃役于人"之义，及时与干事切磋砥砺，使余失却自私之心，且觉悟人生之真理焉。余在美尝读教育学，以此故，再加以余之任职于商务印书馆，其工作又属教育事宜，遂令余有接近教育工作之趋势，余任中华基督教教育会及华东基督教教育会之执事者有年，迨数年前，余因身体之欠佳始告退。

余尝为山东齐鲁大学之董事，现当上海郇光学校董事会主席，斯校为旅沪粤侨中华基督教会所设。余为南洋高级商业学校之名誉校长者，约凡十年，余又曾效劳于沪埠青年会教育会者历有年所。中国盲童学校，自开办以来，余即被任为该校之董事。太平洋教育会，亦委余在该会服务。余尝一度为暑期学道会之会长，但其后逼于身体之衰弱，不堪过劳，始不得已而辞职。余为扶轮社员之一分子，扶轮社者，为世界商界及有专业之人之团体也，会员每星期宴会一次，席间，有音乐及他种娱乐以助兴，每会恒有演说，演说毕，乃散会。该社殆为互助及联络感情起见而设，余自1922年入社，至1929年止，在此七年中，余屡为该社各小组之委员，且曾任副社长二次，及余在商务印书馆解职时，因碍于该社之定规，凡无职业之人，不得为社员，余始告退，顾未几，余复以名誉会员之名义，被邀重行入社矣。

中国之麻风救济会，余尝致力助之成焉。麻风肆毒之厉，莫甚于广东，余以乡土关系，审之独详也。数年前，美国麻风救济会干事来华，称及新发明之治麻风医术，余辈数人，因念及患者罹害之惨，今既悉残废绝望之人，竟有一线曙光，遂不禁喜出望外，欲为患者设法，而发起中国麻风救济会并推余为该会副会长焉。惜该会现尚在组织时代，余蓄深望政府能襄助余辈，早日促成善举，俾病人得解其厄运也。中华幼慈协济会，亦为余所赞助团体之一，且叨为该会执事，现在西北饥民遍地，其中不乏童子，亟宜有救济办法，同人希冀本会筹得款后，当有以援助之，使灾民得脱于水深火热中于万一也。余尝一度为美国大学会之主席，任满时，会员赠余银盾一座，表示彼辈感谢余在一年内指导下之成绩也。中国广告会，余亦尝为会长，其他美国之某红十字会、某林业会，及文艺会等，均不以余之不才，挽余赞助。

余寄居沪上伊始，即觉教会关系之不可叟离，惟以不谙本土方言，对于本地礼拜堂之宣道，凿枘不能入，而外国教堂又欠融洽精神，殊觉有设立粤人礼拜堂之要。用是，余集合同志，如欧彬夫妇等数人，组织旅沪广东中华基督教会，会系完全华人自给之独立教堂，设立之始，得西教士富马利亚医生（医生在广东藉医术传道多年）之助力不少，至足感也。同人在北四川路横滨桥附近，购地一方，树立教堂之基业，同时建筑三合土之四层楼洋房一座，以为郇光学校之校址。该会又在江湾购地数亩，辟为坟场，永安、先施二公司，曾多年遣其职员到此堂听道，迨彼等自行设礼拜于公司内始止。自有该堂以来，粤人之奉教者，无不称便，盖不复有听道难之苦矣。其对于吾夫妇之益尤多，盖彼不特与吾侪惫倦肉体之调剂，抑亦使余子女得有宗教训练及教育之机会也。以余私见，余颇喜英语说教，但从基督徒责任方面着想，则余不宜徒为一己设想，反之，余应尽己之绵力，导同胞使向基督所示之光明大道也。余因受此责任心驱使，当企求扩大余为基督服务之范围，余曾一度为中国执行委员会之会员，复次，余现以青年协会代表资格，参与全国基督协进会为会员，余又为全国基督教文社之司库，及中华基督教会执事部之一分子，以上均为余为教会服务之事工也。

1922年，余承盘马奈大学赐以名誉法律博士衔，并邀余亲往接受，余从其言，作第二次之渡美。旅费悉由商务印书馆代出，所以示其优异之待遇也。授衔之日，主其礼者为罗城法院之首席审判官爱魂汉氏，氏即绍余入盘马奈大学之友人，是日余之恩师陈才先生亦在，昔日尝提挈余之两义士，今均躬逢为余特设之盛会，回首当年，彼此不禁感慨系之矣。

美国为余立身之邦，今重游其地，回溯历年奋斗事迹，觉然时无地不兴余凭吊之念也。

旅居期中，辄蒙彼邦奋友或团体与及侨胞宠召。参与欢迎之会，余略事酬酢，即趁船过欧洲，再由海道经苏义士河及南洋各埠而返国。

1929年，余已度六十生日，是年春，余辞商务印书馆英文部主任之职，亲友闻是消息，或谓余现已富有，奚用多求，或则谓余碌劳一生，亦宜宴居以终余年矣。西友则以余精力尚富，遽然退休为讶异者，纷纭众衷，皆莫审余意之所在。诚然余体力固犹堪执业，然而所以决然舍去者，则以余欲多致力于社会事业，及从事著作，或涉猎书籍，再行有余力，务庭园之艺也。顾在事实上，则余尚未能整理庭园，余读未终卷之书，仍未克览其究竟，即在著作上，亦须偷闲为之，良以社会人士，意余逸居无事，纷以杂务见委，遂使余终未能达到后者之志愿也。余返观余六十载之历史，觉余之过失甚多，惟对于事业，则自问已尽己之所能，行己之所事而无愧。积数十年之经验，余觉立身之道，有三要素焉。其一为努力服务，其次为注重卫生，勤于体操，使身心康健以便于任大事，再次则吾人于执业之余，还有其他活动，以舒身心之惫乏，而不宜斤斤计较于图利之道也。余行年已六十，但他人之视我外貌者，多不信余有此高年，而以为余只四十许人耳。意者，余平素达观，不受俗虑缠扰，有以保持余少壮之颜欤。余生平不食烟，不嗜酒，赌博亦与我无缘，总之，余雅不愿纵情恣欲以误余有定则之习惯也。

（原载《良友》1930年第47期）

忆商务印书馆电影部

杨 小 仲

商务印书馆是我国最早经营出版书籍和印刷业的巨擘,到今年已有60年历史。当我国电影事业萌芽时期,商务印书馆在这方面也起了些推动作用,甚至可以说占有相当重要的地位。该馆自从1917年间在印刷所照相部附设了活动影戏部,继改为电影部,至1926年初改组为国光影片公司,1928年初结束停办,这十多年中,我有过半的时间都曾亲历其间,颇有一记的价值,以供关心我国电影史的同志作参考,惟因年代久远,缺乏引证文件,仅凭记忆所及,人名时日,或有错误,希知者不吝指正。

1917年的秋天,商务印书馆由于该馆交际科长谢宾来的介绍,购自一个美国人廉价赎售的拍摄电影器材,在该馆印刷所照相部隶属之下成立了活动影戏部,开始拍摄了一些新闻纪录片、古迹风景片和一些文明新戏式的短故事片。1919年底1920年初,美国环球影片公司来沪拍摄连集长片《金莲花》中的一部分在中国的外景，该馆给予帮助，并将照相部设备供与使用，该摄影队返国时，即将带来的煤精灯和一些摄影器材售与商务印书馆，活动影戏部乃得到进一步的扩充，改名称为电影部，直接由印刷所管理，于1923年开始拍摄大型故事片，至1926年，由该馆分出改组为国光影片公司。以上经过，在《中国电影》第一期程季华同志所作《中国电影萌芽时期简述》一文中已有阐述。现在就该电影部内部情形和出品状况，做一比较详明介绍。

该馆活动影戏部成立之初，就请了一位编辑基督教教会报刊的陈春生主持其事，商务印书馆的发起人如夏粹芳、高凤池、鲍咸昌都是基督教徒，这时高凤池任该馆总经理，鲍咸昌任印刷所长，陈春生对于电影和一切戏剧方面完全是个外行，他得到这个位置也是因人设事，照领的性质，最初拍摄一些新闻片、风景片，只须有个较有能力的摄影师就可以应付，所以陈春生只是做些事务工作，跟着摄影师叶某东奔西走而已。后来发展到要拍摄小型故事片，陈春生遇到该馆印刷所装订部里的一位工友任彭年，他们是同乡，叙起来还是世交，任是印刷所工人俱乐部励志社游艺组里的中坚分子，喜爱京戏，经常登台串演，也常排演一些文明新戏。这样陈就请求印刷所长把任调了过来，做了他的有力帮手，这时叶某已离职他去，照相部技工廖恩寿改做了电影摄影师，廖与任同样是在工人俱乐部时常登台露脸过过戏瘾的人，这样他们就把这活动影戏部搞得有些生气了。直到1923年以前，他们摄制了一些短故事片，取材内容可略分为民间传说，低级趣味的滑稽片，如《憨大捉贼》《憨大女婿祝寿》，略有警世意义的所谓教育片如《李大少》《猛回头》《两难》《拾遗记》《得头彩》《死好赌》

之类。《车中盗》已是武打片的滥觞,共六本,每本一千尺,是受到美国连集长片影响而摄制的。还有一部《清虚梦》是采取《聊斋志异》中的《茅山道士》改编的,里面有一些浅易的特技摄影,如水缸破而复原,人走入墙壁之中,物件自己行动,在当时已能得到一般人的欢迎。

在这一时期中,他们的演员大部分是由来自游戏场演文明新戏的男女职业演员来串演的,按日计酬,同时又在工人俱乐部游艺组里挖掘了几个男演员,如演小生的张绳武、演老生的包桂荣、演滑稽的丁元一,他们都是印刷所的工人,经印刷所所长的批准,可以担任演戏,同时也得到额外的酬资。拍片时所用布景很简单,最初是用绘画的软片,逐渐改进用了立体布景。摄影方面也是不能令人满意的,在我记忆中的印象,觉得是阴暗不明,不分昼夜,人的动作行走,有跳跃之感,颇有类于卡通的动作。原来摄影棚是附设在印刷所四层楼上玻璃屋顶的照相部内,1920年在编译所旁的空地上另建一所较为宽广的玻璃棚,利用日光摄影。等到购得环球公司的煤精灯,就可以在夜间拍戏了,但因摄影师的技术太差,煤精灯过于逼近演员的面部,拍了一两天的夜戏,往往眼睛红肿,流泪不止,很是痛苦,直到后来在灯上加了玻璃铁纱,才得到改善。

值得一提的是记录了梅兰芳先生主演的《天女散花》《春香闹学》两部京剧短片,每部二本。当时是通过什么关系来拍摄这两部片子,我那时在该馆机要科任职,据我记忆,该馆协理李拔可先生的令弟李宣阁是梅先生的知交,也曾为梅先生写过剧本,似乎是因了李宣阁的介绍,乘梅先生在上海演出之便拍摄了这二部片子,是不计酬金的。我记得在影片第一次试演时,该馆的一些重要人物都来观看,赞赏不已,因为是无声片,听不到梅先生的美妙歌喉,只看到哑剧式的舞蹈动作,唱词用字幕接入。散花的天女在天空飞行,也复印了一些移动的云彩。闹学的春香一人往花园游玩,在舞台上是幕后不表现出来的,他们却有意识地突破舞台框子,让春香一人在花园中大游特游,荡秋千、捉蝴蝶、拍球,梅先生也表演了一些优美的身段,可惜这是个西式花园,墙外四周看到了一些洋房,还有人在窗口观看,这就未免美中不足了。还有一部未完成的纪录片,是周信芳先生主演的《琵琶记》,周先生扮的是蔡伯喈而不是舞台上的白须先生张广才,赵五娘是名旦角王灵珠扮演的。我看到几个片段,如送别、赏荷。不知什么原因,没有完成就终止了,这个未完成的杰作,见到的可说是寥寥无几,知道的也是很少了。

商务印书馆电影部已有比较完备的设备,但自己出品不多,因而定出了代人摄制的办法,借用一切设备,代摄代洗代印,以拍摄的胶片按尺数计算代价,其他的人力布景均另行计算,据陈春生说,虽不及自行拍片获利优厚,但代摄一片,足敷数月的开支,也还是可以得到很多的利润。这里说一下两部代摄片《阎瑞生》与《红粉骷髅》。

《阎瑞生》是中国摄制的第一部长故事片,程季华同志在第一期中已有介绍,不再赘述,惟关于摄制这戏的动机,并不是由于该电影部的同人,而是由当时几个洋行买办陈寿芝、施彬元、邵鹏等因这案件轰动一时才发起的,"中国影戏研究社"似乎也是由他们的拉拢才竖起这块牌子的。我记得该社最初成立时,设在现在的南京路中国百货公司对面的一条里弄里，也正是筹设拍摄《阎瑞生》的同时，我被任彭年拉去参加编写剧本的工作和撰写字幕说明，任彭年担任了这戏的导演，主角阎瑞生由陈寿芝扮演，阎原来也是一个洋行买办，和陈是至友，据说面貌也非常相像，陈的一些动作，也很能摹拟阎的神情；王莲英是由一个妓院出身但已经从良的小姊妹某所扮演，她的丈夫朱某亦在戏里扮演了阎的朋友、朱葆三的儿子朱老五；邵鹏是当时的足球名将，也在洋行供职，他扮演了帮凶吴春发。这戏拍成以后，"中国影戏研究社"就没有什么下文，这里需要提一提的，就是以后在电影界占有颇为重要的地位，能编能导，曾是大中华影片公司的发起人，联华、文华各公司的管理人陆洁。他也是"中国影戏研究社"发起人之一，他那时正和顾肯夫合编"电影杂志"，他一生献身于我国电影事业，淡泊自守，方正不苟，现在仍居沪上。《红粉骷髅》是新亚公司的出品，管海峰导演，是采取法国发生的一个案件而加以改编的。内容说，一个秘密组织"十姊妹"，由一些流氓歹徒利用美貌少女，设下圈套，使人投保寿险，再使这些少女用引诱手段，促此人灭亡，而骗取保险费。影片里有侦探武打场面，主演人有殷宪甫、柴小云、陆美云、洪警铃、王桂林等，片成后颇受观众欢迎。管海峰为我国最早从事电影事业的前辈之一，在亚细亚公司时代他就曾参加工作，现年已七十六岁，在上海居住；王桂林、洪警铃也均已六十多岁，现在是上海电影制片厂演员，可以说是电影演员的老前辈了。

自从《阎瑞生》上演得到空前盛况，在一般资产阶级的心目之中，均认为电影事业的前途大有可为，就崛起了一些新兴的影片公司。原来附属于照相部的活动影戏部，扩充为印刷所直属的电影部后，增强了管理机构和对外营业的独立，但对于艺术创作人员却一仍其旧，虽然开始拍了几部大型故事片，仍然因袭以往的一些陈旧方法，平铺直叙，艺术性较差，未能引人入胜。当时一般人对该馆的出品，产生了淡漠的感觉。1923年共拍了三部故事片，第一部《孝妇羹》（计八本），是采取《聊斋志异》中《珊瑚》改编，由游戏场文明新戏班扮演，是宣扬封建道德的作品；第二部《荒山得金》（计六本），是采取今古奇观的故事加以改编，由张绳武主演的，第一次到苏州拍取外景，片里表达了男女坚贞的爱情，但过于强调强盗追赶武打的场面，喧宾夺主，反而把主题意义减弱。从这部影片开始，演员不再用游戏场文明戏班了，每片都另行物色男女人选。第三部《莲花落》是采取郑之和教歌故事改编，由张慧冲、张惜娟夫妇演出的，片长十本，成绩平平。以上各片，虽多采自古代民间文学，但服装置景均是现代的，如《莲花落》里的郑之和，却是西装革履，总觉得有些不伦不类。这几部的剧本都由陈春生选定，把情节用幕表式排列出来，写了简单的戏白，就由任彭年执行导演。在摄影场里，由陈对他口述剧情对白，任就凭此分镜头拍摄，演员事先完全不明白今日临场所要演的戏，只是听从导演的意旨指挥而已。

由于明星公司出品的《孤儿救祖记》演出以后舆论一致推崇，刺激了商务印书馆当局，不得不对自己附设的电影部的出品作一番检查，感觉到以往的剧本，实在是简单浅薄，这样下去，是不能和其他公司竞争的；再有一个理由，商务印书馆是以提倡教育为标榜的，在它附设的电影部，也应当符合这一要求，于是决议以后的剧本，不论外来的或自编的，均需经编译所所长高梦旦的审定。但还看不到导演在一部戏里所处地位的重要，以为只要剧本好，就什么问题也没有了。

在1924年，共拍了《大义灭亲》《好兄弟》《爱国伞》《松柏缘》四片。《大义灭亲》就是经过审定的剧本，内容说一个青年在一个大资本家手下做职员，同时和这资本家的女儿发生恋爱，这资本家却和外国人（虽不点明是哪一国的人，但从服装和外表上很可以看出是日本人）勾结，盗卖国家的矿山。终于由这一对青年男女的努力，揭穿了资本家的阴谋，在紧急关头时，青年枪杀了这资本家，他的女儿并没有因她父亲的死而怨恨青年，反说他为国家做了一件大事，仍相爱如初。在当时的影片中，这类情节还算是别开生面，外景取自江西庐山，将各古迹名胜均用游历方式一齐拍入片内，由张绳武、陈丽莲、包桂荣主演，此片曾得到好评，认为是具有爱国思想的影片。《好兄弟》是我第一次从事创作的电影剧本，其实也是尝试性质，内容很简单，着重抒情描写，叙述兄弟二人同爱一女（是他们的表姊妹），彼此不知，待后来相互得知，又于不明言中相互退让，但女却专爱其弟，不肯舍去，弟欲成全其兄，不得已投湖自尽，被兄奋不顾身救起，并察其哀情，默然留信远走他方，成全了其弟的爱情。这剧本在编译所审定时，被批为甚有教育意义，以50元购买了不满3000字的故事梗概，写成对白，分幕本又得到200元酬劳。此数在当时颇为可观，激起我对电影剧作的兴趣，并起了很大的鼓励作用，没有想到我终身事业却由此剧种下了根源。这部影片在拍摄时，每场由我在摄影场中口述剧情，由任彭年执行导演，外景取自杭州西湖，主演人是张慧冲、汪福庆、张惜娟，摄影是周诗穆，这是他由照相部学徒升为摄影后第一次的作品，成绩很佳。（周现在上海电影制片厂任特技摄影师，在他手中，培植了难以计数的摄影人才，虽已白发盈头，最近还拍摄了一片，尚有余勇可贾也。）在拍摄外景时，曾发生一个有趣的插曲。在以往，西湖上从未有人拍过电影，一些人对外景工作是陌生的，有一天，在西泠山庄拍这样一幕：哥哥追求表妹被她所拒绝，而哥哥不舍，一定要她说明原因，表妹被迫不得已而哭泣。这时的造型化妆不很高明，男主角也是敷白粉、擦胭脂，嘴上也有一层口红，当时围看的人很多，内中有多数是大学生模样的人，见得这种情形，不禁破口大骂，说：男人擦粉点胭脂是不识羞耻的人妖，胆敢在光天化日下出现，还敢侮辱女性，不容分说，围着喧噪殴打。两个演员骇得逃回旅馆，群众紧追不舍，冲进旅馆房间，定要拖往警察局。由我出去解说，并将剧情向他们说了一番，方才释然散去，但已受了一场虚惊。《爱国伞》成绩平常，在我头脑里已不留存若何印象，只记得是编译所国文部里的一位姓郑的先生所写的剧本，说教气息太浓，感到非常沉闷，但这位郑先生却说是导演未能体会剧本中的意义，把剧本搞坏，深表不满。《松柏缘》也并无什么意义，叙述一对青年男女在军阀战争中的悲欢离合，情节平铺直叙，虽然有战争、逃难、盗劫、决斗等大场面，但并不能引起观众兴趣，舆论亦颇冷淡，这剧本是由陈春生征求外来投稿决定拍摄的，未经编译所审定，也是任彭年所导演。

在这一时期，商务印书馆最高领导方面对电影部的措施有着很大的矛盾，经理张菊生不满电影部的成绩，虽经编译所审定的剧本，质量仍不能提高，感到电影部的负责人陈春生、任彭年的作品不能与一些新兴公司的出品相抗衡；尤其为了在教育上不能起若何作用，更是辱没了商务印书馆的盛名。但陈、任两人是总经理高凤池一辈教会帮所支持，地位相当牢固，而且一时也无适当人选。这时我正在该馆机要科任服务股股长，业余时间写作了一些短篇小说，刊载在该馆出版的《小说世界》，二年来尚能博得一些时誉，更因我写过《好兄弟》剧本，张菊生经理向我征询改革电影部的意见。其实我对戏剧电影从未学习，对理论知识完全是个门外汉，仅因喜爱电影，所有来沪放映的美国、德国以及其他各国的影片都不肯放过，看了之后就和几个朋友高谈阔论，有时写些批评文字投登报纸发表，这样就凭着自己的一知半解，大言不惭地写了一篇不知所云的万言意见书，呈报给张经理。意外地却受到他的赏识，以朱笔批注，认为中肯，交与高总经理。高却淡然视之，如果用现在的话来说，他们的教会帮多少是有些宗派主义的。谈论的结果决定由我主持，试拍一片，用来做个比较，是不是能比他们好一点。这样我就筹备了我第一部自编、自导、自写对白、自找演员，连广告、海报、传单都由我设计的《醉乡遗恨》。编撰《好兄弟》剧本还是出于一时偶然的兴趣，这次却是由于对电影的喜爱，决心投身到这新兴的事业之中，虽然并没有什么把握，却有一种勇气，鼓舞着我，支持我敢于接受下来。

《醉乡遗恨》内容是个家庭悲剧，叙述中年男子刘子明，是一个普通职员，他有一个美丽善良的妻子和一对可爱的儿女，过着圆满的家庭生活。他性嗜酒，妻子屡次劝诫，但因性之所好，不能戒除。有一同事赵某，艳羡其妻，百计陷害，向公司经理进谗，使他遭到斥责，他心怀愤懑，往酒店中痛饮浇愁，同时赵某又在其面前散布流言，说其妻与某有私，故设疑问，使他深信不疑。赶往家中，怒逼其妻，妻遭此不白，激于气愤，投河而死。迨他次日酒醒，悔已莫及，公司又将他停职，从此潦倒沉沦，艰苦抚育子女长大。后他得重病，临死时方将母仇告知其子女，其子女卒将此事揭露，赵某获得应得之谴责。这故事的来源是由于我在童年时候见到的一件事实：一个中过举人、做过知县官的人，娶了一个美貌妻子，爱情甚笃，但他生性多疑，又喜饮酒，他疑心妻子和他的表兄有私，在一次大醉后，打了他妻几下耳光，说出心事，其妻不能自白，愤然投河而死，他从此灰心仕途，更沉溺于酒，潦倒佯狂，日趋没落。我曾看到这人，可是他并无子女，孑然一身，病死一古庙中。《醉乡遗恨》就是由这故事孕育成功的。在这部戏里，首次用电力大风扇，布置了风雨之景，首次用模型与布景结合的火烧场面，也运用了摄影的技巧，拍摄了一些陪衬人物感情的自然景色。演员是由一些学校中的教员和大学生担任的，他们组织了一个"志一电影研究社"，完全是新人。扮这位丈夫的由敬业学校一位体育教员马可亭担任，这位反派朋友由一位算术教员沈培世担任，饰妻子的是某医院里的护士长张琴云女士，饰他女儿的是爱国女校文科毕业生沈展华。这片子拍摄了约半年多，中间我生了一次重病，直到1925年5月下旬初次在上海中央大戏院映出，得到各界的一致好评，《时报》《申报》《时事新报》都连篇登载批评文字，大捧特捧，誉为不可多得的影片，还刊载了我的照片。这样一来，就使得我头重脚轻，不知天高地厚了。我曾记得《醉乡遗恨》演出以后，在明星影片公司会到郑正秋先生，他对我说："你这部戏是与中国电影前途大有关系的。"我不解，问是什么缘故，他说，中国电影界并没有很大的投资，不能使电影事业得到发扬光大，商务印书馆有雄厚的资本，又拥有很大的人力物力，但以前的出品不能使它有信心在这方面求什么发展，说我现在把这部作品拿了出来，一定使他们有了充分的信心，一定能拿出更大的资本来从事电影事业，这岂不是为中国电影开辟更大的前途吗。当时我连连道谢，觉得颂扬过甚。郑老先生的话，并没有说错，商务印书馆董事会果然在这部戏上演以后，就建议把电影部来个彻底的扩大改组了，但这计划经过了多时的酝酿（也就是他们内部意见的统一）直到次年初方始实现。在这年的年终，任彭年还导演了一部《情天劫》，描写一个青楼歌女悲惨遭遇的故事，仍然是以往的水平，未得到舆论的重视。

1926年初，商务印书馆电影部改组为国光影片公司，完全脱离商务印书馆的羁绊，划出一部分的资本，自立门户。陈春生辞职，任彭年自去组织东方第一公司，自做老板，自己出片。国光公司任鲍庆甲为经理，鲍是商务印书馆最早发起人鲍咸恩（已去世）的儿子，印刷所所长鲍咸昌的侄子，某教会大学毕业，原是印刷所某部的主任，曾游美考察印刷事业，到过好莱坞，对电影事业也做了一些调查，该馆最初购买某美国人的摄影器材，也是由于他的建议才成功的，他一直对电影部的工作居于辅助顾问的地位，现在调来专职经营新成立的影片公司。我担任了编剧、导演兼制片主任，我自从1913年考进商务印书馆，由学生而职员而股长已有13年历史，自此真是脱离了商务印书馆职员的地位，投入电影艺术创作，以此作为我的终身事业了。照他们的话来说，我是改行了。

国光影片公司成立后，有了一番新气象，和以往大不相同，经济完全独立，自负盈亏责任，对剧本也不再加干涉，可以由我们自由选择，添置了机件设备，设立了宣传、营业各部门，俨然成为一个规模相当宏伟的独立公司。商务印书馆做了国光公司的后台资方，而且是取之不竭、财力雄厚的资方。

在当时我确有一股雄心，决心要为新兴的国光公司做一番事业，这时上海的影片公司已是风起云涌，艺术水平也有所提高，各公司之竞争更为剧烈。我约请了陈趾青（原在编译所英文部做翻译工作）、孙师毅为编剧，汪福庆为演员兼导演，张伟涛为宣传，组织了编导部。第一部作品名《母之心》，原作是小说家程小青的来稿，由陈趾青改编，陈初次从事电影剧本，前后共四易其稿，由我执行导演。这是一部宣扬母教的题材，述一个青年由他的母亲守节抚养成立，踏入社会后受损友的引诱，走入歧途，其母察出其子日渐变化，乃多方设计，使之悔悟，最后并拯救于最危急之时，其子方得觉悟，痛改前非。此子由汪福庆饰演，严个凡饰损友，子之未婚妻由沈展华饰演。此时"志一电影研究社"因各人职务关系，已告星散，沈为仅留下之一人。最无法解决的就是母亲一角，没有适当人选，这时期电影界最缺乏这类角色，在以往重要一些的老妇人角色，大都由男角扮演，如郑正秋演过《报应昭彰》里的母亲，天一影片公司的《立地成佛》里的老太太是新剧演员萧正中扮演的，周空空则演过《红楼梦》里的刘姥姥。但《母之心》的母亲是这戏主要的角色，绝不能由男角来演，我正为了这事踌躇，被我母亲知道了，自告奋勇，愿演这戏。我母亲一直担任学校教员,我相信她可以担任这角色,但她守节抚孤二十多年,旧封建意识非常浓厚。她提出了几项现在看来可发一笑的条件:第一,这戏里的人家必须姓杨;第二,戏里的儿子不能由自己的儿子来演,也要由她的干儿子来演;第三,戏里不能出现这儿子的父亲在一起演戏。我和陈趾青商议了,同意把戏里的人家改姓为杨,汪福庆自顾登堂拜认我母为他的干妈,戏里的父亲是不出场的,可是有一张遗像在戏中颇为重要,我只得赶回乡间,把我父亲的遗容请了出来,和我母亲一同上银幕。这戏尚能激动人心,获得舆论的赞美。

第二部滑稽片《马浪荡》是一部失败的片子。我的原意是仿照卓别林滑稽影片的形式,用笑料来写一个失业的穷人,在社会上经历各种不幸的遭遇,过着非人的生活,隐寓讽刺之意。但因过多地采取低级趣味,又因摄影技术太差,在炎热的夏天拍摄,胶片画面在洗印中损坏,因演期预先排定,不及更改,演出后得到一致的批评,使我在国光公司的威信,受到很大损失。我们感觉到国光公司的摄影人才掌握在几个旧的人员之手,故步自封,不求进步。这时张非凡从法国百代公司学习摄影回国,由孙师毅的介绍,就在汪福庆导演的《上海花》新片任摄影师。张一变以前的摄制情况,改换了以前的布光方法,洗印间也做出改革的计划,但原来以廖恩寿为首的摄影洗印人员,都不愿接受。《上海花》是汪福庆首次导的片子,演员由他在外组织的"小小电影研究社"里的席芳蕳、贺志刚、曹元恺等担任。在编剧、导演各方面,我们都予以协助,现在又得到张非凡的摄影,成绩斐然。但因内容写一乡间女子踏进上海,走入堕落道路,这类题材在当时已成陈腔滥调，未得到更大的成就。不久在我筹拍第三部《不如归》的时候，国光公司内部就酝酿了很大的暗潮。当我们提出公司内部的改革计划遭到拒绝，这暗潮就逐渐严重了。我们认为不适当的人可以仍调回印刷所，旧的管理方法也应当改善，廖恩寿技术水平浅薄，不能充当摄影主任，请求另调他职。鲍庆甲包围在他的老一辈人之中，不接受我们的申请，并且指出孙师毅在外活动过多，有挑拨行为，要将他同张伟涛一同解职。当然这是我们不能答应的，这样两方面就各走极端，我和陈趾青、孙师毅、张伟涛、张非凡、汪福庆一共有九人提出辞职，等到《不如归》拍摄完成，就登报声明一同离职（但汪福庆后来仍又回去，实际离去的只七人）。这时已是1926年终，距国光成立还不足一年。

我和陈趾青、张伟涛进了长城画片公司，其余的人都各自分道扬镳，各奔前程了。这时我曾得到商务印书馆当局的责难。李拔可先生对我说，不拍电影就回来，为什么把我们培植了已有十多年的资格抛弃，你能靠拍电影过一辈子吗？但我已是决心从事电影，其他得失利害就并不计及了。

国光影片公司自我离去以后，汪福庆拍了一部《歌场奇缘》，耗费了很多成本，拍了许多繁华场面，但成绩平平。另又延请了秦臻如为导演（秦曾在某小公司导演过一部影片《芦花遗恨》。现在上海为领港员，是我国航海业中的老前辈。），徐公美为编剧，拍了一部《侠骨痴心》，这已是每况愈下的作品了。其后又拍摄一片，历时甚久，未得完成，至1928年，国光影片公司亏蚀甚多，商务印书馆董事会就决议将国光影片公司解散结束，迨"一·二八"战役，商务印书馆印刷所毁于炮火，所有以往拍摄的影片，悉行焚去，这是非常可惜的。

　　当我写完这篇文字，不得不检查一下，想起《醉乡遗恨》拍成后郑正秋老先生对我说的一番话，商务印书馆电影部果然因了这戏扩大组织，成为国光影片公司；但却没有达到对我国电影事业起一丝发展的作用，而且反促使了商务电影业务的灭亡，我是不能不负起一些责任的。主要的是我的戏剧知识太差，更没有一些远见，只是操之过急，抱着合则留不合则去的观念，一言不合，拂袖而去。假如能利用时机，求得逐步改善，就不致遭到鲍庆甲、廖恩寿等的顾忌，国光影片公司或不致像这样昙花一现了。

（原载《中国电影》1957 年 1 月）

商务印书馆前期的推广和宣传

戴孝侯

我国在印刷出版事业上具有悠久的历史和辉煌的成就。现代规模的出版企业却是在19世纪末随着商务印书馆的创建才出现于我国。今年是商务印书馆建馆的九十周年。馆史的编写仍在准备中，馆史的分期有待划定。本文仅就商务现代经营管理中的一个侧面——前期的推广和宣传，由笔者（以下用第一人称）做简单的回忆。文中所称前期暂指新中国成立以前的阶段，在商务的历史中仅占53年。1949年以后，商务进入新生期，完成社会主义改造是在1954年，但在新中国成立的前夕，商务对企业的改造即已积极准备，并在新中国成立后立即接受国营机构的加工、定购和代销，开始走上新生之路。

推广和宣传是商品经济活动中必不可少的组成部分。据手头仅存资料，商务年度营业总额在1930年达到1200多万元（1944年按照"法币"计算近2亿元，但因书价随着一般物价不断上涨，难于折实推算），比 1903 年正式成立有限公司的当年不足 30 万元增加 40 倍以上。在营业迅速发展中，推广、宣传活动发生着相当的作用。我在 1919 年五四运动前三个月进入商务，以前 20 多年的馆务情况所知无多；抗日战争期中馆务衰落，无力从事推广。因此，本文回忆的时期主要起自五四运动，而迄于抗战前夕，在商务前期历史中所占还不足 20 年。我在商务参加过多方面的工作，但在这 20 年中没有离开过推广、宣传的工作岗位。回忆的内容只能反映前期史料中的片断，由于本人记忆力弱，理解力差，不应该遗漏的和不够准确的地方势所难免，还请知情的同志们指正。

一、推广科的组织

我进商务时被分派在总务处所属交通科工作。当时商务各部门的组织系统是参照西方企业的规模组成的，部门的取名都有其对应的英文名称。科名交通，取义于 communication，不是 traffic；前者意谓着传播信息，而不像后者专指运输、转移。交通科初隶属编译所，1915 年总务处组成后，改由处辖。1930 年，总管理处成立，交通科参照英文 promotion 的含义改称推广科，属于处下的营业部。据《营业部暂行办事规则》的规定，推广科职掌事项如下：

一、本公司各种货品推销之设计。

二、调集本公司各项营业报告，筹拟改进之计划。

三、调查与本公司营业有关系之事项。

四、主办本公司营业上一切宣传事项。

五、办理关于本公司出版物外来刊登广告事项。

六、处理其他关于营业之推广事项。

推广科分设调查、宣传、设计三股（撤销了交通科时期的通信股），设有科长、股长和办事员；另有通信、包发、交际三种职能及其工作人员，划归设计股兼管或由科长直接领导。全科工作人员最多时有三十余人，包发宣传文件特多时加用临时工。

在上述六项职掌中，第三项属于调查股，第四、五项属于宣传股，其他三项属于设计股。设计工作为宣传提供计划方案，调查工作为宣传指引方向路线，宣传成为全科工作的中心。推广和宣传的共同任务是传播信息、扩展营业，但其工作范围有所不同：推广是宣传的外延，宣传是推广的核心。宣传股的英译名称不用propagation（宣传），而用advertising（广告），因为广告一词专用于商业宣传，而股的具体工作实以制作广告为主。商务编印杂志（期刊）多达十余种，杂志内除刊登本馆广告外，还接收外来广告。外来广告的承接逐渐成为一个营业专项，后来又承包了各大铁路局的沿线广告牌业务，单独成立了一个广告公司，附设于总馆，从而上述第五项职掌即从推广科划出，本文不再提及。

从交通科到推广科，有三位科长相继任职。首为汪仲阁（诒年），清末著名报人汪穰卿（康年）之弟；次为庄伯俞（俞），曾久任本馆编译所国文部主任，并出国考察；最后为张叔良（世鎏），曾任本馆编译所英文部编辑、发行所西书部主任，并在报馆兼职。这三位先生都是馆内高级职员中的骨干，并了解国内外形势，可见商务当局对于推广科领导人选的重视。张先生于抗战初期逝世，当时总管理处散处各地,对多数领导干部不再做新的调整。

二、推广工作

本节就推广科的各项职能,分别叙述宣传以外的调查、设计和其他工作。宣传是推广工作的中心,专节另谈。

商务的重点出版物是小学、中学以至大学的教科书,其次是工具书、成套丛书和各科读物。教科书的供应市场竞争激烈,不得不在宣传、推广上投入最大的力量。调查是宣传的先行工作。调查股的任务首先是对全国各地各级学校的名称、所在地、规模设备、教师和学生数、采用课本情况、对课本有何意见等等做定期(每一学期)的调查。其次是对各地图书馆进行调查,兼及重要个体读者(即购书较多的顾客)的登记。商务除上海发行所外,在各大省会及重要城市设有分馆或支馆,这些调查任务交由发行所及分支馆办理,未设分支馆的城市则通过省会的主管机关进行调查。调查资料用表格填写,寄交调查股设立卡片储存。发行所和分支馆有选择地留记读者姓名、地址及其爱好的科目,汇寄调查科立卡。按照卡片刻写定式"膜片",机印签条,送交包发人员(通常称包发间)适时寄发宣传品。上海发行所另设通信现购股,办理邮购业务,对邮购客户亦有立卡存档、刻写"膜片"、机印签条的同样设施,在寄发宣传品时与调查股保持联系。为进行灵活的随机调查,股内常设调查员数人,分赴外地调查,并视察分支馆的调查工作。此外,科内备有上海本地中外文报纸及分支馆寄来的外地报纸,由调查股指定专人逐日查阅与馆务有关的新闻和资料，分类剪贴保存。此项贴存资料，连同调查所得资料，成为全馆储存信息的中心，不仅为宣传工作服务，亦供应各部门查询。

设计股的主要任务是制订改进营业的计划。此项任务原由总务处的业务科主管，在总务处改组为总管理处后，撤销了业务科，改由推广科、分庄科和发行所分担，但因分工不明，合作不力，设计股的具体工作难于开展。在1930年，商务成立了全馆性的研究所，以王云五在欧美考察时聘回的留学生为骨干，首先进行经营管理包括营业计划的研究，不意部署初定，突遭"一·二八"事变，工作被迫停止。一个人力薄弱的设计股事实上无力担负这项制订营业计划的重任，平时只能为宣传工作提供初步的作战方案。

推广科内不属于调查、宣传的其他工作，也划归设计股处理。有关推广、宣传的外来信件，概由设计股经办。宣传印件的保管和寄发亦由设计股兼管。上海发行所特设担任应接事项的交际员，专为特种顾客包括来自海外各地的侨胞服务。服务的范围不限于门市，亦不限于本馆的业务，而扩大到社会生活的各个方面，尽力为这些来客提供方便，解决困难。这一设施受到国内外读书界的赞赏，并为享有"交际博士"之称的黄顽警塑造了一个为读者赤忱服务的形象。交际员接受推广科和发行所的双重领导。推广科科长和他们保持直接的联系，设计股为他们提供应对的资料。重要的分馆亦有交际员的设置。

在推广科一般任务以外，商务还举办多项社会推广事业，先后设立尚公小学、养真幼稚园、师范讲习所、商业补习学校、函授学社、国语讲习所、励志夜校、四角号码检字法讲习班及东方图书馆等文化教育组织，其着眼点是从本馆业务出发（如尚公小学是编辑小学教科书的实验机构），而服务范围逐渐扩大到全社会。

三、宣传工作

宣传股的具体任务以计划、制作、运用广告为主。所以，如前所述，在谈宣传工作时是把重点放在广告活动上，可从以下几个方面见其概略：

1.宣传作风。商务是一个出版家，搞的是文化教育事业，它在进行宣传活动时自觉地保持相当严肃的风貌。商务的宣传文件和广告作品中尽量避用庸俗的格调和说辞，而常常结合读者和国家的利益。例如它在遭受"一·二八"浩劫后立即提出"为国难而牺牲，为文化而奋斗"的宣传口号，这种宣传确能引起社会和读者的同情，加速复兴的进度。当时开始编辑发行中小学用的整套《复兴教科书》，特在所有宣传品包括广告中安排了一个"鸡鸣复旦"的标志。这个标志具有两重意义，一是号召国家民族的复兴，一是促进企业本身的复兴，其效果也有助于《复兴教科书》的推销。毋庸讳言，这类宣传作风是带有一定的夸大性和鼓动性的，但也确能顺应形势，符合本身的实际情况和要求。在资本主义商业竞争的一般情况下，企业者不惜采用损人利己的手法，把本身利益建筑在他人受害的基础之上。对于这一手法，商务的广告是尽量避用的。我们主张"只说己之长，毋道人之短"，以此作为商务制作广告的守则。这样，在同业中可以减少摩擦，在读者中亦易取得同情。商务出书一般重视质量。广告为读者介绍高质量的读物，高质量的读物保证广告的真实性，这样的宣传是容易被读者信任接受的。

2. 策略规划。在商务的广告中以新书广告为最多，每出一种新书必登广告，在"日出新书一种"的时期，更是天天都有广告。定期的新书汇登广告每月刊布一次，重版书广告亦不时单登或汇登。教科书广告从学期、学年结束前直至开学初期均做有计划、有安排、有应时说辞的大量刊登。按照时序节日和新需要的发生，随时刊登相应出版物和销售品（当时商务兼营文具、教学仪器、体育用品、儿童玩具等）的广告。这是宣传工作上的基本战略部署。对于大部书籍（如《四部丛刊》《百衲本二十四史》《丛书集成》《万有文库》等）的初次发行或发售预约、特价，另做战役性的部署。在战役部署中先行制订宣传方案，包括购买对象（个体和集体读者）的选定、供应本书的主要说辞（主诉）、战役期（预约期、特价期）中的进程、广告介体的选用、经费的预算等项。在战役进行中从各销售点（发行所、分支馆）随时了解销售情况，以便调整原定计划，更切实地安排以后的步骤。为这类大部书选用或特制象征性的标志，具有显著的作用。如以"卍"象征《万有文库》，有时即以书名四字分写于"卍"的四隅之中，简明醒目，便于联想。

3. 介体选择。当时广播尚未盛行，电视更未出现，广告介体主要利用报纸和书刊，辅以单件印刷品如传单、招贴、目录、说明书、样本和小册子等，间或应用户外的路牌和橱窗陈列之类。商务有一个有利条件，它可以在本版杂志中尽量登载合适的广告。

教科书以外各科读物亦常在编末附刊广告。因为商务同时是一个印刷厂，便于印制一切宣传文件，还编印《出版界》《出版周刊》等宣传性的期刊。在上海和若干大城市，商务曾商得规模较大学校的同意，在校内装置由馆方供应的广告盒，张贴每月新书招纸及不定期的特种书籍广告，校方和馆方均受其益。除店堂和橱窗陈列实物外，商务多次参加国内外的展览会、博览会，产生广泛的影响。上海发行所还一度租用船只在河域巡游，兼收售货和宣传的效益。

商务曾在 1920 年代附设国光影片公司，不久撤销，未及采用有效的电影广告。"一·二八"之役，商务的印刷总厂、总管理处、编译所、研究所及东方图书馆化为一片瓦砾，我曾建议当局就全部废墟拍制影片，留作活动的历史记录，因限于当时的经济条件，未能实现。

4. 协调行动。宣传工作在当时还没有被认识到是一项一定范围内的系统工程，但商务的组织规模却为宣传工作提供了许多有利条件。推广科是和编译所、印刷所（厂）以及总管理处各部门设置在同一场地的，发行所设在同一市区，相距不远，各厂所之间和各部门之间保持着直接的、紧密的联系，随时便于咨询和协作。以新书广告为例，各书的定式内容提要稿在编译所收到书稿时，即从著作人取得，送存推广科保管，出书时由宣传人员据以写作广告；写作时对内容遇有不够了解之处，可随时向编辑人员进行咨询。广告稿件送交印刷厂排版时，写稿人常抓紧时间，下厂校对，与排版人同在一桌上工作，亦便于做文字、版式上的改动。在向报馆发登广告时，推广科与栈务发货部门和发行售货部门密切配合，准确掌握时间，读者在报端看到广告即可在门市买书到手，在发货、宣传过程中一般不致发生脱节现象，力求为读者及时服务。分支馆发登广告，亦以到货为准。其他宣传事项均由推广科与行动部门协调合作，避免各行其事。在战役宣传中，更不是由推广科单独作战，而是把整个有关部门的力量集合起来，共同打好一场仗。

5. 专业培养。商务重视推广宣传人员的选用和培养。由于宣传是一项综合性的工作，培训范围较广，门目较多，要求工作人员广泛接触到编辑、出版、印刷、发行、管理各部门的知识和实践。馆里给工作人员不同方式的实习机会，使他们了解全馆业务的概况。为使他们对国内相关市场的动态以至国外宣传技术的发展也有一些粗略的了解，推广科备有全国各地的报纸，并收存中外文宣传、设计、绘画参考书刊多种，其中长期订阅的英国期刊即有 Advertising and Display。推广科历任负责人均为馆内高级骨干分子，前已说过。在科内经过培养锻炼的技术人员中亦不乏知名之士，如我国动画影片界的元老万籁鸣，创用书法、金石、图案三结合的画家都冰如，均曾有制作宣传画、广告插图、装饰标志的多年工龄。商务附设的商业补习学校设有广告课程，我在进校时学习过广告，后来又在校内讲授过广告。商务的工会亦重视对职工的培养，曾就东方图书馆余屋开办夜校，设有图画班，我和久任出版部绘图工作的朱剑安就是同班同学。从夜校学到的一些技能，多少有助于广告稿本的设计和布局。由广告而扩及宣传，由工作而扩及科研，我个人曾拟订过一套研究、编写计划，包含广告学概论、宣传学概论、中国政治宣传史、中国商业宣传史、中国学说宣传史案等。可惜我在一段不短的时期内，迁徙无定，生活失序，仅仅编成一本《中国宣传文选》（政治部分），由商务出版，一本未译完的宣传学稿和一本粗浅的广告学讲义亦遭遗失。计划终成泡影，多由于主观努力不够。回忆所及，附带谈起，用志我憾。

四、借鉴和前瞻

商务前期做过大量的推广、宣传工作，受到一定条件的局限，但也保留了一些可资借鉴的事例。把宣传看作是一种综合的、系统的工作，在馆内各部门间尽量协调配合，发挥它的最大作用和效益；把战略、战役的观点用于宣传上的战术运行，重视事前的计划和准备、临场的安排以及进程中的效果检查；把培养、训练作为提高宣传工作人员素质的重要手段，使他们具备专业的全面知识和技术，随时得到充实。——这几点至今还可供参考采用，加以改进和发挥。至于商务历年的宣传、广告作品，向有保管制度。仅就日报广告说，每一则广告经用活字版排定后，不论幅面大小，打存清样二份，每月汇订成册，一册按照发登时序排列，一册按照内容性质排列，截至"一·二八"前，积存数百册。从报纸上剪下的广告样张另用专册贴存。这些广告作品的存样尽毁于日机炸弹之下，其中不乏可供参证的作品已经失去了原始样本。

在商务当时的推广、宣传工作中，也存在着各方面的缺点。略举数例：由于教科书是商务的主要推销品，各分支馆尽力和当地教育界保持紧密的关系。业余的酒食征逐和博局联欢是不可避免的活动，积久成习，不少的分支馆几成当地文教界的夜总会，有损于企业的声誉。此其一。富商巨室有时攀附风雅，在古玩之外，常好收罗书籍字画。商务发售《百衲本二十四史》预约时，曾利用他们的心理，在一则广告中以此书用作厅堂装饰品为主诉，附列华丽书橱的插图，刊登后收到一定的宣传、销售效果，但是大大降低了本书的学术价值和供应本旨，总的说来是得不偿失的。此其二。余不多举。

今天，社会形态已经进入社会主义，科学技术已经进入电子时代，商品市场已经进入信息世界，国内正处在改革、开放的新时期，一切形势和条件都有利于出版事业和出版宣传的发展。我们想做的和可以做到的事很多，很多。怎样建立一套宣传制度和技术，既适合社会主义的性质，也保存中华民族的风格，为"四化"建设中的出版事业发挥前趋的作用，我们正应该负起责任来。

于 1987 年 6 月

我的祖父黄葆戉

黄 一 晴

近些年在整理家中的藏书，大多数都出版于商务印书馆。最近在微信公众号上看到关于商务印书馆建立125周年的征文启事，非常高兴，写上一笔我与商务印书馆的缘分。

一、黄葆戉与商务印书馆

我祖父姓黄，名葆戉，字蔼农，号邻谷、破盉（钵），别号青山农，祖籍福建长乐，1880年6月24日生于福州。毕业于全闽师范学堂（福建师范大学前身）和上海法政学堂。1905年任教于安徽法政学堂及安徽宪法传习所。民国成立后回到福州，任福建甲种商业学校教员、监学和福建省图书馆馆长等职。1922年到上海定居。1923年任《中华新报》副刊"文苑"主编。然后受聘任上海商务印书馆编辑部编辑，并在黄宾虹、吴待秋之后长期担任商务印书馆美术部主任。在此期间也兼任上海美术专科学校国画系主任及上海大学美术科教授等职。抗战时期，黄葆戉辞去商务印书馆的职务，以鬻艺自给。1949年以后，受聘为上海文史馆首批馆员，曾任上海文联第三届委员。1968年7月15日病逝，终年88岁。

商务印书馆的店牌，早期为郑孝胥手书，郑赴伪满洲国后，乃改用黄蔼农之汉隶。

二、商务印书馆出版的部分书籍

在商务印书馆出版的艺术类图书中，有几种精印的作品，如《宁寿鉴古》《西清续鉴》《窓斋集古录》《宋拓淳化阁帖》《天籁阁旧藏宋人画册》《燕京胜迹》等都是由张元济、李宣龚（拔可）、黄葆戉（蔼农）等审校出版的。

祖父黄葆戉长期任商务印书馆美术部主任，搜集、出版大量历代及当代之书画作品，光弘祖国金石书画艺术；书画付梓，署签多出其手，长期编纂，所见者多。民国间商务印书馆的出版物可谓包罗万象，除主营工具书、丛书、教科书、期刊等外，还利用已成熟的珂罗版、金属版宣纸印刷技术，先后收集、出版了中国历代名人碑帖、绘画及书学、画学类图书三百余种。黄葆戉主持美术编辑期间，也是商务印书馆图书发行的黄金期。出版的诸多画册、碑帖，多由黄葆戉书眉题签，增光添辉。其中有《旧拓张猛龙碑》《吴缶庐画册》《罗两峰画兰》《八大山人山水册》等，指不胜屈。黄葆戉还精印出版了个人的《青山农书画集》（1935）、《青山农分书千字文》（1938）等。

三、黄葆戉在商务印书馆时的一些交往

1. 黄葆戉与李拔可

李拔可先生当年任商务印书馆经理，并兼任发行所所长，与祖父黄葆戉交往甚多，常以诗呼应。在李拔可先生的《硕果亭诗续》中，一首《为青山农题岁寒图》把祖父所绘岁寒图之神韵描绘得淋漓尽致，把祖父的傲骨侠意表现到了极致。

为青山农题岁寒图

海藏松气郁深深，苦铁梅枯亦有心。
一纸不随风雨散，壁间犹自动龙吟。
世变从渠臂屈伸，十年树木见新陈。
买田誓墓皆虚愿，留得青山是此身。

而祖父一首《墨巢出示老秃翁小印感赋自嘲》足以窥见二位好友之交往。

墨巢出示老秃翁小印感赋自嘲

笔共鬓毛秃，心犹少日童。
晨昏欣傍母，远近任呼翁。
鬻字饥宁疗，裁诗句欠工。
莫嗤资质下，傥许不终穷。

2. 黄葆戉与陈叔通

祖父与陈叔通多有诗歌唱和。谨录二首。下面这首是陈叔通写给祖父的。

昨夜之集纪以五律一首呈蔼农先生教正

林下灯前坐，花光照眼纷。
室宽吞酒气，宵话掩兵氛。
凌杂谁为主，哀荒尚有群。
管家岭头事，去梦散如云。

放园云颇似管家岭野餐
叔通初稿

下面这首则是祖父贺陈叔通七十寿辰的诗。

六月十八叔通七十初度写荷花为寿

生先荷花六月，坐夏不畏炎热。
荷净时送凉风，顿觉身心冷冽。
出污泥而不染，彼君子清而洁。
西土上生上品，人间康强逢吉。

乙酉

3. 黄葆戉与吴待秋

《长江万里图》是吴待秋先生的父亲吴（伯）滔早年所绘的10米长《长江万里图》手卷，其上面的跋为吴待秋先生所写，讲述了祖父黄葆戉为吴待秋先生带来此画的愉快故事："先处士生平两制虞山图，三制长江图，皆寻丈巨作。虞山图尚留一卷于遗箧，长江图均不知所在。今年三月，老友黄蔼农忽携此卷来沪寓，谓系故家求售者，不禁为之狂喜，展读一过，遂罄囊易之。越四月重付装潢，当与虞山图并为吾家世宝。十九年七月，徵谨志。"

于2021年11月

父亲罗家伦与商务印书馆

罗久芳

商务印书馆是1897年在上海开办的,正好先父罗家伦先生(号志希,1897—1969)也在同年出生。他幼年在江西就学家塾,1914年考进上海复旦公学,开始受到新式教育。当时商务已出版了各种工具书、教科书、丛书和汉译世界名著,这些无疑成为他重要的精神食粮,也奠定了他对西方语言、文史与哲学的兴趣。在北京大学的三年中,他在积极响应新文化运动外,也开始尝试用白话文翻译英文的新书。经过蔡元培校长的推荐,父亲在毕业出国前与商务监理张元济先生有所接触,约定翻译美国前驻华公使芮恩施(Paul Reinsch)的《平民政治的基本原理》和英国柏雷(J. B. Bury)的《思想自由史》,这两本书的中译本分别于1922年和1927年由商务出版。其间父亲又独立撰写了一本《科学与玄学》,也同样寄交商务付印。

在美国和欧洲游学(1920—1926)的后三年,父亲的奖学金因故中断，商务的稿酬便成为他主要的支持。直到最后一年他已无法支持，不得不向蔡校长求救，终于得到张元济先生两次慷慨的个人借贷，才促成了他回国前的计划。从此父亲与张老诚挚的忘年交，一直维持到1949年。他们往来的45通书信，经双方珍惜保存，已收入了《张元济书札》增订本（商务印书馆1997年）和《罗家伦先生文存补遗》（台湾"中央研究院"近代史研究所2009年）。

父亲在他的精力最充沛的年代里，所撰写的九本书和三本译著，全部由商务出版。同时他也是商务新书的买主，1930年他看到张元济先生校订的《百衲本二十四史》发售预约广告，立即先将自己的168元商务版税就近划账订下，所缺约100元则待从另一本新书稿费项下扣除。到了艰苦的抗日战争时期，版税更成为全家三代在后方日常开销的重要补贴。当时我虽年幼，却还记得母亲等待商务领款通知的迫切。在这个期间，父亲和王云五先生的接触，多半是为了印书的事，至今家中还留存了不少信函与合同。

下面是商务为父亲出版的12本书名，以及初版、再版日期。

1.《平民政治的基本原理》，1922年1月上海商务印书馆初版，1925年6月三版；

2.《科学与玄学》，1927年1月初版，1999年北京商务印书馆重版，2012年列入商务"中华现代学术名著丛书"重印；

3.《思想自由史》，1927年6月初版，1972年5月台湾商务印书馆二版；

4.《中山先生伦敦蒙难史料考证》，1930年10月初版；

5.《近代英文独幕名剧选》，1931年10月上海初版，1933年

9月国难后一版；

6.《新人生观》，1942年1月重庆商务初版，1945年4月重庆九版，1945年10月上海初版，11月再版；

7.《文化教育与青年》，1943年3月重庆初版；

8.《黑云暴雨到明霞》，1943年7月重庆初版；

9.《耕罢集 附滇黔寄兴》，1943年9月重庆初版，1946年7月上海初版；

10.《疾风》，1943年9月重庆初版；

11.《西北行吟》，1946年1月重庆初版，1946年7月上海初版；

12.《新民族观》上册，1946年2月重庆初版，1946年3月上海初版，1967年1月台湾一版，1973年6月台湾三版。

1942年出版的《新人生观》里的章篇，虽然是父亲对后方大学生的演讲，却也被收入中学教科书，同时也在青年学子中产生了广泛的共鸣和积极的响应，令他最为欣慰。在物质条件最困苦的战时，他曾遇见宁夏贺兰山北的一位小学教员和贵州西部的一位士兵，因为买不到这本书，而分别动手抄写，令他无比感动。出版之后五年中，它的销路竟打破了商务成立四十多年以来，除教科书和字典外所有书籍的纪录。从1990年代起，《新人生观》开始在大陆以不同的书名和编排方式重新出现，出版社包括了辽宁教育出版社、学林出版社、中国工人出版社、中国人民大学出版社等。

为了响应"百年商务 百年书影"的早期图书书影征集活动，我选出了六本家藏的老书，和一套上下二册的《辞源》，供给负责收集单位鉴定。最早的一本是父亲的《科学与玄学》，至今已89

年高龄，道林纸虽已泛黄，但封面和装订仍然完整。其次是1933年出版的上下二册《辞源》，版权页上注明着"国难后第十六版"。这是我们全家手边少不了的一套精装工具书，80多年的服务使它不免显出些外表的伤痕，但功能仍然如昔。接下来是父亲在1942—1943年间出版的两本书:《新人生观》(1945年4月重庆九版)与《黑云暴雨到明霞》(1943年7月初版)。前者是父亲以一个教育家的立场，鼓励中国的青年建立"有力的思想，有力的行为，有力的生命"的演讲集。后者是他从1932年到1943年间发表的二百多篇短评中，选出的一小部分，用来代表他对国事一贯的主张。这本重庆初版的文集，纸张和印刷的粗糙，充分地显出了当时后方物资的短缺和困难。

父亲虽然写过不少白话新诗，但从中年开始偏爱作旧体诗，特别是绝句。他作诗的原则是:"写景必真，写情不伪，虚构之词、无病之呻，窃非所取。"《耕罢集 附滇黔寄兴》和《西北行吟》是他最早发表的旧体诗集，内容大半是他被派往边疆途中即兴之作。除了写景、怀古和忧思外，更能体现出他对祖国河山的热爱。

《新民族观》(上册)是战时父亲对中央大学学生的系列演讲，延伸成为一册民族哲学概论，抗战胜利后于1946年初在重庆和上海初版。可惜他以后长期被职务缠身，终身以未能完成下册而抱憾。

从这几本书的外貌影像中，可以看到70多年前商务印书馆所经历的沧桑，以及父亲一生与它密切的关系。创馆120年的商务定将凸显其龙马精神，继续为中国社会、教育与文化努力，这是值得大家祝贺和企望的!

略谈商务印书馆印刷部门的管理方法

宣 节

在19世纪末叶，我国重要的工商业仍操纵在殖民主义者之手。到20世纪20年代，不少国人经营的企业才有了迅速的发展。上海商务印书馆即其中之一。商务印书馆创办于清光绪二十三年（1897年）。开始资本只不足4000元，租屋三间，购置的印刷机仅有三号手摇架二部、脚踏架三部、自来墨手背架三部，即开始营业。七八月后，添置机具铅字，一年半后厂屋增至十二间，三年后（1900年）接盘日人在沪经营之修文印刷局，才备有铸字铜械铸字炉、切刀机和大号印机等，资金达5万元，顺利扩大了营业。至1903年日本金港堂欲在上海设立印书馆，凭借它的资本雄厚、技术先进，有垄断我国新出版印刷事业的意图。当时中国印刷采用新法刚在起步，绝难与之对抗竞争。商务当局决定采取合作方式，加强实力，以图谋自身的发展。方式由国人股东和金港堂各出资10万元合资经营，经理及董事全是国人，开会时日方可以派1—2人列席。由我方聘日本技师襄助印务。我方保留有辞退聘用日人的权利。至辛亥革命民国成立前（1911年）资本已积累至100万元，我方正式提议收回外股。经过三年的交涉谈判、几十次的会议，最后终于把日股全数收回，成为纯粹国人经营的企业。

至1922年商务股本已增至500万元。上海设总务处统辖全公司所有业务，总馆设印刷、编译、发行三所，分支机构遍国内各大城市达三十余处，在北京、香港设分厂，在香港、新加坡有分馆。经营业务为出版、印刷、发行学校教科用书和中外古今名著，翻译东西方科技著述，介绍最新学说，并精印艺术作品，承接有价证券和制造教育用品、铜模、铅字、印刷机具等。凸版、凹版、平版，各种新法印刷技术应有尽有；设有教育用品部生产标本模型、理化器械；设机械修理部修理和制造印刷机械、绘图仪器、华文打字机等。全公司从业人员近六千人，成为当时远东最大的出版印刷企业。

综观商务创业和发展经过，利用外国资金、引进先进技术、培养业务人才、实行新法管理等是不自觉地按照客观经济规律前进的。商务印书馆在1931年纪念创业三十五周年一文中，对其创业精神曾有如下之叙述："一、冒险进取：世人对于办事，往往以不可冒险为劝，殊不知冒险为办事精神之一种要素。不能冒险，即将坐失相当之机会。……本馆在此三十五年中。最初冒险为少数贫士之投资；其次则与日人之会资；又其次则历届在各方面之扩充。倘历任当局，不以进取为办事之目标，可以苟安，于愿即足，则此伟大之事业，安知不已中止于半途？""二、独立自营：

社会进化,日新月异,大小事业,必顺此潮流以求进步,人进而我不进,其不落伍者几希?……故在此三十五年中,无事不逐渐求进,或借材于异国,或购机于新邦,或研究于各名厂;但借材必派员学习,购机必设法仿造,研究必运用其优异之点,务使达吾可以独立可以自营之目的,决不以因袭毕吾能事。""三、团结一致:众擎易举,独木难支,……本馆规模如此宏大,业务如此复杂,职工如此众多,苟能一致以发展事业为主旨,站在同一战线以进攻,何事不成,若终日孜孜,仅求一些盈利,以维持公司资本,个人生计,则滔滔皆是,将有不能与人竞争之一日。故为远大计必冶公司于一炉,整齐阵线,磨砺以须,……幸能循此轨道共同进行,前途正无量也。"商务所以能于二十余年中取得如此迅速的发展绝非偶然。

我是1925年进商务印书馆供职。当时正是它发展昌盛时期,我先在铁工制造部任制图员、管理员,1927年制造部改组为商务附属之华东机器厂,1928年调商务印刷所工务系铅印股任职,嗣后即长期搞印刷管理工作。抗日战争中辗转于香港、上海、赣州、重庆各地商务印书馆分厂。至1946年来北京分厂京华印书局。1954年公私合营,1956年离开京华至政府机关供职。此二十余年在商务所搞工作,完全是生产管理方面,对商务整个企业的经营管理很少涉及。但在生产管理事务中,有不少和商务整个经营是有联系的,也就稍有了解,兹缕述于后。

第一,商务印书馆的经营管理,是随着企业的发展逐步走向计划化。商务的业务,仅就图书出版印刷生产一项,就非常复杂。种类方面,有学校用书、一般读物、定期刊物、各种字典,还有外来委印业务。印数方面，教科书每册印数有多至数十万者，一般读物的印数最多三四千，少者只印几百。刊物及字典的印数也有多有少，如《东方杂志》《学生字典》等印数多达数万，一般也只数千。生产过程方面，初版书要经过排版、纸型工序再铸版印刷，重版书则直接用纸型浇版付印。供应时间方面，教科书随学校寒暑假开学集中供应，一般书则要逐月均衡生产。凡此种种，如果没有适当的计划安排，势将造成供求不相适应，引起产供销的失调，影响资金周转和企业的发展。商务在这方面是由总务处出版科、推广科和分庄科全盘掌握。推广科设有调查股，掌握各地学校、学生数量的调查；分庄科通过历年资料和各地分馆的汇报情况，决定出版物的生产数量和时间。如教科书是在春夏两季开学前，由分庄科和推广科向各分馆，根据该馆营业地区调查了解到学校、学生人数和教科书各册的需要及可以销出数，搜集汇总转出版科开单通知印刷所工务系进行生产。其他出版物则大都是根据以往同类图书出版后销售情况，再版书的添印则主要靠轧销制度，由稽核科下核贷股司其事，分别定出初版或再版印刷数通知印刷所生产。印刷所工务系则在接到通知后，分别交排版、铅印、石印、彩印、制版、装订等股，转发所属之生产部门（车间）进行（具体管理方法，下面另述）。印制量大的教科书，在学期开学前即提前付印，到决定正式印数时扣除，以避免生产部门忙闲不均和赶印不及的现象。外来印件多为证券、钞票、商标等彩色美术制品，与图书出版的印刷矛盾不多，由承印部门和客户商订合同，通知工务系安排生产。以上是商务印书馆出版印制生产经营管理的简单情况。

第二，在制定产品售价方面，商务是一个私营企业，重视利润是必然的。一般是计算出工本，加上利润即作为定价。但在计算时，对排版内容、印数多少、装订式样、纸张种类、生产繁简是很注意的。如排版，一般图书长条直缝，科技图书有插图、表格、公式、外文名词，两者排版难易有时相差数倍；印刷，印数不论多少排版只一次，书本有16开、32开、64开、25开不等，印刷上版，每上版一次可印一万以上。但印几百或二三千也是装一次版，这样印数多少对担负排版、装版费用差别很大；装订分铁丝订、三眼订、锁线订、骑马订，封面有纸的、布的、皮的、硬壳、软壳，式样有精装、平装、中式装；印刷用纸有新闻纸（报纸）、道林纸（印书纸）、铜版纸、连史纸、毛边纸，各种同类纸又各有不同的规格，有些书还加彩色插图等等。在计算定价时，根据上述生产中各项不同细节，将出版物先分成若干类，试算出各类出版物每生产一页的不同工本。新书出版按分类算出一页的工本，以总页数乘之作为正文成本，加上装帧工料、稿费、版税和拟得的利润作为定价，定价中并包括有批发、代销折扣。这种计算方法对优质优价，注意劳动生产率、资金利润率等经济核算方面，还是有所体现的。

第三，生产管理体制方面。

一、生产管理：每一出版物的生产，在书稿发交印刷厂后，必须经过排版、印刷、装订三大程序。排版可以独立进行，印制、装订则须联合生产。当工务系各股收到出版科付排、付印通知单和发排稿件及付印样本，就做好生产准备工作，发生产部门按要求进行生产。如：

（1）排版过程。排版股接到出版科稿件和付排通知单后，先将稿件编上页码，和排版车间负责人共同审阅稿件的排量大小、内容难易。预定出是分组合排还是一组独排，及排竣限期。然后建立排版卡片，填明排版规格、工作要求，卡上印有排版、校对逐日进度记录栏。然后开排版证将稿件发给排版车间转分到生产组，内容有图版的同时发去。图版是由出版科在发排前制好。排版车间接至稿件后，先排出样张送出版科阅定，同时生产组将全书常用之字列出，开通知单送铸字车间添铸，不常见的刻字，则交本车间刻字工人手刻，有外文字的先拣出外文毛坯。在排版进行中，拣毛坯按原稿页码记进度，装版按原稿页码及装成的页码记进度，每日在排版卡上进度栏内注明，装成一二十面即印样送校对部门校对，在卡上登记原稿页码、装版页码和送校日期，校样校回及版改好再送校均在卡上登记日期。一般经校改三次即由校对部门负责复校的校对员或送编辑、原作者签字，排版即算竣事，印好清样随版送纸型车间，制成纸型送排版股验收保存。打纸型后的活字版退排版车间，版中有图版的将图版挖出送排版股。俟全书纸型齐后，排版股将纸型、图版和清样集拢送出版科销号。在排版过程中，排版股逐日检阅排版卡片以掌握生产进度，发现问题，注意督促。在全书纸型制齐后卡片同时收回。

（2）印刷装订过程。铅印股接到出版科发来的样本和付印通知单后，计算出印刷版数和用纸数量，建立印刷卡片。将付印样本、纸型、图版及所开印刷证发印刷车间进行生产，同时开用纸咨照单送纸栈房准备用纸，铸版证发铸版车间准备铅版。装订股根据装订要求，建立装订卡片，决定承装部门，开装订证发装订车间或装订作。印刷卡片、装订卡片和印刷证、装订证上均印有生产记录栏，生产车间逐日填注生产情况送有关股检阅。各生产组另有考勤表记各生产工序进度过程以供考核。当铅印车间接到印件后，按全印件版数多少，决定交一个机组印刷或分给数机组印刷，开领版小条和领纸单交机组向有关部门领版、领纸。机组将印版和用纸领到后即开始生产。先装版印出样张送车间负责看大样人审阅签字，然后正式开印。在分数机组印刷时，应注意两机印样的墨色深浅，版面位置均匀一致。至印数印足落版，将最后一张和签字样送车间核对质量后，转给装订车间或装订作领取书页装订。

装订车间在开始接到任务时，即按印件装订要求进行准备，一股书的装订和书本在 100 页以下者，无须特殊准备，在 100 页以上的，必要时须以所用印制同样纸张，按成书页数订出厚度送印刷车间供印刷封皮书脊时参考。精装本须预制书壳，烫金的须先制版。在一种出版物的书页、封皮、插页、零件全印齐后，先订出样书送装订股转出版科审阅签字后正式生产。成书陆续送书栈房，书栈房根据出版和分庄二科通知，分别运寄发行所及各分馆。

一本出版物从排版到装订成书是紧相衔接的。有时版排好制成纸型后，不一定即刻付印。在各自的生产过程中和有关各部门的联系配合，在生产一开始就有了咨照，如排版和铸字、校对、纸型等部门，铅印和装订、铸版、纸栈房等部门。这和现在日本丰田生产方式强调用"传票卡"做到"准确及时"颇相似。工务系各股建立的生产卡片和发各生产车间的工作证，可起到"传票卡"的作用，并在生产过程中发挥检查督促的功能。有其可取之处。

二、产品质量管理。在生产进行中,产品质量的检查,采取自检、互检方式,以自检为主。如排版最后是由校对员签字。但装版人在作业中对毛坯随时注意,发现漏拣、错拣、坏字、低字便即时改正;标点符号避免排在每行行首;有公式、图表装成之版须提起而不松散才算合格。这些都属于自检范围。铅印上版垫版要平,印出书页,反面不见印痕;在印刷中随时注意墨色均匀,初开印和印完下版时的书页墨色先后一致,发现糊版污迹要即时清洗换版;全书无论版数多少版心上下左右空白须完全一致,在每版印背脊折标处,要加上承印机组人员代号;一书由数机组分印的更应互相关照,这都是自检。车间负责人和看大样人也不断轮流巡视各机,发现问题立刻处理。装订在开料、折页、配页、订书、包皮、裁切各工序间,下一道工序对上一道工序有监督权。开料、书页要撞齐,裁口不偏斜;折页页码、行线要对准,折缝要刮平;配页书帖顺序无颠倒遗漏,配好撞齐,检查折标;订书脊背要紧贴,订孔距离适中成一线,锁线松紧适度;包皮封面周正,脊封文字居中。封面与书心紧紧粘牢。书脊刮平无折皱,裁切成书端正平直,规格划一。这些都是自检。各工序负责人随时抽查,发现不合要求的即着令返工,最后成书由专职人员检验,并附入检验人代号证或盖印代号负责保证质量。所以产品质量能比较稳定,且减少了生产过程中的废品产生。

三、劳动组织管理。以各厂生产规模大小,稍有不同。上海总厂因系出版、印刷、制造业的全能工厂,规模较大。印刷所下分设工务、事务、设计三系和人事、营业两部,系以下分股。工务系管生产,以生产工种不同分设若干股。事务系管栈务、总务、运输、工资等事项。设计系管设计、修理、统计等事项。是为职能部门。股以下即为生产部门。北京厂一度曾有向印刷全能厂发展的趋势，最后仍是以排版、铅印装订为主。香港厂以铅印、彩印为主。重庆厂以排版、铅印为主。赣州厂仅有铅印。各厂印件的装订，多系委托装订作承包。所以各地分厂的职能部门不设系，只设工务、总务、会计、审核等股，下即为生产部门。各职能部门的人员一般只两三人，最多不超过五人。各生产车间负责人以下，除有少数辅助人和检查、修机人员外，均为直接生产工人，分上下手按生产需要组合。各工种的上下手对生产全过程都应知应会，由技术熟练、知会较多者任为上手。如排版一般以上手二人、下手四人为一组，上手多做装版和接稿件后的一切安排事项。铅印一般以一上手、二下手为一机组，有日夜班者则合二机组或一机组为一大组轮班生产，上手多负责上版垫版工作及印刷机的照管和组内的相应事项。装订工人则按工序分为大组，各工序人数不等，视生产需要定，每工序设有组长。劳动时间均为八小时。迟到不算缺勤，早退也可请假，但将时间记下，至月终总核扣发工资，以免因一人不到而影响一机一组的生产过程。

四、仓库管理。上海总厂因规模大，事务系下设栈务股，分纸张、书籍、材料、铝件、仪器、木料、药品等栈房分类管理。各地分厂则直接在厂部下设一纸张材料栈房管理。凡纸张、材料进出，均分别立卡记载。每月终了查点核实后造表送厂部审阅。客户委印来纸，均按户各立专卡。栈存油墨、材料一般存三个月用量，最多半年，须添购时，根据领用情况列表送厂部核准，交总务采购。栈存量大小，对成本、利润、资金周转均有关系，所以由厂部直接掌握。必要时尚须报总馆,对久存不用之纸张、材料,做出处理。

五、财务管理。商务印书馆由少数人集资经营发展成为股份有限公司,机构日大,所以对于财务管理极其重视。在初开办时,是用老式账簿,即所谓"龙门账"。自1921年聘请当时国内闻名的经济学家杨端六来馆后,就规划新式会计,改老式账簿为复式簿记账。每日的账必须借贷平衡,即使差几分钱,也必须查明。每年决算后,须在股东会上报告账务。因之,每年结出盈亏后,还须请会计师查账复核,经会计师证明,才造出决算报告,在股东会上公布。至1930年并有预算管理委员会的组织和筹办单位成本会计核算,但在1932年"一·二八"日军侵华,商务总馆被炸毁,复业不久又是全面抗战,所以迄未见有显著成效。

商务总管理处管财务的有三个部门,即会计科、出纳科、稽核科。出纳科专管银钱收付,收入款项须开收款凭证,凭以入账;支出款项凭会计科所开由科长签字并附有原始发票的付款凭证,才能付款。遇有手续不全或不合规定的款项可以拒绝支付。每天把收付各款用复写登入现金出纳簿,一份留存,一份和各项原始凭证于次日送会计科记账。会计科凭收付款凭证过账,并另有专人核对。所用账簿有总账、分类账、分户账、现金出纳簿、转账簿等。稽核科主要是复核分支馆、分厂寄来的账册。总馆规定,各分支馆、分厂的账簿单据,按月按年必须寄总管理处进行复核。这种钱和账分管和进行复核的做法,是为了防止贪污舞弊、浪费开支等,管理是比较严密的。分厂的财务管理,基本和总馆相同,一般在厂部的领导下分设总务、工务、会计、审核四股,无出纳股。所以银钱出纳由总务股办理，每天把收付的款额汇总交会计股入账，总务股付款也要凭会计股所开经厂长签字的附有发票的付款凭单核付，收款也要每笔开收款凭单。会计科入账后，也有专人对账。分支馆的业务，主要是出售本馆出版的书籍和仪器文具，没有制造业务，内容较简单，也没有会计主任及会计员、收银员。账簿也是用复式簿记。收支和盈亏也是每月向总馆报告。

第四，职工进用和工资待遇奖励制度。

商务印书馆创业于1897年，规模自小而大，最初进用人员情况无由得知。1925年我入厂时，由学校介绍经考试入用，视成绩定出工资，可见已有了一套制度。俟后得知商务自1910年至1923年曾开办商业补习学校，招收七届，学生共260余人。为总馆和各地分支机构培训从业人员。在1924年又开办了艺徒学校，三年毕业学生38人，充实生产部门管理力量。生产技术工人，我进厂后见大量进用，只隔几年就招收一批徒工。多系本馆职工子弟及由职工介绍的青年，经过考试录取。学工派在职能部门，徒工分配在生产部门，为期均是三年出师，并指定老职工订师徒合同负责教导。学习期间进步快或成绩优异者可提前升级，或满师成为正式职工。商务所有职工在进用时均须订立保单。当时认为理所当然。1932年上海"一·二八"事变后复业，直至1949年解放，凡进用的职工则改为订立工作契约，期限长短不等，到期续用续订。总馆高级职员和各地分支机构负责人，亦同样采取雇佣契约方式，到期可不续约。

商务的工资待遇在当时旧中国的一般企业中是比较优厚的。除生产部门有部分施行计件工资外，大部分是月工制，每隔一二年普遍加薪一次，数量不等，工作好和成绩显著者，普加外还有特别加，职务调动或提升时，并按调动提升情况，调整工资。如我自1925年至1932年，七年中工资从35元增加到60元可例一般。

计件工资在排字、铅印、装订等车间，均有采用。是按不同工种的生产难易，以及参照历年的生产原始记录材料的实况，先制定标准单价，然后以产量求算。单价并可分工序制定，如装订工种的拆页、排页、订书等工序，即可以各人产量按单价求算分配到人。排字、铅印因集体合作，不能分算，只能以组为单位，算出工价后，再按各人上下手比分分算到人。标准单价的制定，排字因字号大小、装版难易，差距过大，制定比较复杂。一般以排普通版每千字为单位计算单价。有公式、表格的分别繁简加一至二倍，在文中夹有外文或注有小号字的分别将单价加成。计算时须以排出印样逐面查点，分类加价。铅印以每千印为标准单位，短版印数不足一千者，也按一千计算；上版一次按规定时间折合印数计算，印薄纸较厚纸时单价稍高。装订各以其工序制定单价，工序间无干扰。实行计件工资的工人，每人另订有假定工资，凡公休、例假、病假等，计算工资津贴即按假定工资计算，采用计件工资，工人劳动强度较大，每月工资所得可比一般月工多百分之二三十。

公司年有盈余，全体职工一律派给红利，类似现在利润提成奖，但为数甚微。年老退职者有退俸金，按在职年数，分等递增金额。但此条在1932年后无形取消，对退职者只加给二至三个月工资，病退死亡者有抚赠金，因公致残者有抚恤金。平时对职工生病有特约医疗、病假津贴，子女教育有补助金，婚丧假有津贴，女工生产给保产金，并指定医院，费用由公司负担，给产假六星期，上班后婴儿可由家属送哺乳室每日哺乳二次，其他有关劳动保护、安全生产等事项也有相应的措施（见下文）。

奖励制度。这也是随生产需要而逐步采取的。最初在每年年终多发给职工工资一月，称"例假工资"，一年中请假、缺勤积累满一月者少发三日，多类推。实即现在工厂中的全勤奖。抗战胜利后，职工要求改为三十六日，后又要求另加发"升工"工资一月，全年缺勤多少，按比例减发。因生产需要加班加点，每三小时按半日算、五小时按全日算发给工资（放假日加班，每六小时算一日）。这些措施对职工体力略有照顾及体现多劳多得的意味，可称尚为合理。此外，超额奖、节约奖、制作优良奖、技术革新奖、合理化建议奖等，则非所有厂全都实施，视各厂各个不同时期的需要而采取。如上海总厂对用电木粉试制铸字模成功，发给了制作优良奖；北京厂为铅版镀铜、铬，提高了铅版的印刷数量，用土豆粉掺化学药剂夏日浇铸胶棍解决牛皮胶棍软化问题，以国产薄型纸（即雁支纸）代替进口薄型纸，做纸型第二、三层用纸，减少进口纸用量；香港厂制内运纸型，低洼处不垫厚纸板减轻纸型重量，名曰"航空纸型"的建议等，都发给了技术革新奖和合理化建议奖，这都是一次性的。超额奖和节约奖较固定，但也是根据生产情况需要制订的。而且在制订时和制定计件工资单价一样。对原始材料记录，须有较长期的全面准确的统计资料作依据，才能制订得比较合理而为职工所接受。如重庆厂在抗战期间，因原材料购进困难，对油墨、机油、汽油等制订了节约奖。办法系根据前一时期领料总用量记录，以同一时期生产产量总数，求出每印一令纸用油墨多少及每月消耗机油、汽油平均用量作其数。在保证产品质量不降低、机器运转无事故的条件下，各机组油墨实用量低于每月印出令数应用量和机油、汽油领用量低于基础的，将少用的油墨、机油、汽油，按市场批发价格折算作为奖金奖给机组。北京厂在1953—1954年间，亦曾实行过原材料节约奖制度，并因印件印刷量大，升放消耗用纸有节约潜力，增添了纸张节约奖。每版印刷消耗用纸，低于规定升放数的节余纸张，月终结出总数按市场批发价作价提出若干成作为奖金。超额奖则系为鼓励工人集中精神续纸、上版，减少印机空转和加快装版速度，增加开印时间，以提高生产效率。方法是按印机性能，规定一日八小时和全月生产标准印数，每装版一次按规定装版时间折合印数，加入实印数内，月终统计总数和全月标准定额印数相比，超出印数按日标准印数换算成日数，增发工资作为奖金。如未超额要查明原因；如发现有某一版印数缺少，并要追查责任，给以处分。北京厂1949年后、公私合营前，也曾试行过一时期，后因在全厂各车间内奖励面不平衡，得奖者的奖金多少也颇有悬殊，职工间意见不少，其他同业厂尚无实行超额奖者，合营不久，即将所有奖励办法停止。

装订生产过程中，经过工序较多，短少或撕毁一页、一帖，即不能成书，最后完成应交数量，往往有不足现象，尤其是发外厂装订者。虽有交不足数即扣发加工费用或按书定价提成赔偿制度，但因少一页、一帖，而使全书成为废纸，亦属浪费，乃有分别情况，酌收费用补印办法。同时对有完成应交数量超额的部分，可以按书定价的批发价收回以资鼓励并杜塞私售等弊端。

第五，安全生产和劳动保护措施。

商务对工厂生产的条件是比较注意的，机具安装疏密适当。创业仅五年，即开始自建厂房。所以上海总厂、北京分厂、香港分厂都是自行设计的钢骨水泥建筑，厂屋宽敞，空气流通，光线明亮，一切从便利生产着想，冬有暖气，夏有风扇，并专制搪瓷锥形灯罩，避免灯光直射工人眼睛，专制搪瓷大标语牌，如"小心有电""注意防火""不准吸烟"等，悬钉于有关地点及通道，以提示职工注意。凡动力用天轴皮带传动的都设有防护栏，小马达设有防护罩。消防设备车间有消防龙头、帆布管带、泡沫灭火器、高压绝缘杆、沙箱、水桶、火钩、火斧等；总厂并有专责消防队组织，备有救火车及各种简单消防器材。各分厂也有义务消防员组织，定时演习。对于会产生有害气体的铸字、铸铅版、电镀等车间，装有抽风机换气。1949年后更有改进，在铸字机、烊铅锅、电镀槽上直接罩上铁皮管道装置，将有害气体抽送室外。劳动保护用品有口罩、眼镜、罩袖、手套、围裙、发帽、工作裤等，1949年后每人每年发工作服一至二套。在上海总厂，解放前夏日气温凭气象台报告，高至华氏94度以上，第二日即减少工作时间一小时。1949年后京、沪各厂夏日均备有盐汽水清凉饮料及解暑药剂等，随时供应。厂内设有医务室，请有专职大夫和护士，如要到外面医疗，另有特约医院。

以上是我在商务印书馆，自1925年至1954年公私合营，从业三十年的经历，全是三四十年前的往事，回忆几同隔世。遗忘及错误必所难免。而且时代制度不同，当前企业的经营管理迥非昔比，可以借鉴地方未必太多。但正在我们国家朝着"四化"目标新的历史时期进军，党和国家各有关领导部门，号召全国人民和一些原工商业者在调整国民经济、搞好现代化建设中发挥积极作用。我虽已年迈退休，同样应竭尽所知做出自己力所能及的有益的贡献，乃悉心回忆写出此文，供有关企业作参考，或作为商务印书馆的部分史料亦可。

父亲冯定革命人生的起点

冯宋彻

商务印书馆在中国共产党创建时期,在传播新知识新文化新思潮、传播马克思主义、培养中国共产党早期领导干部方面中有着独特积极的作用,从五卅运动到上海工人三次武装起义,商务印书馆职工不但是参与者,而且是中坚力量。因此,商务印书馆被视为"革命大本营",也是父亲冯定革命人生的起点。

我家祖上曾在明朝做过大官,父亲的十二世祖叫冯叔吉,在明朝末季为湖广布政使。后因世事变化、朝代更替、岁月动荡等,家庭逐步衰微,至父亲的曾祖父便已靠手工讨活,是厨子又是漆匠,到我的爷爷也是如此。父亲小学毕业后家中的经济条件已经无力支撑他继续升学读书了。父亲从1916年秋到1921年夏在宁波城中浙江省立第四师范学校(今宁波中学)求学,这完全是依靠族叔冯君木先生的帮助。冯君木是开明的寒儒,擅长诗文,曾为同盟会会员。当父亲高小快毕业时,君木先生因为布政公的后代只有父亲这一家了，而且知道父亲的学习也尚优等，所以就决定想办法资助父亲继续念书。

在师范期间，1918年冬父亲曾因患肺病而进医院治疗，1919年五四运动起来，父亲积极投身其中，在医院进行募捐，并推动附近的小学教员们发起游行，做街头演讲，并组织剧团在城乡演出，秋后回校，曾充当宁波学生联合会的师范代表，主编过学生联合会的头二期报纸。父亲去师范求学时，各门功课都是优秀的，相比最好是国文。父亲求学期间成了宁波市早期的共青团员之一。

1924年冬父亲赴北京，任冯君木先生的弟子及亲家徐荷君（段祺瑞政府财政部主任秘书）私人文秘。借此每天上午都去北大旁听，订阅《晨报》和《京报》副刊等，凡是新的杂志如《向导》《语丝》等每期也都买来看，阅读了不少当时在北大能看到的对于唯物历史观的书籍。父亲在北京这半年的时间，特别是在北大听课期间，进一步研读历史唯物主义书籍，参加学生进步活动等，这些对父亲思想觉悟提高很大。当时父亲想，要么不能参加革命，如果参加就非直接参加为穷人的共产党不可。由于父亲当时的地位及所处环境，自然无法找到关系。

1925年当五卅惨案发生后的次日，父亲心情已很激动，下午去财政部时，有一姓龚的秘书竟在大谈"学生可杀"，但别的人全都保持了沉默而并不批驳他，这使父亲深深体味到所谓反动和官僚政府的腐朽的意思，觉得再上那儿去是可耻的。后来父亲就以个人资格去北大报名参加了救国会，并经常以个人资格去参加学生示威游行，而且不久便向徐荷君留信辞职回到上海了。

到上海后，为了生活，1925年秋由君木先生介绍，父亲考入上海商务印书馆，在国文函授部就职，任编辑和国文函授部改卷教员，地址在上海闸北宝山路。此时的商务印书馆是中国规模最大的文化出版机构。父亲从此借助商务印书馆的条件，广泛涉猎各方面知识，写各种文体的文章，并自学英语和俄语，翻译一些小品，其文学造诣、理论素养、写作能力和外语水平显著提高，为以后从事理论宣传和写作打下了坚实基础。父亲在北京时已经萌发了要参加为穷人的共产党，但无从找到关系。到商务印书馆后终于实现了父亲的这一愿望。

中国共产党甫一成立就把商务印书馆列为优先发动、组织和领导城市工人运动的"重要据点"。1916年，北京大学预科毕业的沈雁冰来到商务印书馆，后来担任商务出版的《小说月报》主编，从事撰稿和编辑工作。1921年初，沈雁冰参加中国共产党上海发起组，是最早的党员之一，也是商务印书馆的第一位党员。1925年5月，中共上海商务印书馆支部成立，从此商务印书馆有了党的基层支部。1919年冬，14岁的陈云进入商务印书馆做学徒，在这里，他接受了马克思主义，于1925年八九月间加入中国共产党，陈云入党后先后任中共商务印书馆总支部干事、发行所支部书记。

父亲1925年秋进入商务印书馆时，馆里已经有了陈云同志负责领导的中国共产党支部，冯定在此受到党的影响，走上革命道路。据父亲回忆，1956年2月3日，在第二届全国政协第一次会议期间，下午大会后，父亲至怀仁堂赴国宴。宴前，先晤了陈云同志，陈云还记得1926年间在上海宝山路商务印书馆和父亲开过党支部干事会的事，见到父亲时说："宝山路。"后毛泽东来，和宾客一一握手。据父亲日记，毛泽东握着父亲的手，看了他一下，问现在在哪里工作，刘少奇同志说父亲是他的老朋友，周恩来同志说他读过父亲的文章，这使父亲铭感不忘！

父亲进商务印书馆工作时，当时商务印书馆函授部负责人是钱智修，而实际分配工作的是钱的同乡杜尔梅。父亲入函授部不久，吴文祺也进来了。父亲的工作是批改文言课卷，而吴的工作是批改白话课卷。吴这时已是共产党员；起先在吴的心目中，函授部中几乎全是遗老遗少，只是父亲较为年轻罢了。1925年十月革命纪念日前后，商务印书馆党支部规定要注意发展党员，所以吴格外注意父亲的一言一行。有一天下班，父亲和吴都迟走了一步，吴见父亲在翻一本白话的论新文艺的书，便问父亲是否爱好这些书籍，父亲就诉说改文言课卷只是为了混饭吃，实非意愿。吴便请父亲到其住处谈谈，在谈的中间，大家都痛骂了函授部的杜尔梅，活像是欺压人的工头。后来吴便问父亲有没有政治活动，父亲说很想活动，可是找不到门路，吴说是否愿意看三民主义的书，父亲说这类书并不太想看，而且暗示了不想参加国民党而很想直接参加共产党的意思，吴说大家注意想办法吧。不久他就借给父亲一本《共产主义ABC》看。父亲回家当夜读完，觉得非常深切明快。后来父亲将书还他时，他便说父亲的志愿他已有朋友可以设法了。不久，他便要父亲填表，并由他转请方渊泉同志和他二人共同于1925年底介绍父亲入党，候补期三个月。正式出席小组会议，是在1926年1月里。入党后不久，又由吴文祺告诉说，组织规定党员都要参加国民党，于是根据当时党的政策，父亲又参加了国民党，好像和丁晓先、杨贤江、樊仲云等是在一个区分部。吴文祺和父亲有一次还曾推动樊仲云散发过国民党的传单。1926年底，吴文祺已离开商务去武汉任黄埔分校教官，至此父亲就和吴文祺因革命工作需要分开，没有再在一起。1927年汪精卫在武汉发动"七·一五"反革命政变，组织要求吴文祺等人暂回上海，听候组织召唤，可那时地下组织遭到破坏，原待联系的线索中断，从此吴文祺与党组织失去了联系。吴文祺后在上海复旦大学教书，早已不是党员了，方渊泉自父亲离开商务后一直没有联系。

父亲在上海参加过二次罢工，不久便当党的小组长。1925年10月，董亦湘、恽雨棠被党组织派往苏联学习，由沈雁冰接任支部书记。1926年4月，沈雁冰辞去商务印书馆职务离沪，先由徐辉祖，大约在1926年底由冯稚望（冯定）接任支部书记。上海工人第一次起义的中间，父亲曾参加过共产党浙江区第一次代表会议，代表会议结束后，商务工会曾在宝山路印刷厂车间召开过工人群众大会，请父亲做过政治报告。

父亲的名字冯定是1938年父亲去新四军才启用的，在师范读书用的名字是冯昌世，在上海商务印书馆到留苏时期用过冯稚望，从苏联回上海去新四军之前用的是冯季定。1930年代在报刊发表文章，贝叶的笔名也是很响亮的。关于冯稚望的名字还有一段跟沙孟海有关的在商务印书馆的故事。1927年初，沙孟海经冯君木、陈布雷引荐进商务印书馆编译所国文函授部时，已在商务工作了一年的父亲接受组织指派前往武汉。父亲原来患有肺病，因此离开商务时，对社中只说回慈溪静养，对沙孟海却交了底，要求代为收转信件。此后，父亲的信件便由沙孟海代转，社中同事知二人乃师范时期的老同学,也就不以为异。"四·一二"事变后,当时身为中国共产党中央宣传部部长的李求实来到沙孟海的住所,希望沙孟海代为收转信件。沙孟海毫不犹豫就答应下来,只是在技术上做了一个修正:要求收件人写成父亲当时的名字冯稚望。他觉得反正商务印书馆的人都知道他与父亲是莫逆之交,多转几封信也无伤大雅。他绝不曾料想到在往后的几个月中,全国各省市、地区中共党组织给党中央的密信会雪片似的飞往商务印书馆,而且往往把"冯稚望"错写成"冯雅望"。商务的老板感受到了继续聘留沙孟海对自己的威胁,于是沙孟海便遭辞聘,丢了商务印书馆的工作。还有的材料把冯稚望的名字误写为冯稚芳的,在此一并澄清。

中国共产党的早期领导人陈独秀、李达等都是商务印书馆的外聘编辑。在20世纪初,商务印书馆主办的《东方杂志》很早就有翻译和介绍社会主义和共产主义的文章,并连载日本人幸德秋水所写的《社会主义神髓》等著作。1919年至1922年间,中国共产党创立前后,由商务印书馆出版传播马克思主义的书籍有20余种。这些书籍大致可分为三类:一是马克思的经典著作,如《价值价格及利润》;二是诠释马克思主义的书籍,如陈溥贤翻译的《马克思经济学说》;三是我国早期马克思主义者介绍"新俄国"的著作,如瞿秋白的《新俄国游记》。父亲入党前后,更是借助商务印书馆的便利条件,加强对革命理论的学习,阅读了大量进步图书,其中有张若名、任弼时合著的《马克思主义浅说》,山川均、施存统合著的《资本制度浅说》,马克思的《共产党宣言》,列宁的《国家与革命》等进步图书。这促使父亲更多思考国家的前途命运，并看到了群众和青年对于革命的重要性，这些早期革命思想的涌动使父亲产生进一步深入学习理论，并撰写文章向大众传播进步思想的愿望。商务印书馆的经历使父亲奠定了较为扎实的理论基础，为以后撰写理论著作、传播马克思主义奠定了基础。商务印书馆是父亲投身革命的人生起点。

于 2021 年 12 月

追忆商务总务处片段

张 勉 之

1927年春,我离开江西,回到上海,准备读书兼找职业。有一天,在《申报》上看到招考书算员的广告,我就报名应试。得到通知,才知道是商务印书馆总务处招收职工。那次应招报名投考的有二百多人,经过考试只录取四名。定期报到,先行试用三个月,再正式录用。我用"张勉"名字进馆工作。月薪32元,膳宿自理。我原在旧式商店做练习生,每月只有8角钱零用,同样做职员的书算工作,实在不平。初进商务被派在总务处股务股工作,股长是张了臣先生;我有好几个月专写股东大会通知的信封。随后我调进稽核科工作,专门以珠算复核各项账目,科长是陈铭勋先生。后又调会计科工作,科长嵇子韶是留学生,当时商务采用旧式簿记记账。馆方决定改革,聘请留学博士杨端六先生等人进行了一段时间的试行,此后即全部采用西式借贷法记账。我进商务的主考人是由他担任的,协助主考的有史久芸先生。杨端六先生后来去武汉大学,是一位著名教授。

当时商务印书馆职工总数有六千余人,是属兴盛之时。总经理是鲍咸昌,经理李拔可(宣龚),协理杨端六等。印刷所所长由鲍兼任,由郁厚培等助理;编译所所长是王云五。发行所所长夏筱芳是被害的商务创办人夏粹芳的儿子。董事长是德高望重、学问渊博的张菊生先生,领导层还有高梦旦、高凤池、王显华等。现在除郁先生还健在外,都已去世。

在总务处工作的有杨端六、盛同荪、黄仲明、姚伯南等,人事科长史久芸、会计科长嵇子韶、推广科长庄百俞、进货科长郭梅生、分庄科长朱培初、稽核科长陈铭勋、出纳科长许马斋。出纳科设在印刷所内,后改设在发行所由张蟾芬负责。总务处改为总管理处后,出纳科由朱颂盘负责。调整的有韦傅卿任分庄科长,张叔良为推广科长,还有会计科为梁明全,稽核科为吴度钧,由于年事已久,记忆可能有出入。至于那时各分馆的经理及会计主任更多,如北京分馆经理孙伯恒,会计主任王泊如;天津分馆经理施敬康,会计主任刘志惠,后来,何海筹担任会计主任;杭州分馆经理俞镜清;昆明分馆经理杨竹樵;青岛分馆会计主任史久如。其余分馆由于年代已久,都记不清了。

那时商务总务处职工已组织了工会,会计科同人冯一先、范谱声,还有乐诗农等都是执行委员。

"一·二八"淞沪战事发生,闸北宝山路商务总务处及印刷厂、编译所,还有东方图书馆均被炮火焚毁殆尽,我国最大的文化事业机构遭到浩劫,宝山路口一片焦土,我们同人的住房也成为瓦砾,无家可归。

商务当局后将河南路福州路口的发行所二楼辟为总务处办公室，改称总管理处，总经理为王云五。聘请几位留学生为高级骨干，刘聪强、孔士谔为发行所负责人，潘光迥、宋以忠为主计部负责人，主管会计科等科事业。我工作的会计科由梁明全为科长，赵叔诚、薛文雄、汤仲遗等协助。我是在总账股记各项账目。先记同人活期存款账，后记通讯现购账，从南洋群岛华侨汇款采购买图书，经常存有不少外汇，以作购书支用。后我又调版税客务账工作，经管相当长的时间，对于领取版税的客户比较熟悉。记得版税户鼎堂就是郭沫若先生。版税额每年最巨的是王云五的《四角号码字典》以及周越然的《英语模范读本》。领取版税者很多全凭版税凭折。这凭折须由王云五签名方有效。每次签立凭折都是由我送请他签名的，后来上海商务总管理处移香港办公，王云五坐镇。1938年春我也调香港总管理处办事处工作。上海由协理鲍庆林负责，史久芸先生襄助。会计科到香港的有赵叔诚、汤仲遗、沙浚、许寄南等，现在只有沙浚健在，退休在家乡，我在太平洋战争爆发前就被调回上海，在孤岛中的总管理处工作，不久我也被解雇，离开商务。

值得怀念的十年

蒋启新

我在商务印书馆工作，仅仅十年，但对我个人来说是值得怀念的十年，可说商务是我开始体育锻炼的摇篮，学习文化和业务知识的学校，接受革命思潮的温床，兹分别忆述如下。

我在1930年9月进入商务宝山路书栈房西书存货股当练习生。股长是姚雨垒、范步林。我担任开拆进口外文书邮包，照发票所开书名数量点收，然后入卡归箱，凭支货单发往发行所西书柜等工作。当时商务对职工体育活动比较重视，在东方图书馆旁有一片广场和一排平房，场上有篮球架、单双杠等设施。"商务篮球队"经常在那里同别厂工人进行比赛。室内有国技科等，国技科里十八般兵器基本齐备，并聘有武术教师任子鳌。我每天凌晨参加练拳棒，可称风雨无阻，寒暑不已，直到"一·二八"事变商务总厂被焚，才告中止，但这样已使我养成爱好体育锻炼的习惯。"闻鸡起舞"至今不辍，虽年过古稀，身体犹健。行动灵活自如，这应归功于商务这个体育摇篮，为我增强体质、祛病延年打下了基础。

1932年9月，我重返商务当练习生，当时我感到新鲜的是实行"科学管理"。发行所三任所长刘聪强、孔士谔、宋以忠，西书柜主任李克坤都是留学生，具有企业管理的专业知识，当时规定练习生都被资送到职校补习，以提高文化水平。考勤用钟卡记录上下班、工间出入的时间，每月结出出缺勤的情况，凭以发放工资。记得我还凭此得过一次年度全勤奖。门市收款用收银机，每笔营来，都得开写发票，按发票金额揿机钮开屉收银，给读者的一联发票和送会计科稽核的一联，均印上月日和金额。每天总结存根的金额，必须同收银机汇总数字相符，然后送出纳科核收。每天营业终了，各柜都要填制综合情况日报表，报送所长审阅，营业员一度实行以着西装和学生装为制服（但仅实行一两年就取消了），胸佩号码牌，在营业时间里只准站立或巡回走动，不准坐凳和靠柜台，对顾客要主动热情，服务周到。还设有专职招待员黄警顽先生，他的态度之诚恳、说话之和气，真是难能可贵。店堂设有空调，夏有冷风，冬有暖气。还实行暑天气温在摄氏34度以上营业员半天工作的制度。当时商务这些经营作风和职工的精神面貌，确实是与众不同、别具一格的，有些地方我认为是可以参考和借鉴的。

商务在"日出一书"为中国的文化、出版事业做出了巨大贡献之外，同时经营进口外文书籍，在介绍西方文化科学技术等方面，也有一定的成绩。一个出版机构兼营西书，在当时几个大书局中也是独树一帜的。西书柜经营原版书和本版西书两大类。原版西书是按照图书分类法，分类别以作者第一个字母顺序排列在书架上。按图索骥，极为方便，而且是开架供应的。新到、新出的图书，平放在四个陈列台上，还特地在西书柜进口处，在一台可以上下升降的独脚书架上放着一本《英汉韦氏大学字典》。这些办法都是为读者着想，便利他们查考、翻阅和选购。

西书进货是由西书进货股主办的：采取"长期订单"（Standing Order）、"选定西书"、"特定西书"（Special Order）、"特约经销"、"代客寄销"、"中国版本"（China Edition）等形式。"长期订单"是按类别与国外出版社预先约定数量，出书后即发。"特约经销"是为国外出版社代销，出版就寄；进货折扣比较优惠，即使国内同行也不得向国外直接进货，必须向商务转批，这样做，是争取到书较早，以便读者先睹为快。"代客寄销"主要代销海关出版的英文本进出口统计年报等书，进货不付款，销出才结账。"选定西书"是根据国外出版社目录选订。"特定西书"是读者个人和单位指定进货的，包括代订期刊、代觅过期期刊，主要是为满足读者需要而设的。"中国版本"是由商务和英国麦克米伦公司签订合同，进口印就的正文书页，由商务自己装订，加上封面，并在书脊上烫印"中国版本"西文字样，以资区别，售价较原版约廉三分之一左右，目的是减轻读者负担，扩大销路和节约外汇。销售方式：原版有门售；经销书批发邮购；特定，包括代订期刊，按计价先收款，期刊直寄订户，代觅过期期刊，先收定款，到后结算多退少补等几种方法。售价是分别按英美德法日等国家币制近似汇率折合国币定价，一般不动，如遇汇率变动幅度较大，再行调整。特定西书则按当天汇率结算。本版西书分门售、邮购、批发等办法。批发包括出口业务,记得当时出口量较多的有《华英四书》《英汉对照诗经》《英译唐诗选》及《中国佛教源流考》英文本等书。原版西书存货管理,分别由西书存货股、西书柜掌管。国外到货由书栈按发票验收后照实收数量登入轧销卡收入栏内,然后分类归箱,并在轧销卡上注明存箱号码,凭西书柜支货单发书,发出数量记入轧销卡发出栏,收发都要在摘要栏内记明凭单号码,并当即结出存数。平日每天清刷存书从某号箱至某号箱,大约一个月就可轮流一转,以保持书籍整洁。西书柜轧销方法与书栈轧销基本相同。年终各自按轧销卡盘点存货,打缮成存货报告单,给出总数报给会计科,遇有溢缺,要查明和分析原因,上报发行所经批准后,方得调整轧销卡。原版西书的宣传推广方法,除转发一部分国外出版社的目录外,由西书进货股自编附有内容介绍的一月一期的"新书目录"和不定期编印的"存书目录"分发给全国大专院校、科研机构图书馆和部分厂矿企业、个人读者,以便选订。

我是分配在西书柜工作。在业务前辈陈焕堂、黄家麒、汪镇岳等循循善诱的教导下,职务上从练习生到职员;业务上从爬书架读记书名,弄懂图书分类法,站柜台当营业员,到搞批发业务,做轧销员到专任"特定西书"的接、分发、结算工作。在这个过程中,我掌握了西书柜各个小环节的业务知识,其间还学会了英文打字,又被资送到中华第二职业学校补习了语文和外语,并初步学会了商业簿记。那几年我在工作中学习,在学习中工作,边学边用,学用相长,商务成了我在文化上提高、业务上成长的学校。

商务印书馆职工一向是具有革命传统的。我一进馆,就知道商务工人在上海工人三次武装起义中是一支坚强的战斗队伍，我党老一辈无产阶级革命家陈云同志就是当时商务党组织和工会领袖之一，我还在工会俱乐部瞻仰到几位在"四·一二"反革命大屠杀中牺牲的烈士遗像。在我到西书柜工作后，于平日交往中与中共地下党员姜士雄、徐文蔚、屠基远等同志相友善，特别与姜士雄经常同出同归，更是亲密无间，他介绍我读了不少革命书籍如《大众哲学》《通俗辩证法讲话》《通俗政治经济学讲话》《西行漫记》等著作。并随同他去听林淡秋、许德珩等人的演讲。我还入社会科学专科学校学习，当时讲师有王任叔、周予同、严景耀等同志，地点先在浙江路偷鸡桥附近一个大楼上，后迁牯岭路直至被迫停办为止。我还同他们一起参加读书会、歌咏班和工会等活动。通过这些学习和活动，我了解到当时我地下党的方针是：教育群众，争取资方中的开明人士，团结一切爱国抗日力量，孤立打击敌人。同时我也知道了商务工会存在着三种力量：一是我地下党的革命力量；二是以拜老头子为名拉拢要人的封建势力；三是国民党右派势力。当时斗争是十分复杂的，由于这些进步的同志日常的思想行动的熏陶和教育，使我在商务的温床上萌生起革命思想的幼芽。随着思想觉悟有所提高，我在抗战胜利后即参加了革命工作。

我是在1941年8月离开商务的。十年经历，一生难忘！现把点滴回忆记述如上，若有错误和不妥之处，请同志们指正。

回忆发行所点滴

方 桂 生

1. 义务推销员

1932年8月1日,商务复业后,发行所的第一任所长是夏鹏,副所长是刘聪强和孔士谔。刘、孔都是王云五考察七国后聘请回来的留学生,都在美国留学,对于企业经营和管理,确有专长。"一·二八"后,商务出版了《小学生文库》和《幼童文库》。这两部书既可作为图书馆的藏书,又适合中小学校和家庭备书,发行的对象十分广泛。为扩大这两部书的发行额,发行所发动了全体职工担任义务推销员。办法是动员全体职工,向自己的亲戚、朋友积极推销;条件是可以享受八折优待。推销期间,在发行所各部门内张贴统计表,记录各人的推销成绩,并在《同舟》上及时发表推销动态消息,同时公布各部门及个人的领先者,以刺激大家。职工们为了统计表上自己名字下面的统计线能够长一些,都是想方设法、千方百计地去找推销门路。

2. 廉价部的特殊任务

1937年"八·一三"淞沪抗战发生后，商务又一次遭到巨大损失，营业十分艰难，连日常开支都无法维持。在这种情况下，发行所开动脑筋，以办廉价部来解决经济上的困难。但通常办廉价部，是以推销一部分残损书或滞销书为目的，由于残损书和滞销书的销售额总是有限的，不能解决经济上的特殊要求，因此，主办廉价部的当事者，就将一部分热门书，如《辞源》《英汉模范字典》《石头记》《三国志演义》《西游记》《封神榜演义》等繁销书，以原价三折至四折，充实到廉价书籍中去，增加廉价书的花色品种，以招徕读者，扩大营业额。在设廉价部的期间，读者一早就等候在发行所的门口，一到营业时间，大门一开，读者即蜂拥而入，盛况空前。当时，充实到廉价部去的热门书，是机动掌握的，以经常保持廉价部的吸引力为原则。由于读者来得多了，当然也带动了残损书和滞销书的销售量，甚至一部分残损、滞销的文具、仪器及原版西书，也在廉价部中销售出去了。同时，发行所的正常营业，也被带动起来。廉价部视需要，一年举办一到二次，一般每次办一个月，有必要还可延长十天或半个月。

3. 漂亮的文仪柜

抗战胜利后，每当读者走进发行所大店堂的时候，总会被店堂后部靠左边的一道强光吸引住，这里另有一个门口通向左边；门口两旁用霓虹灯和日光灯，装饰得像两根透明的柱子，门口上面使用霓虹灯管弯成的三个红色大字"文仪柜"。从门口往里边看，五光十色，琳琅满目，各色灯光照耀四面的玻璃闪闪发光。抗战胜利后，由于国民党发动内战，滥发纸币造成通货膨胀，物价一日数涨，书价无法应变，加之官僚资本的垄断，出版事业已奄奄一息。为了应付这种局面，商务当局决定扩大文具、仪器营业，扩充机构，加强人力，改善经营。因为文具、仪器价格可以随时调整，可以水涨船高，不像书籍定价白纸黑字印在书上不好改变。因此，为了招徕顾客，不惜工本地将旧文仪柜彻底改装。这种方法确实有效，招徕了顾客，扩大了营业。新中国成立后，由于出版、发行分工，成立中国图书发行公司，文仪柜才于1952年6月撤除。

（载于1982年《商务馆史资料》）

商务发行所忆旧

陆 元 洪

1932年1月28日淞沪抗战前,商务总管理处(包括编译所、东方图书馆、尚公小学等)和工厂都在闸北。负责销售发行的发行所,在上海棋盘街中市,设于1912年建成的一座四层楼大厦里。以经营本馆出版图书为主,兼营文具、仪器以及有关文化教育、体育运动用品。

发行所大楼底层是大唐堂,专售本版图书,分南北二柜,一称本版南柜,一称本版北柜,各设一主任负责。楼梯两旁为寄售柜,代售外版书籍,楼梯正中悬挂创办人夏粹芳先生照片一帧,下置铜牌铭志夏先生创业及遇刺经过。

二楼分几方面的书柜。定书柜,预订和零售杂志期刊;美术柜,出售碑帖、字画、美术明信片等;西书柜,专售欧美原版外文书籍;仪器柜,经营物理仪器化学药品、动植物标本模塑、风琴乐器;附设运动用品柜、照相材料柜。承印股承接印制纸币、证券、邮票、印花、广告招贴、名片等业务。内部办公室有批发处、通讯现购处及所长办公室，当时的所长为创办人夏粹芳之子夏筱芳（已于1976年在美去世）。

三楼为书籍及文具、仪器存货库房（闸北总厂内另有存货大仓库），稽核处审核营业单据账目、货物盘存及人事管理。四楼为文牍保检处，保管批发处和通讯现购处的客户往来业务信件档案，另有一个承印股的小型印刷车间，专印名片、请柬，交件迅速隔日可取。有大食堂一间，可容百余人就餐。

门市部中午不停业，供应工作人员午餐，分三班轮流进餐。大楼南首有租赁二层楼房屋一处，内部相通。

底层铺面所设文具柜，经营中外文具，凡教学用品以及办公所用文具账册应有尽有。舒震东发明的舒式华文打字机，较日本制的万能式打字机问世更早，就是由本馆工厂铸造部自行设计制造的。文具柜兼售教育玩具，如积木、排板、六面画等玩具，基本上都由本馆工厂木工部所自制。当时我国还不能生产金尖自来水笔，商务向美国华脱门自来水笔公司（Waterman's）直接定制共和牌（Republic）、进步牌（Progress）、公民牌（Citizen）三种金尖自来水笔，每支售价仅二元至三元余，深受知识分子欢迎。同时也经售美国派克（Parker）自来水笔，名义上为美商怡昌洋行（外商在华经营的中间剥削机构）独家经理，实际上由商务直接向美国派克公司订购经销。文具柜主任张子宏先生，解放后调任香港分厂厂长。1972年在香港退休，1976年在上海去世。

西书柜除售销英美德法和日本等原版书外，还特约经销英国麦克米伦图书公司原版外文书籍，进口时不装帧封面，由本馆工厂自行加装封面，既能节约外汇、减少运输费用、降低成本，本馆工厂也可增加装订收入。

报运股专门联系水陆运输及向海关申报关税手续；邮务处办理大宗邮件交运结算邮运费手续。

发行所还设有招待处，有招待员数人，接待学校教职员、同业代销商及一般顾客，推销出版物及文教用品等。当时南洋群岛一带（即印尼、新加坡、马来西亚、菲律宾等处）的华侨学校大都采用商务出版的教科书籍，经常有华侨教育界人士及书商来上海选购教材和文教用品，是招待处的重点对象。招待员黄警顽先生待人热忱忠诚，深受教育界人士的赞扬，许多人都称他为交际博士。没有见过他的人，总以为他既是洋场的交际博士，一定是西装革履，风貌翩翩，八面玲珑，其实他穿布衣布鞋，不穿西装，不着皮鞋，话中不带洋文，完全像个乡下人，凭了他的态度诚恳和惊人的记忆力成为旧上海名人之一。

发行所还向本市同业、学校、机关等发给记账取货凭折一件，凭折在门市部选购图书和文教用品，不必付现款，定期结账。对于同业代销商采购本版图书，可按八折付款，手续简单方便，极受欢迎。批发处设有催账课，如客户欠款较多，或长期不来结付时，由催账课外勤人员前往索取。

凡发行的成套或大部头图书如《四部丛刊》《万有文库》《百衲本二十四史》等都备有特制的专用书橱，设计精美大方，并刻有书名，作为客厅或书房陈式，既实用又美观。有一部分成了附庸风雅的有钱人家客堂里的摆设，但对一些小型图书馆和学校确也提供了方便。

门市部的收款方式，系用机械化的银钱运送器传送，在每层大店堂中央设置一收银柜，上架钢丝多根通向各柜，将装有滑轮的盛钱罐及发票用弹射器弹出，往来运转，每当营业繁忙之际，大店堂上空状似蛛网密布的钢丝上银钱运送器往来穿梭飞驶，颇为壮观，尤其难得的，这样的半机械化装置，全部都是本馆工人自行设计安装的。

"一·二八"炮声一响，闸北商务印书馆化为灰烬，总管理处、编审部都搬入大厦的三四层楼，发行所只占两层，面貌又有了大改变。

于 1977 年

我在商务印书馆厦门分馆

张善庆

1937年厦门被日本侵略军占领之后,人民大量流亡,学校停办,商务分馆的业务开始清淡。但在厦门对岸有个鼓浪屿小岛,是由英、美、日共管的租界区,厦门老百姓大部分到鼓浪屿避难,因此人口大量增加,小学由原来四家增加六家,中学有两家,学生数成倍成倍增加。这些中小学都是教会办的,在当时条件下日本人有所顾虑,不好明目张胆进行干涉。当地学校采用的课本大部分是商务版,所以商务在鼓浪屿设有分销处,有两个店面,管理相当不错。我念初中时,就经常去买图书、地图和文具用品等。从此,商务给我留下深刻的印象——智识的宝库。

1941年12月8日,日军突袭珍珠港,战火扩大到整个东南亚,日军占领鼓浪屿,当地所有的英美籍外国人全部被逮捕,关进集中营。中小学校全部封闭,经过一段时间后,才逐渐恢复,但课本大部分有变动。再加上海路交通中断,货物运不进来,商务业务清淡下去，只依靠销售一些文具用品来维持职工的薪水。经过四年艰难的挣扎，其间亦有两三个月发不出薪水，曾向五洲药房借贷，由上海总馆付还上海五洲药房。当时厦门商务职工共有七人，这种困难的局面，一直持续到抗战胜利，才恢复生气。

1946年初，我当时20岁，由史若航先生介绍进厦门商务印书馆，当练习生。经理是鲍天禄，会计主任史若航（退休回老家余姚，于1974年去世），营业主任王志鸿（1985年在南京书店时去世），全店共12人。店址在市区最繁华街市，有三间店面，四层楼房，在当时算是最好的门面。我被分配在图书柜台，开始学会四角号码，这是商务在发行部分工作中的一个基本训练，懂得四角号码，才能根据书名前四个字的头一个四角号码，组成四位号码，就可以得心应手翻检库存簿找到这本书是放在仓库哪一号木箱里。1946年七八月间，从海轮运来第一批国民党教育部审定的"国定本"小学课本。当时还有一家中华书局，比商务规模要小，世界书局正在筹备中。经理要我到各小学推销"国定本"课本。我采取了迅速行动，跑遍全市各小学，找校长联系推销，说出商务的优势"品种齐全、数量足、交货快"，顺便还向他们介绍商务有新到的大小鼓、铜号、风琴等，收到很好效果。全市小学课本商务的销货量约占75%，中学的课本由吴治平同志负责推销（他后期升为营业副主任，"文革"期间在长沙书店去世）。

1947年世界书局复业，加上一家小书店代理正中书局的图书，这样共有四家书店推销"国定本"课本，竞争白热化，我就采取措施，把那些学生数比较多的小学校长，请来吃一餐，要求他们多买商务的课本，而在文教用品上，给以九折优待，这样商务的课本销售仍然占很大的优势。在本市的销售量取得稳定之后，经理再派我到闽南地区的泉州、漳州二地开展代理分销店的业务。这两个地方的书店都是个人经营文具图书并存的小型书店。他们代销商务版各类图书，卖不完可以少量退货，他们都用提高折扣来同我磨。我把厦门地区中学采用教材品种向他们介绍，请他们转向中学宣传，以增加中学课本的销售和少许提高小学课本折扣两种互相混合来达成协议。1947年开始，有菲律宾马尼拉陈国全先生经营的书店来批发新书和文具用品，这些货物都要装箱由海轮运出，由我去菲律宾领事馆办理证件手续。

那时候商务除了中小学课本日出新书一种之外，最畅销的是《四角号码词典》《英汉词典》《综合英汉大辞典》《中国地图》等。当时厦门大学采用萨本栋著的《普通物理学》和《比较宪法》等教材，打开了大学课本用中国人自编教材的风气。英语图书销售量也很大。商务总管理处的效率是比较高的，添单、电报一去，马上由海轮运到。分馆业务结构比较完善，人员配备也很精练。大家一心一意做好工作，忙是忙，但使得上劲，觉得很有意思。

大约在1947年或1948年，年终分红利，半数以商务股票相抵，我也分到15股，现在记不起票面的价值，只记得在1953年清理商务股票时，我的股票份额还达不到改值后最低的一股。就折现金退还，由于1949年前国民党货币贬值，再折合人民币，当时退回来的现金，还买不到两本《四角号码词典》。

厦门于1949年10月解放，商务的业务继续经营下去；世界书局属于官僚资本所有，按政策没收；中华书局于1951年实行紧缩，把分馆合并到福州中华书局去。这样厦门只余下商务一家书店。1951年10月接商务总管理处通知，厦门分馆所有的业务、账目到1951年12月31日结束截止。1952年元旦，正式成立由三联、中华、商务、开明、联营五家组成的中国图书发行公司厦门分公司，归属北京总公司领导。至此，厦门分馆18位职工全部转入中国图书发行公司厦门分公司，业务机构都依照原商务编制进行工作，但是，厦门分公司只存在了一年。1953年1月又并到福州分公司去，这次原商务的职工全部拆散了，有六人留厦门，五人进厦门新华书店，一人去建筑公司，五人调福州，四人调南京，一人去杭州，一人去长沙，一人去广州。厦门新华书店只吸收那些1951年进店、薪水比较低的年轻人，我是被调到福州。这一年收到商务总管理处发给原商务职工每人一个月薪水，作为割断关系的酬金。

1953年底，成立两年的中国图书发行公司在全国各地的分公司都合并到当地的新华书店里去。这样我才于1954年调回厦门新华书店来。

我曾多次出差北京，到王府井大街，在商务印书馆门前伫立细看商务印书馆的招牌，追思这个古老的出版社的历史。她为中华民族的教育事业文化运动做出了卓越的贡献，特别是那些培育我的老同事，已有四位与世长辞了。他们严格的工作精神，使我在三十多年书店工作中，得益至深。

高等教育出版社与商务印书馆

周 连 芳

一、迁京初期（1952—1953）

商务印书馆要迁往北京，这在上海出版界是件大事。商务印书馆建于1897年，在当时已有50多年历史，是一家拥有印刷基地和发行网点的大型出版社。中央决定商务印书馆迁京，商务同仁都很明白，这是中央需要商务为新中国的出版事业做出贡献的时候了，大家的心情都十分兴奋。

商务印书馆编审部于1951年迁京，任编审部部长的是我国化学专家袁翰青。出版部于1952年迁京。大家都是兴高采烈地、积极地响应中央的号召，整装待发。但也有一些同志因祖祖辈辈生活在上海，况且上海已是一座十分繁华的现代化城市，而解放初期的北京，这座有千年历史的古老都城，却是一座古老而破旧的城市，相比之下，生活条件差距很大，所以有的同志提出宁可工资打折扣，仍想留在上海工作。各种各样的思想情绪弥漫着整个商务印书馆。最后，在党组织和工会的动员下，大家都听从馆方的安排，愉快地踏上北上的征途。

当时，迁京人员把整个家从上海迁往北京，所有生活用品、家具等全部运往北京，是一件十分繁重的任务。馆方及时宣布了优惠办法，即所有运京物品，一律免费代运，另加补助。1952年8月1日，全体迁京人员乘坐火车浩浩荡荡开往北京。次日到达前门火车站，下了火车，走在前门大街上，立即感到街上冷冷清清（当时北京人口只有一百多万），只有一二辆有轨电车叮叮当当地驶向远方，汽车很少，只见马车、三轮车和人力车。我们是乘坐马车从前门火车站出发，经过前门大街、珠市口，到达骡马市，沿途见到的都是低矮平房，一片灰色。住所是在骡马市棉花头条，当时商务印书馆在这个地区买下好几栋房屋，作为来京人员的家庭宿舍。安顿下来后，遇到的第一个问题就是买菜做饭，人生地不熟，遇到不少困难。为了让大家逐渐适应新环境，馆方采取集体免费供餐一个月的措施，渡过这个难关。

出版部迁到北京后就与编审部合在一起，由编审部部长袁翰青和出版部主任戴孝侯共同主持工作。办公地点设在西琉璃厂原商务印书馆北京分馆，一栋三层楼房，是北京当时少有的高层建筑。琉璃厂是北京有名的文化街，商务和中华的门市部都设在这条街上，还有不少古籍书店和书画店。

一切安顿好后，编辑、出版部门的同志就紧张地投入编、排、印工作。首要的任务是开始编审、排印教育部委托出版的高等学校试用教材。同时，商务原有的出版任务仍按原计划进行，出版的品种有：北京师范大学中国大辞典编纂处编的《学文化字典》、卫生部委托出版的《中华人民共和国药典》、袁珂的《中国古代神话》和贾兰坡的《骨骼人类学纲要》，另有郑振铎委托印行的《古本戏曲丛刊》。

二、重大进展（1954）

1954年初中央领导陈云同志召集商务印书馆和中华书局开座谈会，奠定公私合营基础。对这次座谈会商务同仁有一种十分亲切的感情，因为陈云同志原为商务印书馆职工，1925年商务成立职工会，陈云同志任第一届执行委员会委员长。"四·一二"反革命政变后，陈云同志被迫离馆，前往江西革命根据地。这次陈云同志召集商务、中华开会，商务同仁很自然流露出一种十分亲切和喜悦的心情。

同时，出版总署会同高等教育部邀请商务印书馆的代表举行会谈。参加会谈的有出版总署代表胡愈之、叶圣陶、黄洛峰、梁涛然，高等教育部代表黄松龄、武剑西、纪昌、于卓，商务印书馆代表陈叔通、史久芸、袁翰青、戴孝侯。会议决定：商务印书馆实行全面公私合营，改组为"高等教育出版社"，但仍保留"商务印书馆"牌号，即一个机构，一套班子，对外则用"高等教育出版社"和"商务印书馆"两块牌子。1954年5月琉璃厂印书馆大门上挂出两块白底黑字醒目的招牌："高等教育出版社"和"商务印书馆"。"高等教育出版社"成立了。

成立大会在和平门教育行政学院礼堂举行。在开会前一天，工会就组织了八九位同志布置会场，挂彩旗，写横幅，清扫场地，整理座椅，摆放盆花。那时候要买到盆花可不是那么容易的事，最后还是从教育行政学院商借了十几盆花草，摆放在主席台上。主席台后上方挂国旗，四周挂彩旗，"高等教育出版社"红字横幅悬挂在主席台前上方。整个主席台鲜艳夺目。会场四周挂满鲜花、彩球，气氛十分喜庆、热烈。

高等教育部领导黄松龄、周建人参加了成立大会并讲了话。参加成立大会的还有出版总署领导黄洛峰，高等教育出版社领导武剑西、史久芸、纪昌、梁涛然、于卓、袁翰青等，有几位领导发表了热情洋溢的讲话。我是代表商务工会在成立大会上发了言，热烈祝贺高教社的成立，并号召原商务职工努力做好本职工作，为高教社做出贡献。我当时情绪十分兴奋，并再一次走上主席台，用俄文唱了一首苏联歌曲，全场情绪激昂。当时，我深深感受到，这次热烈、欢快的成立大会，必将促进高教社全体职工为迎来新的出版任务而努力奋斗。

新成立的高教社由高等教育部和出版总署共同领导，以高等教育部为主。新成立的高教社领导成员有：高等教育部教学指导司原副司长武剑西任社长兼总编辑，教材编审处处长纪昌、副处长于卓任副总编辑；来自出版总署的梁涛然、唐泽霖任副经理；来自商务的余寰澄任副社长，史久芸任经理，袁翰青任副总编辑，沈季湘任副经理兼上海办事处主任。高教社成立时职工共计298人（包括上海办事处71人），其中有高等教育部教材编审处全体人员、出版总署部分人员和商务印书馆全体职工。

三、三年里的成就（1954—1957）

高等教育出版社成立后的三年多，先后出版了苏联教材中译本944种，初步满足了各高等学校理、工、农和部分社会科学以及中等专业学校基础课和基础技术课的教学需要。这期间还编辑出版了部分自编教材，如王竹溪的《热力学》、黄子卿的《物理化学》、徐光宪的《物质结构》、樊映川的《高等数学讲义》等。还完成了影印交流讲义80种。同时，商务印书馆则仍出版中外字典、社会科学类以及古籍书等。高教社成立后的三年里，出版教材和各类图书的任务逐年加大。当时出版科工作人员只有八九个，主要来自商务和时代出版社，大家积极性极高，经常加班加点，通力合作，所有出版任务都能按时完成。排印任务则由商务印书馆北京印刷厂——京华印书局（成立于1905年，后改名为新华印刷二厂）和商务印书馆上海印刷厂两厂共同承担。这两家印刷厂历史悠久，印刷设备齐全，工人技术熟练，所印出的书籍，一般质量较高。发行网点当时有两家，一家是由商务、三联、中华、开明、联营五家出版社联合组成的中国图书发行公司；另一家是新华书店。当时，根据出版总署的规定，出版社所有出版的图书都应交由这两家发行单位发行。高教社和商务出版的书籍，摆放在这两家门市，很受读者欢迎。

四、两社的"合"与"分"
（1954.5—1958.4）

根据形势的发展，一个新的问题又提到日程上来了。1957年12月21日高等教育出版社召开了扩大社务会议，讨论并通过了"关于高等教育出版社与商务印书馆分为两个出版单位的初步方案"，1958年4月1日经高等教育部和出版总署批准，高等教育出版社和商务印书馆，改为两个独立的出版单位。高等教育出版社由高等教育部领导，负责人为社长兼总编辑武剑西，主任秘书梁涛然，副总编辑纪昌、于卓、钟北琥，全社职工129人，社址从琉璃厂迁至承恩寺。商务印书馆由文化部领导，负责人为总经理郭敬，总编辑陈翰伯，并将时代出版社并入商务印书馆，撤销时代出版社；馆址从琉璃厂迁至东城总布胡同。

开始，高教社与商务的合并，充分体现了党和政府对高等教育事业和高等学校教材建设的重视和关怀。新中国成立初期，如果要单独建立一家出版高校教材的出版社，从人力、技术力量到各项配套设备，都会遇到很大的困难。中央采取合营的办法，以一家技术力量强、经验丰富、配套设备齐全的出版社为基础进行合营，这样既能增加新的出版任务，又不会减少原有的出版计划。回顾往事，深深感到高教社与商务的公私合营，对新中国的教育出版事业发挥了巨大的作用。后来，根据形势的发展，将两家出版社分开独立经营，这也是为了更好地贯彻执行党的"百花齐放，百家争鸣"方针。因为商务印书馆是一家历史悠久、出版物种类多、影响面大的出版社,恢复商务印书馆为独立的出版社,使它更能发挥在人民出版事业中应有的作用。目前,两家出版社事业蒸蒸日上,在国内外都有着较高的声誉。

高等教育出版社与商务印书馆的"合"与"分",在出版界是非常引人关注的大事,两社这段历史将永远载入我国出版史册。

口述：我在商务一辈子
——林尔蔚先生访谈录

张 稷

一、初入商务

在印刷厂排字

张稷：在商务的历代掌门人中，您是唯一的终身在商务工作，又由商务自己培养的总经理。经历了公私合营、由上海迁京和"文革"；与陈翰伯、陈原等在一起工作的时间也很长。又在改革开放的相对宽松环境下，主持商务13年，是地地道道的土生土长的商务人！

林尔蔚：我从1950年18岁不到进到商务，一直到现在——2012年，已经62年了。其间也临时调到别的单位去过，但是拿工资一直在商务，一直是吃商务的饭。

"文化大革命"以前，我的经历很简单，就是一个老百姓，没有任何职务。最开始的时候在工厂。

1950年"二·六"大轰炸（张按：1950年2月6日中午，国民党出动4批17架巨型轰炸机，对上海各发电厂、自来水厂等进行狂轰滥炸，史称"二·六"大轰炸。），上海经济陷入萧条。我们家里我是老大，有两个弟弟一个妹妹，只有父亲一个人工作，负担比较重。商务正好招练习生，商务职工子弟可以考。我叔叔林毂民是老商务，在河南路的商务发行所，但是他自己的儿子也要去考，我再去就不行了。他给我另外找了一个商务的介绍人，叫金云峰，我就可以考了。当时大概有一二百人参加考试，只收了29个。考试是一篇作文，题目记不得了。结果，我叔叔的儿子没考取，我倒进了商务了。当时在高中念书，就不念了。考的人大多都是高中程度。程度高一点的，就分配搞印刷方面的事，铅印啊，胶印啊；我们程度稍微中等一点的，就是排字；再差一点的就是装订啊，浇铅啊什么的。29个人就这样分配在商务。

商务有个惯例：进来以后，有一个集体学习班，由商务的编辑和领导来讲课。讲商务的历史、一些规矩和出过的书等。三个月后，我们分配到工厂，工厂在靠近闸北的天通庵路，就是中国最早的铁路——吴淞铁路的终点站。那是商务过去的一个分厂，总厂在"一·二八"战役中给炸掉了，分厂设备倒是很齐全，铅印啊，胶印啊，排字啊，装订啊都有。我们有四个人分配在中文排字车间。那时候商务还有一个老规矩，要拜师傅，以前要磕头的，解放了不磕头，三鞠躬。师傅也不是直接教我们的师傅，是车间主任，他就算我们的师傅，姓孙。商务什么都不供应，就是给工资。我们是学徒，工资很少。我记得第一个月发的工资是24块。我家住在静安寺，坐公共汽车上班。厂里上班比较早，大概七点，下午三点放工。公共汽车月票要三块钱，吃一顿饭要两毛钱（中午饭在厂里吃），24块就没剩下什么了。不过，半年就加一点，加几块钱。那时候交通不方便，从闸北进去要走二十多分钟。商务还是老规矩，不能迟到，打钟卡。七点钟关厂门，不管是谁，你都不能进去了，就算迟到了，很严。所以早晨一早六点多就要起来，吃了饭赶紧坐车去。

开始排字要认字，各种各样的字都有，可我记得最难认的是菊老（张按：即张元济，号菊生，人们一般尊称他为菊老或张菊老；同辈人一般尊称他为菊翁。）的字。他的字很潦草，用毛笔写的。老师傅就说了，你在商务印书馆工作，不认得张菊老的字，甭想吃这碗饭！所以很重要的就是认张菊老的字。那时候是六天工作制，礼拜天休息。三点钟下班以后没什么事儿了，也觉得很无聊。在一起有几个师兄弟，其中一个叫钱普齐，我们两个说干脆上夜校吧。夜校在上海的一个中学，叫格致中学。于是我们晚上就到夜校学习。29个人里，有的人觉得光在工厂做不行，还得有点文化，就考大学，也有调走做编辑的。剩下在厂里的大概还有十来个人，现在已经去世了七八个。

张稷：当时商务还是股份制的，还需要定时向这些股东们发股息。

林尔蔚：1954年以前，商务还是私营的，没有公私合营，所以我在的工厂也还是私营工厂。我去了以后，感觉商务工人生活不错的。工资还好，待遇还可以，而且很多工人做两班：白天在商务排字，晚上到报馆。这样等于有两份收入，所以生活比较好的。我还没上班前，正好春节。商务还有个规矩，老师傅要请我们到家里吃饭。我去他们家,都住在工厂附近,虽然棚户简陋一点,但是比较干净,因为南方人嘛,在上海嘛,菜也比较好。

与张菊老的一面之缘及"张元济图书馆"诸事

张稷:那时候张菊老还在呢,不过年纪已经很大了,您见过他吗?

林尔蔚:见过,我记得这件事。好像在春节,商务有个聚餐。我已经考取了刚进馆,还没上班,也请我们新人去参加。张菊老在会上讲话,没讲几句就晕倒了,是中风,就回家了。菊老活到九十多岁。

1984年,张元济的故乡浙江海盐决定盖"张元济图书馆"(张按:筹建于1984年8月,落成于1987年5月8日。除具有一般县市级公共图书馆的职能之外,还专设了张元济纪念室和商务印书馆版本阅览室,搜集、整理、保存和陈列商务印书馆近百年来的出版物。),希望商务投资,陈原让我权衡投资数目,我们初期投了五万元,后来追加到二十万元。陈云也为他们题了匾。我们每年还会给一些资助,他们有一个任务就是搜集商务的旧书,收了不少。还有一个任务,就是编老商务的书目,因为商务的书年代跨得比较长,加上各种再版的、编入各种丛书的版本,需要整理。

设计图书馆的时候,有人在(图书馆内的)小湖上设计了一座桥,陈从周(张按:古代园林专家、散文家、画家,曾是张大千的入室弟子。)跟我说,这样就显得小了,"破景"了。后来张元济图书馆的人也觉得地方太小,叫我想办法扩大一点。那时候浙江省有个宣传部长,原来是北京美术出版社的,我认识,就托他办这件事。张元济图书馆旁边有一个张乐平乐园,把这个乐园的地划过来一些,比原来扩大了好多。我当然很高兴了。结果,过了几年,我到海盐一看,他们把扩大的地方都变成商铺了,出租赚钱,我就有点不高兴了。现在听说这些都已经取消了。我做过这个馆的"名誉馆长"。

阶级斗争的氛围下入了党

张稷:您在工厂里时做什么工作?说说1949年前后商务的具体情况好吗?

林尔蔚:我刚进馆时,印象最深的是一次"民主改革",当中有一段叫"诉苦",就是讲旧社会的苦啊,要提高觉悟啦。工人们诉苦,我一听,都是诉王云五的苦。怎么讲的呢?说抗日战争的时候,工厂要往内地——长沙啊广西啊重庆啊搬。因为商务给轰炸了,要解雇员工,又要内迁。很多工人怕去内地。那时候交通不方便,也不能带家属,儿女都留在上海,妻离子散。又打仗,好多人在调离的路上失散啊,生病啊,死亡啊,所以很多人就诉王云五的苦。我看呢,当时王云五提出口号"为国难而牺牲,为文化而奋斗",他是抗战的。他觉得派工人们去,是为他们好,让他们有工作,给他们个饭碗,是菩萨心肠。戴孝侯在一篇文章中也提到这一点,可见资方与职工的感受是不一样的。

当时我对私营、国营没什么认识,听完真觉得这个资本主义不行。初步的印象就是弄懂了什么叫私营,什么叫资本主义。后来参加共青团,做了团支部书记,公私合营的时候让我上团校学习。那时有一批大厂的团支部书记也学习,比如自来水厂等。他们年纪都比较大,我年纪小,在那儿学会抽烟了。

还有一次参加"肃反"。公安局派我晚上站岗,让站在一个路口,不让人过,晚上也不能吃饭不能回家,站了一晚上。回到厂里,听说我们厂也有一个人是"反革命",被五花大绑抓去了,绳子捆得很厉害,装在公共汽车里面抓走的。结果,弄半天这个人又回来了,说是同名同姓给抓错了!我呢,站了一晚上,也什么事儿没有发生。这个是我第一次参加社会运动。

公私合营以前,工会还搞"五反"。商务厂在闸北区,总管理处在黄浦区,我参加了黄浦区一个印刷工会的"五反委员会"。也不知道该做什么,查"五反"吧,分成五类,什么基本守法户、守法户、违法户什么的。我现在留下的唯一印象,就是那个时候的四马路(张按:即指福州路一带,在解放前集中了商务印书馆、中华书局、开明书店、华美报馆等多家新闻出版机构,是一条文化街。),书店特别多,商务印书馆的总管理处、发行所都在那里,有国光书店、神州书店等。都出些小说、小人书什么的,很多就在弄堂里面。我这才知道,《西游记》书店里卖得最多,很多是自个儿画的,你画你的孙悟空他画他的孙悟空,各种各样的孙悟空!——这是我参加的第二个社会运动。

还有一件事就是入党。在黄浦区参加党校以后,自己要申请,组织要开座谈会,向大家征求对我的意见。回到工厂后,党组织说不行,你还不能入党。为什么呢?因为有一个同志给提了意见,提什么意见我记不清了。我说我没这个事嘛,我也没讲过这样的话。他们说你没有你要说出来啊,不说不行啊。所以不能入党。党校是参加了,夜党校,但是没有入党,说是还得考验考验。大概拖了几个月入了党。介绍我入党的两个人都是从前的地下党员,一个叫徐文蔚，一个叫石敏良。徐文蔚当时是党支部书记，石敏良是工会主席。

这里还有一段，就是徐文蔚。一次突然说他是叛徒，判了无期，关到山西一个监狱。我已经不在厂里，到办事处了。我觉得他不像叛徒。他被日本人抓进去处以刑罚，说他供了人。但是他联系的人很多，好多人不是没事儿嘛。他如果是叛徒出卖了同志，这些人都应该进去啊，怎么没有呢？怎么能说他叛徒呢？！我有一次去山西调查，就趁机去监狱看他。他以前身体不大好，但是在监狱里倒好了。监狱的人说他表现挺好的——负责做鞋。不久就听说平反了。他下线有个地下党联系人，写了一封信给公安局，说他不是叛徒，他跟我有联系，我没有抓进去嘛，他怎么会是叛徒呢？结果又放出来变成离休干部。我做总经理以后，他还经常给我写信，提议商务印书馆应该怎么搞啊什么的。

二、陈云与商务

关心工友，怀念商务

张稷：上次馆里开座谈会，您谈了很长时间陈云同志与商务，说了陈云和商务的工友关系非常好。您在上海商务办事处见过陈云同志？

林尔蔚：陈云同志跟商务老人关系特别密切，经常有联系。陈竹平（张按：商务印书馆老职工，陈云在商务的同事。）说，那时候陈云同志在上海做江苏省委书记，地下党，住在一个小阁楼里面。每天就吃大饼油条。没有钱就打电话给他，他们约到公共汽车站，用书作掩护拿给他一点钱，陈云拿了钱两人马上就散。陈云到苏联去开会，也是靠商务一个老同事——上海一个银行经理的关系去的。陈云对商务印书馆特别怀念，他觉得在商务学了好多手艺。解放以后呢，他对上海商务的老同仁特别关怀，每年都要请他们到北京。陈竹平的儿子有病，到北京检查身体，也是陈云帮的忙。陈云有一个在虹口分店的同事，是我的表姐夫，每次过年，他都要到北京陈云的家里去。陈云在北京宴请他们，非常尊敬，非得要他夫人自己做菜。一次他们去得早了，陈云就说要等着，他爱人于若木同志还在十大建筑的工地义务劳动没回来。公私合营以后评工资，商务工人原来的工资比较高，按照规定要减下来。那些老人就写信给陈云。后来，商务老人的工资暂时不减，保留工资——中华有没有我记不得了。所以商务印书馆的工资有一项（名目）叫"保留工资"，一直到后来重新评薪。陈云虽然是国家副总理，官职很高，但是对商务同仁的关照真是无微不至。

张稷：前些年，陈云的夫人于若木同志到商务参观，带了所有在京的孩子们，杨总接见了他们，在皇城食府设宴招待他们一大家子。于若木说陈云在家里常常提起在商务的日子。老人们说，商务印书馆恢复独立建制，有陈云同志的作用。

林尔蔚：陈云和商务老人的故事，上海的工人知道得相当多。陈云同志关心商务老人，也通过这些老人来了解社会情况。我总想，我在办事处那次，陈云同志突然来商务，不光是来看看地方，是有用意的。后来我做总经理的时候，又成立了"上海办事处"。那里的同事告诉我，陈云同志曾经叫办事处关心这些老人，他说不要让这些老人觉得革命成功了，生活反而不如以前了。所以上海办事处同事逢年过节，经常慰问这些老人，问生活怎么样啊，有什么困难啊，给他们送去补助，做了不少事情。

陈云同志参观上海商务旧址

张稷：说说您在办事处见到陈云同志突然造访商务的事好吗？

林尔蔚：商务恢复独立建制前大概1956年，我在上海办事处。一天，陈云突然一个人上到三楼，坐在会客室里面。我们一个工友跑过去，陈云就问，你认识我吗？他说我认识，你就是陈云。办事处有个副主任沈季湘，陈云去见他，说："我是陈云。"沈季湘说，哎呀陈总理怎么怎么。陈云马上说，你讲得不对，我是副总理，总理是周恩来。后来沈季湘就叫他副总理了。出来以后，陈云从顶层五楼一直转到底层门市部。他看见一个挂钟，就说，我们小时候还打这个钟片呢。沈季湘也不知道情况，就说这是剥削工人，陈云笑笑也没说什么。其实那个钟是考勤用的。后来又转到饭厅，陈云说我们在这里吃饭，还在这里打过架呢！每走到一个地方，就说这个地方过去是什么。最后到了他工作过的仪器柜（张按：在当时商务的营业部里，部分柜台也出售文具和仪器等。），他说，我在这里做过学徒，那时我个子小，人矮，够不上这个柜台，下面还弄了个凳子垫着站起来（张按：陈云1919年进入商务印书馆，原名廖陈云，时年15岁。）。陈云又说起好多人在上海找不到商务印书馆，说着，他就起身要到对面马路去找商务印书馆的牌子。一到马路上，车子特别多，公安局的人惊慌了，派了好多人赶紧拦住。他走到对面五洲药房找商务的牌子，没有。1958年恢复商务印书馆，正是陈云同志写了信（的缘故）。

后来把中国图书发行公司的一个门面改成商务印书馆上海某某部,挂了好几十年,又在中国图书发行公司设立了一个商务的书柜。那时候汪道涵也经常到柜台上去买书,非常关心,这是后话了。

(这个房子)陈云在的时候就没人敢动,没人敢拆。陈云去世之后,房子也拆了,招牌也撤了,天通庵路的印刷厂拆了搬浦东去了!陈云同志对商务这么挂念,我觉得这不是很符合陈云同志的心愿。上海人也特别想念商务印书馆、中华书局,你哪怕在那里搞一个分馆,挂一个门牌也好。上海几代人对商务都特别惦记。

三、公私合营中的商务

驻馆董事

张稷:公私合营的时候,您在上海办事处工作。当时的公私合营、收买股票的大部分具体工作,正是上海办事处的同仁完成的,您是这一段历史的见证人了。

林尔蔚:1954年公私合营以后,厂里成立人事科,我和另外三个同事一共四个人调到那里。人事科的科长叫周体育,是杭州人,调来当人事科长,也是支部书记。我就在人事科里管劳资,后来又去上海办事处工作。公私合营以后商务并入高等教育出版社,高教社里只有商务的一个编辑室,出一点商务的老书。在上海有个办事处,挂高等教育出版社和商务印书馆两块牌子,有一个主任,几个副主任。我记得有一个"驻馆董事"叫俞明时,他跟商务以前业务上没什么关系,是做股票的,他商务的股票比较多,是商务一个股东。身体不太好。他在商务做"驻馆董事",也不管什么事情，只管签字。记得有一次，他签字的时候睡着了，这个笔一下弄出一个大墨坨，字没签上，涂了一大团墨，后来就让他回家了。

赎买股票与排印教材

当时商务在上海没什么大事，北京的高教社里面成立一个商务印书馆编辑部，很多人都调去北京。上海有两件事，一件是赎买股票。公私合营，要评估财产，国家收回股票，就不是私营的了。国家有个"赎买政策"，商务的股票按一个价收回来，还算利息。所以商务印书馆好多股东就来卖股票换钱，钱由国家给，就算国家收购了私营股份了。我记得是七块钱一股，利息是几厘。因为持商务股票的人多，海外有，外地有，都到商务登记，收购以后立付利息，所以这项工作连续做了好几年。

第二件事情，是高教出版社名下一些高等学校的课本——都是从苏联翻译过来的，要在上海排印，并由上海发行所发行。所以，又招了一些校对的人——编辑走了但是上海留有校对。负责这个印制工作的出版科长叫黄用明，是大画家黄宾虹的儿子，当过重庆印刷厂副厂长，胜利以后，回来在办事处负责高教出版社教材的印制工作，另还有老商务一些书的发行工作。

主要就是这两件事情，一是收股票，一是印制教材。还有一点房产啊什么的林林总总的财产管理，另就是退休人员的一些工作。我调到办事处之后，做人事工作。白天上班，晚上（大家）都回家去了，只有两个老头，走一圈巡逻巡逻。有一个年纪比较大，孤单一点，他对我说，你愿意来的话就在办事处住着吧。所以后来我有一段时间就在四马路住，晚上吃饭就在发行所。

调北京，负责搞"审干"

张稷：您是哪一年调北京工作的？

林尔蔚：1958年在北京开出版会议，办事处很多人都去了。当时沈季湘不管事了，派了一个侯相鋈，后来又从上海新华书店调来了一个丁振邦。丁振邦说，你到北京去吧。我说，去就去吧！那时候还没结婚，所以1958年离开上海商务办事处到了北京，在人事科。原来说让我做陈翰伯秘书，后来没有正式宣布。

1950年到1958年，我在上海大致就是这样，一个普通的工作人员。参加过一些社会运动。先在工厂做工人，然后调到人事科管劳动工资，又到办事处，最后调北京。到北京说是秘书，实际上也是人事科，负责搞"审干"。那时候政治审查，过去有历史问题的要做结论。（北京的馆址）在东总布胡同十号，以前人美（人民美术出版社）、中华（中华书局）、版本图书馆，加上商务四个单位在那里，叫"十号大院"。

四、我眼中的陈翰伯

商务恢复独立建制，来了这么几部分人

张稷：您给陈翰伯做过秘书，和他工作的时间比较长了。陈翰伯是商务中兴之帅。我常将1949年之后的陈翰伯比同于1949年之前的张元济。商务的老人，至今都特别怀念他。

林尔蔚：1958年商务重新成立了，来了两个人，一位是郭敬，总经理，一位是陈翰伯，总编辑。那时候商务印书馆归北京市出版局管，后来郭敬调到北京市出版局当局长，陈翰伯就是总经理

兼总编辑。另外，外交部有一个刘泽荣，编《俄汉大辞典》，他是副总编。时代出版社有个社长叫易定山，时代出版社并到商务，他就是副总编。又来了一个副总经理叫徐君曼，新华社的，原来是重庆《新华日报》的，好像做过发行部主任。后来还陆续来了一些人。1958年恢复了商务印书馆独立建制，原来把商务并入新成立的高等教育出版社，现在又划出来重新恢复。

张稷：商务老人提起这一段，一般都说"并入新成立的高等教育出版社"。我看过当时的文件，1954年是把商务印书馆和高等教育部教材编审部"改组成高等教育出版社"，同时保留商务的牌子。

林尔蔚：那时候有几部分人，一部分人是高教社里原来的商务老人。老商务保留了一个编辑室，里面的编辑，现在又回来了。郭敬从北京大学招了一批搞少数语种的，编少数语文辞典。还有一帮专门搞俄语的人，不知道是出版署的还是时代出版社的，名义是"《俄汉大辞典》编辑室"。他们原来是中东铁路的一批俄文翻译，后来归了出版署了。——大概有这么几部分人吧。我10月份到北京，他们一批人正好下放到高邮去"插队落户"什么的。后来郭敬到北京市出版局上任，不大来了，所以基本上就是陈翰伯了，做总经理兼总编辑。

"反修防修"运动中的陈翰伯

张稷：出版是需要积累的工作，而具体的出版工作又是极其具体琐细的。新中国成立后，各种政治运动很多，在这种环境下，顶着压力不惜遭受牵累，做了那么多有益于文化发展和民族进步的根基性工作，这是陈翰伯最了不起的地方！

林尔蔚：有两件事情我记得比较清楚的。一件事就是北京市有一阵搞"反修防修"。在工人体育馆开会，陈翰伯去了，是组长。还有什么北京图书馆啦，历史博物馆啦，各个大的出版文化机关很多头头都去了。主管这个批判会的是陈克寒，当时的北京市委宣传部部长，后做过文化部副部长。在这以前呢，有一个真理问题的讨论，陈翰伯大概写了几篇文章，我记得其中有《评〈青春之歌〉》。这次"批修"也要陈翰伯写几篇批判文章，是关于几部电影的。我记得有一个叫《洞箫横吹》，还有一个《静静的顿河》，还有几部片子，看后要写文章批判。陈翰伯是组长，我负责做记录，完了以后陈翰伯叫我也写一篇。我写了以后他改了一下但没有发表。那时有关部门还要陈翰伯看《俄汉大辞典》，我问看什么啊？他说要检查有没有修正主义——这么大一本，怎么看得完呵？！

陈翰伯在馆里提倡了几件事情，一个是倡导读书，每年给编辑一个月的读书假，读完了以后写一篇文章。另外就是办《简讯》，每个礼拜单位里有什么事儿，比如你来采访啊，等等，一条一条写。另外也提倡编辑写"外国历史小丛书"，陈翰伯就是要锻炼干部，要大家练笔啦。

"人弃我取"，网罗人才

张稷：陈翰伯到处收罗编辑人才，其中包括不少有所谓"历史问题"的专家和大学生。就是陈翰伯说的"人弃我取，人舍我用"了。

林尔蔚：翰伯就是叫我去收罗编辑人员，后来还有人因此批判我。当时北京大学的学生到北大荒劳动后要回来，陈翰伯就叫我把他们招来，就是陈应年啊这一批，我记得有四个。另外还从社科院又要来了一批。

五、"文革"前后

"我回北京，绝不会忘了你们的！"

张稷：陈翰伯在商务工作一共14年，实际上仅仅前面8年在做事情，之后就是"文革"了。

林尔蔚："文化大革命"以前，陈翰伯送我去新华社"外文干部训练班"学了两年英文，回来后在英语组、序言组待过很短的时间，只是看一些外国史书和《英语缩略语词典》的稿子。"文革"开始了，我没有一官半职，是小萝卜头儿，也去了干校。有个编辑的爱人跟我们去干校。也不知道他怎么给我贴了大字报，说我是什么呢？"黑苗子"，"爪牙"，"招降纳叛"。后来大家说我就是个一般工作人员，不是当权派，他怎么贴大字报呢？以后也就没事儿了，不了了之。

干校呢，陈翰伯也去了（张按：1969年9月20日前，商务印书馆的全体干部到湖北咸宁参加"文化部五七干校"。），没别的（活儿），就是拉车。有些人欺负他，把他的箱子放最底下，其他的箱子都摞在上面。快走的时候，他的箱子拿出来全烂了。他工资很少，就给几块钱生活费，抽烟呢抽最差的。他后来为什么老气喘？就是因为这个。而陈翰伯对干校的这些同事态度则相反，他调回北京时，干校许多人给他送行，对自己能不能回北京很担心，翰伯同志说："我回北京，绝不会忘了你们的！"

查"五·一六"分子运动

有个插曲：文化部群众组织有个联络站，跟商务造反派有联系，挖"五·一六"（张按：指"五·一六反革命集团"，"文革"期间曾发动自上而下清查所谓的"五·一六反革命集团"分子的运动。）的时候就挖到商务。叫我也参加，每天不工作，白天睡觉，晚上就审这些"五·一六"。结果搞了没多久，大概几个礼拜吧，突然不让我搞了——我也变成"五·一六"了。我搞不清楚自己怎么从抓"五·一六"的变成"五·一六"了！后来知道商务有一个人，说我是"五·一六"，很奇怪！最后呢，当然也没事儿了，还把我调到了"大队政工组"。组里有几个人，专门审查干部，主任是王春，中华书局的副总经理。还有王子野的老伴陈今，还有两个文学（人民文学出版社）的。这事之后，叫我当干校军宣队李政委的秘书，我就又当了秘书。

孤身一人运文化部干校档案

后来，干校撤销，干部都回北京，该分配的分配了。大概1972年的时候，叫我一个人把未分配干部所有档案运往北京。我记得到了汉口，火车行李车厢的两个门都开了，里面又有货物又有档案，那些搬运的人就来乱搬，我一个人在那儿也没个伙计，很害怕丢失！文化部干校所有干部的档案，是我一个人运到北京的。

后来，我留在文化部留守处搞干部分配。商务干部的分配，是商务军宣队去干校挑，要的回商务，不要的去版本图书馆暂住。因为商务一下子要不了，所以去干校的有一批人没有分配出去。当时出版局派到商务的总编辑叫金沙，原来是《西藏日报》的总编辑，那时商务、中华好像还是合在一起的。还有个叫杜仍，是军队的。

唐山地震时，我们住在新源里，有一天他来我家慰问，不久就让我回商务工作了，当地理编辑室的副主任。这是我第一次"有衔儿"。

在出版局帮陈翰伯落实"右派改正"

不久，陈翰伯又把我调到出版局。1978年，出版局的王匡调回香港，新的领导尚未确定。有一天我去出版局，陈翰伯告诉我，国务院昨夜打电话给他，让他当出版局局长，王子野当副局长。陈翰伯叫我干什么呢？叫我管全出版系统的"右派改正"。具体做法是：由民政部主管，各个单位上报改正平反的报告，经政府主管部门甄别、审批，予以改正。我记得当时出版系统大约有一百人需要审批改正的。经过一段时间的工作，这些人的问题全部解决了，不管是人民文学的"大右派"绿原，还是商务的"右派"，统统改正，没有遗留。剩下的问题是，有些人已经下放到地方工作，能否回北京？民政部的规定，有的可以，有的不能。大概是没有结婚的或者家属还在北京的可以回，如果在当地结婚了、生孩子了，虽然"右派"改正了，但是也不能回北京了；但如果原单位或有别的单位同意夫妻都接收，也可以考虑调回来。情况比较复杂的。

"请你中午让我休息一刻钟"

这些人都想回来，所以老到出版局问。我们陈翰伯呢特别心软，同情这些人，有求必应。每次来都要招待，招待完了跟他谈话，然后还送出去。结果人越来越多，天气又热，陈翰伯呢老咳嗽，就用湿毛巾弄在脖颈上老挂着，可以凉一点。最后没办法，贴了个条子，说"请你中午让我休息一刻钟"。就是说这一刻钟你不要来，让我休息休息。哎呀，我看了实在不忍！那么大年纪，又抽烟，还老咳嗽！我就说你们要找陈翰伯，就先找我，有什事儿我解决不了的需要找陈翰伯再让你去。我对陈翰伯说，你用不着每个人都来接见。琐琐碎碎的问题很多，一个局长，中午又休息不了，还要治病！

还有的人呢，回不了北京，我记得一个新华发行所的，拿了刀子来。我就说你不是来谈回京的事情吗，你拿了刀子我不谈，你回去把刀子放了然后我们再谈。最后呢还是比较平稳的，几个月将近半年，全部改正完毕，一百多人都妥善安排了。这就是"改正右派"这个事儿。当然被改正的"右派"非常感激了，有的送皮鞋啦有的送什么，我说所有的东西一概不收。翰伯同志说你写个总结，我就写了一个总结。我记得他最后退给我，旁边批了两个字——"很好"！

六、主持商务印书馆工作

汉译名著

张稷：您在商务主持了这么长时间，做了很多事。商务的事业是一代代传承着做。《故训汇纂》出版的时候，杨德炎总经理说，这部书是您立的项。又说了当时出版的几部大辞典和学术名著，有的是翰伯时代的出版计划，也有是您立的项。

林尔蔚：1979年年底，当时有人让我留在文化部、出版局，我说不去，还是回商务！后来陈原找我，说你还是回商务吧，我就决定回去。1980年元旦过了以后，我回到了商务，叫我当总编室主任。那里原来有个外单位来的同志，他要回去，不愿意在商务做了。过了一段时间，我当了副总编。有一次陈原在干部会议上就对下面说，他（陈原）不在由我负责，我说了算。一个副总经理就说，好像不太好办了。他本人也是副总经理，那么到底听谁的呢？这段时间呢，陈原不知道因为什么事，——大概是《读书》杂志的文章《读书无禁区》什么的，他写了报告，退居二线。后来上面批了，他做顾问，但是我这个总经理呢还没批下来。

那一段最重要的事情就是"汉译名著"。这最早是三联书店一个很大的规划，陈翰伯来了重新整理，在商务1958—1962年翻译名著工作的基础上，经过广泛走访、调查研究，从原来的大规划中遴选，编制了一个翻译出版外国哲学社会科学重要著作的《十年规划（1962—1972）》草案。这个规划曾在学术界中广为散发。一方面请专家学者就书目得当与否提出建议，另一方面请学术界人士继续"认译"，或推荐翻译人选。一千多种，分为哲学、经济、社会主义学派、政治学、法学、语言、历史、地理等九类，它就是"汉译世界学术名著丛书"的基础。后来小平同志提出"拨乱反正""改革开放"。出版的"拨乱反正"就是要把"文革"中曾经停止出版的汉译学术名著拿出来出版，"改革开放"就是反对闭关自守，要出外国书，更要出外国名著。

那时，商务的存稿，名著中有萨特、尼采等，也有各种"西方马克思主义"，书稿很多，形成了一个"库存"，人们给它取名叫"水库"，其实是稿子多，出书的口子小，出不来，出书很慢很少，也不成系统。因此，如何出名著，用什么方式出，就是一个很关键的问题。后来陈原决定按"汉译世界学术名著丛书"分辑方式出书，具体做法就是成立了领导小组，由我任组长，高崧负责规划（选书目），季元负责印制。编选书目采取"走出去"的办法，召开座谈会和个别走访，向学者征求意见。座谈会开过多次，每次五六十人，如赵宝煦、潘汉典、王太庆、王玖兴、洪汉鼎、何兆武、戚国淦、陶大镛、汝信、王子野等都参加了。个别走访也不少，很多北大的老教授像贺麟、朱光潜、陈岱孙等都在那儿琢磨。就这样，书目很快出来了。

这套丛书能出，一是学术界有这个要求，希望再出；一是出版社本身老编辑们也想补偿"文化大革命"的损失，热情很高。书目拟定以后，出书很快，1981年6月决定出第一辑，当年11月就完成了。第二辑1983年5月出版，当年11月全部完成。第三、四辑，到1986年的时候也都出了。丛书出版以后，受到欢迎。印数都很大，有很多品种超过万册。商务琉璃厂的门市开张，群众抢购，把柜台都挤破了。我原来规定，发行部门保留400套以应急需，但因为群众购买的热情太高而落空了。《人民日报》发表文章，赞扬丛书的出版；胡乔木也表示祝贺，并希望扩大出书范围。在第一次国际书展上，展出了第一、二辑的样本，受到邓力群同志的赞扬。原有的"水库"由于出书快，已经不存在了。此前有一些对出版"汉译名著"不太赞赏的评价，如一个著名经济学家就批评商务，骂得最凶，说"误党误国""延误子弟"！但现在，商务人不再心有余悸，安定了许多，增强了信心。接着这套丛书，纳入了商务正常的出版计划。自此，"汉译世界学术名著丛书"就一直连续出版，第五、六、七辑，一共100种，加上之前出版的学术书200种，一共300种，蔚为大观。中宣部也明确表示了肯定和表扬。

因此，如果你说"汉译世界学术名著丛书"出版一定是谁

（某个人）的作用，我说"不对"，那是当时的政策环境和知识分子的情绪共同促成的，是依靠了商务的老编辑和学界的专家学者，大家共同努力的结果。

中外语文工具书

第二个就是《现代汉语词典》等工具书的出版。《现代汉语词典》也做了拨乱反正的工作。修订出版以后，销路非常好！之前，"文革"时期，《新华字典》被改得一塌糊涂，《辞源》也是各个省都来修订，也是改得一塌糊涂。"拨乱反正"就是改回来！郑易里的《英华大词典》也由徐式谷重新编。《现代汉语词典》之后，又出了《汉英词典》。《汉英词典》是吴景荣编的，吴景荣是中西贯通的。他的这本《汉英词典》，外国人评价"No.1"，特别好，英国人说这个《汉英词典》是"比金子还值钱"！我就是要从《现代汉语词典》开拓出（一系列）"汉外""外汉"词典。我觉得这是中国文化向外扩展的很重要的渠道，是商务做的一项文化贡献。所以那时候我称商务要成为辞书王国。这是我在任期间得到的一个很重要的启发。

为什么这么觉得呢？因为我们（商务）汉语言方面很权威。《新华字典》和《现代汉语词典》这么好，小学开学供不应求。开学的时候我告诉你，一天六卡车的用纸都不够，一年印40万令纸。我曾经到日本，我说一年印40万令纸，你日本印刷厂里能供应吗？日本人回答说"不能"。因为有一些固定的任务不能摆脱，所以不能集中这么长的时间印词典。我不仅跟二厂（张按：即北京第二新华印刷厂。）合作，而且要跟纸厂合作，我情愿给纸厂多一点钱。一吨比如说三千（元），我给你三千一、三千二，你要保证按量供应，保证纸的质量，保证我这个时间开学能用上。《现代汉语词典》一年最多是 40 万令啊！一天五趟卡车，一个卡车 6 吨纸，五六才 30 吨，你说 40 万令要运多少！刮风、下雨、下雪工厂就马上停工，保证纸的来源很重要的！有一次到上海去出差，刚一到发行所坐下来，经理就说，你看，外面好几个人等着要字典。学校规定一本《新华字典》，一本《现代汉语词典》，没有这两本不许上课。书店断货，也没有供应，小孩上不了学，这个还了得啊！因为买不到商务的词典上不了学！我都记在心里。所以上任以后，自己搞发行，加紧纸张供应，抓印刷厂印制。你这才能保证词典的供应！

我觉得商务有《现代汉语词典》，有《新华字典》，后来又有《古汉语常用字字典》，张万起又跟人民大学编了《古代汉语词典》，又修订了《辞源》。这之后我们又和日本光生馆合作出版了汉语歇后语、谚语、外来语等词典。所以我就跟语言研究所说要编《现代汉语大词典》，实现吕叔湘、丁声树先生提出的先编《现代汉语大词典》，再编《中国汉语大词典》的愿望。语言所提出经费不足，于是我就预付语言所一笔款，准备将来再结算。

为了编"汉语大词典"，我就一直在想怎么积累素材。之前陈翰伯时代，四川搞了一个《汉语大字典》，但是粗糙一点。武汉大学编了一部《故训汇纂》，赵克勤说他们那里没人要出，问我们出不出。训诂类的词典，清代出过一本《经籍纂诂》，但它存在明显缺陷，唐之后的涉及不多。为弥补这个缺陷，武汉大学上世纪 80 年代就着手编一部汇集从先秦至晚清古籍的故训资料，一部全面系统的大型训诂类语文工具书。它有 70 万张卡片，很可贵，对我们编词典很有用。中国的文化很丰富，但是要编成新的出版物，要有新的方法。编词典最重要的是语料，要做卡片，收集语料，对照研究，从里面辨别选择。《现汉》的编写，我觉得很好的一点，就是通过（语料的）调查研究，通过卡片摘录搜集，不是凭空编。赵克勤就说，编词典抄的很多，真正考订、真正研究、通过卡片抄制去做的很少。武汉大学用了十几年哪，辨别考订搜集资料，才有这个规模！所以我就说："我买下了，我出！"我和汉语室、出版部到武汉去，让武汉的新华印刷厂负责排版统目，他们说铅不够，我就先给了10万（元），再让湖北人民出版社担任校对。

那时候我筹备一百周年（馆庆），就是想（把商务变成）中国辞书的王国，古的今的，"汉外"大的小的双语的都有，来庆祝一百周年，然后再编《中国汉语大词典》——这是我的愿望。

外语词典方面，外国有一种词典，语词和百科都有，叫DESK，供大学文化程度读者使用。后来我们商务出版一本，就是《蓝登书屋韦氏英汉大学词典》。这本《蓝登词典》开始的时候是由一个部队单位承担，编了20万词条，后来他们任务变了，没人编了，就把这些资料运回到北京。英语组的朱原同志想了个办法，让责任编辑李华驹用奖励的方式，又组织人干了五六年，最后完成了，将近1000万字。

我曾有一个想法：除了美国人的这本词典之外，再做一个自己的百科跟语词结合的词典，仿照《新华词典》的模式。《新华词典》就是语词加百科的，但是部头比较小，我就想跟大百科（张按：即中国大百科全书出版社。）一起弄，把它扩充成《新华大词典》。这是我心里的一个方向。

七、收回版权，走出国门

收回版权自主经营

张稷：您任总经理时，适逢改革开放，与世界一流的出版机构如牛津大学出版社、美国的蓝登书屋、柯林斯、日本的小学馆等都合作，让商务成为率先走出国门的出版社。可以说，是陈原和您这样的掌门人带领商务成为改革开放在出版领域的先锋了。

林尔蔚："文革"结束后，商务书在国外的版权是让香港分馆做代理的，比如《汉英词典》。可是我想，商务的词典版权为什么一定要给香港呢？香港可以优先，可是版权应该是我们的！我认为对外开放，版权贸易应该拿回来。所以我把词典对外合作的权利都收回来了。香港要印可以优先，但也要给版税，香港也同意了。

版权收回后，我参加法兰克福书展，外国的客商说，你想跟我合作，你做过什么？我说我做过《汉英词典》。我把《汉英词典》拿出来。外国人一看OK，特别好，觉得你可以，就跟我合作，那是美国的柯林斯（Harper Collins）。

牛津（Oxford University Press）有个经理叫Alastair Scott，他说能不能编一本双语的，有"外汉"跟"汉外"，两种在一起的词典。我说可以试试。他提出几点要求，比如要用繁体字，要有例句，要有拼音。繁体字那时候在国内不能出，但我说这是对外国人啊，外国有需要啊，为什么不可以，也可以嘛！就跟牛津出了一本"英汉、汉英"（《英汉汉英词典》）。我想其他语种也可以跟着做。

我们的英汉、汉英双解词典，跟牛津合作，都用付版税的办法。比如在国外印这本"英汉、汉英词典",付给我版税,我在国内印,付给他版税,这不是挺好吗?

那时候呵,有一个"汉英",一个"汉日",然后一个"汉德",一个"汉法"。《汉法词典》出版的时候,法国有个中国人开的友丰书店。当时法国没有人跟我们合作,这个书店要跟我们合作出《汉法词典》。国际书店的副总经理,打电话给我,说《汉法词典》的版权不应该跟这个出版社合作。我说为什么?他说上面有规定,国内的书对外卖,权利都属于国际书店。我说哪里有这么一个规定?你们发行管卖书,版权是作者的,作者把版权给出版社,我愿意跟谁合作就跟谁合作!他说不行,要去告,我不怕。哪有这样的事情!

我觉得以前这些啊很不应该,发行要主宰一切,要主宰我们出版。真正的出版者根本就没有空间。搞出版的都是一些书呆子,老实巴交的,不会搞经营。到法兰克福(书展),中国的书还没走出去呢,人家还不了解呢,出版社的经济指标怎么完得成呢?好多人实际上就是去摆个摊位逛了一圈。首先应该让外国人接受你。我跟英国人合作以后,到书店去逛,所有的书店都有牛津的书。因为牛津在全世界的发行网络非常大,书店卖他们的书,当然也卖和商务合作的这本。你要是不给他海外的版权,你自己销销看!

汉语词典、汉外词典的出版,给我很大的启发,就是汉语要走出去,要靠汉英(外)词典。你学外语,英文当然敌不过英国了,他们的词典是权威,我们编不过他们。(但是)汉英有谁能够比得过我们?香港也好,台湾也好,比不过商务啊!《现代汉语词典》是权威,汉外词典也是权威。这些语种我想都出全了,把全国词典会议规划的外语辞书都出了。后来还出了不少汉外和外汉的词典,其中《精选汉日·日汉词典》和《精选汉韩·韩汉词典》比较成功,销路很好,记得当时单单汉外、外汉小词典一项总印数就超过了 20 万。

给外国人点儿甜头

我觉得外国人,你说他不好打交道,其实也是好打交道的。我告诉你一件有意思的事情。美国"蓝登"(蓝登书屋,Random House)很有名,但是它在远东没市场,不像牛津在香港有个办事处。它要进中国来,跟我们很友好。我跟他们谈,蓝登的词典我们买版权,在中国来翻印行不行?最后他们说,版税我们签个合同,我只要一块钱。人家是为了进中国市场,多有眼光!

还有件有意思的事,我到法国去逛书店。法国的书店,一个书店设十几道交款的,队还排得满满的。在法国,卖书是很兴盛的行业啊!法国市场这样好,中国书怎么打进去呢?一天,我到中国人开的"凤凰书店",坐在那儿看看他们买什么书。有买汉英词典的,有买汉语教科书的,我很高兴呵。外国人不是不需要你的书,问题是你怎么能把中国的书发行出去。你总要给一点点好处,给人家点儿甜头去合作,才能慢慢地走进去。

跟日本人也合作。那是许力以跟日本小学馆谈的,出版日汉和汉日的词典。汉日词典,"文化大革命"以前编过一本,后转给辽宁了(张按:1960 年代初期,尚永清等商务的编辑就以《现代汉语词典》为蓝本编纂了《汉日词典》,并已打出校样,后因"文革"中辍。1975 年全国词典编写出版规划座谈会以后,"汉日词典"转由吉林大学承编。),"文革"以后又拿回来。跟日本人谈的时候，就把这本《汉日词典》给了日本人。日本人一看说以前他们见过，根本就不行。原来已经签了合同，后来小学馆不干了。我想，钱是次要的，主要是把我们的汉语文化传播到外国去。日本人愿意出"汉日词典"，我们可以让编辑重新编。我跟日本小学馆说，你已经付给我的订金我不要，我们重新编一本给你。小学馆同意了。就这样，尚永清又重新参照《现代汉语词典》的新版本，编了《新汉日词典》。又按日本人的要求，补充了他们认为需要的条目，用了一年多时间，小学馆出版了，一下子在日本印五万册，在日本打响了。那时候有同志就很反对，就说尚永清不上班，一天到晚在家里编词典，不上班就拿钱，现在还要拿稿费。我说，编这样的"汉日词典"不容易啊，不是随便什么人都行的，能编出来就是好事，给他一点钱是什么了不起的事情呢？

八、商务的传统与前途

加强与学术机构合作，同时培养自己的力量

第一，我觉得商务跟学术机构应该保持合作。像社科院语言所，他们的研究人员比较专业。早先的时候，我们商务的中文编辑人数少得很可怜！那时出字典，一年出不了一本。学术问题是要下功夫的，一般的编辑难以胜任。汉语方面我们和语言所这样的研究机构在一起是很重要的。那时我常跟语言所他们一起打桥牌，关系很紧密。北大呵，语言所呵，语言这方面的力量，北京最强！商务一直跟语言所、北大在一块儿，语言方面的力量够。

外语方面也是这样。以前几年都出不了一本书。如汉语教科书，外国人很喜欢，销路很广，国外也有出版社想和我们合作编写日语教科书；《英语世界》的出版，除了自己，实际也是靠外国语学院的李赋宁、许国璋等一些老专家；"汉译名著"是依靠一大批各领域的专家学者。其实这也是商务的传统。1958年恢复独立建制之后，陈翰伯就提出了"开门办社"的口号，依靠知识分子出意见、定选题。他提倡商务印书馆应该"谈笑有鸿儒"，商务的编辑要和学术界有广泛的交往，他说能不能跟高水平的作译者交朋友，是一个编辑能力是否称职的表现。这些优良的传统，应该继承。

另外，商务自己本身队伍也要壮大。我做总经理以后，加强了汉语室的力量。语言所编了一部分词典，我们自己的编辑也还可以做很多别的事情（指编别的词典）。后来王维新、张万起他们搞了《应用汉语词典》，赵克勤他们编了《古今汉语词典》。

许国璋先生对我讲，你们可以搞一个研究所。因为商务做的许多事情是翻译工作。如果我们成立研究所，对这些工作进行研究，出一点专著，那么在语言文字上、思想上对世界文化起的作用就大一些。我喜欢看有关商务的书，我想，怎么用商务传统把她发展得更好一点。（商务）一百周年还做馆庆准备，布置这个那个的工作，结果退休了。年龄是到了，我觉得商务刚刚要火起来……

商务的传统是财富

那时我的工作，一方面是"汉译名著"——整得更加完善；一方面是辞书出版。邓小平同志说，要花几十年的时间翻译出版世界学术名著。但是汉译名著多得不得了，标准也不一样。我们自己要弄一个比较完整的。有些方面如心理学、哲学等还要扩充。商务印书馆到一九三几年的时候全世界数一数二，她靠什么？商务印书馆要继续发展，靠的又是什么？我看商务历史，觉得不能把她搞坏了，只能把她往好了发展！怎么发展？先看看老祖宗怎么说的。商务的传统非常丰富，再走别的路，怎么走？离开了商务的传统能做什么呢？所以我坚信，要恢复、发展商务，就是一个："传统"！商务印书馆过去把外国的文明引进来，同时也光大中国文化。中国古代的文化怎么跟现代结合，怎么使她繁荣，看我们出版什么了。我们自己想得出来吗？要从传统那里传承下来。我始终是这样想的。

商务的文化财富很多，但是要花力气开发，也不是抄抄弄弄就行。我觉得语言出版和社科出版都要有作为。其实商务古籍出版从前也是厉害的，比如我们有《四部丛刊》。后来商务通过《现汉》影响到语言教学，从而促进汉语言的现代化。"文化大革命"之后语言研究和出版水平整体下降了。其实汉语语词义项很丰富，用来写文章可以写得非常漂亮。通过（发掘）古典的，再以《现汉》为支点，在语言出版方面拓展一点，中国的语言和文化影响可以起来，哪个国家都比不过中国！应该说，中国是站在世界文化的顶峰的。

人才是关键

50年代商务恢复独立建制的时候，是七拼八凑起来的。商务老人没有了，力量很薄。汉语方面就是个吴泽炎，其他的人都是后进来的。所以商务发展到跟语言所一起编辑《现汉》，很不容易。培养汉语的人才不容易，要懂外文又懂古文又懂今文，底子要好。汉语的人员我都想多进。那时候进的，我还觉得商务人才的培养，应该走胡愈之、沈百英、高觉敷式的道路，即"自我培养"。因为商务出的书，根源深，涉及面广，也不是哪个学校能培养出来的，要靠自己钻研、摸索、奋斗。

商务语言出版这一块阵地，念想的人很多很多，有不少人来挖商务墙脚。编词典要花大力气，要下功夫的。有的单位不大愿意做这种枯燥的事情，就来挖别人的墙脚。以为编纂出版辞书，又有名又有利，都想搞。又是"规范"不"规范"了，又是来抄袭了，多得很！有一本书，语言所编的《拯救辞书》，从里面就可以看出来，干扰不知道有多少！但商务的力量强，想挖也不容易。最后这些大词典都还是要在商务出。

我们做《古代汉语词典》，和人民大学合作，后来北大的几位老师也参加进来，我担心搞得成搞不成，总算成了。古汉语词典基本上由小做到大了。所以要有人才，要有志气，有毅力，才能做起来。选题很多，材料很多，你要变成可用的选题。你说世界名著，全世界几万种，怎么变成我们的选题？王云五搞了很多，《万有文库》什么的，太广了，什么都有，能够有再版价值的，还是文史类的，科学方面的选题，再版少一些。还有的选题和时事结合，今天这样，明天那样。有的选题今天看不见实际的用途，明天可能很有用处。解决所有这些问题要靠人。

总之一句话，我在商务一辈子，就是干这么个事儿，干了一点，没干完。就是这么个经过，有什么漏了的，请原谅。

（原载《中华读书报》2013年1月9日）

一九五四年以来

梁志学

我从 1937 年春季上学开始,到 1956 年夏季毕业于北京大学哲学系为止,其间读过商务印书馆出版的许多教科书和其他书籍,从某种意义上说,我在学业上是吃了它提供的养料长大的。不过,我与这个令人敬仰的现代出版社的直接联系却是在它于 1954 年由沪迁京以来。

首先谈谈商务的历届领导给我留下的印象。不久以前,社科院哲学所前任所长李景源向我指出,"你这个人的最大毛病就是喜欢给领导找碴儿"。事实是否如此,姑且不谈。但我对于商务的历届领导总是觉得他们有这样或那样的长处,而没有表现出这类缺点。以首届总编辑武剑西为例,我当时就觉得他很了不起,因为他是在德国留学时由朱德介绍入党的,当过共产国际的翻译;后经洪谦的推荐,他开始喜欢上了我这个年轻人。他在商务待的时间不长,后来当了高等教育出版社社长,给我参加翻译的考茨基的《唯物主义历史观》做过校对,令我受益匪浅,终生难忘。以现任总经理于殿利为例，我和他在工作上有几次交往，参加过他主持的会议，看过他送我的那本成书的博士论文，我觉得他颇有学术眼光。正因为如此，当我们译出的黑格尔《世界史哲学讲演录》全集本问世时，他能够对此书的学术价值和受欢迎的程度做出判断，决定另出单行本；正因为如此，他在看过分期出版的《费希特著作选集》五卷本以后，能够看出此中存在的翻译、编辑和印刷问题，决定再出一个完善的修订版。这足以表现他在编译和出版方面的水平。

关于陈翰伯、陈原、林尔蔚、杨德炎和王涛，他们都各有各的优长，才使得商务印书馆的工作在改革开放路线的指引下得到巨大发展，兹不赘述。但我要特别提到副总编辑高崧。他与我在工作上交往三十多年，表现出了值得我们学习的优点。其一，他上南京大学，并不是学哲学的，也不是学经济学的，但他在从事编译工作时补习了世界哲学史与世界经济学史，理解了此中所讲的名著的学术价值，具备了决定选题的理论修养；其二，他通过编书过程，研究名著中的思想，写过一些论文，例如，关于空想社会主义者的文章；其三，对于接触到的译者总是表示欢迎，经过多方了解，判明对方宜于胜任哪些翻译工作。在这里我要谈两件事。其一，在上世纪70年代初，他刚从干校回来，就到中国科学院哲学社会科学部破烂不堪的集体宿舍里找我，建议翻译谢林《先验唯心论体系》和黑格尔《自然哲学》；我和薛华欣然接受了他的建议，而逃避了那类"批林批孔"的斗争。其二，在上世纪80年代初，成立了一个《黑格尔全集》编译委员会。我和薛华认为，这个委员会是一个徒有虚名、不办实事的组织，决意退出这个委员会，另外编译《费希特著作选集》，他当时决然支持了我们的行动，而不怕得罪委员会里那些位高权重的人。现在回首往事，我必须提到，如果没有他的大力支持，那两本汉译世界学术名著和这套选集是难以完成的。在他病入膏肓之际，我到他的翠微路住所看望过他，他当时的那种令人痛心的形象一直留在我的脑海里。

其次谈谈商务的编辑同志给我留下的印象。虽然几十年来我到编辑部去谈的问题是具体的，接触的人员很有限，但在这当中我总是感受到了编辑部要求普遍贯彻的科学原则，看到了编辑同志的严肃认真、艰苦奋斗的作风。在这个方面，我想讲几件往事。其一，上世纪60年代初，我译出海德格尔的《什么是形而上学？》，送到编辑部，得到的回答是"须请人校对"。我取回译稿，觉得这个要求是严格的和对读者负责的，所以心服口服。其二，上世纪70年代初，洪谦让我统改他与唐钺、宗白华节译的马赫《感觉的分析》。这可是个难题：改得太厉害，老先生不高兴；改得不到位，编辑部通不过。怎么办呢？经过与编辑部协商，提出一个办法：差错必须纠正，文风尽量保留。就这样，我提供的试译稿经过当时在商务工作的绿原的审查和北京大学这三位老先生的过目，都得到了首肯。由此可见，商务在遇到这类难题时是把原则性和灵活性结合起来，做得通情达理的。其三，上世纪70年代末，吴隽深编辑《先验唯心论体系》译稿，张伯幼编辑《自然哲学》译稿，都是很认真负责的。我们的这两部译稿都是经过反复互校和请人审读完成的，但到了他们手里，又对照德文，从头到尾检查了一遍，他们还是发现了一些问题，在与我们商讨以后，又做出若干修改。特别需要提到的是武维琴，他虽然不怎么懂得德文，但在上世纪80年代初，根据一个很好的英文译本，检查了我给《感觉的分析》节译本补充的译文，提出了不少正确的修改意见。每当听到读者赞赏这三本汉译世界名著的译文质量时，我总是想到他们三位老编辑为此付出的巨大辛劳。其四，北京大学哲学系毕业的陈兆福，不仅在被分配到商务以后一直安心做编辑工作，而且还发挥自己的长处，完成了其他的任务。例如，他在黑格尔《逻辑学》下卷中编译了"黑格尔生平和著作年表"，内容翔实，迄今依然有重要参考价值。其五，在过去的编辑部里，有不少令人尊敬的学者，他们在自己的专业领域里对于判定译文的质量和解答遇到的难题都能提供正确的答案。例如，顾寿观对西欧哲学史有很深的研究，翻译过拉·梅特里《人是机器》，吴永泉对基督教神学很熟悉，翻译过施特劳斯《耶稣传》，巫白慧梵文水平很高，翻译过《圣教论》和《大乘二十颂论》。所以哲学所有人言，"商务印书馆是个藏龙卧虎的地方"。

最后还想谈谈我过去在与商务的行政部门的来往中经历的事情。第一件是与财务科张宏达的来往。我们办期刊和编书，经常到他那里领稿费，他很负责任，能及时把账目算得一清二楚，把稿费交给我们。1959年夏，科学院哲学所西方哲学组执行中央宣传部批判中国资产阶级哲学的部署，全体出动，到北京图书馆查阅解放前出版的哲学报刊，选出一批论文，由我负责编出《资产阶级学术思想批判参考资料》第八辑与第九辑。所选论文须送科学院图书馆复印，张宏达根据商务领导批示，将复印费二百元打到哲学所会计科，我从这里领出这笔钱，交给复印者，然后将所开的发票送给张宏达，结清了账目。但在1962年查账时，我所会计翻出了我过去留下的取款单据，说我贪污了这笔钱。我求助于张宏达，他很快就把账目找出来，向检查组说明了事实真相。这样，我就没有再在"右派分子"帽子之上被戴上"贪污分子"的帽子。我当时是含着眼泪向他表示谢意的。第二件是与出版科何家政的来往。他给我们《哲学译丛》编辑人员留下的印象是吃苦耐劳，待人诚恳。在付型之前，我们经常在工厂里碰头，他帮我们核红，我们等他签字。他发现我们在编辑标码时有缺陷，便介绍我们参加从拣字到打纸型的全部过程，而这就在很大程度上提高了我们的编辑水平。这样的合作关系实在令我们不胜快慰。

在这将近六十年的过程中，商务印书馆给我留下最深刻的印象的事情是：与我在哲学所同时被划为"右派分子"的许良英同志，不接受发配到北大荒的组织处分，而归乡务农，依靠所得工分维持生活。摘掉"右派"帽子以后，他致力于编译《爱因斯坦文集》，但译稿被上海姚文元指挥的人挪用，他向周恩来总理告状，也没有得到答复。就在这样的形势下，商务印书馆不畏风险，把他请到北京来，让他住到文联大楼（即现在的商务印书馆大楼）下面的平房里，每月给他 50 元生活费，继续从事这项编译工作。这部文集在国内知识界获得了广泛的好评，它的译者许良英还获得了美国物理学会 2008 年萨卡洛夫奖，他在书面答谢辞里特别强调指出，正是爱因斯坦的思想促使他醒悟，开始致力于科学和民主的启蒙事业。说句公道话，商务印书馆做过的这件事情应该载入中国出版事业的史册。作为它的长期的译者，我期望它今后依然本着"开启民智"的既定方针，更多地建树这样的业绩。

于 2016 年

五十年代开始的深厚缘分

汝　信

千秋功业

商务印书馆作为我国历史最为悠久的现代化出版机构，创立于19世纪末中国民主革命时期，可以说是开当时风气之先，顺应当时的历史新潮流，传播新思想、新观念，是面向广大群众的新型出版社，对中国新文化的产生和发展起了积极作用。新中国成立后，商务印书馆也与时俱进，进入了为我国社会主义文化建设服务的发展新阶段，成为新中国出版界的重镇，不仅为我们学术文化的发展做了大量有益的工作，而且作为社会主义文化产业也取得了成功。所以，我以为，商务印书馆120年的辉煌历史在某种意义上可以说是近现代中国出版事业发展的一个缩影。

当前，在以习近平同志为核心的党中央领导下，全国人民正在为建设中国特色社会主义、实现中华民族伟大复兴的中国梦而努力奋斗。为此，我们需要提高和增强"四个自信"，而其中文化自信则是必不可少的一个基础。据我粗浅的理解，文化自信表现在两个方面，首先是要大力弘扬中华优秀传统文化，使我国源远流长、博大精深的优秀文化得以继承和进一步发扬光大；其次，我认为同样重要的是，必须以开放的心态，放眼世界，吸收、批判、借鉴两千多年来全人类思想和文化发展中一切有价值的积极成果，才能建设我们现在的社会主义新文化，这不是我说的，这是列宁讲的。所以我感觉到这两个方面相互结合，二者相辅相成，相得益彰。

商务无论在弘扬祖国传统文化或是吸收借鉴外来文化方面，都做了许多卓有成效的工作，出版了不少具有高度学术价值的著作，而且长期以来一直坚持这一正确的出版方向，我认为有的项目我们称之为"千秋功业"，恐怕也不为过。我这里仅举两个例子。一是《现代汉语词典》，这可能是商务出版物中读者最多、印数最多、影响最大的书，这部书我知道开始是由吕老——吕叔湘同志领头的，我国众多的语言学家和学者如老一辈的丁声树、李荣，都参加词典的编写，现在由吕老的嫡传弟子江蓝生同志主持修订。从上世纪50年代开始到70年代正式出版，后来又不断修订再版，对促进汉语规范化和普及普通话，清除语言污染，起了极其重大的作用。语言文字可以说是文化的最重要的基础，所以说《现代汉语词典》这一基础性工程对文化建设的意义是怎么估计也不会过高的。这是商务一个很大的贡献。

二是"汉译世界学术名著丛书"。这套"汉译名著"内容丰富，篇幅浩瀚，从多种外国文字翻译过来，覆盖许多学科，可以说包括了世界各国重要的文化经典。这套丛书就其规模之大和内容之丰富来说,在国际出版界也是不多见的。我们知道中外知名的出版社,也有类似的丛书,但是商务是出版文化经典,像这套"汉译名著",从规模、内容方面,在世界上完全可以和最著名的出版社类似的丛书相媲美。它为我国学术界和广大读者了解和研究世界文化提供了最必要的资料。

当然,商务出版的优秀读物远不止我上面所指出的这两项。就工具书而论,商务出版的《牛津高阶英汉双解词典》和《新华成语词典》也都是很受广大读者欢迎的,也是我们案头必备的参考书,而商务出版的许多学术著作,我们学术界一直认为它们学术品位高,学术质量高,是"双高"的名牌产品,商务因此也就奠定了在我国出版界的崇高地位。

良师益友

对我个人来说,我一直把商务的出版物和编辑同志看作是良师益友。我是解放前上的上海教会大学,当时教授都指定我们要读原著,但是我们学生,老实讲,觉得那些大部头原著读起来太费劲,都是想办法找商务印书馆的译本来读,比较轻松一点。为什么把商务作为首选呢?就是因为商务的译文忠实可靠。

上世纪50年代,我考到社科院哲学所当研究生,师从贺麟先生。贺麟先生是商务的老朋友、老关系,他的著作、译作都是由商务来出版的,我后来研究生毕业以后,当西方哲学史组的学术秘书。所谓学术秘书,现在讲起来一是负责对外联系,另外是事务性打杂的事，我包下来，从此就和商务直接打交道。当时组内一些海外留学归来的专家学者，主要是承担外国经典著作的翻译，除了贺麟先生之外，像杨一元、温锡增、王玖兴、管士浜等的译作，我们西方组内编选的有关西方哲学的资料，关于美国哲学的学术资料，存在主义的资料，也都由商务出版。所以，我自己在工作中一贯得到当时商务领导同志的大力支持，像陈翰伯同志、林（尔蔚）总，特别是得到了很多编辑同志的热情帮助，有一些老一辈的现在已经不在了，如高崧，有一些比较年轻的同志现在也已经退下来了，像程孟辉等，但是他们热心的帮助，我们的友情，我都记在心中，我始终不断怀念着他们。

我感觉有两点值得我们学习。一个是他们对学术出版工作的热情，那种敬业精神，是很了不起的，另外是对学术质量的精益求精的严谨学风，这两方面都使我深受教益。改革开放后，我本人和商务合作编辑出版《外国美学》辑刊，我们当时计划要出版20本，最后出版了18本，可以说完成了90%的计划。一直到最近，前两年我受中央党校的委托，总书记号召干部都要认真读书，读文化经典，所以中央党校就要我和哲学所一些同志一起编选了一部供领导干部学习的《西方文化经典必读》。西方文化经两千多年来经典太多了，所以我们精益求精，选了20来种，出了三卷本西方文化经典，其中对译本的选择是大问题，我们经过再三比较，一大半的译本多是采用商务出版的译本，因为商务的译本确实学术质量高，译文可靠，所以，我想在这里借此机会表示对商务的衷心感谢。

敬祝商务印书馆出版事业兴旺发达，更上一层楼，为社会主义文化事业做出更大的贡献！

我与商务印书馆的书缘

马　斌

2015年我进入米寿之年，正好赶上商务印书馆改版"世界名人传记丛书"，我便利用这个机会重新校勘了由我担纲翻译的《福泽谕吉自传》，改版工作持续一年左右，新版本2016年出版了。2017年是商务印书馆120年大庆，我不揣浅陋，为文留念，略表在我求学和教学的过程中与商务印书馆的交往经历。

一、对商务印书馆的最初印象

1927年11月1日（农历丁卯年十月初八），我出生于北京牛街一个回民家庭，先后就读于市立牛街小学、公立振育小学和私立西北中学第一附属小学等。小学期间所学甚杂，传统的《论语》甚至书法、国画都学过一点。和商务印书馆第一次有深刻印象的接触是在我十五六岁的时候。1941年我在北京市立六中念初中时，由宣武门外牛街走读到南长街南口内学校,中间常路过和平门外西琉璃厂大街路南的商务印书馆门前,午后放学每经此处必会驻足,进馆在柜台前看一会儿新书。至今不忘的是看过一本"大学丛书"之一、邓之诚先生编著的《中华二千年史》,这是当时著名的大学历史教材,由此更增加了我对历史课程的偏爱。

至1948年我从国立成达师范学校毕业前,只见到过中小学的历史教科书,两相比较,有如另见天日。从而联想到商务印书馆原是一家出版、销售有关高深科学知识图书的机构,我恐怕一生未必有缘进入大学殿堂,学到高深学问,不免有"人贫志短"之感。那个年代的我,能抓住机会走进这样的出版机构,浏览一些新书享受一下眼福就很不错了。我在中小学读书时期,只在商务买过一本新书,就是王云五先生主编的用"四角号码查字法"查汉字的汉语字典,这本工具书使我终身受益。"四角号码查字法"据说是王云五先生发明的,他把笔形分为十种,用0至9十个号码代表,只要辨清、熟记下来,就能查出汉字所在的页码,非常方便、快捷。

二、成为商务印书馆的约稿人和著译者

忆及1937年日本帝国主义侵华以后,在北平沦陷期间,身受日本奴化教育的我,曾在小学、中学里学习了日本语,也在校外上过社会办的日语补习班,初步掌握了一门外国语。日本投降后,我进入国立成达师范学校,毕业后在教育部门服务,又过了三年小学教师生活。1951年,我考入北京大学东方语言文学系日本语

科，四年专攻日本语文，毕业后留校工作，被分配在历史系从事日本语的教学和翻译工作。在教学中全靠自编教材，这对我来说是难得的一种锻炼，按"教学相长"的规律，为我所学更加强了扎实的基础。1957年，我与同事夏应元老师合译了一本日本左翼作家羽仁五郎的著作《日本人民史》，1958年4月由三联书店出版，成为我的处女作。

值得一书的是，就在该书交稿的同时，我开始与商务印书馆之间结下一生难得的书缘，即应商务之约翻译了家永三郎的著作《植木枝盛的生平及其思想》。商务是我国出版界历史悠久、世界有名的以出版学术著作而著称的出版社，我有缘与商务结识、合作，确实感到三生有幸。但天有不测风云，1958年当我译好该书一半时，国家施行了知识分子下放农村劳动接受贫下中农再教育的政策，我也有幸被批准为北京大学第一批下放干部，开赴门头沟区深山中的斋堂村劳动锻炼，何日归来无有定期，且要做好长期下乡的思想准备。于是我把已译就的部分底稿交给商务，请另找译者继续完成此书，幸好当年9月商务即出版了此书中译本，署名为马斌与童轲合译，自此一生即成为商务的读者与合作者。

意想不到的是，一年后的1959年，我结束下放，返回北大又进入正常工作的时期。其间，周一良先生介绍我阅读一本日本名著《福翁自传》（即《福泽谕吉自传》），并嘱我抽暇译成中文。周先生提到该书对研究日本近现代史是一部很重要的参考书，具有很高的学术价值。我读后即向商务印书馆建议出版中文译本，因为听说此书当时世界上已有40多个国家出版过10余种外文译本，就缺中译版本，商务马上就约我承担翻译工作。

我经周老师同意，即利用业余时间执笔，历时三年译完初稿。在翻译过程中，除请教周老师外，自始至终都得到恩师魏敷训先生的指导，使我在翻译《福翁自传》过程中受益匪浅。该书中译本约26万余字，我译完后送交商务哲学编辑组，陈应年学弟当时正任该组的编审，他嘱托我增译了一些有关福泽其他著作的内容或简介，如《福泽谕吉全集》绪言和《西洋事情》等文摘录附于书后，准备正式出版。但1966年"文化大革命"开始，商务即将书稿封存，无法考虑何时出版。我曾要求将底稿退回本人，商务表示所有准备出版之底稿，奉上级指示一律封存，以待将来处理，所订出版合同继续有效。但大家都始料不及的是，"文革"一起就历经十年。"文革"结束后，商务重新整理底稿，决定出版该书，于是在1980年7月此书中译本才付梓问世。感谢商务当初封存底稿，实际起了保护作用，如果真要是退还给我，说不定十余年间早已付之一炬了。此中译本出版后，引起日本史学界的重视，听说福泽谕吉创办的庆应大学，每年校庆时都把其校长的这本自传和40多个国家出版的外文译本在校史馆内展览一次，供这所百年老校师生和外宾观阅。因为日本人把福泽视为明治维新的功臣，所以日本政府发行的面额一万日元纸币上面的人头像就是福泽本人。到1992年8月，商务又把这《福泽谕吉自传》收入包括康德、爱因斯坦、圣西门、罗斯福、甘地等名人传记在内的"世界名人传记丛书"第一批中再度出版。在此之后，上海辞书出版社曾于2009年12月出版了15卷本的"外国文学鉴赏辞典大系"，其中一卷《外国传记鉴赏辞典》中也选录了中译本《福泽谕吉自传》中的片段。

1983年12月我曾与中国人民大学法律系、北京大学亚非研究所、国际政治系，中国社会科学院世界经济与政治研究所的同仁合译过日本神岛二郎等著的《日本政治学动向——后行为主义政治学》一书，这是由商务政治编辑组约稿出版的。

1991年我退休后便侧重于对日本语本身的研究，先后也有几本著作或译作出版，大多由北京大学出版社出书，其中有一本是与师弟、北大东语系日语教授潘金生合编的《日本近代文言文选》，在1993年8月由商务外文编辑组约稿出版。

三、商务印书馆和翻译协会的认可

进入21世纪，发生了一件使我料想不到的事情：我与商务印书馆的关系，已不是一个单纯的约稿人或著译者与出版单位间的关系了，而是升华到一种至今我也无法说清或界定是什么缘分的关系，总之，是一种使我非常感动又非常感谢的"关系"！

2002年10月，我忽然接到一封来自中国翻译工作者协会的邀请函，请我去西苑饭店参加"庆祝中国译协成立20周年暨资深翻译家表彰大会"，信上特别注明"如不能出席，请在10月10日前与我们联系"。我是译协的一个普通会员，理所应该参加庆祝20周年大会。原教研室主任沈仁安同志听我提到此事，也鼓励我参加，于是我独自如期赴会。在签到处巧遇老同学张光佩，她很奇怪，说了一声"你也来了？！"，随后我俩便入座闲聊起来。同桌还有四位北大老师都很熟识，另外一位是人事处的带队者，一起坐满全桌。大会开始后，从主持人讲话中我知道要在会上向资深翻译家授予荣誉证书。领导讲话后，即开始由各单位带队者登台领取证书，再发给本单位受此殊荣者。北大人事处人员领回后，当场就发给张光佩等五人每人一张证书，我看了一下，觉得印制很精美。这时其他老师看到北大带队者没给我证书，都感奇怪，当张光佩问他时，他回答说，没有这位先生的，我只是带北大你们这五位来的。过了好一阵子，忽然有一位工作人员到餐桌上找我："您是马斌先生么？"我才知道这位工作人员是商务印书馆的带队者，他并不认识我，所以满场找了我半天，可碰到了。他把一份证书给我，向我说明：我被授予资深翻译家荣誉证书是由他们商务印书馆提的名，经协会批准的，所以北大不知道我的事。这时北大人事处的干部和几位老师也才明白真相。这可算是会场上的一条花絮吧！后来我用电话问过商务的编审陈应年，他说是商务提的名，但没告诉我是什么原因，我也没再详细多问。

到2008年8月，我的老同事、中国近现代史专家张寄谦教授在《北京大学校友通讯》第45期上发表了一篇文章《资深日语翻译家马斌》，介绍我和恩师魏敷训先生的简况，向校内外放出了这个信息。遗憾的是这两位师友已早我而逝，今就纪念商务印书馆成立120周年之际，顺便也将此文作为对我的良师、益友的一种追思吧！

2016年7月写于金手杖老年公寓
同年教师节改定

商务印书馆对我国西班牙语教学建设的贡献

孙义桢（口述） 张婧亭（整理）

新中国高校西班牙语专业的创建

1954年，商务印书馆实行公私合营，总管理处从上海迁到北京，现坐落在王府井大街。它到北京的时间比新中国建立西班牙语专业晚了两年，但这并不影响它很快与北京外国语学院（以下简称"北外"）西班牙语专业建立了联系。这要从西班牙语专业在新中国创建的历史讲起。

1952年，新中国发起召开亚洲及太平洋区域和平会议。鉴于西班牙语翻译极度缺乏带来的不便，在会议的契机下，周恩来总理亲自指示，在北外开设西班牙语专业，自主培养优秀的西班牙语人才。1952年12月,北外组建西班牙语教研组,与德法语专业合称德西法语系,当时只有组长1名,秘书1名,教师2名,助教2名,它是新中国第一个西班牙语教学单位。

我的老师柳小培在其自传《人生随笔》中写道:"当时,主管教学的副院长同我谈话,明确指出是周恩来总理兼外长的指示,要求我们这个外交部直属学校增加语种,尽早为国家输送西班牙语外事翻译干部。后来明白,在1952年10月2日到13日在首都北京举行的亚洲及太平洋区域和平会议期间,参加的大约400名代表中计有以西班牙语为母语的11个拉丁美洲国家代表。会后在北京设立'亚洲及太平洋区域和平联络委员会',主席是宋庆龄,秘书长为智利知名画家何塞·万徒勒里。我的工作是协助一位原国民政府驻拉美外交人员的老先生着手筹备建立西班牙语教学小组。从无到有,相当不容易,因为我国在过去只有个别大学曾设立过西班牙语课程,但仅为大学选修对第二外语而已。因此,半年多的筹建工作,初步解决了教师和教材的问题。由于外交部和教育部的支援,我们从三位原国民政府驻外使馆工作人员中选择了两位来北外,另又从本校法文组学生中选了两位留校做助教。于是这样一个由6人组成的西班牙语教学小组终于在1953年3月正式开始教学西语了。次年,引进了西籍、苏(联)籍语言专家若干名。一个班的学员(那时称学员和教员)均为本校原英文系的学员选拔转学。"

从中我们可以看到新中国第一个高校西班牙语专业的雏形,也可以深深体会专业创建之不易。我是1955年入学的北外第四届西班牙语专业的学生,当时教材是教师自编的,但没有双语词典可供学生使用。1956年,有一家出版社影印了1927年出版的《吕宋华文合璧字典》（据《辞海》有关记载：1571—1898年，菲律宾群岛中的吕宋岛为西班牙占领，那个时候，人们称此地"小吕宋"，西班牙为"大吕宋"，《吕宋华文合璧字典》由此得名）。这部字典的释义错误百出，它很可能会误人子弟，西语教师想寻找机会编写一部学生需要的双语词典。

商务印书馆的橄榄枝

商务印书馆是中国第一家现代出版社，1897年创办于上海，是出版界名副其实的"百年老店"，以出版外国哲学社会科学著作、《辞源》《新华字典》《现代汉语词典》及各语种工具书、各类教材而闻名于海内外。它在上海的时候，也出版一些世界文学名著。如1939年出版了傅东华先生翻译的《吉诃德先生传》（译者把西班牙语Don译为"先生"），虽说是傅先生从英语转译过来，但那时的商务印书馆已把目光投向西班牙语世界。我在高中念书时，就看过傅先生这部译作，稍稍领略了一下吉诃德先生的精彩人生。不过那时我压根儿也没有想到，自己竟会与吉诃德先生所讲的卡斯蒂利亚语（即西班牙语）结下不解之缘。

1958年全国盛行"大跃进"，西语专业教师看到编写词典的机会来了。在孟复老先生的组织带领下，北外教师团队编写了新中国成立以来的第一本《西汉辞典》。商务印书馆西语编辑不遗余力用一年时间，出版了该词典，其出版辞书的速度是惊人的。这是因为商务印书馆领导深知西班牙语的重要性，它是联合国六大官方语言之一，为20多个国家的官方语言，有近4亿人使用它。

从 1959 年起，商务印书馆还相继出版了张雄武编的《简明西班牙语语法》、北外西班牙语系年轻教师在西班牙专家指导下编写的《西班牙语课本》（第一、三、四册为年轻教师在专家指导下编写，第七册为专家亲自编写并与年轻教师配合而成）和西语简易读物，为学习西语提供了很大的便利。

甚至在"文革"时期，无"文化"可言的情况下，商务印书馆也坚持出版了一系列汉西对照的书籍和文章，如毛泽东的《在延安文艺座谈会上的讲话》《在晋绥干部会议上的讲话》《论人民民主专政》《历史潮流不可抗拒》和古巴菲德尔·卡斯特罗的《历史将宣判我无罪》《哈瓦那宣言》等。这些汉西对照读物，从一个侧面帮助了那个特殊时期西语专业的教与学。

改革开放以后，又是商务印书馆率先出版了张雄武编著的修订版《西班牙语语法》，董燕生编著的《西班牙语》一至六册，以及《新西汉词典》。后者是中国第一部中型偏大的、约 440 万字的辞书，当时在张广森主持下由北外教师们编写，囊括了西班牙原版词典 RAE、VOX 和 USO 的几乎所有词条和义项。它的出版为上世纪 80 年代和 90 年代西语界翻译大量西班牙和拉美的文学著作提供了最好的双语工具书。另外，商务还出版了一批简易读物，如《魔鬼巷道》《西班牙语科普文选》等。80 年代，商务印书馆又与上海外国语学院西语系挂上了钩，先后出版了上外西语教师编写的《新汉西词典》和《新时代西汉大词典》。现在已约请上外西语教师编写《新时代汉西大词典》。商务印书馆与中国高校西语专业合作已有半个世纪之多，这样的合作是罕见的，也许这就是所谓"缘分"吧。

目前西班牙语的重要性已经被越来越多的国人熟知和认可，

近年来陆续有20多家高校开设了西班牙语专业就是一个有力的证明，因而有更多的出版社开始出版西语类教材和读物。但是商务印书馆作为中国第一家出版西班牙语教材、词典等书籍的机构，是最先意识到这门语言是中国连接西语世界的桥梁的，在推动西语教学方面所做出的努力功不可没。

2012年11月30日，由上海外国语大学、商务印书馆联合主办的《新时代汉西大词典》研讨会在上海外国语大学举行。商务印书馆总经理于殿利致辞指出："十八大报告中提出，要把文化产业发展成国民经济支柱型产业。在推进社会主义文化强国建设过程中，商务印书馆作为一家拥有一百多年历史的文化企业责无旁贷。支持和推动上外等高校的学科建设、人才培养和辞书编纂等项事业的发展，是商务印书馆的时代使命。相信在孙义桢等上外老中青三代学者专家的共同努力下，一定能如期完成编纂《新时代汉西大词典》。这是一项艰巨而又光荣的文化重任。商务印书馆愿为在我国西语等外语教学事业的发展中，在增强中国文化软实力、推动中国文化事业'走出去'的伟大事业中做出新贡献。"

2015年5月，李克强总理在哥伦比亚首都波哥大举行的中国-拉丁美洲人文交流研讨会上致辞，强调了三点：第一，尊重文明的多样性；第二，激发社会的创造力；第三，发挥文学沟通心灵的强大媒介作用。

为了加强我国与世界的文学沟通，我希望有更多的中国人可以用西班牙语向西语国家讲述中国故事。相信商务印书馆与我国高校西语专业会继续密切地合作下去，出版更多更优秀的教材、辞书和理论著作。

我与商务印书馆的百年书缘

杨敬年

每当我听到"商务印书馆"这个名字,总会产生一种亲切的感觉。我认为它不仅是一家印书出书的出版社,还在实际上肩负了弘扬中国文化、培育青少年的双重历史使命,并且出色地完成了这些使命,因而,在近现代中国文化教育史上占有着独特而光荣的地位。

我生于1908年,回首过去一百多年的人生历程,似乎在每一个关键时刻都可以找到商务印书馆的踪影,往事历历,如在目前。

我从四岁到十三岁跟外祖父读了十年的四书五经,外祖父认为我已经"文理清通",可以在乡下教小学了,但是必须到外面去"戴顶帽子"回来,就是说要进个现代化的学校。于是,在1922—1923年,叔祖父借钱送我到岳阳县立第一高等小学读书(那时乡下只有初等小学)。在学期间,我向商务印书馆主办的《学生杂志》寄去了一篇短文,得到录用,报酬是一张购书券,价值五角钱,这是我和商务的首次联系。

小学毕业后,我没有立即去教书,以后走的道路完全是由我自己决定的。我没有任何经济来源,全靠投考公费学校来维持自己的生存和发展。

1924年秋,我考进了湖南省立第一师范学校,这是一所完全免费的学校,尤其是伙食很好,入学时还给每人发了一套夹制服。但我没有书籍费,没有换洗的里衣,也没有零花钱,感到很难继续读书,就向两位同属岳阳籍的老师借钱,回答是他们正在筹集资金去日本留学,和我同样处于经济困难的境地。当时有一本商务办的杂志,其中一位编辑专门回答各地青年的来信,替他们排忧解难,我也写信去诉苦,得到了回信,向我提出半工半读等办法来维持学业,可惜我忘记了他的姓名。

1925年上半年,我在商务的《东方杂志》上读到一篇文章,题目是《春光不是她的了》,署名叶绍钧。文章描写一位在包办婚姻制度下被迫离婚的女子的一生痛苦遭遇,文笔既细致而又深刻,读来令人极为感动。当时我刚刚结婚,也是包办婚姻,我于是暗自发誓绝不离婚。我想大家都是人,不论在文化上有什么差别,在人格上是平等的,一个人不应该把自己的幸福建立在别人的痛苦之上。我毕生信守了这个诺言,和妻子共同生活了73年,直到1998年她去世。一篇文章可以影响一个人的一生,可见其感人力量之大,后来才知道,原来是出自叶圣陶的手笔。

1926年我休学一年,到乡下去教小学,临行前还曾报名参加了商务印书馆举办的英语函授学校,我本来在高小读了一点英语,用的就是商务的《英语模范读本》,当时是想读好英语,将来报考待遇较好的邮务员。

我所任教的是一所只有一名教师的初级小学，设在一个古寺的西头，因为拆除了各种神像，所以房屋显得很宽敞，于是妻子也来和我同住，不久有了我们的儿子。孩子出生后没有母乳，乡间也没有牛奶，全靠用大米磨粉来喂他。我一面教书，一面又要喂孩子，感到心力交瘁，全然忘记了原来要报考邮务员的计划，情绪十分低落。偶尔读到了商务出版的《饮冰室丛著》，上面有梁启超的《新民说》，其中四篇文章《论自尊》《论自由》《论进取冒险》《论毅力》，我十分喜欢，反复诵读，不禁精神振作，想要有所作为，于是在1927年初考入了设在长沙的中央军事政治学校第三分校步兵科，随即申请加入共青团，准备参加革命。不料入学三个月，刚满入伍期就发生了"马日事变"，长沙驻军许克祥宣布反共，我愤而自行离校。

1932—1936年，我在南京中央政治学校大学部第五期行政系读书，在三、四年级时参加了中国文化协会举办的读书会，规定要读十本书，且必须参加考试。在我现在所能记起的八本书中，居然有六本是商务出版的，它们是：王星拱的《科学概论》、夏曾佑的《中国古代史》、陈恭禄的《中国近代史》、周鲠生的《国际法大纲》、王世杰的《比较宪法》和冯友兰的《中国哲学史》。这十本书使我扩大了眼界，拓宽了心胸，为以后的治学做人铺平了道路。

1936年我大学毕业，被分配到江苏省民政厅工作，但我不想就此步入仕途，于是去投考了南开大学经济研究所的第二届研究生。入学考试科目中有一门"财政学"，当时全国各大学讲授财政学都用英文教本,只讲原理而不涉及中国的财政实际,而商务印书馆正好出版了何廉、李锐的《财政学》,这是何廉提出的"经济学中国化"的样本之一,讲的都是中国的财政实践,搜集资料编入其中是费了一番气力的,后来入学考试果然出的题目都是中国财政问题,我要是没读这本书,可能就考不进南开经济研究所了。一本书可以决定一个人的命运,这又是一例。附带说一下,《财政学》一书近年已由商务印书馆纳入"中华现代学术名著丛书"系列再度出版。

1945年,我考取庚款留学,赴牛津大学攻读博士。1948年我从牛津大学取得博士学位后,即遵何廉先生之命回到南开大学担任教授。不久何廉先生去国赴美,临行前嘱我好自为之并留给我一些黄金,出国护照也还在我手中,但我还是决定要留在天津迎接解放。

1957年,我被错划为"右派分子"。1958年处理"右派"时又被天津市高级人民法院以"历史反革命罪"判处管制三年,同时剥夺政治权利三年。南开大学让我在经济系资料室接受改造,每月发给生活费60元。先前,我翻译了詹宁斯的《英国议会》一书,到1959年商务印书馆出版时,我已被划为"右派",只能用笔名蓬勃,稿酬减半;我原来还与上海人民出版社订有翻译合同,此时也被单方面取消合同并追缴预支的稿费,我只得以商务的稿费去偿还上海人民出版社,自己分文未得。

1962—1964年,由于经济系政治经济学专业的学生学习《资本论》时缺乏感性知识,我为他们开设了"资本主义国家经济基本知识"一课,可以不在资料室上班,因此有空翻译了克拉潘的

《1815—1914年法国和德国的经济发展》，我印象中此书原本由傅筑夫与商务印书馆约译，译成后也以他的笔名傅梦弼出版，我分得了一部分稿费，缓解了当时的经济困难。

与此同时，南开大学经济系主任季陶达主编《资产阶级庸俗政治经济学选辑》，特意介绍我会见了商务印书馆来访的几位编辑，以表明我们有能力编辑这本书。我参加了其中三个经济学家（萨伊、詹姆斯·穆勒和维塞尔）的选作翻译，也由商务印书馆出版，用的是笔名杨延生。

1964年，"四清"运动开始，我无法再上讲台，又回到资料室上班，直到"文化大革命"开始，用两年时间集中精力翻译熊彼特的《经济分析史》（此前由经济系与商务印书馆约定翻译）。"文化大革命"期间，由于资料室订的外文刊物不断寄来，需要有人整理，我得以有机会偶尔从劳动中回到资料室，于是把我和丁洪范的译稿留在资料室中，打包并写上我们的名字，因此得以保存下来，未被红卫兵抄走。直到20多年后，由商务印书馆分三卷出版，其中第二卷和第三卷的头两章是由我翻译的。

关于《经济分析史》这部书，还有一些有意思的事值得记在这里。1979年3月，我的"右派"问题得到改正，恢复了教授职务，没有时间再继续翻译本书，于是商务印书馆的吴衡康同志将这本书和我们的译稿交给武汉大学的一位老先生续译，后来才知道他并没有亲自翻译，而是将书稿转交给分在沪、宁两地的两位学生翻译，且凡是本书日文版有错误的地方，他们的中译本也有错误，吴衡康怀疑他们抄袭了日译本，因此将其收回并交给上海的一位老先生翻译，可惜这位老先生只开了个头，制作了译名对照表，就不幸病故了。于是吴衡康又将书稿取回，但当时没能找到丁洪范的译稿，直到后来才由一位经济系的研究生通过上海那位老先生的家人从一件皮袍子里找到了丁洪范的译本，吴衡康没有使用丁洪范的译本，但还是向他的家属支付了部分稿酬，最终由商务印书馆的朱泱牵头组织人力，译完了本书。后来台湾出版了这部书的繁体字本，稿酬即由商务与译者分成。

"文革"后期，商务印书馆荐来《不稳定的经济》《美国第一花旗银行》和《垄断资本》三本书，均由我翻译，当时译书都没有稿酬，署名也只能是南开大学政治经济学系。最近，商务印书馆重新出版《垄断资本》一书，在与南开大学经济系确认后，将译者更正为我的名字。

随后，商务印书馆又荐来第四本《银行家》，系里问我要不要翻译，我当时只是想多做些工作，并不计较报酬，所以仍然接受翻译，结果到1982年出版时，已经不仅能署上我的名字，而且还能与系里分成稿酬了。

以上点点滴滴，说明了在与商务印书馆的交往中，我个人所受到的教益和所做的微薄工作。

今当建馆120周年大庆之际，我衷心祝愿商务印书馆继续发扬弘扬中国文化、培育青少年的光荣传统，与时俱进，在中华民族伟大复兴的事业中做出更大的贡献！

于 2015 年 10 月

我妈妈在商务印书馆工作的三十三年

周　晖

总结我妈妈周颖如这辈子有两件关键的大事做对了，第一件是嫁给我父亲罗荣渠，第二件就是调到商务印书馆做编辑工作。

被中宣部下放到河北定县劳动一年的妈妈在1959年1月份回到北京，她的老领导、主管《学习》杂志的陈翰伯先生已调至商务印书馆工作，他问我妈妈愿不愿去恢复独立建制不久的商务印书馆工作，那里需要英文人才。这个询问正中妈妈下怀，清华大学西语系毕业的她早就希望能在出版社做外文图书的编辑工作。

没出1月份，妈妈已经去商务印书馆报到上班了，当时出版社有四个编辑室，第一编辑室出版中文读物和工具书，第二编辑室出版外文读物和工具书，第三编辑室出版西方哲学社会科学著作，第四编辑室是搞地理书籍的，妈妈被分到第三编辑室历史组。

我家住在中关村的北大宿舍，商务印书馆在东总布胡同，整个是从东南到西北的大对角线。妈妈每天花在路上的时间要三四个小时，她舍不得花那么多时间在路上，就向单位要了集体宿舍的一个床位，以后每周就回家两次。后来爸爸也去乡下劳动了，我被送去住校，妹妹被送去全托。

刚刚进入强手如云的一流出版社，妈妈的压力很大，非常要强的她如履薄冰地开始做编辑工作。虽然是英语科班出身，但大学毕业后的头十年有八九年没碰英文，上班伊始编辑室主任发给她一部英国史的译稿，告诉她发现译文有错就改正，妈妈开始摸着石头过河，一边虚心向老编辑请教，一边猛查各种工具书。

但凡新手上路少不了摔几个跟头，有一次妈妈把头磕青了。室里分配给她一篇试译稿让审稿并提出意见，妈妈把一个句子标点看错了，这篇错误的修改意见直接寄给了译者，结果译者来信大发雷霆。室主任为此召开全编辑室大会，狠批了妈妈一顿，妈妈掉了眼泪，长了记性。以后在审稿工作中，除了仔细读懂原文外，对译文也多做推敲，提出的意见从不是绝对的，多与译者商榷。遇到不懂或不会处理的文字，就多向别人求教。

我去过在东总布胡同的商务印书馆，那是小学放寒暑假，妈妈对平日不能照顾我们姐妹有内疚，在放假时，会带我跟她一起来"上班"。记得出版社的单身宿舍是一排平房，同屋住的还有一个沈阿姨，人家是名副其实的单身。沈阿姨和男朋友林叔叔在屋里聊天，我在屋里玩我的，看着他们聊得很开心，懂得这是在谈恋爱。顾以俶阿姨是妈妈的好朋友，她的女儿娃娃有时也来"上班"，我们在一起玩。一天因为我不好好完成作业，被妈妈修理了一顿,泪汪汪地走出屋被娃娃看到,问我怎么哭了。我说:没有,是眼睛出汗了。对话被另一个阿姨听到了,成了阿姨之间的笑谈。

爸爸下放劳动时,周六下午幼儿园全托的孩子也要接回家,40年后妈妈回忆:"荣渠又在59年下放劳动,我星期六下午还要接罗晓,但我不能请假早走,等我下班回到家里再去中关园幼儿园(后来在北大五院)接罗晓,那时天已黑了,幼儿园的孩子早已被北大教职员的家里接走,只留下罗晓在哭着等我,我抱着她也哭了。"

上世纪60年代,商务印书馆搬到翠微路的一个大院里,以我当时的眼光看办公大楼很气派,还有宿舍楼和一些平房、一座食堂。妈妈还是要了一间集体宿舍,不回家的日子,晚上妈妈都在看稿件。到了寒暑假,妈妈依然会带我加上已经上小学的妹妹来"上班"。院子里为孩子们办起了"少年之家",有不少图书,白天我和妹妹就在这里看书,和其他孩子一块儿玩,很开心。到了饭点,妈妈让我先去食堂排队,食堂的饭菜还不错,打了饭菜我们就围坐在饭桌旁,这时候周围会看到妈妈的很多同事,我和妹妹开始叫人:汪阿姨好,沈阿姨好,吴叔叔好,王伯伯好,曹叔叔好……长辈们都笑眯眯地看着我们。

说个当年听到的段子:几个院子里的孩子跑进食堂问,外面来了个zuoxie的,想中午在食堂吃饭行不行?管理员一听是"作协"的,说没问题,来吧。一会儿进来个修鞋的,被管理员轰出去了。

妈妈对同事很热心,有时会请同编辑室的沈国芬阿姨和汪兴平阿姨中午来宿舍休息一会儿,我和妹妹就睡到地板的席子上。

我对那时出版社编辑室的氛围有很深的印象,记得编辑室里摆满桌子,每个人都埋头在一摞稿件或校样前紧张地工作,没有闲聊天的,用一根针掉到地上都能听见来形容安静的程度不为过。我们几个孩子从走廊走过,路过编辑室门口,马上放慢脚步,蹑手蹑脚地走过去。我知道妈妈是不得已才让我们也来"上班",如果我们淘气影响了编辑室里的工作,妈妈会很生气。

在家里我经常听到父母讨论译文翻译得是否准确和原著内容有否谬误,一个名词、一个年代、一个地名地较真。

当妈妈遇到参考书不能解决的难题时,会登门向一些教授求教,尊他们为师。在处理《中国伊朗编》《意大利文艺复兴时期的文化》《阿古柏伯克传》《女王伊丽莎白一世传》等书稿时,就曾向邵循正、齐思和、张广达、戚国淦诸先生求教,并得到他们慷慨的帮助。说起来能够向那些大师级的教授面对面求教也是一种幸运。

妈妈不止一次和我谈起"文革"前,商务印书馆校对科的不少老校对人员也都是大学毕业,有多年工作经验。他们校对校样非常仔细,不仅核对原稿,而且常能发现编辑在看稿过程中粗心放过的文字差错,甚至不合逻辑的词语表达,以及前后不统一的各种问题,在校样上一一提出疑问,让编辑解决。这些高水平的校对在提高图书质量上功不可没,还教会了妈妈在看稿或看校样时注意那些容易出错的地方。妈妈对他们一直充满感激之情。其中妈妈多次提到顾以俶阿姨。

要强的妈妈在每年定个人的发稿计划时,"不愿自己比男同事干得差,自己还要给自己定高定额,经常处于紧张而杂乱的工作中，无暇思考，无暇写文章，变成了一个编辑匠"（妈妈语）。结果是"文革"前每年都超额完成计划编辑稿件的字数。

　　1969年秋天，我从插队的地方回到北京探亲，妈妈已经到商务印书馆在湖北咸宁的文化部五七干校去种稻子了。我把妹妹送上去干校的火车，决定跟下一批去干校的人去看妈妈。当时五七干校还没有来得及盖好自己的住房，26个"连队"都分散在附近的村子里，商务印书馆作为15连住在离县城大约二十里远的一个叫郭家湾的村子里。勤劳勇敢的妈妈已经获得了"石老娘"的绰号，显然说她是"铁姑娘"岁数大了点。妈妈与五个阿姨合住在一间细长的屋里，因为老鼠猖獗，冬天睡觉都要挂起蚊帐，开始妈妈不信邪，不挂蚊帐，被老鼠亲热过一下。14岁的妹妹和八个年龄差不多大的女孩子被集中到食堂附近的一间大柴屋里，睡在临时搭建的矮脚竹板排床上，头顶上方是木结构的架子，上面堆满了柴火，晚上吹灯后不久就可以听到藏匿在柴火堆里以及屋内各个角落里的老鼠们四处活动，吱吱乱叫，女孩子们吓得睡不着觉。看到放在床铺的手电筒上蒙着细水珠，在内蒙古插队睡火炕的我知道睡这么潮湿的竹排床会"坐病"的，就带着女孩子们从存放五七战士自北京家里托运来的家具仓库里弄出来几张木床，换下了低矮的竹排床。

　　和妈妈同屋住的汪兴平阿姨、顾以俶阿姨和骆静兰阿姨都把女儿带到五七干校，四个女孩子有时会结伴来妈妈们的屋里待会儿，晚上再回到大柴屋睡觉。干校最常吃的饭菜是糙米饭配海带萝卜丝汤，里面的萝卜丝还是用干萝卜丝泡出来的。

　　原来斯文儒雅的伯伯、叔叔、阿姨们在准军事化管理之下，每日辛苦地在地里干活,晚上还要背对背揭发,隔离审查,人人过关,日子过得真是艰难。

1973年3月,妈妈从干校返回北京,但没有回到商务印书馆,而是被分配在刚刚成立的联合国资料小组。

这时商务印书馆接了一件大活儿,出版20世纪的一部皇皇巨著,丘吉尔的《第二次世界大战回忆录》,六卷,343.8万字。历史编辑室马上"亚历(压力)山大",具有一定专业水平的妈妈被调回商务印书馆,接受了编辑这部巨著的艰巨任务。

妈妈一接手才知道这是个巨烫手的山芋。一切从零开始,先要找到原著和部分译稿,这本书原来归世界知识出版社出版,她蹲在世界知识出版社的库房里,把能找到的译稿一卷一卷地收拢起来整理好。再四处打听原著,终于在第二外国语学院借到了1964年版的原著。接下来要补译和校订,"文革"时取消了稿酬制度,给找译者和校订者带来很大的困难。妈妈一个月内跑了二十几个单位加上联系外地大学的外语系,总算凑齐了译校者。

前期准备工作完成后,进入校译的过程,编辑室决定由妈妈和另外三个编辑共同负责这三百多万字的书的编校工作,要求两年时间出齐。

为了赶进度,妈妈住到负责全书校订和第六卷补译的福建师大工作,除了吃饭睡觉,其余时间都在看稿,看得头昏脑涨,头发大把脱落。

最终,这部1953年获得诺贝尔文学奖的《第二次世界大战回忆录》的中文版在1975年底出齐。商务印书馆为中国的读者了解世界,再次显示了过硬的实力。

"文革"后，商务印书馆搬到王府井大街36号，妈妈依然是每周回家两次，她要抢回十年被剥夺的工作时间，晚上也还是要工作，她经常会提着一包很重的书或校样去挤公交车，忘了自己的岁数，拿出"石老娘"的劲头往上冲，跌倒过几次，摔得脚骨骨折，我就推着自行车驮她去医院。

有一本书的影响让妈妈始料不及，就是商务印书馆自1978年起分四册陆续出版的美国记者威廉·曼彻斯特的《光荣与梦想》。商务印书馆总是最早了解形势的需要、读者的需求，在断交二十多年，中美恢复邦交后，中国读者迫切需要了解美国概况。韩素音女士推荐了这本书，组译这本150万字的书的任务交给了我妈妈。妈妈不但请到了一些教授和资深的老编辑翻译，还请到了以董乐山先生为主的翻译高手做校订。这本书在美国已是畅销书，在中国受到广大青年读者的热烈欢迎。当时我在新华书店工作，目睹了这本书的火爆畅销。报上称，"上世纪70年代末进入新闻行当的年轻人看到这套书简直如获至宝。当时，是否认真研读过这套书成为你是否够'档次'的标准之一"，被称为"影响一代人甚至几代人的书"。我妈妈正是这本书的责编。很多年后，有朋友知道我妈妈是《光荣与梦想》的责编后，啧啧赞叹不已，我暗暗得意。

商务印书馆到今年已经有125岁了，这个在中国出版史上占有极其重要位置的出版社出版的优质的工具书、经典世界名著灿若星辰，闪耀在"昌明教育、开启民智"的天幕上。妈妈有三十余年为此工作、奋斗，她热爱商务印书馆，热爱编辑工作。妈妈说："出版社是个大学校。陈翰伯是个好领导。"回顾她经手发稿的四十多部图书,妈妈说:"我们工作在'手工时代',且干扰多多,我尽力了。"

我以为能够在商务印书馆工作的妈妈是幸福的,当她回顾往事时可以自豪地说,我没有虚度光阴,我经手发稿的图书无论何时都是经典著作。

于 2022 年 1 月 14 日

工具书成了我和商务印书馆关系的纽带

陆 俭 明

我虽然在商务印书馆出版了四本书,但我和商务印书馆关系日益加深的纽带则是工具书。

众所周知,商务印书馆自1897年建馆以来,向以出版高质量的辞书闻名国内外。中国第一部近代辞书《辞源》、世界辞书销售之最《新华字典》、中国第一部规范性精品辞书《现代汉语词典》、第一部专供非汉族人学习汉语使用的汉语词语用法辞书《现代汉语八百词》(1980)、第一部以丰富的实例详解现代汉语虚词的《现代汉语虚词例释》(1982)、第一部由中国学者自己编纂的双语辞典《英华大辞典》(1908)、中国第一部专科辞典《植物学大辞典》(1917)、中国大陆第一部汉英字典《商务印书馆华英字典》(1899)、全球第一部《全球华语词典》(2011)和第一部《全球华语大词典》(2016)以及《中国语言生活状况报告》(2006年起每年一本)等,都是由商务印书馆出版推向市场的。商务印书馆所出版的工具书质量之好、精品化程度之高是大家所公认的。而我和商务印书馆的关系就是从工具书的出版修订开始的。

1958年我还是大三本科生。正逢"大跃进"年代,北京大学党委于1958年8月1日发出号召,要求各系各专业、各年级各班级都要参加"科研大跃进",口号是:"苦战六星期,做出成绩,向国庆节献礼!"当时我们中文系1955级共103个学生,文学专业三个班85人,汉语专业一个班18人。我们18个人在短短的六个星期里能干什么呢?全班同学反复商量,鉴于当时还没有一本可供中小学生查阅的白话文成语词典,决定集体编写一本《汉语成语小词典》。我们硬是从酝酿开始到最后交稿,奋战六个星期,1958年10月这部收词近3000条的《汉语成语小词典》由中华书局正式出版了;一年后转由商务印书馆出版,直至现在,印刷量过亿。我们所以能在短短的时间内完成《汉语成语小词典》的编写任务,一是当时虽处"大跃进"年代,而我们在整个编写过程中没有丝毫浮夸之气,编写工作组织有序,特聘请了魏建功、周祖谟两位教授指导与审订。层层把好质量关。二是北京大学严谨的学风深深影响着我们这些年轻学子,而且词典编写工作本身的科学性也要求我们采取紧张有序、踏实严谨、讲究质量的工作程序。三是1958年"大跃进",有不讲科学、浮夸的一面,但在当时更有催人奋进、人人不为名利、大家团结协作的一面。在整个编写过程中,一天工作十七八个小时,有时甚至是通宵,但没有一个人叫累的。更可喜的是,大家都不计较个人的得失,在讨论中，在审稿中，有什么意见都直言不讳，从不考虑会不会得罪谁；而听到意见的人也不觉得丢了什么面子。四是学校图书馆、食堂24小时开放，这为我们词典编写工作提供了很好的图书和各种物质条件。《汉语成语小词典》编写完，紧接着我们又跟57级语言班一起合作编写大部头的《现代汉语虚词例释》，在1960年毕业前将书稿交到了商务印书馆编辑手中。后由于种种原因直到1980年代初才正式面世。

1960年7月我本科毕业，侯学超、马真和我三人留校任教。《汉语成语小词典》的修订工作，《现代汉语虚词例释》的修改、修订工作，就落到了我和侯学超身上，直至2003年这两部工具书版权完全转让给商务印书馆为止。而跟商务印书馆的具体联系都是由我负责的。我和商务印书馆的关系就是这样开始的。在这不断修订的过程中我深深感到，商务印书馆编写辞书真可谓一丝不苟，力求高质量。这也让我很受教育。

我和商务印书馆关系的加深也主要在工具书。2006年，商务印书馆周洪波要我和马真审阅一部《商务馆中学生成语词典》。这部词典是由陈抗、董琨、盛冬铃编写的，商务印书馆经初步审稿觉得该词典不错，但还是希望我们俩审阅一下。我们用了将近三天的时间，阅读完了商务印书馆要求我们阅读的部分词条，觉得该词典编得确实不错，有特色，有创意；在充分肯定的基础上，也就释义、用例、成语出处、"同义""反义"栏目等提出了很具体的意见与修改建议，写了一份6页A4纸5号字的详细报告，希望作者在正式出版前再斟酌、推敲、修改，以求更好。

可能受上面所说的这份报告的影响，所以后来商务印书馆的周洪波、余桂林等启动商务馆小学生系列辞书编写，就邀请我们二人作为该系列辞书的顾问，并请我们负责审阅每一本词典。我们欣然接受了这一任务。该系列辞书共 10 本，从 2007 年至 2011 年，我们先后对每一本词典都进行了认真的审阅，最后给每一本词典都写出了类似《关于〈商务馆中学生成语词典〉审读意见》那样的审阅报告。而在这几年审阅辞书的过程中，进一步加强了我和商务印书馆的联系，加深了我跟周洪波和余桂林等的关系，更让我深深地体会到商务印书馆编写、出版辞书始终坚持科研引航、坚持为读者服务、坚持高质量这一"商务精神"，我很受教育。

紧接着我参与了《全球华语词典》和《全球华语大词典》的编纂工作。《全球华语大词典》是由新加坡南洋理工大学周清海教授倡议，由商务印书馆具体操办、组织的一部新型辞书。2005 年初，《全球华语词典》编写工作得到国家语委的立项支持，在商务印书馆具体组织下，迅速成立了以李宇明教授为主编的编委会，聘请周清海教授、邢福义教授和我三人担任学术顾问。随后相继成立了港澳编写组、台湾编写组、大陆编写组和其他地区编写组，编写工作就此全面展开。《全球华语词典》共收词语约 10000 条，主要收录 20 世纪 80 年代以来各华人社区通用的特有词语和特有义项。词典除了注音、释义和例证外，还专门设立了"使用地区""异名词语"和"知识窗"等版块，详列该词语在各地区的使用情况及其来源。这部词典是跨境、跨国的学者合作编写的产物。各个编写组都由中国大陆和海外学者共同组成。参与者尽管社会背景、学术专长、生活习惯等有所不同，但为着华人的共同事业，为着汉语走向世界,大家互相尊重,坦诚商讨,共同努力,精益求精,终于完成了这一文化工程,2010年《全球华语词典》正式出版。紧接着在此基础上进一步编纂了《全球华语大词典》,于2016年正式出版。

我虽然只是这两部词典的顾问之一,但三个顾问之中只有我在北京,商务印书馆在这两部词典编写过程中凡开会商讨有关事项或审稿都通知我,我都按时出席。特别是最后《全球华语大词典》已出清样,但商务印书馆为确保质量,再一次组织审阅"香港-台湾"组编写的词条,审阅"新加坡-马来西亚"组编写的词条,也总是邀请我一同前往深圳,一同前往新加坡、吉隆坡,跟当地同仁一起一条条审阅。在这过程中商务印书馆的编辑们那种严肃认真、严谨求真、尊重学术、一丝不苟的精神真让我深受感动与教育。

2005年教育部语信司启动《中国语言生活状况报告》编写工作,亦称"启动编写'绿皮书'"。"绿皮书"主要呈现我们国家每一年的语言生活,真实反映我们国家不同领域、不同阶层每一年在语言生活方面的实际状况。陈章太、戴庆厦和我作为"绿皮书"的审订加入中国语言生活状况报告编写团队。这个编写团队由五部分人员组成:一是教育部语信司领导,他们是团队的"灵魂",是"绿皮书"的掌舵者;二是主编,是"绿皮书"的大拿,从头至尾统领整个编写任务,最后由他拍板定稿;三是以年轻人为主力的庞大的撰写队伍;四是审订,可视为"绿皮书"的"质检"者;五是商务印书馆编辑人员,是确保"绿皮书"高质量出版的保证者。因此这个团队是由好几部分不同层次、不同年龄的人员组成的。但是彼此配合默契，关系融洽，形成了一个温暖的大家庭。这个团队，充满了家国情怀，充满了信任，充满了凝聚力，充满了活力，充满了欢乐，充满了幽默，彼此亲密无间，没有界限。在每次审稿讨论会上，各人发言都没有考虑你是司长，你是老教授，他是年轻人什么的，大家都各抒己见，畅所欲言。"语言生活派"就是这样形成的，皮书的业绩就是这样产生出来的！

就在以上所说的在工具书编写、出版、修订的过程中，我逐步建立起了跟商务印书馆许多编辑的深厚的友情，也逐步加深了我和商务印书馆的关系。我对商务印书馆，既怀着谢意，更怀着敬意。

笔墨因缘五十年

黄鸿森

2017年2月是商务印书馆双甲子大庆,谨表示热烈的祝贺。承蒙我的挚友、商务原副总编辑徐式谷先生雅嘱,要我写点自己同商务的因缘,虽然年老体衰,而商务惠我良多,仍愿欣然遵命奋笔。

记得从1962年商务印书馆出版了我参加翻译的《古巴地理》以来,到2013年出版拙著《当代辞书过眼录》,一共出版了我参加的八种译著、两种著作,断断续续,经历了半个多世纪。大体而言,可分为四部分记述。

一、在北京编译社为商务译书

我于1959年进北京编译社工作。北京编译社是北京市人民委员会(即市政府)所属的事业单位,成立于1956年,社长由市人委副秘书长李续纲先生（曾留学日本京都帝国大学）兼任。社内译才荟萃，文种众多（有英、俄、日、德、法、捷克、波兰等），主要任务是为人民出版社、商务印书馆、人民文学出版社、世界知识出版社、人民教育出版社等多家中央级出版社翻译书稿。商务印书馆1957年恢复独立建制后，承担翻译出版世界学术名著和出版中外语文辞书两大任务，需要大量外语人力资源，遂同北京编译社建立协作关系。商务印书馆总编辑陈翰伯先生兼任北京编译社总编辑，并派出高级编辑、翻译家黄子祥先生到北京编译社任总编室主任，主持管理和指导全社翻译工作。

我在北京编译社任俄文译员，在译完生活·读书·新知三联书店托译的苏联大学课本《近代史》第二卷后，主要任务是主持苏联科学院主编的卷帙浩繁的《世界通史》（当时定为十卷，人民出版社托译，以当时副牌三联书店名义出版）的翻译工作，先后承担第六卷、第八卷、第九卷的校订定稿工作，历时数年。其间，也参加了商务印书馆出版的两部书——《古巴地理》和《近代现代外国哲学社会科学人名资料汇编》的翻译工作。

先说《古巴地理》。1959年，古巴革命领袖菲德尔·卡斯特罗领导的武装起义取得胜利，建立了美洲第一个社会主义国家。不久，商务印书馆即委托北京编译社按照1960年俄译本翻译《古巴地理》一书。此书著者A. N.希门尼斯教授，是地理学家，菲德尔·卡斯特罗的战友，时任古巴科学院院长。任务紧急，北京编译社领导便安排俄文译员11人分章翻译，指定我主持其事，制定体例，校审统稿。北京编译社交稿后，商务编辑部非常慎重，又请多位译者按1959年版西班牙文原著进行审校，并请著者提供书中 500 多幅插图的照片制版。书于 1962 年 11 月出版，18 开本，厚 3 厘米，布脊硬面精装，在那个物资短缺的困难时期，是难得一见的豪华装帧。接着，中宣部副部长周扬率领中国文化代表团访问古巴，从《人民日报》报道中得知，周扬把中文版《古巴地理》作为礼品赠送给菲德尔·卡斯特罗，北京翻译社同仁读到这则新闻，不胜喜悦。

我原来以为，这部出于众手的书，通常是用"北京编译社译"署名的，想不到，全部翻译者和校订者在书上个个都载有名字。这是我第一次在译著上署名，得到很大的精神鼓舞。尤其出人意料的是，《人民日报》不止一次登出方框（10cm×4.5cm）形的《古巴地理》图书广告，写着"古巴地理，希门尼斯著，黄鸿森等译，商务印书馆出版，新华书店经售"字样，还有内容说明和定价。我看到后，喜愧交集。喜的是，自己的名字居然上了全国第一大报，有朋友戏称为"金榜题名"，不过在那个批判"一本书主义"的气候中，我哪里敢喜形于色，只是装作淡然，窃窃自喜而已；愧的是，我虽然是此书的主要译者，但工作毕竟是多位同仁共同努力的成果，未免有掠美之嫌，这是我当时关于权利义务关系的朦胧意识。改革开放时代我为商务做的几种书，署名是符合我的劳动付出的。

再说《近代现代外国哲学社会科学人名资料汇编》。翻译家黄子祥先生从北京编译社回商务印书馆之后就策划并主持编纂这部书。选条范围以近现代外国人文学科的思想家和学者为主，同时酌收社会活动家，以及与中国有关的军人、外交家和传教士。所收人物以卒年 1870 年为上限，共收 7500 人。资料选自《苏联大百科全书》(1950—1958)、《不列颠百科全书》(1958)、《大美百科全书》(1959,1961)、美国《当代人物传记》(1941—1954,1959)、日本《大人名事典》(1953—1955)等六种书。这部《人名资料汇编》1965年由商务印书馆出版,16开本精装两巨册,共2727页,736.8万字,1980年重印。书上只署"商务印书馆编辑部编",主编也未署名。"出版说明"说:"本书主要是北京编译社翻译的。"可以说,这部皇皇巨著,是商务印书馆与北京编译社协作的一大成果。我只为这部书译校了分配下来的不到200个人物条目,出力不多,聊尽绵薄而已。

二、在改革开放时代为商务译书

"文化大革命"是"十年浩劫",对我而言,除了十年,还"惯性作用"了一段时间。这些年,我不是挨批斗,就是"修地球"。

我的工作单位北京编译社在"文革"中于1968年撤销。1976年10月粉碎"四人帮"后,我无单位可回,仍在北京门头沟一家工厂劳动。

翻译《神话辞典》。那时,国家出版事业已在复苏。原北京编译社同事俞元开先生已应商务印书馆之约,审校多卷集《社会主义思想史》。1977年冬,他得知商务从积稿中找出《神话辞典》半部译稿,因"文革"中途停译,希望有人续成其事。俞元开认为我是合适人选,就推荐了我。我按约定时日到了商务,承哲学编辑室主任高崧先生、政治编辑室主任骆静兰女士(高、骆两位不久升任商务副总编辑)、《神话辞典》责任编辑陈兆福先生接见。他们了解了我的译书经历后,就交给我《神话辞典》原文和原译稿,并提出三点要求:(一)续译未译部分;(二)校订已译部分;(三)负责统一定稿。

译《神话辞典》首先遇到神话人物译名问题。全书1300多条目,单是神话人物就占1100多条,还有不列条而在释文中出现的神话人物。神话人物的中译名在翻译界分歧严重。例如,希腊神话中的英雄Achilles的译名,随便记下的就有阿喀琉斯、阿基里斯、阿基琉斯、阿且里斯、阿戏留、阿溪里等。经了解,国内有两家编译出版机构,对希腊罗马神话人物译名统一最为重视。一为中央编译局,采用解放前后一些影响较大的有关希腊罗马神话出版物的译名;二为人民文学出版社,采用古希腊文学翻译家罗念生先生编制的《希腊拉丁专名译音表》来统一出版物中神话人物的译名。

经过反复思考,我们决定采用罗氏《译音表》拼写神话人物的译名作为第一译名(同人民文学出版社出版物的译名保持一致),以中央编译局的译名作为第二译名(同马恩经典著作中的译名保持一致)。原因有二。一者,我查过中央编译局近十万张人名卡片,马恩著作中提到的希腊罗马神话人物不到200个,如果一部分采用中央编译局的译名,另一部分采用罗氏《译音表》的译名,全书译名就会失去系统性。二者,罗氏《译音表》用不同的汉字译希腊拉丁语不同的音节,按照神话人物的中译名大都可以反推出原文。

《神话辞典》原文为俄文,书中完全没有其他文种的注释。如按罗氏《译音表》译成汉字,就带来另一个问题,首先要把神话人物的俄文名回译（也就是还原为）希腊文或拉丁文。把神话人物俄文名回译为希腊、拉丁文，大量神话人物的俄文名是不能由俄文字母转写的。例如酒神（希腊字母均用拉丁字母转写）Dionysus（狄俄倪索斯），俄文为 Дионис，少了 -us；春之神 Thallo（塔洛），俄文为 Фалло；马人 Pholus（福罗斯），俄文为 Фол，可知 Th 和 Ph 均可译成 Ф。把神话人物俄文名回译为希腊、拉丁文，实际上就是要一个个查出希腊、拉丁文。回译如果不肯下点功夫去查，就会有翻译界近年发生的笑话：把孟子的英译名 Mencius，回译成"孟修斯"；把蒋介石的英译名 Chiang Kai-shek 回译成"常凯申"。我利用工具书查出了 1200 多个神话人物的拉丁文名，但还有 13 个未能查出，写信向罗念生教授求救，不到一星期，复信来了，问题得到圆满解决。罗教授热心奖掖后学，至今还感念不止。这样我就在每个神话人物条头注上拉丁文，在神话典故条头注上英文，如"黄金时代"注 Golden age；然后编成全书的"英（拉）汉条目索引"，从而扩大了应用功能，便利了通晓西文的读者使用。

《神话辞典》于 1985 年出版，以后在 1997 年、2004 年、2008 年重印，共印 9 万多册；2015 年又推出装帧富丽的硬面精装本。可见这是一部富有生命力的小型专科辞书。此书虽然是苏联时代的出版物，但是其中内容没有受到当时意识形态的干扰。这个中译本虽非畅销书，但因有学术价值，才能细水长流地赓续印下去。

参加"汉译名著"译校工作。我译《神话辞典》得到认可，商务副总编辑骆静兰女士即邀我参加"汉译世界学术名著丛书"

的政治学著作的译校工作，我先后做了四种书：《欧文选集》第二卷（校订），《圣西门学说释义》（合译），霍尔巴赫《自然政治论》（校订），巴枯宁《国家制度和无政府状态》（校订，此书由"灰皮书"升格为"汉译名著"）。此外还有一本与此有关的《世界著名思想家评传》，我也参加了翻译和校订。

《欧文选集》第二卷在"文革"前已经出版，编辑部认为质量不理想，要我为之校订，并希望及早完成。我以期限迫促，就请原北京编译社同事、译艺精深的沈桂高先生合作完成。因为修改频率颇高，在版本扉页上署："黄鸿森、沈桂高校"。此书1981年出版单行本，1984年出版"汉译名著"本。

《圣西门学说释义》为空想社会主义代表人物圣西门的门徒巴札尔等所撰，为了早出书，商务约我参加。书于1986年列入"汉译名著"出版，署"王永江、黄鸿森、李昭时译"。

《自然政治论》为法国"百科全书派"哲学家霍尔巴赫所著，是翻译家陈太先等译，译文甚佳，偶有疏失，略作补苴。陈太先在"后记"中说"承百科全书出版社黄鸿森同志细心校阅"表示感谢。书于1994年同时出版单行本和"汉译名著"本。

《国家制度和无政府状态》是无政府主义代表人物俄国巴枯宁著，马骧聪等译。巴枯宁曾加入第一国际，因反对马克思主义被开除。此书1982年作为"灰皮书"出版，内部发行。书前刊出批判性的"出版说明"之后，载有"本书译稿曾承黄鸿森同志校阅全文"字样。2013年，此书升格列入"汉译名著"出版，原"出版说明"连同我的名字一起撤去，改用商务印书馆编辑部2012年1月撰写的"汉译世界学术名著丛书出版说明"。商务把巴枯宁这部著作列入"汉译名著",是符合丛书宗旨的,我很赞成。我在1999年写的一篇文章就认为巴枯宁是一种世界性思潮的代表人物。

读书要知著书人。商务自己编纂的《世界著名思想家评传》是一本配合"汉译名著"出版的书,共收18位大思想家的评传。我为此书翻译了《康德评传》《黑格尔评传》,校订了《阿奎那评传》《边沁评传》《穆勒评传》《尼采评传》。书于1993年出版,如实署名。

我作为一个翻译界老兵,商务待我甚厚,每有盛会,都必邀约。1984年我参加了在香山举行的"商务印书馆七年选题规划座谈会",1992年参加了"商务印书馆成立九十五周年纪念大会",1997年参加了商务印书馆百年大庆纪念活动,等等,不胜荣幸。

三、涉足语文辞书

1979年6月,我被调入中国大百科全书出版社,一直从事《中国大百科全书》编纂工作,案头常置《现代汉语词典》,除了请它解疑释惑之外,我还用心探究语文辞书的编纂方法,以资借镜。到21世纪初,就涉足语文辞书,参与了下述工作。

参与语文辞书质量检查工作。新世纪第一个十年,原国家新闻出版总署为净化辞书市场,举办了三次辞书质量检查工作。第一次在2003年4月至10月,称为"2003辞书专项质量检查",第二次是在2007年,第三次是在2009年10月至2010年5月举行的,我都应邀参与其事。为了配合检查工作,利用检查工作发现的问题,我先后写了《这样的辞书,何必引进——评〈建宏成语义类辞典〉》《〈新华大字典〉纂书失宜》《吉林版〈中华现代汉语词典〉若干释义商榷》等批评文章，刊于《中国出版》等刊物，以期扶正祛邪。

担任《现代汉语词典》特约审读员。原新闻出版总署这几次举办的辞书质量检查，都是由中国辞书学会协助办理的，而中国辞书学会的挂靠单位就是中国出版重镇商务印书馆。我因为参加辞书质量检查工作，结识了不少语言文字学者、语文辞书专家、辞书编辑同行。承国家语言文字工作委员会厉兵研究员推荐，中国社会科学院语言研究所聘我担任《现代汉语词典》（以下简称《现汉》）特约审读员。2005年1月，《现汉》第5版修订工作完稿后，语言所词典编辑室开始通读校样，也给我寄来60页征求意见。我置备使用《现汉》多年，得益良多，素知《现汉》编纂精审，心存敬佩。既然《现汉》不耻下问，我也就不揣浅陋，奉献刍荛之见。2011年冬天又参加了《现汉》第6版通读校样的工作。

《现汉》编者是虚怀若谷的，我深有体会，姑举一例。《现汉》第4版"科举"条释文首句为："从隋唐到清代的封建王朝分科考选文武官吏后备人员的制度。"我建议改为"从隋唐至清代朝廷通过分科考试选拔官吏的制度"，并简要说明修改理由，这个意见被第5版采纳了。

关于语言所词典编辑室向专家递送《现汉》第5版校样一事，《〈现代汉语词典〉五十年》（商务印书馆2005年版）"大事记"篇有如下记载："（2005年）1月17日，词典编辑室和商务印书馆汉语编辑室开始通读校样，并给所内外70多位专家递送校样（其中包括所外语言学、辞书学专家22位，哲学社会科学和自然科学专家22位），征求其修改意见。"笔者认为这样广采博纳，是一项值得称道的学术活动。

《现汉》第5版在整理异形词方面有一重要举措，即将历版的推荐词形"惟一、惟有、惟独、惟恐"改为非推荐词形，而将非推荐词形"唯一、唯有、唯独、唯恐"改为推荐词形。连类所及，成语也以"唯命是从、唯命是听、唯利是图"为推荐词形，以"惟命是从、惟命是听、惟利是图"为非推荐词形。《现汉》第5版跟历版一样只设"惟其、惟妙惟肖"条，表示这两个词不能以"唯"代"惟"。这是《现汉》编者提倡"唯、惟"二字有所分工，让"唯"主要作副词，承担"只"义，让"惟"主要作助词，承担加强语气的任务。

《现汉》第5版出版后，有的论者对此持有异议，在《辞书研究》发表文章，认为"这种处理有欠妥当，势必引起相关词语使用的混乱"。为此，笔者遂在《辞书研究》2009年第6期发表《"唯、惟"议》一文，认为《现汉》第5版对"唯、惟"两个条目的处理，是顺应社会语言生活的发展趋势，是继续进行它一贯重视的异形词整理和规范工作，是合适的。我替《现汉》当了一回义务辩护人。

《现汉》第6版问世后，我写了书评《天下大事，必作于细》，刊于《中国辞书学报》第一辑（商务印书馆2015年版）。

参加《现代汉语学习词典》审稿工作。我参加了《现汉》第5版通读校样工作后，大概认为愚见还有点参考价值，时任商务副总编辑的周洪波先生又约我参加《现代汉语学习词典》通读工作，寄来该书S部、T部各一部分清样，附来"体例说明及读稿注意事项"，这样，我读稿就有章可循了，并于 2010 年 6 月读毕交卷。这部词典商务印书馆于同年 8 月出版，我收到了样书，翻阅之余，觉得此书最难得的是创新精神，具有不同于已有同类词典的鲜明特色。它突出了时代特色、文化特色、语用特色，设立"注意""辨析""语汇""知识窗""插图"等栏目，符合读者益智的需求。腰封上写着"开创学生'学习词典'之先河，开创汉语'牛津高阶'之楷模"，全是务实之语。

我在读稿中提出 108 条建议，大多为编者采纳。例如"挺"条，我建议在释义中加进近年出现的"支持"义。又如"天王星"条，原稿中它的公转周期写为"80.1 年"。我当过《中国大百科全书·天文学》卷（1980）的编辑，顺便一查，天王星的公转周期为"84 年"；又查《中国大百科全书》第二版（2009）同名条，为"83.75 年"；《辞海》（1999）为"84.01 年"；《新华词典》（2002）为"84.01 年"；《现汉》（2005）为"约 84 年"。各家数字，小有出入，本书非专业辞书，建议采用"约 84 年"。

在《现代汉语学习词典》的署名页上，我的名字列在"审稿"栏内。这是我第一次在语文辞书上署名，既表示谢意，又感到惭愧，因为我对此书贡献有限。

四、商务给我出了两部著作

商务印书馆近十年给我出了两本文集，《文章病案》和《当代辞书过眼录》，是我暮年一搏。

《文章病案》是一本评论近年出版物上语文错失和知识舛误的

文集，收文81篇，凡26万字，2006年出版，列入"语林漫步丛书"。

此书缘于1990年代《新闻出版报》（2001年改名《中国新闻出版报》，2015年改名《中国新闻出版广电报》）受国家新闻出版署委托，连续分批举办报纸编校质量评比活动，我也多次应邀担任评委，得以了解当前报纸上语言文字应用情况，加上平素个人读书笔记，于是我便以匡谬正俗为内容，给《新闻出版报》写了"读报拾零"专栏，给《中华新闻报》（全国记协机关报）写"报海求疵"专栏，并向语文刊物《语文建设》《咬文嚼字》、新闻刊物《传媒》《新闻之友》等期刊投稿，以期对语言文字规范化有所裨补。

《文章病案》问世后，社会反应尚好。人民教育出版社编审田载今先生在《中国出版》写了肯定的书评。香港作家协会主席黄仲鸣先生在香港《文汇报》发表《"文字医生"的医案》说："看了这部书，很多人才知道自己的文章有病。"又说：

> 内地有一位资深编辑，年已耄耋矣，一生与文字打滚，他不是作家，也不是什么学者，到了晚年，深感中文的衰落，也不让叶圣陶建立的"文章病院"专美于前，遂撰写了一部《文章病案》，挑出报刊数以百计的毛病，草成文字，教诲病人，教诲一些自己患了什么病也不知的病人。

这位"文字医生"名黄鸿森。

我跟黄仲鸣先生素昧平生，感谢他的热情鼓励。至于说"不让叶圣陶建立的'文章病院'专美于前"，实在过誉了。叶圣陶先生是治文病的名医国手，薄海同钦，我只不过是私淑叶氏，学点皮毛，沿着他指引的道路迈步而已，焉敢分享大师的美名！这本书得到香港作家的好评,得益于商务印书馆这块金字招牌,商务出版物在香港素有崇高的声誉。

至于《当代辞书过眼录》一书,则是对改革开放时代出版的一些辞书的评论文集,讨论的对象主要是30年来出版的百科全书和语文辞书,共收文章34篇,2013年出版。

十分幸运,中国百科全书事业刚刚起步,我就在1979年6月进入中国大百科全书出版社,立即参加《中国大百科全书》首卷《天文学》的编辑工作。其时,出版社总编辑姜椿芳先生、副总编辑阎明复先生号召百科同仁,除了编好百科全书,行有余力,还要探讨百科全书编纂理论,总结百科全书编纂实践,评介中外百科全书,希望大家及时动笔,社里已在筹办内刊《探讨》作为交流园地,也可投寄其他报刊。这样,我就响应号召试笔,以编辑《天文学》卷的点滴心得,写了《百科全书的定义和定性叙述》,蒙姜椿芳总编辑的推荐,刊布于《辞书研究》1980年第4辑,这是我写百科全书研究文章的开端。以后凡是我参加编辑的学科卷一问世,我就撰写评介文章,因为每个学科卷都是该学科泰斗级人物主持编纂的,书既面世,理应广为人知。这些都是我的职务之作。

至于收入这本书的关于语文辞书的文章,主要是因为参加辞书质量检查工作得到素材而执笔的,上文已经说过,不赘。

我衷心感谢商务印书馆的援手和支持,具体说来,不能忘记三位副总编辑的鼎力相助。

党中央粉碎"四人帮"后不久,我还在北京郊区劳动,干

"深挖洞"的活,商务两位副总编辑高崧先生和骆静兰女士就约我译校《神话辞典》和《欧文选集》。接着馆方又出面向我所在单位的上级——北京市门头沟区革命委员会借调我译书,商务政治编辑室主任陈森先生在盛夏酷暑中奔走办成此事。这样,我就有一年时间"全职"译书(我进中国大百科全书出版社以后则是业余译书),基本上完成两部书的译校任务。在我处于困境之中,商务向我伸出援助之手,并赋予译校世界名著的重任,真令人感激莫名。

到了 21 世纪,商务出版了我的两本著作《文章病案》和《当代辞书过眼录》,都是得到时任副总编辑周洪波先生的大力支持。前一本是投稿得到他的同意而顺利出版,后一本是出于他的热情组稿而成书问世。

如果说高崧、骆静兰两位先生是为我雪中送炭的话,那么,周洪波先生就是为我锦上添花了,因为出书时我已经离休,生活在北京安度晚年。

2016 年 5 月 28 日完稿

时年九十有六

于北京芳古园

汉译世界学术名著出版对中国学术界的贡献

厉以宁

从商务印书馆"汉译世界学术名著丛书"开始出版到现在，已经累计出版了四百种[①]。这套丛书对中国学术界的贡献，是有目共睹的。业内专家有自己的评价，正在学习的大学本科生、研究生们有自己的评价，一般读者也有自己的评价。这些评价的一个共同点是：丛书促进了中国哲学社会科学的繁荣。

我很荣幸，有机会参与了经济学类世界名著的选题、规划和翻译工作。但更为幸运的是，这套丛书对我的学术研究工作帮助很大。我曾经说过，假设没有这套丛书，我的学术研究工作可能会延误不少，因为我不得不为此花费更多的时间和耗费更多的精力。

[①] 此为 2009 年"汉译世界学术名著丛书"出版的品种数。——编者

今天，在纪念商务印书馆"汉译世界学术名著丛书"出版的座谈会上，我想就这套丛书的出版对中国学术界的贡献谈几点看法。

第一，丛书的出版把世界文化中的精品和经典作品系统地介绍给中国读者，使中国读者能够直接读到它们，进而了解它们在世界文化史上的地位和价值。

以我比较了解的西方经济学说史为例。在西方经济学说史上，从重商主义以后，学派林立，各个学派的代表人物对当时的经济运行都有独立的看法，并且相应地提出各种不同的主张，其中最有影响的就是古典学派。接着，在19世纪中期以后又出现了不同于古典学派的经济学说，包括德国的历史学派和奥地利的边际学派，再到马歇尔的综合，形成了新古典学派。20世纪30年代，凯恩斯经济学产生了，西方经济学发展进入了一个新的阶段。而从20世纪60年代起，作为不同于凯恩斯经济学的经济理论，包括货币学派理论和新制度学派理论，也相应地发展起来。凯恩斯经济学自身也演变为"两个剑桥"之争。货币学派和新制度学派也都有了新的代表人物和新的理论。所有这些演进过程，在商务印书馆最近一些年来翻译出版的世界学术名著中都有体现，其中收入了各个学派代表人物的重要著作，这样，我们通过原著的中译本，对近三四百年的东西方经济学的发展和演进就有比较清楚的认识，对于当代西方经济学不同学派之间的论争也就有了大体上的了解。

阅读原著（不仅是经济学方面的原著，也包括哲学社会科学其他领域内的原著），是治学的必要，也是了解世界文化史的必要。商务印书馆在汉译世界学术名著方面所做出的贡献之所以被学术界普遍承认，反映了学术界对这套丛书出版的公正评价。

第二，商务印书馆"汉译世界学术名著丛书"的翻译出版工作，虽然在"文化大革命"以前就已经开始了单行本的出版，但是丛书是在1978年中共十一届三中全会以后，也就是改革开放以后才正式问世的。在改革开放的过程中，我们急需了解国外工业化、现代化的历史经验，尤其是国外著名的学术界代表人物对工业化、现代化过程的分析，对工业化、现代化阶段所涉及的一系列政治、经济、社会、文化、教育问题的见解，因为这些对我们有重要的参考价值。"汉译名著"的出版在这方面为我们提供了十分有用的资料。

不妨仍以我比较熟悉的经济学名著为例。比如说，在西方国家的工业化、现代化过程中，收入分配问题一直是困扰着政府的重大问题。收入分配问题的焦点在于如何在工业化、现代化推进的同时防止贫富差距的扩大，而贫富差距的扩大又同失业现象的加剧、社会保障制度的缺失或不完美，以及所得税、财产税、遗产税制度有待于重新构造有关。这些问题，从19世纪初年直到20世纪后期都一直是西方经济学研究的重点之一。德国历史学派分析过，美国制度学派分析过，英国新剑桥学派分析过，尤其是瑞典学派更是对这些问题做了深入的研究。这方面的一些有代表性的著作基本上都包括在已出版的"汉译名著"之中。毫无疑问，这些研究成果可供我们参考。

又如，在西方发达国家，自从金本位被废除以后，通货膨胀便成为各国经济增长过程中经常发生的现象。通货膨胀不仅影响社会的稳定，导致社会矛盾尖锐化，而且由于通货膨胀促使人们预期发生变化，甚至导致预期紊乱，引起投资者不敢投资，储蓄者不敢储蓄，消费者不敢消费，经济必然陷入混乱之中。不同学派的经济学家对于通货膨胀的原因、过程、后果和治理对策有着各自独立的看法，这些也收入了"汉译名著"之内。对于正在进行工业化、现代化的中国经济学界来说，这套丛书很有参考价值。也就是说，只要我们对凯恩斯及其追随者和弗里德曼及其追随者在各自著作中所表述的理论体系和政策建议进行比较分析，再结合中国的实际情况，一定可以受到启发，进而为中国经济增长过程中所出现的通货膨胀找到切实有效的对策。

再如，从西方发达国家工业化、现代化的历史可以了解到，区域的不平衡发展同样是困扰着各国政府的重要问题。这套"汉译名著"中所收入的一些有代表性的著作反映了作者们对这些问题的关注。工业化、现代化过程中，在英国，有苏格兰、威尔士、北爱尔兰等因经济发展迟缓和居民收入偏低而造成的不安定地区；在法国，有科西嘉岛因相同原因而引起的分离主义倾向；在意大利，有北部经济发展和南部经济落后而引起的对抗情绪。这种不和是怎么引起的？既有历史原因，又有现实原因。读一读丛书中克拉潘所著《现代英国经济史》、马克·布洛赫的《法国农村史》、汤普逊的《中世纪晚期欧洲经济社会史》等书，可以对地区发展不平衡的历史原因有所了解。但从理论上分析，从结合工业化、现代化过程中的现实问题来看，如果读一读丛书中熊彼特的《经济发展理论》，就可以了解在资本主义制度下一个地区的繁荣为什么会引起另一个地区的停滞或萧条的原因，因为他着重从资本流动的效应进行分析。其他西方经济学家也有从不同的角度进行研究的。总之，地区发展不平衡问题目前日益成为中国经济学界关心的研究课题。我相信，会有越来越多的研究人员注意到这套"汉译世界学术名著丛书"，他们从这里可以找到自己在研究中所需要的资料、研究方法和论据。

最后还可以再补充一个例子，这就是有关教育和经济之间关系的分析。自从工业化、现代化开始以后，西方经济学家们一再强调教育在社会发展和经济增长中的重要作用。德国经济学家李斯特、英国经济学家马歇尔、美国经济学家凡勃伦等人，都把教育视为促进社会发展和经济增长的有利因素。而随着工业化、现代化的继续推进，教育的作用也更为突出。从经济的角度看，教育投入被视为人力资本形成的重要途径；如果没有教育投入的增长，职工的技术水平无法提高，难以适应科学技术进步的要求；而如果没有整个国民素质不断提高，社会发展也难以步入正轨，这将影响社会的稳定、社会秩序的正常化，以及居民生活质量的上升。这些都在当代西方经济学论著中有较详尽的分析。因此，这套丛书对于中国的改革开放和现代化建设都很有参考价值。可以说，一个国家不重视教育，不仅会忘却过去，而且会漠视现实，漠视现实就是指社会经济发展缓慢，甚至停滞不前。更重要的，不重视教育，意味着放弃未来，也将在未来的国际竞争中失去自己应有的地位。

第三，商务印书馆出版"汉译世界学术名著丛书"是一项庞大的工程，其中包含了一批有专业水平的、熟练的、能从事外语翻译工作的队伍的建设。从译者名单中我们可以发现，一些学有专长的翻译家几十年来一直孜孜不倦地担任名著的翻译工作。商务印书馆把这些翻译家组织起来,为他们服务,向他们提供帮助,使他们能够顺利地完稿。这反映了商务印书馆历届领导的远见。不仅如此,出版社本身还应当拥有一支高素质的编辑队伍,他们核对原文,帮助译者解决疑难问题,包括文字上的润色。假定缺少这样一支编辑队伍,"汉译世界学术名著丛书"的出版会遇到不少困难。

然而,当我重新翻阅这份译者名单时,发现不少过去熟悉的名字已经过世。同我合作翻译《罗马帝国社会经济史》的马雍研究员(他还是《阿古利可拉传 日耳曼尼亚志》一书的译者),早在1985年就离开了人间。我还可以列出一批仙逝者的名单,如《新科学》的译者朱光潜先生、《新史学》的译者齐思和先生、《人文类型》的译者费孝通先生、《用商品生产商品》的译者巫宝三先生、《形而上学导论》的译者熊伟先生、《投入产出经济学》的译者崔书香先生、萨缪尔森著《经济学》的译者高鸿业先生等。这些学界前辈的仙逝,使我想到一个问题:还有不少世界学术名著尚有待于翻译,丛书绝不会出到四百种就告一段落,组织译者队伍该是多么急迫的一件事!

马雍生于1931年,比我小一岁。我们合作翻译《罗马帝国社会经济史》时(20世纪60年代初),都只有30岁左右。那时我们是多么年轻。我们还设想过,翻译完罗斯托夫采夫所著《罗马帝国社会经济史》之后,再接再厉,把罗斯托夫采夫的另一部世界学术名著《希腊化世界社会经济史》译成中文。但好梦难以成真。"文化大革命"前一年,我们把《罗马帝国社会经济史》一书的译稿交给了商务印书馆,接着就发生了"文化大革命",我们的一切打算全落空了。如今，马雍逝世已经24年，我今年也已79岁。回顾往事，不胜唏嘘。但令我始终不能忘怀的，是商务印书馆对我们这两个当时还很年轻的译者的帮助和鼓励。

如今，我深切地盼望商务印书馆把"汉译世界学术名著丛书"继续出版下去：五百种、八百种、一千种……精心组织译者队伍，帮助他们，使他们不断提高水平。这将是一件功在千秋的大业。"功在千秋"这四个字，我想绝不过分。

（根据厉以宁先生2009年的发言手稿整理）

我与商务印书馆

高年生

我和商务印书馆的交情跨越了半个多世纪。我参与或主持由商务印书馆出版的著译作有《黄祸论》(1964)、《汉德成语词典》(1981)、《德语会话手册》(1981)、《汉德分类词汇手册》(1978)、《俾斯麦传》(1982)、《德意志史（第四卷）》(1986)、《魏玛共和国史》(1994)、《新汉德词典》(1985)、《简明汉德词典》(2004)等。计划出版的还有《杜登德语规范词典》(修订版)、《德语情景会话》等。

严谨认真的商务人

我最早给商务印书馆译书是在上个世纪60年代初，那时我刚从外交部调到北京外国语学院任教不久。商务打算出版一本内部发行的著作，书名为《黄祸论》。北外德语系承担了翻译任务，组织了几名青年教师参加,我也名列其中。1964年,《黄祸论》中文版问世了。由于该书只作为参考读物内部发行,印数不多,影响也不大。按照当时惯例,书上不署译者的名字。是否有稿酬,因年代久远,我也记不清了。但有一件事使我终生难忘,至今记忆犹新。

该书出版后,责任编辑、资深翻译家施其南约请译者去颐和园碰面。那是一个夏日的黄昏,泛舟昆明湖上,清风徐来,享受着美丽的湖光山色,人们心情舒畅,推心置腹地交谈起来。这时施老委婉地提到《黄祸论》一书中的翻译问题。他认为有些词语的译法不太准确,例如德语词"der Marschall"在一般词典中只有一种释义:"元帅"。我们也是这样翻译的。他指出这个词还有另外一种意思,即"宫廷大臣"(俗称"大内总管")。由于我们在翻译时望文生义,对原文不求甚解,因而出现了理解错误。通过这一件事,商务老一辈编辑的这种严谨认真的工作作风给我留下了极其深刻的印象,使我终身受益。在后来数十年的翻译工作中,我常常回想起这段插曲,提醒自己不可有丝毫的懈怠,施老可以说是我的"一字之师"。

另一位令我敬佩的商务人是我的好友宋钟璜。他从北外德语系毕业后曾在中国驻民主德国大使馆任文化秘书,那时我在民主德国驻中国大使馆任中文秘书,我和他的许多北外同学都很熟。回国后他调到商务印书馆历史编辑室工作。"文革"后我们的交往越来越多。在我的心目中,老宋是个做事非常认真、兢兢业业、一丝不苟的典型商务人。他曾参与编纂《德汉词典》《德语会话手册》等。尤其使我钦佩的是他不墨守成规、勇于创新的开拓精神。

多少年来，我国翻译界有一种人云亦云、人译亦译的不良风气，并美其名曰"约定俗成"，殊不知某些通用的译名其实是错译。例如，过去把马克思著作中的一个词语"das bürgerliche Recht"译成"资产阶级法权"。"法权"是在我国早期马列译著中频频使用的概念，"文革"期间"四人帮"曾对"资产阶级法权"问题大做文章。对于此译名的恰当性，早在上个世纪50年代初已有人提出质疑。但是这一建议却在相当长一段时期内一直被忽视，直到1977年12月12日中共中央编译局马恩列斯著作编译部在《人民日报》上发表《"资产阶级法权"应改译为"资产阶级权利"》一文，才解决了这个问题。尽管如此，至今仍有不少人还在沿用这个错误的译名。由此可见，要改正一个已流传很久的错译有多么困难，需要有多大的勇气！老宋在这一方面就做得很好，他不仅大力支持我在翻译《俾斯麦传》和《德意志史》时改正有些我认为不准确的译名，如把"腓特烈大帝"改为"腓特烈大王"（腓特烈二世并非皇帝），把"das deutsche Reich"（德意志帝国）改译为"德国"（1918年后帝国已不复存在，Reich也有"国家"的含义），把"der Führer"（元首）改译为"领袖"（希特勒在1934年德国总统兴登堡去世前还不是国家元首，他在上台前提出过"一个领袖"的口号，元首和领袖不是一回事）。他自己也写过文章，说明现今常用的一些译名是不准确的，如把希特勒所主张的"Nationalsozialismus"（民族社会主义）译为"国家社会主义"，"党卫军"应改为"党卫队"等等。

像商务印书馆这样一个有百余年历史的名牌出版社，能获得众多读者长久的信赖和热爱，在读者中有良好的影响和声誉，国内还没有哪一家出版社能望其项背。这与它拥有一支高水平的编辑队伍是分不开的。商务印书馆不是一般的出版社，它不仅出版了无数脍炙人口的好书，也培养出一大批优秀的编辑。这些编辑起到了无可替代的关键作用，如果没有编辑的辛勤劳动，也就没有商务印书馆的今天。

脍炙人口的商务书

商务印书馆出版的许多经典图书，读者耳熟能详，毋庸赘述。我在这里只提一本辞书，那就是1985年出版的《新汉德词典》。

《新汉德词典》的编写耗时12年，始于1972年，1984年完稿，1985年在商务印书馆出版，1987年荣获北京市哲学社会科学优秀成果二等奖。这部辞书的影响，如果你在海外，特别是在华人地区，那你就会深有体会。

2007年，我应德国斯图加特"作家之家"的邀请，在德国访问了三个月。有一天晚上，我和我太太苏文华外出散步，信步来到一条比较偏僻的街道，发现有一家中国人开的小店。我们进店后看到一张小桌上放着一本红色封面的大词典，"新汉德词典"和"商务印书馆"几个大字赫然在目，我感到十分惊喜，真有"他乡遇故知"之感。年轻的女店主得知我就是这本词典的主编之一时也十分高兴，向我们介绍了自己的情况。她特别提到，她出国后离不开这本词典，感谢商务印书馆向读者提供了这样一本好的工具书。后来，我曾去过位于德国和荷兰两国边界的施特拉伦"欧洲译者之家"，那里的图书室也有一本《新汉德词典》。可以毫不夸张地说，在留学德国的华人圈子里，很少有人不知道这本著名的"红皮词典"的。《新汉德词典》问世至今已有30多年了，国内外还没有哪一本汉德词典的影响能超过它的。

当今辞书市场良莠不齐、鱼龙混杂。有些出版社一味追求经济效益，编辑的水准难以尽如人意，出版的辞书不能保证质量。像商务印书馆这样认真严谨、严格把关的出版社，"工具书王国"的称号可说是实至名归。

值此商务印书馆建馆120周年之际，我回想起自己与商务印书馆多年的缘分，唤起我对我所熟悉的商务人的思念之情。遗憾的是，他们之中很多人已驾鹤西去。我衷心地祝愿新一代商务人继续前辈所开创的事业，在这样一个多元化的时代，在出版行业形势日益严峻的情况下发扬自己独有的商务精神，与时俱进，踏踏实实为广大读者服务，在中华民族伟大复兴的事业中做出更大的贡献！

我所熟悉的商务印书馆

洪 汉 鼎

商务印书馆对我产生影响，最早是在我中学时代。当时我听我的中学老师说，商务印书馆不是一般的出版社，它是培养人才的好地方，它的编辑人员经过几年训练后，就可以成为大学者和作家，例如茅盾先生就是这样。

当然，我对商务印书馆的真正感情还是看到了它早先出版的西方哲学名著。我的老师贺麟教授早在上世纪 30—40 年代就与商务印书馆建立了合作关系，他当时成立了一个西方哲学名著编译委员会，在这个委员会推动下，当时商务出版了很多西方哲学名著，如陈康先生翻译的柏拉图《巴曼尼得斯篇》，张鼎铭先生译的康德《实践理性批判》，贺麟先生自己翻译的斯宾诺莎《致知篇》，樊星纲先生译的罗伊士《宗教哲学演讲集》等。这些书有一个特点，因为都是在抗日战争的艰苦岁月中出版的，纸张都很黑很粗。不过，正是在这种黑色的粗糙的纸张上却印着很好的宋体印刷字,这显然是商务的实力,它们可以说是带有时代烙印的一批宝贵的哲学文献。这些书都是我中学时的精神食粮,当时我在无锡辅仁中学读书,除了世界文学名著外,就是阅读这些哲学名著了,尽管许多地方还看不懂。这些名著最大的优点就是翻译质量高,它们都是出自名家之手,而且每一部译著之前,都有翻译者自己写的关于该书的导论。这是贺麟先生的创意,他说每一部译著一定是一部研究之作,因此应当书前有译者研究性的导论。这些书都收入1949年前出版的"汉译世界名著"丛书之中,是现在商务印书馆作为品牌出版的"汉译世界学术名著丛书"的前身。

我开始和商务打交道是在20世纪60年代初。有一次贺麟教授要我把他的一部黑格尔的译稿直接送给商务印书馆高崧同志,这样我就认识了这位对商务有着真正贡献的而且又是兢兢业业的负责人。他人清瘦,很平易近人,特别对我们年轻人很热情,希望我们多多学习我们老师的刻苦钻研。当时我手头上正和同学孙祖培、程曾厚翻译斯宾诺莎的《神,人及其幸福简论》,在我1963年离开北大去陕西时,我把这部译稿也交给了高崧同志。当然,当时我并没有奢想,像我这样一个刚出茅庐的人译的书会出版,我只是想测试一下自己的能力。

15年后,我从陕西回到了北京。有次去商务再次见到了高崧同志,他这时已升任副总编辑。我的同学武维琴任哲学编辑室主任,还有几位得力编辑,如陈应年、陈兆福、吴隽深、张伯幼、徐奕春、程孟辉等,他们都是些非常敬业并甘坐冷板凳的人。当时商务除了语言组大类外,学术组分有哲学、政治、经济、历史和地理诸大编辑室,我认识的上述这些人都是哲学编辑室的。记得高崧同志一见面就提到我在十几年前交给他的斯宾诺莎书的译稿，他说整个十年"文化大革命"，西方哲学著作被认为是资产阶级思想的温床，所以很多书稿都被压制下来，现在才开始考虑出版，我的书当然也在其中。对于高崧先生仍记得我这年轻人的译稿，我深表感激。过了一些时候，我再去商务时，高崧先生又说起我的译稿，他说我当时给他这部译稿时，他不知道馆内一位老学者顾寿观先生也有此书的译稿，现在就是要考虑先出哪一部了。我当时立即告诉他，顾寿观先生是前辈，当然要先出他的，而且我可以拜读他的来修改自己的。

顾寿观先生可能现在年轻学者不太知道，以前我听贺麟教授讲过，过去在西南联大时，顾先生是一位很有个性和魄力的人，有次他要到法国进修，在他出国前，他到贺麟先生家，曾拍着桌子说哲学一定要是科学，可是几年后，他回来却不提科学了，反而对宗教感兴趣，对于他来说，哲学仿佛感性胜于理性。顾先生语文能力非常强，他精通好几国文字，如希腊文、拉丁文、法文、德文、英文等，记得有次我到他家请教一个斯宾诺莎的用词，结果在他的中关村家，他从一部辞典翻到另一部辞典，足足两个多小时，他的研究是这样认真，我真是佩服到家。后来在商务我也看到他的斯宾诺莎译稿，真使人惊呆了，那是在旧方格宣纸上用工整的蝇头小楷写成的，它们被装订成8册，简直是一部艺术品。我这种感觉正如今天西方人看到他们18世纪学者用鹅毛笔写的书信一样，总是感到我们今天计算机时代虽然得到了不少东西，但也失去了太多的东西。黑格尔说今天艺术已死了，可能是有些道理的。从顾寿观先生的语言修养和对学术的认真，人们说商务卧虎藏龙，真不是虚言。另外，顾先生还有这样一个天性，即任何不成熟的东西决不要拿出来。例如，有次我去商务，高崧同志又找我说，他们本来要先出顾先生的译稿，可是顾先生不肯，说他的译稿还有一部分未译好，我说等他译好出，高崧说他们也这样告诉他，但顾先生说他不知什么时候才会译完，要他们还是先出我的译本。就这样商务最后还是先出我的译本，直到顾先生去世后才请人补译，出了他的译本。顾先生现在已去世多年，但我心里却一直惦念着他，特别是想到那天在他家里他满头是汗查找辞典的场景。

我的《当代西方哲学两大思潮》是在商务印书馆出版的。我所翻译的伽达默尔的《真理与方法》和《斯宾诺莎书信集》收入了"汉译世界学术名著丛书"。

我认识商务前后四位负责人，最先的是陈原，后来是林尔蔚，再后是杨德炎和于殿利。他们四人各有特点。陈原是位老语文学者，他有他的一些上层交际圈，似乎与我们这些年轻人接触不多。林尔蔚，我们都称他为"老板"，在此期间，我们与商务接触反而最多。最值得我纪念的是在林尔蔚任职期间，"林老板"比较尊重学者，我想这也可能是高崧同志促成的。

在"林老板"的任上几乎每年都召开一次学者会，名义是讨论学术名著规划，实际上是慰劳一下我们这些为他们干活的坐冷板凳的人，这可以说是我们与商务最好的时光。要知道20世纪八九十年代，我们这些学者生活都比较清苦，能有一个机会享受大自然之美，住上比较高级的宾馆，加之专业同行交流信息，真是莫大幸福。有次在西山宾馆，这大概是我见到高崧先生的最后一次会，山对过就是班禅额尔德尼的公寓，真是一座风景极美的休闲胜地。在这次会上，我们为商务筹划要出当代哲学经典。大家知道，新中国成立后出版界似乎有一条不成文规定：商务一般只出古代到近代的哲学经典，当代的似乎交给了上海译文出版社。但"汉译世界学术名著丛书"如果没有当代的学术名著，这无论如何是一个缺陷，因此在这次聚会上，我们都提出这一建议，高崧同志也大力支持。

这套丛书，高崧同志的确付出了不少心血，当然商务各个学术组的编辑同志也出了很大力，但也如它的"出版说明"中所说，"幸赖著译界鼎力襄助"。这部丛书的影响，如果你在海外，特别是在华人地区，那你就会深有体会，我曾经看到香港和台湾有些学者，成套地买这套"汉译名著"，不想缺失任何一本。

在商务举办的这些规划会上，使我印象最深刻而又最感兴趣的事，就是和一些老教授聚在一起聊谈一些我国哲学界轶事。这些会有一个很大的特点，就是它都请了一些德高望重的老专家、老教授参加，如编英语教科书的语言学泰斗许国璋教授，哲学界的贺麟、洪谦、管士滨、周辅成、苗力田、王玖兴、张世英、陈修斋、汪子嵩、王太庆、范岱年、傅乐安等教授。这些教授平常很少有时间聚在一起，只有商务能有这种机会把大家聚在一起。对于我们这些在新中国成立后成长起来的后辈来说，解放前我国哲学界的情况是不太熟悉的，因此对于哲学前辈们讲起老一辈有关哲学的点滴情况特别感兴趣。记得有次在贺麟教授房间，还有王太庆先生在座，贺先生曾告诉我这样一个趣事，我在北大哲学系时的系主任是郑昕教授，他一生中唯有一部《康德学述》，贺先生说："你知道郑先生是怎样写出这部书的吗？你可以问问在座王太庆。有次郑先生经济发生问题，似乎过冬过不去了，他请王先生找我，想向编译委员会借钱，我知道郑先生人较懒，我就请王先生告诉他，钱可以借，但要给编译委员会写一部康德学述，就这样，逼着郑昕先生把这部书很快写出来了。"贺先生还讲到洪谦教授，洪谦先生个子很高，年轻时是篮球运动爱好者，正如他现在的儿子一样，有次在我们讨论哲学问题时，他不同意我们的思辨看法，突然把篮球向我们掷来，我们都吓了一跳。另有一次在王玖兴先生房间里，王太庆教授突然笑着告诉我们，你们现在知道王玖兴教授德文好，但你们知道吗？40年代他到德国去时只知道一个德文单词，就是 Entschuldigung（对不起），可是这一个词帮他在德国渡过了许多难关。

在这些聚会上，我还了解这样一个情况，就是上世纪五六十年代商务每出一部西方哲学名著，因为都是资产阶级的东西，书前一定要附上一篇批判性的导言。贺麟教授翻译的斯宾诺莎《伦理学》也不例外，本来贺教授自己已写好一篇导言，但因为当时他"已处在右派边缘"，因此商务请了另外一位教授写一篇序言放在贺麟教授译的《伦理学》之前。贺教授听了此事后，大为愤怒，说我译的书还要别人写序，真是太气人了，情愿收回原稿不出，最后商务只好两人的序都不用，而由编辑部写一个简短的出版说明，才把此事了了。这使我想到了《大英百科全书》的"现象学"词条，由于胡塞尔与海德格尔写的都不能用，最后只好另请一位并不知名的学者写了。

现在我特别忆起了王太庆老师，每次商务这种会议，王太庆教授总是要参加的，因为他是哲学翻译的权威，可以说是商务的学术顾问。王教授不仅哲学语文知识深厚，而且对哲学界典故了如指掌，特别是对我国哲学界20世纪四五十年代，我们的老一辈哲学家，他都很清楚。贺麟先生曾告诉我，早在西南联大时，王太庆先生就是他们西方哲学名著编译委员会的工作人员，他经常联系教授来著述或翻译西方哲学名著。王先生曾告诉我们，牟宗三先生原也来北大求学，曾写了一篇维特根斯坦的文章，后来不知哪位教授批评，认为他根本搞不了哲学，结果牟先生一气之下，直捣南方，最后在台湾立足了。有次王先生和人民大学的杨宪邦教授还讲到熊十力，他们说，你们知道做熊先生的学生容易吗？大热天你需要给熊先生打扇子、拍蚊子，而且还要给他打洗脚水，做不对时，一扇把就打在你背上。

贺麟教授去世后，有次我们谈贺先生与冯友兰先生的区别，杨宪邦先生马上站起来说，贺先生的学生远超过冯先生。王先生立即掰着手指头算，第一代是任继愈，第二代是汪子嵩、王玖兴，第三代是他、杨宪邦、张世英、陈修斋、杨祖陶，第四代是梁存秀、叶秀山，第五代有我、王树人、薛华，第六代则是宋祖良、范进。

王先生谈起各位老师的趣事如数家珍，但似乎也有所顾忌。有次贺麟教授告诉我们说，要王先生做事，只有一人最有本事可支配他，那就是洪谦教授，说时还笑笑地指了王太庆教授一下："你问他，他会说洪谦先生的事吗？我告诉你们，王先生是最怕洪谦教授的。"贺先生这句话似乎是真的。我们知道，洪谦先生自做北大哲学系西方哲学教研室主任以来，曾编著过好几部书，特别是《逻辑经验主义》两卷，很多工作都是王太庆先生做的。后来有一年洪谦先生要再新编一个大部头当代西方哲学资料,我们大家都为此书忙了好一阵子,当洪先生最后把这些稿件交给王先生编审时,不知怎么,其中有一部分稿件丢失了。这时王先生确实害怕了,如何向洪先生交差,记得当时我陪王先生去洪先生家,洪先生脸色很难看,要王先生一星期就把它找出来,王先生一声不响。后来洪先生去世,这部稿子最后由陈启伟教授编译出版了。

王先生平时非常乐观,真有所谓庄子风韵。王先生自己跟我讲过,他当"右派"时,被北大下放到大西北宁夏银川农村劳动,整天在地里干活,旁边还有个青年农民在监督。有一天他看见那个农民在看一本书,一看是严复翻译的商务出版的《天演论》,他心想机会来了,就主动问那位农民是否看懂,青年农民答说看不太懂,王先生说好,我来教你,结果他就逐字逐句地解释给他听,那农民佩服得五体投地,结果自然他的劳动减轻了不少。王先生就是这样非常有风趣的人,"反右"斗争时,他和张岱年教授成天拉了板车在北大校园打扫卫生,一见到我们这些学生,还笑笑说这是天降大任于斯人。前几年我曾经想搞一个课题"西方哲学东渐记资料",除了收集现有的数据与图书外,还想请一些熟悉的老先生口述,我很想有王太庆老师的口述史,可是当我开始筹划这一课题时,他却已不幸离开尘世了。

1997年,商务印书馆曾举办它的100周年庆诞,这乃是一次全国学者专家的集会,许多还在世的老专家老学者都参加了这次盛会,最后我们还拍了一张大合照。不过今天如果再看一下这张照片,就会有一种前所未有的孤独和寂寞感,因为那里有些学者已悄然谢世了。

21世纪开始,商务更凸显其我国学术界的巨大威力。"汉译世界学术名著丛书"到目前已经出版了20辑850种,我译的《真理与方法》两卷本自2007年开始,陆续以各种版本出版,销量达三万余册。在此我为自己有书在商务出版而自豪。

于 2021 年 12 月

六十多年历久弥深的战友情谊

韩敬体

1957年我在家乡（河南柘城）读中学时，买到一本学生小字典（乙种），经常查用，字典是由商务印书馆出版的。1961年，我在北京大学中文系读书时，在阅览室见到一部《现代汉语词典》（以下简称《现汉》）"试印本"，由中国科学院语言研究所编写，商务印书馆出版。

1964年秋天，我毕业后到中国科学院语言研究所（从1977年5月起改称中国社会科学院语言研究所）词典编辑室（以下简称"词典室"）工作。从此我加入了《现汉》的编写团队，也开始了跟商务印书馆的越来越多的联系。

一

《现汉》是1956年2月国务院《关于推广普通话的指示》中

责成语言研究所编写的。当年年中语言所部分人员和新华辞书社、中国大辞典编纂处合并组成词典室承担《现汉》的编辑工作，时任语言所副所长的吕叔湘先生担任词典室主任和《现汉》主编。词典确定由商务印书馆出版，京华书局（后改称北京第二新华印刷厂）印刷。词典室先从收集资料工作做起，1958年6月正式开编，1959年年底完成定稿，分批交商务印书馆。1960年分八册先后印出"试印本"，送中科院和教育部指定的许多单位审看。1961年丁声树先生接任词典室主任和《现汉》主编，对"试印本"进行通读定稿工作。1965年5月商务印书馆印出《现汉》"试用本"。1966年准备吸收意见，修改一部分，内部发行。由于"文革"开始，工作停止。

1970年春，语言研究所随所属机构中国科学院哲学社会科学部（以下简称"学部"）下放到位于河南息县的五七干校，1972年7月回到北京。由于社会上急需辞书，国务院科教组指示要快些出版《现汉》。当时语言所无办公处所，无法进行词典修订工作，只得与商务印书馆商定，先利用《现汉》（试用本）的纸型印出一定数量内部发行。1973年5月词典出版，很受社会欢迎，供不应求，后来又缩印成小32开本先后两次印行。出乎预料的是，词典出版还不到一年，"四人帮"竟借"批林批孔"之机，对《现汉》进行扼杀，指令在报刊上进行批判，并勒令停止发行，全部封存销毁。这使语言研究所和商务印书馆受到极大的压力。多亏时任商务印书馆总经理的陈原同志，想方设法上下周旋，将封存起来的《现汉》以暗中赠送、销售等方式进行了消化。

1975年5月国家出版局和教育部在广州召开中外语文词典编

写出版规划座谈会,丁声树先生作为特邀专家被邀请出席会议。会议决定语言研究所尽快修订出版《现汉》。当时的学部临时领导小组和语言研究所都将修订《现汉》列为重点项目,语言研究所还从古汉语研究室、方言研究室、语音研究室暂调十几位人员支援《现汉》修订工作。根据广州会议精神,还请来陕西韩城县燎原煤矿、北京无线电联合厂的二十名工人和解放军通讯兵部的三位官兵加上商务印书馆编辑组建起60多人的三结合修订组,对《现汉》(试用本)进行修订。1976年初,修订组随同语言研究所搬迁到原北京地质学院的主楼办公。在当时"左"的思潮影响下,修订稿在收词、释义、举例各方面都存在一些问题。"文革"结束后,词典室的专业人员又花了一年多时间,努力清理修订稿中的问题,1977年年底将书稿送交商务印书馆。商务印书馆的编辑部和出版部接稿后紧张地进行审看、发排、校对,我们词典室同志也跟着各校次进行修改。那时丁先生负责组织编辑人员在所里看校样、改稿,我带领几位同志到商务印书馆将改动的地方过录到底稿上。商务印书馆汉语编辑室、出版部校对科的同志给予我们密切配合。由于当时北京第二新华印刷厂有些字模字形不规范,词典室还抽出几位同志承担改正字形的任务,出版部派人三次去湖北省丹江口新华字模厂("文革"期间由上海迁去)铸造新的字模。语言研究所和商务印书馆齐心协力,紧密配合,1978年12月,《现汉》终于正式出版,公开发行,这离组建词典室编写这部词典已经过了22个年头。《现汉》的编辑出版记录着词典室和商务印书馆密切团结协作的工作历程,凝聚着两个单位同甘共苦、努力奋斗的深情厚谊。

吕叔湘先生曾经指出："凡是'现代'词典都要跟上时代，不断修订。"《现汉》必须与时俱进，才能反映社会的发展，适应读者的需要。《现汉》正式出版后，词典室历届负责人都把修订《现汉》作为室里的首要任务。1983年、1996年、2002年、2005年、2012年、2016年依次修订出版第2版到第7版。每次修订，语言研究所和词典室与商务印书馆及其编辑室都要进行深入商讨，周密规划，相互配合，使工作得以顺利进行。修订出版以后还多次联合召开会议总结经验，研讨问题，为更好地合作做准备。1993年4月在浙江宁波举办《现汉》（试用本）出版20周年学术研讨会，2004年8月在北京举行吕叔湘先生诞辰100周年和《现代汉语词典》出版发行30周年纪念大会，2005年在北京举行《现汉》第5版研讨会。各次会议都邀请了全国各地的相关学者参加，会后先后编辑出版了《〈现代汉语词典〉学术研讨会论文集》《吕叔湘百年诞辰纪念文集》《〈现代汉语词典〉五十年》《〈现代汉语词典〉编纂学术论文集》《现代汉语词典学术研讨会论文集》。

《现汉》先后荣获多种奖项：1993年中国社会科学院颁发的优秀科研成果奖、1994年中华人民共和国新闻出版署颁发的国家图书奖、1997年新闻出版署颁发的国家辞书奖一等奖、2002年中国人民大学颁发的吴玉章人文科学奖一等奖、2007年新闻出版总署颁发的中国出版政府奖图书奖、2013年新闻出版总署颁发的中国出版政府奖图书奖。《现汉》获得的成就和荣誉既是对编写者和出版者的褒奖，也是对两单位多年来团结合作的传统友谊的见证。

二

语言研究所和商务印书馆另一个长期协作的课题，就是修订、出版《新华字典》。

《新华字典》是新中国成立后的第一部现代汉语字典，上世纪50年代初由新华辞书社编纂，著名语言文字学家、北京大学教授魏建功先生主持编纂工作，1953年由人民教育出版社出版。它以新颖的编纂理念、上乘的编辑质量和切合实用的特点深受广大读者欢迎。1956年7月，新华辞书社并入语言研究所词典室，《新华字典》也随其编写单位来到词典室，成为词典室的传家宝。1957年《新华字典》改由商务印书馆出版，此后，《新华字典》不断修订，现在已经出版了12版。60多年来，《新华字典》各个版次都是由商务印书馆出版，基本上都是由语言研究所词典室修订。

1961年，丁声树先生带领词典编辑室全力以赴对《新华字典》进行修订，改动不少。比如："癌"字，原读音注 yán，改注读音为 ái，这样就避免了在语音上混淆疾病中的癌症、炎症等的麻烦。字典原来版本"垓下"的释义竟然错了许多年，这次修订才改正过来。1965年丁先生领导词典室再次对《新华字典》进行修订。两次修订使字典注释内容在准确性、规范性方面上了新的台阶，为后来的修订打下了基础。词典室还在广泛调研、征求意见的基础上编过一本农村版《新华字典》，1966年春交商务印书馆。由于"文革"开始，"农村版"的书稿竟不知了去向。在"文革"中,《新华字典》改由其他单位进行过修订。1975年中外语文词典出版规划座谈会上,决定让语言研究所也尽快修订出《新华字典》,因词典室顾不过来,丁先生与出版局领导协商将《新华字典》修订工作转交给北京师范大学。

1998年《新华字典》又回到语言所词典室修订,以后的第9版至第12版都是由词典室修订的。几次修订,都与时俱进,及时地反映出社会上语文使用的新发展及国家有关语文规范标准的新变化。如第10版根据《第一批异形词整理表》对涉及的异形词做了相应处理,第12版根据《通用规范汉字表》对部分收字进行修订。每次修订,商务印书馆的责任编辑们都认真负责,尽心竭力,为高质量出版这本字典做出了贡献。

七十多年来,《新华字典》差不多走入了中国每个家庭,陪伴一代又一代青少年走进文化学习的殿堂。《新华字典》迄今已在全世界发行了6亿多册,创造了人类图书出版史上的奇迹。《新华字典》1998年版曾获得第四届国家图书奖荣誉奖、第三届国家辞书奖特别奖。2016年4月12日获得吉尼斯世界纪录"最受欢迎的字典"和"最畅销的书"两项殊荣。跟《现汉》一样,这本小字典获得的成功和荣誉是两单位在密切合作创立品牌辞书过程中结下深厚友谊的见证。

三

词典室在《现汉》基础上还编写了系列辞书,如《现代汉语小词典》《倒序现代汉语词典》《现代汉语词典补编》《现代汉语大词典》等，都由商务印书馆出版。特别值得提出的，是历尽多年艰辛才即将出版的《现代汉语大词典》(以下简称《大现汉》)。

编辑《大现汉》早在上世纪60年代末就提出来了。1960年12月，《现汉》"试印本"排印出来后，吕叔湘先生就在中国科学院哲学社会科学部学部委员会议上提出将来要在《现汉》基础上编辑一部大型现代汉语词典。《现汉》正式出版以后，吕先生又提出此课题。1979年3月，在丁声树先生主持下，《大现汉》正式上马，当时在组织、资料、工作规程上都做了准备。不幸的是丁先生10月8日夜突发重病住院，此项工作只得下马。

1988年，语言所在吕先生指导下，再次上《大现汉》项目。吕先生不止一次地强调"要编成大词典，不要编成胖词典"，还提出请北京大学朱德熙先生做顾问，考虑标注词类问题。新闻出版署1988年12月在成都召开辞书出版规划会议后，将编写、出版《大现汉》项目列入了国家十二年辞书出版规划。1990年编写工作正式开始，经过两三年编出近十万条的初稿，商务印书馆还排出了长条样。但因急需修订《现汉》，两单位协商决定《大现汉》编写工作结项，转上《现汉》修订项目。这次的《大现汉》的编写中途而废。

1998年语言所再次酝酿上《大现汉》项目，计划将词典室人员一分为二，一部分人完成大词典编纂项目，另一部分修订《现汉》。但是，由于编辑室的老同事差不多先后离退休，新来的同事业务还顶不上，力量薄弱，只得暂停大词典项目，集中力量修订《现汉》。

《大现汉》编写项目由吕先生1960年提出，丁先生1979年着手筹划，三上三下，变成了老大难工程。多少年了，它寄托语言所和词典室两代人的梦想和广大读者的期望，一直令语言所、词典室的人们耿耿于怀。

2005 年，语言所领导再次下决心上大词典项目，特邀时任中国社科院副院长的江蓝生同志担任主编。以当时的词典室人员为基础，并邀请一些室外、所外的人员组成三十多人的编写团队。从 2005 年 10 月试编，2006 年春全面展开编写工作，至今已有十六个年头了。当然，这中间穿插有《新华字典》和《现汉》的修订工作，占用了一些时间。这十几年的工作很不平静，中间遇到了一些困难曲折，曾有两三年时间弄到只剩下几位平均七旬以上的老同志在维持工作。好在江蓝生同志勇挑重担，不负重托，砥砺奋斗，才将工作坚持下来。后来，语言所新的领导班子加强领导，动员全所精英队伍投入后期的工作，才使得工作峰回路转。商务印书馆领导对《大现汉》十分重视，一开始就投入了大笔资金进行支持，而且一路上不离不弃，特别在后期，在疫情紧急的情况下，与语言所密切合作，进行攻关。两单位共同举办全国专家审读咨询会，听取语言学界、辞书学界资深专家的意见。商务印书馆汉语编辑中心抽调精兵强将参与大词典的审校查核工作。责编何瑛和一批编辑人员跟语言研究所编写组人员一起通读校改词条、查核有关内容，加班加点，节假日也不休息。大家同心协力，谱写出两单位团结友谊的新的篇章。

即将出版的《大现汉》已不是吕先生、丁先生时代筹划及后来两上两下计划的那种面貌了。那时设想的《大现汉》基本上是在《现汉》基础上拾遗补缺、增补条目，成为收词比《现汉》多一倍的词典。而现在即将出版的《大现汉》守正、存故、纳新，内容丰富。收录单字字头13000多个，各类词语15.6万余条，配例40多万个，全书达1200多万字。为各类词标注词类，设立"提示"栏、"辨析"栏，为方言词、地区词标注所属方言类别或地区。在附录后还特别配备了《条目倒序索引》，为词语检索和相关研究提供方便。所收词语折射出中国社会百多年来不断变革、进步的宏伟历程，具有历史的厚重性和学术的创新性。这部大词典，无论工作的费时费力，内容的广博丰富，涉及问题的繁多，工作的深度、难度都是以前没有想到的。编写、出版《大现汉》长时间的共同奋战更加显示出语言所和商务印书馆之间的历久弥深的情谊。

四

词典室编写《现汉》系列词典及修订《新华字典》，都是由商务出版的。由于我较长时间地担任词典室的领导职务，对词典室历史及工作情况了解较多，与商务印书馆联系也更多一些。为了反映《现汉》的编写出版历程和其编者的探索精神以及任其主编时间最长的丁先生的事迹，我先后编辑过四种有纪念意义的文集，都由商务印书馆出版。1999年商务印书馆辞书研究中心成立，我被聘请为第一批特约研究员，参加了辞书中心的一些学术会议及创编的一些辞书的策划、编写和审订工作。

2003年，为纪念《现汉》（试用本）出版30周年，商务印书馆和语言所词典室联合召开参加《现汉》编写的老同志座谈会，决定编辑老同志撰写的有关《现汉》编纂的文集，并由我承担编辑任务。我搜集、选编有关的文件和文章，编辑出《〈现代汉语词典〉五十年》和《〈现代汉语词典〉编纂学术论文集》，2004年8月由商务印书馆出版，作为向两单位联合多个专业团体隆重举行的吕叔湘先生诞辰100周年和《现代汉语词典》出版发行30周年纪念大会的献礼。两本文集的编辑工作得到了语言所领导蔡文兰、沈家煊及词典室同志的关心和支持，也得到了商务印书馆领导杨德炎、江远、周洪波等同志的大力支持，责编刘一玲同志倾注心力，在编校上做了很多工作。

丁声树先生是著名语言学大家，是领导词典室工作时间较长的领导人，主持完成了《现汉》，他还是中国社会科学院树立的以爱国主义走上共产主义的德高望重的优秀共产党员。2009年在他诞辰百年之际，我在李志江同志协助下，编辑了一部纪念他的文集《学问人生，大家风范》，商务印书馆10月出版，也作为先后在河南开封和他家乡河南邓州召开的两次纪念他百年华诞会议的资料。更值得一提的是两卷本《丁声树文集》的编辑和出版。文集的收集资料工作早在上世纪80年代中期就开始了。在三十多年的工作中，不仅得到语言所石明远、李荣、张惠英、何乐士等领导和同事及丁先生夫人、女儿的大力协助，也得到商务印书馆周洪波、余桂林、郭良夫、乔永、段濛濛等领导和编辑人员的大力支持和帮助。由于编辑时间拖得很长，商务印书馆确定的责编也换过不止一次。2020年文集出版后，语言所和商务印书馆还在防控疫情十分紧急的情况下，联合以线下线上相结合方式举行了《丁声树文集座谈会》。丁先生文集的出版是语言所和商务印书馆，我和责编共同努力、持久协作的成果。三十多年的艰辛历程充满着我跟商务有关同志的情谊。此外，我编写的《语文应用漫谈》由商务印书馆国际有限公司出版，二十年间出版过三种版本，四次印刷，我与本书的两位责编同志有着密切联系。

2000年我参与了商务印书馆辞书研究中心编辑《古今汉语词典》的编稿和审稿工作，这部词典由商务印书馆汉语工具书编辑室副主任李达仁、南开大学教授杨自翔和中国人民大学教授楚永安主持。2005年我还参与了《现代汉语学习词典》的编写和审稿工作，这部词典由商务印书馆辞书研究中心组织编写，时任商务印书馆副总经理江远和汉语编辑室主任周洪波策划，北京大学教授符淮青和商务印书馆编审张万起主编。在两部词典编写过程中，我与商务印书馆的编辑同志甘苦与共，协同工作，他们认真负责、勇挑重担、坚持不懈的工作作风给我留下深刻的印象。

五

1992年10月，在语言研究所、商务印书馆及湖北大学古籍所、上海辞书出版社等单位的共同努力下，我国辞书界的社会组织中国辞书学会成立了。学会成立30年来，取得了为社会瞩目和主管部门满意的成绩，其中语言所和商务印书馆发挥了显著的作用。学会成立时，语言所吕叔湘先生、商务印书馆陈原先生都被聘为学会顾问，以后的在学会各届的领导层里，语言所和商务印书馆都各有三位常务理事。商务负责人先后出任过副会长、常务副会长、秘书长、副秘书长，语言所也有人先后担任过会长、副会长、秘书长、副秘书长。语言所词典室和商务印书馆还分别主持一个学会的分支机构：语文词典专业委员会和辞书编纂出版委员会。两个机构经常组织学术活动，在学会中和社会上都有一定影响。

学会开始的几年，理事会的办事机构——秘书处设在湖北大学古籍所，而会长曹先擢先生在国外讲学，主持学会工作的代会长巢峰在上海工作，日常活动又在北京进行，相互联系有诸多不便，工作运转存在不少困难。2002年，常务委员会决议，学会秘书处迁到商务印书馆。商务印书馆为秘书处提供了诸多条件：办公用房、专职工作人员及各种办公设备，还有召开常委会的会议室，使学会工作得以顺利开展。在中国辞书学会组织的学术研讨会、辞书质量检查、辞书编辑培训班、辞书评奖等各种活动中，我和语言所有关同志与商务印书馆的领导和在学会工作的同志林尔蔚、王维新、杨德炎、于殿利、周洪波、胡中文、余桂林等协同工作，一起为祖国辞书事业的繁荣和健康发展做出了应有的努力。特别是出版署举办学会承办的辞书评奖活动，我和王维新同志分别任集资委员会和评奖委员会的秘书长，在很长时间商务印书馆成为辞书评奖工作的基地，为评奖活动的顺利进行创造了良好条件。

六

语言研究所和商务印书馆在编写、修订、出版《新华字典》《现汉》几十年的密切合作过程中，还遇到过不止一次的一起应对的辞书诉讼案件。

1986年5月20日，新华出版社出版了一本《新法编排汉语词典》，严重抄袭《现汉》，侵犯其著作权，语言研究所和商务印书馆一起就此事向北京市中级人民法院提起诉讼。当时我是语言所词典室的学术秘书，柳凤运同志是商务印书馆《现汉》的责编，我们一同坐在原告席上与对方庭辩。对方编者在陈述中对抄袭侵权供认不讳：他们利用《现汉》的内容，重新排序成一本倒序词典，原封不动抄自《现汉》的内容竟占该书的百分之九十之多。经法院调解结案，我方胜诉，对方赔偿了我方的经济损失。这次诉讼案从起诉到结案仅用时一个多月，可谓速战速决。七年以后，两单位又被迫陷入了一桩诉讼案，前后用时竟达四年之久。

1993年7月15日，语言研究所和商务印书馆向北京市中级人民法院知识产权庭起诉王同亿和海南出版社抄袭侵权。1993年5月20日，王同亿和海南出版社在北京人民大会堂举行三部辞书的首发式，宣称它们是"20世纪90年代的换代性产品"。当时，有人发现其中的《新现代汉语词典》中有不少条目释义、例句与《现汉》及其《补编》雷同，引起了语言所和商务印书馆的注意，两单位组织37位专家用了24天时间进行全面查对，发现《新现代汉语词典》《现代汉语大词典》抄袭《现汉》及其《补编》的数量惊人，便联名向北京市中级人民法院提起诉讼。

诉讼案件开始是管辖权争议。王同亿暗中做手脚，8月26日将本在北京市百万庄的户口迁往海南省海口市，并让人把迁出的时间篡改为6月26日。他们向北京市高级人民法院上诉提出案件应由海口市中级人民法院管辖。法院经调查认定案发时王同亿不仅户口一直在北京，而且其侵权著作的发生地也在北京，法院驳回被告上诉，裁定案件由北京市中级法院管辖。1995年11月开始对各案进行开庭审理。1996年12月24日，开庭宣判，确认被告抄袭侵权承担法律责任。王同亿和海南出版社不服判决，1997年1月又上诉到北京市高级法院。北京市高级法院知识产权庭7月25日开始进行终审判决，驳回上诉，维持原判。语言所和商务印书馆诉王同亿和海南出版社侵权案最终胜诉。

过了两年，湖南省长沙市张明等人以《现汉》的差错高达两万多处为由，将语言研究所和商务印书馆告上法庭，原告中就有王同亿编写班子的骨干成员。诉状指责《现汉》释义不准确，应视为伪劣产品。要求销毁词典，向读者道歉，并赔偿高额损失。因为书是在长沙购买的，所以官司由长沙的法院受理。

2001年7月11日，湖南长沙市芙蓉区人民法院开庭审理这一状告《现汉》的诉讼案，语言研究所和商务印书馆派出韩敬体、李志江、周洪波、张稷等出庭应诉。经过庭上质证、辩论，原告方说不出什么像样的道理。9月7日，法院开庭判决原告败诉。后来又有人以《新华字典》差错率奇高、质量低劣为由将语言研究所和商务印书馆告上法庭，两单位又努力应对，打赢了官司。

在不止一次地共同应对诉讼中，语言研究所和商务印书馆的同志同心同德，协同斗争，经过多次诉讼会商，多次应对讨论，做了大量扎实的资料工作，时任语言所所长的江蓝生、商务印书馆总经理的杨德炎也曾披挂上阵，亲自坐在法庭的原告席上，与对方质证。有关人员为保卫版权、捍卫正义，进行了不懈的努力，付出了多个不眠之夜，进行了难以计数的应对工作。千辛万苦，努力奋争，终于赢得官司，取得了胜利。说两单位是"同一战壕的战友"是再恰当不过的。每忆及此，总是让人心情难以平静，也使人倍加珍惜两单位历经风雨凝结的历久弥坚、荣辱与共的战友情谊。

语言所词典室从成立起就与商务印书馆有着密切联系，六十多年来，协作共进，历经风雨，荣辱与共，其深厚友谊与日俱增。两单位经常在一起举行联谊活动，特别是每到春节期间都要举行新春联谊会，互致节日问候，互通工作情况，不断地加强联系、协调工作，加深友情。一个专业权威的辞书编纂研究机构，一家有百年历史的出版名社，为了把我国的学术事业、辞书事业和出版事业做大做强，为了实现强国梦走在一起，成为亲密战友，成为命运共同体。在新的时代里，我们要让协作共进的乐章演奏得越来越和谐、越来越响亮，让两单位的亲密无间的友谊之花开放得更加绚丽多姿！

我与商务印书馆

陈鼓应（口述）

我与商务印书馆有一点渊源，是由几本书结下的。

我是福建长汀客家人，有一位和我家关系非常好的表兄郑文华。文华哥后来留学到了美国，他父亲郑冰如从前是国民政府高层，但是他留学毕业后却选择来大陆任教。他与当时商务印书馆的哲学编辑室主任高崧先生交情很好，所以把我的书介绍到商务。那时候商务印书馆与中华书局还合并在一起，而商务又专门做译作，于是又把我的《老子注译及评介》《庄子今注今译》给了中华书局。因为这段关系，现在才有我的"今注今译"系列由中华书局和商务印书馆一起出版的局面。更令我高兴的是，从前在中华书局主持我的著作集出版的顾青先生，现在又到了商务印书馆做书记和执行董事，我与商务的关系又加深了。

说到"今注今译"，还得提到商务印书馆的前辈王云五先生。做古代典籍的"今注今译"最早是王云五先生的主张。本来他在台湾商务印书馆约稿的作者都是我的老师辈，像毛子水、王梦鸥、屈万里等诸位先生。但是王先生提出这次的"今注今译"系列要找年轻人来做，这样我才有这个机会。在此我要多多感谢王先生对后辈的提携，同时也感谢将我介绍给他认识的金耀基教授。

还有一件事，我也觉得很巧。1985年，国家领导人邓小平主席曾经接见我，我当时提出要多多翻译西方经典名著，商务印书馆翻译西书已经很有成绩，我觉得这个事情应该更有规划地开展。后来商务印书馆还专门问过我是不是有这回事，这和他们的想法不谋而合。众所周知，商务印书馆一直不断地在做这个事情，他们出版的"汉译世界学术名著丛书"闻名于世，"汉译名著"已经成了一个系统工程，规模还在不断扩大。我想这也是我和商务印书馆一点小小的联系吧。除了"汉译名著"之外，商务还出版了很多其他译著。我本人对存在主义很感兴趣，与孟祥森、刘崎合作翻译了W.考夫曼的《存在主义》，这本书也是由商务印书馆在1987年出版的。

最后我要说说我的"道家研究书系"，其中像《易传与道家思想》等很多本都是在大陆写成的，很感谢商务印书馆总经理杨德炎先生把它们放在商务出版，成为一个系列，后来它们还被陆续介绍到其他国家，翻译为英文、日文、韩文等。

我与商务几十年来都是以书结缘。正值商务印书馆125周年馆庆，祝愿商务今后继续多出好书、嘉惠学林，记录下来这些点点滴滴的往事，是以为贺。

谈谈1970年《新华字典》的修订

曹先擢

1970年正值"文化大革命"时期，辞书奇缺，《新华字典》停售。上级提出修订《新华字典》，把这个任务交给了北京大学中文系。

辞书奇缺，给社会各界带来极大的不便，尤其是中小学教育。据传某地一位小学教师，备课中有些字不认得，便跑到附近的公路上，等过路的人有文化程度较高的，向他们请教。

《新华字典》修订工作开始后，成立了修订班子，教授几乎都参加了，成员有魏建功、游国恩、周祖谟、袁家骅、朱德熙等先生。魏先生在1948年北平解放前夕，邀请周祖谟、金克木等，动手编一本适合大众学习的字典，献给新中国。这就是后来出版的1953版《新华字典》。

魏先生认为所编的字典，要有一个突破：是白话文字典。这是一个具有时代意义的目标。

1919年爆发了五四运动,白话运动与文学革命相结合,取得了胜利,在文学创作上鲁迅、茅盾、巴金等都采用白话文。

然而,在应用文方面,文言的势力还很大,公文、新闻、书信等,文言的影响还比较大。辞书领域也受影响。请看1948年出版的《国音字典》对"刀"字的注释:1.供切割斩削之利器。2.古钱币,作刀形故称。3.小船。"谁谓河广,曾不容刀。"见《诗经》。而1953年出版的《新华字典》的注释则不同了:1.用来切、割、斩、削的工具:一把菜刀、刀刃、单刀、镰刀。2.纸张的单位(数目不定)。

《新华字典》1953年出版后受到社会各界普遍的赞赏。然而在"文革"中却被禁售了。于是提出修订。修订什么呢?迟群提出了一个荒唐的要求:肃清字典的"封、资、修"流毒。大家觉得无法去做,因为压根儿没有什么流毒可言。

当时领导字典修订的是国务院科教组,我们向他们汇报修订遇到了困难。他们请示了周总理,总理回答是:要实事求是,不要神经过敏,不要胡改。传达总理的指示后,大家就清楚了指导思想。所谓实事求是就是认真去检查字典的内容;"不要神经过敏"就是找不到"封、资、修"的流毒,不要硬去找。修订工作可顺利进行了。修订采用1965年版的《新华字典》作底本,一仍旧贯,正文几乎没有什么改动。找到一个错字,在qì音节中的恁,错成了恁(ài),这应该说是手工排版之误。反过来说找不到《新华字典》内容上之误,证明其质量之高。

当时补充的内容主要体现在附录上,如"常用化肥和菌肥""常用化学农药""节气表""二十四节气歌"和由朱德熙先生编制的"常用标点符号用法简表"。

在那个特殊的年代,是周总理的正确指导,挽救了《新华字典》。

在修订班子中成立了一个领导小组,工宣队的郭宽师傅为组长,我是副组长。平时修订工作中遇到的问题由我负责请示教授们解决。魏先生1921年考入北大,是一级教授,周祖谟先生1932年入北大,是二级教授。周先生住北大中关园,与我家距离很近,我请示问题通常去周先生家。

《新华字典》修订稿到了定稿阶段,我到周先生家请周先生过目,周先生说,放心吧,没有错。

1970年4月12日晚周总理在中南海小会议厅听取出版方面工作的汇报,科教组通知我们《新华字典》组派人参加。军宣队指定郭宽和我参加。

学校派了车,我们按时到会。不一会儿,有人大声地说"总理到了",大家不约而同,"唰"一声立正迎接总理。我非常激动,心里充满了幸福之感。

落座后,总理按会议提供的参会名单一一点名。周总理点到"曹先擢",我立即站起,答:"到。"总理说:"你是哪里人?"我回答说:"河南潢川。"总理说:"潢川离光山不远。你读过周一良的《世界史》吗?"我回答:"没有。"总理说:"隔行如隔山啊!"我深感愧疚。读书少,知识面太窄了。

后来讲到出版《柳文指要》等,总理还问到上海的沈尹默的情况,等等。

最后轮到《新华字典》的修订出版事。总理看了字典的封面上"新华字典"的字,问这是谁题的字,我们回答:是集鲁迅的字。总理说鲁迅怎么可能为《新华字典》题字,集字的做法是对鲁迅的不尊重。遵照周总理的指示,在1971年商务印书馆出版的《新华字典》其封面用字就改了。

我们在上面提到《新华字典》所依据的是1965年的版本,这一版的《新华字典》贯彻了1963年公布的《普通话异读词三次审音总表初稿》的规定。1965年版的《新华字典》还未及广泛发行,就被勒令停止发行。1971年版的《新华字典》的注音,完全采用1965年版的《新华字典》,所以1971年版的《新华字典》,在"文革"中将审音成果推向社会,方便大众应用,这是一件值得庆幸的事。

2016年5月于北京方庄

曹乃木先生访谈录

张 稷

在通州搞师范教育

张稷：商务的馆史，从翰伯先生恢复馆史研究室以后，一直到陈原、林尔蔚、杨德炎和王涛总经理、于殿利总经理都相继做了一些工作。现在有两个方面的工作：一个是继续挖掘、整理和研究1949年以前的历史；另外，1949年之后的资料，较之前要少，需要抓紧挖掘整理，值得留存的，也要想办法留存下来。很感谢您能接受口述采访。

曹老，您是商务的老编辑，又是唯一被周总理接见过的《新华字典》组的编辑。您是什么时候来商务工作的？

曹乃木：你知道吗？我不是老商务。我原是清华大学经济系学生。1948年时候我大四还没毕业。毕业论文原是计划翻译美国一本有关经济学的小册子,刚把序文翻译完,党有任务交给我,我在地下党的领导下就从学校出来了。当时已经快解放了,党组织让我到冀东军区长城部去。冀东军区长城部主要负责掌管该地区和附近敌占区知识分子,包括民主党派及一般群众的政治活动情况、工商业发展情况以及物价、税收等,并配合军事发展对该地区解放前后全面治理情况进行了解。我到了冀东给了我任务后就让我回来。我走到天津,天津正好被围,我就只能等天津解放了。我在自己租住的房子里挖了个洞,怕万一打起来炸弹不定会炸到哪儿,危险很大!天津解放后1949年初吧,我又找到冀东方面,他们告诉说我原来所属的"冀东军区长城部"已经到了通县。于是我找过去才又见到了我们的领导。当时冀东军区长城部的领导是董昕同志,他在北平解放后担任了全国总工会的领导,也担任过吉林省委的领导。其属下侯方岩同志在通州城区解放后任通州市长。找到他们后,让我在通县待着,负责组织个通州小学教师的学习班。于是我就把逃难走出去的老师们都召集回来开了一个月的学习会,主要内容是学习解放区的政策。1949年3月2日,侯方岩命我和李一农以军管会名义接管了一个学校,就是"通县简易师范学校"。当时该校由北平市教育局管理,那时市教育局在中南海内的市属机关办公,他们发我们经费。我们学校只招收高小毕业生,学生住校三年,毕业时相当于初中水平,毕业后分配到小学任年级教师。毕业生水平一般较该地男师、女师差一些。后来我当了那个学校的校长,学校开始招生开学,我就留了下来。

通州后来成为北京市的一个县,对了,北京那会儿还叫北平呢。通州城内称"通州市",属北平市领导,城外通县则由河北省领导。1949年7月4日，要召开第一次"北平市各界代表会议"，会议地点在中山公园中山堂。领导让我参加，我还被北平中小学教职员联合会列为执委会成员。会上听了毛主席的讲话。周恩来总理也去了，正好坐得离我不是很远，那是我第一次见到总理，还请周总理签了一个名。

1950年8月25日，河北省通县区行政督察专员公署发给我通县师范学校校长的委任状。这样，通县初级师范学校改由通县专署领导。之后又把我从学校调到专区去了，昌平、密云、平谷、三河，等等，这些县都在通县专区里。后来河北省的各专区都成立了一个"中等学校总校部"，我被调去做负责人。由专署教育科从全区中等学校中调来四位教师做视导员，负责到专署所属中等学校做视导工作。实际成为专署教育科的附属机构。我曾两次到中学、师范听教师讲课，并视察学校其他情况。不久，我又被调往河北省委党校学习，一年后毕业。

1958年，通县专区里党的机构叫"中共通县地委"——通县地方委员会，我被安排做地委文教部长佟陆德同志的助手。很快，通县专区划归北京市，通县地委也被并入北京市委，我被调到北京市委教育部。因为我是原地区来的，所以还是分管各县的中等学校。当时的部长是廖沫沙，我就在他的领导下。从1958年调到市委，没过一两年，大概是1960年，就开始批判彭德怀。我那时因身体不好有胃病，曾在同仁医院住院，出院后赶上批判彭德怀运动，受到一些批评，但我理解我这唯一"外来户"的处境。虽然被搞了一下子，但也没降我的级，就让我到崇文区的师范学校当校长去了。而佟陆德同志却在被批判过程中自杀。

与编字典结缘

1966年"文化大革命"开始,我到崇文师范当校长,学校的全称是"北京市崇文师范学校",当时北京城区东城、西城、崇文、宣武都有一所以区名为校名的师范学校。我去了之后,因为学校本身底子比较好,摊子还是不错的,做了两年,成绩较突出。后来北京市把各区的师范统一排号,崇文师范排了个第一名,更加有名了,就改称北京市第一师范学校。后来我去了周总理亲自领导的《新华字典》修订小组,崇文师范改组变成了北京市联合大学。"文革"时我被打成"走资派",没了自由,上世纪70年代后期才解放。从牛棚里出来,回到学校,时值周总理有个讲话,说到人家外国人来赠给咱们《大百科全书》,咱们连本像样的书都不能回赠给人家,要求先把字典搞一搞。那时我在第一师范,属崇文区党委,区委派我去做这个事情。

我被打成"走资派",一个很主要的原因,就是说我让学生学查字典。我是天津市立师范学校毕业的,很了解语文水平,特别是查字典对师范生的重要性,因而着重强调这两方面的学习。师范学校的毕业生是要当教师的,我认为,不会查字典是一个很大的缺点。师范学校的学生,必须会用字典,而且要经常查。如果学生不认得字来问你,你不见得都认识啊!所以查字典要过关,要快一点,比别人强一些。所以,我做校长时,就强调这个。特别是对汉语专业,我要求,学生的查字典都要过关,要查得快,查得好!我在学校掀起了"运动"似的学习查字典的热潮。结果,

"文化大革命"一来，就有学生提出来，说这个校长让我们查字典，是"只会拉车，不会看路"！意思是只顾低头拉车了，不注意看政治方向，就是"重业务，轻政治"嘛！认为我就是"资本主义道路当权派"。为这个，我在"文革"中吃了不少苦！直到后来遇上总理要修订字典，责成各个区里推荐人去做这项工作，区委就说："得了，让他去吧，他过去就是强调查字典的！"就这样，我到了《新华字典》修订小组。开始的时候修订工作是在北京大学，基本快好了，又转移到北京师范大学，做到最后准备出版的阶段，我们这一摊子又都挪到商务印书馆来了。因为这本书原本就是商务出的嘛，要排版校对什么的，人都过来更方便。后来清华大学根据有关政策，还补发给我了毕业证书。

"二曹"一起主持《新华词典》的编纂

张稷：您之后一直在商务工作吗？

曹乃木：是呵。到商务之后，就专门搞咬文嚼字的事了。我呢，还是很有兴趣的。我小的时候，上过私塾，背了些古文，从"孟子见梁惠王"一直往后背，稍有点古代汉语的基础。"文革"结束后，教育局又想调我到别处去工作。当时，北京市高等学校出现了一批大龄的大学生，教育部的一位负责同志（是个军人）想让我去管理那部分学生。我就对市里领导说，饶了我吧，"文革"这几年做行政工作做得够呛，我愿意在商务，继续做"咬文嚼字"的编辑工作，这符合我自己的兴趣。商务印书馆的领导也希望我留下。教育局也没再强迫我，我就自己把个人档案从市委调到教育局去了，又由教育局调到了出版署。这样，我就算是商务的人了，一直到退休。这是我个人的一点简历，也是一言难尽的……

张稷：《新华字典》看似一本小书，但也是1949年之后的第一部重点辞书了，但是在新中国老百姓的文化普及、文化学习方面发挥了很大的作用，在辞书编纂史上也很有地位。《新华字典》修订小组的情况，您再跟我们说一说好吗？

曹乃木：原来的修订小组组长曹先擢先生是北大中文系的。我们这个《新华字典》修订小组后来就直接转成《新华词典》编纂组了，这两部辞书是连着做的。《新华词典》是北京市教育局领头组织编的。当时由教育局的一个副局长领导我们这个组，还沿用原来修订《新华字典》的摊子。可能后来又抽了商务的人，像周玲，我记得就是后去的，修订《新华字典》的时候还没有她。还有李达仁这样的年轻同志，也是后去的，他后来做了商务印书馆汉语室副主任。记得当时教育局局长韩作黎建议我们，《新华字典》修订完了，咱们这个摊子别散，因为大家都是搞字典、词典编纂的，有了这个基础了，咱们再搞个词典，就起名叫《新华词典》。这是他的建议。当然《新华字典》组的人也都赞同，这个事儿还是一桩好事儿，参加的人都比较重视词典编纂工作。《新华字典》修订结束后，搞《新华词典》的人留在商务印书馆继续编词典。这样，我们就来到了商务。也有人调回原单位，但是曹先擢没有动的。当时我们年纪都不太大，我比他还大一点，我们那个词典组，就把我叫成"大老曹"，叫他"二老曹"。原来我不是组长，到了词典组以后，我又负点责任，就提我做了修订小组的副组长。之前曹先擢先生是组长，没有副组长的。

字典组修订完成之后，由我做了总结。我积累了一些材料，大家说要总结总结，我就把我的意见写出来给大家，说大家看看是不是这个情况，连成绩带我们的缺点都写了。你不知道，在修订过程中，我们有过不少火的地方！比如说有这样一个例子：咱们字典里面收了汉字"就"，这个字在老百姓口语中常常用来当"搭着"讲，比如"炒鸡蛋就馒头""就饭""就着吃"。那时候，词条编了要大家看，要纠正里面不合适的地方，有人说这样的例句，有资产阶级性质，"就馒头""就饭"不够朴素，应改"就窝头"。这件事儿后来常被当成笑话说。这样改当然是不对的，过"左"了嘛！自然后来也就没再改。这也说明日常生活的事情，不能样样上纲上线，用"资产阶级""无产阶级"这样的概念来套。我为这个事情写了篇文章，发表在新华书店办的一个刊物上。后来有报纸采访我们，也举过这个例子。

周恩来总理接见

张稷：关于《新华字典》我们都知道周恩来总理很关心，曾经接见过编纂小组的专家。您给我们说说当时的情况好吗？

曹乃木：字典组被周恩来总理召见过两次。第一次是在1971年4月12日凌晨1时至5时，是曹先擢先生去的。第二次召见，是在1971年6月24日下午4时至晚9时的全国出版会议上，这次组里让我去了，当时我是副组长。因为总结是我写的，我在出版会议上介绍了《新华字典》的修订工作情况，代表字典修订小组做了报告。后来又去见总理。

那时候，词典编纂工作受极左思潮影响比较大。那次会见，印象最深的就是，总理说："你们《新华字典》的书名题字，是集的鲁迅的字。"总理又说："不要拿着名人的字乱改乱动，这个字不是专门给《新华字典》写的，不要随便拿来凑成一个书名，不太严肃，等于作假了，最好不要再用。"——总理批评了这个事。记得接见之前，总理周围的工作人员就提醒说，总理身体很弱，事情也多，一些小事情就不要提出头儿来增加他的负担，他还得回忆还得想，让我们少发言少说话；又说总理这么忙，谈出太具体的问题来不太好。所以我们听了总理的话也都没再说什么，没有讨论。那次谈到很晚，吃完了晚饭，总理又招待我们吃夜宵，吃完又聊，一直到过了午夜一两点钟。大家就更不敢多说话了，他真的很累！

给吕叔湘先生校错正讹

张稷：您到了商务以后，就一直在汉语编辑室吗？主要做什么工作？

曹乃木：我一直在汉语编辑室没有离开过，《新华字典》《新华词典》编完了以后，就是些汉语的学术书。我编的最后一本书是著名语言文字学家、当时的语言所所长吕叔湘先生的论文集（《汉语语法论文集》）。编辑室的主任是郭良夫——现在已故去了。吕叔湘的这本书，是辑发表在杂志上的文章而成的。写作的时候正是抗日战争时期，大后方比较困难，书少，编辑也难，所以即使是发表在杂志上的文章问题也不少。例如书里面引用了《孟子》，编辑得拿《孟子》的书来参校呵，但当时找本《孟子》这样的书都是很费劲的。看稿的时候我发现吕先生引的《孟子》问题比较多。我判断他这部书稿，因为直接以报纸杂志上的文章集合成，又发表在特殊时期，所以错儿不会少。我写了比较具体的编辑意见，给郭良夫主任看过，吕叔湘先生因而也对我有较深的印象。另一次，我接到吕叔湘先生的一封信，说他一个同事写信指出他某篇文章的错误，他看了认为的确是错了，让我在论文集里改过来。我看完信，找出那部分书稿一看，吕先生没错呵！我回信，告诉他那处他并没有错。这样他也看出来了，回信说"得亏你提醒"。一来二去，给他解决了一些问题。他对我这个编辑也另眼相待一些。我和吕先生来往的信笺后来交给馆里了。

编辑跟行政工作不一样，行政工作是对人的，这是对书。对就是对，错就给改过来，不错别给人改坏了。

张稷：您在商务这么多年了，谈谈对她的感受好吗？

曹乃木：商务是老的出版社，有百余年的一个历程。从张元济开始，在整个中国文化史上，作用还是不小的。商务曾经有一套"大学丛书"，旧时高校几乎都用这个本子，后来逐渐就没有了，怪可惜的。我认为将来商务还可以在这方面发展，可以和高校打通，搞一套新的"大学丛书"。这是很有必要的，这样的书做好了，就代表一个国家的整体学术文化水平。

（访谈时间：2012年8月）

商务印书馆：我的良师益友

庄绎传

历史悠久、遐迩闻名的商务印书馆即将迎来自己的第125个春天。商务出版的辞书、专著和译作培养了一代代学者和学习者。一代代商务人前仆后继，尽心竭力，为我国的文化发展和社会主义建设做出了不可磨灭的贡献。盛大节日即将来临，我愿向全体商务人表示热烈的祝贺。

我记述了几个我与商务印书馆发生关联的印象深刻的项目，以志祝贺。

《汉英词典》

这部词典是根据毛主席的指示，在周总理的关怀下编写的。1971年秋天，北京外国语学院从湖北干校返回北京，立即行动起来。英语系安排了一大批教师，老中青结合，收集资料，制作卡片。经过几年的努力，资料收集够多了，开始编纂，我也做了一部分编纂工作。1978 年，《汉英词典》由商务印书馆出版，受到广泛的欢迎。在编写过程中，很长一段时间，商务有一位资深编辑，每天从家里赶来，和我们一起工作，孜孜不倦，精益求精，给我们留下了深刻的印象。将近半个世纪过去了，许多事情记不清了，当时的工作情景却依然历历在目，不能忘怀。

《翻译论集》与"林译小说丛书"

20 世纪 80 年代，商务出版了《翻译论集》和"林译小说丛书"，我对这本论集和这套丛书丝毫未做贡献，是一个纯粹的受益者。罗新璋先生编的《翻译论集》，1047 页，共分五个部分：古代部分、近世部分、近代部分、现代部分、当代部分。系统介绍了我国一千多年来不同时期的译家所做的关于翻译的论述。商务出版这一论集，功德无量。

林纾，字琴南，不懂外语，但与他人合作翻译了外国文学作品 179 种。这次"林译小说丛书"重印了 10 种：《离恨天》（法）、《吟边燕语》（英）、《撒克逊劫后英雄略》（英）、《迦茵小传》（英）、《拊掌录》（美）、《黑奴吁天录》（美）、《块肉余生述》（英）、《巴黎茶花女遗事》（法）、《现身说法》（俄）、《不如归》（日）。丛书中还有一册《林纾的翻译》，是钱锺书先生等四位学者写的评论文章。钱锺书先生写道："林纾的翻译所起的'媒'的作用已经是文学史上公认的事实，他对若干读者也一定有过歌德所说的'媒'的影响，引导他们去跟原作发生直接关系，我自己就是读了他的翻译而增加学习外国语文的兴趣的。商务印书馆发行的那两箱林译小说丛书,是我十一二岁时的大发现,带领我进了一个新天地,一个在《水浒》《西游记》《聊斋志异》以外另辟的世界。"后面他还说:"最近偶尔翻开一本林译小说,出于意外,它居然还没有丧失吸引力。我不但把它看完,并且接二连三重温了大部分的林译,发现许多都值得重读。"可见林译小说的价值。

商务出版《翻译论集》和"林译小说丛书",是对国际文化交流和我国人才的成长做出的重大贡献。这两部书使我大开眼界,使我对翻译的深度和广度有了新的认识,对我以后的教学和写作有很大的帮助,使我受益无穷。

《牛津高阶英汉双解词典》(第6版)

20年前我应邀审订这部词典,与几位名家分担一个项目,自然不敢怠慢,只能全力以赴,尽量做好。主要任务是修改译文,前后统一之类的体例问题我也顺便照顾一下。听说我看过的稿子回到编辑部再加工时比较省力,我很感激他们这样的评语。另外我觉得风格要多样化。例句虽然都是单句,没有上下文,但任何一句话都是在一定场合说的,译者必须判定这个场合来决定用什么语气。还有一点,一句话译成中文,听起来要像中国话,不要带外国腔。有一位编辑夸我有神来之笔,哪里是什么神来之笔呀,不过是多想想说这句话的场合,尽量把话说得自然一点而已。我花了将近两年时间看稿,积累了一些例子,后来整理了一下,分几个题目,写了几篇短文,与大家共享。我感谢商务给我这个机会，取得了一些审稿的经验，使我以后再做这类工作时可以做得更好。

《翻译漫谈》

2015年，商务出版了我的《翻译漫谈》，其中有专题研究、会议发言、电视讲座、广播课程、自考教材、审稿札记、学习心得、辞书序言等等。有的涉及汉译英，有的涉及英译汉。最后还附有汉译散文、短篇小说及名著选段各一篇。内容多样，因此取名《翻译漫谈》。我写这些文章，受益最大的是我自己，印象深刻，用来指导后面的实践，很有帮助。然而刊物上的文章总是短命的，时过境迁，很快就被人遗忘了，后来人根本不知有过这些文章。现在把这些散在各处的旧文集中在一起，不但起死回生，让旧文重获生机，而且还会产生集体效应，使读者更容易得到更大的益处。我相信这本书对学做翻译的人和从事翻译工作的人都是有用的。此书是商务主动提出为我出版的，我一直记在心里，感激不尽。

《英语世界》

不久以前，《英语世界》出版了第四百期，我愿在此向全体编辑人员表示热烈的祝贺。20年前，我为这个刊物写过一篇短文，一开头就说："我很喜欢《英语世界》这个刊物，因为我喜欢翻译，每当我看到英汉两种语言并排印在一起，心里便感到一种说不出的乐趣。"我觉得《英语世界》有五个特点。

第一，与时俱进，内容新鲜。它能把一些新概念、新说法介绍给读者。区块链 blockchain 一词，我就是从这里学会的。第二，效率高。撒切尔夫人去世时，《英语世界》很快组织了几篇稿子，在几天后出版的一期中有所反应，给大家留下了深刻的印象。第三，人才辈出，不断壮大。它有强大的基本队伍。刊物上有些熟悉的名字逐渐退出，但又有更多新的作者和译者成长起来。第四，坚强有力的编辑部。每月一期，确定内容，组织稿子，有多少人要联系，多少工序要通过，压力有多大，多么紧张，可想而知。在这里，我想对他们说一声："你们辛苦了。"第五，语言的宝库。英国学者乔治·斯坦纳有一句名言："研究翻译就是研究语言。"现在许多大学都设了翻译系，许多人在学翻译，有些年轻的译者也还需要提高，《英语世界》就提供了很好的语言材料。里面有译界前辈的文章，有一些高手改过的译文，翻译的奥妙尽在其中，只待有心人前去发掘。认真研究他们的文章和译文，看词语怎样处理，句子怎样安排，悟出道理，看出规律，会有很大的收获。研究什么呢？我觉得主要是研究句子结构的差异。40年前我在《汉英翻译500例》第13节"怎样安排句子"一节中说过："我感觉汉语的句子结构好比一根竹子，一节一节地连下去；而英语的句子结构好比一串葡萄，主干可能很短，累累的果实附着在上面。"这就是我的一点体会。我不太喜欢"翻译技巧"这个提法，我喜欢掌握汉英两种语言各自的特点。这样的认识积累多了，无论是英译汉，还是汉译英，就都知道该怎么组织句子了。这样就是借助于研究好的译文，提炼出一些规律性的认识，从感性认识上升到理性认识，然后再带着这样的认识去从事翻译实践，就会提高译文的质量。从事这样的研究就需要有好的译文。《英语世界》正是送上门的绝好的研究材料。这样好的材料，如果不用，就实在太可惜了。

《语言战略研究》

2016年，突然收到一份商务寄来的新创刊的双月刊《语言战略研究》。心想我未曾做过任何贡献，收到这样一份高层次的刊物，受宠若惊。看一下刊物的名称，觉得这是高层领导关心的事，一个刊物能有多少话可说呢？看一下文章，有些术语，如"语言生活"，感到生疏，似懂非懂。后来才逐渐认识到刊物内容之丰富。这里有一百多年来关心汉语和中文发展的各界人士发表的议论，有世界各国多年来的汉语教学和使用的情况介绍，有不同年龄、处在不同场景下的人使用语言的情况，也有专门从宏观角度研究语言发展的学者的前沿研究和阶段性成果。有的文章不是出自研究人员之手，而是出自使用者之口。我最近收到今年最后一期。一看目录，作者之中有著名演员，感到有些意外。仔细一想，在所有使用汉语的人之中，他们才是对怎样用好汉语琢磨得最透的人，因此也是最有发言权的人。我认识到，有国家语言文字工作委员会和中国语言学会的指导和支持，有语言学家既宏观又细微的研究，还有使用汉语的广大群众提供丰富的经验，这个刊物一定会结出丰硕的果实。这样好的刊物我不能独享，看了以后就送给我的邻居，一位是老挝语老师，一位是柬埔寨语老师，他们很高兴，很喜欢。

时间久了，有些事情印象深刻，仿佛就是昨天的事，有些事情则记不清了。但是我在不同的时期，以不同的方式得益于商务这位良师益友，这是永远不会忘记的。

从我开始帮着搞《牛津》第 6 版到现在整整 20 年了，时光飞逝，20 年一晃就过去了。再过 25 年，等到商务举行 150 周年庆典的时候，就快赶上国家第二个百年目标实现的日子。能赶上这样的日子举行庆典，是商务的幸福和光荣。祝贺商务印书馆全体人员再接再厉，奋发图强，为迎接商务成立 150 周年，迎接国家第二个百年奋斗目标的实现，创造新的辉煌。

我在商务的难忘往事

朱　原

"文革"前,我在国务院对外文化联络委员会政策研究室从事国际文化动态研究工作。"文革"中,1969年下放到在河南信阳的五七干校养猪。1972年回到北京时,对外文化联络委员会已被撤销,我即分配到商务印书馆工作。虽然当时从工作近20年的国家直属部委,来到一个公私合营的出版社工作,感到心里有些落差,但我在青少年时期就知道,有个叫商务印书馆的出版社。那时候从我们用的《四角号码学生字典》、词典以及教科书上,就曾看到过商务印书馆的大名,给我留下了深刻印象。所以,能在有如此悠长历史的出版社工作,也是我的幸运。44岁改行做我不熟悉的外语编辑出版工作对我也是很大的挑战。

我今年已94岁,回想在商务印书馆的工作,有几件事印象深刻。

一、七十年代末许国璋《英语》教材的修订再版

来到商务印书馆以后，我一直在外语编辑室工作。大概是在1978年前后，我代表商务印书馆去参加教育部在北京召开的全国性外语教学工作会议，当时英语专业面临一无大纲、二无计划、三无教材的局面，教育部的领导对我说，大学英语教材的任务就由商务印书馆来承担吧。

我回馆向馆领导汇报后，馆领导决定承担大学英语教材的出版，继续使用1964年商务印书馆出版的由许国璋主编的新中国第一套自编英语教材，并责成由我负责和许国璋教授商量此事。当年和许国璋教授见面后，他说，同意由商务印书馆组织修订工作，但十多年过去了，这套教材要做比较大的修订，希望费用由商务印书馆承担。1979年这套经过修订的四册英语教材就面世了。那些年，不仅大学英语专业和公共英语课使用，社会上的英语补习班及很多自学者也都使用了这套许国璋主编的英语教材，一时洛阳纸贵。记得1979年一个下着大雪的早晨，刚刚复出并调任我馆总编辑、总经理的陈原，上班时见大楼前排着的长队一直拐进灯市西口，他问队伍中一位青年排队买什么书，这青年回答说买许国璋《英语》，明天电台开播，恐怕买不到了。陈原听了，二话不说奔进大楼，将发行部负责人找来，让他们在大楼外赶紧摆开几张桌子，齐头卖书。忽然又有人嚷道，门市部的书不多了。于

是馆里马上调卡车到西郊仓库去拉书。幸好那时没有交通拥堵，书很快拉回来了。大约两个小时光景，几千本书销完，排队长龙散去。

随着自学考试的兴起，许国璋主编的四册《英语》教材销量越来越大，到上世纪80年代末，年销量已达30万册。在那一代万众学科学、学英语的青年人心中，许国璋《英语》是最具权威的英语教材。

上世纪90年代初，北外所属的外研社急需一些能真正打开局面的重磅图书，作为北外教授的许国璋应校领导的多次恳求，为支持本校出版社，这套《英语》教材就由商务印书馆和外研社同时出版。

二、八十年代策划并参与编译《精选英汉汉英词典》

在我提笔写此征文之际，翻看我馆100周年大事记及110周年大事记纪念册时，一条1986年出版《精选英汉汉英词典》的文字引起我对当年策划和编译此词典的回忆。

上世纪70年代末80年代初是百废待兴的年代，随着改革开放后国门打开、对外交往增多，公众对外语，特别是英语学习的需求大量增加，迫切需要有更加便于学习、查询、翻译及携带的工具书。我根据自己在外语编辑室工作已10年的体会，和几位一起工作多年的同事多次商讨，建议我馆与牛津大学出版社合作，出版一本精选词汇，集英汉、汉英于一本，便于携带的词典。并商定我们自己参与英汉部分的编译。就这样，我和同编辑室的王良碧、任永长经过近三年的努力，1986年我馆出版了《精选英汉汉英词典》。其中的英汉部分由牛津大学出版社编写，汉英部分由外交学院的吴景荣等编写。这是一本供中、初等程度读者使用的语文工具书，可双语双向查询，适应了上世纪80年代改革开放初期打开国门后，公众对学习英语的需求。这本词典不但出了便于携带的小开本，还出了便于查询的大字本，一版再版，一印再印。这本词典在1986年和1987年还分别获得中国图书荣誉奖和全国优秀畅销书奖。据我所知，到目前为止共出了4版，印刷53次之多，约350万册。在我的印象中，外语词典能印刷这么多是不多见的。这本词典的出版取得了良好的社会效益和经济效益。

最近意外得知，我馆今年又发行了第五版《精选英汉汉英词典》。虽然对这本词典做了比较大的改动和修订，但在此书出版30多年、我们也已退休20多年以后，作者、读者及出版社还能认可我们当年开创的这种双语双向查询的词典模式，还能继续再版发行，使我甚感欣慰。

后来在《精选英汉汉英词典》的出版获得成功的影响下，外语编辑室还陆续组织出版了日汉汉日、德汉汉德等一系列外汉汉外工具书八九种，也为其他语种的学习者提供了一类比较好的外语工具书。另外，我的家人上世纪90年代还在日本买到一本由日本东方书店出版发行的商务印书馆版《精选日中中日辞典》（1994年11月30日初版，1997年8月30日第九次印刷），可见发行量也是可观的。

三、九十年代主持召开北京地区辞书编辑与出版座谈会

我还记得 1996 年 10 月，在北京怀柔召开了辞书编辑与出版座谈会。出席座谈会的有中国辞书学会顾问陈原、会长曹先擢、副会长林尔蔚、秘书长韩敬体以及北京地区部分辞书学者、语言学家、出版社资深辞书编辑 30 余人。我馆总经理杨德炎出席并致贺词。这次座谈会由当时任中国辞书学会辞书编纂与出版委员会主任委员的我和赵克勤主持。商务印书馆是我国重要的辞书出版单位，在辞书学术界占有重要地位。座谈会就我国辞书出版的现状做了广泛的探讨，为了更广泛和深入地探讨辞书出版事业的发展，在这个座谈会上决定召开全国辞书编辑与出版学术研讨会。随后，1997 年 8 月就在杭州举行了全国辞书编辑与出版学术研讨会。这是我多年从事辞书编辑出版工作中比较难忘的经历。

谨以此拙文献给商务印书馆 125 年华诞。

《古汉语常用字字典》和商务印书馆

蒋绍愚

今年是商务印书馆成立125周年。这是应该隆重庆祝的。

商务印书馆是我国最早成立的现代出版社,是工具书王国和语言学等学术著作的出版重镇。就我个人来说,从走上了汉语语言学研究的学术道路那天起,就离不开商务印书馆出版的语言学著作。我的老师,中国语言学的几位大师的几部重要语言学著作都是由商务印书馆出版的。王力先生的《中国音韵学》(后改名《汉语音韵学》)、《中国语法理论》和《中国现代语法》,吕叔湘先生的《汉语语法论文集》,朱德熙先生的《语法讲义》,都是由商务印书馆出版的;索绪尔的《普通语言学教程》、布龙菲尔德的《语言论》等语言学名著的中译本也都是商务印书馆出版的。这些书都是我青年或中年时代常读的,直至现在,还不时回过头来重温一遍。商务近年来出版的语言学好书更多，我都从中吸取营养。

我的书也有多种在商务印书馆出版。其中和商务印书馆关系最密切的，是我参加编撰和修订并负责统稿的《古汉语常用字字典》。

这本字典的初版在1978年3月完稿，1979年9月由商务印书馆出版，正文收古汉语常用字3700多个（不包括异体字），附《难字表》，收难字2600多个，只有注音和释义，没有例句。封面署名为"古汉语常用字字典编写组"。1993年出第二版，1998年出第三版，正文增加了416条，《难字表》调整后又增加了将近200条。2005年出第四版，这一版是增订版，去掉了《难字表》，把《难字表》中比较常用的1800多个字增加例句，收入正文，并设义项和例句。另增补常用字400多个，共收古汉语常用字6400个（不包括异体字）。封面署名列出了原编者王力、岑麒祥、林焘、戴澧、唐作藩、蒋绍愚、张万起、徐敏霞等，增订者蒋绍愚、唐作藩、张万起、宋绍年、李树青。2016年6月出第五版，在第四版的基础上做了较大的修订。现在正在准备出第六版。

《古汉语常用字字典》在1995年获中国辞书奖一等奖。从出版以来，很受读者欢迎。

说《古汉语常用字字典》和商务印书馆关系密切，并不是仅仅因为这本字典的五个版次都是由商务印书馆出版的，更主要的是，这本字典的出版，是与商务印书馆的支持和关心分不开的。这要从《古汉语常用字字典》初版的编撰和出版说起。

《古汉语常用字字典》是在1974年开始编撰的。那时还在"文革"之中。当时为什么能编这样一部字典？怎样编撰这部字典？

回顾历史，1972年，北大中文系进来第一批工农兵学员。当时实行"开门办学",即把学生拉到工厂去,教员也跟着去。当时还是军工宣队管理学校,北大中文系的工宣队是北京齿轮厂、北京内燃机总厂、北京第三通用机械厂派来的,所以,中文系两个年级(72级和73级)的学员去了北京东郊的这三个厂,在工厂里一面劳动一面上课。上课的内容也离不开当时的政治。当时我想,能不能在这时干点正经事呢?搞学术研究是绝对不行的,便找了这么一个理由:工农兵要占领上层建筑,就要能看懂古书,所以要编一本古汉语字典为社会服务。这个想法工宣队不能反对,于是就动手编古汉语字典了。

当时我是字典编写的负责人。但字典究竟怎么编,我心里是没有底的。首先,要编古汉语字典,究竟要选哪些字作为字头?我并没有把握,只好利用已有的《辞源》《辞海》等词典,列出一个单子作为参考。虽然事隔将近半个世纪,我现在还记得很清楚:当时找了几个人,在工厂的一个宿舍里,讨论这个单子。参加讨论的人,当然是以工人为主,也有学生和教员,包括跟随学生一起去了工厂的王力先生。工人是一言不发,其他学生和教员也很少说话,王力先生却是一个字一个字地拍板:哪个字常用,哪个字不常用。经王力先生拍板通过的就定了下来,这就是后来《古汉语常用字字典》初版的三千多字的基础(后来有增减)。

字头定了,就分组来做字条。当时每个小组都是"三结合"的,有工人,有学生,有教员。就利用劳动和上课之余的时间,在工厂的宿舍里分组来做。这里要补充几句:当时"开门办学",教员几乎是"一锅端"地跟着学生下厂。王力先生、岑麒祥先生、林焘先生、戴澧先生(他本是中国人民大学新闻系的,当时合并到北大中文系）也都去了工厂，住在工人宿舍里，在工厂食堂吃饭。我记得王力先生和林焘先生住同一个宿舍，睡的是双层床，王力先生在下铺，林焘先生在上铺。那时王力先生70多岁，林焘先生50多岁。他们周六放假回家，周一一大早，就必须从北大坐公交车在八点以前赶到北京东郊。

这样分散地做字条，效率当然不高，几个月没有写出多少词条。这部字典能够编成吗？

好在商务印书馆看中了这部正在编撰的字典，决定编撰出来后由商务印书馆出版。当时商务印书馆的负责人是陈原先生，词典编辑室的主任是阮敬英，他们不但做出了这样的决定，而且派了编辑张万起和徐敏霞来联系这项工作。现在回想起来，真应该佩服商务印书馆领导的眼光和魄力。

既然得到了商务印书馆的支持，到1974年冬天，字典编写组就集中到了商务印书馆进行编写。北大的师生都住在商务，其中有六位教员：王力、岑麒祥、林焘、戴澧、唐作藩、蒋绍愚；有六个学生，72级的两个，73级的四个。三个厂的八位工人和商务的两位编辑不住在商务，每天到商务来参加编写。字典编写分四个小组，每个组有两个工人，有几个学生、教员和编辑。四个编写组在二楼中间的一个大房间里（213号房间）集中编写，岑麒祥和戴澧两位先生不在组内，他们单独做《难字表》。

编写组在商务待了半年多，直到1975年暑假，72级的学生要毕业，编写组就宣告解散。集中编写效率比较高，这半年里写成的条目，后来我加以整理，就成了《古汉语常用字字典》的初稿。

回想当时编写的情形，有些事现在还能记起来。

当时,"工人阶级领导一切",但编写组的工人都很朴实,没有摆出一副"领导者"的架子来整人,和我们相处还比较好。当然,词条的编写他们起不了什么作用,他们的任务就是政治上"把关"。当时有一个口号:"把无产阶级专政落实到每一个词条上。"他们是很认真地这样做的。比如,在编写"木"字条时,在"木"的"树"这个义项下,原来打算用一个《齐民要术》的例句:"某所大木,可以为棺。"但一位工人提出:现在都是火葬,用这个例句不是提倡用棺材了吗?所以,这个例句就只好换掉。当时,社会上正在"评法批儒",《论语》《孟子》的例句一个都不能用,用得最多的是法家《商君书》和《韩非子》等书里的例句。后来字典正式出版前,我和编辑张万起一起对例句做了相当大的更换。

当时王力先生在编写中起什么作用呢?一开头,王力先生被分在一个编写组里,工人是组长。他看到王力先生对古书很熟,见到一个例句很快就会说出这是哪一部书里的,就说:"以后就让他专管核查例句好了。"慢慢地,他们也体会到王力先生的学识对词条的编写有很大作用,于是对王力先生也越来越尊重,很听从王力先生的意见。王力先生在商务的住宿条件也比在工厂好一些,不必和林焘先生睡上下铺了。但是每到周六还是要挤公交车回北大,周一一早再从北大赶回商务。有一次到商务时过了八点,虽然没有挨批评,但王力先生自己在组里做了检讨。这样大约过了一两个月。有一次,周六下班,我和王力先生一起赶公交车回北大,那次车上人很多,王力先生刚挤上去,就被人推了下来,站立不稳,一下坐到了地上。那次回到北大,我和中文系的领导说了,王力先生年纪大了,这样要出事的。幸亏当时的领导通情达理，决定王力先生不必住在商务了，就在家里看稿子。从那时候起，我每周回北大，都从商务带一批稿子，送到王力先生家里，请他审阅修改。到第二周的周末，再去王力先生家，送上一批新的稿子，并把他已经看过的稿子带回商务。我在1988年第二版的"修订说明"中说："字典初稿的绝大部分条目也都经过王力先生审定。……但在当时，王力先生未能系统地审定全书，字典中的缺点错误当然不能由王力先生负责。"具体来说，就是这种情形。

1975年夏天，字典编写组解散后，留下一堆散乱的字条，都集中在我手里。我用了将近三年的时间，把这些字条整理成初稿，在1978年3月交给商务。承商务不弃，接受了这部初稿，在1979年9月出版。

以后每出一版，我们都认真修改，努力提高，每次都得到商务的大力支持。同时，字典发行量大了，读者逐渐增多，不少读者在使用过程中都会向出版社反馈意见。第四版的责编金欣欣和第五版的责编龚英，都很认真负责，对读者意见都及时处理，有重要问题都和我联系，我再查找资料加以修改，或给予读者答复。这也是字典提高质量的一个重要途径。

这就是《古汉语常用字字典》在近半个世纪以来走过的路程。我们衷心感谢商务印书馆的大力支持，感谢商务责编的认真工作，感谢广大读者对字典的爱护和关心。现在，商务印书馆把这本字典定为馆里的重点出版物，我们一定与商务密切配合，继续做好字典的修订维护工作。

于2022年1月

逾半个世纪的不解之缘
——我和商务印书馆交往的点滴

黄 建 华

记得上世纪 70 年代听到这么个传闻，说是周恩来总理接待圣马力诺的外宾，互相交换礼物时，对方送我们的是一套大百科辞书，而我们当时还没有拿得出手的新版大型词典，只好以《新华字典》回礼；于是出现小国送大辞书、大国赠小字典的有趣局面。据说后来在周总理的推动下，我国开始迅速改变这种状况。于是有了第一次全国辞书规划工作会议的召开。正是在这个大背景下，当时商务印书馆的总经理兼总编辑陈原先生一行莅临我任职的单位——广州外国语学院。那时我是他们的主要接待者。陈原先生此行的目的是和我院商议几种外汉词典的编纂问题，英汉、德汉、法汉等均在此列，还有一些小语种的外汉词典，其中令我最难忘的是《泰汉词典》的"小波折"。

几种外汉词典陆续编出，商务印书馆也先后发稿；到了《泰汉词典》，馆里回话：由于我国学习泰语的人不多，勉强推出，花费巨大，暂时搁下再说。这可把我急坏了：我们的泰语教师，难道就这样辛辛苦苦白干了几年？叫我这个组织者如何交代？幸而我院的泰语老师，不少是归侨，他们通过海外关系，很快就在泰国本土出版了《泰汉词典》。随着我国与泰国的交往日益频繁，听说后来商务印书馆已把泰版的《泰汉词典》引进到国内，此事遂有了个圆满的结局。

上面提到的几种外汉词典中，本人具体负责编订的是法汉词典。经过几年的努力，《新简明法汉词典》终于在1983年由商务印书馆推出，扉页的署名是"广州外国语学院法语专业《新简明法汉词典》组编"，隐去主编者的名字，只因当时的氛围，我这"臭知识分子"怯于张扬之故。回想起来，我得感谢商务印书馆，是它把我引进辞书编纂和研究之途的。自此，一发而不可收，直至今天已届耄耋之年仍如此。

上世纪70年代末至80年代初，我曾受教育部有关部门的推荐，应考进入联合国教科文组织翻译科任译审。该组织的总部在巴黎。此时的工作已与编词典无关。可是我的思绪仍然沉浸在商务印书馆把我领进的辞书领域中。于是我利用业余的时间，着意考察法国词典编纂的情况，遍访法国词典名家，钻研了好些英法文的词典学资料，遂有后来我应商务印书馆之约，以法语词典为示例，组织编写出《英俄德法西日语文词典研究》一书（1992年出版）。接着，我与陈楚祥教授合作，写出了《双语词典学导论》，交商务印书馆出版（1997年第一版）。此书其实早就交稿，但迟迟未出，我们之间开玩笑说："商务"出书"认真慢"。意谓出版速度虽然不够快，但认真可靠，令人放心。后来经商务印书馆的安排，该书还出了第二版的修订本（2001年），并被教育部研究生办推荐为"研究生教学用书"。

其后，我受另一家出版社的委托，编撰汉法词典，便暂时中止关于探讨词典学理论的写作。《汉法大词典》出版后，我没有忘记促成我与辞书结下不解之缘的商务印书馆。我主动与馆内有关编辑联系，意图继续走自己从"内向"（译入）转至"外向"（译出）的编撰旅程，为的是配合我国的新形势，要向世界发出自己的声音。承蒙馆内人士的协助，于是我和老伴余秀梅合作的《中法谚语对照手册》和《汉语谚语名句法译辞典》很快就出版了。而后者，我是作为大词典的"姐妹篇"来看待的，因为大型的汉外词典收词量往往十分充足，而"收语量"（四字成语之外的语句）则较为贫乏。这本辞典正好可以弥补这方面的缺陷。我和读者都得感谢商务印书馆的选题眼光。

直至最近（2021年10月），商务印书馆还出版了我校词典学研究中心主任田兵教授选编的新书《词海泛舟亦编舟——黄建华词典学文集》，从中也可见在这方面彼此结缘之悠长。

其实我和商务印书馆的交往还不限于辞书领域。翻译也是其中的重要纽带。记得上世纪70年代末，我已开始和友人姜亚洲共同承担由商务印书馆策划推出的"汉译世界学术名著丛书"的小部分翻译工作，计有三本：《自然法典》《公有法典》和《塞瓦兰人的历史》；其后我还单独译出《论实证精神》。这四本书出版后多次重印或再版，一直至今。我是以此为荣的。

在译事方面，还有一个情节，至今难忘。上世纪80年代，我从巴黎回广州经北京，顺便到商务印书馆看看，拜访曾与之打过交道的老编辑。我和他谈及出书慢的问题，他指着书柜上层层叠叠的手稿回应道："你看，怎么快得起来？"我当时手头还带了一本法文版的新书 ICI ET MAINTENANT（后译为《此时此地》），那是刚当选法国总统的社会党领袖密特朗的著作。我向商务印书馆打听是否愿意出版此书的译本。我得到的回答是：暂时定不下来，请示上级再说。

我回到广州后，忙于重操教职的旧业，早已把译书的事情置诸脑后。一天忽然接到馆里的某位负责人给我打来的电话，说是此书可译，而且要赶快译完，年底交稿。我的回应是："反正你们不会很快出书，何必那么着急？"对方回答：只要按时交稿，为我尽开"绿灯"，当年见书。于是我一改过去独自翻译或最多两人合译、细细推敲的习惯，除我们夫妇二人外，立刻邀一同事加进来，各译三分之一，由我连夜统校，迅速完工。当时，我并不了解商务印书馆催稿的用意，次年密特朗总统访华，我才恍然大悟。我国接待外宾的人员及时把新译的《此时此地》送给了法国总统，过不了几天，我意外收到了法国总统府秘书处对译者表示谢意的致贺卡。这段小小的佳话是商务印书馆促成的，也改变了我对它只能"出慢书"的看法。

我按键敲出这几行回忆文字的此刻，还记着我仍有一部书稿在商务印书馆待发，但愿不久能面世，参与迎接商务的 125 年华诞。我衷心祝愿商务印书馆在未来的日子里为祖国宏伟的文化建设事业做出更卓越、更辉煌的贡献！

《现代日汉大词典》编写忆往

姚莉萍

我与商务印书馆结缘于《现代日汉大词典》，至今已经40年了。1975年8月我大学毕业来到北京对外贸易学院（今北京对外经济贸易大学）日语教研室工作时，正赶上由我校陈涛教授主编、商务印书馆1959年出版的《日汉辞典》的修订工作开始启动，后来改为编纂《现代日汉大词典》，亲眼目睹和经历了这一浩瀚工程。之所以称之为"浩瀚"，是因为当时小小的日语教研室竟聚集了包括教研室老师在内来自全国各地的40多位日语专家学者，兢兢业业地写了十余年的词典卡片。词典完工后，几十万张的卡片盒码放在一排排的架子上，占了整整一个房间。在多年之后，我才知道当时自己正在亲身经历着填补中国乃至世界大型日汉双语词典空白的过程。

《现代日汉大词典》是受商务印书馆的委托，作为对外经济贸易大学的科研项目之一，从1975年筹备启动，1979年正式开始编写，1986年10月完稿，1987年9月正式出版。

《现代日汉大词典》编写背景

  1972年9月中日邦交正常化后，中日关系发展迅速。由于长期以来两国在外交上处于中断状态，当时国内懂日语的人才很少，特别是青年一代，几乎没有人学过日语。为了适应外交和对外贸易的需求，国家列出了培养计划，全国部分有条件的大专院校纷纷成立日语专业，开始招生。然而，当时能够提供给学生和日语学习者的工具书和与日语相关的学习资料非常少。工具书中《日汉辞典》成了唯一可以帮助学习的词典，该词典到1979年5月重印7次，在当时已经是小语种双语词典印数之最了。由于这本词典的影响，很多学习日语的读者和日语工作者常常慕名打电话或者来到学校找日语教研室的老师们解答各种日语问题。这使教研室的老师们认识到，随着中日交流的迅速发展，在各相关领域，迫切希望有一本更全面的日汉词典来满足大家对日本认知的需要。

  在这种形势下，为了适应日益高涨的日语学习热潮和兴起的对日本研究的浪潮，给广大日语学习者和从事日语翻译、教学以及科学研究工作者提供更好的帮助，教研室负责同志同陈涛教授商量，得到肯定答复后，几经酝酿，决定对《日汉辞典》进行修订。1973年11月，当时的日语教研室向学校提出修订申请，并上报北京市相关部门，得到批准后，找到商务印书馆商定合作事宜，得到了商务印书馆领导的全面支持，双方一拍即合，于1974年达成修订意向，于翌年3月正式启动修订项目。

在项目实施的过程中，当时的校领导赵长春同志和主管单位对外贸易部给予了全面的支持。在"文革"尚未结束的年代里，做什么事情都要冒风险，之后在不到一年的时间里，领导们顶着"反击右倾翻案风"运动的压力，一纸调令，从干校、农场、农村将下放到各地只要还能够工作的《日汉辞典》原班人马陆续调回北京，组建了日语教研室领导下的词典修订小组。项目正式启动后，又陆续从全国各地召回和借调了30多名日语学者专家。为了让调回来的同志能够吃饱穿暖安心工作，没有后顾之忧，人事部门的同志亲自跑到外地，和当地有关部门沟通，帮助他们尽快解决户口问题。因为当时没有户口就没有供应指标，领不到各种票证。其中包括粮票、油票、布票等生活不可或缺的票证。在当时的历史条件下，能够在如此短的时间内将这么多专业人员调回北京，解决这么多人的工作和生活问题，没有方方面面的鼎力合作是绝对做不到的。

《日汉辞典》的修订项目启动后，项目组的领导发现，要满足词典的设计需要，增加的词条远远超过了中型词典的收词范围，在编写上受到很大的限制。于是集体开会讨论改变初衷，决定在《日汉辞典》的基础上，放开手脚，重新编撰一本大型日汉双语词典，定名为《现代日汉大词典》，由《日汉辞典》编者之一的宋文军先生担任主编。

《现代日汉大词典》编写过程

《现代日汉大词典》于1979年开始正式编写，收词条数达11

万余条，凡是现代日语中使用的词，尽量收入。同时大量收入了日本人语言生活中已经固定下来的外来词、现代书报中常见的古文古语以及常用的科技词条。学者们用精益求精的工作态度，释义力求正确、完整，概念力求明确、清晰，每个词尽量译出相应的汉语词，避免繁琐的只解释不翻译的办法。对于常用词或难解、难用、难译的词，均配有例句。

《现代日汉大词典》的编写大部分是集体办公，遇到疑难问题互相商量，形成了令人怀念的好学风。通过这些学问高深的专家们的努力，这本词典成为经典之作，其后编纂的很多词典的词语翻译大多出自《现代日汉大词典》的原创，得到了广泛的认可。

在当时的条件下，要完成这样一部大型词典的编纂，除了设计体例、收词范围、编写内容外，还要克服很多困难。首先编写词典所需要的工具书和资料的搜集就要花费大力气。为此词典组专门调来一位负责外联的同志每天奔波在各图书馆和研究单位，借来各种文版的图书和工具书，有理工、化学等自然科学的专业词典，也有社科类、医学和动植物的分类词典，大多是英文和拉丁文的中外文双语词典，还有日英英日对照词典。由于当时"文革"还没有结束，很多专业的工具书都沉睡在书库里，很费周折。商务印书馆也尽最大努力给予支持，在当时外汇限制严格的情况下从日本买回了十几本日本原版词典，可谓是雪中送炭，很令人振奋，大家非常珍视。

那时候写词典用的是卡片。但是卡片纸很珍贵，不是一般文具店就能够买到的。校领导得知这个情况后，指派了后勤处的一位同志专门为词典组采购卡片，保证供应。因为所有搜集来的工具书和资料都放在词典组的办公室里,所以写词典的老师们都坐班,大家每天面对着几本拆开的词典在办公桌前写词典卡片。当时写词典的老先生50岁以上的人占大多数,很多人是对着放大镜看着写。工作比较单调,非常枯燥,也比较劳累,但是大家没有尊卑和名利思想,平等和谐,工作气氛很好。在工作的间歇,时常有人打破寂寞,说上几句笑话调节气氛。记得负责外联的周明老师,是从五七干校抽调回来的,曾给大家讲过他下放时的一件事。当地老乡问他是哪里人做什么的,他回答是"北京作协"的,老乡很同情地说:"一个大老爷们儿在北京还要自己做鞋,真可怜。"一次大家谈笑时说"以后如果有'文化大革命'就不要蹲牛棚惩罚了,就罚他来写词典吧"。在那个年代,知识分子能够搞自己的专业,这本身就被视为一件最有价值的事情,人们都在尽心尽力地做。

过去用"十年磨一剑"比喻多年刻苦磨炼、精益求精的精神。在各级领导和商务印书馆的鼎力配合下,《现代日汉大词典》历时十余年编纂完成。这部经久不衰的经典之作是高校和出版社合作的成功典范,也是当时条件下集体智慧的产物。词典成为国内外绝无仅有的日汉双语大型词典,得到了国内外学术界和社会的认可,成为时代精品,在此后的几十年里,重印14次,为中日交流做出了巨大的贡献,产生了非常好的社会效益,也为出版社和作者带来了良好的经济收益。

商务印书馆的远见卓识和责任担当

《现代日汉大词典》的编纂还吸引了海内外出版商的重视,新加坡、日本等地出版商纷纷来人来电咨询合作意向。1981年商务印书馆与日本小学馆达成协议，决定由两个出版社合作出版这部词典，并同时在中日两国分别发行。《现代日汉大词典》于1987年9月正式出版，日本版本《日中词典》于1987年4月在日本出版，现已出版第三版。为此作为编者要为商务印书馆点个赞，是他们的高瞻远瞩选择了信誉良好的合作伙伴，使这本词典在日本发扬光大，至今畅销不衰。

在这里作为作者需要感谢的是，商务印书馆以卓越目光选定了这个项目并自始至终支持参与，《现代日汉大词典》的成功离不开商务印书馆人力、物力、财力的帮助。项目启动之初，就有商务印书馆的同志参与编写的全过程，关注词典编写的各个步骤，并在《现代日汉大词典》初步完成、全面发排之前，将"お"部排版印刷了2000余部作为征求意见稿发给全国各地的日本语言专家和日本问题研究专家以及日本的有关合作专家，征求他们对词典收词范围等的意见和要求。由于有商务印书馆外语室主任王郁良老师常驻词典组和编者一道工作，因此能够及时发现词典编写过程中的一些问题，在可能的范围内，帮助词典组解决这些问题并提供及时的帮助。当时词典组借调人员比较多，有些编写人员暂时只能靠我校发放的生活补助费生活，商务印书馆曾用提前预支稿费的形式为编写人员提供物质保障。这种责任和担当使人心向上，编者增强了信心，词典编纂工作有条不紊。

当时，姜晚成老先生每星期来词典组两次，王郁良老师则每周三天在词典组上班，姜老主要参加一些决策会议和进行专业技术指导，而王郁良老师除在词典组编写词条外还负责协调和解决词典工作中的具体事务。与现在处于三环路和四环路之间的对外经济贸易大学地铁公交四通八达的情况不同，那时候公共汽车只通到和平街北口，需要穿过农田步行至少 30 分钟才能到达学校。日复一日，年复一年，王郁良老师坚持了十多年，直到词典出版。我们从他们身上看到了商务印书馆的优良传统和编辑们对事业的忠诚。姜晚成老先生德高望重、兢兢业业，王郁良老师谦虚谨慎、和蔼亲切。如今两位先生都已作古，但此时，他们的音容笑貌犹在眼前。

除了姜老和王老外，当时风华正茂的青年编辑冯建新和韩秀英两位老师也在老一辈的指导下参加了编写工作，她们的工作也得到了主编宋文军老师的称赞。《现代日汉大词典》出版后的 30 年来，再版发行和对外合作等工作一直由冯建新老师负责，由于这本词典的关系，她往返于对外经贸大学与商务印书馆之间，使我们的合作一直保持了下来。2010 年在韩秀英老师的邀请下，我校的几位老师合作修订了《简明日汉词典》，实现了再度合作。

新世纪的修订和传承

日语教研室编写《现代日汉大词典》用了十余年。十年是一代人的传承，也是上一代人对下一代人培养的过程。我有幸刚踏上工作岗位就遇上了好的项目和好的师长，经过了十余年词典编写工作的熏陶，在体验了词典工作的艰辛和默默无闻的同时，也向前辈学习到了这项工作所必需的坚持和耐心，以及以谦逊、认真、诚实、严谨的态度对待每一个词条的学风。我衷心地感谢这本词典的编纂和前辈们给予我们的参与编写的机会，使我们尚在年轻时就跃入中国知识分子敬仰的殿堂，成为商务印书馆的辞书编者之一。

俗话说，前人栽树，后人乘凉。我们在先人栽种的大树下充分享用着树荫清凉的同时，也在亲手种下棵棵小树，为子孙后代留下阴凉。今天，我们正和新一代的商务人修订这部世纪之作，深感诚惶诚恐，忐忑不安。我们心怀敬畏，认真做好每一个词条的增补和修订，争取为她锦上添花。如今的中国社会发生了天翻地覆的变化，我们拥有了先进的书写工具和查阅工具，词典修订较之上世纪便利了许多。时代在进步，催促我们必须学习新事物。在与商务印书馆新一代人的合作中，我感到长江后浪推前浪，一代更比一代强。新一代的年轻编辑们继承了老一代的优良传统，谦虚谨慎，踏实肯干，比起老一辈的沉稳，他们更多了些干练，良好的工作素养让人欣喜，而对新技术的学习和应用能力更是让人刮目相看。在此向负责和参与此次《现代日汉大词典》修订工作的日语组张静、明磊表示感谢。

在商务印书馆成立120年之际，谨以此文纪念为《现代日汉大词典》做出贡献的所有编者和作者。祝愿商务印书馆百尺竿头，再创辉煌！

辞书情缘四十载

郑述谱

欣逢商务印书馆120周年馆庆,我作为商务的老作者,被约请撰写一篇纪念文章。静下心来,屈指细数,连我自己都感到吃惊:我与商务印书馆结缘已经有40年了。

因缘巧合走上词典编纂之路

前辈学人曾说过:"学者不可无宗主。"如果把这里说的"宗主"理解为学者的师承关系,那么,黑龙江大学的词典编纂活动,其宗师应该是其前身哈尔滨外国语学院的副院长赵洵同志。上世纪50年代,她就主持过俄汉成语词典的编纂。50年代末,她在莫斯科大学进修时的导师是著名的兹维金采夫(В. А. Звегинцев)教授。她选定的攻读方向便是词典学。60年代初归国后,她在很困难的情况下,在中宣部有关领导的帮助下,突破重重阻力,最终组建起一个俄汉词典的编写班子,这虽然是在中国社会科学院的前身中国科学院哲学社会科学部语言研究所实现的,但编写班子的主要成员却都是从黑龙江大学借调过去的。师承赵洵从事词典编写的有她的一大批学生,其中包括李锡胤、陈楚祥、潘国民等,可视为其中的优秀代表。进入21世纪,他们三人先后荣获"辞书事业终身成就奖"。

记忆把我拉回到1975年。那年5月,在广州召开了中外语文词典编写出版规划座谈会。黑龙江大学的李锡胤先生应邀出席了会议。其实,在那以前,黑大已经接受了商务委托的"挖版修订"刘泽荣主编的《俄汉大辞典》的任务。会议之后,原来的"挖版修订"升格为全面修订,原属两个单位之间的合作关系似乎也具有了某种"国家规划"性质。借着这个名义,以黑大俄语教师为主体,从哈尔滨市多个单位借调来的五十多人的修订班子开始搭建。

当时我还是一个处于教学第一线的青年教师。按照常规,像我这样刚刚三十多岁的年轻人,是不会被安排做这种看似老气横秋的词典工作的。偏巧正赶上我带的首届72级工农兵学员班要毕业,我已被安排去农场劳动锻炼。负责搭班子的系领导在急于用人之际打起了我的主意,并经学校党委书记同意,让我暂缓走"五七道路",转而参加具有"反修"意义的词典修订。

不承想,这个偶然的安排,竟成为我一生业务生涯的转折点,从此一发而不可收,一部部词典编下来,一直干到我现在年满75岁。这样,借用一个形象的说法,大半辈子我都被拴在了有"工具书王国"美誉的商务印书馆这辆战车上。其实,说我"被拴在战车上"并不恰当，因为我不是被动的，我知道，这是我的幸运，我本人也求之不得，乐此不疲，从来没有动过主动从这车上爬下来的念头。我参与或主持由商务印书馆出版的词典有：《大俄汉词典》（1985），《大俄汉词典》（修订版）(2001），《便携俄汉大词典》（修订版）(2007），《乌克兰语汉语词典》（1990），《新编乌克兰语汉语词典》(2013），《新时代俄汉详解大词典》(2014），《新时代大俄汉词典》（即出[①]）。从 1975 到 2015 年，整整 40 个年头啊！人生能有几个 40 年？我不禁发出人生苦短的慨叹。不过，回忆起历历往事，充满我内心的感受，似乎只有庆幸、满足与温馨。

可敬的商务编辑们

我最早接触的"商务人"是潘安荣与吕军。当年，他们是代表出版单位来哈尔滨与词典修订者见面的。他们面对的是几十人组成的修订班子，我作为普通成员，没有机会靠前与他们做近距离的接触，只能坐在一个大教室的角落里，远远地听他们讲话。

今天想来，他们给我的最初印象是敬业、严谨，但不苟言笑，甚至略显古板。在后来的许多年间，接触的商务人多了，我逐渐发现，敬业、严谨、讲究诚信、一诺千金，似乎是商务人的共性，但不苟言笑、略显古板，这是当时刚刚经历了"文革"劫难的知识分子普遍存在的心有余悸的自然流露，还是某些商务人的个性特点，到现在我也说不准。

[①] 该词典已于 2019 年出版。——编者

我第一次走进坐落在北京王府井大街36号的商务印书馆大楼，大约是在上世纪80年代初，即词典交稿之后。那时，中华书局与商务印书馆挤在同一座楼里。楼里好像还有人住宿。办公的条件自然不敢恭维。到处都堆满可能是资料或书稿之类的纸捆儿，看上去破破烂烂，上面落满灰尘，让人不由联想起"文革"大批判中常说的"故纸堆"这个词儿。与读者的主要联系方式当然是书信。偶有急事，也可能会拍电报或打电话。但凭我个人的经验，商务的长途电话似乎很难打通。即使偶尔能幸运地拨通号码，也要等好长时间才能传唤到要找的人，让等的人为白白花掉的电话费心疼。

词典的责任编辑南致善先生可能是我接触的最年长的商务人。据说，南老曾在哈尔滨中长铁路供过职，是令人尊敬的前辈。我见到他时，他戴着一副银丝眼镜，头发梳得一丝不苟，白皙的皮肤，洁白的衬衫，挎背带的裤子，加上和蔼的态度，轻柔、徐缓的语调，一派儒雅、温厚的长者形象。我们的词典是卡片交稿。全部稿子捆成一摞摞约一尺多长的卡片捆儿。南先生整个人就埋在这一捆捆卡片堆里，聚精会神地审稿，一笔一画地改稿。他的衣着形象，与周围看似仓库管理员的工作环境，显得很不协调。

后来接触最多的是潘安荣先生。他算是刘泽荣先生的入门弟子，专攻俄汉词典编纂，但是，据我观察，他个人真正的学术兴趣却是在文学翻译方面。他最感兴趣的是俄罗斯作家普利什文作品的翻译。我记得百花文艺出版社出过他的译文集。审读词典稿时他最关注、提出意见最多的往往也是针对翻译。这一点我早就注意到。后来，当我主持第一次《大俄汉词典》修订时，在我给他写的修订情况汇报里，除去介绍增加新词等一般情况之外，我有意举出一些译文加工提高的实例。他看了以后，充分肯定地说，这是词典"内在质量"的实质提高。他曾在《光明日报》上撰文指出，颇为流行的俄罗斯歌曲《山楂树》实际上应该译为"花楸树"。这可以看作是他的文学兴趣与词典业务结合而得来的收获。

1975年在广州召开的全国中外语文词典编写出版座谈会之后，他北上哈尔滨，南下广州，西走重庆，与黑大、广外和川外，分别就不同的双语词典选题达成了合作协议。今天看来，他的作为，堪称是在为词典事业的发展从宏观上布下大局。他曾用他那略带沙哑的男低音不无得意地亲口对我说过，有一家在京的出版社请他去介绍词典组稿的经验。他说，我就是一句话，只要找对了合作单位与领头人，其他就什么都有了。我听得出，对商务与黑大的合作，他显然是满意的。

说到他除词典外的个人学术兴趣，这非但不妨碍他的本职工作，甚至还启发他在这方面有所创新。《便携俄汉大词典》的编辑与出版就是一个很说明问题的实例。这部词典可以说完全出自他的创意。而他的创意灵感恰恰来自他的文学兴趣。据他的实际体会，《大俄汉词典》部头太大，躺着看小说的读者们查起来不方便。读者需要一本收词多、部头小、可以躺着查的词典。于是，去掉大型词典的例证、只提供简明释义的便携本词典的创意便产生了。这部词典后来的市场发行量远在《大俄汉词典》之上。这可以证明，他提出的这个词典定位是很有读者针对性的。看来，正襟危坐查阅词典的人可能远不如躺着、歪着、站着查词典的人多。

另一个让我至今想起来都深为赞赏的是出版《词典学论文选译》(1981)。这极有可能是李锡胤与潘安荣的共同创意。这大概是国内最早介绍国外词典学理论的译文集。译者几乎都是我们修订班子的成员，其中也包括我本人。而原作者却并不仅仅局限于苏联。后来国内辞书学界耳熟能详的谢尔巴那篇名作《词典编纂学一般理论初探》就收在这部文集的开篇。显然，文集的组稿者已经意识到结合词典编纂开展词典学理论研究的必要性。这个想法不仅在当时属难能可贵，对后来词典学的发展更具有深远意义。在后来的词典学论文调查报告里，在一段相当长的时间里，来自黑大的论文曾占有相当大的分量。辞书界有人甚至不无赞赏地把黑大说成是词典编纂与辞书学研究的"北方重镇"。

值得注意的是，具有如此意义的这部文集的署名是"石肆壬"，即译者共"14人"的谐音，这几乎等于没有署名。这种做法是出于两位创意者的"心有余悸"，还是他们"夹着尾巴做人"的谦虚品格使然，抑或两者兼而有之，我们不得而知。但它能明显透出那个时代的痕迹。

刘泽荣主编的《俄汉大辞典》以上世纪30年代苏联出版的乌沙阔夫词典为主要蓝本。70年代的修订者自然会吸收更新的词典学理论与参考更新版本的俄语词典。于是，修订后的词典面目与原词典在诸多方面都渐行渐远。潘安荣与刘泽荣的女儿刘华兰来到哈尔滨，读了部分修订稿，很快就注意到这一点。他们觉得，仍以《俄汉大辞典》修订版的名义出版未必合适。

这时，修订班子的业务负责人陈楚祥、李锡胤等人，也表现出了应有的负责精神与敢于自立于词典编者之林的担当精神。他们同意了潘安荣的建议,词典修订稿以《大俄汉词典》的名义作为一部新的词典单独出版,与刘泽荣的《俄汉大辞典》并列发行。

今天想来,这个决策无疑是正确的。这件事的当事各方,在解决问题过程中所表现出的实事求是、与时俱进、互相尊重、友好协商、勇于担当的精神,不仅在词典工作中,而且在任何成功的大型协作项目中,都是必不可少的。不过,新的《大俄汉词典》仍没有具体个人署名当主编。

商务印书馆的远见
——《乌克兰语汉语词典》

上世纪80年代初,中国大百科全书出版社的创始人姜椿芳,通过黑龙江省委给黑大下达了将《苏联百科词典》译文初稿加工定稿并编辑成书的任务。通过完成这项任务,词典组成员得到了新的锻炼,对工具书的认识也有了许多新的体会。这对他们后来的业务取向很有影响。在这项任务最终结束之前,即1984年,我得到了一个赴加拿大做访问学者的机会。

我的合作者是一位乌克兰裔的政治学教授,预定的研究课题是苏联的民族问题。后来,他发现我有多年的词典编纂经历,随之建议我编纂一部《乌克兰语汉语词典》,还说这比原来的课题意义要大得多。这是我第一次发现,我的词典编纂经历,有时候还可能很被人看重。乌克兰语与俄语同属斯拉夫语族东斯拉夫语支,但毕竟是不同的独立语言。我能胜任这个课题吗?带着一些疑虑,我试听了乌克兰语课,搜集了多部乌俄、乌英与乌语详解词典,并进行了试编,之后我相信,这是一个可以完成的任务,于是就与赞助方重新谈定了合作条件。我坚持在加拿大期间我要做一些在国内无法做的事,而词典可以在我回国以后再去完成,对方对此表示接受。我们利用对方提供的词典编纂经费,根据我们的需要,增加并扩大了与对方的合作内容和交流范围。

回国之后,我与词典组的同事,在一年多的时间内就基本完成了这部词典的编纂任务。接下来,涉及出版问题,我怀着忐忑不安的心情,向商务提出申请,并表示加方还可以为出版提供一定费用。没想到,商务方面很痛快地就答应出版,而且不需要我们再支付任何费用,还同意由我署名做主编。

词典出版以后,正赶上苏联刚刚解体,在短时间内,我收到上百封世界各地乌克兰人的来信,或表示感谢,或索购词典。这时,对当初政治学教授提出的作为世界上第一部乌克兰语汉语词典选题的意义,我有了更切实的理解。在这件事上,我深切感受到了商务印书馆作为国家级出版社高瞻远瞩的大局观,以及对我个人的支持与提携。事情到这里还不算完。

上世纪90年代末期,根据中国社会科学院和乌克兰科学院有关合作的意向,决定编纂一部规模更大的乌克兰语汉语词典。这项任务后来由中国社会科学院乌克兰研究室的一位研究人员挑头,他恰恰是我们黑大的前辈校友。他辗转得知了我的情况,并把我当成了"先行者",专程来到黑大"取经",并争取到黑大的若干人加盟,成果最终也由商务印书馆出版。这就是《新编乌克兰语汉语词典》(2013)。

商务印书馆的胸怀
——《新时代俄汉详解大词典》

从加拿大访学归来的我,得到了学校的提拔。很快我就被任命为俄语系主管教学与科研的副主任并兼任辞书研究所的副所长。与此同时,随着学校的教学任务日渐繁重,辞书所的存留便成了一个问题。

完成了《苏联百科词典》任务之后,时任辞书所所长的李锡胤与副所长潘国民等,与时任中国社会科学院苏东所领导的赵洵,策划编纂一部"熔语词与百科词典于一炉",以大量采用书证为特点的四卷本的俄汉词典。为此,他们曾给黑龙江省委写信,阐明这个课题的意义,当然,也想借此证明辞书所继续存在的理由。因为这是越过学校领导的行动,出于对我这个"年轻干部"的爱护,他们有意没有让我在信上签名。但我在得知有关情况后,坚决要求签上名字。这件事给我带来了"在关键时候能够与广大群众站在一起"的良好反响。

不知是赵洵与省委有关人士的谈话,还是我们的集体签名信起了作用,最终省里给黑大特批了八个科研人员指标,辞书所总算有了一个继续存在的合法依据。为了最终搞定编纂四卷本《俄汉详解大词典》的项目,李锡胤提出了所谓"三通"的方针,即"通天(求得上层支持)、通钱(解决经费)、通外(纳入中苏合作项目)"。解决前"两通",几乎只能靠赵洵向她的多位老领导和老同事求助。据我所知,赵洵曾找过时任国家主席杨尚昆的夫人、剧作家李伯钊"化缘"。而"通外"却是黑大联手商务印书馆通过文化部外联局共同实施的。我自己亲身参与过与商务协商接待苏方对口的出版社专家。那是我第一次与商务具体负责外事的杨德炎先生打交道。在馆一级领导里，从部队转业不久的王新善恰好是黑大前身哈外专的老校友，他也算是赵洵的学生，对老校长的事自然全力以赴。

当初，《大俄汉词典》的编写耗时五年，而编辑排版也耗费了五年时间。照这样的进度，篇幅远超《大俄汉词典》的《俄汉详解大词典》，编者是否能够在有生之年看到它的出版，就会成为一个问题。已经升任所长的潘国民对这事比别人想得更多。那时，关于用计算机编词典的报道已经不少，但在国内实际采用的还不是很多。北大方正的技术可能已经步入市场，但还远非完善，特别是牵涉到俄文，有待解决的问题更是层出不穷。潘国民经反复考虑，最终提出了采用电脑自行排版的大胆想法。但遇到的困难，是外人很难想象的，首先是经费，其次是技术，当然还有周围人认识上的分歧。他请求商务方面给以前期资助，商务的反应很谨慎。后来曾专门派人来哈尔滨考察，最后的回答是，如果黑大方面能拿出合格的排版成果，商务可以付费，至于说前期投入，他们那里没有先例可循。这样，潘国民原来指望的经费支持就完全落空了。我也曾专程来京向一家专业的研究所寻求技术援助，还签了意向合同，预付了3000元钱。但后来对方单位竟被撤销，事情不了了之。这使潘国民的积极构想几乎完全破灭。

恰在此时，当地出版社的一位资深老编辑，也是黑大的校友，得知了这一情况，看准了《俄汉详解大词典》的分量，并说服了自己的领导,同意拿出10万元经费支持辞书所开发电脑排版,条件是词典须交由该出版社出版。在万般无奈、走投无路之下,为了继续生存,潘国民准备答应对方的条件,并忍痛向商务提前做了准备脱钩的通报。

黑大辞书所与商务之间的联系,一直都是通过潘安荣转达的。潘安荣在收到这封信以后,立即回信,要我们务必再多宽限一点时间,他要去领导那里做最后的争取。几天之后,潘安荣来信告诉我们,他已经做了最后的努力,领导的态度没有变化。他只能无奈地接受这个结果,失落的情绪溢于言表。这样,黑大辞书所与商务印书馆就《俄汉详解大词典》进行的合作便终止了。再后来,果然如那家当地出版社所期望的那样,《俄汉详解大词典》获得了第四届国家图书奖。

不过,更让我感动的是,这位前任领导,对那家"撬走"了这个项目的地方出版社竟毫无怪罪之意,他一如既往地允许那家出版社采用租借《现代汉语词典》版型的方法,以缓解社里的资金困难。这个细节让我对作为"行业老大"的商务胸襟之广大,有了具体的体会。不过,事情还不算完。

潘安荣对《俄汉详解大词典》并没有就此死心。即使在脱钩之后,他还多次通过李锡胤和我向潘国民转达,希望在10年合同期满之后,《俄汉详解大词典》仍能回归商务。这也许就是所谓"买卖不成仁义在"吧?这样一部词典,由一般出版社出与由商务出,社会效益会大相径庭,这一点潘国民当然也一清二楚。到了2005年,商务通过来京开会的李锡胤,再次提出"回归问题"。只是那时李锡胤本人已经决定不再从事词典工作。

没过多久，由潘国民、郑述谱等10名原编者与商务重新签订了《俄汉详解大词典》的修订出版合同。又经过10年的艰苦工作，许多情况下是潘国民一人独立支撑，这部词典终于以《新时代俄汉详解大词典》的名义由商务印书馆重新出版。只可惜杨德炎、潘安荣等人已经作古，没能亲眼见到这一天。

还必须补充一点。早在这以前，黑大在商务出的其他多部词典，都已经是自行排版。这大大加快了出书流程，保证了校对质量。总之，能自行排版，如今已经成为黑大辞书所的一个业务优势。这一点也得到了商务的认可。当初分道扬镳的事，不过是今天两家人轻松的谈资而已。

半个商务人

如今的商务印书馆大楼门前，横卧着一块花岗岩巨石，正面镌刻着郭沫若题的"商务印书馆"，背面有"昌明教育、开启民智"的题词。大门两侧的多块牌匾，与题词交相辉映。其中的一块是"中国辞书学会"。每次看见这块牌子，我会不由得联想起我与这个学会的缘分。事情要从上海辞书出版社主办的《辞书研究》杂志说起。

这个专业刊物的创刊时间与我们开始修订词典的时间几乎相同。它很快就成了我钟爱的业务园地与学术论坛。编辑部也注意到了我是一个很积极热心的作者。1988年，该刊邀请国内十多位作者在上海召开业务研讨会。我是被邀请者之一。我记得，当时上海正流行因吃毛蚶引发的肝炎，我也刚刚做过结肠癌手术一年多。经过一番犹豫，我还是决定赴会。这就是全国首届辞书学研讨会。

参会的大多是后来在辞书界颇具影响的专家，如杨祖希、徐庆凯、钱剑夫、陈炳迢、王德春、梁式中、金常政、赵振铎、陈楚祥、汪耀楠等。李锡胤与黄建华因故未能赴会。我与另外三人算是参会的"小字辈"。会上已经提出了筹建中国辞书学会的话题。

接下来的第二次辞书学研讨会是两年之后在武汉湖北大学召开的。会上，为成立辞书学会多方奔走的汪耀楠还专门就进展情况向会议做了汇报。1992年10月底，辞书学会最终宣告成立，并作为一级学会，挂靠教育部语信司，而秘书处则几经辗转最后常设在商务印书馆。

鉴于当时辞书市场良莠不齐、鱼龙混杂的情况，原新闻出版署委托辞书学会开展优秀辞书评奖，以对辞书市场加以正面引导。我有幸作为评委至少参加了三次从初评到终评到颁奖的全过程。这使我成了商务的常客，使我有机会与出版界、辞书界的多位领导和著名学者有了近距离的接触。他们的崇高境界、优秀品格、深厚学养都给我留下高山仰止、终生难忘的印象，使我有机会领略到来自其他行业、其他学科专家们异样的睿智与才情，也使我得以跨学科、跨行业地汲取有益的学术滋养。

后来，商务印书馆建立了辞书研究中心，我荣幸地被聘请为客座研究员，不时收到反映语言学研究前沿动态的宝贵资料。每次有事来京，商务几乎成了我必去之处，我觉得自己几乎成了半个商务人。

直到今天，在课堂上，不管是面对稚气未脱的本科生，还是已有专业积累的博士生，我都会说，词典，这是学习语言最可信的老师；编词典，研究词典，是研究语言的最好切入点。虽然这话我明知难免有片面性，但它却是我个人真实的业务体会。我的回忆，既是我个人与商务结下的辞书情缘的真实记录，也是黑龙江大学与商务印书馆围绕词典编纂走过的合作历史的部分写照。我从一个大型词典一般参与者逐步成长为整个项目的主持人，成为"辞书事业终身成就奖"的获得者之一，这其中有不少是商务给了我机会，为我搭建了平台，而我只是抓住了这机会，利用了这平台。我从商务印书馆那里得到了很多很多，而我回报给它的却很少很少。值此商务印书馆建馆 120 周年之际，我由衷地祝愿它的事业永远辉煌。

我参与《辞源》修订工作的历史回忆

方厚枢

商务印书馆对《辞源》的重新修订工作开始于"文化大革命"中的1976年1月,我曾参与这项工作,虽然距今已过去37年之久,但当年的种种事情仍十分清晰地留在我的脑海中,没有忘却。

一、我随陈翰伯同志组织的词典调查组开始,长期从事辞书出版管理工作

我于1962年8月从新华书店北京发行所调入文化部出版局出版二处工作,陈原同志时任出版局副局长,主管出版工作,因而经常受到他的教益。

1965年年初,中央宣传部为贯彻毛主席关于文艺工作的"两

个批示",派出以周扬副部长为首的工作组到文化部领导整风运动。陈翰伯同志为出版局工作组组长,领导出版局的整风检查,随后被任命为出版局局长。在整风检查期间,我被调去整理材料,直接受翰伯同志领导。但时间不长,即随王益同志到河南安阳参加农村"四清"社教运动,直到1966年年初返京。这时翰伯同志已到文化部"集训队"进行检查、揭发、批判。1969年,他又到湖北咸宁文化部"五七干校"劳动,直到1972年经周恩来总理提名回京,担任人民出版社领导小组组长。1973年5月调国务院出版口工作,9月成立国家出版事业管理局,他担任领导小组成员,分管出版业务工作。

翰伯同志到国家出版局工作后,了解周总理在1971年召开的全国出版工作座谈会上提出要出版辞书、工具书的指示,计划制定一个较长时期的规划。他先找陈原同志商量,并得到出版局主要领导徐光霄同志的支持,于是在1974年7月组织了一个词典调查组。从商务印书馆辞书编辑室抽调部分同志,又向北京大学中文系借调曹先擢同志,我也参加了。这个调查组一共9人,由翰伯同志率领,到上海的部分高校和出版社调查辞书编写、出版情况,回京后又继续调查,共召开了30多次座谈会。

我们在调查中了解到,"文革"后由于林彪、江青一伙的"形而上学"猖獗,极左思潮泛滥,人们的思想被搞乱了,受到影响较深的词典编纂人员曾经提出一些极左的口号,什么"要把无产阶级专政落实到每一个词条",词典的编纂、修订工作"要用革命大批判开路,以阶级斗争为纲","要将帝王将相、陛下、太监、僧侣等词汇统统从词典中清除掉","让词典成为宣传毛泽东思想的政治教科书",等等。当时有一种"时尚"是采用大量的毛主席语录作为例句,语录出现得愈多就愈"革命"。落实到词典的措施就是选出一二百条语录,有计划地安排在词典的例句中,好比"飞机场"放一条,"东直门"放一条,"东四""东单""天安门"等处再放若干条,这就叫"全面宣传毛泽东思想"。那时,词典的词条还有所谓"积极词汇""消极词汇"和"黄色词汇"等框框,认为无产阶级编纂的词典应当并且只能选收乐观的、正面的、积极的词汇,尽量删除那些消极的、低沉的、反面的词汇——因为那是资产阶级腐朽意识的表现,例如"沙发"一词即被视作"消极词汇"而被删除。当时还流行一种风气,不管编什么书都要"三结合",不分词典还是其他,均由工宣队的工人师傅当党支部书记或编写组组长,吸收工农兵参加,专业人员和知识分子往往只能当陪衬,有劲使不上,或说话没有人听,有时甚至发生"党支部说了算,还是你们知识分子说了算"的质问。有的工农兵成员文化程度低,编古汉语词典也要他们参加。有一家著名大学中文系师生和一家工厂工人"三结合",编纂一本古汉语小词典,一位著名的老教授在工厂简陋的宿舍(词典编纂组所在处),上午先给工农兵组长辅导古汉语知识,下午再对工农兵组员写的词条进行修改,比自己写还吃力得多。而这本词典出版后,署名则是工人编纂组的名字,美其名为"工人阶级占领了上层建筑出现的成果"。

陈翰伯同志对上述种种现象完全持否定态度,但囿于当时的形势,不能公开表示反对,只能正面以周总理的指示婉转引导,同时也加深了要召开会议通过各方面的努力逐步加以改进。

1975年，邓小平同志主持中央工作时，国家出版局会同教育部向国务院写报告，经邓小平同志批准，在广州召开中外语文词典编写出版规划座谈会，后形成《中外语文词典编写出版十年（1975—1985）规划（草案）》上报国务院，获得批准，下发全国执行。我受国家出版局领导指示，在出版部负责辞书出版管理工作。遵照陈翰伯同志的安排，先抓几部影响较大的大型汉语辞书。其中《辞海》的修订工作已由上海在抓；《辞源》的修订和新编《汉语大词典》《汉语大字典》这三部大型汉语辞书由华东、中南、西南12个省、市、自治区的出版部门和有关出版社一同协作进行。随着工作的进展，不断有新的情况和问题出现。在省、市、自治区的协作中，有些重要的问题需要国家出版局协调解决，我就经常和教育部高教一司的负责同志，各省、市、自治区出版局的词典工作办公室，以及上海、四川、湖北三地的"汉语大词（字）典编纂处"保持密切联系，成为全国辞书编写、出版信息的交汇点，将了解的情况及时向局主管领导汇报并提出处理意见供领导作决策参考。国家出版局（1987年后为新闻出版署）主管辞书的领导同志先后有陈翰伯、许力以、边春光、刘杲，还有商务印书馆总编辑陈原、教育部高教一司副司长季啸风（他曾在商务印书馆工作过，对几部大型汉语辞书的出版有过重要贡献）。几位领导同志为了实现甩掉"大国家，小字典"的落后帽子，立志为我国辞书出版事业赶上世界先进行列做出努力（陈翰伯语），曾经多处奔波，勉励辞书编纂出版工作人员克服困难，坚持做出成绩，或在可能的情况下帮助解决他们的困难。我从1975年几部大型辞书的开创工作时起，一直到1994年三部大型汉语辞书全部完成时止，曾先后担任国家出版局出版部和《辞源》修订工作领导小组的联络员、《汉语大词典》和《汉语大字典》工作委员会委员，参与三部大型汉语辞书的领导工作，随几位领导同志除在北京召开会议外，还到过上海（5次）、苏州、无锡、扬州、杭州、宁波、合肥、黄山（2次）、安庆、福州、厦门、广州（2次）、郑州、长沙、桂林、重庆（3次）、成都等地，召开或参加辞书工作会议，进行调查研究，18年内共有25次。

值得一提的是，"大国家，小字典"的说法，是20世纪80年代初《人民日报》《解放日报》等报刊发表纪念周总理的文章中说，"文革"中的1972年，一个小国家的领导人来我国访问，赠送给周总理一部大型百科辞书，周总理当时回赠的只是一本小小的《新华字典》。这个小国家名称叫什么？多数文章说是圣马力诺，有的说是摩纳哥。这个"大国家，小字典"的说法曾被广泛传播，由于有的文章作者是辞书界的著名专家，他们说的话似乎已成为定论，因而被一传再传。"文革"时期，我曾跟随陈翰伯同志参加《汉语大词典》的开创工作，当时遇到种种困难，队伍很不稳定，我曾听见翰伯同志和词典编纂人员讲过这句话，但并没有讲过这个小国家的名字（事实上我们也确实不知道）。2002年，曾任中国出版科学研究所所长的袁亮同志，在写《周恩来与新闻出版》一文时，为了搞清"小国家"的具体名称，曾做了详细的调查。首先向外交部档案馆调查，收到答复说"经反复查找我馆所藏有关档案，在礼品清单中未见上述礼品"。后又向陪同周总理接见圣马力诺外长、时任外交部西欧司负责人的胡叔度了解，他复信告知，不记得有此事。再查阅《周恩来年谱》《周恩来外交活动大事记》等书，都无此记载。至于另一个小国家摩纳哥，在"文革"期间，从未派代表团来中国访问过。经过这番调查、了解，虽然所谓"大国家，小字典"的说法形象、生动，以此"推论""文革"时的状况也不会引起人们的怀疑，但作为一篇史料，由于史实不清，袁亮同志决定在文章中舍弃采用这一事例。

为了做好辞书管理工作（我离开出版部之后调到研究室工作时为兼管），为局领导做好辞书参谋工作，我边干边学，用了很多时间对我国辞书编纂的历史和现状进行了深入的研究，将研究的成果和心得写成文章，在《辞书研究》杂志、《中国出版年鉴》和香港《大公报》的"中文辞书专刊"等报刊上发表了《中国辞书史话》《中国辞书编纂出版概况》等多篇文章。还广泛收集资料，将1949年10月到1986年底全国出版的中外语文、专科辞书（不收私营出版社出版的辞书）整理编目（对每部辞书均有简要介绍），在《辞书研究》连载，共2万余字。据该刊编辑部告知，这份编目受到英、美、加拿大、日本等外国研究中国辞书的人员重视。国内多家图书馆、科研单位也反映，这份资料对他们了解、选购、补缺辞书很有用处。

二、《辞源》修订工作从启动到完成的历程

《辞源》的修订工作由商务印书馆编辑部和广东、广西、河南、湖南四省（区）协作进行。

1976年1月15日，《辞源》修订第一次协作会议在广州召开，

陈翰伯同志在会议开幕时讲话说："今天在开会之前，我们以极其沉痛的心情悼念敬爱的周总理的逝世。周总理历来都十分重视出版工作，对出版工作曾作了多次指示。去年5月间在广州召开中外语文词典编写出版规划座谈会后，国家出版局写了报告送中央，小平同志看过后，知道总理关心出版工作，说要送给总理看。总理是8月2号圈阅的，在批件上写了'因病在我处压了一下'表示歉意。听说9月后，总理的病情恶化了，这个文件，是总理对出版工作最后圈阅和批示的一个文件。想起总理卧病在床，还这样关心出版工作，我们一定要化悲痛为力量，认真做好工作。我们现在召开这个修订《辞源》的协作会议，研究修订《辞源》，也就是完成总理最后批示给我们的一项工作。"在讲话的最后，翰伯同志说："这次会议结束时，临近春节，春耕接着便开始了。修订《辞源》的'春耕'同样也到了。会议小结时，希望能排出个近期工作的日程，有个好开头，以后就好办些。"

陈原同志也讲了话，对于《辞源》历史的回顾，对于当前需要做的工作提出了意见，并表示一定按会议商定的项目，尽最大的努力，特别是做好后勤和其他事务工作，和同志们一起胜利完成这个光荣的任务。

《辞源》第二次协作会议于1976年5月4—18日在河南郑州召开，交流了第一次协作会议以来的工作情况，并对一些需要解决的事项做出了决定。

《辞源》第三次协作会议于1976年12月17—28日在广西桂林举行，对于"文革"时期的编纂工作存在的问题初步交换了意见，还通过了一些改进编纂工作的具体办法。

1977年11月1日,《辞源》修订第四次扩大会议在湖南长沙召开。这是"文化大革命"结束后,清除"四人帮"极左思潮这些年对词典工作的干扰和影响的一次拨乱反正的重要会议。陈原同志经过认真准备,代表国家出版局的《辞源》修订工作领导小组在会上做了长达七个小时的讲话,提出了在词典工作中肃清"四人帮"的流毒和影响,要注意划清十个方面的界限。只有思想是非分清楚了,才能使词典工作大干快上。这十个方面的界限是:(1)词典和政论的界限;(2)客观态度和客观主义的界限;(3)要有时代精神和为当前政治斗争服务的界限;(4)相对稳定性和"反对新生事物"的界限;(5)尊重语言规律和所谓"封资修的大杂烩"的界限;(6)古为今用和"复辟回潮"的界限;(7)洋为中用和"崇洋媚外"的界限;(8)开门编词典和反对专家路线的界限;(9)辩证法和形而上学的界限;(10)革命文风和"帮八股"的界限。(陈原1977年11月1日在《辞源》修订第四次扩大会议上关于划清词典工作十个是非界限的讲话,后来在中国社会科学院的《中国语文》杂志上发表的《划清词典工作中若干是非界限》文章中修正为八个是非界限,即:词典工作和政论的界限;客观态度和客观主义的界限;相对稳定性和"反对新生事物"的界限;古为今用、洋为中用和"封资修大杂烩"的界限;"百花齐放、百家争鸣"和"回潮、复辟"的界限;辩证法和形而上学的界限;革命的文风和帮八股、繁琐哲学的界限;群众路线和弄虚作假"三结合"的界限。)陈原同志的这次讲话理论联系实际,以大量事实例证从理论的高度对所探讨的问题作了深刻的论述,有力地批判了"四人帮"对词典工作造成的干扰和破坏。这次讲话在词典界广为传播，对肃清"四人帮"流毒和影响发挥了重要作用。

《辞源》的修订工作先由广东、广西、河南、湖南四省（区）组建的修订组和商务印书馆编辑部分别按所分配的部首进行编纂工作，写出初稿。最后的定稿工作转移到北京，由四省（区）抽调的部分骨干和商务编辑部共同进行，然后由商务编辑部最后定稿、编辑。

《辞源》修订本出齐后，在四卷的书前，找不到主编的名字，仅在第四卷的最后一页列有"编纂：吴泽炎、黄秋耘、刘叶秋"三人的名字。陈原同志在全书出齐后写的文章中说：这部正文3620页、索引和历代建元表122页，全书1400万字的古汉语词典，有"两个人从头到尾'看'了一遍，先是词典界外的学者黄秋耘，然后是词典界内的里手吴泽炎（后来刘叶秋也参加了）"。这三位同志确实对《辞源》修订工作的完成做出了突出的贡献。

吴泽炎同志我早就认识，他于1934年在上海大夏大学毕业后，即进入商务印书馆编审部工作，曾参加《辞源》简编本的审订工作。1958年后负责汉语辞书编辑室，据说他积累的《辞源》资料卡片即达30万张。他参加《辞源》修订工作后，白天在商务编辑部为《辞源》的修订工作忙碌，晚上在家中还继续工作。据吴老的女儿说，她的父亲除每天晚饭时间问一句"今天发生了什么事"外，几乎和家人就没有讲第二句话。他的一天24个小时，除不得不花上数小时吃饭、睡觉外，就是与辞书打交道，除了辞书还是辞书。可以说，吴老是终生与辞书结伴的编辑家。

黄秋耘同志我过去曾在《文艺学习》杂志和其他报刊上读过他写的文章，但直到1976年他到商务参加《辞源》修订工作后才和他熟识,并成了很谈得来的好朋友。他曾经担任过《文艺学习》杂志编辑部副主任和广东省出版局副局长等职。据陈原同志说:"这位出身清华,正所谓'学贯中西'的文学家,居然肯跳进火海(辞书的火海),这是我始料不及的。有人说黄秋耘那时'遁入空门',因为他主持《辞源》修订工作达数年之久,认真严肃,乐此不疲,我则以为毋宁说他跳进火海。"

曾在《文艺报》编辑部和黄秋耘一同工作过的胡德培同志告诉我,黄秋耘参加《辞源》修订工作前后五年,有相当一段时间就住在商务中华楼上的宿舍中,他在《辞源》修订工作中特别注意找寻和核对书证,标明作者、篇目和卷次,工作非常细致认真,遇有疑难问题,或是请教他人,或是翻寻典籍,常常反复再三,直到查找到确实可靠的解释或证据为止。1980年,黄秋耘还写了一首七律诗《〈辞源〉书成有感》抒怀:"不窃王侯不窃钩,闭门扪虱度春秋。穷经拟作埋名计,训诂聊为稻谷谋。怀旧每兴闻笛叹,登高犹作少年游。万家灯火京华夜,月夕花晨忆广州。"

刘叶秋同志是一位对古典文学和辞书学有深入研究的老编辑,多年如一日地从事《辞源》修订的编审工作。他曾抄录16世纪法国语言学家斯卡格卡写的一首诗来比喻编词典工作比干苦工还苦:"谁若被判苦役工,忧心忡忡愁满容。不需令其抡铁锤,不需令其当矿工。只要令其编词典,管他终日诉苦衷。"

刘叶秋却笑着对人说:"我这辈子就是干这个(编词典)过来的,我并不觉得苦,倒挺有乐趣的。"这就是"苦中有乐"的经验之谈吧。

我和刘叶秋同志并不很熟,但是他在了解我做辞书管理工作,并努力学习辞书学的情况后,主动将他写的《中国的字典》著作签名后托杨德炎同志送给我,对我很有帮助。

　　修订《辞源》的工作是一种成天和古籍打交道的工作。在《辞源》修订本定稿时,从广西修订组到商务参加定稿的顾绍柏同志,曾写了一篇《如人饮水,冷暖自知——说说修订〈辞源〉的甘苦》,发表在商务总编室1981年4月15日编印的内部资料《工作简讯》上。文中形象地反映了编辑们的工作实况:"感谢商务印书馆汉语编辑室和资料室的同志,他们为《辞源》审稿调集了一大批急需的图书资料,估计不下万册,分别放在四楼辞源组的三个办公室(细分是五间),如果将三室看成三点,用线连接起来,正好成为一个直角三角形。我们外省的和商务辞源组的同志共十几个人,为了查书,就是这样沿着直角三角形的边线作穿梭运动,每人每天少则走几次,多则走十几次、几十次,脑子手脚来一个同时并举。而这对于我们外省的同志来说,已经算不了什么。下面的图书资料没有商务的齐全,我们常常要远征到外单位去查书。一般说来,作家们正式进入创作阶段,是不会有这种奔波之苦的。有时为了弄清一个词条,要花上半天、一天甚至几天的时间,要翻阅十几种、几十种图书资料,弄得头昏脑涨。当然一旦问题获得解决,心里也是很兴奋、很激动的,这就叫'苦中有乐'。"

三、陈原说:"编词典的工作不是人干的,但它是圣人干的!"

　　我参与了《辞源》的修订、新编《汉语大词典》和《汉语大字典》三部大型汉语辞书从开创到全书完成的全过程，经历了艰难的起步和在陈翰伯、许力以、边春光、陈原等老出版家的领导下，一步步地不断克服困难而走出困境的历程。《辞源》（四卷）历时8年，参加编纂工作的主要人员有109人；《汉语大字典》（八卷）历时15年，参加编纂工作的有300多人；《汉语大词典》（十二卷）历时18年，参加资料工作及编纂的人员前后有1000多人。在这三部大型辞书编纂队伍中，有许多语言学界的著名老专家、学者，有一大批风华正茂的青年教师、专家，他们都在这几部辞书的编纂中度过一生中最宝贵的时光。还有不少老同志在原单位办了离退休手续后，自愿投入到几部辞书编纂队伍中来默默作奉献。也有一些为这几部辞书做出贡献的同志却未能看到它们的出版，三部辞书中仅《汉语大词典》就有47位专家、学者离开人世时未能目睹出版成果。

对于所有参加过这几部辞书工作的知名和不知名的人们，他们几年、十几年在资料卡片中爬梳剔抉，在上千万、数千万字的书稿中字斟句酌、反复推敲，力求达到最满意的程度，他们所付出的心血和所经历的磨炼，可以借用陈原同志在《辞源》修订本问世时说过的一段话来表达："时下的读者决不能想象那艰辛的历程，只有那些踏着沉实的脚步（有时却又是蹒跚的脚步）走过这段途程的、不求名利、不怕风雨的人们，饱尝到其中的甘苦。"

关于辞书工作者的甘苦，担任《汉语大词典》学术顾问的陈原同志1980年11月25日在杭州召开的《汉语大词典》第二次编委会上讲的一段话，做了最好的表述：

"编词典是艰苦而又不被人理解的劳动。我说编词典的工作不是人干的,但它是圣人干的!这是真正的人干的!他能牺牲自己,为别人的幸福,为国家的'四化',为我们民族的光荣,为我们民族文化的积累,为整个民族科学文化水平的提高做出贡献。历史不会忘记这些圣人,人民也不会忘记这些圣人。这些圣人一时可能得不到人们的尊重,但终究会有人知道他们的。"

我与商务印书馆有缘

吴 模 信

2013年1月24日,我请人把伏尔泰的《巴黎高等法院史》——这是我进入耄耋之年以来翻译的第四部伏翁的历史著作——的中译稿发往商务印书馆张艳丽同志的电子信箱。第二天我同张艳丽女士通电话,她告诉我这部译稿已经收到,还说前几天我寄给她的这本书的法文原文复印件也已收到,我顿时心中一片快慰、一片感激。快慰,因为改革开放30多年来我断断续续的笔译工作现在可以画上句号了;感激,商务这个"中国现代出版业从这里开始"的园地,为我这样一个普通教师提供了译书的平台,给予我大力支持和帮助,我怎能不感谢它呢!这种感激之情化作一个心愿:把我几十年来经历过的琐琐碎碎的与商务有关的事写出来。当然,下面所写有的是70多年前的事,年代毕竟太久远,日期、地点、人名等记忆有误,是完全可能的。

1939年2月,我读完初小,考入四川省立川东师范学校附属小学。在当时的重庆,这所小学无疑是第一流的。一入学马上遇到两件新鲜事:一是我当上了童子军,上学要穿童子军制服;二是上第一节国语课(今天称为语文课),老师就发给我们每人一本商务出版的王云五编的《四角号码学生字典》。这本字典的检字法不是传统的根据汉字的笔画、部首检字,而是根据每个汉字的四个角的形状检字。这个检字法概括在一个口诀里,词句大致是:

一横二垂三点捺,

点下带横变零头。

叉四插五方块六,

七角八八小是九。

听说这个口诀出自大学问家胡适笔下。这一年我开始知道中国有个出版书的机构叫商务印书馆,有个编字典的人叫王云五。也是从这一年起我开始注意商务的书和人。商务出版的书中,我知道的第一本就是《四角号码学生字典》;商务的人员中,我知道的第一个就是王云五。至于商务的创办人夏瑞芳、鲍咸恩、鲍咸昌、高凤池和它后来的领导——我国著名的出版家张元济、高梦旦等,我是后来才陆陆续续知道的。

1941年2月我小学毕业,考入重庆私立广益中学。这所中学的英文名称是 Friends High School,由英国基督教公谊会于1892年创办。它坐落在重庆南岸黄桷垭文峰塔下,森林环抱的校园、典雅的西式教学大楼、完善的教学设备、一流的师资、宽阔的运动场等,使它成为当时重庆最好的中学之一。我入读这所教会学校时,它已经没有什么宗教味儿了,设课、管理等都与普通中学没有什么区别。我在这所学校的初中三年学习期间用的教科书大多数是商务出版的，其中有《代数》(章克标编)、《物理》(戴运轨编)、《化学》(柳大纲编)、《外国史》(何炳松编)、《综合英语读本》(王云五、李泽珍编)。当时对我们内地来的升入中学、学习英语从零开始的学生来说，《综合英语读本》难度太大。例如这套书的第三册（初中二年级上学期用）就把孙中山的《总理遗嘱》的英译文选为课文。这篇课文的句子长而结构复杂。像我这样的学生对这些句子的结构当时根本弄不明白，只好先囫囵吞枣，日后再反刍细嚼，消化吸收。

上初中二年级时，有一天，我偶然走进学校图书馆的阅览室，顿时眼前一亮。多么宽敞、多么明亮、多么静谧啊。沿着四面的墙摆放的是十多个大玻璃书橱和大书架，房屋中央摆着几张宽大的长方形桌子，那几个玻璃书橱立刻磁石般地吸引住我的目光。我走近一看，里面存放着整整一套封面印有紫色细花图案的《万有文库》丛书——这是商务出版的。旁边一个书架上整整齐齐摆着两大摞杂志:《东方杂志》和《小说月报》，也都是商务出版的。我生平第一次跨进一个书的世界的大门，眼界为之一开。我好奇地拿起《小说月报》这摞杂志最上面的、日期最新的一期，如饥似渴地读起来。作者在这篇小说中以第一人称的口吻叙述他作为一名中学篮球代表队的队员参加校际篮球比赛时与对方队员冲撞、斗殴，并殴打了裁判。他受伤回家后当晚夜不能寐，痛悔不迭。这是我生平第一次阅读一份杂志，第一次阅读一篇用白话文写的小说。

上初中三年级时，有人推荐说，要想讲地道的日常英语，可以买英格拉姆·布莱恩和厄姆·里特两人编著的 *The English Echo*（《英语会话教科书》）来背诵。这本书是商务出版的。我正有这个愿望，于是前去商务的重庆分馆门市部。商务重庆分馆（包括门市部）原来在重庆的商业中心最繁华热闹的都邮街。1939年5月3日和5月4日，日寇飞机对重庆狂轰滥炸，分馆馆舍被炸毁。分馆（包括门市部）迁到位于重庆城南、长江北岸沿江的白象街，滔滔江水就在这条街下面一百来米的地方向东流去。这条街不在重庆繁华热闹的地区，因此毫无车马、行人的喧嚣。分馆是一幢三层砖木结构的楼房，底层为门市部。门市部的外观十分素雅，毫不惹眼。跨进大门，一个书的森林映入眼帘，置身其中觉得身上的尘俗味儿都消减了几分。那套齐刷刷地陈列在一个大书架上的《大学丛书》不由得令我油然生敬。店员告诉我 The English Echo 已经脱销多时了（后来我好不容易才在重庆旧书摊上买到一本）。大概在1945年，商务属下的东方图书馆阅览室在附近对外开放。有一次我走进这个门市部，恰好一个大学生模样的人正在问店员有没有巫宝三编著的《经济学》，"巫宝三"这个名字我一下子就牢牢记住了。这时我突然萌生了一个幼稚的愿望：假如有朝一日我也能写出一本书来，这本书也能够摆在这个门市部的书架上出售，该多好啊！本世纪初，我曾回重庆白象街故地重游，这条街大大拓宽了，依旧毫无车马行人的喧嚣。商务的那幢楼房已经迹影全无，遗址上一座10多层的大楼拔地而起，大楼顶上竖立着"白象宾馆"四个巨型楷书字。

　　1944年，我初中毕业后没有升读普通高中，而是转读重庆市立师范学校。这是一所学杂费全免而且管吃、管住、管穿、管毕业后分配工作——当小学教员——的中等专业学校。这个学校的所有课程中只有生物课用的教科书是商务出版的《生物学》（陈祯编）。有个寒假，我闲来无事，在父亲的书房里东寻西翻，想找一本有趣的书来读读。我漫不经心地在一个多层书橱的最上一格发现在一摞《东方杂志》旁边整整齐齐摆放着另一摞的杂志：《日俄实战记》。这大概是在日俄战争（1904.2—1905.5）期间《东方杂志》按月出版的，专门报道这场当时正在我国辽东半岛旅大地区进行的帝国主义国家之间的战争进展情况的增刊。我发现了"新大陆"，于是津津有味地一本接一本读下去。这个刊物印刷精良，刊登有日俄双方的皇帝、首相、有关大臣、将帅以及战场、进军等的照片。报道的文体是所谓梁启超体，即半文半白体。读后我眼界为之一开，知道了一些当时日俄双方的政治、军事情况。东乡、乃木希典（此人后来曾任台湾总督）等明治维新时期名震一时的日军将领我就是这时知道的。

1960年我在塞外一所军校教书。一天我从有关部门得知，前不久商务曾经派人来学校摸底，物色能胜任翻译一部法国新近出版的、由法国左派学者以马克思主义的经济学说为指针编写的政治经济学著作的人。那时我与同事萨本雄先生、北京外文出版社的庞浩先生以及外交部的一位陈先生合译的塞内加尔的马杰蒙·迪奥普著的《黑非洲政治问题》一书刚刚由世界知识出版社出版。此书面世，我大受鼓舞，觉得自己有了一点底气。此外，我上大学时学过政治经济学这门课，参军后又在规定的政治学习中通读了苏联科学院经济研究所编的《政治经济学》这本书，因此对简单劳动、复杂劳动、商品及其属性、商品生产、价值、剩余价值这一套是不陌生的。我跃跃欲试，亟欲翻译这部法国出版的著作。经领导同意，我借一次出差去北京的机会前往商务当时设在北京城郊的翠微路的编辑部。接待我的是一位说普通话带有很浓的上海味儿的先生，看样子是个部门的负责人。他问明了我的来意，把我从头到脚打量了一番，对我说："这件事我们考虑考虑。"这句话的潜台词再明白不过了，我立刻知趣而退。这一次我乘兴而往，败兴而归。

"文革"结束后不久，南京大学外文系法语教研室接受商务委托，根据法文原版重译该馆"文革"前出版的根据俄文版译出的《傅立叶选集》（第一、二卷）。重译工作由赵俊欣、徐知勉、汪文漪三位先生和我负责。商务的副总编辑骆静兰女士为此专程来南京同我们商讨重译事宜。我建议把"情欲谢利叶"和"法郎吉"等音译词改为意译词，未被采纳。骆静兰女士新中国成立前毕业于国立中央大学（南京大学的前身之一）外文系，她这次南来还拜访了在南京的旧日师友。1979年《傅立叶选集》（第一、二卷）新译本出版，此后数次重印。

1979年，为了编《法汉双解法语成语词典》（这是上级教育部门分派给南大外文系法文教研室的任务），我和南大两位法语教师赴京、汉等地有关学校和出版机关取经。在京期间，商务的总经理兼总编辑陈原先生在百忙中接见了我们。他鼓励我们放手大胆，先把这个空白（当时国内的法语成语词典为零）先填上再说，有错、漏，再版时修改。遗憾的是，我们编好这部词典，校好清样后，负责出版的出版社突然变卦，以出版后将亏本为借口，违约拒出。最后这家出版社用它预付给我们的一小笔钱充作赔偿费付给我们，了结了这件事。大约半年后，另一家出版社主动找上门来，表示愿意出版。条件是：对已经校改的清样再进行校改并增添词目。我们履行了这个条件。结果历史重演：这家出版社也突然变卦，以市场经济讲究盈亏为由，违约拒出，而且也如法炮制，用上述方式了结此事。言而无信，宁有逾此？呜呼！

1980年初商务编辑李澍泖先生约我与上海外国语学院的沈怀洁女士以及中山大学的梁守锵先生合译伏尔泰的历史名著《路易十四时代》，并要我负责审校全部译稿。李、沈两人和我同属清华1950级，并同在外文系。我与沈在法语专业，李先在俄语专业，后转入法语专业。李是我的好友，是我生平所见到的学外语最有天分的人，译著颇丰。可惜他从商务退休后，在华侨大学外文系系主任任上猝然离去。1982年《路易十四时代》出版。出版后国内至少有两家杂志和一家报纸对之进行了评介。

《路易十四时代》出版后，李先生要我和梁先生以及北京外国语学院的谢戊申、邱公南、郑福熙和汪家荣四位先生合译伏尔泰的另一历史名著《风俗论》。我负责译此书中册的一部分。此书由郑、梁两人共同校改，于1995年出版，2000年第二次印刷。

我译完《风俗论》中我承担的部分后，李先生嘱我与北京外文出版局的《北京周报》（法文版）的唐家龙和曾培耿两位先生合译当代著名的法国历史学家费尔南·布罗代尔的《地中海与菲利普二世时代的地中海世界》；唐、曾两人合译第一卷；我译第二卷并负责校订第一卷。这部现代史学界年鉴派的代表作博大精深，洋洋130万余言，行文所至，涉及法文、英文、意大利文、德文、西班牙文、加泰罗尼亚文等文种的原始档案资料和大量著述，知识面极广，翻译难度极大。总的来说，我校订第一卷时对有些译句只能指出尚需商榷,没有把握修改拍板。幸好有位法籍专家、历史学博士弗朗索瓦丝·沃冈女士当时在《北京周刊》(法文版)工作。上述疑难经向她请教后都迎刃而解了。可惜这位女士不久后合同到期回国。我译这部著作的第二卷时真是困难重重。其中一些是语言方面的,另一些是史实方面的。我先向当时在南大教授法语的一对年轻法籍夫妇请教。他们非常热心。时值盛夏,他们冒着南京的溽暑高温对我提出的疑难一一做了书面回答(我书面提出,以便他们有时间思考)。我看了这些解答,觉得其中一些不能令我充分信服,而这些又往往是关键所在。可是这时在国内我能够在哪里找到一个法文水平既高,又谙熟欧洲历史的人向他请教呢?我真是一筹莫展,大大犯难。然而"山重水复疑无路,柳暗花明又一村",正在这时,商务的一位编辑(记不清是谁)间接向我建议:布罗代尔的夫人还健在,也是个历史学者,不妨写信向她请教。这个建议正确而及时。我立刻通过出版这部著作的巴黎巴尔芒·科兰出版社与布罗代尔夫人取得联系。这真是一位热心的、可敬的夫人啊!我两次寄给她我的疑难,她都尽快寄来详尽而中肯的解答,我对她真是感激不尽,现在我还珍藏着她的这些解答。李澍泖先生离开商务后,这部著作的编辑出版事宜由商务译作室副主任常绍民先生负责,并于1996年出版,2011年第二次印刷,并收入"汉译世界学术名著丛书"中。这部著作连同《路易十四时代》被国内有些大学的历史系列入攻读世界史博士学位的研究生必读书目。

20世纪90年代初,《路易十四时代》第二次印刷。重印事宜由商务的资深编辑赵琪先生负责。付印前,赵先生来信说,这本书第二章的"德意志帝国"（原文为Empire d'Allemagne）一词是个错误译法，语气非常肯定、非常自信。赵君之言差矣。我回信详细告诉他"德意志帝国"这个名称的来龙去脉，并从商务出版的好几本外国历史书中引出例子佐证。赵先生胸怀坦荡，复信向我表示歉意，认可我的解释。后来他出差来南京，我们聚谈甚欢。

1994年10月，常绍民先生来南京约我参加翻译"我知道什么？"丛书项目。经商定，我承译《恺撒》《天主教史》《基督教新史》《犹太教史》《地中海的最早期文明》和《希腊化时代的文明》。别看这六本书小而薄，译起来却煞费周章。三本宗教历史书是三块难啃的"骨头"。为了对这三种宗教有个概略的了解，以免在翻译时闹笑话，我动笔前阅读了陈泽民编著的《基督教常识问答》、于可主编的《当代基督新教》，还有《大不列颠百科全书》中有关天主教、基督新教及犹太教的词目以及《以色列百科全书》中有关犹太教的词目。我翻译《基督新教史》时遇到几个疑难，于是通过出版这套丛书的法国大学出版社把这些疑难寄给作者让·博伯罗先生。这位先生是法国一个研究宗教问题的机构的领导，是个热心人。他除了回信解答了我提出的疑难外，还寄赠我一本他编著的《基督新教》。他要我向他提供一些关于基督新教在中国传播的资料。我把上述于可主编的《当代基督新教》的第七章"当代中国基督新教的发展与特色"整整一章译成法文寄给他。对我来说，最难啃的一块"骨头"是《犹太教史》。我写信把疑难寄给作者安德烈·舒拉基，但信寄出后石沉大海，不得已我转向让·博伯罗先生求援。他回信说，他对犹太教不很了解，不过他已转嘱他的一位同事——一位专门研究犹太教的女士——解答我的疑难。真是古道热肠！不久后这位女士的解答寄来了。我很感谢她。遗憾的是，我现在忘记了她的名字。

我自1994年10月开始翻译这六本书，译完一本立即寄给责任编辑，于1996年末全部译完寄去。《恺撒》1995年出版，《犹太教史》2001年出版，其余《天主教史》《基督新教史》《地中海的最早期文明》和《希腊化时代的文明》等四书交稿后一直没有下文。

2007年，《路易十四时代》面世已经25年。25年来我时不时翻阅这本书，越来越觉得有的译句不能令人满意，体例、注释也需修改。我于是萌生了修订的想法，这个想法得到当时商务译作室副主任王明毅先生的支持。该书修订本于2009年出版。

这一年秋天我心血来潮，突然想到，我已经与人合译了伏尔泰三部历史名著的两部——《路易十四时代》和《风俗论》，何不一鼓作气，乘胜追击，把第三部《查理十二传》也译出呢？此外，我认为一位苏联的历史学者在他撰写的《伏尔泰传》中十分推崇的，也出自伏翁笔下的《彼得大帝在位时期的俄罗斯帝国史》和《路易十五时代简史》两本书也值得译出。我这个想法也得到了王明毅先生的支持。自2007年冬起在乐眉云、吴煜幽、张新木三位先生的帮助下，我花了两年多时间译完这三本书并交稿。但接下来却长期没有出版的动静，数次函电催询，得到的答复都是要我放心，保证出版。2011年1月我写信给时任商务译作室主任的陈小文先生，请他亲自过问一下此事。1月28日我收到他的回信。回信写道："……您2011年2日来信收到了。我们已经安排人员编辑您的书稿，争取今年出版……"并告诉我责任编辑是张艳丽女士。这真是给我的一颗定心丸啊。经历了一点小小的波折后,这三部译稿于2011年年底从北京商务转到新近恢复的上海商务,由鲍静静女士和王卫东先生两人负责编审事宜。我于2012年5月底把这三部译稿的校样先后改好寄出。2012年初这三部校样回到北京商务张艳丽女士手中。①

"老牛眼见夕阳西,不待扬鞭自奋蹄。"2012年初,我这头老牛想在夕阳西下之前再耕犁一小块地,翻译伏翁的《巴黎高等法院史》。这个想法得到陈主任的支持。2012年末,我译完这本书。编审事宜也由张艳丽女士负责。②

这篇东西写到这里应该打住了。停下笔来缅怀往事,真是感慨万千。自当年我还是一个幼稚的小学生从老师手里领到王云五编的《四角号码学生字典》起,到请人寄出伏尔泰的《巴黎高等法院史》的中译稿止,74年弹指一挥,"卯角俄成白发翁"。白云苍狗,悠悠万事,74年来我读了不少商务出版的书,逛了不少次它的门市部,我同它的分属于三个辈分的九名编辑打过交道(他们当中已有三人仙去)。它已经出版了我独译和与人合译的共六部著作。它还将出版我独译的四部著作,这些难道还不足以证明我与商务有缘吗?我理所当然地对它满怀感激之情。最后,我衷心祝愿中国现代出版界的这棵最老、最粗、最高的参天大树永远枝繁叶茂。

---

① 这三本书分别以《查理十二传》《彼得大帝在位时期的俄罗斯帝国史》《路易十五时代简史》之名于2016年出版。——编者
② 本书于2015年出版。——编者

我与商务印书馆的缘分

车 洪 才

商务印书馆建馆 120 周年了。

120 年来，商务印书馆以"开启民智、昌明教育"为己任，在拓宽民族视野，推动国民教育，弘扬中华文化，促进学术发展，开展中外交流等多方面做出了巨大的贡献，名扬海内外，得到社会的高度好评。知识界无不以与商务印书馆结交为荣。

《普什图语汉语词典》的编写任务使我有幸结缘商务印书馆。

1978 年：受商务印书馆委托，接受国家任务

"文革"结束前夕，我从"五七干校"回北京广播学院，不久，被借调到中国国际广播电台普什图语组做翻译、定稿工作。1978 年年初的一天，商务印书馆第一编辑室主任朱谱萱先生带着

任务来到国际广播电台,商讨编写某些非通用语种词典事宜。台里通知每个语言组派一人参加会议。普什图语组是张敏参加的。张敏回来传达了朱先生提供的信息:1975年在广州召开了"中外语文词典编写出版规划座谈会",会上制定了中外语文辞典出版规划。为了扩大我国在联合国教科文组织中的影响,规划中列入了一些非通用语外汉词典。这项任务分工给商务印书馆执行。国际台是国内非通用语人才最集中的单位,所以,商务印书馆在做了一些前期准备工作之后,来跟国际台商量如何完成这项任务,规划中有《普什图语汉语词典》。

大家听了都很兴奋,因为切身感受到词典的需要。一方面,普什图语对外广播已开播5年,由于"文革"的影响,翻译中语言生硬,没有生气,不敢突破,除去政治原因,也是因为没有工具书,依据不足;另一方面,学外语的人没有词典,扩大阅读量就受到限制,个人水平提高十分困难。讨论中大家异口同声:应该接受这项任务。但对具体操作,就雷声大雨点小了。

过了一段时间,朱谱萱先生专门来国际台以讲座和研讨的方式,细致地讲解了编写词典的一般程序,具体地教我们如何设计编写词典的体例,并提出了词典编写中容易出现错误的一些注意事项。鉴于当时的条件,出版社要以卡片发排,朱先生连怎样做卡片都讲得很仔细。普什图语组是我参加的,我因此有机会听了一堂终生难忘的课,茅塞顿开,受益匪浅。朱先生是我接触到的第一位商务人,他那时已60多岁,在我心目中,他是一位尊敬的长者,是我编纂词典的启蒙老师。他讲话慢条斯理,循循善诱。几十年过去了,他那和蔼可亲的音容笑貌,至今铭诸肺腑。

我们接受了任务，商务印书馆立即把他们前期准备的一套从俄语翻译过来的《普什图语俄语词典》作为蓝本送到国际台。当时还很年轻的杨德炎同志跟我们接触过几次，后来换成了孙敦汉同志。

蓝本只有中文，词目和例句等普什图语全部空着，于是，我和张敏，还有另外三位同志各分了一个字母，先把本子上的普什图语填起来。我们过去学外语记单词也都是用小纸条一面写外语单词，一面写有关该单词的信息：词性、语法变化、释义、例句等，所以，按照商务印书馆的要求做卡片，我们很容易接受。在往蓝本上填普什图语的同时，我们试着做了一些卡片。做这一切时我们既兴奋，又感到无奈，因为这些工作只能用业余时间做。国际台是对外宣传单位，广播是政治任务，不能出半点差错，任何差错都可以上纲为政治问题，"文革"刚刚结束，大家都心有余悸。领导也不敢给予我们专门时间搞词典。在上班时间搞词典又似乎不务正业。经过一段实践，大家都认为词典编写很难，编不下去。

张敏是从外交部借来工作的。他是我在阿富汗学习时的老同学，彼此知心，经常交换意见，对编词典的意义认识一致。我私下跟他商量想回学校编词典，他支持。恰好，当时电台和广播学院协商把借到国际台工作的外语干部人事关系都转到国际台，我提出家里有困难，不能转，要回学校。经过争取，得到允许。张敏帮我把编词典所需要的东西，包括商务印书馆提供的蓝本、刘泽荣主编的《俄华大辞典》、一本《现代汉语词典》，还有原来广播学院专家带给广播学院的一本原文词典及少量空白卡片，都收拾好，带回学校。

"文革"中广播学院被撤销，刚刚恢复重建，一切都还没有走上正轨，人浮于事。回到学校，我详细地向外语系临时负责人汇报了我带回的词典编写任务，并请学校给我配备助手。当时，调人有编制限制，只能借调。系里要我提出借调人选，他们给院里打了报告。院里同意出借调函，由我自己去联系。

我提出两名人选，都是1963年入学毕业后改行的。其中一位当了中学教师，所在学校不放人，只好作罢。另一位是宋强民，他父亲是北京戏曲学校的领导，毕业时，他父亲还没有"解放"，受家庭影响，他被分配到河北省河间县文化馆搞县广播站。他中学在北京外国语学校学的法语，后来考到广播学院学的普什图语，学习一直很好。他到河北工作后，每年都回来，跟我有联系。他自己活动能力强，于是我把商调函交给他自己去办了。

借调的人没来之前，系里给了我一间办公室，配有桌椅和一个文件柜。我把"文革"前外语系在德国定制的那台普什图语打字机从电台搬了回来，把编词典用的蓝本放进书柜，把我手头有的普什图语原文词典、普什图语波斯语词典、波斯语英语词典、普什图语俄语词典、阿拉伯语汉语词典，以及新英汉词典、《俄华大辞典》《现代汉语词典》等等，都搬到了办公室。

我静下心来仔细咀嚼商务印书馆传授的词典编写方法，认识到体例是编写词典的根本依据。于是，从设计词典的体例入手。我反复翻看蓝本并比较阿富汗和巴基斯坦出版的词典，吸收可取之处，避免不足，在下列几个方面有所收获：第一，编写目的确定为兼顾翻译、教学和科研。第二，选词范围定为日常生活及政治、经济、文化、社会、军事、外交、科学技术等方面的基本词汇。第三，在研究各部词典的选词时，我注意到，阿富汗普什图语学会编写出版的《普什图语词典》是为懂波斯语的人编的，在选词方面过分强调选收纯普什图语词，排斥了9个阿拉伯语字母，致使将近十分之一的积极词汇未被收入。所以，我决定我们这本词典要适当选收符合编写宗旨的常用外来词汇，特别是已融入普什图人生活的阿拉伯语和波斯语词汇。第四，在立词条方面，我发现蓝本中由于方言不同反复立词条，还把一个名词的直接格、间接格、阳性复数、阴性复数，动词的各人称、时态变化、分词、动名词等都分立词条，使一部词典加厚许多，我决定避免这种水分。第五，以往的普什图语词典基本都不注明外来词的语源，这不便读者在阅读时根据这些词汇的本来含义理解句子，所以，打算尽量注出外来词的来源。第六，在设计注音符号上我花了许多工夫，后来还经过多次修改，确定了基本框架。理清了思路，制定了凡例，可以着手工作了。

1979—1982年：制作10万张卡片，完成70%

宋强民经过努力，于1979年年初来到广播学院。那时，我一个人已编了蓝本的50多页，做了个样子。我们分工由我来确定格式，解决好释义，写在本子上，他负责往卡片上打字和抄写中文。在他熟悉工作后，我们两个人经常一起琢磨中文的表述。有些词懂得了它的意思，但中文究竟怎么说，未必一下能说准确，特别是有的词一词多义,在不同的场合中文用不同的词表达,而且不能与基本释义相差太远,的确需要花一番心思。能找到例句还好,没有例句要说清楚挺不容易的。有时,碰到一个生僻的词,左查右查拿不准,急得我满屋转悠,有时一上午编不成几个词条。

在编写的过程中,我们越来越感到资料不足,"巧妇难为无米之炊"。阿富汗的资源匮乏,于是我给巴基斯坦白沙瓦大学普什图语研究院院长写了一封信,完全是盲投。没想到,穆罕默德·纳瓦兹·塔伊尔院长马上给我回了一封热情洋溢的信,他对中国有人懂普什图语并且还在编词典感到十分惊讶,表示愿意尽力提供帮助,甚至合作。那时,"文革"刚刚结束,百废待兴,我们这样一本词典买资料的经费都不好伸手向组织要,怎么可能与国外合作呢?我避开合作不谈,只说资料缺乏。没多久,巴基斯坦驻华使馆就送来白沙瓦大学出版的各种普什图语资料几十本,其中包括由纳瓦兹教授主编还没有出齐的一套名为《普什图语》的原文词典,对我们确定释义和用法,补充例句都有帮助。

翻译好的蓝本很可贵,但是,不能过分依赖。我们在使用过程中发现了一些问题。最严重的是俄语词汇内容丰富,往往一词多义,译者不懂普什图语,很多俄语词又不认识,怕翻译不全,不少俄语汉译都是从《俄华大辞典》整词条抄下来的。他们这种认真的精神使我感动,但是,孳生出许多俄语有而普什图语没有的释义,落到书上岂不是"无中生有",误人子弟,实在太可怕了。对于这个问题,《普什图语俄语词典》的编者是以好几个含有同一个释义的俄语词来界定普什图语词义的,所以,我第一遍先选出几个俄语单词的共同含义,对照普什图语原文词典的解释,再看波斯语对该词的翻译,并借助蓝本提供的例句理解词义。此外,一些与宗教有关的词,我要查看宗教词典和《辞海》等工具书的相关知识;大量的阿拉伯语词要查阿拉伯语原来的含义,对比波斯语英语词典的翻译;涉及阿富汗历史、文化、民族以及风俗习惯等方面的背景,我要翻看相关的书籍和资料。编写中,我深感自己外语和知识水平不足,真是边学习、边提高、边编写。

在我们编写的同时,张敏也选些用法多的词条,做成卡片,带过来,我们随时插到已编好的卡片里。没过多久,他被调回外交部并被派往中国驻阿富汗使馆工作。

我回到学校后,商务印书馆的孙敦汉同志一直跟我保持联系。他高高的个儿,高鼻梁上架着一副黑边眼镜,说话斯斯文文,一副书生气。他话不多,可能怕影响我们工作,不聊闲天。他是专门搞辞书出版的,知道工作的难度,从来不催我们,还安慰我们说,出版社没有做时间规定,因为条件有限,能努力编写就是希望,使我们感到很亲切。开始他每两周都要过来了解有什么困难需要帮助解决,有时他也找系领导聊聊,帮我们争取领导的支持。他来就是对我们的鼓舞,使我们感到有人关心我们的工作。我们和他处得非常融洽。

应该说,在特殊的情况下,我们这项任务下达的程序和领导关系无法理顺。广播学院的领导不是受命于上级机关,而是在学校没有招生任务的情况下默许我承担这项国家任务的。而商务印书馆同我仅是合作关系,不是领导与被领导关系。对于这种局面,我每月都做好工作进度表报给系里负责人,请他们监督,以使我的工作在系里合法化。

1982年8月，宋强民正式调到国际广播电台工作，解决了调回北京的难题，我为他高兴。他离开之前，我们把做好的卡片装进卡片箱收在柜子里，共36箱，粗算约10万张，完成了整个词典规划的70%。卡片是按发排的要求做的，宋强民小时候抄写过戏文，养成一笔一画写字的习惯，卡片做得工工整整，一丝不苟，我请孙敦汉同志看是否符合发排的要求，他点了头。商务印书馆的指导使我们心里有底，编写工作一直在规范有序地进行，少走了许多弯路，为词典的后续工作奠定了基础。

1982—2008年：工作调动，卡片遭劫，编写中断

剩我一个人后，国际台曾托人带信欢迎我去。对他们的好意我表示感谢，但词典还要编下去，我不能去。我一个人依然坚持往下编写。

后来形势发生了变化，系领导也换了。外语系要开办国际新闻专业，要我外出调研，了解社会需要和生源情况，并根据学校现有条件写出开办国际新闻专业的可行性论证报告，预计需要一个学期时间。我提出词典编写还在进行当中，不能半途而废。系主任不软不硬地说，你已经专门编写三年多时间了，现在系里要开新专业，请你出来帮系里做点工作，也是对外语系建设的一份贡献，把词典先放一放吧。身处外语系，这是硬任务，是大局，我理不直气不壮，只好接受。完成这项工作后，我仍坚持编写词典。使我心烦的是他们不允许我撤出系里工作。由于时间得不到

保证，逼得我把一些编写工作拿回家里干。

后来，系主任向我打招呼，可能把我提到系一级工作，要我做好思想准备，我没有动心。转眼到了1984年，广播学院进行系处级领导班子调整。系主任通知我，院里安排我到干训部当副主任。我对干训部根本不了解，他说，干训部跟广播电视部关系更密切些，叫我去组织全国广播电视系统的函授教育。这与我的专业毫不相干，我说，我是专业干部，要搞专业，词典已完成一多半，不能放弃。再说，我去干训部的话，外语不是全丢了吗。他说，院里考虑过，办函授教育是当务之急，安排你到干训部干两年，把函授办起来再回外语系当系主任。院里已经决定，任职材料都报部里了，没有商量余地，准备上任吧。我很不情愿，但无力抗争。我手头的词典编写工作就此搁浅，词典成了我后来时时挂怀的心病。

在这期间，孙敦汉同志曾打过一次电话，问我手里是不是有一本《普什图语俄语词典》，那是他从资料室借出来的。我告诉他我手头只有一本《俄汉大辞典》和一本《现代汉语词典》是商务印书馆提供的。这可能是那个阶段，我们的最后一次通话。事隔30多年，在我重校所编《普什图语汉语词典》时，翻看蓝本，发现了由俄语翻译分别夹在几十本翻译稿中拆散的《普什图语俄语词典》页片。这使我恍然大悟，那不是《普什图语俄语词典》吗！一种愧疚感油然而生，使我久久不能平静。真对不起孙敦汉同志，不知他当年多为难呢。后来因为工作调动，我与商务印书馆渐渐失去了联系。

函授确实关系到广播电视系统的全局部署，我不敢大意，只能集中精力投身到新的工作。有一天，我办事经过外语系，发现一些办公室在粉刷，我走到我原来的办公室，房间腾空了，已粉刷一遍，卡片柜呢？立在办公室对面的水房里，卡片撒了满地，我惊呆了。在我离开外语系时，因为当时干训部办公室紧张，没有地方摆卡片柜，我把文件柜改的卡片柜仔细检查过，卡片箱摆得整整齐齐，上下两层对开的门都加了明锁，暂时留在外语系。没想到，上下两层间放空白卡片的两个抽屉被工人们拉开，他们伸手到下层从里边掏出卡片铺在水泥地上睡午觉，不仅如此，他们还把很多卡片从窗户扔到外头，前一天下过雨，很多卡片都在楼下草地的泥里，泡得字迹都模糊了。见此情景，我一下蒙了。有三个工人在里边，我不知该怎么办，打也不是，骂也不是，都没有用了，大声对他们说："这是谁干的！你们这是犯罪！我们辛辛苦苦干了几年才做这点卡片，随便就给毁了。你们刷的墙我给刮了，行吗？无知，无知！"几个人偷偷地溜走了。我怎么办？往回拣吧。我打开卡片柜的锁，拿出几个空卡片箱，顾不上顺序，从地上收起来，装在箱里。由于数量太多，我只能先堆在一起，搬了几箱回家，并叫家里人来帮我一块往回搬，把落在泥水里的卡片也尽量地捞出来。卡片遭了一劫！

函授办起来了，各项工作都能正常运转了，领导许诺的"两年后回外语系当系主任"却没有兑现。1987年下半年，我建议安排干训部专业人员每周两个半天搞专业，也为自己争得一点时间，名正言顺地在家编词典。

我在干训部整整工作了五年，亲眼看到第一批入学的618名新闻编采专业学员毕业。他们当中，不乏广播系统内外像赵忠祥、吴珊、王志等已经成名和即将成名的人物。他们实践经验丰富，知识面广泛，通过三年的学习，加强了基础，把已掌握的知识系统化、理论化，解决了学历问题，在后来的工作中发挥了更大的作用。可是，我本人却很少有成就感。五年间，我非但不能全力编写词典，外语也在荒废，精神备受煎熬。这时，外交部借调我去驻巴基斯坦使馆工作，经过一番思想斗争，我勉强接受了，以为能有益于编写词典。可是，外交业务十分繁忙，作为政治处的一等秘书，调研工作压力很大。好在能用上英语和普什图语，对恢复外语有点帮助。后来我转馆去了阿富汗，希望为词典搜集些资料。没想到，阿内战让我这个办公室主任把精力主要用到维护馆舍和人员安全上了，直到全部人员撤回。在阿富汗除找到一本《英语普什图语词典》外，没有更多收获。

直到 2000 年，广播学院恢复非通用语种招生，我和张敏教了八年普什图语，培养了两班本科生。为编写出版教材，我学会了电脑，用上了普什图语软件，这才真正为继续编写词典做了实实在在的准备。

2008—2012 年：全心投入，电脑编排

送走最后一班毕业生，从 2008 年下半年起，我完全沉下心来，把精力投入到《普什图语汉语词典》的编写工作中。这时我已经 72 岁，更加珍惜工作的宝贵时光，为了避开外界的影响，我干脆躲到儿子在厦门的家里去编。

一本有一定规模的词典开本大，页面宽，为了不浪费页面，

必须分栏。但普什图语是从右向左书写，Windows 没有从右向左书写的分栏功能，为这事我儿子花了很多脑筋，反复试验，得出结论"不可行"。我只好使用 Windows 自身的分栏功能。左右行文不同，两种语言容易相互影响。我试着把英文字母注音和中文的释义等先打出来，给普什图语留出空，最后再输入普什图文。涉及移行的问题，上一行，从右向左读一半，到下一行得到左边找普什图语继续从右向左读。排了一段，看着有点别扭，坚持把整页排满，看着才有点顺眼，阅读有了规律。电脑录入很慢，特别是注音。最初的注音设计要在拉丁元音字母上加撇、加横，还有几个国际音标符号，用区位码输入，太影响速度。我不得不参考国际音标和韦氏音标重新制定了一套注音方案，在不同的普什图语单词上试着用，直到行得通；重音改在辅音前标注，这样，注音可以直接用英文键盘输入了。

电脑应用到这个程度，结束词典编写的纸质阶段，进入全面用电脑录入、编写阶段的条件已经成熟。我拉上张敏，在几位年轻人的配合下，分头往电脑里录入卡片，同时，直接用电脑编完词典的剩余部分。2012 年年初我已经把分头录入电脑的 40 个字母全部集中到我这里，并陆续按格式编排起来了。

2012—2014 年：与商务再续前缘，词典出版

出版的问题提到日程上来了。我与商务印书馆"失联"多年，每次路过那里，心里都会出现一阵隐痛。词典没有编完，我不好

意思跟人家联系，多年来，我一直暗下决心，把词典编完再找他们。但时过境迁，中国已变成市场经济社会，出版界商业气氛很浓。很多人都替我担心人家还会不会给出。可我始终认为，列入国家出版规划的项目不会不算数，国家行为不是儿戏。

我想跟原来认识的人联系，但他们都老了，于是我查到商务印书馆老干部处的电话，打听第一编辑室主任朱谱萱及孙敦汉的联系办法。对方回答：朱老先生已经100多岁，我们一般都不打扰他。孙敦汉已退休在家，他们得先征求本人的意见，看他愿不愿意跟我联系。我把自己的电话告诉了对方。过了没多长时间，我的电话响了，是孙敦汉同志打过来的。多年不见，他很客气。我简单把词典完成的情况向他做了介绍，问他出版有什么问题没有，他说，他已退休多年，情况也不太了解，人都不认识了。还说，在第一次全国辞书出版规划会议之后，又开过类似的会，而且非通用语词典的出版分工可能做过调整，他说，普什图语词典如果没有划给别的出版社，商务印书馆会接的。他建议我直接跟商务联系。我感谢他的指引，并且说，以后有什么消息我会告诉他。没想到，在词典付印时，从商务得知孙敦汉同志因脑中风引起言语障碍，无法跟他联系了，我感到很悲伤。

我去商务印书馆之前，打印了一封给商务印书馆总编室的信。信主要包括：《普什图语汉语词典》简介、《普什图语汉语词典》编写的简单历程、《普什图语汉语词典》两位主编简历、《普什图语汉语词典》体例说明，以及普什图语简介，并附录了编好的十来页稿样和我的联系办法。

2012年4月10日，我乘公交车来到商务印书馆。接待我的是当时的外语编辑室主任张文英。她高高的个儿,不胖不瘦,留着很适合她脸型的短发,看上去挺年轻。我说明来意之后,边自我介绍边从小挎包里取出写给商务印书馆总编室的信,摆在她的面前。张文英说话不紧不慢,很讲礼貌。她边看我写的信,边听我介绍这本词典的由来,她看得仔细,听得认真,不时问上一句。她的和蔼使我感到交流很轻松。我在介绍过程中提到朱谱萱,她说这位老前辈已经100多岁,说到跟我保持几年联系的孙敦汉,她说认识,没有深谈过。谈话中,我还想起曾经跟我们有过接触的一位年轻人杨德炎。张文英声音低沉地说:"杨总去世了。"我不知道杨德炎当过商务印书馆的总经理而且已经过世,出乎意外,我说:"他还年轻呢,60来岁吧。"她说:"前年去世时65岁。"真是世事无常啊!

我们谈得很融洽,说得也比较透。她看了信后附的样稿,说:"看来,词典编完了。我个人意见,先接下来。但是,立项要由馆务会决定,下个月就有馆务会,我上报,有什么消息我告诉您。"我很感谢,告诉她我要去厦门,厦门电话、北京电话和我的电子邮件地址都附在信后了。我表示,我们还要把初稿从头到尾仔细看一遍。

告别张文英,在走廊里,后边有人喊"车老师",我回头一看是一位个子高高的年轻小伙子,不认识,我想也许是广播学院的毕业生吧。他走近我,说:"您就是编写《普什图语教程》的车洪才老师吧?"我说:"是我。"他说:"我在自学普什图语,教科书已经学了半册,但是没有音像资料,心里没底。"我听了很惊讶,还有这么热心普什图语的人!我问他:"你是学什么的?"他说:"德语。"我说:"我们现在没有学生,前几年录过音,我回去找找。我现在比较忙,以后咱们联系,你怎么称呼?"他说:"就叫我小赵吧。"回家以后,我翻了书柜找出原来上课时张敏录的部分课文。年底我回北京后,才把录音带交给张文英,她说:"赵飞回家结婚去了,我一定转交,先替他谢谢。"后来赵飞发过一个电子邮件给我,表示感谢。这是我见到的新一代商务人。

跟张文英的谈话不算最后敲定,但是,我重新走入了商务印书馆的大门,续上了前缘。之后,我回了厦门,每天阅读词典初稿,可是过了一个多月,还没听到商务印书馆的消息,就给张文英打了个电话,问馆务会开过没有。她抱歉地说:"哎呀,车老师,真对不起,最近事比较多,我忘告诉您了。馆务会开过了,您那本词典选题通过了,您放心编吧,编好以后我们给您出。"接着她还兴奋地告诉我,"我们查了馆里的档案,还真有国务院文件,《普什图语汉语词典》确实列入了出版规划。"

12月29日,我收到张文英的电子邮件称:"我馆申报十二五规划项目,准备把您这部辞书报上去,请您提供以下信息。1.您和其他编者的姓名、学术简介、主要作品;2.这部辞书的目录。明天我必须在网上申报,请您尽快回复我,可以吗?"我立即按要求回复了。后来,这部已经列入《一九七五至一九八五年中外语文词典编写出版规划》的词典,再次成功地列入《2013—2025年国家辞书编纂出版规划》。

2013年4月,张文英在答复我试排样张的要求时,顺便告诉我,她不再当外语室主任了,但是这本词典她会继续做,叫我放心。并介绍说,新主任名叫崔燕,"一个很能干的女同志",还把崔燕的电话和电子邮件地址告诉了我。

我回京后，继续阅读词典的初稿，同时根据手头资料，制作了附录：世界主要国家（地区）及首都名称；阿富汗阳历与公历月份对照；普什图语量词；度量衡；阿富汗军队编制、军职、军衔；普什图语亲属称谓；常用不规则变化动词；传统普什图人名字等八个表格。接下来我和张敏用了半年时间往词典里增补新词新义9000多条。其中，新词不多，新义主要是新的用法和实用的例句。一切都准备就绪，我把词典的目录、凡例、普什图语字母与拉丁音标对照表、正文、附录、内封，以及普什图语软件和请人制作的10以后阴文数码符号等，做成电子文档拷入U盘，并把U盘里所有资料都刻成了光碟。

2013年6月7日，我叫上张敏带了U盘和光碟如约到商务印书馆交稿。张文英当场把U盘的内容拷入了她的电脑，收下光碟，给我写了个收条。我们还商量了出版合同的内容。这次，我介绍张敏跟她认识了。交接工作完成，后边就要听商务印书馆的安排了。

商务印书馆动作很快，8月份开始做我们的书稿了。

8月20日，我和张敏去商务印书馆正式签署了合同，宋强民的署名是他夫人委托我签的。10月24日商务印书馆负责出版的副总经理王齐签字生效。合同规定了双方的责任与义务。商务承诺在2014年12月30日前出书。

2014年4月我在厦门时，张文英发来电子邮件告诉我，他们的编辑工作基本完成，很快就要发排，希望我早点回京，需要确认他们的处理意见。接着张敏也电话告诉我说商务已安排好三次校对的时间表，叫我快点回来。我立即返京。

商务印书馆对这本词典非常重视，专门成立了由周洪波总编辑直接领导的项目小组。回京后，我马上去商务印书馆参加了碰头会。项目小组阵容强大，由外语编辑室主任崔燕（博士），张文英（编审），年轻编辑孙驰和排版部负责人于立滨组成。那天，于殿利总经理专门到场跟我们见面，表明商务印书馆不以营利为目的，出于对语言和文化交流与传播的担当，一定做好这本词典，使我们感到鼓舞。

这次我见到了崔燕。她很年轻，中等个儿，身材适中，圆脸，戴眼镜，头发向后梳个卷儿，很利落。她说话爽朗，明快，给我的印象是她思维敏捷、积极、果断。这次见面，大家明确了一些排版中的问题。我回京之前，他们已排了一部分校样，张敏校对过，给我带回家看，我逐渐熟悉这些校样，开始进入角色。《普什图语汉语词典》的排版校对也正式拉开帷幕。

我们是边排版边校对。校对工作是流水作业。校样出来之后，项目组先看，然后给张敏，张敏校过之后给我。他们都知道我当时受记者采访干扰，所以他们看得很仔细，特别是普什图语部分，张敏很辛苦。我相当于复校，然后在电脑里做成勘误表。我把勘误表叫作替换表，表里有页码、编号，标出错误和用以替换的词，提供给排版人员用粘贴的办法改正普什图语错误。在校对的过程中，我们发现，近几年各种普什图语出版物中反映出普什图语文字在规范化。为了迎上这一发展趋势，在校对时，我们毅然按照近年形成的书写规范，调整了原来的拼写形式，这大大增加了校对时改稿的工作量。为加快速度和改稿准确，我们提供若干出现频率较高的替换词和字母,供排版人员用电脑查找替换的功能改正,并到排版公司盯改几次,效果很好。校对历时长,一环扣一环,谁也不愿在自己手里窝工。

项目组的四位责任编辑都非常敬业,校对、改稿认真负责,一丝不苟。她们挑出和改正了很多中文和排版格式的错误。于立滨从中文角度对几处例句提出问题竟帮助我们发现了普什图语原文的毛病,太专业了,令我们佩服。责任编辑们对词典的质量起到了全面把关的作用。

我们年纪大,住得又分散,见面和取送校样都很麻烦。责任编辑当中孙驰最年轻,这位文静的小姑娘很能干,除校对稿件外,送往迎来,跑前跑后,很多联络工作都靠她。张敏的校样全部由她乘公交车取送,往返不下20多趟,任劳任怨。我的校样每次都由崔燕开自家车送到我家,我校后,她再取走。基本都是利用上班前和下班后。我感到过意不去,她说:"顺路,稍拐一下就行了。"哪儿那么简单哪,她是室主任,不止这一项工作,会也多,还经常出差。有两次出差赶飞机之前,她打车来取稿子。还有两次她因为送稿子把接孩子都耽误了。她来我家恐怕也有20多个来回。我每次去商务,也都是她用自己的车接送。她们没有义务这样做,但她们坚持这样做了。这不仅从一个侧面反映出商务人以工作为重的优良作风,也充分体现了她们对作者的尊重和爱护。我感觉我们不只是编辑和作者的关系,好像之间还透着一层更亲密的关系。在交往中,我们的确建立了深厚的友谊。

我有幸结识商务印书馆并共同打造完成了《普什图语汉语词

典》，感到无上的光荣。在商务印书馆创立 120 周年之际，我衷心地祝愿商务印书馆在新的历史时期，与时俱进，"服务教育、引领学术、担当文化、激动潮流"，不断创造新的辉煌！

于 2016 年

在商务印书馆的日子

王新善

我对商务印书馆并不陌生,小时候在哈尔滨,就曾在商务印书馆买过书和文具;20世纪50年代在北京买过商务的俄文、德文和英文图书;但对它的历史,以及它对中国文化发展所起的作用,却知之不多。

调到商务以后,才逐渐对它的历史沿革有了更进一步的了解。商务印书馆1897年创办于沪滨,是中国现当代史上历史悠久的重要的文化事业单位,既是为中华民族提供精神食粮的知识宝库,也是培育我国的政治、文化、科技精英的摇篮。商务印书馆在其发展的漫长岁月中,遭遇过两次重大破坏:第一次是1932年上海爆发的"一·二八"事变——商务印书馆的东方图书馆和部分印刷厂被日军炸毁,使得几十年的业绩毁于一旦。第二次是"文化大革命"的浩劫,当时办公大楼腾出,办起了锅炉厂;全体编校人员迁出北京,下放干校劳动改造;书稿流失,出版停顿。

"四人帮"垮台后,商务印书馆得到了新生。但原址的锅炉是"搬不动"的,商务只好迁到王府井大街36号。我就是在这里开始了我的编辑生涯。

我到商务报到时,陈原同志和我谈的话。陈时任商务、中华(合营)总经理兼总编辑,当时商务、中华尚未恢复独立建制。陈原给我的印象很深刻,他为人谦和,具有大家学者风范。陈原告诉我,经组织研究决定,让我到外国历史编译室工作,任编译室副主任,编译室没有主任,实际上由我主持全室的工作。

当时我自认为是一个"三无"干部:无知识(编辑出版知识),无水平(文字,即英文和中文水平),无能力(组织编辑出版的能力),觉得压力很大。领导这么信任自己,我只能是"既任之,则受之"。知识不够,学习;水平不够,学习;能力不够,学习。我想,只要虚心学习,就会变无为有。那时,总经理兼总编辑陈原同志经常组织业务讲座,我几乎每讲必听,这对我的业务提高大有裨益。商务印书馆开办了两个语言文字学习班:一个是古汉语;另一个是大学英语,我都如饥似渴地参加了。古汉语,我学了《左传》中的一些文章;英语,我学到大学二年级的课程。

我之前在部队主要做翻译和从事科研工作,虽做过多年领导,也积累了些许经验,但都和编辑业务无关。现在来到这样一个高级知识分子成堆的地方,我提醒自己在工作中主要把握几点:尊重他们的知识和人格;关心他们的生活和工作;发挥他们的作用和积极性;做他们的知心朋友。

外国历史编译室人才济济,当时有萧乾(第二次世界大战时期著名的战地记者、作家,原人民文学出版社的老编辑)、黄爱

（原人民文学出版社的老编辑、翻译家）、刘宾雁（暂被借调到商务）、姜晚成（曾在日本留学，老编辑）、翟耀珍（通俄语，老编辑）、赵琪（通英、德、法、俄等国语言，老编辑）、张祖德（通英、俄语，老编辑）、周川（通英语，老编辑）、陈廷祐（通英语，老编辑）、宋钟璜（通德、英语，老编辑）、李澍泖（通法、德、英语，老编辑）、周颖如（女，通英语，老编辑）。还有余士雄（通俄、英语）、何渝生（女，通俄语）、孙玮（女，通俄语）、顾以椒（女，通英语）、林鲁卿（女，通英语）、林国夫（通英语）、周治淮（通英语），加上我（通俄语），共20人。这是商务当时最大的编辑室之一，也是除外语编辑室之外外语人才最多的室，难怪陈原对我说，你们室"藏龙卧虎"啊！

我任室副主任后第一件事就是明确室里的任务。这是一个学术性很强的编译室，其主要任务是编译外国历史书籍，包括历史学、史学史、世界史、洲史、地区史，以及国别史、文化史、民俗史、国际关系史、人物传记等。

第二件事就是，加强世界史的学习，不断提高编辑的世界史知识，舍此，难以高质量地完成编辑任务。纵然大部分编辑的外文水平较高，但无一人学过历史专业。不谙历史，做不好外国历史编辑工作。我从人民出版社学到了一些经验，对编辑每年实施一个月的读书假，让每个编辑根据专业分工，自己选择相关的书籍阅读；读后要写读书笔记，并在全室汇报读书心得；这样既防止了放任自流，又分享了学习成果。我这个主意，向当时主管我室业务的徐荇同志做了汇报，他非常支持我的意见，同意暂在历史室实行。这个办法深受室里编辑们的欢迎。

我至今仍然记得，1979年11月20日，外国历史编译室召开的业务学习汇报会，内容是由陈廷祐、余士雄汇报学习心得。他们讲的题目分别是："30年代美国孤立主义的危害及其破产"和"《马哥孛罗》游记的历史背景"。通过读书假的实施，不断提高了编辑们的历史专业知识，这对书稿加工起到了十分重要的作用。

除了加强世界史的学习外，我还结合工作组织年轻的编辑学习业务知识，办法是请老编辑结合审稿当中发现的问题，在编辑室组织讲座。老编辑中最有经验的当属萧乾和黄爱，他们把审稿中发现的问题，用中英文写在大纸上，挂在墙上，详细地讲解，指出病句和误译之处，这种结合实际的学习方法，看得见、摸得着、学得快，深受大家的欢迎。

第三件事是，组织编辑参加各种历史专业的学术会议，并鼓励撰写学术论文。室里的大多数同志都参加过全国各地院校、社科单位组织的各类研讨会。商务的领导对此从不设置障碍，每次都给予积极支持。这对于提高出版社的出书质量大有裨益，不仅可以广泛联系作者、译者，当好伯乐，也可充分了解国内、国外的书情，为做好选题提供依据。一个称职的编辑，不应只是个替他人做嫁衣的"编辑匠"，还应是一个会写文章的作者。自己不会写文章，怎么去改别人的文字呢！我记得我室的周颖如、宋钟璜等人都在《人民日报》发表过较有分量的学术文章，其他室这样的编辑也大有人在。可以这样说，这是商务多年的优良传统，所以商务的书质量高，人才广，出现诸如张元济、胡愈之、沈雁冰、郑振铎、叶圣陶，及现代的陈翰伯、陈原、吴泽炎等著名学者，实为商务传统使然。

第四件事是，体察和关心编辑室同志的生活，对年龄大的老同志，如萧乾、黄爱、姜晚成（时已七十高龄）等，经请示上级后决定，他们可不坐班，每周到单位来两次就行了。我也经常到同志们的家里走走、看看，对我来说，这叫"串门"。好处是，一来可以密切同志关系，二来可以"体察民情"。

有一天，我去萧乾家，他那时没有自己的住房，暂住在他的三姐家，那是东四门楼胡同49号的一座四合院。只记得他住在进大门靠左边的房子。我敲了敲门，问道："萧老在吗？"只听里边答了一声"请稍等"，却半天没开门。我纳闷：这老头在里边干什么呢？等萧老开门后，我大吃一惊！原来，刚才他是在挪动顶着房门的椅子！房间很小，只有七八平米，放着一张双人床、一张破旧的桌子和一把顶着门的椅子，几乎再无立足之地。他不挪动椅子，就开不了门。他还有两把破旧的藤椅无处可摆，只好挂在墙上，堪称"最充分地利用了空间"！我被萧乾的生活现状和精神深深地感动了！中国知识分子的忍耐性堪称世界第一啊！在这样艰苦的生活条件下，他们无怨无悔，还在伏案耕耘、精益求精地审读译稿。我还去造访过其他编辑的住所，没有几家像样的。像南致善家，居然还搭着吊铺！屋子矮矮的，少有光线，像个鸽子窝。

"文革"当中，出版系统遭遇最惨，其中最烈者当属商务和中华——不仅让出办公楼，所辖楼区改成锅炉厂，就连住房也腾空，人员全部"扫地出门"，被赶到农村劳动改造，"接受贫下中农再教育"，所以造成"文革"后无楼办公、无房居住的局面。虽然这不属于我的业务工作范围，但完全出于深切的同情心，我才"不务正业"地帮助寻找地皮,建议商务盖楼解决职工的住房问题,并且乐此不疲。我的建议得到总经理林尔蔚和全体馆领导的支持,我先后找过三块地皮,最后终于在1986年通过我的老关系——208所的郭逊卿副所长搞到一块位于国防部大楼附近(厂桥)的地皮。商务两年后盖起了几十间住房,这是"文革"后建成的第一批职工宿舍。

我深知自己缺乏深厚的编辑功底,要想增长知识、获取经验,就要放下架子,甘当小学生,来不得半点虚假。我除向老编辑学习审稿、编辑加工的经验外,还亲自参与书稿的编辑加工。连自己都不会编辑加工书稿,怎么去复审他人的稿子呢!我编辑加工的第一部书稿是从俄文翻译的《喀什噶尔》,译者是中国社科院历史所的陶文钊;他当时只是一个普通的研究人员,现在已是美国问题专家了。

我加工书稿时对照原文,通称逐字加工;这种方法费时,好处是加工质量高,容易发现问题。当时编辑室大都采取这种方法,但要求编辑精通外语,因为你挑出的毛病,要和译者见面,要能够说服译者。我加工完书稿后,约陶文钊面谈,以商榷的方式向译者提出修改的意见。我认为这是对译者的尊重。编辑切不可以审判官的姿态对待译者,译者完全有权提出不同意见,因为编辑也有看不准的时候。经过相互商榷、探讨,达成共识再进行修改,既提高了书稿质量,又密切了编辑和译者的关系。

书稿初审后,我按对编辑的要求写出加工报告,其内容包括:书稿的学术价值、翻译质量、具体的误译和错译例证及修改意见。我把书稿和加工报告交赵琪同志,由他复审,没有因为我是室主任，就逃避复审。复审是三审制的第二关，是非常关键的一关。复审后，提交馆里终审，书稿的三审才算完成。现在有些书的质量不高，驴唇不对马嘴，错字连篇，究其原因就是没有认真执行三审制。三审制不能丢！

我编辑加工的第二部书稿是《拉斯普庭》，第三部书稿是《非洲奴隶贸易四百年》，通过这几部书稿的编辑加工实践，为我打下了复审的基础。

我在外国历史编译室任副主任近六年（1977—1983）的时间里，共复审书稿60余部。这些书稿中，最多的是世界史资料、世界史、洲史、国别史（包括历史事件的专题史），其次是沙俄侵华史、世界历史名著、国际关系史、人物传记、史学工具书、世界文化史等。它们具有重要的学术价值，不仅在学术界获得好评，而且在国外也产生了重要的影响。如1980年，时任奥中友协秘书长的卡明斯基博士说："中国出版《奥地利史》，是中国对小国奥地利的尊重，它将载入奥中友好的史册。"

复审是三审制的一个重要环节，我在看书稿时，首先看编辑写的加工报告，从报告中可以看出编辑对书稿价值的评价、对译者翻译质量的判断、书稿存在的问题。其次是审读译文，一部书稿至少审读十万字左右，并将审读中发现的问题，以书面形式写成复审意见，退交责任编辑修改；这种修改是供参考之用，并非独断。做学问来不得半点虚假，不能搞一言堂，更何况我只懂俄文，英文略懂，日文则已经就饭吃得差不多了，对其他文种并不熟悉。我坚持在学术问题上要民主，准许编辑提不同意见，我提得对，修改，不对，可商量，不改。我至今保留着当年64份复审意见书,共约6.5万字;所提修改意见,大部分被编辑所接受。我也从未被接受的意见中学习到不少知识。

我在外国历史编译室工作了大约六年,尽管室里的工作仍由我一人负责,还是副主任,但我并无当官的奢望,只想把工作做好;自认在商务印书馆这样一个有近百年出版史的出版机构担任室的副主任,已经是小材大用了。

但事情往往出人预料,1983年3月15日我被任命为副总编辑。

被任命后的第二天,我写了一篇小短文记下当时的心情,至今留在我的日记本上,题目是《重大的转折》:

> 1983年3月15日是我生命中又一重大转折点,来到出版界本无其他奢望,只愿做一名小卒,尽自己微薄之力,为国、为民做一点贡献。不期,今日委我如此重任,甚感不安,甚觉力所不及。既委之,则受之,重要的是学习、学习、再学习,虚心、虚心、再虚心。有了这两条,困难是能克服的,前途(商务的)是光明的。

1983年10月10日,陈原同志受文化部之命"组阁",筹备建立新党委。会议初步确定,提名十一人为候选人,通过全体党员大会选出九人组成新一届党委。经过各支部充分酝酿,于12月10日召开全体党员大会,正式选出九人:林尔蔚、陈锋、杜永清、乔志华、王维新、王郁良、陈宇清、刘正培和我。会后经研究上报出版局党委批准,林尔蔚为书记,陈锋和我为副书记。

我虽以61票当选,但心情极不平静:我的"官"越做越大,"权"越来越大,担子也越来越重了——二三百双眼睛在看着我,我将如何面对这一重大考验?我在日记中写道:

要眼睛朝下，走群众路线，高高在上，目中无人，最后是要摔跤的，举得越高，摔得越重。

上任后，首先遇到的问题是业务分工。经研究，我负责分管全馆编务，另外负责历史编辑室、历史小丛书编辑室和地理编辑室的业务。有一段时间，因负责汉语编辑室的吴泽炎老先生身体状况不佳，无力再承担业务领导，林尔蔚就把汉语编辑室的业务也分给了我。尽管我曾以业务不熟而推辞，但还是接了下来，现在想一想，当时的胆子真够大的。

当时我有一个信念——领导的工作就是科学地组织与协调，充分发挥大家的积极性，把群众中蕴藏的能量和智慧发挥出来。

工作要靠大家。一是靠专家，靠馆一级负责编辑业务的专家：德高望重、学识渊博的总编辑（后为顾问）陈原；通晓几国文字、精通外语编辑业务的朱谱萱；中外文娴熟，尤擅汉语词典编纂业务的吴泽炎；精通马列理论，在政治、经济、哲学等学术领域颇具造诣的骆静兰、胡企林和高崧。我在编务的管理、选题的规划等方面经常向他们请教，他们也都给予我热情的帮助与支持。

二是靠群众，此处指编辑群体。那个年代，商务印书馆真是"藏龙卧虎"之地，编辑室的领导大都是行家里手；编辑中也不乏经验丰富、具有真才实学者。60岁以上的老专家，我能记起的就有：郭良夫、张祥明、杨任之、周玲、潘逊皋、沈岳如、尚永清、秦森杰、施其南、党凤德、刘邦琛、任永长、南致善、陈羽纶、马清槐、张伯刚、朱基俊、张伯健、韩光焘、黄子祥、翟耀纂、姜晚成、赵琪等；此外还有年龄在四五十岁，约五六十人的编辑业务骨干，年轻的编辑中也有一些学有所长、才华横溢、志在进取者。这是商务印书馆的巨大财富，也可说是我"取之不尽，用之不竭"的知识宝库。

我在商务担任副总编辑的三年时间里做了一些工作，但成绩平平。尽管如此，回顾一下也颇有裨益。当时，我觉得最难做的是选题，特别是社会科学方面的。馆里交给我的一项工作是负责召集全馆的选题小组会，研究讨论各编辑室提交的选题；经研究确定的选题，由我签字后，交由编辑室实施。选题小组的成员有陈原、林尔蔚、吴泽炎、朱谱萱、高崧、胡企林、骆静兰、总编室的王世环和我。难的不是程序方面的工作，而是对选题的取舍。

说实在的，我的发言权很少，一是本人才疏学浅；二是选题大多是学术界、译界推荐的，而本馆主动提出的并不多，缺乏主动性和系统性。此外，商务的主要任务之一是译介和出版外国哲学社会科学方面的名著，何谓名著？有多少名著？出版了哪些，还有哪些待出版？仍是一头雾水。直到陈原、高崧等有识之士策划翻译出版"汉译世界学术名著丛书"，特别是1984年商务制订的七年（1984—1990）选题规划，才基本上解决了这个问题。

七年选题规划是如何制订的？1984年党中央负责同志提出要在50年内或更长一点时间，翻译出版世界各国的学术名著。为此商务印书馆根据中央规定的方针任务，决定制订七年长期出书规划。陈原同志对此事极为重视，他对制订规划的原则、方法、步骤，提出了非常重要的指导性意见。1984年2月8日，陈原同志在编辑办公会上就出书规划问题谈了几点初步意见，同年6月又给编辑出版干部做了长篇讲话，阐明出书计划和出书规划的不同，如何制订（修订）出书规划，才能有效地贯彻商务印书馆的方针任务。这篇讲话为进一步修订第一份草案，提出更加完善的、供全体会议讨论的规划方案，起到了非常重要的作用。陈原同志讲了两个问题。

一、要注意到历史的延续性，即1979—1980年的规划设想、1980—1984年的规划设想和1982—1987年的规划设想，今后的规划要和这些设想联系起来。

二、关于修订七年规划的几点想法：

1. "规划必须体现出这个时期以及更长时期内我们的重任，那就是中央提出的翻译出版世界学术名著。"什么是学术名著，世界有哪些学术名著，我们已翻译出版了哪些学术名著，我们应该翻译出版哪些学术名著，这是做规划时必须解决的问题。对于什么叫名著，什么叫学术名著，什么叫古典学术名著，陈原同志在他的讲话中做了极为精辟的论述。他说："这许多书的作者都是一个时代、一个民族、一个阶级、一种思潮的先驱者、代表者；他们踏着前人的脚印，开拓着新的道路；他们积累了时代文明的精华，当然有时也不免带有偏见和渣滓（按：更确切地说是'带有阶级偏见和历史局限性'），留给后人去涉猎，去检验，去审查，去吸取营养。"

2. "规划是一种长期的设想，是一种体现方向的具体设想，是经过一个时期认真的努力，有可能实现的，较为有系统的项目系列。"

3. "规划不要忘记自己的特点，要发扬自己的优势……我们的特点之一就是出版工具书。"

4. "规划要表现出商务印书馆是一个具有高度文化水平的、学术性（不是学院式）的出版社。也就是说，我们要把主要精力放在满足提高的需要方面。"

5. "规划要体现时代精神，要有时代气息，也要有创新的精神，要开拓新的道路，但同时也要体现出我们国家的基本性质——社会主义体制。"

时间过去20多年了，重温这些指导思想，仍觉其不失时代的光彩，对今天商务的出书方向仍起着重要的作用。

为了开好规划会议，我们进行了认真的准备：

一、根据陈原的讲话精神，对全馆的规划方案再次修订，并提交馆务会讨论定稿；

二、提出开好会的方案：列出邀请参加会议的人员名单，包括领导单位、各有关院校的专家、学者及著译者，约120人；

三、会议地点：香山别墅；

四、时间：11月份；

五、经费预算：三万元；

六、组织工作班子，我为组长，杨德炎为副组长，其他人员有：汪守本、王德君、郝德安、柳凤运、程孟辉、李新我、孙淑君、刘玲、吴延佳等。

为了安排好会议和节省开支，我和杨德炎、程孟辉、王德君事先到现场考察。当时香山有两处可供开会的地方：一处是香山饭店，另一处是香山别墅。从名称上看，别墅档次应高些，实际上，别墅只不过是一所普通的招待所而已。但是，这里环境幽雅，适于开会。每个房间可住二至三人，每个床位五六元；领导干部住单间，价位也不过七八元。饭补每人每天五元。而香山饭店的标准间，每人要三十元，我们觉得太奢侈，根本没考虑。

现在开会，起码住三星级饭店，饭补最低也得六七十元；招待不好，赴会者还要提意见。那时尽管参加会议的大都是专家、学者，对生活都是低标准，无一人提意见，而是把精力都放在对规划草案提意见和建议上。他们那种认真执着的精神深深地打动了我。现在回想起来，当时我们是不是太抠门了？不！那时的风气就是提倡勤俭节约！胡耀邦总书记不是还号召"春节团拜清茶一杯"么！那是个清廉的年代，胡耀邦是个值得记忆的好人。

召开规划会议的时机已成熟，会议于11月10日至12日在香山别墅举行。被邀请参加座谈会的主要是在京的专家、学者，以及中宣部出版局、文化部出版局的负责同志共120人。陈原同志代表商务印书馆做了主题发言。他对这个会议的评价是："这个会议不仅是新中国成立后商务召开的最大型的学术座谈会，也许是新中国成立后出版界由一个出版单位主办的同类座谈会中规模最大的一次。"

大会发言的还有：中宣部出版局局长许力以、中国出版工作者协会主席陈翰伯、文化部出版局副局长刘杲和商务印书馆总经理林尔蔚。与会代表在小组会上发言踊跃，情绪高涨。他们认为商务印书馆能制订出这样一个全面的出书规划颇具战略眼光。

根据会议期间代表提出的意见，对原规划草案进行了修订。最后，全规划共列选目2120种。各类所选列目：计汉语工具书146种，外语工具书517种，政治法律类185种，经济类259种，哲学类283种，外国历史类234种，地理类113种，外国历史小丛书383种。尽管实际出书的品种、数量和规划不尽相同，但多年来，商务的出书方向和范围同这个规划的指导思想是一致的。

这个会议结束后，《出版工作》编辑部的同志找到我，希望我写一篇文章介绍商务的选题规划工作。盛情难却，我写了一篇《组织和制订七年选题规划情况简介》，经陈原老审阅修改后发表在1985年第1期《出版工作》上。1984年1月18日我参加了在广州召开的"中国书展"筹备会。会议决定1985年12月2日至16日在香港举办书展。这是内地解放后在香港举办的第一次大型国际书展。举办书展的目的是宣传新中国成立以来我国出版工作的成就。参展书定为两万种至两万五千种。

我受命组织商务图书参加香港"中国书展"的工作。这一年我的主要精力都放在组织香港书展上。经研究，决定商务参展的图书为535种，计658册。其中新书（指1984年年底—1985年年底出的书）就有140种，大中型工具书就有6部，包括《大俄汉词典》《意大利汉语词典》《汉德词典》《简明日汉词典》《简明汉日词典》及《德汉词典》。这样庞大的出书计划，要求在不到一年的时间内完成，未免苛刻些了，要知道，当时据统计，平均28万字的一部书稿，出版周期约为457天。为了能让香港同胞一览祖国改革开放后出版事业的新面貌，我们虽劳亦愿。

值得一提的是老编辑南致善同志，当年他已74岁高龄，对含15.7万余个词条的大型工具书《大俄汉词典》做了认真细致的校读。他前后看了九次清样，做了大量的校改。我当时催他很紧，因与排印工厂定有清样退改返厂合同，迟退不仅要罚款，更重要的是就会赶不上香港书展。这对老南似乎太残酷了。但他却任劳任怨，一字一句精雕细琢，按质按时完成了任务。

经过周密的策划和安排，以及编辑、出版、发行的密切合作，全部送展图书如期完成，并送达香港。为了宣传商务印书馆参展的情况，应《博览群书》编辑部之邀，我写了一篇文章《献给香港同胞的精神礼物》刊登在该刊1985年第9期上。

中国出版代表团一行一百余人，团长为当时国家出版署署长边春光，秘书长为陆本瑞。香港——尚未回归的资本主义社会，我还是第一次光顾。我带着好奇和新鲜感观察着它的一切。在不长的十几天展期内，香港给我留下繁华、友善、傲慢与偏见交织的印象。香港到处是高楼大厦，我们住在华润大厦23层，总感到楼在摇晃，不太适应。市场商品琳琅满目，物虽美价格相对亦高昂；本有心选购，但觉囊中羞涩。

最使我不解的是，那时香港人称大陆人去香港是"表叔来了"。现代京剧《红灯记》中有这样的戏词："表叔来了"，"没有大事不登门"。可能香港人觉得大陆来的人都有求于他们似的。记者招待会上，有些香港记者提出的一些问题也失之偏颇。我想这也难怪，毕竟他们被英国的殖民统治太久了，等1997年回归后一切都会改变的。

书展是成功的，香港市民特别是知识界踊跃参观并购买。我陪同香港中文大学翻译系的金圣华教授参观，她是一位博学多才的女强人，她不仅精通英文、法文，国语功底也很深厚。我送给她一部新出版的《大俄汉词典》，她非常高兴。晚上她邀我和《读者文摘》编辑部的李勉民先生在一家极其别致而高雅的西餐厅共进晚餐。席间她说要跟我学俄语，我当即应允，并教了她几句简单的俄语，如"你好""再见""谢谢"等。她的语感非常好，发音较纯正，这与她有深厚的英文、法文基础有密切的关系。实际上，她因忙于教学和译著，无暇再学俄语。十几年过去后，她见了我，还是那几句："Здравствуйте（你好）！""Досвидания（再见）！""Спасибо（谢谢）！"

我认为，一个出版社的管理水平、工作效率、工作作风，在很大程度上取决于编务工作的优劣。1985年印刷技术研究所在商务展示电脑排版和编辑工作，我在听讲后受到很大启发。我想，编辑可用电脑，编务为何不可？如果把所有的书稿档案输入到电脑里，管理起来岂不更方便吗？

我的设想是，从选题、组稿、编辑加工、发稿、排版、校对（一、二、三校，付型）、印制、发行的全过程，先整理记录在设计好的表格里，条件成熟时就可输入到电脑里，那时我还不懂为此还要设计专门的编务管理程序。

我以总编室为主，吸收各编辑室秘书参加，组成工作班子，我为组长。开展这一工作意义重大，它不仅可以对"水库"进行彻底的清理，而且可以为今后的出书管理打下坚实的基础。所谓"水库"，实际上就是因"文化大革命"而积压的大量书稿和档案。

工作小组开过几次会，各编辑室秘书根据要求开始对书稿档案登记造册，书稿的状况在登记册上一目了然，可以毫不夸张地说，已初见成效。但好景不长，几个月后我调离商务，这项工作也就不了了之了。

光阴荏苒，日月如梭，不觉来到1986年，我真想在这一年好好干一场。元月18日（星期六）开完优秀封面评选座谈会后，我思考了1986年要做的几件事。1）一定要把编务的机构和制度建立起来。2）抓好重点书的出版；总结1985年出书工作及今后设想。3）抓好几部大型丛书的出版。4）关于图书的宣传问题：a.提出宣传计划；b.编印图书目录；c.筹备1986年评书和优秀封面评议工作。个人的计划是：1）上半年翻译完《俄罗斯文化史纲》所承担的部分；2）下半年开始校订《苏联军事百科》（军事卷）；3）学点新知识，如老三论：控制论、信息论、系统论；新三论：突变论、耗散结构论、协和论。遗憾的是，三项计划只完成了前两项。

元月31日听胡企林访日汇报，受到启发，我在日记里记下几点感想：

1. 岩波书店既然可以出"岩波文库"，商务为何不可出"商务文库"？可以"汉译名著"为基础，不断充实。

2. "岩波现代选书"是反映新思想、新思潮的丛书，经过时间的考验，有的可以列入我们的文库；我们已出版的近、现代的著作亦可选有代表性的，以丛书名义出版。

3. 匈牙利的《短缺经济学》一书，似可翻译出版，因其是一部阐述社会主义如何解决供不应求问题的专著。

4. 每当一种新的思潮在日本出现，先在《思想》杂志上探讨，然后收入"岩波现代选书"，这种做法值得效仿。岩波每年出书4000种，新书500种，约占总出书量的12.5%；重印书约两千八九百种，约占70%—72.5%，杂志0.7%。这是正常的出版运作，一个有效益（经济效益和社会效益）的出版社理应如此。以商务1984年的统计，全年共出书360种，初版书150种，其中，中文类12种，外文类58种，社科类80种；重印书210种，其中，中文类 26 种，外文类 117 种，社科类 67 种。初版书占全年出书总量的 41.6%；重版书为 58.4%，也属正常。

5. 日本全年出版的书有三万余种，其中有书评者二千多，占 6%，相比之下我们少得可怜。书的好坏，只能由读者鉴定；要开展读者评书活动，而不是靠"神仙和皇帝"！中国的这类"神仙""皇帝"太多，而且是些无知、无能者，他们的"学问"也只是那几句空话、套话。只要是"没学问的领导有学问的"，这个社会就不可能有先进文化。

6. 学术讲座好，我馆开展得好。

7. 翻译外国名著问题。在日本以岩波书店为首的几十家出版社通力合作翻译出版；在中国，只有商务一家独力承担，何年能完成如此重任！也可考虑像"国别史"那样由商务牵头，全国较有实力的出版社共同完成，中央可适当补贴。

8. 加强信息交流，要强调编辑注意各种书讯、书评的研究，认真掌握学术动态，同国外一些重要出版社建立书目交换关系。

9. 增加重印书的比例，拟定出版重印书计划。

10. 考虑国内著作出版问题。

由于我的调离（1986 年 2 月），我准备提出的这些建议未能付诸实施，真是遗憾之至！

（原载《出版史料》2012 年第 1 期）

我与商务印书馆

张双棣

今年是商务印书馆建馆 125 周年,在这里,首先祝贺商务印书馆 125 周年馆庆!

说起与商务印书馆的缘分,还真是挺长的。记得刚进北大中文系学习,就去东安市场古旧书店买了一部商务印书馆 1915 年出的第一版的《辞源》,这本书成了我阅读古籍的最好且最便捷的老师。每遇到不懂的字句,就去请教这位老师,它几乎每次都能给我满意的答复。毕业后去教书,也是随身携带。上世纪 80 年代初,修订版《辞源》出来后,我是见一册买一册,置于案头,以便查检。王力先生很称赞《辞源》,认为它是当时最重要的古汉语词典,他写《王力古汉语字典》的时候,就以《辞源》作为重要参考书。他说,《辞源》材料丰富,释义也有很多优点。但作为一部辞书,《辞源》也存在一些错误。王先生说,我写这部字典,还有一个目的,就是纠正一些字典辞书的错误。他在序中列举了《辞源》46条错误。这部字典王先生没能写完,是由他几个学生遵照王先生的思想承接完成的,我有幸执笔写了辰集和亥集。本世纪初,《辞源》又拟再次修订,"2003年8月20日商务印书馆召开《辞源》修订座谈会,唐作藩、郭锡良、蒋绍愚、张双棣、曹先擢、王宁等专家就《辞源》修订的定位、规模、操作等问题进行讨论。"(《〈辞源〉百年大事记》)会上,大家都谈了自己的看法,希望《辞源》能更加完善,更上层楼。非常遗憾的是,我因故没能参加修订工作。

商务印书馆还有一本书,是我多年来须臾不得离开的,那就是《新华字典》。记得上小学时,用的第一部工具书是王云五主编的《四角号码新词典》,那时还没有《新华字典》。《新华字典》出版以后,这本书就成了我书包里的常客。一直到现在,《新华字典》是我案头的必备书。出去开会讲学,也是随身携带的。我觉得,《新华字典》是要读的,一有闲暇,总会利用点时间读《新华字典》,每次读都感觉有收益。现在上年纪了,有时候提笔忘字,更得随时翻看了。

商务印书馆的《辞源》和《新华字典》是我不离身的老师。

上世纪70年代末,王力先生写作了《同源字典》,在商务印书馆出版,当时的汉语室主任郭良夫先生,还有赵克勤先生,在审读中发现有些书证有误,需要全面核查。王先生当时是以《经籍籑诂》为引例的参照,而清人写书,很多都凭记忆,所以有些就不十分准确。此时,我刚担任王先生的助手,协助他工作,就承担了核查的任务,因此需要经常与商务协调联系。从那时开始,我和商务汉语室的几位主任赵克勤、张万起、周洪波都建立了很好的关系，成为很好的朋友。

1980年，王力先生主编的《古代汉语》教材进行修订，赵克勤先生是修订组的成员，我作为王力先生与修订组的联系人，经常和赵先生打交道，就越来越熟悉了。上世纪末，张万起先生问我有没有研究生马上要毕业，希望他们能到商务去工作。1998年、1999年先后去了两个人。宿娟就是那时被张万起先生要去的，她一直在商务工作，现在已经成为骨干力量。

周洪波先生在业务上跟我打交道最多，我的好几本书，都是通过洪波先生在商务出版的。上世纪80年代末90年代初，在山东教育出版社出版了《吕氏春秋词汇研究》《吕氏春秋词典》（与殷国光、陈涛合著），后来我将《吕氏春秋词汇研究》做了较大的增补，跟宿娟商量出版的事情，得到洪波先生的大力支持，因此修订本在2008年8月出版。而且商务还答应出版《吕氏春秋词典》的修订本，我和殷、陈二位又抓紧做了修订。这本词典在山东出的时候，是第一次采用激光照排，因此有不少错字，这次修订得以改正；同时也对内容做些调整，2009年10月《吕氏春秋词典》修订本出版。同时，商务还出版了殷国光的《吕氏春秋词类研究》，使我们《吕氏春秋》语言研究的三本书聚首一家出版社，十分令人高兴。我做完《淮南子校释》之后，考察了《淮南子》的用韵情况，写成《淮南子用韵考》，2010年3月，商务又出版了这本书。

我2007年暑期退休，宿娟跟我说，周洪波想让我帮商务做些事，想到我家跟我谈谈有关问题。6月27日，周洪波、宿娟到我家来。周洪波谈了他们目前的几项工作，其中一是准备修订《古代汉语词典》,二是准备编写一套适用于中学生的古汉语辞书。他希望我承担一项。经过商量,他让我主持修订《古代汉语词典》。修订组成员由我来定,以王力先生的词典学思想为工作指导。就这样,《古代汉语词典》修订工作开始了。这本词典的原始作者是人民大学的一些教师,商务收购了他们的版权。因此,修订应该有他们的人参与。我找了当时也将要退休的殷国光跟我一起主持。修订组一共 8 个人,宿娟既是这本书的责任编辑,又是修订组成员,这样她可以直接体会修订的过程和在编辑过程中应该注意的问题。我们首先确定了指导思想,编写组成员都是王力先生的弟子或再传弟子,因此,以王力先生的词典学思想为修订的工作指导,大家都没有异议。思想一致,这是修订成功的前提和保证。2008 年暑期开始做修订工作前期准备,年底正式分工进行,历时三年,到 2011 年完成。这次修订是一次较大的修订,主要是统一了指导思想,特别注重了词义的历史性原则,强调了词义的系统性和概括性。单音字和复音词都做了调整,均各有增减。2014 年 3 月《古代汉语词典》(第 2 版)出版。在整个修订过程中,周洪波先生一直十分关照。从制定修订大纲、修订细则,到每次修订组的讨论会,他都亲自参加,提供各种帮助。修订期间,还组织两次到郊区统稿,宿娟做了很多会务工作,修订组成员都很满意。修订的几年间,修订组成员关系都很好,很和谐,至今,大家都很怀念这个集体,希望有机会再聚聚。

商务印书馆还出版了我的两本古汉语字典,一本是《古汉语小字典》,一本是《古汉语大字典》。《古汉语小字典》原本在北大出版社出版,合同到期后,2009 年 3 月,宿娟把它要过去。我又做了较大的增补，增补了一些字头，原本只有释义没有例句的，增补了书证，特别是增补了【辨析】。2013年出版。2020年12月，商务授权香港中华书局出版了繁体字本。

2008年8月，周洪波先生跟我说，希望我能编一本收字多些的中型古代汉语字典，我答应了，他随即与我签订了约稿合同。修订完《古代汉语词典》后，我立即投入编写古代汉语字典的工作，大约用了六年写成初稿。这六年，专心致志，不敢旁骛。这本字典取名《古汉语大字典》，是与我的《古汉语小字典》相对为言的。交稿后，宿娟作为责任编辑，帮我做了很多工作。她通读全稿，按声旁编写字序表，作为全书排序之用。特别要提到的是，她做了多项的专项核查，统一了行文体例，不妥之处，得以纠正。有些多音字，我写重了，她帮我挑出来，删除不必要的。宿娟是我的研究生，我们的治学理念相同，所以合作起来十分愉快。总之，宿娟为这本字典付出了好几年的辛劳，我特别要感谢她。

商务的领导也很支持宿娟的工作，周洪波先生、顾青先生、余桂林先生都曾予以关照，与馆内有关部门协调，使出版工作得以顺利开展。这本书有望在今年10月出版。

回顾这些年来与商务印书馆的缘分，我非常感谢，也非常感恩。祝贺商务印书馆125周年馆庆！祝愿商务印书馆越办越好，不断创造辉煌。

于2022年1月10日

我与"商务"的情缘

周祖达

我与商务印书馆结缘,源自我国改革开放之初,至今已30多年,情深意切,受益匪浅,令我终生难忘。为祝贺商务印书馆创立120年大庆,谨书短文,以表衷心感激之情!

2009年秋,我的人生刚刚踏上耄耋之旅,喜获商务印书馆编辑部通知,拙译《论历史上的英雄、英雄崇拜和英雄业绩》一书,选进为纪念国庆60周年而编辑出版的"汉译世界学术名著丛书"珍藏本。由于此书的"三名"效应(原著是19世纪英国文坛巨擘卡莱尔的名作,曾风靡大西洋两岸;译本又是经国内著名出版社以名著丛书珍藏本出版),而译者却是个名不见经传的小人物。因此,在周围的赞扬声中,难免有些言外之音与猜疑,一个非外语专业的普通理论教员,怎能出此成果?其实,这个译本能获此殊荣,连我自己做梦也未曾想过。虽然我学过英语、日语与俄语,但都未经专业训练,要想翻译外国名著,岂非天方夜谭么!那么,一个无名之辈又是如何登入翻译的学术殿堂，创此硕果呢？原来，这本小书得以出版，有其深刻的时代背景，蕴含着与商务印书馆浓厚的情缘，离不开此前20多年间，学术界的前辈、专家、学者和出版界的领导与无名英雄们的指导帮助。

事情缘起自我国改革开放之初，"文革"劫后的我国文化开始复苏，商务印书馆哲学编辑室陈应年和陈兆福两位编审来到我当时的工作单位西北大学哲学系进行组稿。陈兆福编审向校领导、科研处长及哲学系的教师宣讲商务印书馆的传统项目——"书后译名索引"，在得到领导热情支持后，又动员教师们参加这个课题，并对如何编制索引，包括选题、方法与资料等等，做了具体的指导与安排。确定从康德和黑格尔的哲学术语开始编制。因为我负责联系此项工作，随着我后来调到西安邮电学院（今西安邮电大学），陈兆福编审又征得学院领导同样热情的支持。而西北大学仍一如既往鼎力相助。就是这样，我们走上了哲学教学与编译工作相结合的学术之路。然而路途艰难，需要长期不懈的努力，无私奉献。为此，我们在教学之余，利用节假日，不论严寒酷暑，年复一年，奋力完成编辑部交付的任务。从事这项任务虽然艰苦，但苦中有乐，在艰难中学术水平与编译能力得以成长和提高。

回顾20多年艰辛的历程，它记录着这个课题成长的轨迹与丰硕的成果。从编制单本书后译名索引（英汉、汉英对照），到多种图书、多文种（中、英、俄、德、法、日）的译名综合索引；又从编索引到为编辑部校订名家的译著多部；编校内容涉及哲学史、文学、历史、宗教和科学技术等学术领域。查阅各种图书报刊、中外文经典与学术著作、百科全书、辞书等，不计其数。我们还曾应用商务经验，帮助广州工业大学的教师编制国内多种译本的FIDIC 条款（土木工程施工合同条款）的译名索引；为中华全国总工会经济工作部校订《世界职业安全与卫生》译著并编制译名索引；承担经济系编译的《现代经济学论文集》的部分论文；还编印《英汉哲学词典》等等。随着编译工作的不断深入，在校长张岂之的倡导下，《西北大学学报（哲学社会科学版）》开设"译名研究专栏"，供大家切磋，发表研究成果。这就使我们的工作提高到研究的层次。当时有六个院校的学报和几家核心期刊如《中国翻译》《辞书研究》等，陆续发表我们的译名资料与论文20余篇；编辑出版了《译名论集》。此书得到学术界好评，获陕西省哲学学会颁发的优秀学术成果奖，1992年6月北师大伍铁平教授还把此书带到新加坡国际汉语语言学研究会举办的小型书展展出，国内两部翻译词典（林煌天主编《中国翻译词典》和孙迎春主编《译学大词典》），对此书的内容都作了选介。

随着我们编制水平的提高，为了进一步深入开展译名研究，西北大学校长曾与王子野先生联系，拟筹建译名研究室，但因多种条件限制，未能如愿。

总之，在历时20多年的编译实践中，我们埋头书海，受益匪浅，长了见识，提高了编译能力，有说不完道不尽的情节，但有几点收获与体会值得着重说说。其一，认识到译名规范与统一是我国文化发展的一项基础工程。名词术语是人类区分万物交流思想的工具，是人类文化发展的基础。规范的名词术语有利于人际的交流和文化的发展。相反，名词术语使用不规范、不统一，会影响人际正常交流和文化的进步，造成不良的后果，轻则闹笑话或造成误解，重则危及人民的生命财产。这个问题具有极大的普遍性，它渗透在社会生活的方方面面，与经济、政治、外交、军事、科技、文化等各个领域紧密相关。我们查阅到无数的翻译事故，这里就不细说了。因此，名词术语（包括译名）的规范与统一，是我国现代化建设的一项基础工程。我国文化界无数的先辈们曾前赴后继为之奋斗，做出过杰出的贡献，这仍然是当前学术界、出版界一项紧迫的任务。

其二，总结编制译名索引的经验，我们提出"综合索引法"是统一译名的一个有效途径。这种方法的基本点是按学科分类，对本学科的名词术语的译名作综合普查。从各种经典文学、学术著作、辞书等工具书以及图书期刊中查找并汇集每个术语的不同译名，加以比较、分析、研究，全面掌握本门学科的术语译名情况，鉴别其正误优劣，为译名的规范与统一，提供切实的基础。这个方法是商务编制书后译名索引的升华，受到学术界肯定与重视。我们在西北大学的学报发表《统一译名的有效途径》一文作了介绍。1987年3月上海《高等学校文科学报文摘》摘要刊出。《商务印书馆馆讯》（第379号）做了肯定的报道。陈兆福编审还专就四部哲学史综合索引进行了报道。（见商务印书馆编《译书消息》内部参考第70期。）

其三，在反反复复的编制索引中，特别是编制《四部哲学史综合索引》以后，我们对图书索引功能做了新探。深感图书索引不仅有检索作用，而且对图书有增值效应（包括社会效益与经济效益）、能起到检测图书质量、净化图书市场的作用，还可以培养编制人员的素质与水平。所以图书索引对我国文化发展具有深远意义。可见，商务印书馆编制索引的传统前途无量。为此，我们写了两篇论文:《普及我国图书索引的编制刻不容缓》《图书索引功能新探》，得到学术界的重视，先后刊发在《中国索引》杂志（2006年第2期、2007年第1期）上。

我们之所以取得这些成果，首先要感谢商务印书馆哲学编辑室陈兆福编审，他承副总编高崧的委派、编辑室陈应年主任的支持，把我们引入译坛之门，并对我们进行长期不懈的指导，从确定选题、编辑方法与图书资料等等，都做了具体而细致的安排，使我们编、译、校的水平得以迅速提高。例如，我们为葛力译《西方哲学史》（约70万字）一书再版校订，得到葛先生的一再叫好，并专函致商务编辑部道谢。我们在译著的校订工作中学习到名家的翻译技巧和编校的方法，从而能发现译作中种种问题。

此外，还有多种因素促使我们成长。诸如，1985年我从《人民日报》得知"全国科学技术名词审定委员会"成立，就前往请教。承该会鼎力相助，赠予许多该会会刊，当时是内刊，1988年公开发行，刊名《科技术语研究》，后改名《中国科技术语》，至今仍赠阅不断。这些会刊刊登的教委等四部委有关规范统一科技名词的文件精神、老一辈科学家（严济慈、钱三强、卢嘉锡等）的指导论著，以及该会历届的工作报告，学者们研究成果论文，成为引领我们与时俱进的指导思想和方法。我们的工作还受到学术界前辈和著名学者（贺麟、张岱年、王子野等先生）的肯定、指导、支持与帮助。再是两校领导的资助，使我们得以从各种渠道获取大量的中外文珍贵图书资料，为我们深入研究创造有利的条件，等等。

上述经历，为我们以后承担翻译卡莱尔名著，打下了学术基础和物质条件。如果没有这些条件，就不可能出现这个译本。需要说明一点：由于译名研究的复杂性与长期性，我们原先的队伍成员，大多老了，退休了，有些同志遗憾离世，年轻一点的同志，也因种种条件，难以为继，最后，具体工作就落在我一人身上，孤军奋战。又经多年努力，2005年译著终于初版问世，虽然译者的署名仅我一人，但其中饱含着30年来的商务情结，以及为指导我们这个课题的先辈、学者和共事的同志们付出的辛劳，还有上述方方面面的支持与帮助。详情不一一细说。荣誉应归于曾在这块译名园地里默默无闻的耕耘者和热情的支持者。在此，向他们表示衷心的感谢，并对已经仙逝的先辈学者、老师、领导和同事们深表怀念。

当然，此书之所以能出版，与商务编辑部的指导和鼓励是密不可分的，我在该书的译序里做了说明，不再重复。这里想说的是，此书经陈应年编审多年努力得以出版后的新情况。2009年秋，商务印书馆为庆祝建国60周年倾情巨献，出版"汉译世界学术名著丛书"珍藏本，王仲涛编审把此书选入这套丛书，按丛书体例重新发排出版。显然，王编审必须对此书再作审读，还要调查研究出版后的各方面反映等等一系列工作，其中辛劳，可想而知。我与他素不相识，他的学术至上、公正无私的精神，难能可贵。还应指出他对工作的细致负责的态度。自从此书珍藏本到手，我反复阅读，这本书，20多万字，只发现一个排错的字，差错率可以不计，真可谓万无一失。这样严谨的编德编风，令人敬佩不已。再是，又蒙于殿利总经理还把此书作为好书向记者进行推荐。

凡此种种，使我十分感激，由衷的感谢！

"汉译世界学术名著丛书"（珍藏本）的问世，我了解到这套丛书的学术价值，是"迄今为止，人类已经达到过的精神世界"（陈原），是我国学术和文化建设的基础工程，曾经哺育一代学人的成长，在我国文化建设中具有深远意义。为答谢商务和学术界的厚爱，我愿为丛书做些宣传推荐工作，尽微薄之力。承商务发行部的信任，李平和孙照海同志，先后几次寄我丛书目录（珍藏本和分科本），以及其他宣传资料。我把这些目录和资料，连同我购买的200多册译本，分别向西安、北京、广州、上海、河南等地的高等院校图书馆、研究所的领导与学者发送（还计划向海外有关单位宣传，如美国长岛中文学校等）。承西北大学和西安邮电大学领导的盛情接纳，批准图书馆采购这套丛书的各种版本（珍藏本、分科本、平装本）。由此想到，如果我们的编辑部动员丛书的所有译者，都能向其所在的单位介绍推荐，其影响效果，可想而知。即使一些单位因条件限制不能整套采购，也可按需选购分科本与平装本，并能起到扩大宣传的效果。

愿商务出版的这朵人类精神文明之花，开遍祖国文化各个领域，为我国伟大复兴，实现中国梦，结出丰硕之果！

说到这里，小人物翻译名著的故事讲完了，但是情未了，意未尽。商务印书馆的宗旨是"昌明教育、开启民智"，为社会生产高品位的精神食粮，汇集人类知识的宝库，被称为"没有围墙的学校"。这个"没有围墙的学校"，不仅体现在精神产品的生产与传播中，还表现为对人才的培养，推进学术的发展。商务编辑部"书后译名索引"这项课题，把我们两校（西北大学和西安邮电大学）一批毫无编辑经验的哲学教师培养成能胜任编、译、校的工作者，带动了教学与科研，从而能逐步做到保质保量地完成任务，获学术界的好评。这是出版社与高校的教学研究相结合，迸发出来的学术火花。感谢商务编辑部对我们的厚爱，愿商务印书馆书后索引这个传统项目发扬光大，为加强我国学术著作出版规范，净化图书市场，提高图书质量，繁荣和发展我国文化事业，做出新的贡献。

于 2015 年 12 月

一套传授"仰望"的书

杜 小 真

早在上个世纪五六十年代上中学时,就经常从父辈和老师那里听到对商务印书馆出版的图书的赞扬和推崇。虽然那些装帧朴实大方、书名令人肃然起敬的书籍,于我犹如"天书",但心中已萌生阅读、理解这些书的强烈愿望。家中因父亲喜欢阅读颇有一些藏书,印象最深的商务版书是 1963 年版的《十八世纪法国哲学》,可能是因为喜欢读法国小说,这本与法国有关的书吸引了我。这大概是我和法国哲学的最初接触。中学梦寐以求想上北大中文系的我,后来阴差阳错,竟去学了法语,走上了法国哲学翻译、研究之路。我常常会问:商务的这本书莫非是命运暗示的符号?

1967 年,由于政治原因,我不得不中断学业回国。当时主要对一些文学、历史、传记类的图书感兴趣。不过在一些朋友的影响下,我还真是买了不少哲学和文论方面的书。比如我淘到了商务"文革"前1960年版的《十八世纪末—十九世纪初德国哲学》《十六—十八世纪西欧各国哲学》、1961年版的《古希腊罗马哲学》,这些书都属北大哲学系外国哲学史教研室主持编译的《西方古典哲学原著选辑》,还觅得蓝公武先生译的康德的《纯粹理性批判》。那时学校的报告会、批判会、讨论会层出不穷,我经常带上其中一本到会,包上个书皮在一个角落里读。老实说,当时读书并没有什么明确的目的,只是对现实茫然、失望,希望从书中找到寄托。虽然对这些书的理解非常肤浅,但我却从中领悟到了一点:那就是这些书探索、讲述的是另外一个世界,一个如法国哲学家、科学家、诗人巴什拉所推崇的与现实相隔有距的世界、一个远离功利目的、超越实际成败的精神世界。这是我在走上哲学研究、翻译之路前,对商务版的西方学术名著译本的最初感触。应该说这对我以后的做事、做人的态度和立场产生了决定性影响。

1970年代末,我离开工作八年的外语学校来到北京大学外哲所,开始了我的法国哲学的教学和研究之旅:起点是萨特的存在主义。30多年转瞬而过,其间遭遇的艰难、挫折、困惑、彷徨难以尽述。而我唯一能够自慰的是:我这个从未受过系统哲学训练的"老学生"能够在这个地方坚持下来,没有放弃,虽然远未尽人意。其重要原因之一,是因为有好书指引、陪伴。所里几位老先生和师长不止一次诚恳地向我建议:一定要认真阅读《西方古典哲学原著选辑》,那是进入西方哲学研究的敲门砖,也是自身哲学训练的基础,不管研究哪个学术流派,哪个西方哲学家,都要以读经典原著打底,尤其对我这样"没底"的人。后来我才知道,这些前辈中的许多人，实际上都参与了这套译丛的组织、翻译、编辑等工作。他们严肃认真的治学态度，特别是一丝不苟的文风和精致、顺畅、传神的译文，都树立了汉译西方学术研究的榜样。商务的这些书至今还是我在教学、研究、翻译中经常使用的参考书。记得1980年我出国进修，带去的中文书中就有那本《十六—十八世纪西欧各国哲学》，还有商务出的后来也收入"汉译名著"的罗素的《西方哲学史》。

1982年底，我结束了两年的访问进修回到国内，开始翻译一些法国哲学原著。在翻译过程中，商务的西方经典原著译本成为实用而有效的参考书。记得在与陈宣良合作翻译萨特的《存在与虚无》及其解读课教学过程中，曾参考商务1960年代出版并内部发行的《存在主义》。找这本书颇费一番功夫，最后是在朱德生先生那里借到。这个译本收入了徐懋庸先生节译的萨特（还有杨一之先生节译的梅洛-庞蒂，熊伟先生节译的海德格尔等），徐先生和其他老前辈的译文典雅、考究，行文流畅、通达。商务长期形成的这种翻译传统，影响了此后几代人。更让我高兴的是，徐夫人王韦阿姨得知我参与翻译萨特著作，非常热情地把萨特的《辩证理性批判》（第一分册，方法问题）和加罗第的《人的远景》的徐译本送给我。这些书也都是"文革"前商务出的内部书，对我的影响、帮助很大。在此期间，我经常请教的商务汉译书籍还有：王炳文、张金言先生翻译的《现象学运动》（施皮格伯格著）、《当代哲学主流》（施太格缪勒著）；李幼蒸先生等翻译的《哲学主要趋向》（利科著）等……我至今对那时候读到的"汉译名著"怀有"仰慕之心"，真诚认为那样的译文境界于我永远是"可望而不可即"。我也一直认为，西学经典的中文译本，不但不懂外文的读者需要，懂外语的读者或学者同样需要。不同译文的境界、内涵和中文根底的比较，有助于更加深入地理解原文的内涵。

1990年代之后，我的法国哲学的翻译、教学、研究的范围有所拓宽，我也在商务出过专著、译著，编过译丛，这使我与商务的"汉译名著"的接触越来越频繁，也越来越亲密。在翻译萨特的《自我的超越性》《想象》以及德里达的《宗教》等书的过程中，"汉译名著"仍是我经常请教的老师。比如王太庆先生翻译的《谈谈方法》（笛卡尔著），何兆武先生翻译的《思想录》（帕斯卡尔著）、《历史理性批判文集》（康德著），李幼蒸先生翻译的《纯粹现象学通论》（胡塞尔著），孙周兴先生翻译的《路标》（海德格尔著），陈中梅先生翻译的《诗学》（亚里士多德著）等诸多优秀译本，都是我和学生课上课下常常参看的必备之书。我也发现，我书架上排列的商务"汉译名著"的"队伍"越来越长：主要是橘黄色的哲学类，还有绿色的政法类、黄色的史地类、蓝色的经济学类……我常常会问自己，如果没有商务的"汉译名著"，我的学习和工作甚至人生会和现在一样吗？

我们常说要理性地生活，其实就是说要学会"敬畏"，也就是要学会"仰望"。三十多年来，我始终"仰望"着商务推出的这些世界学术名著。这种源于内心的"仰望"，是诸如"汉译名著"这样的好书教给我的。在当今这个功利、实惠的世界，"仰望"并非轻而易举之事。因为"仰望"不能生来有之，需要努力才能做到，所以必须传授"仰望"。商务的"汉译世界学术名著丛书"传授的正是这难得的"仰望"。为此,感谢商务的"汉译世界学术名著丛书",也因此,值得珍藏。

(原载《中华读书报》2009 年 10 月 21 日)

关于商务印书馆策划出版"日本丛书"的回忆和感想

陈应年

商务印书馆有一位副总编辑,名叫吴泽炎(1913—1995),江苏常熟人。1934年毕业于上海大夏大学历史社会系,同年进入商务印书馆编审部,曾参加《东方杂志》《东方画报》的编辑工作,后参加《辞源》简编本的审定工作。新中国成立后,1958年起他负责汉语辞书的出版编辑事务,历任商务印书馆编审、副总编辑。

到上世纪80年代改革开放初期,他在商务印书馆的选题会上提出:从当代的国际形势考虑,可以出版三套丛书。这就是后来出版的"美国丛书""日本丛书"和"苏联丛书"。当时吴先生提出,美国、日本和苏联,都是世界上居于重要地位的国家,他们和中国在历史上关系密切。有的国家,如日本和苏联曾占领过中国的土地；有的国家，如美国又与中国共同抵抗过日本军国主义发动的战争。因此我们应当了解他们的历史、思想和文化，了解得越深入，两国间才能真正做到和平共处，才能避免战争的祸害。他认为出版社应当加强对于上述国家的了解和研究。因为我是研究日本史的编辑，他建议我来担任"日本丛书"的策划和编辑工作。于是我们从1958年以后本馆出版的关于日本学术文化的著作中选择了部分中译本，又邀请中国社科院、北京大学和天津社科院及东北师范大学等有关院校学者给这套丛书推荐选题和译者。选题初步确定后，经过馆领导的批准，丛书的编辑出版工作就全面开始了。

"日本丛书"共编选了20种图书。第一类是哲学思想方面的书籍，共选择了四种：

1. 哲学家永田广志著《日本哲学思想史》，译者是商务的三位老编辑姜晚成、尚永清和我。

2. 日本近代思想史研究会编的《近代日本思想史》三卷，这是由日本中年学者写作的，很有水平。本书第一卷由中山大学马采教授翻译；第二、三卷由东北师范大学伊文成、那庚辰教授等翻译。

3. 福泽谕吉著《文明论概略》，这是福泽先生的代表作，由北京编译社翻译。

4. 中江兆民著《三醉人经纶问答》，这是一本近代思想史名著，由中国社科院哲学所滕颖先生翻译。

第二类，政治、外交方面，也列入了四种：

5. 加拿大诺曼著《日本维新史》，这是加拿大学者写作的史学名著，老翻译家姚曾廙翻译。

6. 新渡户稻造著《武士道》，这是一本关于日本文化传统和民族特性的重要著作，在西方十分流行。北大张俊彦教授翻译。

7. 美国驻日本大使格鲁著《使日十年》，集中反映了在二战时期美国外交家的外交观点，可供学术界研究参考，蒋相泽老师翻译。

8. 信夫清三郎著《日本外交史》，这是日本著名学者的外交史代表作，由天津社科院日本问题研究所翻译。

第三类，经济方面，列了三种：

9. 都留重人著《日本经济奇迹的终结》，都留先生是日本著名的经济学家，马成三翻译。

10. 小林义雄著《战后日本经济史》，这是日本学者关于战后日本经济史的专著，孙汉超、马君雷翻译。

11. 布莱克著《日本和俄国的现代化》，这是外国学者对日本和俄国现代化的比较研究，周师铭、胡国成、沈伯和沈丙杰翻译。

第四，社会文化方面，列入五种：

12. 家永三郎著《日本文化史》，这是日本历史学家家永三郎的近作，有代表性，是一本简明的文化史，由湖南大学刘绩生教授翻译。

13. 荷兰弗洛伊斯著《日欧比较文化》，这是岩波文库里的一种，是日欧比较文化的研究，可供借鉴。巴蜀书社范勇、张思齐翻译后，投给商务编辑部，我们做了校订。

14. 美国人类学家本尼迪克特著《菊与刀》，天津社科院日本所吕万和与他的学生熊达云、王智新翻译。

15. 赖肖尔著《当代日本人》，这是美国驻日本大使的名著，值得仔细阅读，中译本是北大沈仁安教授的博士生陈文寿翻译的。

16. 中根千枝著《纵向社会的人际关系》，是根据中根先生的日文本翻译的，商务印书馆编辑部陈成翻译。

第五，历史、宗教方面，列入四种：

17. 坂本太郎著《日本史概说》，坂本先生的著作，我国过去翻译得不多，本书是中国社科院世界史所汪向荣教授和他的学生武寅、韩铁英翻译的。

18. 远山茂树著《日本近代史》三卷。卷一是东北师范大学邹有恒教授翻译；卷二是杨孝臣、郎维成、杨树人翻译；卷三是伊文成、李树藩、南昌龙、赵春元翻译。全书均由邹有恒教授校订。

19. 村上专精著《日本佛教史纲》，这是一本出书时间较早的佛教史著作，由世界宗教所杨曾文教授翻译，汪向荣先生校订。

20. 村上重良著《国家神道》，这是一本对国家神道采取批评态度的著作，可供参考，天津社科院日本所聂长振先生翻译。

"日本丛书"从 1992 年开始出版，到 1995 年 20 种全部出齐。初步统计每两三年都会根据读者的需要适当重印，例如《菊与刀》到 2005 年 6 月第 14 次印刷时，一次加印了 5 万册，大约是"日本丛书"中印数最多的一种。其次是《武士道》，2005 年 1 月第 7 次重印和 2005 年第 8 次重印时，每次都加印了 1 万册，也是印数较多的一种。此外，像永田广志著《日本哲学思想史》这样的哲学教材，也重印了 3—4 次。

几点感想：

1. "日本丛书"出版说明指出：

我馆历来重视组译日本学术论著。三十多年来，已出版有关日本哲学、政治、经济、文化、历史及宗教方面的译著一百多种，加上最近所组新译，已初步形成系列。为便于读者研读，现汇编为《日本丛书》印行。第一辑选目，刊印前曾征求学术界意见，幸蒙赞许，但仍难称美备，深望海内外读者有以指正。

编者 1991 年 4 月

2. "日本丛书"从 1991 年开始出书，到 1995 年完成。出版后，读者反映不错。经常可以收到读者来信，要求购买丛书里的图书。

3. 丛书出版后，有几种教材类图书多次重印，如《日本哲学思想史》《近代日本思想史》（三卷），《日本文化史》也受到读者普遍欢迎。

策划编辑出版这套"日本丛书"，由于得到商务印书馆吴泽炎先生的指导，又得到中国社科院和天津社科院几个研究所和北大多位老师的支持和帮助，对我来说总算完成了一件大事，内心感到很高兴，借此机会也向诸位学者和同行表示感谢。

于 2007 年 10 月 20 日

对商务印书馆的感念

马 克 垚

已经存在一又四分之一世纪的商务印书馆，是中国的一座巍峨文化大厦，做出了许多卓越的成绩，嘉惠数代学人。我是无数个受惠者之一，爰赘数语，以表示感念之情。

上世纪50年代在北京大学历史系毕业后，我奉命留校讲授世界中古史，研习的一些参考书就和商务出版的书多有关联。不过那时教师生活待遇低，一般买不起书，只能向图书馆借来阅读。另外，当时是全盘苏化的时代，唯苏联的著作、教材马首是瞻，有一点钱也先买苏版书。记得50年代就买了翻译过来的苏联科斯敏斯基主编的《中世纪史》，后来还买了俄文版的苏联科学院主编的十卷本《世界通史》的前几卷。但是很快，我便发现了苏版书籍中的大国沙文主义，让人不舒服。比如，一般都说提出日心说的哥白尼是波兰人，大概因为哥白尼的故乡一度曾经在苏联境内，所以苏版书说哥白尼是苏联人。为此我也就找一些商务出版的英、美书籍参考，记得有威尔斯的《世界史纲》等。当时的口号是"学习苏联，参考英美"，所以学习一点英美还是可以的。

改革开放以后，迎来了思想解放的科学的春天，商务组织翻译出版的许多名著成为我的案头必备之书，古典的、中世纪的、近代的许多巨著，我差不多都买了，受益良多。我得到的第一本书是戚国淦先生翻译的《查理大帝传》，1979年商务出版，1980年1月他就送我了。虽然是薄薄的一本，但却是研究查理曼的基本史料。然后就是《阿古利可拉传 日耳曼尼亚志》《法兰克人史》，都是研习中世纪必读之书。特别是孟德斯鸠的《论法的精神》，吸引我从西方法律的角度研究封建社会、封君封臣关系，以及西欧封建社会早期的发展等，十分得益。还有，像吴寿彭先生翻译的亚里士多德的《政治学》，它的索引中有一个项目叫题旨，把书中重要名词按政制、经济、法律等分门别类排列，每一名词下，注以希腊文、英文，后面还做出该名词意义的解释，以及在本书中的出处，十分详尽。遇到问题，就可以检索。凡此种种，都可以说是商务对我的惠赐。

那时商务还召集一些学者开会，请他们推荐翻译名著书目。我也有幸被邀请过几次。记得一开始我推荐了布洛赫的《封建社会》，很快就被列入翻译目录中。不久，商务老编辑周颖如提醒我，说我应该把这本书翻译出来。我倒是也动了一番心思，知道翻译这本西方公认的论述封建社会的经典作品，对我的研究还是很有帮助的。可是转念一想，我的那点英语水平，翻译此书困难很大。戚国淦先生的翻译深得商务的称赞，人家是燕京大学研究生毕业，英语水平很高。我的英语可以说是自学的，没有上过什么正规的课程，只是东一头、西一头地学习过一点，而且《封建社会》一书原文是法语，再从英语转译，大概还会遇到不少问题。翻来覆去，就把翻译的事搁下来了。后来是张绪山等同志不畏困难，翻译此书，并得商务出版。他接着又翻译了另一部论封建主义的西方经典作品，冈绍夫的《何为封建主义》，也由商务出版。我则只能应邀为这两本书写序言，介绍一些有关封建社会、封建主义研究的情况和问题，算是对封建之研究略尽绵薄之力。

商务除了做汉译西方学术名著外，也做过一些文化普及工作。其中一项是出版"外国历史小丛书"。这个项目"文革"前已经在进行，当时主编是我的老师齐思和先生，这时主编改为陈翰笙先生。陈翰老德高望重，可谓我国学术界泰斗之一，可是他仍然力抓这个项目。他亲自找作者谈话，要作者说明写作的内容、意义，经过他首肯后，方可动笔。我就是被陈翰老面谈合格后，才写出《五百年的西欧农奴制度》，由商务于1983年出版。虽然只有短短的两万来字，可那是倾注了翰老的心血在内的。那时商务也设立了"外国历史小丛书"的编辑部，有好几个同志工作，我列名于小丛书的编委，参加过不少编辑部的会议，讨论选题、推荐写作人员、编辑等事宜。这一小丛书出过许多册，后来还出过集合一些相近题目，重新印出的作品。作为普及读物，我认为，因为小丛书的作者大多是专业历史工作者，所以写得专业性强，不够生动活泼，吸引普通读者的力量不足。这证明做普及工作也是相当不容易的。

按照过去的分工，中华书局主要出古籍，商务主要搞世界学术名著的翻译。后来这一规定已被打破，各出版社都可以自行其是，出版各种作品。我在北大教书的同时，也写过几本著作，但是都没有敢找商务出版，心目中总认为商务这一学术殿堂门槛一定很高，轻易不要造次。2018年，商务的杜廷广同志等来谈，准备将我的《西欧封建经济形态研究》一书收入他们的"中华当代学术著作辑要"出版，我不禁大为感动，想不到我的那本小书能引起商务的注意，而且列入他们的丛书中，还在书中收录了我为改正原书第一章的不切当观点而写的三万字长文，"西欧奴隶制向封建制过渡的再认识"。另外，这次再版还要求我增加自己的著述编年，介绍自己多年来的一些研究情况。我为了写这个编年，将自己的学术生涯翻检一过，可说自1956年到北大历史系教书以来，一直不敢懈怠，努力奋斗，历年也都有一点成绩。可是从60年代下半期起，到70年代上半期的七八年间，一事无成，毫无所得。盖时当"四清"、"文化大革命"年代，每天向工农兵学习、劳动、下鲤鱼洲，战天斗地，时间就这么荒废了，虽然怅然者久之，但也无可奈何。

与此同时，上海的陈恒同志还请商务再为我出版了一本学术随笔《学史余瀋》，列入他们上海师范大学的"光启文库"丛书中。这本书收录了一些我对北京大学历史系和其他高校师长的回忆，还有我为别的同志的著作写的序言，算是为我国历史学科留存一些史料，虽然一鳞半爪，飞鸿印雪，但书出版后，收到的同志们都表示对这些很感兴趣，也大出我意外也。

更让我高兴和感谢的是，商务又计划将我的《西欧封建经济形态研究》列入外译项目。我想，商务之所以有翻译计划，将这本书介绍给国外，还是用我为此书当商务出版时写的"新版序言"

中的话,"深知学力浅薄,不足以应'中华当代学术著作辑要'之要求,如果说有什么一得之见,就是能以中国封建社会为参照系,提出对西欧封建社会的一些不同于西方学者的认识,供大家参考"。谨记。

于 2021 年 12 月

嫁衣绣出缘深浅

史 有 为

商务印书馆创办初期,张元济先生入馆掌舵,宣示"以扶助教育为己任",以其一生实践"昌明教育平生愿,故向书林努力来",提倡"第一件好事还是读书"。这是他的理想,也是感动大众也包括我的崇高心愿。按照这样的初心,商务应该是一个助推学术文化的据点,而且也应该是一个学术基地,而商务给我的感觉也正是如此。

约定里饱含着见识

我与商务走得近,那还是"文革"以后。1979年以后,学术活动开始活跃起来,而信息却仍不畅通。个人没有电话,媒体也只是偶尔说那么两句,但学术会议是多起来了,于是认识了许多朋友,也知道哪些朋友或校友在出版界。其实,我并非想出书。

那时的研究刚刚恢复,而自己仍属青涩,没有多少积淀,没有多少成果。但了解学术信息却是十分迫切的需求。信息最多的莫过于媒体、出版社和研究单位。可是报社、杂志社,我不认识人,只有出版社还有一些熟人。像商务和语文出版社就是。研究单位呢,那只有语言所和语用所了。

于我而言,商务又像是旅行中的歇脚处、食宿处。每次到王府井办事,总要到商务落落脚。一是看望一下老朋友或老同学,叙叙友情;二就是听听有无学术方面的新消息,填补一下脑中的空白。早先的朋友是赵诚、李思敬、张万起,他们是编辑也是一个科室的负责人。最熟悉的当然是隔着届的校友张万起。张万起是少有的学者型编辑。别看他衣着朴素到几乎边幅无修,但却是满腹学问。主持汉语编务,又抽空撰写了多部学术要著。正因为他研究经历丰富,知道深浅和有无,故而点子也多。我们俩见面几乎是海阔天空,无所不谈,交流互相知道的信息,也切磋正在摸索中的研究。许多事往往是在不经意的闲谈中获得灵感或启发,帮助自己解决了难题。有时,正巧遇到饭点,万起兄就用他那几个不入眼的搪瓷缸子到食堂打饭,两人一起乐呵呵地吃一顿,感到分外满足。我很怀念那时的气氛,与作者交朋友,将朋友变成作者。

80年代末,万起兄那时正在筹划几个项目,一个是"汉语知识丛书",一个是汉语研究系列。也许这就是他在与朋友无所不谈中的收获。他把我也计划了进去。要我写至少两部书:一部是外来词,因为我刚好参与了刘正埮、高名凯先生的《汉语外来词词典》,自己也正酝酿一部有关外来词的小书。另外一部是从理论上阐发汉语或汉语语法。大约我在一些会上的新想法,或闲谈中流出的思考，让他有了这个计划。

朱德熙先生的《语法答问》是丛书的第一种。这部书的那种简练平实，深入浅出，背后的理论深度，已成为后来者的标杆。我想，这是万起兄的高明。一种丛书，必须要有个出色的带头羊，才不致流于平庸。这对我构思《汉语外来词》也有着非凡的激励作用。我没有辜负商务和万起兄的期望。我到日本大阪外大任教，一切安定下来，走上轨道时，就立即履行了北京的约定。我利用日本友人送我的电子打字机，跌跌撞撞地开始了写作，一年后终于完成了这份承诺。当用双拼法敲击出最后几个字符，计算一下页数，发现还够得上一部小册子的分量，确实有些欣慰。

2011年，在《汉语外来词》出版10年之际，接班的余桂林、叶军热情与我联系，又让我有机会修改增补。感谢这本增订本让我补充进了新的资料，而且有机会将理论框架进一步完善。2018年，这个本子恰巧被英国卢德里奇出版社（Routledge）看中，于是请广东外语外贸大学的胡正茂先生翻译成英文版与读者见面。今年又接到韩国延世大学金铉哲教授的来信，告知他与金兑垠、李贤善老师等三人将该书翻译成韩文，并已经由韩国学古房出版。而这一切的初始，还在于万起兄当时的谋划。外来词是个很小的词汇品种，许多人了解甚少。如果没有当初负责人张万起的见识，那也就没有这长长二十几年的缘分。

词典是怎样炼成的

万起兄退休后，接班的是周洪波，当然也是老朋友。2003年暑假，我回国休假，正巧与学长李行健及洪波兄有些信息交流，约定在一起聚会。聚会时，洪波向我提出能否为商务编写一部"外来词词典"。考虑到辞书编纂"不是人干的活儿"，我当时婉拒了这份任务。回去后内心不断天人交战，想到了学术传承，想到了历史责任。终于，一年后，我再次与洪波约定，接下了这份重重的信托，开始了近15年的长跑。在日本的最后几年，我的工作就是积累资料，尤其是借自日语的汉字词。2008年回国后才开始编写词条。在接手任务后的10年里，商务没有给我增加丝毫压力，不催我，也不问我进度。只是有过一次特别的约会。2006年洪波兄从词典规划角度考虑是否需要预置"外来词大词典"项目，以便形成词典配套系列。为此开了一次咨询会，邀请了胡明扬先生与朱京伟、黄河清、王扬宗等位专家，最后了解到其中的艰难，也就到此为止。但这件事却使我感到了更大的压力。我觉得大词典在可见的时段内是不可能启动的。原因在于，第一是没有研究与资料的积累，需要重新打基础；第二可能还没有需求，有些超前。那么我应该如何定位当下的这部词典呢？我决定，在1984年外来词词典的基础上更上层楼，编写成中型而略偏大的一部，这样可以满足未来数年之需。

在词典编纂到半程时，我请商务对词条的格式、释义项目提出意见。商务印书馆各级编辑领导为此专门召开会议，与我详细研讨，参加者有江远、周洪波、余桂林、叶军等位，在会上决定加入"知识窗"等项目，调整释义各项的位置。这次会议决定了词典最后呈现的样貌。此后我就按会议商定，重新改写词条，加入新的项目。这次调整增加了许多工作量，所有条目都须"改制",但出于责任,我还是竭尽全力完成了。此外,又加入了包括字母起首词、日制汉字转读在内的附编,现在呈现在读者面前的这部《新华外来词词典》正是词典的一次转型探索。

这部词典是分类型编写的,包括西语、日语、古时外族语与民族语,以及梵文、字母词五大块。前后曾邀约多人参编,分担西语、日语与梵文词条。但在当时,人才难求加上出国潮的影响下,除梵文词条有朋友坚持到底外,其余设想全都尚未开始就结束,打破了我最初设想的分工。所有类型的词条都压在我一人肩上,我要照顾英、日、古、字母词四个方面的搜寻与编写。好不容易编写到最后,词条的整合又让我烦恼无穷。按首字母统编,平衡不同类型的条目,照应前后左右和彼此,补充词条与附录,等等,有说不完的工作量!按照我的电脑操作水平,肯定是很难快速完成的,会拖很长时间。幸好,2013年龚英女士从外研社调入,商务便委派她担任词典的责编。这是一项考验任何人的重活,而她接受了。她用二十四分的耐心与宽容,容忍我非常规的交稿与不断的修补。她为我提供了专业水平的协助,不厌其烦地细心校阅、查检疏漏,几百次地及时与笔者交换意见,包括词条里每个打头符号,她都反复推敲建议。删删改改,挖挖补补,方才有了今天的《新华外来词词典》。她帮助我完成了加法,又默默地、毫无怨言地完成了混杂着加法的减法。最后又经过了四五道校对的严格查对、修正,方才进入印制。应当说,没有这位责编就不可能有这部词典。这部词典实质上是商务与编者合作的作品,是我们结缘的成果。通过一个好点子,成就了一部书,也成就了多份友缘。我应该感谢所有这些实质参与者。

等待是一种信任

出版是一个长周期行为，有时也会立等可取。在外来词词典成书前，我有机会结集了我在日本写作的第二语言教学论文，这就是《寻路汉语——语言习得与对外汉语教学研究》(2013)。这个选题是我主动提出的。洪波兄二话不说，立马答应，要我将稿件尽快送来。此后，责编吴满蓉女士的细心过滤提醒，反复核实校对，多处建议删改，让我感到又一次难得的结缘。虽然仅仅是小小的一本书，却也是商务形象的体现，虽然并无等待。

然而，等待，在出版界依然是个常态。与作者约定后，作者可能很快，一两年就交付书稿。也许，作者五六年甚至更长时间都没来消息，石沉大海。怎么说呢？那就看作者是否方便，是否趁手，是否思考成熟。对于出版社，发出的都是信任，是对作者学力的信任。这在双方应该早已形成默契。我不信任你的学问，我就不会发出稿约；你不信任出版社，也绝不会随随便便允诺一部书稿。因此，长时间的等待就是出版社经常的纠结，不能催，不好意思催。等待，考验的也就是一种信任，一份心缘。

上世纪80年代后期张万起与我约定《汉语外来词》，我到日本以后，90年代后期才交稿。期间万起兄没有来过一封信，没有催过一个字。这就叫信任。如果答应了却没有完成，写作了却连自己也不满意，我能安心吗？我能对得起商务吗？

2004年我正式接下周洪波委托的词典任务。此后十年间，双方的约定形成了意外安静的信任。商务在等待，而我却要四出寻觅。人手要我自己寻，资料要我自己找，这些都不是钱可以解决的。我不能辜负信任，一定要逼自己学得十八般武艺。在一定的情况下，编者的困难，可能也正是出版社的困难。如果把时间拖后十年，情况就会大不一样。如果再拖后到今天，那形势就如天翻地覆。微信里随随便便就是一个学术群，把人才汇聚了起来；图书的数字化，让古籍善本唾手可得；检索工具的开发，又让收集资料如虎添翼。但新的问题又将随之出现。因此，又会出现另一种等待。

可惜，我与万起兄约定的第二部书，迟迟未能交卷。开了五六次头，写着写着又觉得不满意，不想让读者觉得毫无参考价值。于是中途搁下，至今未成。但约定已成，我不会赖账。但不知商务还愿不愿意等待。

2021 年冬至病榻侧

我和商务印书馆的缘分

徐 家 玲

我和商务印书馆的缘分始自1978年,正是改革开放的第一年。国家教育部恢复了研究生招生考试,身在吉林省柳河一山沟小镇中学任教的我,得此消息之后很想拼力一搏,寻求人生的新起点。我的想法,受到我的恩师,即后来担任我的硕士生导师的郭守田先生和朱寰先生的积极支持。他们帮我找到了当时能找全的许多世界史研究方向的书籍和参考资料,要我阅读学习。我的母亲(一生无私地服务她的患者的普通医生)则送了我一本当时最新版本的英汉辞典,这于当时的工资收入来看,就是比较奢侈的礼品了。于是,出自商务印书馆的一本英汉辞典,两册由林志纯先生和郭守田先生精心编辑的《世界通史资料选编》(上古、中古部分),从此成为我学术生涯中的良伴,直到今天。后来,根据学习的需要,我又选购、收藏了许多学术方面的世界名著和一些工具书,其中多数是商务印书馆出版……那时,我是商务版图书的忠实读者。

硕士生学习期间，郭守田老师想修订《世界通史资料选编》（中古部分），约我译几个历史条目，我不大记得清具体都是哪些条目了，但它们在郭老师的严格修订下还是面世了，于1981年出现在新版的《世界通史资料选编》（中古部分）中，我很惊喜的是，我的名字，出现在中国顶级学术出版社的正式出版物中。虽然只是在小条目之后署名，但不言而喻，我已经"升级"为商务印书馆的"译作者"了。

毕业后，我留校任教，迎来了一批来自全国名牌院校（四川大学、武汉大学、南开大学、华南师大……）的77级历史学人（他们后来都学有所成，在国内享有各种声望），参加我校主办的中世纪史研修班。当时意气风发的年经人，觉得自己能做些什么，也能做成什么，于是我们讨论、决议，要合作翻译著名西方中世纪史学家汤普逊的《中世纪晚期欧洲经济社会史》，此书从策划到翻译、校订、成稿、出书，前后经历了近10年。感恩于郭守田先生的引荐，商务印书馆通过了我们这群不知天高地厚的年轻人的翻译计划。这是我第一次译书，虽然有我的导师郭守田先生和朱寰先生在后面撑腰，我还是感觉压力山大。因为我得协调参译者和出版社的关系，得最后校对全书。但是我得到了商务印书馆历史室编辑赵先生的鼓励和肯定。在他审订我的翻译"样稿"时，不但给了我基本的肯定，还认真地提出了一些需要注意的方面。这种严谨的学术态度和关爱后学的精神，给我留下了深刻印象，更坚定了我做好这件事的决心。即使我在接受公派留学任务在希腊访学期间，也几乎全力投入对希腊语和拜占庭史的研究，仍然心心念念地考虑着,如何尽快完成对汤普逊书译稿的最终审订,不负商务的师长对我的期待。

1985年我从希腊回国,开始了从头到尾全面仔细审订此书译稿的艰难时光。有朋友注意到,我几乎两年没有任何文章出现,不知道的,会以为我怠惰,但我知道,自己不负时光,在做一件有意义的事。最后,1988年,此书全部译稿交付于编辑室,得到了责编赵先生的肯定。当时,似乎有人提出疑义,认为参译者人较多、全书文字风格不甚统一,由于责编赵先生力挺,此书方于1992年正式出版(1996年纳入"汉译世界学术名著丛书")。此书在学界得到了充分的肯定。一位从事中世纪史晚期研究的中国学者,曾经十分诚恳地对我说:"徐大姐主译的这本书,是被我们当作《圣经》来读的。"可谓功夫不负有心人,我们这些曾经意气风发的学人做了,也做成了一件无愧于师长和学界的有着重大意义的事情,而此一工程的最终完美收官,归功于商务印书馆各级工作人员对青年学子的信任、鼓励和引导。正是因为如此,商务才总是有源源不断的优秀作品奉献于中国和海内外华人学界。并保持了新中国"学术引进第一社"的声誉。

之后,我和商务的缘分就扯不断了。我在希腊已经初步完成的《拜占庭帝国史》译稿,申报选题再度被商务印书馆的译作室通过,经过多位编辑之手,也经历了几次商务内部的改制,终于在2019年于商务印书馆正式出版。于我,是向自己的学术生涯交了一份并非完美无缺的答卷;于读者(特别是从事世界史研究的学者),是提供了一份内容翔实、各类参考资料丰厚、可引导人们从多方面深入研讨拜占庭全史的经典之作;于商务印书馆,是为其全面引进全人类人文社会科学研究精华作品的"汉译名著"系列增添了一本新的有分量的佳作。

回顾自己从读者到译者的漫漫生涯，几乎经常在与商务相伴：商务的作品引导我走向世界史研究之路、丰富了我的知识含量；商务的理念引导着我积极挑战自己所不能；商务工作人员的严谨风格鼓励着我不断精益求精，攀登新的学术高峰；商务的普及广惠扶助了千千万万的有志学人、培养了千千万万的资深学者。于是，我们说，商务的125年是中华民族的骄傲、中华文化的骄傲，是中华民族能够在今天自立于世界民族之林的一束智慧之光，此话并不为过。

记与商务交往的二三事

王 路

大概是1981年上半年,研究生院为我们开了第二外语课,请商务印书馆的张伯幼老师来教,每周一次。我参加了那个德语班,成为张老师的学生。那是我读研究生的最后一年,大家都在写论文,一些同学学德语也心不在焉。我倒是非常认真,记得还借了一台录音机,认真跟着学习发音。虽然是从 ABC 字母开始学起,但是由于学过英语,有一些学习外语的经验,再加上我比较认真,学得可能还不错,引起伯幼老师的注意,课后他愿意和我聊几句,这样我就和他熟悉起来。和伯幼老师学外语的时间不长,不足一个学期,具体事情记不清了,只还有一个印象:他的发音很好,讲课很耐心,面带微笑。

研究生毕业前,我在哲学所借到一本书,是瑞典哲学家伊斯雷尔的《辩证法的语言和语言的辩证法》(以下简称《辩证法》),读后觉得很有意思,就和伯幼老师谈了该书的内容,并提出想翻译它。辩证法是国内热门话题，该书大部分内容又都是讲马克思主义理论的，伯幼老师觉得可行，就同意了，并帮助在商务立了选题。这样我就开始翻译起来：是不是毕业后记不清了，肯定是写完论文以后。商务的门槛很高，我竟然轻而易举地就进入了，这在许多人简直就是梦想。这多亏了伯幼老师的帮助。我猜想，这大概是因为他知道我学英语出身，通过教我学德语，他相信我的英语学得还可以吧。也许我们那一届研究生很受社会重视，被人们看好，伯幼老师也在为商务寻找合适的译者。总之，诸种因素促成了我早早和商务结缘，为此我一直感谢伯幼老师。

《辩证法》那本书翻译得很快。译完之后，我又找到伯幼老师，提出要翻译罗斯（Ross）的名著《亚里士多德》。有了第一本译稿，伯幼老师认为很好，立即帮助我通过了该选题。这样我就立即着手翻译，这本书的翻译不太容易，慢了许多，但还是很快就译完了。记得我是1981年7月研究生毕业，1983年10月去德国。出国之前这两部译稿都已经交到伯幼老师手里了。

《辩证法》一书出得很晚，大约到了1990年才出版，其间伯幼老师和我说是因为内容涉及"异化"问题。《亚里士多德》一书出得更晚，大约拖到1997年。1990年代中期商务召开"汉译名著"选题规划会时，梁存秀先生发言说到他的《费希特选集》，他批评商务出书慢，他说他如何催促商务的编辑、如何到印厂督促工作，但是四年多才出版。我发言说，梁先生那哪里是在批评商务，完全是在表扬商务啊：我的译稿拖了10年还未出版！后来商务老总还专门找我询问。我是小年轻，无法和老先生比，我也不太在意，能够在商务出书，能够和商务的编辑成为朋友，这已是让人高兴的事情了。后来我又认识了许多编辑,特别是武维琴、徐奕春、陈小文、王希勇、关群德,他们都与我在商务出书直接有关,我与他们也成为了朋友。

最初到商务谈稿子时认识了武维琴。他和洪汉鼎是北大同学,我和洪汉鼎是研究生同学,也都是商务的译者,所以在我和老武的交往中,洪汉鼎是我们的一个共同话题(趣事多多)。也许是有共同话题,我和他很快就熟悉起来。老武对我很好,也很信任,曾经多次让我帮助审读商务的稿子。我看过一次,就不愿意再看了,因为那是吃力不讨好的事情。但是老武对我在商务出书是开绿灯的,我也不能总拒绝,于是有一次接受了一部比较薄的书稿,帮助校对了一遍,结果许多地方几乎改"花"了。老武很吃惊,对我说那位译者是教授,已有译著出版,他只是不放心,为了保证质量才让我看的。我笑着说,这样的工作真没法做,比我自己翻译一遍还要费力。从那以后,老武再也没有让我帮助看过稿子。

我和老武交往很多,有两件事我非常感谢他。一件是让我参加"汉译名著"选题规划会,另一件是让我翻译弗雷格。

我第一次参加"汉译名著"选题会是1994年,具体是谁推荐,我也不知道,但老武是哲学室主任,他要是不同意,我肯定是去不了的。那次会上我见到了哲学界的许多老先生,我是最年轻的,而且年轻人没有几个。从那以后,我就成为商务"汉译名著"选题会的常客。在商务会上,从老先生们那里我知道了商务的历史,商务在我国思想启蒙、文化复兴和学术传播中的作用,以及她在老先生们心中的地位,会上还可以向老先生们请教学习,所以我很愿意参加商务的选题会,很在意和商务的交往和情感。

老武对我说过，他们的一项工作是寻找、发现和培养新译者。和商务交往40年，我如今已成为商务的老译者和老作者，我自身的经历可以证实，老武说的是实话，显示的是诚实的态度。

20年前我住在建国门附近，离商务很近，去得也比较勤：聊聊天，拿几本书。商务办公楼装修前，老武的办公室在三楼楼口右手第一间，每次去我都是先到他的办公室坐一会儿，聊一聊，然后再往里走，去伯幼和老徐（奕春）的办公室。大概是1980年代末，有一次老武拿出商务的选题计划对我说，你看看有什么可以译的。我看到了弗雷格的翻译选题，表达了翻译愿望，老武立即答应了。于是我停下中世纪逻辑的研究，把研究弗雷格放在首位。那时我对弗雷格已经有了一些阅读、理解和认识，选题和翻译进展得非常顺利。老武特意让刚到商务工作的张岚做编辑。张岚是逻辑研究生毕业，有专业知识，工作热情高，编辑工作也进展顺利。

由于我1992年10月要去英国圣安德鲁斯大学逻辑与形而上学系访问研究，我希望离京前可以看到清样。老武做了工作，结果译著出一校清样的时间特别早，连（张）家龙师都说"想不到"。他是商务的老译者，他常说，商务就是突出一个"慢"字。老武还满足了我的一个请求，给我多出了一份一校清样。这样我就可以带着弗雷格译著的清样出国了。今天人们可能不太理解这对我多么重要。那时没有电脑，译稿是写在500字的稿纸上，若带出国则是厚厚的一大摞，太麻烦了。有了老武给的清样就方便多了。我在德国不讲英语，到英国自然也就不说德语，为的是提高自己的语言能力。在圣安德鲁斯说的是英语，读的是英文译本，由于带着中译文稿,如同读到德文一样,使用起来非常方便,相当于将中文和德文与英文对照着进行阅读,更加深了对弗雷格思想的理解和认识,所以我和英国人谈起弗雷格如数家珍,滔滔不绝,即使和黑尔(Bob Hale)等少数专家讨论弗雷格的思想也是引经据典,不落下风。更好的是,研讨中我还发现译本中的一些问题,加以修正。《弗雷格哲学论著选辑》1994年出版,如今已出三版。后来我又翻译了弗雷格的《算术基础》,该书1998年出第一版,以后两次再版,并被列入"汉译名著"系列。我对外国朋友说,中国学者和学生学习和了解弗雷格大多数都是读了我的译本,我为此感到骄傲。应该说,这里也有老武的功劳。

  我最初读研究生研究的是亚里士多德,毕业以后我计划继续研究,研究完亚里士多德以后研究中世纪逻辑,再以后研究弗雷格,这一计划貌似有理,其实显示出自己对研究的理解十分肤浅。研究怎么可以有"研究完"之说呢?今天回想起来,弗雷格著作翻译在老武那里可能只是一个选题,对我却意义不同:它实际上彻底改变了我的研究轨迹和状况。自从翻译和研究弗雷格以来,我就再也没有回过头去研究中世纪逻辑,而是一路走下来,直到今天。感谢老武!有了他给的选题,才使我提前着手研究弗雷格,才有了我今天对逻辑和哲学的认识。

学术出版重镇，民族文化标杆
——庆贺商务印书馆成立 125 周年

陈　平

商务印书馆 1897 年于上海成立，至今 125 年了。在从事语言教学与研究的人们心目中，商务印书馆是让大家充满敬意的出版重镇，更是代表中国文化与教育优良传统、具有崇高象征意义的文化符号。

商务印书馆成立翌年，马建忠的《马氏文通》便由该社出版。《马氏文通》是中国现代语言学发轫之作，它的新颖理念和研究方法，至今仍然是中国语言学家普遍遵循的范式。一百多年来，语言教育与研究始终是商务印书馆的重点领域，商务出版的语言文字方面的参考书、教科书和学术专著，以质量精湛蜚声世界。《新华字典》《现代汉语词典》等工具书，伴随一代又一代的国人成长，早已成了中国人文化教育和社会生活密不可分的一部分。文化和教育领域的专家，也都以自己的著作能在商务印书馆出版为荣。

语言文化是民族的基因，教育是保证民族基因得以传承的最重要的手段。我们既是该基因的传承人，也同时负有将中华民族的优秀文化基因延续下去并不断优化的义务与责任。作为作者，我与商务印书馆的缘分始于1980年代初。《语言学概论》是英国语言学家帕默尔的一部著作。李荣先生早年将该书的前三章译成了汉语，王菊泉、周焕常和我于1978—1981年在中国社会科学院语言所读研究生期间，导师吕叔湘先生安排我们三人将余下的章节译了出来，并逐字逐句对我们的译文做了精心修改，交由商务印书馆出版。此书出版后颇受欢迎，于2013年出了修订版。2017年，在商务印书馆总编辑周洪波编审和余桂林编审、朱俊玄编审的支持下，拙作《陈平语言学论文选》三卷由商务印书馆出版。我此前于1990年代初在另一家出版社出过一本学术论文选集。周总曾诚恳地告诉我，他和商务几位同事谈起这件事，都说应该早一些同我联系，由商务来出版我的著作。周总和商务同事对我的这份厚爱，让我深为感动。《论文选》的责任编辑是何瑛博士。因为要赶在2017年7月一次会议前出书，何瑛博士尽心尽责，出色地完成了编辑工作。在拙著的编辑出版过程，我对商务印书馆的工作作风以及对于质量的高标准、严要求有了切身体会。他们严格执行商务内部的三审三校，常常为了一个词、一个标点符号反复与作者交换意见，直至各方满意。商务印书馆还专门为拙著出版举办了新书发布会，我对此十分感谢。

六年前，商务印书馆组织编辑出版一本新的学术期刊《语言战略研究》，我有幸成为该杂志的作者、编委、组稿人和审稿人，该期刊的主编是李宇明教授，代表编辑部与我联系的主要是商务印书馆总编周洪波编审。《语言战略研究》的编纂方式与其他杂志不同，每期都围绕一个专题展开讨论。我为其他学术期刊编过专辑，对其中的甘苦略知一二。要编好这种组织形式的学术期刊，靠编辑部坐等自发来稿是不行的，选题方面精准独到的眼光，广泛、可靠的学术人脉，周详绵密的计划，限时定稿的效率，缺一不可。周总、《语言战略研究》主编李宇明教授、执行主编郭熙教授和编辑部成员在确定每期选题和稿件的组织、评审、修改的整个过程中，殚精竭虑，一丝不苟。每期专辑的选题和组稿工作往往会提前一年开始，力争每篇文章都由最合适的作者撰写，所有来稿都经过严格的外审和内审。有时不分白天黑夜、周末假日，都会读到周总和其他同事为组稿、审稿、定稿发来的微信和电邮，为一篇稿子数十次与各方联系是经常发生的事情。有这样一支具有高超业务能力和敬业精神的团队，《语言战略研究》没有不成功的道理。该杂志成立五年便进入中文核心期刊行列，在国内外都产生了重大影响。

全国各地从事语言学习和研究的学生与老师分布在大学的汉语、外语、民族语言和汉语国际教育专业，总人数加起来超过任何一个其他专业学科。承蒙商务印书馆的信任，我们正在组织编写出版"语言学核心文库"丛书，旨在系统总结语言学主要领域里的重要理论、方法和研究成果，同时将读者带到各学科目前发展的最前沿，为广大语言专业的学生和老师提供高质量的、具有比较久远价值的教学和研究材料。如能顺利完成，也是作为作者的我们这一代人，为赓续商务印书馆代表的优秀学术传统贡献的一点绵薄之力。

我 的 怀 念
——因郑振铎研究而结缘的几代"老商务"

陈 福 康

看到商务印书馆百年资源部编印的《商务印书馆馆史资料》上纪念吴泽炎、高崧等老领导的文章，我深受触动；又忽发现《馆史资料》的"顾问"名单中居然有我，更感到惭愧和激动。余何人斯，敢承此任！作为商务印书馆的一位读者，我不过对商务的历史和历史上的若干著名人物略有一点研究而已。但我有幸也可算是商务的一位作者，因为曾在商务出过一本不薄的书，而且还出了两次，从而与商务的几位老领导、老编辑有过接触。这些老领导、老编辑是我的恩人，而且他们也已经成为历史人物了，我非常怀念他们！

最早认识老编辑唐锦泉先生

我最早认识的商务老编辑是唐锦泉先生。20世纪80年代初，唐先生好像已到退休年龄，但被返聘做馆史资料工作，编辑《商务印书馆馆史资料》，记得当时还是打字油印的。那时唐先生与我都在上海的《出版史料》杂志上发表文章，大概是由《出版史料》主编宋原放先生的介绍，我也收到了油印的《商务印书馆馆史资料》，还为它写过稿。1985年我去北京读博士研究生前，赴京出差时就曾拜访过唐先生。1985年后在北京师范大学读书三年，其间更是常去拜访他。唐先生非常热情，曾提供馆藏的一些珍贵史料给我看。

吴泽炎先生支持拙作在商务出版

我最早认识的商务老领导是吴泽炎先生，当然是由唐先生介绍的。查自己当年的笔记：1986年5月6日，我收到唐先生的信，通知我说吴先生想见我。我知道，吴先生是商务印书馆副总编辑（记得当时商务没有总编辑）、全国政协委员，而且还是我平时请益最多的《辞源》的主编。他老人家怎么想要见我这样的青年学生呢？

第二天，我赶去商务，由唐先生带去拜见。吴先生应该比唐先生年纪还大一点，平易近人，和蔼慈祥。原来，吴先生不仅注意到我在《馆史资料》上发表的小文，而且在报刊上也看到几篇不足道的拙文，所以就向唐先生打听我，并召我去面谈。当时吴先生好像已退居二线，馆史研究这一块正是归他负责的。他认为我这样的博士生，对商务馆史又有所了解，是商务所需要的。他找我去谈话，就是想请我毕业后去商务工作。这是我没有想到的！

我曾在上海的出版社干过，也很喜欢编辑工作，但说实话，我更想去大学做研究工作。而且，我父母年纪大了，都在上海，也盼望我回去。我吞吞吐吐说了这些，等于谢绝了老人的好意，但看他并没有一点不高兴的样子。我又说了一个相当粗鄙的理由：回上海去大学工作的话，可以优先分配住房（当时的博士还是比较"稀有"和"值钱"的）。吴老同情地说，这点对年轻人来讲，的确很要紧啊。在我们商务，这方面比较难解决。吴老和唐老都讲上海话，我真感到一种父辈的温情，初次见面也没有什么拘束感，倒是唐先生，在吴老面前始终毕恭毕敬。

吴老又关切地问起我毕业论文写的什么题目，我说是郑振铎研究，并介绍了正在撰写中的毕业论文的内容。不料吴老特别感兴趣，高兴地说，你写好后可以在我们商务出书啊，并当场就指示唐老，这本书就由你来做责编吧。唐老则连连称是。这更是我绝对没有想到的！

郑振铎先生曾在商务工作过十年，拙书稿中也涉及不少与商务印书馆有关的内容，但吴老肯定拙书稿的价值，显然绝不仅仅因为这些。他对郑振铎研究的意义的高度认可，大大地增强了我的自信。我的惊喜和激动可想而知，简直不敢相信，自己的博士论文还没有写好，就如此"得来全不费工夫"地有了出路，而且还是商务印书馆这样的国际第一流的出版社。

回到学校，我也不敢对老师和同学说。一是因为其他同学还没有开始撰写论文呢（我写得比他们快）；二是我曾在出版社干过，知道出一本书要经过许多关口，吴老虽是副总编辑，但毕竟已退居二线，不知道他这样当场做的决定最后当不当真。

吴老当时已 70 多岁了，不是每天到馆，因此我与他老人家见面次数并不多。据自己的笔记，这年 12 月 22 日，我去商务又见到吴老，谈到我的毕业论文事，他再次肯定商务可以出。1987 年 5 月 18 日，我在商务第三次见吴老。最后一次见到吴老是 1988 年 12 月中旬我赴京参加筹备"全国首届郑振铎学术研讨会"时。16 日我去商务印书馆时见到了吴老和唐老。此时，我在吴老的激励下已将博士论文认真地做了修改，最后成稿字数扩增至 48 万字，取书名《郑振铎论》，于是年 4 月即托朋友带到北京，交给了唐老。这次见面，唐老告诉我，拙书稿正由吴老在审读。我人生的路走得很不顺，但蹉跎中偶尔也遇到过好人拉我一把，吴泽炎先生就是这样的一位好人，而且，还是在我谢绝了他的好意之后。我将永远怀念他！

拙书的责任编辑唐老，是非常朴实、非常认真的一位老编辑。他看稿子非常仔细，加上年纪大了，当然看得很慢。唐老又非常谦虚，认为自己在古典文学方面不精通，所以又将拙书稿寄到上海，分出商务给他的不多的审稿费的一部分，以个人名义再请另一位早年也在商务印书馆工作过（后调到中华书局工作）、比他还年长的退休在上海家里的金云峰先生审读把关。金老也非常认真，又看了很长时间。我那时心里其实很焦急，总有点担心"夜长梦多"，但也不好去催。最后，两位老编辑都给予拙书稿以好评，我感到极大的欣慰。两位商务老编辑的认真把关，使我避免了不少差错。

后来有一件小事我还一直记在心里，拙书稿中引用了郭沫若早年一句话："我常想天才底发展有两种 Typus：一种是直线形的发展,一种是球形的发展。"唐先生来信问我,应该是 Types("类型"的意思)吧。可见他连一个字母都不轻易放过。我没学过英文,查了词典,确实是 Types,也就照改了。但后来,我才知道郭沫若没写错,那是德文。可惜我得知这一点时,唐老已经逝世,我已无法告诉他了。拙书是在交稿三年多后才出版的。

高崧先生审读我的书稿

拙书稿不仅经过吴老和两位老编辑的审读,而且其间还有另一位商务副总编辑也审读过全稿,那就是高崧先生。高先生任副总编辑时,商务仍然未设总编辑,而他其实是主持全馆工作的领导。他竟亲自审读拙书稿,那是我在很偶然的情况下知道的。

1988 年底,为纪念郑振铎诞辰九十周年殉难三十周年,"全国首届郑振铎学术研讨会"在北京友谊宾馆召开,高崧先生也在百忙中代表郑先生曾经工作过的商务印书馆赶来出席。那天中午休息时间,我找到他的房间,不料他连这样的点滴时间都在抓紧看书稿。再一瞥,我更吃惊了,那厚厚的一叠不正是我的那部书稿吗!(是他从吴老那里拿来的吧。)我很感动,请他注意休息。而他只是笑笑说,工作太多。看到他那么忙,样子也很严肃认真,我只坐了一会儿就告辞了。而关于拙书稿写得怎么样,什么时候能出版,他一句也没说,我当然也不敢问。后来,我在看校样和修订后记时,也是写上感谢高崧先生认真审读的,但最后出书时却没有了,肯定是高崧先生把提到他的文字删去了。

而就在拙书出版的时候,1991 年 6 月,高崧同志因积劳成疾,

67岁就离开了我们。在报纸上看到这个消息时，我的痛心可想而知！

杨德炎先生帮我圆修订《郑振铎论》之梦

因为我从事的研究工作涉及商务馆史和张元济先生等，又在商务出了一本书，所以后来我好几次应邀参加过在上海、海盐等地举办的商务印书馆的馆庆活动和纪念张元济的学术会议等。在这些会议上又认识了商务的林尔蔚、杨德炎等领导。他们都非常平易近人。特别是杨德炎先生，又帮我圆了一个梦。那就是过了近20年，2010年12月，商务印书馆又替我出版了修订版《郑振铎论》。我在后记中写道：

> 本书一九九一年由商务印书馆初版，仅两千册，后未重印，早已售罄。我很希望再版，除了想作些增补和修订外，主要更有两个原因。一是我觉得，至今文学研究界有些人对郑振铎的无知或偏见，仍远未消除。随便举些例子吧，如曾有几个单位召开过专门研究"文学研究会"的大型学术会议，会议总结中却连郑振铎的名字也不提；曾有国家级博物馆专门集中树立"现代文学大师"的塑像，多达十几人（包括有当时还活着的人），但却没有郑振铎的影子；曾有专门称为民国时期文学"研究史纲"的书，举出的作家多至半百（包括一些成就不大或不全面的作家），竟然也没有郑振铎；等等。有一位以前从事鲁迅研究，后在国家文物局党史办工作

的老同志给我写信，激愤地说："郑先生为国家和文化事业做了那么多贡献，这样对待他太不公正了！"我也深为文坛上某些莫名其妙的成见、势力之强而感到可悲可气。无奈人微言轻，惟有希望通过拙书再版来表述管见，以引起一切有实事求是之心的人的思考。

二是十多年来，学术界有过一些热点话题，如二十世纪的"中国文学史"撰著史的研究、比较文学与世界文学的关系的研究；以及一些专题讨论，如一九二〇年代初文学研究会的成立、《小说月报》的改革、创造社与文学研究会的论争、关于"整理国故"等。有的高谈阔论，令人畏敬；但我常发现，有些问题或史料在拙书中也曾写到，那些论者却似乎都没有看过，因而以重复为新见，谈不上超越，或者还不如拙书，甚至还发现连一些早已弄清的史实也还会搞错。这时，我便会想起明清之际张宗子《夜航船序》中"僧人伸脚"的故事。我希望再版拙书，也就是"且待小僧伸伸脚"的意思。

如今，商务印书馆再次帮我圆了这个梦。我对商务印书馆充满了无可言喻的感激之情！

为修订本的出版，我曾给总经理杨德炎先生写过信，诉说自己希望重版的原因。我工作的单位上海外国语大学正是杨总的母校，我当时的邻居潘先生还是杨总的老师。潘老师说杨先生为人非常好，是他鼓励我直接给杨总写信的。这个我当然也知道。因为我在开会和会后参观时与杨总说过很多话，杨总也就比我大了五岁，圆圆的脸上老是笑容，那样的和蔼可亲。

我去信后，杨总因为极忙没有回信，但将此事交代给了总经理助理常绍民先生。2010年6月，我听说杨总生病了，正在上海治疗。我有他的手机号码，就给他打了一个电话。电话中他的声音显得悲伤，说病情严重，并谢绝我去探望。不久，我从报纸上惊愕地得知，他不幸因肝癌而病逝，年仅65周岁！约半年后，拙书修订版在商务出版了。该书的后记是在杨总逝世前写的，我虽然在后记中感谢了杨总，但未能表达我的悲哀！

以上几位先生均已作古多年，写上这些，以代生刍一束，表达我的怀念之意。我在拙书修订本后记临末写道：

> 不知为何，忽然有一丝怆然的感觉袭来。人生蹉跎逾半百，不如意事常八九；但能在商务印书馆出这么一本书，我也知足了！

如今我已年逾花甲，感慨就更多了！

最后，我还想略微写写我认识的几位比我年轻的商务新一代编辑。首先当然是常绍民了。人家出书，都是作者请编辑吃饭；我倒好，每次都是他请我吃饭，还送很多好书给我。他老兄现在调离商务去别的出版社当领导了，虽然与他"失联"，但我很想念他。还有张稷、陈洁等编辑，都非常勤谨认真，我在她们身上都看到了商务老一辈编辑的精神的传承。

商务印书馆：一座神圣的殿堂

张振兴

商务印书馆是我国最重要的出版机构之一，一百多年来它为开启民智、昌明教育、普及知识、传播文化、扶助学术做出了重要的贡献。尤其对于学术界的人士来说，商务印书馆就是一座神圣的殿堂。

但是我真正知道商务印书馆的重要性很晚。我 1963 年大学毕业进入语言研究所从事方言学的调查研究工作，很重要的一项学习任务就是尽可能多地阅读经典性的方言学著作，其中就有赵元任、丁声树、杨时逢、吴宗济、董同龢所著《湖北方言调查报告》一书，这本书是商务印书馆 1948 年在上海出版的。那时正逢战火纷飞的年代，商务印书馆还能出版这么大部头的重要学术著作，而且排版、校对、印刷即使从今天来看也都是一流的，不禁让人肃然起敬。也是从那个时候开始，《方言调查字表》（以下简称《字表》）陪伴了我一生。这个《字表》1955 年 7 月由科学出版社出第一版，1964年科学出版社出修订本，收录3700多个字。1981年12月这个《字表》改由商务印书馆出新版，字数增加到3810个。大约是2007年的时候，我还受命修订《字表》，改正了40多个字的音韵地位。但是，商务印书馆最让我受惠的是《现代汉语词典》。这部词典经著名语言学大师吕叔湘、丁声树先后主编，又经语言研究所词典编辑室前后几代众人之手，遂成学术精品，惠及后世亿万学子，大名永存。商务印书馆的精心组织出版发行，其功盖不可没。关于《现代汉语词典》，我在2018年写成的《此生与辞书有缘》一文中有一段话，不嫌赘繁，迻录如下：

  由于各种各样的原因，我喜欢使用1979年版的《现代汉语词典》，任何时候她都出现在案头。我在多个场合说过，《现代汉语词典》不仅是用来查的，也可以是用来读的，很多条目解释之精到，只有读了才能领会。几十年了，这本词典翻得封面掉了，里面很多页面也模糊不清了，到了今年夏天不得不换用第七版的新的《现代汉语词典》，可是1979年版《现代汉语词典》的那份感情，那份感恩，将伴我终生，我不可能忘记。

就是这样，我在默默无声中得到商务印书馆的滋养。在众多出版机构中，我对商务印书馆就更多了一份难忘的感情，一种从心里不时显现的感恩之情。非常盼望着有一天能与商务印书馆发生直接的联系。一直到了上个世纪80年代初期，终于等来了这样的机会。那还是跟我的恩师李荣先生有关，也跟我心中的偶像吕叔湘、赵元任两位先生有关。1982年李荣先生在商务印书馆出版《音韵存稿》一书，收录跟音韵、方言有关的论文14篇。1985年李荣先生又在商务印书馆出版《语文论衡》一书，收录跟语言文字，以及跟方言研究有关的论文 19 篇。这两部书都是商务印书馆出版的学术名著。很幸运的是，承李荣先生关爱，他让我负责这两本书的全程校对工作。不过我的校对只是死校，不敢活校。每次校对之后，李先生再仔细看过一遍。在这期间，商务印书馆于 1983 年出版赵元任先生的《通字方案》一书。本书原文用英文写作，1967 年发表于美国哲学会，作者中译文发表于台湾史语所集刊第五十本。商务本据作者的中译文，再根据英文原文略作改动，用中英文对照发表。由吕叔湘、李荣校订。全书第一部分是绪论，第二部分是本论，其中有"通字汉字和罗马字音节表"一节，最为重要。又承吕叔湘、李荣两位先生照顾，也由我负责本书的全程校对。校对本书的时候是先死校，再活校，尤其第二部分"音节表"，校正了很多原文错漏的音节，李先生再看了也很高兴。我校对《通字方案》同时还学了一点专业英文。但本书所提方案虽然设计精到，毕竟缺少实际应用价值，后来学术界知道的人很少，远不像李荣先生的《音韵存稿》和《语文论衡》风靡语言学界，尤其方言学界，几乎成为手头必读书、必备书。这是后话。

以上三本书的校对工作，使我有机会比较系统地学习了李荣先生深邃的学问和智慧，严谨的文风与学风，同时也学习了编辑校对过程中必要的知识和技术细节。李荣先生曾多次跟我说过，早年商务印书馆最好的校对人员，其薪资甚至比经理都高。这对于我后来主持《方言》杂志，参与主持若干重大项目的工作是至关重要的专业学习和实际锻炼。那个时候还没有快递这一类的服务，几本书取送校样也由我直接到商务印书馆的汉语工具书编辑室办理，于是我也有机会频繁地进出平时仰慕的，坐落于王府井大街的商务印书馆大楼。记得汉语工具书编辑室就在四楼楼梯斜对的一个大房间里。我在这里认识了郭良夫先生，一位文质彬彬、待人十分和气的学者，《通字方案》的书稿是由他直接负责的；还有王维新先生，好像年龄跟我差不多，具体负责《音韵存稿》和《语文论衡》的编校。郭先生后来就没机会再见过，王先生后来还有机会见过几次面。

在那之后有将近20年的光景，我先后参与主持编绘《中国语言地图集》和编纂《现代汉语方言大词典》的工作，跟商务印书馆很少发生直接的往来，只是有时候到商务印书馆参加过几次相关的学术活动。但我1987年主持《方言》杂志以后，出版单位也由中国社会科学出版社改为商务印书馆，它形成了我们之间沟通的一条正常渠道。

一直到了2003年夏天，当时已经担任商务印书馆总经理助理的周洪波先生，电话约我到他的办公室，讨论由我主持编纂一部中型的《新华方言词典》，这是我义不容辞的责任和义务。经过几年努力，《新华方言词典》以商务印书馆辞书研究中心的名义，于2011年正式出版，2013年第二次印刷。总字数达250万字。能够为商务印书馆的"新华"辞书系列增添新的品种，我也感到由衷高兴。与此稍前一点时间，我2002年申报中国社会科学院A类重大课题《濒危语言调查研究与新编"中国语言地图集"》获批，其中的重点是由中国社会科学院语言研究所、人类学与民族学研究所，香港城市大学语言学语言资讯科学研究中心合作，在1987年版《中国语言地图集》的基础上，新编一部《中国语言地图集》，反映最新的调查研究成果。大约也是在 2003 年间的什么时候，我跟周洪波先生讨论新的《中国语言地图集》在商务印书馆出版的可能性。周洪波先生是一个具有敏锐学术眼光的出版家，他当即满口答应，并对《中国语言地图集》的绘制提出了一些很具体的建议，还提出由商务印书馆进一步提供必要的调查研究经费支持。过不了几天，商务印书馆就指定汉语编辑室的金欣欣同志担任《中国语言地图集》的责任编辑，和我进行了对接。由此，新编《中国语言地图集》的研制工作进入了快车道，并于 2008 年按照预定时间完成定稿。当要进入正式出版程序的时候，我们才获知，原来用 GIS 技术绘制的所有地图，都必须由权威地图出版机构重新绘制方可正式出版。周洪波先生果断决定，联系一家非常权威的出版机构按照原图全部重新绘制，并重新校对全部图文。这样前后又延续了整整两年时间，最终于 2012 年正式出版。按照周洪波先生的建议，出版时正式定名为《中国语言地图集（第 2 版）》，真实地反映了跟 1987 年版《中国语言地图集》之间继承和发展的关系。第 2 版的地图集洋洋大观，包含了汉语方言地图集和少数民族语言地图集两大册，共 79 幅中国语言地图，每幅地图均配有非常详细的文字说明。以图文相配的方式，展现了中国语言的分歧性和统一性，生动地表现了语言统一性的"中国语言观"。

在权威出版机构重新绘制地图的空隙时间，金欣欣同志建议我整理我的个人论文集，也可以通过必要的审评程序，交由商务印书馆出版。这就是 2013 年商务印书馆出版的《方言研究与社会应用》一书，收录我 1990 年代后半期以后公开发表过的一批各类论文。书名也是金欣欣同志替我最后确定的。

  从 2003 年开始的这次合作，前后持续了整整十年，给我的学术人生留下了非常深刻的印象。商务印书馆从总编开始，一直到下面的具体编辑，有一种自始至终的精益求精、一丝不苟的敬业精神，真实地体现在编辑出版的每一个环节。编纂《新华方言词典》的时候，周洪波先生建议我们编写一些跟方言调查研究有关的知识性条目，作为词典的"知识窗"，穿插编排在词典的适当地方，可以为读者提供一些初步的专业知识，还可以增加词典的可读性。他还亲自逐一审读、修改了所有的这些条目。《中国语言地图集（第 2 版）》需要权威地图出版社重新绘制全部地图的时候，周洪波先生果断拍板，他说："坚决按照有关规定办事，需要多少时间我们等，需要花费多少经费我们出！"十多年过去了，这句话言犹在耳，我牢牢记在心中。我还记得，地图集图文实际经历了两次全面的校对，前后校对次数多达 16 次。我的《方言研究与社会应用》一书，前后校对也多达 6 次。所有这些，责任编辑金欣欣同志一直陪伴着我们，不厌其烦，没有一句怨言。我亲自体会到，这就是商务印书馆的精神，商务印书馆的风格！

  时间又过去了两年，应该是 2015 年吧。我参加中国语言资源保护工程的工作，跟陕西师范大学邢向东教授共同主编《中国濒危语言志》的十种"濒危汉语方言志"。正好是由商务印书馆出版。前情未了，再续后缘。此时我虽已耄耋之年，但不敢丝毫怠慢。为了出版这批"濒危语言志"，时任商务印书馆总编辑的周洪波先生在商务印书馆召开了好几次的专门讨论会。记得商务印书馆的余桂林先生、刘建梅先生每次都参加的。余先生、刘先生很注意倾听大家的意见，但说话不多，不过有时会提出我们预想不到的问题，可以感觉到他们对编辑出版这套大书是思考很深的。果然，后来看到正式出版的十种"濒危汉语方言志"，内容是我们已经修改后确定的，但编辑形式上却有很多创新。图文并茂，很有新意，少了枯燥的"书卷气"，多了活泼的"新鲜味"，大异于我以前读到过的许多"方言志"。我忽然体会到，这就是恰到好处的学术"包装"。商务印书馆就是高人一筹，不一般。

屈指算来，我跟商务印书馆的前后因缘，竟持续了有20来年之久。不！实际上是陪伴了我的大半生。商务印书馆旗下的涵芬楼书店，也是我最喜爱的书店之一，一年总要去好几次的。有时候是买书，有时候就是去"逛一逛"，感受一点商务印书馆的熏陶和恩惠。有一次我伫立在商务印书馆大楼一层大厅，面对墙上挂着的跟商务印书馆有密切关系的一大批文化学术名人头像，久久不想离去。从商务印书馆创办人之一的张元济，到著名的学者王云五、郑振铎，还有我非常尊敬的语言学大师吕叔湘、丁声树、王力等等，是这一大批文化学术大师，跟历代的商务人一起，铸造了商务印书馆——中国文化学术史上的一座神圣殿堂。对于我来说，这座神圣殿堂永远留存在我心中！

我与商务的因缘

裘锡圭

我上高中以后,开始注意我国的传统文化,对传统文化尤其是先秦文化的兴趣越来越浓厚。我当时的读物当然离不开商务印书馆出的"国学小丛书"和"国学基本丛书"。上世纪50年代初,古代典籍受到冷落,在我所居住的上海有一家廉价书店,大量低价出售未经使用的"国学基本丛书"之类的书,我时常到那里去选购。我后来在研究工作中经常使用的重要参考书,如孙诒让的《周礼正义》、王引之的《经义述闻》,用的都是当时购买的"国学基本丛书"本(我用的王念孙的《读书杂志》也是"国学基本丛书"本,不过是另从旧书店买来的)。无可讳言,"国学基本丛书"有它的缺点,主要是断句错误太多。不过它的出版使得很多不易找到的、价格昂贵而又不便使用的古籍,变成了一般人买得起的、使用起来又比较方便的书,这个功劳是很大的。尤其是部头较大的书,如孙诒让的《周礼正义》,如果没有"国学基本丛书"本，很多亟需此书的研究者由于财力不够，就难以置备。总的衡量起来，"国学基本丛书"的"功"远大于它的"过"。

上世纪80年代，我在商务出版了《文字学概要》，从商务的读者变成了读者兼作者。

在80年代初，商务的资深编辑郭良夫先生（我不知道他当时的具体职务）有一次跟朱德熙先生讲起为商务组稿的事，朱先生向他推荐了我的文字学讲义。郭先生显然是由于对朱先生的信赖，接受了这个推荐。从此我就在朱先生的指导下紧张地投入了把讲稿修改为一本书的工作。此书"初版前言"所署的年月是1984年6月，可知在当时书稿已经完成。此书中的古文字和楷体怪字很多，在当时的印刷条件下很难排印，商务决定就用清抄书稿加以影印的方式出版。商务聘请书法工整的朱袖清老先生为此书抄写清稿，她每抄完一定页数，就让商务把抄稿转给我审校，我记下抄写的问题和我自己对原稿所作的修订，请商务转给她以修改抄稿，修改后再由我审校一次。这样不断来回，大约花了一两年时间才把书稿抄完。此后，我由于不断发现原稿中的问题，又请朱先生对抄稿作了几次修改。写定的抄稿交出后，为了等待付印，又花了一段时间，所以此书的正式出版时间已经到了1988年8月。出版后承读者们不弃，并赖商务有关同仁的努力，此书不断重印，责任编辑先后已经换了四位，第一位郭庆山、第二位刘玲和第四位刘建梅都是工作很负责、对作者很友好的老编辑。郭庆山为了准备此书出版花了很多心力，可惜由于准备出版的时间太长，正式出版时他已调走，所以此书是在刘玲手上出版的。

抄稿影印的版面极难修改，校看印出来的抄稿时，发现了一些审校初稿时没有看出来的错误和问题，书出版后又陆续发现了本书的不少错误和问题，这些错误和问题都只能写成"勘误表"和"补正"附在书后，1995 年重印时添了一篇所谓"重印后记"，起的也是补正和勘误的作用。抄稿影印版到 2012 年一共印了 20 次。

到了 2010 年代，电子排版技术已经很进步，过去感到困难的印刷上的问题，大都可以比较容易地解决。2011 年 11 月前后，调来商务不久的魏励编辑和此书新接手的责任编辑刘建梅提议将《文字学概要》改排重印，我当然完全同意。1993 年，我为了准备次年在台湾出《文字学概要》的繁体字版，对全书做过一次小修订。这次重排出版，基本上就以 1993 年的修订稿为依据，只做了很少改动，但在一些需要有所说明的地方加了"校按"。当时，我因青光眼疾加深，视力已经很差，修订工作几乎完全依赖我任职的复旦大学出土文献与古文字研究中心的同事郭永秉（现已调至复旦大学中文系）。魏励编辑提供他所使用的加有批注的《文字学概要》（以下简称《概要》）供我参考，我从中获益甚多。这些情况我在"修订本前言"中都有较详细的交代，读者可以参阅。《概要》本来只有平装本，修订本增加了精装本，今年 11 月又作为"中华当代学术著作辑要"的一种，印了一次精装本。为了准备辑要本的出版，商务特地聘请已退休的资深编辑李青梅仔细校读此书，校改了不少错字和表达不妥之处。刘建梅和年轻编辑徐丽芳还对修订本所附由郭永秉和葛亮编的"索引"做了改页码和补充条目的工作。我也趁机在中心同事刘娇、邬可晶、石继承的帮助下在讲异体字的部分加了两条"校按"。此后，《概要》如能继续重印，就以辑要本为准。

《概要》出版以来，平装本已印了31次，精装本连辑要本在内一共印了9次，总印数达25万册出头，这对一本学术性著作来说，是相当不容易的，我向所有与《概要》出版有关的商务同仁致衷心的感谢。

于 2021 年 12 月 28 日

一本小书影响一个人的
人生道路

郭 锐

第一次看到"商务印书馆",是上小学四年级的时候,母亲从新华书店买来一本红皮小书,是《汉语成语小词典》,由北京大学中文系1955级语言班集体编写,出版单位就是商务印书馆。上世纪70年代初,正值"文革"期间,没有几本书可以看,这本小红书就成了我的宝贝,一有空就拿出来翻阅,最感兴趣的是成语典故,被我当作历史故事来读。

上高一的时候,学校组织改错别字竞赛,我得了年级第一名,奖品是一本《新华字典》,出版单位也是商务印书馆。不过当时并不知道第一代编者是北京大学中文系魏建功先生。

1979年高考成绩出来后,填写专业志愿,我的成绩361分,能不能上北大,心里没底。我想上北大,但又不敢填在第一志愿栏里，于是这样填了志愿表：第一志愿：四川大学中文系，第二志愿：北京大学中文系汉语专业。志愿表交到学校，教导主任李老师说，你把北大放在第二志愿等于白填，让我拿回去再考虑考虑。也许是北京大学中文系语言班在我心目中的地位，也许是商务印书馆的两本小书《汉语成语小词典》《新华字典》对我的影响，我用白纸条把志愿表第一志愿栏和第二志愿栏盖住，斗胆把第一志愿栏换成"北京大学中文系汉语专业"。

1983年我从北京大学中文系汉语专业毕业后，留校任教，担任朱德熙先生的助手。1985年的一天，朱先生的《语法答问》在商务印书馆出版，他叫我去商务印书馆取样书。我骑自行车从北大到了商务印书馆，把一百本《语法答问》放在自行车后座上带回了北大。那是我第一次到商务印书馆。不久之后，我就经常来商务印书馆了，因为我开始担任商务印书馆出版的《语言学论丛》编辑，负责编务工作，来商务印书馆送稿件和取样书成了我的经常性工作。

1992年开始，我给中文系大一本科生上"现代汉语"课。开始没有教材，到1993年，北大中文系现代汉语教研室的教材《现代汉语》在商务印书馆出版，学生们这才用上了教材。这本书其实从1985年就开始编写，我和刘一之给语法部分编写了练习题。在教学过程中，我们发现书中存在一些文字和内容上的问题，需要不断挖改，我跟商务印书馆又多了一层联系。后来，我的同学刘一玲调到了商务印书馆，接手了这本《现代汉语》的责编工作。在十多年的教学过程中，我们也积累发现了这本教材中的不少问题，刘一玲提议作一个修订，王理嘉先生让我做增订本主持人。

增订本终于在 2012 年出版。

1999 年，我的博士论文《现代汉语词类研究》顺利通过答辩，2002 年申请第一届商务印书馆语言学出版基金，获得通过。这本书的责任编辑是我的系友、低我一个年级的学妹何宛屏。我在书的后记中说"感谢责任编辑何宛屏女士，她对本书书稿的耐心校改使本书避免了很多文字上甚至内容上的错误"，这并非夸张之辞，何宛屏的细心和知识的广博让人钦佩。2018 年，《现代汉语词类研究》修订本在商务印书馆出版。我交给商务印书馆的修订本的书稿是在原书页面上直接修改，标示删除、添加、替换的红色圈线到处飞舞，可把何宛屏折腾坏了。还好，修订本终于顺利出版。何宛屏说，这是她退休前责编的最后一本书。

从小学时代最喜爱的小红书《汉语成语小词典》，到我做编辑的《语言学论丛》，我参与编写、主持修订的《现代汉语》、我的第一本专著《现代汉语词类研究》，都是商务印书馆出版的。其中的因果渊源，也许几十年前就已注定。我的写作计划里，还有几本书稿也将交给商务印书馆。

一本好书，影响了一个人的人生道路。商务印书馆和我，就是一个例证。

于 2022 年 1 月 25 日

我与商务印书馆的缘分

冯志伟

我是一个从事计算语言学研究的语言工作者。在上世纪 80 年代,我的研究几乎得不到语言学专家们的理解,有的专家认为我用数学和计算的方法来研究语言,这样的研究不是文科,走出了语言学的圈子,已经属于自然科学了。因此,我常有茕茕孑立之感。

1986 年,我试着把自己的研究心得写成了《中文信息处理与汉语研究》一书,可是没有出版社愿意出版,后来我惴惴不安地试着把书稿交给了商务印书馆。出乎我意料的是,商务印书馆竟然接受了我的书稿,并且在 1992 年出版了,此书纳入了名家云集的"汉语知识丛书"。我觉得商务印书馆是我的知音,由茕茕孑立变得欢欣鼓舞。

我想,商务印书馆之所以决定出版我的这本书,是因为他们看到了信息时代对于语言学研究的新要求,不再认为这样的研究不属于语言学。这说明商务印书馆具有高瞻远瞩的气魄。

此书出版之后，商务印书馆又进一步向我约稿，要我写一本适合于文科学生学习的计算语言学的通俗读物，以便普及计算语言学的知识。于是我又写成了《计算语言学基础》一书，于2001年在商务印书馆出版。此书的出版受到很多文科学生的欢迎，有的学生读了此书之后，爱上了计算语言学，走上了研究计算语言学的道路。

我连接在商务印书馆出版两本书，与商务印书馆逐渐熟悉起来。我过去在其他出版社曾经出版过一些书，如1985年在上海知识出版社出版过《数理语言学》，1987年在陕西人民出版社出版过《现代语言学流派》，1996年在语文出版社出版过《现代术语学引论》。商务印书馆总编辑周洪波知道这些书的学术价值，他特意找到我，询问这几本书的出版情况，并且表示，在这几本书与原出版社的出版合同到期之后，希望我做适当的增订，商务印书馆愿意出版这些书的增订本。

我按照周洪波先生的意见，在原出版社合同到期之后，逐一对这几本书做了增订，于2011年在商务印书馆出版了《数理语言学》和《现代术语学引论》的增订本，于2013年出版了《现代语言学流派》的增订本。其中，《数理语言学》是我国第一本数理语言学的专著，《现代术语学引论》是我国第一本术语学专著，出版后产生了很好的社会影响；《现代语言学流派》内容丰富，简明易读，成为许多高校的语言学教材。

全国科学技术名词审定委员会的邱碧华老师把奥地利学者维斯特的《普通术语学和术语词典编纂学导论》和费尔伯的《术语学、知识论和知识技术》从德文翻译为中文，商务印书馆请我审校。我曾经在德国的特里尔大学任教，懂得德文，按照商务印书馆的要求，我对照德文原文对这两本专著进行了审校，并且分别写了"审校者的话"，帮助读者理解专著的内容。这两本书是术语学中奥地利学派的代表作，对于我国的术语学建设起了良好的作用，被纳入"中国术语学建设书系"，于2011年出版。

在德国的留学生冯秋香将德国埃尔兰根大学的计算语言学家豪塞尔的《自然语言交流的计算机模型》一书从英文翻译成中文，商务印书馆也请我审校，我也为此书写了"审校者的话"，于2016年出版。

美国著名语言学家乔姆斯基的专著《句法结构》（第二版），是生成语法学派的奠基性著作，商务印书馆请中国人民大学陈满华教授将此书由英文翻译成中文，并请我审校。此书是语言学经典著作，我60年前就读过此书的英文本，此后又反复地读过，熟悉这本书的内容，便欣然同意了。接到陈满华教授的中文译本之后，我仔细对照此书的英文原文，逐字逐句地审校中文译文，并写了"审定后记"，帮助读者深入理解本书的数学背景。我们还请乔姆斯基亲自为本书的中译本作序，讲述生成语法学派的来龙去脉和发展趋向。此书将于2022年由商务印书馆出版，这是商务印书馆对于中国语言学的一大贡献。

我与商务印书馆结缘30多年，由商务印书馆的一个读者，变成了商务印书馆的作者、译者和审校者。商务印书馆是我国第一家现代出版企业，在125年的发展历程中，支持和推进了中国语言学的成长和建设，特别是支持了像计算语言学这样的新兴边缘学科的建设，功不可没。希望商务印书馆在推进我国语言学事业的发展中发挥更大的作用。

视野与担当
——祝贺商务印书馆建馆 125 周年

宗 福 邦

商务印书馆在建馆一百多年中，为我们祖国的文化建设做出了重要贡献。我作为武汉大学古籍整理研究所的一员，在与我国这个图书出版重镇的数十年交往中，更是感慨良多。

武汉大学古籍整理研究所成立于 1983 年，为追踵章黄遗学的学术传统，根据季刚先生在《文字、声韵、训诂笔记》中提出，校补《经籍籑诂》和编撰《经籍籑音》的学术构想，武大古籍所成立之初，就提出编撰《故训汇纂》蓝图，向全国高校古委会申请立项，并开始编撰。1986 年，武大校友、商务印书馆的编辑赵克勤先生从成都路过武汉返回母校，了解到《故训汇纂》的编撰蓝图和工作情况，表示很感兴趣，并表示要向馆里推荐。他回京后不久，就来信说，商务印书馆已经同意将《故训汇纂》纳入出版计划。从此就开始了我们古籍所与商务印书馆长达二三十年的合作关系。

上个世纪 80 年代初，我们古籍所的成员，是一批名不见经传的中年人，没有什么学术成就，而我们所承担的《故训汇纂》这个项目，又属于冷僻绝学，是个完成周期长、难度大、规模达上千万字的集体科研项目，但商务印书馆却很果断地把它纳入出版计划，这确实是需要敏锐的学术眼光和高度的胆略。而我们的编纂工作也因为从一开始就得到商务印书馆的有力支持，才能坚持几十年不松劲。

在《故训汇纂》编纂的 18 年中也不是没有周折的。1993 年三四月间，我们的初编稿即将完成，赵克勤先生通知我，由于出版形势不太好，商务印书馆要求我们编写组把《故训汇纂》约 800 万字的篇幅缩减一半，否则不能出版。这消息令我们十分惊愕，难以接受。一个多月时间里，我们和商务印书馆在这个问题上一直达不到共识。《故训汇纂》处于"危机"之中，编写组经过反复考虑，最后决定让我到北京直接找馆领导面谈。到北京后，在与时任商务印书馆总经理的林尔蔚先生交谈中，我阐明了我们的观点：清代阮元的训诂学名著《经籍籑诂》，尽管至今仍然是语言学工作者和字词典编纂的手边常用工具书，但它最大的缺陷是只收集汉唐典籍的训诂资料，宋以后的训诂资料几成空白，它的篇幅约为三四百万字。《故训汇纂》计划中的篇幅之所以定为约 800 万字，就是为了将秦汉至晚清两三千年来典籍中的训诂资料作一个完整、系统的辑录，以弥补《经籍籑诂》之不足，开拓汉语言文字学研究领域的空白。如果删去《故训汇纂》一半的篇幅，此书的存在将毫无价值，对作者不利，对出版者也不利。林总听取了我们的意见后，经过慎重考虑，终于表示同意，期望我们保质保量按原计划进行编写。2003年，1300万字的《故训汇纂》正式出版，学术界给予很高的评价，与《辞海》《辞源》《汉语大词典》《汉语大字典》并列为汉语五大工具书，被视为商务印书馆"镇馆之宝"。

《古音汇纂》作为《故训汇纂》的姊妹篇，也于1998年开始编纂，并在2007年正式列入商务印书馆出版计划，它的编纂前后花了22年时间，终于在2019年正式出版。《故训汇纂》和《古音汇纂》这两部著作，先后荣获首届国家图书出版政府奖和第五届国家图书出版政府奖。

几十年的工作交往，使我们深深体会到，商务印书馆在出版工作中，胸怀宽广，视野开阔，判断精准，这是它能够不断推出文化精品的重要原因。

《故训汇纂》《古音汇纂》两书经历了20多年编纂出版的过程，武汉大学古籍所编写组与商务印书馆编辑建立了很好的相互配合关系。编纂出版这样两部篇幅达千万字以上的巨著，在编纂过程中，在某些问题上出现分歧，是很正常的。由于编纂者与出版者目标一致，都是努力追求出精品和传世之作，因此矛盾总能妥善解决。比如说，2015年底《古音汇纂》初编稿完成，篇幅近2000万字，而双方商定的出版协议，篇幅必须控制在1300万字左右，也就是说，初编稿超编达700万字，如何削减篇幅，是当时面临的大问题。商务印书馆的责编史建桥先生带领的编辑组并不采取退稿了事，而是亲赴武汉，与我们一起进行了长时间的、多次的反复商讨，终于在削减书目、削减字目和注项、精简语境等方面达成共识。在此基础上,我们编写组又花了近三年时间完成了压缩、调整篇幅的任务,既不使著作伤筋动骨,又保证内容的完整性。《古音汇纂》的完美出版,实际上也熔铸了商务印书馆编辑组的精力和智慧。

又比如,作为一部辞书,引文质量要求特别高。《古音汇纂》的引书共有140多种,为了保证引书的准确,商务印书馆编辑组和我们协商,确定先由编辑组通过电子表格将注项和注条从正文排序改换成按各书排序,再由我们编写组组织人员按专书进行复核,查出与引文的异同。经过差不多两年时间,查出有异之处一万多条,确认有误需要更正的有4000多条。这是一项极为繁重而琐细的工作,由于编辑组高度的责任感和严格把关,大大确保了《古音汇纂》的质量。

还值得我们铭记的是,《故训汇纂》和《古音汇纂》这两部书先后出版的最后阶段,都遇到了非常时期。《故训汇纂》将要出版时,遇到了2003年三四月间的"非典"疫情;《古音汇纂》将要出版,又遇到了2019年底开始的新冠病毒疫情。这两个时期给商务印书馆编辑组在处理出版的最后工作造成许多不便和困难。当年《故训汇纂》是在湖北新华印刷厂印刷的,为了不因"非典"疫情延误出版时间,史建桥先生带领编辑组,不畏风险,在"非典"仍十分猖獗的情况下,他们毅然南下武汉,用两个月的时间与我们一起认真处理稿件最后清样的必要事务,保证了《故训汇纂》的如期出版。《古音汇纂》稿件最后的处理,亦是如此。由于新冠病毒的突然袭击,在武汉面临封城的前后,人员不便往来,幸好网络畅通,编辑组和编写组都坚守岗位,双方通过网络有条不紊地、认真细致地处理好有关稿件的最后事务,终于使《古音汇纂》顺利面世。

我这一切感受,都显示了商务印书馆所拥有的这支出版专业队伍不仅业务水平高,而且具有强烈的责任感和敬业精神,他们为祖国文化建设的付出,值得我们永远记取。

一个地理学人心目中的
商务印书馆

蔡运龙

我开始学习地理学的时候,如饥似渴地阅读课堂教材以外的地理学著作。读来读去,正应了 Geography 的字面意义,基本上全是关于世界或某地的"描述"。我那时井蛙观天却又血气方刚、好高骛远,老是追寻:地理学的思想和理论何在?这时读到了商务印书馆出版的《地理学性质的透视》,这是一部从哲学高度总结地理学理论和方法论的著作。读后才知道地理学的思想、理论以及关于思想、理论的争论是如此深邃、精彩,这本书为我打开了一扇地理学理论宝库的大门。由此,又陆陆续续读了若干地理学理论著作,例如赫特纳著《地理学》、麦金德著《历史的地理枢纽》、詹姆斯著《地理学思想史》、迪金森著《近代地理学创建人》、哈特向著《地理学的性质》、阿努钦著《地理学的理论问题》、邦奇著《理论地理学》、伊萨钦科著《今日地理学》、索恰瓦著《地理系统学说导论》、阿尔曼德著《景观科学》、萨乌什金著《经济地理学》等，全是商务印书馆在上世纪80年代前后出版的。这就给了我一个印象：商务印书馆是引进西方地理学思想和理论的大本营。

其实该馆重视移译地理学著作尤其是地理学理论著作的历史久矣。我手头有1938年出版的《地理哲学》，格拉夫著，曹沉思重译，是商务印书馆出版并由王云五亲任主编的"地理学丛书"之一。我还看过王庸的《中国地理学史》，也是商务印书馆1938年出版的。商务印书馆至今出版的地理学著作已数不胜数。我成了商务印书馆的忠实读者，并以是否由商务印书馆出版作为衡量一部地理学著作质量的标准之一。

商务印书馆的"粉丝"未曾想到后来成了该出版社的译者和著者。1986年，我师从赵松乔先生攻读博士学位，赵先生正是《地理学性质的透视》的译者（署名黎樵）。他看我英文的阅读能力尚可，中文表达能力也还行，遂推荐我参加哈维著《地理学中的解释》的翻译。我一直以为地理学不仅是关于"什么地方有什么事物"的学问，还应该追问"为什么那个地方有那些事物"。乍看书名，《地理学中的解释》不就是这种追问吗？于是欣然应诺，殊不知就此"踏入地狱之门"。我后来在加拿大做访问学者，与那里的同行聊到哈维，一个教授说，读他的书是一件awful（可怕）的差事。因为其人思路之开阔、思维之严谨、寓意之深远、英文之精到，在西方地理学界（现在已在整个社会科学界）大名鼎鼎，读懂和理解他的著作并不是一件容易的事。我在翻译过程中对此深有体会，有时一个段落要琢磨一整天才得其要领。那时又有博士论文的研究和写作在身，还尚处在手写笔抄的时代，译事之艰难，可以想见。分配给我的是该书后半部分，另一译者高泳源先生说那是全书的"压阵之作"。好不容易总算完成我这份"处女"译作，随即得到了商务印书馆的肯定。某日，地理编辑室的陈江、包森铭等先生约见我，说看来我对全书的把握更全面、到位，要我写一篇译者前言做一简要评介。就这样，被称为"地理学圣经"的这部名著通过商务印书馆介绍到了中文世界，后来还纳入"汉译世界学术名著丛书"，不仅在大陆读者甚众，我在台湾讲学时也看见此书赫然摆在书店里出售。现在回过头看，那翻译过程中炼狱似的煎熬，以及商务印书馆对青年学子的包容和鼓励，对我学术生涯影响之大，实在使我终身受益。

1990 年左右，我应邀参加了商务印书馆"汉译世界学术名著丛书"规划会议，记得是在北京西山某国务院招待所。地理组参会者还有赵松乔、葛以德、杨吾扬、牛文元先生，以及商务印书馆的陈江、包森铭诸先生，李平也在某天到会。当时我和李平都是参会者中的小字辈，与学富五车、温良儒雅的前辈们一起切磋，获益匪浅，那情那景至今历历在目。如今，"汉译世界学术名著丛书"地理学辑已颇具规模，而赵、杨、葛先生都先后作古，我也步入老年，逝者如斯夫。我后来先后翻译的威尔逊著《地理学与环境》、丽丝著《自然资源：分配、经济学与政策》、约翰斯顿著《哲学与人文地理学》、米切尔著《资源与环境管理》、格雷戈里著《变化中的自然地理学性质》，参译的约翰斯顿主编《人文地理学词典》，校对的克里福德等著《当代地理学方法》，也都是由商务印书馆出版的。

本世纪初，鉴于已往地理学译著多以单行本印行，难以自成体系，地理学界同仁呼吁建立一套相对独立的丛书，以便相得益彰，集其大成，利于全面、完整地研读查考；而商务印书馆也早就希望搭建一个这样的平台，双方一拍即合，于是决定出版"当代地理科学译丛"。我是该丛书的编委之一，并应李平编辑之邀写了译丛序言。其中一段话不妨引用于此："对国外学术名著的移译无疑是中国现代学术的源泉之一，说此事是为学的一种基本途径当不为过。地理学界也不例外，中国现代地理学直接就是通过译介西方地理学著作而发轫的，其发展也离不开国外地理学不断涌现的思想财富和学术营养。感谢商务印书馆，她有全国唯一的地理学专门编辑室，义不容辞地担当着这一崇高使命，翻译出版的国外地理学名著已蔚为大观，并将继续弘扬这一光荣传统。""当代地理科学译丛"就是弘扬此传统的大手笔，选取了有代表性的、高层次的、理论性强的学术著作，兼顾各分支学科的最新学术进展和实践应用，组成"学术专著系列"；同时推出若干在国外大学地理教学中影响较大、经久不衰且不断更新的教材，组成"大学教材系列"。内容兼顾人文地理学和自然地理学，优先介绍最重要的学科和流派，理论和应用得而兼之。如今，这套丛书已然精彩纷呈，很难一一罗列了，而且还在继续出新。加上"汉译世界学术名著丛书"中的地理学辑以及其他地理学译著，商务印书馆为促进中国地理学理论体系的搭建和完善、培养中国地理学人的理论思维能力方面所起的作用，在中国地理学界有目共睹，功莫大焉。

商务印书馆在推进中国地理学走向世界方面也有突出表现。例如，商务印书馆出版发行了我主编的英文专著 *Recent Progress of Geography in China: A Perspective in the 21st Century*（《中国地理科学新进展：21世纪展望》），并于2008年8月在国际地理学联合会大会上发布，为国际地理学界了解中国地理学进展、中国地理学家成功竞选国际地理学联合会副主席和北京成功争办2016年国际地理学大会起到了重要作用。商务印书馆还出版过其他中国地理学人的英文著作，例如唐晓峰的 *From Dynastic Geography to Historical Geography*（《从王朝地理学到历史地理学》）等。

地理学是经世致用之学，商务印书馆也注重出版中国地理学者针对当前重大实践问题和国家需求的研究成果。仅我所见，就有《中国区域发展报告》10部、《中国山区发展报告》2部、《城市与区域规划研究》21辑、《中国生态地理区域系统研究》《中国资源报告》《中国自然资源综合科学考察与研究》《东北地区振兴与可持续发展战略研究》等，足可管窥中国地理学人在国家发展进程中的独特贡献。

商务印书馆对于中国现代地理学人的成长和地理学共同体的壮大也功不可没。很多老一辈地理学家毕生成果的总结都是在商务印书馆出版的，例如，任美锷等的《中国自然地理纲要》，黄秉维的《地理学综合研究》，吴传钧的《发展中的中国现代人文地理学》和《吴传钧先生九十华诞祝贺文集》，侯仁之的《中国北方干旱半干旱地区历史时期环境变迁研究文集》，王恩涌的《王恩涌文化地理随笔》，陈传康的《综合探究的理性与激情》，杨吾扬的《交通运输地理学》和《杨吾扬论文选集》，陆大道的《2006中国区域发展报告——城镇化进程及空间扩张》，周一星的《城市地理学》《城市地理求索》和《城市规划寻路》，牛文元的《理论地理学》等，还有赵松乔传记《质朴坚毅》，为中国现代地理学人树起了一座座丰碑，夯实着中国地理学的学术根基。

很多中青年地理学人也得到商务印书馆的鼎力支持，例如，刘燕华等的《脆弱生态环境与可持续发展》，傅伯杰的《黄土丘陵沟壑区土地利用结构与生态过程》，方创琳的《区域规划与空间管治论》，刘卫东等的《中国西部开发重点区域规划前期研究》和《我国低碳经济发展框架与科学基础》，刘沛林的《家园的景观与基因——传统聚落景观基因图谱的深层解读》，冯健的《乡村重构：模式与创新》，刘盛和等的《沿海地区城市土地利用扩展的时空模式》，祁黄雄的《中国保护性用地体系的规划理论与实践》，如此等等，不一而足，都是在商务印书馆出版的，对这些学者的成长和成熟补益良多。

商务印书馆积极支持地理学新事物和新方向的发展，且举二例说明。一是《地理学评论》的出版。十多年前，一群志同道合的青年地理学人开始经常举办人文地理学沙龙，并谋划出版一种具有批判精神的不定期地理学读物。沙龙上来自全国各地甚至国外的青年地理学人思想碰撞，畅所欲言，"童言无忌"，呈现一派百花齐放、百家争鸣的蓬勃景象，当然也不免有欠成熟、欠严谨之处。商务印书馆义无反顾地支持这些年轻人，以"人文地理学沙龙纪实"的形式出版《地理学评论》，迄今已出版四辑。其中只有第三辑《地理学评论——空间行为与规划》似乎与人文地理学沙龙无关，但在贯彻《地理学评论》的初衷上却是完全相同的，这就是发扬批判精神,坚持以理论与方法论的讨论为主,立足学科前沿,主要形式为会议纪实,等等。《地理学评论》已成为很有价值的地理学术期刊,大大活跃了中国地理学界的学术争鸣,打破了那种四平八稳的沉闷局面,对中国地理学的健康发展起到了积极的推动作用。第二例是中山大学保继刚教授主编的《旅游研究进展》。我国近年来旅游消费和旅游产业发展极快,激发了旅游研究,成果层出不穷。但因是新学科或说是新研究方向,理论尚付阙如。一批中青年地理学者有鉴于此,一直在竭力提升旅游研究的理论水平,着力探索旅游研究中的理论和方法问题,颇有心得,不断汇集这方面的成果。这种努力得到商务印书馆的有力支持,出版了《旅游研究进展》,迄今已出到第六辑,对提高我国旅游学科的学术性做出了重要贡献。

商务印书馆在出版中小学地理教材方面有悠久的历史,并且曾经是中国执牛耳者。现在又重现辉煌,与我国最好的地图出版机构之一星球地图出版社合作,出版了图文并茂的义务教育课程标准实验教科书《地理》,成为我国官方指定的中学地理教科书四大系列之一。我和周尚意教授有幸被聘为此教材的主编,见证了其诞生和成长。

在中国向市场经济转轨的大潮中,不可避免地出现不少掉进钱眼里的出版社,快餐式乃至歪门邪道的畅销书充斥书市就是明证。但商务印书馆并非唯经济效益是瞻,而是更多地注重学术质量和社会效益。出版的众多地理学书籍,基本上都码洋有限,利润微薄,甚至赔本,但商务仍不改初衷,以"昌明教育、开启民智"为己任。我亲历的一件事更可作为贯彻此宗旨的典型例证。

我应某出版社之约，主编《地理学思想经典解读》，还签了出版合同，但成稿后却被告知不予出版。表面上的原因是交稿超过了合同规定的时限，其实真正的原因正如主其事者口头回话所言：这种书卖不动。于是我转而诉诸商务印书馆，很快就顺利出版。此书在地理学界产生了极好的影响，被认同为"一部出色的地理学综合评述性著作""是激发地理学者创新思维的必读文献"，发行不久就第二次印刷。

我国所有出版社中专设地理编辑室的只有商务印书馆。该室拥有一支高素质的编辑队伍，好几个北大毕业的博士任职于此，还有出自北师大等名校的博士。加上百年老店的传统和经验，地理学书籍的出版质量是有口皆碑的。单就图书的装帧而言，那淡雅、含蓄的书卷气，透着浓浓的学术底蕴，体现着张元济所言"数百年旧家无非积德，第一件好事还是读书"的风范，与当下不少只为吸引眼球而过度包装、金玉其外败絮其中的出版物，形成鲜明对照。

我国几代地理学人和整个地理学界大大受惠于商务印书馆的地理学出版物。我每每出席该馆的座谈会，总有言者不约而同地说到"我是读着商务印书馆出的书进入学术界的"，这在出版界可谓一枝独秀。

以上是我亲身经历、亲眼所见并记忆犹新的一些事例，见证了商务印书馆在促进现代中国地理学发展中所做的贡献，可以说是"功德无量"。商务即将迎来创立 120 年大庆，谨以此文聊表祝贺和祝愿。

结缘商务四十载
书卷飘香人未老

袁毓林

百年老店商务印书馆即将迎来125岁华诞，实在是可喜可贺。同时，这自然也让人感奋不已，肃然起敬。不必说清末民初以来，她持续地翻译和介绍海外的近现代学术思想并开启民智，也不必说上世纪20—30年代以来，她系统地编撰和出版各种辞书教材以普及国民教育；单是小小的语言学这一清冷的学科园地，她就结有无限的果实：在皇皇"汉译世界学术名著丛书"中，她推出了阿尔诺与朗斯洛的《普遍唯理语法》、索绪尔的《普通语言学教程》、萨丕尔的《语言论》、布龙菲尔德的《语言论》、房德里耶斯的《语言》、叶斯柏森的《语法哲学》、帕默尔的《语言学概论》、高本汉的《中国音韵学研究》和《汉语的本质和历史》、菲尔墨的《"格"辨》，等等，从通论教程到专题研究的经典作品；

在精粹的"汉语语法丛书"中，重印了《马氏文通》至1949年的10种最重要的汉语语法著作，极大地方便人们了解半个世纪里汉语语法学的开创与求索的历程；还有我的老师朱德熙先生的著作《语法讲义》《现代汉语语法研究》《语法答问》和五卷本的《朱德熙文集》等，都是由商务印书馆出版的。

商务印书馆走过的125年，也是中国风云变幻、思想激荡最波澜壮阔的125年，称得上是中国千百年来历史上从未有过的社会大变局、大转型的时期。社会的进步仰赖于千千万万新式民众的觉醒，而这一切又离不开先行者的思想启蒙、精神滋养和新文化的广泛传播。在这一又四分之一世纪的岁月中，商务印书馆出版了数量众多、质量上乘的著作，已经为我们中华民族构筑起了一道巍峨壮丽的文化昆仑。高山仰止，景行行止；虽不能至，心向往之。身处大时代的小人物，如果能够攀龙附凤，跟一个大人物或者大机构扯上一丁半点关系，哪怕是一种不对称的关系；大概可以说是天大的幸事，至少不会是坏事；虽然不一定有什么实际的用处，但是至少可以作为饭后茶余的谈资，稍微满足一下虚荣心。说起来也算是风云际会、机缘巧合，我一介书生居然真跟商务印书馆有了近于千丝万缕的非对称的联系。这有时令人高兴，有时令人头疼。下面就自己凌乱飞扬的思绪所及，雪泥鸿爪，略陈二三。

记得第一次知道商务印书馆这个名称，是在1979年年底。那时，我在设于常熟的江苏师范学院苏州地区专科班读书。一个星期天的上午，在常熟新华书店，隔着玻璃柜台，远远地看到书架上的《汉语口语语法》，就让营业员拿过来翻看。当时，我不知道作者赵元任先生是什么人,只知道译者吕叔湘先生是著名的语法学家。因为,我在读初中时,已经看过吕叔湘先生的《语法学习》(中国青年出版社,1953年),虽然不能完全理解,但是对其中关于语言是包含着意义的一串声音的说法,感到十分新奇,觉得十分有趣。因为看见有吕叔湘先生的名字,我就毫不犹豫地买了《汉语口语语法》。在寒假中,我正襟危坐,认真阅读;但是,觉得吃力,发现这本书还是很难的,不仅内容繁多,而且枝节横生,琐细不堪。不过,从此以后,商务印书馆这个名称就深深地印入我的脑海。此后,我又陆续购买了吕叔湘先生的《汉语语法分析问题》、吕叔湘先生主编的《现代汉语八百词》和《现代汉语词典》、赵元任先生的《语言问题》和《通字方案》等,渐渐地就成了商务版语言学书籍的忠实读者。

记得第一次去商务印书馆办事,是在1987年年底。那时,我在北京大学中文系攻读博士研究生。事情的起因是:我的硕士研究生导师倪宝元先生受约的书稿《汉语修辞新篇章——从名家改笔中学习修辞》已经完成。倪先生在这部著作上倾注了多年的心血:对照40多位著名作家的作品的早期版本和以后的修订版本,寻找这些作家对自己作品的文字修改;做了上万张卡片,对这些改笔进行对比分析,从修辞的原则的角度加以评判、分类和归纳,从而直观地告诉人们"应该这样写,不应该那样写"。倪先生这种收集例句、抄写卡片的功夫,对我的学术态度和治学方式影响至深,也令我获益匪浅。要交稿时,倪先生竟然不敢邮寄,怕中途有遗失之类的什么闪失。正好在上海参加纪念陈望道《修辞学发凡》的学术会议时,他遇见了中国社会科学院语言研究所《中国语文》编辑部的施关淦老师。于是，他托施老师把稿子带到北京。又来信命我去语言研究所施老师那里取稿子，再送到商务印书馆。我通过书信跟施老师约好时间以后，就一骑单车，冒着细碎的雪花，从海淀直奔建国门的语言所。拿到稿子以后，不敢多作停留，又径直向王府井疾驰而去。那时候的王府井，车水马龙，人来人往，络绎不绝；如织的行人，在凛冽的寒风中呼呼地冒着白气。两边的店铺，棉门帘不断翻动，人进人出，隐隐中透着一股热闹祥和的精神气儿。我从南到北，小心翼翼地躲避着行人与车辆；还不时地扫视街道两边的门牌，盼望那个"王府井大街36号"早一点映入眼帘。终于，我看到了那座中西合璧式的灰白色建筑在马路东侧庄严地矗立着，阴霾惨淡的天色下，"商务印书馆"白底黑字的竖条牌匾还算显眼。我赶紧推车进院，在门卫师傅的指点下直奔二楼语言学著作编辑室。敲了几个半掩的门以后，终于找到责任编辑曹南应老师，顺利地把稿子交给这位女老师。她还让我转告倪先生，让他放心，届时编辑部会把稿子送到中华书局周振甫先生那儿，请他老人家给写一个序言。完成了任务以后，我终于松了一口气。看着大楼内磨损严重的楼道地面和楼梯，仿佛看到了商务印书馆的同仁们，为了出版一本又一本的图书，一趟又一趟地楼上楼下接力奔忙的身影。

记得第一次跟商务印书馆的亲密接触，是在1999年。那时，我收到商务印书馆的来信，邀请我担任《赵元任全集》的编委，并出席《赵元任全集》编委会议暨重大出版工程《赵元任全集》启动会议。其实，更早的时候，大概是1998年前后，商务印书馆曾经来信，征求我同意把自己翻译的赵元任先生的《一套标调的字母》和《汉语中的歧义现象》等收入吴宗济、赵新那编的《赵元任语言学论文集》(商务印书馆，2002年)。我在清华大学中文系工作的时候，受中文系领导的委托，趁着1992年赵元任先生100周年诞辰这个重要时机，收集了赵先生的重要论文16篇，编辑成《中国现代语言学的开拓和发展——赵元任语言学论文选》(清华大学出版社，1992年)。其中，原文是中文的5篇，叶蜚声老师翻译(伍铁平校)的4篇(《赵元任语言学论文选》，中国社会科学出版社，1986年)，分别请王洪君、陈保亚、徐赳赳、白硕四位先生各翻译了1篇，加上我翻译的2篇，还采用了田砥老师翻译的1篇。同年11月8日，清华大学召开"纪念赵元任诞辰100周年座谈会"，来自北京地区的80余位专家学者和赵先生的亲属好友参加了会议。当时的清华大学校长张孝文教授在座谈会上致辞。著名学者季羡林、吴宗济、李荣、刘坚、王均、李学勤、卢绍昌、伍铁平、徐通锵等教授在会上发言。吕叔湘、邢公畹、王士元、陈重瑜、张清常等教授给会议寄来了贺信或书面发言。大家深切缅怀赵元任先生在中国现代语言学领域所做出的卓越贡献，畅谈中国语言学事业的发展前景。赵先生的长女赵如兰女士播放了赵先生生前讲话、吟诗和倒唱字母表的录音。清华大学师生演唱了赵先生作曲的《卖布谣》《教我如何不想他》等歌曲。会上还举行了《中国现代语言学的开拓和发展——赵元任语言学论文选》一书的首发式。这大概就是为什么商务印书馆要邀请我这个名不见经传的年轻人担任《赵元任全集》的编委的原因。记得在那次编委会上，关于赵元任先生的 *A Grammar of Spoken Chinese* (University of California Press, 1968)，到底用丁邦新先生的全译本

《中国话的文法》（香港中文大学出版社，1980年），还是用吕叔湘先生的节译本《汉语口语语法》（商务印书馆，1979年），出现了不同的意见。我仗着是最年轻的编委这一点，"童言无忌"，肆意开口："为了全面展示赵元任先生的语法学思想，当然要用丁邦新先生的全译本。但是，吕叔湘先生的节译本，已经成为国内传播赵元任先生的语法学思想的最重要的途径。因此，这两种译本都应该要收进《赵元任全集》。"这个意见，当场得到编委会副主任江蓝生老师的支持。进而，编委会主任陈原先生拍板决定全译本和节译本都收的方案。《赵元任全集》共20卷，约2千余万字，全面反映了赵元任先生在语言学研究、音乐创作、文学翻译、科学普及等方面的文化成就。从2002年开始陆续出版。其实，光是这部《赵元任全集》，已经称得上是中国文化与学术的巍巍长城。

记得第一次跟商务印书馆的深度合作，是在2001年前后。那时，周洪波副总编辑邀请我把自己1990年代的有关论文编成一个集子，由商务印书馆来出版。众所周知，中国学术界向来讲究论资排辈。一个不到40周岁的学者在商务印书馆出版文集，好像有点儿躐等，甚至僭越。尽管当时我的一个文集（《袁毓林自选集》）入选"跨世纪学人文存"，已经于1999年由广西师范大学出版社出版。就这样，篇幅远远超过周总预约的20万字的《汉语语法研究的认知视野》，由商务印书馆于2004年出版。那时，我正好在日本御茶水女子大学担任访问教授，学科负责人相原茂教授要我以此为教材，给研究生开了一个学期的研讨课。此后，在周洪波总编辑的策划下，我的增订本《汉语配价语法研究》（2010年）、《汉语句子的焦点结构和语义解释》（2012年）、增订本《语言的认知研究和计算分析》(2014年)、《汉语否定表达的认知研究和逻辑分析》(2018年)先后在商务印书馆出版。此外,由我整理注释的朱德熙先生的《语法分析讲稿》(2010年)、由我撰写第六章"修辞"的北大版《现代汉语》(2012年)、由我主编的《汉语形容词造句词典》(2018年),也先后由商务印书馆出版。可见,商务印书馆已经成为跟我的学术生命息息相关的生态环境的重要一环。这些就是上文第二段所谓的"有时令人高兴"。其实,遇到这种事,谁会不高兴呢?

我还在商务主办的各种会议、期刊,以及"商务印书馆中青年学术沙龙"上做过报告、发表过一些文章。此外,还受邀参加商务印书馆各种语言学丛书或基金出版项目的评审工作。这些就是上文第二段所谓的"有时令人头疼"。书稿的评审,需要仔细阅读,还要写出评审意见。并且,这些意见是要白纸黑字印在被评审者的图书的后面,来接受学术界的检验与评说的。其实,遇到这种事,谁会不头疼呢?当然,谁会觉得不光荣呢?

时光荏苒,岁月匆匆。一转眼,我跟商务印书馆相识、相知已经超过40年了。我熟识的那两个"青年编辑"刘一玲、周洪波同志都光荣退休了,我也由少年读者变成老年读者。每念及此,不由得想起"人书俱老"的故事。唐代孙过庭在《书谱》中认为:书法的最高境界是"通会之际,人书俱老"。大意是人老了,书法融会贯通,技艺臻于极致。那么,书籍会老吗?读书人会老吗?出版社也会老吗?我倒是希望书籍不会变老,书卷永远飘香;出版社历久弥新,出版人永葆青春,商务印书馆的读者永远年轻!

我与商务印书馆的不解之缘

江蓝生

今年是商务印书馆创办 125 年之庆，我能以作者的身份撰文表示庆贺之意很感荣幸。我跟商务印书馆的缘分不浅。我的外祖父王恺銮就是商务的作者，所著《邓析子校注》和《尹文子校注》两书收入商务印书馆 1936 年出版的"学生国学丛书"。2001 年和 2008 年商务先后出版了我的两本论文集，2014 年又出版了后一本的增订本，这样，我总算忝列商务印书馆作者的队伍中了。但是，真正让我跟商务结下不解之缘的是《现代汉语词典》《新华字典》和《现代汉语大词典》这三典。

上世纪八九十年代我曾担任中国社科院语言所的领导工作，又是 2011 年《新华字典》第 11 版和 2012 年《现代汉语词典》（以下简称《现汉》）第 6 版的主要修订主持人，因此得以跟商务印书馆有较多的接触和深入的合作。商务各届领导班子对这两部辞书的修订出版非常重视，选派最优秀的编辑担任责任编辑，在审稿、编校、封面、装帧、纸张、印厂等各个环节都格外用心。商务的责任编辑业务素质高，不仅不放过文字体例等细节，往往还能提出十分中肯的修改意见。可以说，这两部辞书能保持较高的学术水准和出版质量，里面也包含了商务人的许多付出。

1997年，我们所和商务印书馆共同起诉某人炮制的词典严重抄袭《现汉》，侵害了语言所的著作权和商务印书馆的专有出版权。开庭质证时，我和韩敬体以及商务总经理杨德炎同志以确凿的事实，有理、有据地跟被告方往来激辩，最终得以胜诉。中国辞书学会以此事为契机，在业界发出向抄袭盗版等侵权违法行为和粗制滥造的不端学风进行斗争的倡议，激扬了正气，收到很好的社会效果。

1998年上半年的一天，杨德炎同志说商务的老领导陈原先生想约我餐叙，我受宠若惊。陈原老是著名的社会语言学家，资深的出版家，他知识渊博，尤通西学，为人又极和蔼、谦逊，作为后学，能有机会跟他聊天请教，真是求之不得。吃饭间，陈原先生问我对办好商务有什么建议，我对于出版业完全外行，哪里说得出什么建议，但又不好什么都不说，就无知者无畏，胡乱说了几句。不久，杨总又通知我，新闻出版署副署长桂晓风同志找我谈话，这下引起了我的疑惑，问杨总是怎么回事。杨总这才告诉我，上面有意调我到商务任总编辑。我一听就懵了，我是个读书人，习惯于书斋生活，对于市场调查、选题策划之类的工作根本做不来，真要答应了是会误大事的。于是见面时便如实向桂晓风同志直言告白，表明心迹，好在他们通情达理，尊重了我的意见。这件事使我跟商务的感情更增进了一步：我差一点就成为了商务人，或者说，我原本有机会成为商务人的。

2012年7月《现汉》第6版出版了。为了给读者提供查询的方便，像前两版一样，在词典后面附上了"西文字母开头的词语"即字母词239条。不料8月27日有人在上百人的集会上，指责《现汉》收录字母词"违法"，说"这是一场空前的汉字大动乱"，"其发展恶果是适应了帝国主义梦寐以求的搞乱中国文化的目的"，"中华汉字文化到了最危险的时候"，号召人们起来打一场汉字保卫战。次日，有报纸于头版以"百余学者举报新版《现汉》违法"为大标题登出消息，顿时成为新闻热点。此后，这些人又两次联名给教育部和国家新闻出版总署上书，要求禁止字母词。我们被推上了风口浪尖。在突如其来的袭击面前，语言所和商务印书馆顶住压力，我们一面沉着应对媒体采访，一面召开专家学术讨论会，从历史和现实层面理清字母词出现的必然性和辞书收录字母词的必要性。我们认为：一概禁止字母词既不明智，实际也做不到。我们应该做的是对它的使用进行必要的引导和规范，防止乱用和滥用。我和商务印书馆的周洪波总编辑还应人民日报"强国论坛"之邀，与网民直接交流，并与举报方同场在线辩论，使是非曲直得以澄清。在又一次的并肩战斗中，我跟商务结下了战友的友情。

2010年12月，中央电视台报道：广西壮族自治区部分贫困小学缺少正版《新华字典》，质量粗劣的盗版、仿冒字典充斥校园。该报道引起社会强烈反响。商务印书馆于殿利总经理等领导立即做出公益捐赠的决定，率先于第一时间赶赴报道的学校进行捐赠，并与其他两所学校签署了长期的"爱心辞书工程项目合作协议"。商务还设立了字典爱心价，以较低的价格将字典提供给宋庆龄基金会等公益组织。我们语言所也闻风而动，提出降低版税，共襄善举。与此同时，政府机构和社会各界的爱心活动不断扩大，纷纷向农村学生捐赠《新华字典》。这次活动的重要成果是，2012年10月财政部和教育部联合通知，将学生字典纳入政府采购名单，这就从国家层面根本解决了农村学生缺乏字典的问题。这件事让我对商务刮目相看，市场规则是"在商言商"，可商务人在市场经济大潮中，依然不忘初心，把自己的出版事业融入到文化民生事业之中，彰显了他们对人民的感情和高度的社会责任感。我觉得跟商务结缘，靠谱，值得！

2005年秋冬之际，时任商务印书馆总经理的杨德炎同志得知《现代汉语大词典》（以下简称"《大现汉》"）筹划上马，立即表示支持，商务为该项目提供了400万元的编纂经费，要知道，400万在今天仍不是个小数字，更何况是十六七年前呢！2006年初，《大现汉》正式启动，在此后漫长的编纂过程中，历经波折，后来接任的于殿利总经理、周洪波总编辑始终给予热诚的鼓励和支持。2020年初，《大现汉》进入收官阶段，4月，刚赴任商务印书馆书记和执行董事的顾青同志就给我打来电话，表示将一如既往地支持《大现汉》工作，使我非常感动。2021年4月上旬，在顾总和商务班子的谋划下，原商务总编辑周洪波同志亲自出马，精心组织了为期一周的绩溪专家咨询会。到会专家40余人，其中有不少业界鼎鼎有名的大家，如《辞源》三版主编何九盈、王宁先生，北京大学陆俭明先生，南京大学鲁国尧先生等，顾总和语言所张伯江所长也莅会指导。会议期间，每位专家阅稿200页，留下了极其珍贵的意见，对《大现汉》后期质量的提升起到了实质性作用。绩溪会议之后，《大现汉》收尾工作全面展开，面对头绪纷繁，难度和工作量都加大的艰难局面，在顾总和商务领导班子的统筹安排下，商务印书馆编辑队伍跟我们课题组密切配合，紧张有序地推进了每一步工作，商务的责任编辑更是全年无休地付出了难以估量的心血。据不完全统计，仅各类专项检查就200多项，有的专项做了不止一两遍。为了送审条的顺利反馈，顾总多次打电话与相关方沟通，这些都使我本人和课题组全员深受感动和激励。现在，这部为全面建设社会主义现代化国家新征程提供文化支持的大型原创性语文工具书即将出版，它是中国社会科学院语言研究所与商务印书馆并肩努力、共同打造的力作，是我们两个单位学术友谊的又一见证。

125年来，商务印书馆与中国现代学术一路同行，一向以文化积累、学术传承为己任。作为商务的作者、朋友、战友，爱之愈深，望之愈切。我衷心希望商务要更加珍惜自己的社会声誉，爱护好自己的金字招牌，跟上信息化、电子化时代的步伐，坚持高的标准，多出好书，为传承中外优秀文化做出更大的贡献。

2022年1月19日于听雨斋

由《简明法语教程》结识商务印书馆的三代法语编辑

孙　辉

我离开法语教学岗位30多年了,但因为《简明法语教程》,名字还常常被人提起。我在法语教学界的同学和朋友说,法语"江湖只闻其名不见其人",很多成长起来的年轻教师还向他们打听我。

这本教材自1990年出版第一版,2006年出版修订版,2020年第三版,总印数已达到150万册;如果再加上此前在100多所大学和外语院校试用的油印本,累计超过200万册,可以说对推动国内的法语二外教学做出了应有的贡献。

这套教材让我与商务印书馆结下了深厚的缘分。五年前,我获知《简明法语教程》被选为商务印书馆120年的120本著作之一。120年来,商务出版的书籍不下万种,其中不少出自近现代中国响当当的思想文化大师之手,而《简明法语教程》作为唯一的外语教材入选,忝列中国最高的学术出版机构120年的120强,我倍感荣幸,也感慨万千。

《简明法语教程》的编写始于1985年,编写宗旨就是服务于法语作为第二外语的教学工作。当年我一边编写教材,一边在北京外国语学院英语系教授这套教材,在实践中检验效果,不断改进完善。能被委以此重任,首先要感谢当时北外法语系的王炳东主任和董纯副主任。那时我刚满30岁,教龄也只有区区几年,现在回想起来他们也真是冒了很大的风险。董纯老师告诫我:编写教材是很复杂的系统工程,编写出来后一定会有不同的声音,要接受批评、接受挑战。正是他们的信任,使我克服困难坚持了下来。我也非常感谢参与了审校工作的李廷揆教授、薛建成老师。他们不仅修补了教材编撰中的疏漏,也帮我提高了我的法语水平。

1988年,经过试用并修改后的《简明法语教程》的稿件送到了商务印书馆。到现在,我还清晰地记得我第一次踏进王府井大街36号这栋大楼时的心情。灰色的大楼并不起眼,但无比肃穆,充满学术气息,我忐忑不安,不知后面会发生什么样的剧情。然而,出乎意料的是,法语编辑部的皇甫庆莲老师热情地接待了我。她40多岁,个子不高,讲话慢而轻,一看就是书香门第出身的江南女子。她脸上始终带着笑意,一边帮我倒水,一边询问北外法语系及一些老师的近况,原来她也是北外校友,这无疑拉近了我与皇甫老师之间的距离。在探讨教材的修改和编排的工作中,我发现皇甫老师是十分严肃的,真可用"一丝不苟"来形容。1988年至1989年上半年,我多次往返于我在海淀区的住所和王府井大街,与皇甫老师一起修改书稿,皇甫老师对于她提出的修改建议,都一一耐心地解释,心平气和地阐述她的想法,我接受了很多她的专业建议,但有些地方,我坚持自己的意见,皇甫老师也总是微笑着倾听,基本上都予以接受。我们从来没有争得面红耳赤过,我想首先是因为彼此尊重,其二是相互理解,其三都做出了小小的妥协。

当时我已调离北外,到政府机关工作,后来又有幸考取了法国行政学院 ENA,第二次去法国留学,开始了人生的另外一段旅程。几年后我第一次从巴黎到北京出差,家里人告诉我商务印书馆打过电话,让我回来后联系他们。因为无法打国际长途电话通知我,所以回来后我才得知消息。我立马动身,我还记得那天我是带着一个蓝色的尼龙袋子(准备装样书)骑着自行车从北太平庄匆匆赶往王府井大街 36 号。

迎接我的是一位年轻、美丽,充满青春活力的法语编辑张文英。在寒暄中我了解到,皇甫庆莲老师已陪先生到中国驻加拿大使馆随任,张文英全面接管了法语组的工作。张文英是北京大学西语系的研究生,毕业后直接分配到商务印书馆工作,她还是我一位同届留学法国老友的学生,而且我们还是天津老乡。见面非常愉快,仿佛是已经认识了很久的老朋友。

这也是我第一次拿到 1990 年出版的《简明法语教程》的样书,淡紫色的封面上有着标志性的协和式飞机线描画,真是亲切无比!想到自己当年心无旁骛地潜心投入,多少个夜晚挑灯夜战,汗水终于浇灌出花朵,我的心情还是有些激动。随后,张文英带我到商务印书馆旁边的中国工商银行提取了稿费,我把样书和稿费装在了带来的蓝色尼龙袋子里，挂在车把上，骑着车子匆匆离开。

此后的十几年，每次到北京时，我都会抽出时间来，到商务去坐一坐。见见张文英，聊聊这本书，还有老熟人老朋友。进入21世纪，法国社会环境和语言环境都发生了很多变化，如2002年货币从法郎变为欧元，法国的电话号码从8位升为10位，我考虑对教材进行修编，以适应变化了的需求。然而，当时我的工作异常繁忙，几乎七日无休。最终在张文英的催促、鼓励和帮助下，我利用2005年圣诞节和新年的时间对《简明法语教程》进行了修改，当然，修改不仅仅限于货币的变化和电话号码的升级。2006年的修改版我基本上是动脑，动手的活儿都是张文英做的，她本人对修改后的样稿从头至尾进行了认真、仔细的校对，期间还以商务的名义聘请法语教学专家提出审读校对意见。

第二版的《简明法语教程》，封面是法国高铁行进中的图片，寓意美好。开本变大，录音也是重新做的，投放市场后反应良好。又差不多过了十年，张文英离开了商务印书馆，此前都没有机会跟她好好地告别。借此机会，我也向张文英女士表达深深的谢意，希望她一切安好。

记不得是哪年哪月，张文英的办公室里又多了一位年轻、漂亮、衣着朴素的编辑，很久以后我才记住她的名字。每次我来她都不多说话，只是微笑着给我泡上一杯茶（不记得当年皇甫老师给我倒的是茶水还是白水了），然后就安安静静地继续看她的稿子。她当时好像正在忙乎一本大部头法语词典，一大摞一大摞的稿子堆在桌子上。有时候她会悄悄地离开办公室，给我和张文英留出私聊的空间。

兜兜转转，谁曾想数年后，当年这个安安静静的年轻编辑，竟然与2020年全新的《简明法语教程》第三版联系在一起。她对教材内容、版面布置、插图摆放等方面，出谋划策，提出了许多宝贵的意见。她不是以法语编辑的身份而是以商务印书馆外语室主任的身份全过程地参与了教材第三版的修订、改版和出书。作为编者，我对郭可女士无私的参与表达衷心的谢意。

《简明法语教程》第三版，采用国际通用的教材开本16开，双色设计，以淡雅的蓝紫色打底。翻开书来，版面疏朗美观，小贴士、线和框的设计更好地突显了各版块的内容和功能。三版的封面出自我非常喜爱的一位设计师之手，是巴黎标志性建筑群的抽象画，极具现代感，又因为一套三册的封面颜色各有不同，颇有些后期印象派的味道。

《简明法语教程》之所以能够屹立于法语教学之林30多年，与当初清晰的编纂思路分不开。首先，法语作为第二外语教学，所面对的学习者有一大特点，即大多已熟练掌握英语。因而我采用了英法对照的方法，让读者感到学习法语并非很难，从而产生学习的兴趣。其次，兴趣的持续也来自有趣的内容，因而我努力甄选有趣有益又涉及面广的内容，给学生提供学习知识、扩大词汇量的机会，避免选编枯燥无味的说教文章。第三，学习外语是循序渐进的过程，要讲学练相结合，合理、科学地安排各版块。第三版中更是增添了两篇课文，一篇介绍法国的历史，一篇介绍法国的文化，包括文学、美术、音乐等，旨在让读者对法国的历史和文化有一个大致的了解。了解法国社会的方方面面无疑也有助于提高法语水平。确实，当年编写这套教材我动了很多脑筋，也采用了我认为的一些学习技巧，常年使用这套教材的老师们可能体会更深。在此我也非常感谢多年以来使用本教材的老师们，感谢他们对教材的认可、支持、关爱，也诚心欢迎他们多提建议，让教材更上一层楼。

转眼30多年过去了，我庆幸结识了商务印书馆的几代编辑，庆幸如今还有许多人在使用《简明法语教程》，庆幸新的时代给我们提供了这么多的学习法语的途径和方法。

商务有个地理编辑室

顾朝林

2017年商务印书馆迎来120周年大庆，作为商务印书馆的忠实读者和谨慎作者，当然欢天喜地。为了表达由衷的敬意、期许和怀念，作本文记之。

我的老师宋家泰先生，中国杰出的人文地理学家和教育家，据说早年曾经在商务印书馆学徒做编辑两年，在其言传身教之中展现的对文书篇章、语言逻辑、文字加工的编辑能力超群，使学生们佩服敬仰，从而也转向对中国最老的现代出版机构——商务印书馆的敬仰和崇拜。事实上，商务印书馆就是这样进入我的心灵的。

1987年10月我完成了博士学位论文《中国城镇体系的历史、现状和展望》，胡焕庸、吴传钧、严重敏、杨吾扬、李德华、徐兆奎、洪焕椿、胡兆量、董鉴泓、吴明伟、佘之祥、蒋赞初、许学强等先生进行了论文评审，收到了良好评价。当年12月完成论文答辩，获得南京大学博士学位后，我进入中国科学院地理研究所，在吴传钧先生、胡序威先生指导下从事博士后研究工作。在其后的三个月中，南京大学历史系洪焕椿先生、北京大学地理系历史地理学家徐兆奎先生为我的博士学位论文中"历史发展"部分从史学和史实角度进行了批改和校订，让我这样的历史学的门外汉感到受宠若惊，衍生出出版这本学术著作的意念。

从南京来到北京，自然有了结缘商务印书馆的机会。首先我拜访了在商务印书馆工作的南京大学校友周舜武先生，他引荐当时的地理编辑部杜永清主任，由此开始了我的第一本专著的出版旅程。记得1988年9月我提交了手写书稿，编辑、加工、出版历时四年，到1992年3月《中国城镇体系——历史·现状·展望》正式出版。杜主任对我这本书可以说倾尽心血，仅仅编辑加工大概花费了他两年时间，对书中每一条史迹都进行了审核，有的还进行了多种工具书和多学科的查证，老先生兢兢业业的工作作风至今历历在目，永生难忘。其后的校对、出版，周舜武先生担任地理编辑室主任期间也做了大量的编辑工作。商务印书馆的"无差错"的编辑校对传统令人折服，不仅校对科的三校人员认真负责，也让我这样的年轻作者参与其中，我是"硬硬地被看校对稿六遍"，到最后由衷地表达"这辈子大概不会再看这本书了"的感叹！这就是我和商务印书馆打交道的第一次经历，这个过程让我学到了很多做学问、编好书的真谛，可以说受益无穷！事实上，这也是商务印书馆的传统，从中我感悟到编辑的伟大、耐心和奉献，感悟到真正的、好的编辑"首先是科学家，其次是化妆师"，感悟到好的出版社是文化弘扬和传承的"加油站"，知识扩散的源头，学科发展的"推进器"。1992年我在商务印书馆独立署名出版了第一本专著，逐渐形成在国内的影响力，而且一直延伸到海外，首先在中国香港，后来日本、美国、澳大利亚等国家和地区专门发表了书评，给予本书的学术评价非常高。后来在与同行聊出版、聊书时，还有"看你那么多本书，还是第一本最有分量"的评价。是的，知道了这个过程，也就自然而然觉得这本书的分量之所以那么重，除了我的努力，又有多少"杜永清、周舜武"们做出了巨大的贡献呢？！

1997年1月我向商务印书馆提交了我和研究团队的书稿《中国城市地理》，叶冰是这本书的责任编辑，她倾注了三年时间进行编辑加工，1999年11月图书正式出版。这是国内第一本中国城市地理的专著，填补了人文地理学和城市地理学的空白。对研究团队来说书稿的组织架构、研究深度是挑战，对年轻的编辑来说深奥的学科知识和加工能力提升更是挑战。现在来看，这本书做到"最好"了，2004年第三次印刷即被收入"商务印书馆文库"，也被全国多所大学作为研究生考试指定参考书目。这本书至今印刷了三次，发行近万册，体现了巨大的科学和社会价值。

1995年我去比利时鲁汶大学合作研究，带回"经济全球化与城市发展"的思路，在时任住建部副部长赵宝江、城市规划司邹时萌司长和张勤处长的推动下承接"跨世纪中国城市发展战略研究"项目，历时三年完成研究，1999年5月提交书稿给商务印书馆，责任编辑为田文祝博士，1999年11月《经济全球化与中国城市发展——跨世纪中国城市发展战略研究》正式出版。这本书是世纪之交中国步入加速城镇化时期的研究专著，在项目评审时研究成果受到时任国家发展和改革委员会规划司杨伟民副司长的高度肯定，也为"九五"规划和国家城镇体系规划制定国家城市发展战略提供了理论支撑。因此，本书一经出版就获得了社会响应和市场认可。与此同时，中国台湾商务印书馆在台北印刷了繁体字版在世界各地发行，全球主要大学的图书馆都收录了这本书。

2005年我获得国家自然科学基金重点项目"中国城市化格局、过程与机理研究"资助进行中国城镇化研究，翻译国外学术名著成为这一时期非常重要的工作。在这一时期我在商务印书馆出版了三部译著。2007年翻译出版布赖恩·贝利的《比较城市化》，李平博士任责任编辑，这本书事实上是针对国内关于"工业化拉动城市化"的路径展开研究的，全书介绍了西方发达国家20世纪走过的不同的城市化道路，2008年以来各版本共印刷10次，发行近3万册，2010年被列入"汉译世界学术名著丛书"。2010年翻译杰拉尔德·G.马尔腾的《人类生态学——可持续发展的基本概念》，孟锴博士任责任编辑，2010年正式出版。这本书是我翻译的图书中最喜欢的一本，原理深入浅出，老少皆宜，高级知识分子和中学毕业生都可看懂，对当下中国城市与区域发展的价值观和发展观具有非常重要的引导作用。2011年我当选中国地理学会城市地理专业委员会主任，组织翻译理查德·P.格林和詹姆斯·B.皮克的《城市地理学》，责任编辑为田文祝博士，这是一本涵盖了城市地理学的传统内容，并运用城市地理学的概念和方法、实证和案例、GIS技术和空间分析等，解释城市地区内部和城市地区之间的空间模式和发展趋势的优秀教材，对促进我国城市地理学赶超世界领先水平具有重要价值。

2016年南京大学主导的国家"中文学术图书引文索引（CBKCI）"人文社会科学 E-book 工程入库图书遴选，人文与经济地理领域备选书目 45 本，其中商务印书馆出版的图书就有 7 本，《中国城镇体系——历史·现状·展望》列第一名，《中国城市地理》列第 16 名。最重要的是自 2008 年我主编的《城市与区域规划研究》（不定期刊物），由清华大学建筑学院主办，商务印书馆出版，李娟博士、姚雯任责任编辑。图书自创刊起至今已经走过 8 个年头，出版 21 期，在全国城市与区域研究领域赢得了很好的声誉，被收入《中文社会科学引文索引》（CSSCI）来源集刊、《人大复印报刊资料数据库》来源辑刊、《中国期刊全文数据库》全文收录辑刊、《中国科技期刊数据库》全文收录辑刊、《万方数据库》全文收录辑刊等，在国内外产生相当的影响。

商务印书馆走过了灿烂辉煌的 120 年，最近 30 年的发展我有目共睹，特别是地理编辑室（现在叫科技编辑室）的发展，甚至包括办公室的变迁和编辑的流动升迁，我都倾注了太多的感情，它就是"我的心中之城"，是我的出版圣殿和精神家园。

我爱你，商务印书馆！我爱你，地理编辑室！

2016 年 10 月 1 日写于汤山下

我与商务印书馆的情缘

董 琨

我小的时候,父亲的书桌上就摆着一部旧版的《辞源》。父亲说,这是商务印书馆出版的工具书,可以做老师,很有用的。从那时起,商务馆就在我的脑海中留下了深刻的印象。

上中学的时候,我自己学会了"四角号码查字法",觉得查字特别快,不用管字的读音和部首、笔画数,捉住它的四个角就能编出顺序码,在《辞源》和《四角号码新词典》(王云五编)上查到字了。记得那时还与一两位同样学习了四角号码的同学比赛——在报纸上随便找几个字,看谁说出的四角号码快速且准确。高中二年级时做过"文学梦",曾经翻阅家中一部线装旧书《凤洲纲鉴》,利用其中叙述宋末文天祥史迹的材料,写了一篇"历史小说"《啼鹃化血》。在阅读史料中遇到不认识的字或不知晓的词语,就通过四角号码查阅《辞源》得以基本解决,这就是我与商务馆出版物结缘的开始。

大学"毕业"时,赶上"三个面向",被分配到位于闽、粤、赣三省交界的偏僻山区，很是憋闷。幸亏行前在北京琉璃厂中国书店买到了一些可供自学的传统文史书籍，包括《十三经注疏》《诸子集成》和一部白文《说文解字》，也有一部《辞源》初版正、续编的合订本。我按照四角号码顺序，用毛笔楷书抄写了《辞源》的全部字头，然后将全本《说文解字》按字头裁剪下来，贴在《辞源》字头下，成了一部四角号码排列的《说文解字》，然后另外加上有关的古文字的如甲骨文、金文的字形及解说，便于自己查检和学习。尽管这个工作后来没能全部完成，但对于自己熟悉《辞源》、学习古文字，还是起了很大用处的。这是我与商务馆工具书结缘的继续。

记不清是在1974年还是1975年，一天在小县城的新华书店里，发现了一本标着"试用本"的《现代汉语词典》（以下简称《现汉》），也是商务馆出版的，版权页上还赫然标着"内部发行"四个黑体字。我如获至宝，赶紧买下，它从此成为我手边不可须臾脱离的工具书，这是再一次与商务馆的结缘了，而且没想到此后的缘分会愈来愈深。

"文革"结束、恢复高考后，我改行（我的本科是生物系生物专业）考入中山大学中文系古代汉语专业，硕士毕业后分配回北京，先是在中央广播电视大学从事古代汉语教学，1988年因中国社会科学院语言研究所词典编辑室上马《现代汉语大词典》（以下简称《大现汉》）的编纂工程，招收业务人员。我因友人介绍，应聘并奉调而往，从此与商务馆的关系就愈发深厚了。

进入1990年代之后，一次在语言所里听刘坚所长讲，由于《现汉》社会效益和经济效益均佳，尤其是后者引起不少出版机构的青睐，我院所属出版社也不乏有人觊觎，并且已上报院部，希望将《现汉》收回，改由他们出版。刘老师说此事对所里压力很大，甚为棘手，不过当即征询了《现汉》的主编吕叔湘先生（已退居二线），吕先生明确表态："不能交出去！他们能达到商务的出版质量吗？而且商务早期给我们出版试印本、试用本，都是无偿而不计报酬的，如今我们怎么能做不讲信义的事呢？"（大意）吕先生一言九鼎，此事就此板上钉钉，以后基本上就没人再敢旧话重提了，我也于此得知了商务馆在学界的信誉与威望。

后来随着形势的发展，《现汉》需要修订，我们中辍了《大现汉》的编纂，马上投入修订工作，我也有幸参与其中。随后数次参加《现汉》修订，并成为《现汉》审订委员会委员，可以说与《现汉》结下了不解之缘。

我自从到词典室后，就开始不断思考并探讨：《现汉》为什么能编得这么好？它有什么得以成功的经验？于是，平时常与室里的老同志如刘庆隆、单耀海、吴昌恒、陆卓元等交谈请教，并抽空查看词典室卡片柜，阅读有关业务书籍包括吕叔湘先生主编的《现代汉语八百词》、丁声树先生牵头的《现代汉语语法讲话》等，最后写成了一篇文章——《试谈〈现汉〉成功的历史经验》。不久，词典室在浙江宁波召开了《现汉》出版20周年学术研讨会，我提交这篇文章参加了会议。会后由商务馆出版了《〈现代汉语词典〉学术研讨会论文集》（1996年）。一次我们在外头开会时，没想到商务馆领导陈原先生中途光临，并且带着这本论文集加以评论，大大地表扬了一番我的这篇文章，这使我受到很强烈的鼓舞。

自此以后，我个人以及与同窗友人或学界同仁合作的学术成果，由商务馆出版的逐渐增多。学术前辈任继愈先生主编一套"中国文化史丛书"，由于商务馆编辑任雪芳推荐，我编写了其中一本《汉字发展史话》。后来增订重版，接受商务馆老编辑李思敬的建议，改名为《中国汉字源流》。据说在丛书中口碑不错，卖得较好。一次，我还在台北的一家书店里看到了此书的台湾版，赶紧买下一本。20年过去，原出版合同已然过期，当时商务印书馆国际出版公司老总胡中文请我将其修订后出了同名的精装本，已印了三四次以上。最近该丛书又拟由商务馆重新修订包装，出版"图文版"，征得商务国际公司同意，这本小书亦列入其中。可见，有关普及汉字知识的书是比较受欢迎的。

我与几位同窗、同道的朋友，仿照王力先生《古代汉语》教材的体例，于1980年代末编写了一本《商周古文字读本》，经当时兼任语文出版社社长吕叔湘先生批准，由该社出版了手书影印本。不料正应了社会上古文字学习和讲授的急需，被不少高校作为古文字学入门学习的教材，受到欢迎，20年来也陆续印行了好几次。这样也有了增订和修改的必要，而且手书本印制质量较差，最好改为排印本。于是，商务馆总编辑周洪波找我们商量，由商务馆改出排印增补本，可以与裘锡圭先生的《古文字概要》配合发行，为此，还专门配备了一位资深编辑刘建梅。增补本问世后，同样受到欢迎，2017年出版以来，增印了两次。我外出讲课时都常能遇到一些年轻读者持此书索要签名。

我曾经和研究生时代的同窗陈抗等编写了一部中型的《多功能成语词典》，原是香港朗文出版公司邀约出版的，年久合同失效，2011年起也被收入商务馆麾下，易名为《商务馆中学生成语词典》，多次印行。

当我对自己的学术生涯进行初步总结之时，商务馆给我出版了一部论文集《述学集》，30余万字（2012年）。

我作为全国科学技术名词审定委员会委员、语言学名词审定委员会主任委员而主持编定的《语言学名词》，是国家社科基金项目，属于集体成果，也是在商务馆出版的（2011年）。此书可谓语言学研究的基础性著作，受到学界广泛重视。

在商务馆参与并完成的最大工程，可以说是《辞源》第三版的修订。我和北京大学何九盈教授、北京师范大学王宁教授共同被聘为第三版主编，从2010年直至2015年，与国内古汉语学界众多专家学者精诚合作，终于在《辞源》初版问世百年之际，完成了这第三版的修订。我主要负责其中百科条目的修订与增补。通过这项工作，学习了不少门类的古代文化知识，增进了对其了解与掌握，也对自己能为《辞源》修订做出微薄贡献而深感欣慰！

2005年，我院重点课题、江蓝生先生主编的《大现汉》的编纂工作启动，这也是商务馆出版的重头项目，馆里为此投入了大量的人力、物力和财力，至今已经16年了，我也一直参与了这项工作。

多年来，我与商务馆的历届领导层也多有接触，尤其2005年我进入语言所领导班子后，这种接触就更加频繁了。

初到语言所时，接触到的是出版界的资深领导，也是著名的社会语言学家陈原先生。他是个风趣、睿智而和蔼可亲的长者，乐于奖掖后学。我除了在他那里得到辞书编纂与研究方面的鼓舞、勉励之外，还从他那里第一次听到了"商务人"的自称。他曾经详细地介绍了这个称谓的含义以及蕴含其间的责任感与自豪感。

在林尔蔚总经理的主持下，商务馆与词典室签订了关于《现汉》出版及稿酬支付的合同，词典室领导单耀海、韩敬体将稿酬的享用面扩大至全所（如今要上交相当比例给院里，可以说是扩大到全院了），很大程度上改善了全所同仁的经济生活状况。林总经理（我们都称之为"林老板"）十分平易近人，与我们除了工作联系之外，还有一个活动是打桥牌。这是两个单位在业余时间乐此不疲的高雅娱乐活动，至今思之仍然令人回味、神往。

杨德炎总经理与我年龄相仿而稍长，颇有兄长之风。他早先从事外事工作，对我后来主管所里外事工作有过不少指导和帮助。他曾多年在我国驻德使馆任职，所以我总感到他身上具有一种德国风度和做派，包括言行举止十分严谨认真，善解人意。凡是得知他人遇到为难之处时，他总是很温柔地轻声说："我很难过，……"在与语言所的工作交往过程中，他总能宽容大度，以大局为重，避免了一些可能有的不愉快，而且对语言所的希求总是尽量满足，做到双赢。一次，我应语音室一位老同志之托，向杨总提出希望在商务馆出版一本书，他听后立马表态："没问题！"我说："语音学著作读者面窄，你们恐怕要赔钱吧？"他却自信满满地说："交给我们商务做，不一定会赔钱！"

杨总还数次请我们到京师德国风味的餐馆打牙祭，至今似乎唇齿余香犹存。他的居所与我相近，于是时常开会后送我回家，一路畅谈，包括退休后的工作和活动安排。国外朋友赠送我一套咖啡器具，正想与他彼此退休后可以时常共品咖啡，不料天不假年，他竟于仔肩甫卸不久，遽尔罹患不治之症，撒手人寰。在他赴上海就医前夕，我们通过一次较长时间的电话；他的遗体从太平间前往追悼大厅时，我也是抬棺者之一，我并且还敬献了挽联。他的过早谢世，令我以及诸多同事、朋友至今惋惜、思念不置！

周洪波总编辑比我年轻，也是语言学出身，我们更成了同道的朋友。他在学界具有极强的亲和力，享有良好的口碑，他所辛勤构建的语言学著作、工具书、期刊的三大"方阵"，铸就了商务馆进一步的辉煌，达到了"界内推崇，界外艳羡"的境地。

多年来，语言所与商务馆风雨同舟，荣辱相关，双赢互利，携手同行，有着最为健康、良性的合作关系。我个人在与商务馆历届领导的交往与接触中，在人品、业务诸多方面都获得不少教益。

不过，同时需要指出的是：我们与商务馆毕竟是两个不同的法人单位，交往中也不无把握适当的"度"的必要，以免"过犹不及"之虞。这里不妨举一个"不足为外人道"的例子：我内人也是一家中央级出版社的老编辑，有一阵因故想"跳槽"调离，另择门户。此事正在初步酝酿之时，一天晚上，我突然接到时任商务印书馆党委书记王维新同志的电话："听说尊夫人想动一动，是否可以考虑到我们这里来呢？"谁不知道商务馆乃是出版界人士的"首选之地"？这个天大的好意很使我感动，但我还是当即婉言谢绝，以后也就彼此不提此事了。我觉得自己和商务馆的关系可以亲密无间，但是一旦成为商务馆的"家属"，鉴于单位之间的关系以及个人在单位中的身份，就难免有诸多不便了。此事的处理，至今思之，仍感未曾有负语言所，也未曾有负商务馆，可以当得起"问心无愧"四个字吧。

综上所述，可见我与商务馆的"缘"和"情"都是非同一般的，这是我此生的荣幸。后来得知一个事实，更令我感慨不已：原来我的许多福州前辈乡亲，都曾任职服务于商务馆，或者是商务馆的重要作者，都为商务馆的发展做出了历史性的重大贡献。近年，福州市政协竟然还能编印出一部洋洋数百页、名为《福州人与商务印书馆》的专书，列名其中的乡先贤有：严复、林纾、高梦旦、郑振铎、谢冰心、李宣龚、黄葆戉、郑孝胥、林白水、陈承泽、陈岱孙，等等，不胜枚举。这些人士各自就毕生成就来说，都是闻名国内乃至国际的翘楚，也是家乡的骄傲，而他们却与商务馆建立了密切的关系，同样结下了不解的情缘。其中，曾长期担任商务馆美术部主任的黄葆戉（霭农）先生（1880—1968），还是我母亲的姨夫，即我的姨外祖。我们家至今与他的后人还有交往，互称"亲人"。他是沪上著名书法家，一手浓郁的伊秉绶隶书风格"商务印书馆"的招牌字，就出自他的笔下，令我尤感亲切。

2020年岁末，突然接到一个陌生电话，来话者是时任福州市委副书记的林飞同志。他说家乡建立了"商务印书馆福州分馆"，想联系如今健在而与商务馆渊源深切的福州人士，商务馆前任总经理于殿利先生推荐了我并告知其电话，所以主动与我联系。这是有益商务馆同时又能服务桑梓的大好之事，我岂能不乐意从命？其后他果然率众上门访谈，彼此结下友谊。

去年4月，福州分馆正式开馆，商务馆现任执行董事顾青先生和我都赴榕参加了隆重的开馆仪式。我并且接受了顾总亲自颁发的"分馆顾问"聘书，真是不胜惶恐之至。显而易见，自己与商务馆的情缘，又上了一个新的台阶。

今年我又有一本新作《启功评述》将在商务出版，以此作为献给启功先生110周年诞辰的一炷心香，同时也是献给商务馆创立125周年的小小贺礼！

于2022年2月

青春常在的百年老店

周 明 鑑

商务印书馆很早就在我的脑海中留下了印象。因为我小学中学用的许多课本上就有"商务印书馆发行"的字样。而自从上世纪 80 年代进入出版社，尤其是进入辞书界以后，与商务的联系日益密切，加以学习了商务的馆史，对商务的认识不断深入，从而加深了对这家百年老店的敬意。

商务印书馆是出版界的百年老店，我国的现代出版事业就是从这里开始的，商务已经走过了 125 年的漫长历史，但这一百多年的经历却并非是一帆风顺的。"一·二八"事变中，总馆及东方图书馆惨遭日寇焚毁，可以充分说明日寇心目中商务印书馆在中国文化事业中的重要地位。商务不仅经历了战争的破坏，也在社会风浪中经历过跌宕起伏，但始终保持着青春活力和蓬勃发展的趋势。

首先使我对商务"开启民智、昌明教育"办馆宗旨留下深刻印象的是商务出版的《地质矿物学大辞典》。这本工具书是商务印书馆1930年出版的，这本七八厘米厚的大型工具书选题的确定不会晚于上世纪20年代中叶。1952年我进入了刚建校的北京地质学院，地质部李四光部长在建校第一届开学典礼上说："从1913年到1952年，我国一共只培养了六百名地质人员。现在还在岗的已不到一半。"可以认为，即使到1930年该书出版时，地质人员大概都不会超过一百人。商务当时建馆才二十多年，实力尚不雄厚，为如此小的读者群列选这么一部大型词典，需要何等的魄力！这一实例可充分体现商务的办馆宗旨是确实落到实处的。而出版我国第一部大型语文词典《辞源》、第一部自编的《商务印书馆华英字典》、多种大型专科词典，几十种小语种双语词典（包括那本几十年前列选、全国使用的人不足百人的《普什图语汉语词典》），以及数以千计的反映世界和我国几千年思想文化积累的学术名著，都属于"阳春白雪"，不是"畅销书"，出版这些书都有相当巨大的经济风险，这更是说明了商务印书馆十分清楚自己作为文化企业的定位，始终把肩负发展文化教育事业的职责置于首位，并能通过正确的管理措施获得必要的盈利，使企业能正常运作。这与所谓"现在是市场经济，出版社是企业，当然要追求利润的最大化，赔钱书我们一本也不能出"的说法形成了强烈的反差。

上世纪80年代中期，历史把我抛进了辞书界，后来我又进入了辞书学会，在1988年在成都召开的第二届全国辞书规划会议上，听到了商务印书馆的系统经验介绍，留下了十分深刻的印象。三十几年来，我在《现代汉语词典》《新华字典》《新华词典》《新时代汉英大词典》《综合英汉科技大词典》《两岸科技常用词典》《牛津高阶英汉双解词典（第8版）》和《现代汉语大词典》等多部词典的编纂出版过程中，与商务有密切的合作，并建立了十分融洽的合作关系。在原新闻出版总署和学会组织的评奖、质检、批劣以及多种学术活动中与商务的许多朋友进行过交流。所接触到的无论是馆领导、老编辑还是年轻编辑，都给我留下了待人诚恳、责任心强，而且学风严谨、一丝不苟的深刻印象。仅举一例。《现代汉语词典》和《现代汉语大词典》的编者中国社会科学院语言研究所词典室是国内语言文字的专业研究单位，其学术水平之高是不言而喻的，但收到书稿后，商务都全力以赴，组织编辑班子进行十分仔细的审读，并能提出多处商榷意见（有许多曾转到我处进行讨论），其中很多都能为编者所接受。这不仅说明了商务的严谨馆风，也充分说明了商务编辑的学术水平。

　　商务之能够出版如此众多的文化精品，与其重视人才有密切的关系。从建馆初期张元济进馆后把原来的小印刷机构建成完整的出版机构开始，陆续有许多杰出人物进入商务，如蔡元培、叶圣陶、竺可桢、沈雁冰、蒋梦麟、王云五、胡愈之、陈叔通、陶孟和、顾颉刚、葛传椝、冯定、金仲华等等。而且能吸引一大批如雷贯耳的知名人士成为作译者，如康有为、陈独秀、李大钊、瞿秋白、张闻天、严复、胡适、鲁迅、黎锦熙、陶行知、冯友兰、老舍、冰心、吕叔湘、赵元任、王力、任继愈、厉以宁、钱锺书、王佐良、李赋宁等等。这些大儒把自己的著作、译作放心地交给商务出版，是基于他们对商务印书馆馆风和出版质量的高度认可，由此可说明商务印书馆在学术界心目中的地位。

商务能团结如此多的知名学者，除正确的出版方针、优良的出版质量外，还与十分尊重并体贴入微地关怀作译者有关。与商务的同志接触时都能感到他们的热情和诚意。馆领导都是非常忙的，而我比较随便，想起什么事需要与他们交流时常常冒失地直接进入他们的办公室，这种情况涉及前后多任领导，但每次都得到热情的接待，耐心听取我的陈述，从无不耐烦的表现。最近的一件事可能很有代表性。去年4月，中国辞书学会、语言所和商务联合在安徽绩溪召开"《现代汉语大词典》专家审读咨询会"，邀请了全国多位知名语言学家与会。其中有多位已年事很高。商务为每位年过八旬的老人安排了一位年轻编辑"家到家"地全程陪同，即从家中接出后在旅途及会议全程寸步不离，会议结束返京后又送到家中。充分体现了商务领导周到细致的安排及对这些老同志的关心和尊重，令人十分感动。还有一件事也值得一提。在计算机的运用日益广泛深入的年代，作为"30后"的我就是一个"电脑盲"。开始时做讲座只会使用幻灯片。在应商务之邀给新华书店做讲座时，商务指定人替我做了PPT，并代为播放，我感到自己太落后了，于是就开始学电脑。在学习的过程中，商务的技术部门的领导和工程师就成了我的老师，他们给了我巨大的帮助，所以才使我这个"小学生"能初步掌握电脑技术，基本适应这十几年多达上百次的讲课任务（每次的PPT都能自己做）和繁重的词典审读任务。

重视人才的另一方面是以学术型编辑的方向培养本馆的编辑队伍。我曾有幸多次参加商务的职称评定工作。所有编辑的述职报告都是阐述分管领域的学科状况、选题的学术价值、水平及质量，并附有大量高质量的学术论文及著作，更有许多全心全意献身编辑事业甚至催人泪下的感人事迹，而无一以赚钱多多作为晋升的"资本"。对我来说，每次评审会实际上都是给我提供的极好学习机会，不仅开阔了思路，而且受到了教育。这又从另一方面充分说明商务的办馆方针是很好地落实到了所有成员的行动上。所以商务的编辑都具有很高的学术水平和良好的编辑素质，因而多位编辑被作为专家邀请到原新闻出版总署组织的各种培训班以及许多出版社授课。在各种学术会议及刊物上也能读到大量商务编辑的学术成果。一支高水平的具有工匠精神的学者型编辑队伍是确保高水平出版物和建成高水平出版社不可缺少的条件。

商务虽然是一个百年老店，但并没有固步自封，而是随着时代的进步、文化教育事业的发展，不断更新观念，拓宽出版思路。继成功出版了几百种的"汉译世界学术名著丛书"之后，又出版了多套反映国内外高端学术成果和普及古今中外文化知识的大型丛书。在数字化、建立语料库等方面都能迅速进入角色。但是绝不跟随社会上的歪风邪气。上世纪八九十年代市场上教辅读物的需求大增，出现了大范围的不良现象，粗制滥造、错误百出的"教辅读物""词典""百科全书"泛滥成灾。商务根据市场需要进行了调研。曾委托我联系了一些中学老师，征求他们的意见。最后决定仍坚持按商务的传统思路进入这一领域，出版了质量上乘的《商务馆小学生字典》等适合中小学生的读物，并在《新华字典》《新华词典》的基础上又编纂出版了《新华成语词典》《新华谚语词典》等原创工具书，扩充成了"新华系列"。商务印书馆绝不卖书号，以致某些书商对商务做出了"顽固堡垒"的评价。

商务之所以能在一百多年来始终保持青春活力，首先就是因为张元济、陈翰伯、陈原等历届领导都对肩负的历史任务有清晰的认识，并始终保持初心。正如杨德炎先生所言："商务印书馆始终坚持做有良知的出版人。坚持这样的出版理念：'我们是文化建设者，而不仅仅是商人；我们坚持实事求是，而不是夸张和误导；我们提倡社会责任，而不是攫取社会财富；我们提倡首创精神，而不是盗取他人成果；我们培育名牌，而不是捕捉猎物。'"在始终坚持正确的办馆理念的指导下带出了一支高水平的编辑、出版队伍，把一大批知名学者团结在自己周围，形成了强大的作译者队伍，并对学术领域的动态始终保持前瞻性的认识，所以能够青春常在、长盛不衰，成为国内以至世界知名的品牌。

值此商务印书馆 125 年馆庆之际，谨以此短文致以衷心的祝贺！

祝贺与希望
——写在商务印书馆 120 年馆庆之际

刘 意 青

从 1897 年建馆至今，商务印书馆迎来了它的 120 年馆庆，这是我国出版界可庆可贺的大事。商务印书馆无疑是我国出版业的元老，它见证了从抗击帝国主义侵略和争取民族解放到改革开放这一个多世纪以来中华民族的沧桑，并克服了重重困难致力于优化出版工作，为中华民族振兴的事业做出了巨大的贡献。在它的丰厚业绩中，我们看到的是爱国敬业和勇于担当，它的历史就是好几代商务人为办好中国出版业的奋斗史。

我与商务印书馆

1958 年中央决定重建商务印书馆时，我还是个高中三年级的学生。作为后辈人，我与商务的业务来往是上个世纪 70 年代以后的事了。但我的北大老师们,像张谷若、李赋宁、张祥保、周珊凤等先生,以及我父亲刘世沐和吴景荣伯伯都与商务有着长期的密切联系。比如"文化大革命"期间,由吴景荣先生任主编,王佐良、我父亲等人任副主编的《汉英词典》(1978年第一版)就是当时商务印书馆的一个重点项目。这部《汉英词典》是解放后完成的重要词典,工程巨大,而且因"文化大革命"的种种干扰而进展较慢。记得父亲提到过他们如何要不时抵制极"左"思潮的干涉,但在整个数年的编写过程中商务始终是他们的坚强后盾。极"左"思潮对《汉英词典》横加指责的一个例子十分有趣。有一天我父亲回家时情绪很坏,告诉我说那天有领导提出他们对"兵临城下"的英语译文有政治错误,因为译成了"敌人的军队到了城下"(大意),而我们是战无不胜的,只能是"我们的军队到了敌人城下"。当时我父亲据理力争,结果很不愉快。这只是一个例子而已。

北大英语系和商务的业务关系则主要是周珊凤和张祥保先生编写的《大学英语》教材。我在北大任教后跟着周先生教一年级基础英语,我们一边使用周、张编写的教材,一边编写了后来商务配套出版的《教师备课笔记》。我参加了一、二册备课笔记的编写工作,得到了锻炼。这段经历对我成长为一名合格的英语教师起了关键作用。教材出版使用后,反响很好。这时商务的责任编辑王良碧同志向我们提出要做一套录音带的想法。我当时担任教研室主任,因此整个录音的老师人选和组织工作都是我配合王良碧同志完成的。

我个人与商务印书馆的业务来往始于上世纪80年代,先是我为香港商务做了《圣经故事100篇》,为北京商务做了《呼啸山庄》的注释本和序。在这个过程中,我认识了陈羽纶先生,并开始为他的《英语世界》撰写"识途篇"栏目文章;而在我出国读博士之后,我就撰写了几篇《英语世界》的"海外来鸿"文章。回想80年代我与商务印书馆的这些交往,我心怀感激之情。我虽是"文革"之前毕业并留在北大任教的一代人,但留校后马上就被派去参加农村"四清",接着就是近十年的"文化大革命",直到"文革"后期我才得以断断续续地教学。因此,80年代商务给我提供的编教材、出书和发表文章的机会对我来说至关重要。我不仅因此在十年的荒废后能较顺利地重新拾起了自己的英语业务,而且在写文章和做书的过程中开始学习如何进行科研。事实上,《圣经故事100篇》成为我90年代获得博士学位回国后开始教授《圣经》文学阐释课的基础。该书影响不小,在香港、台湾和大陆发行后,引起过海外《圣经》学者的关注。我的好友,美国贝伊勒大学副校长大卫·杰弗里教授(David L.Jeffrey)就多次肯定过我这本起步的作品。更为重要的是,在与商务人的交往中我找到了敬业、献身的榜样。首先是陈羽纶先生,他对《英语世界》的投入、他对读者的责任心、他为事业鞠躬尽瘁的精神深深地打动过我。还有后来认识的徐式谷先生和听说过的商务优秀领导陈翰伯先生的事迹,他们和李赋宁、杨周翰、赵萝蕤、张谷若、周珊凤等老一辈北大老师一起,成为我一生做人和做事的榜样。

接下来就是我和商务印书馆在编写和出版新编《欧洲文学史》的十年合作。我1991年从芝加哥大学学成回国,还没停当下来就被学校要求主持新编《欧洲文学史》的工作。上个世纪70年代由杨周翰、赵萝蕤和吴达元先生合力主编的《欧洲文学史》是由北大出版社出版的，出版后一直在国内享有盛誉。但随着时间推移，北大的社会和人文学科领导认为有必要编写一部更详尽并跟得上20世纪欧洲文学发展的新《欧洲文学史》。校领导下达了任务，我们就申请了这个国家社科项目，请李赋宁先生出面担纲总主编。之后，我们组成了一个六位教授的编委会，其中四位是参加过杨周翰先生的《欧洲文学史》编写工作的。我和罗芃相对年轻些，我的身体又比罗芃好，所以最后此事的主要组织和事务工作就落在了我的身上。当时北大出版社、商务印书馆和人民文学出版社都希望承担这部书的出版任务，尤其是北大出版社，他们提出原《欧洲文学史》就是他们出版的，而且这新编任务又是下达给北大的。我们编委会内部也有不同意见，最后是李赋宁先生拍板选择了商务印书馆。他告诉我们他最信任商务印书馆，特别夸奖商务做书的认真和高质量。就这样，我们与商务签了合同，在之后近十年的编写和出版过程中，我们得到了商务印书馆时任总经理杨德炎先生的支持，与当时的英语编辑室主任周欣同志成了朋友，还结识了杨冀和吴冰两位年轻编辑。周欣特别重视这部文学史，还亲自为封面设计操心，而杨冀和吴冰的认真态度也代表了商务所有编辑的良好传统。这部文学史以三卷（四册）的版式出版后，反映甚佳，并获得了2006年12月国家教育部颁发的第四届中国高校人文社会科学研究优秀成果奖外国文学著作一等奖。这是我国社会科学外国文学的最高奖项，它是对近90位编写者的奖励，也是对商务印书馆高质量出版工作的肯定。

虽然我现在已经退休，我与商务的多年情缘仍没有终结。事实上，我还在为商务做新编《欧洲文学史》的简易本①，以方便更多的读者。我也接受了现任商务英语编辑室马浩岚主任的建议，把三卷（四册）的《欧洲文学史》仔细查对一遍，以便商务印书馆重新出版一部该文学史的经典版本。这个任务会很花时间，而且细致、繁琐，但我接受了这项工作，并希望在我有生之年尽快顺利地把它完成。②

对出版业的一点希望

在这120年商务馆庆之际，我也想借机对我国的出版界，包括商务印书馆，提点希望。进入21世纪以后，我国的出版业呈现了百花似锦的繁荣态势，商务印书馆自然也面临着新的挑战。过去商务印书馆在词典出版方面做得特别出色，不论是汉语词典还是牛津英语词典，都成为我国读者特别是学子们不可或缺的工具书。此外，商务印书馆不但以出版文史哲精品著称，而且对外语方面出版的名著注释或翻译作品的遴选都很认真，因此品位高、质量好，满足了广大读者的需求。

但进入21世纪以来，我国出版界出现了受市场经济操纵的一些问题，值得我们警惕。首先，作为一个外国文学教师和学者，我近年来深切感到出版业对学生兴趣导向所起的关键性作用。因此我迫切希望出版社在选定出版作品时要考虑我国人民目前的真

---

① 本书以《欧洲文学简史》为名由商务印书馆于2018年出版。——编者

② 本书精装版的修订本于2019年由商务印书馆出版。——编者

实需求，要对国家振兴大目标发挥积极作用。比如在选取翻译外国文学作品时，有的出版社为了营销利润，完全跟随西方文学奖项跑。他们的做法是找一个获奖作者，然后系列翻译多部他的作品，以获奖作家的声望来达到畅销目的。当然，在当下西方占据绝对文化霸权和话语权的态势下，诺贝尔文学奖、普利策奖、布克奖等奖项十分光鲜耀眼，很多获奖作者也的确优秀，而且我们也有必要对我国读者介绍他们。但是，后现代西方文学中那些关注和描写消极、颓废、性自由和暴力的作品真的需要我们慎重挑选和鉴别才行，因为它们与我国目前振兴和强国所需要的正能量可以说是完全不合辙的。试想如果我们的读者和学生读了很多后现代同性恋、精神分裂、自杀和反对权威的灰色、无聊并倡导绝对自由的作品，还将之奉为西方最有成就的文学成果，试想如果我们的文学研究者和学生跟着西方批评标准去赞扬一个老男人痴迷一个小姑娘的作品是多么了不起的经典，那么，久而久之，我们的年轻学生和读者会变成什么样呢？难怪我的朋友大卫·杰弗里教授在中国的一次讲座上说："后现代的打倒权威和解构主义等理论对西方文明的破坏超过了两次世界大战。"

另一个市场经济造成的出版界问题是忽视质量。比如，出版社买到了西方十分轰动的畅销书版权，于是就赶快翻译成中文印发上市，翻译时间之仓促是绝不可能保证其翻译质量的。另外，由于商业运作的紧迫感，出版社找不到有水平的翻译时，就征用了外语水平不大够的人来完成任务。因此，商业利润考虑就是目前很多读者和师生抱怨翻译作品错误百出的根源所在。而且，很多中文系的外国文学硕士和博士生主要就靠阅读这些翻译得很差的文学文本来写他们的论文，结果就会因译文错误而造成误解，影响其论文的质量。

上述例子虽问题严重，但还没有成为我国出版业的普遍现象。在市场经济的冲击下，商务印书馆一直很好地坚持着高品位、高质量和出精品的传统，给我国出版业树立了良好的榜样。中国目前正在崛起，但世界环境并不那么友好。我们成绩很大，有目共睹，但困难仍然很多。党中央总书记习近平同志不断强调振兴中华需要统一思想和安定团结，就是这个道理。作为文化、知识和舆论的传播者，出版社肩负着引导全民意识形态的重担。商务印书馆是120年的品牌出版社，到目前为止也是我国出版界最注重出版物的思想内容和译著水平的。我特别希望120年带着书卷香气的商务印书馆能继续坚持正气，既适应市场经济的经营，又不被其绑架，这样才能为振兴中国、消灭贫困并实现全民小康的中国梦做出更大的贡献。

我与商务印书馆的缘分

张绪山

在当代中国学者中，没读过商务印书馆出版的书籍的人恐怕是没有的。从这个意义上，每位学者与商务多少都有些联系，或曰缘分。但我要说的，不是我作为读者与商务之间的这种缘分，而是作为写作者与商务的缘分。

我从上世纪 80 年代便开始读商务出版的书籍，不过，当时还处于每个读者都经历过的"泛览"阶段，脑子里并没有对商务印书馆形成特别鲜明的印象，更谈不上深刻的认识。那时最明显的感觉是，商务出版的书籍多半学术性很强，不容易读，需要花些气力才能读懂，内心觉得商务有些神秘。随着对商务了解的增多，尤其是了解到它在近代史上为开启民智、发展民族文化事业所做的巨大贡献，神秘感之外更增加了一份敬意。在这种复杂的情感中，还不曾想日后作为写作者与它结下何种缘分。

90 年代初，我的一些朋友如于殿利、郑殿华、王明毅等先后供职于商务，使我与这座文化殿堂的情感距离迅速拉近了许多。他们对商务出版品味的介绍，让我对这个出版重镇获得了直接的感受，萌生了为商务做点事情的念头。1990年，我读到马克·布洛赫的名作《封建社会》，向商务提出翻译申请并获得批准，从此开始了我作为写作者与商务的交往。

《封建社会》的翻译历时十余年才告完成。2004年作为"汉译世界学术名著丛书"之一出版，成为《中华读书报》评出的当年"十大社科图书"中唯一的翻译著作，数月间初印的五千册即告售罄，次年加印一次，也很快售完，此后每隔几年要加印一次，成为名副其实的常销书。《封建社会》中文版的问世引发了学界一场有关"封建主义"的大讨论，至今余响犹在。在翻译著作数量庞杂，质量饱受诟病的大环境中，《封建社会》的译文经受住了时间的考验，获得学术界的首肯和好评。以此书出版为契机，我成为了商务认可的译者之一。此后商务多次策划出版"汉译名著"选目，我都受到邀请。

《封建社会》中文版的出版，使我在精神上结识了许多朋友，包括不少前辈学者。齐世荣先生在2004年年底在上海召开的"中国世界史研究论坛"首届学术年会上，将《封建社会》的出版视为历史学界出现的重要成果之一；冯天瑜先生在其重要著作《"封建"考论》中，辟出专门章节讨论布洛赫的"封建主义"，在给译者的信中称赞《封建社会》的翻译，认为是"不可多得的翻译力作"；2006年10月中旬，武汉大学举行"'封建社会'再认识学术研讨会"，冯先生邀我出席会议并发表演讲。几年前与王明毅见面，他告诉我：寿纪瑜（老一代翻译家，著名学者、翻译家戚国淦先生夫人）先生来过商务，好一顿夸奖你呢！我问为何，明毅说，寿先生读了《封建社会》，对译文赞不绝口；当她知道你还很年轻时，慨叹说，商务应善待这样的作者；她尤其提到你写的"译后赘语"，对你怀念郭守田先生的文字欣赏有加，称赞你有情有义。侯建新教授（现任中国世界中世纪史学会会长）在一些场合多次说，《封建社会》让学界看到了研究欧洲封建社会史的范本。可以说，商务版《封建社会》的问世，不仅让学术界领略了这本学术名著的魅力，而且也记住了译者的名字。

《封建社会》在商务出版，为译者所赢得的荣誉超出了我的期待。我在西安、天津、上海等地参加会议期间，都遇到一些青年学生拿着购买的《封建社会》让我签名留念，这让我俨然产生一种"学术明星"的感觉，不禁自问：如果这本书在其他地方出版，情况会是怎样？可以断言，作为具有国际水准的著作，《封建社会》无论在哪里出版，都会引起相当反响，这应是没有疑问的。因为作者的宏阔视野、渊博知识与通贯全书的真知灼见，以及清晰明快、活力四射、富有激情而又充满理性的文字表述，必定给读者留下深刻印象。但有一点不能否认，王明毅小心细致的编辑对译文的质量保障，版式设计乃至印刷字体的古朴大方，都为之增色不少；而作为"汉译名著"出版，其品牌效应更增加了读者对它的信任度。可以说，我与广大读者美好的精神交往的津梁，正是由商务所搭建起来的。

《封建社会》出版以后，我决心将布洛赫的另一名著《国王神迹》（又名《国王触摸》）译介给广大读者。《国王神迹》出版于1924年，是布洛赫的早期作品；作为年鉴学派最出色的著作之一和享誉世界的名作,淋漓尽致地展现了布洛赫独到的文化视角与非凡的研究能力,在经历了近一个世纪的时光磨砺后,尽显光芒,其影响越来越大,不仅为历史学、政治学与社会学领域的学者所推崇,也为民俗学、人类学、心态史学等诸多领域的学者所称道。这样一部鸿篇巨制甚有必要译介给中国学术界。但它旁征博引之下所用资料的浩繁芜杂,细节论证上的精雕细刻,对任何译者的翻译能力都是巨大的挑战与考验。长期以来对它的介绍虽不乏其人,但全书的完整翻译则始终无人问津。我甫一表达译介的意向,便立即得到王明毅的积极响应,力主交由商务印书馆出版。在翻译工作进行的这些年中,不断有出版人士与我联系洽谈,许以令人心动的优厚稿酬,但我酌量再三,觉得还是由商务出版最为合适。理由很简单,商务拥有出版汉译名著的传统,始终以此为其工作的重心之一,其配备的编辑力量之雄厚,非其他出版单位所能及。更重要的是,以我这些年对商务的了解,商务人兢兢业业的工作态度,更符合我对此名著中文版质量的期许,交给商务来做我心中安适。2013年初交稿,近日出版,虽然编辑、出版的周期稍显漫长,但王明毅在编辑过程中与我的频繁磋商,让我对它的质量充满信心,所以并无怨言。

　　基于对商务印书馆的高度信任,我于去年将另一部译稿——弗朗索瓦·冈绍夫的名作《何为封建主义》——也一并交由商务出版。与布洛赫《封建社会》的"宏论"不同,这是一部研究狭义"封建主义"的作品,是一部精细的"概念"研究名作;《何为封建主义》与《封建社会》虽在研究范围与研究风格上有所不同,但相映成趣,被奉为"封建"研究的双璧,理应译介给我国学界。

负责该书稿编辑工作的，是新生代的编辑杜廷广。与杜廷广的交往，使我真切地感受到商务新老出版人强烈责任心与精细工作风格的高度统一。这是商务一脉相承的传统。作为年轻的编辑，杜廷广的处事认真、谦虚，对作者的尊重，都给我留下了深刻的印象。我敢说，商务印书馆所拥有的辉煌历史，所获得的巨大成就与崇高声誉，在作者群中积累的良好人脉，在广大读者中享有的深厚人望，正是靠了一代代商务出版人以其对事业的执着，对广大作者与读者的礼敬，以及对出版品质量的严苛，一言以蔽之，正是他们一以贯之的职业精神，赢得了作者与读者的信赖与敬重。

以中国人的传统观念，立言是"三不朽"（立德、立功、立言）的伟业之一，读书是"天下第一好事"。但无论是立言还是读书，都离不开出版事业；出版业与立言、读书息息相关，是不可或缺的环节。甚至可以说，一个民族的兴盛与否，出版业的质量与水平绝对是一个重要标志。商务印书馆作为近代中国出版事业的重镇之一，它对民族文化事业的巨大贡献早已为人所熟知，而它在新时期所展现的活力更令人充满无限的期待。我作为商务印书馆 30 余年的读者、朋友与作者，有缘见证其生机勃勃的繁荣发展，深感荣幸；而能为其发展繁荣贡献绵薄之力，则备感自豪。

于 2018 年

商务印书馆建构了中国学人的精神之家

刘 华 杰

商务印书馆1897年创办于上海，1954年迁到北京，我1966年才出生。我跟商务印书馆打交道的经历并无特别之处，但我愿意把这家出版社视为中国学人的"精神之家"，我是其扩展的大家庭中某一代的成员，在上海我还专门寻访过老商务。

此家庭的核心是少数编辑团队，外围则是由译者和读者组成的多层学人队伍，整体都在演化之中。它是实在的"家庭"而非"家园"，因为后者较虚，已经被说滥了。这个大家庭的成员基本没有血缘关系，却有无法割舍的师生情、朋友情。一家人不说两家话，都希望它兴旺发达。

我和许多人一样，从读商务书、买商务书开始，到参与商务馆的出版事务，如翻译、策划、作序、推荐等。前一半经历实在平常，中国所有学人恐怕都有此经历。我在北京大学地质系读书时就购买过卢梭的《忏悔录》、亚里士多德的《物理学》（1982年版，1.2元），当时书价不高，但那时每月的生活费不超过40元。其实直到现在，相对于食物、门票、工资，中国的书价在世界范围也不算高，但读书人仍然觉得书价涨得飞快，只能怪书生平均收入较低。就像中国2000年至2017年的房价，囊中羞涩的购房者总觉得房价太高，且高得离谱，事后才发觉当初太便宜了。

我在中国人民大学读研究生时，商务印书馆哲学室编辑武维琴先生邀我和当时还在江西医学院工作的潘涛一起翻译《湍鉴》一书，算是与商务印书馆有了进一步接触。武先生对我非常照顾，送了我许多商务出版的图书，每次到商务馆都会装一袋子书返回。那时候赠书跟现在可不一样，当时我是穷学生，能用于买书的钱十分可怜，有人送书简直太棒了。现在我经常送认识或不认识的学生一些书，可能是受了武先生的影响。武先生还破例邀请我参加商务印书馆定期召开的选题论证会，参会的代表除我外都是各领域的权威大佬，能有这样的机会学习非常不容易。正是在这样的会议上，我认识了梁存秀先生，先生的知识分子气质令人难忘。武先生当年还跟我讨论过外国人名的翻译、瑜伽及神秘现象，给人的印象是平和、宽容，从不强加于人。

1994年我博士毕业到北京大学哲学系任教后，发现哈佛大学著名学者古德曼的作品竟然无一部翻译成中文，就跟与我同在一个小区居住的陈小文先生讲述了情况。小文的导师是熊伟先生，硕士论文研究的是德国哲学，但他对分析哲学也很熟悉，聊天当中古德曼的思想他讲得头头是道，他当即决定购买其《事实、虚构和预测》版权，并让我来翻译。那时小文还不是馆领导。这本小书商务出版后不断重印，迄今已出了三个不同的装帧版本，稿费每次不算多，累积起来也还不错。这便是给商务译书的一个好处：稿费细水长流。

于殿利先生担任商务馆总经理时，对于推动博物学文化发展做出了很多努力，为此经薛晓源介绍我们有了几次接触。于先生特别支持了2015年11月14日召开的首届博物学文化论坛，他在北京大学人文学苑宣布创办《中国博物学文化评论》。从2017年出版第一辑到2022年年初已经出版到第六辑。出版这种辑刊，对于推动相关学术发展很有帮助，但对出版社来说显然赔钱。于先生则坚决支持，为了让我放心，他嘱咐让熊姣亲自担任编辑（熊姣是我的学生，后来在商务印书馆任编辑）。于先生在发言中说，"自然是人类之母，自然是人类之师，自然就是人类自身。向大自然反省应该成为人类的常态，成为大自然交给人类的必修课。只有永远不间断地学习和掌握这门必修课，人类才能真正成为越来越接近理性的动物，人类这个物种才能继续保持其先进性，也才能保证自己长期的生存状态。博物学可以算作人类向自然反省的开始。"这段话讲得深入浅出，清楚阐明了我们复兴博物学文化的用意，我建议编辑连续六次把它印在了图书的封底。

商务印书馆给人许多传奇式印象，有的未必准确。比如关于翻译图书的质量，总体而言商务出的译著水平相对高，但也不是没有错误，这方面需要采取自然主义的态度，要打破一些不必要的神话。我译的《事实、虚构和预测》就有错误，中山大学的一位老师指出过，下一次印刷进行了修改。别人译的一些书也能找到一些小问题,即使"汉译世界学术名著丛书"中由名家操刀的经典译本,译者也有看走眼的地方以及因文化传统差异而导致理解不准确的地方,如培根、休谟和康德的作品。这都非常正常,译书是非常危险的劳动,特别容易犯各种错误。所谓几个月学会一门外语,压根不可信。句子译对时,读者认为理所当然;译错了,就可能被骂得狗血喷头。一个人的外语再好,也不可能如母语一样运用自如,不可能深入了解语言背后承载的无限量文化信息。翻译的作品,包括"汉译名著",对于学人参考、快速了解外文作品的大致内容,确实起着巨大的不可替代的作用,但是研究之时依然要核实原文。说到这,让我想起商务印书馆余节弘对我的帮助。有一次我给另一家出版社帮忙时,遇到古尔德的一本书 *Leonardo's Mountain of Clams and the Diet of Worms*,我想当然地把后面的 the Diet of Worms 理解为某类虫子的饮食了,前面讲贝类后面讲蠕虫似乎满合理的。小余(经常听别人称他"老余")微信中告诉我,这个跟虫子没关系,而是指一次宗教会议!我赶紧上网查,果然是指天主教历史上的一次大会,古尔德成心逗读者开心(书中有一文倒确实与那次大会有关)。有人提前将这件事告诉我,让我少了一次丢人现眼的机会,非常感谢余节弘。小余现在专门负责博物类图书的策划、编辑、出版,推出了数量庞大、质量一流的图书,影响巨大,大家有目共睹。

值得高兴的是,我的多位学生已参与商务印书馆的翻译工作,如徐保军翻译布兰特的《林奈传》、熊姣翻译约翰·雷的《造物中展现的神的智慧》、哈斯凯尔的《看不见的森林》和卡森的《寂静的春天》、杨莎翻译法伯的《探寻自然的秩序》和古尔德的

《刺猬、狐狸与博士的印痕》、李猛(北京师范大学)翻译法拉的《性、植物学与帝国》、余梦婷翻译梅比的《吉尔伯特·怀特传》等。其中英国自然神学家、博物学家约翰·雷的作品翻译成中文十分不易,中国学界长期没有关注到这位比牛顿稍年长的剑桥大学校友、同事。熊姣博士论文研究的就是约翰·雷,顺便把他的名著翻译出来。林奈传记和吉尔伯特传记,都是国内首次引进,之前能找到的有关他们的描述十分可怜。所有这些,都是在为中华文化发展缓慢积累资源,单独看可能不算什么,合起来则不可忽视。

我的这些学生都很年轻,资历不深,但是商务印书馆勇于启用他们,值得赞扬。商务印书馆给外界一种印象:只跟老学究打交道。实际上,这极其不准确。真实情况是,许多人通常在年轻时就已与商务结缘,终生和商务打交道,甚至命运与共。最近五年,因为参加了几次馆内年度好书评选活动,我目睹了编辑们面向二十几位馆外学者对每部初选的好书只用三分钟时间做进一步介绍,发现此时的商务馆的编辑们大多非常年轻,但学历高、学问好,这跟外界的猜测有些不同。这是好事。深圳因为汇聚了全国的年轻人,终于将一个小渔村建设成了新型包容的现代化大都市,商务馆编辑的年轻化,也将完成学术传承,推出更多优秀作品。

坦率说,过去相当长时间里商务印书馆"一家独大",差不多"垄断"了大部分学术资源。后来许多出版社也发展起来,学术出版也做得不错,但商务印书馆宝刀不老,整体上保持了高水准。"周虽旧邦,其命维新。"国家如此,精神之家也如此。

翻译也是陈述思想的方式
——记为商务印书馆翻译几本政治学著作的杂感

沈 汉

一部外国有导向性的学术著作尤其是名著的译介，它的重要性和价值绝不亚于出版学者自己撰写的著作。译介著作的选择本身就包含了译者长期的学术思考，"他山之石，可以攻玉"，学者常常是通过翻译别人的著作来陈述自己的见解，同时进行学术和思想论辩。而翻译介绍工作只有通过译者和编辑的相互认识、理解和密切合作才能完成。在这一过程中，优秀的编辑及其学术见识便具有尤其重要的作用。我在和商务印书馆几代编辑同仁长期的友好交往中对此感触良多。

上世纪 70 年代末改革开放开始后，在政治理论界引入西方思潮上出现了一种倾向。由于一度主流意识形态认为"西方马克思主义"思潮不是"真正的"马克思主义，对这一流派持有排斥态度。年轻一代学人关注的是西方资产阶级正统派和主流派的政治学著作，如美国学者阿尔蒙德的《比较政治学》，罗伯特·A.达尔的《现代政治分析》、布莱克的《比较现代化的动力》等。这些基本属于阐释西方政治制度的原则和运行的一类著作，而对西方国家的政治制度缺乏批判性。这使得中国的学者在扬弃教条主义和"左"的路线之后，选择了西方的政治理论。而对批判资本主义的新左翼思潮则无人问津，出现了政治学研究视野褊狭的现象。我曾在80年代后期撰写的一部书中勾画了"20世纪70年末以来中国的政治和学术的走向"，指出，"从那时以来，在批判极'左'倾向的危害以后，中国学人将其注意力倾注于政治改革和改良之类的问题上来，对西方的研究转到对西方资产阶级主流政治社会的研究，对西方政治思潮的介绍则倾注于自由主义和保守主义，而对西方左翼运动关注锐减。"

1991年在中国社会科学院世界史所召开的"加拿大和西方民主制度讨论会"上，我结识了商务馆政治编辑室主任陈森先生，这是一位有着革命经历的老同志和老学者。在几天的学术研讨中，我和陈森先生有很多的思想交流。在这次会上，我指出了在打破"左"的教条主义思潮思想开放以来，中国学者本应转而关注对资本主义体制和苏联东欧社会主义体制出现的弊病同样具有批判精神的"西方马克思主义"的政治学流派，然而一代中青年政治学学人却全数倒向了西方资本主义国家正统派政治学流派，这是一种严重的思想错位，需要加以纠正。与会的一批更年轻的学者对这一意见不以为然，还有人说这种观点在北京学界拿出去是没有市场的。陈森先生在会上对我的观点表示了明确的支持。

面对国内一些青年政治学者在批评"左"的思潮时，完全转向西方资产阶级主流学派和自由主义倾向，我觉得需要介绍西方马克思主义政治学流派的著作。我所认识的英国马克思主义政治学工具主义派代表人密里本德便是这样的学者。

密里本德在《资本主义社会的国家》一书中在评述西方晚近几十年间各种资产阶级政治学流派时指出，关于政府、公共行政、统治精英和官僚、政党和选举行为、政治权利和政治稳定的条件、政治流动和政治文化的著作可谓汗牛充栋，但他们对于国家的性质和作用都注意得不够，他们尤其在论及国家制度时很少注意到国家权力问题。密里本德强调，"一种国家理论也是一种社会理论和在这个社会中权力分配的理论"。他面对资产阶级学者提出的"以假设西方社会中权力是通过竞争、破碎而扩散开来为出发点"的观点，他强调指出，"尽管各种各样关于权力精英的理论是如此精巧，但对于权力的多元民主论最重要的替代理论仍然唯有马克思主义一家。"

对资本主义民主制的讨论是这本书的另一个中心论题。密里本德指出，发达资本主义国家的阶级统治容忍广泛的文明和政治自由，它们的所作所为无疑在文明社会的许多领域有助于缓和阶级统治的形式和内容。但这种缓和作用并没有取消阶级的统治，相反作为一种代价有助于保证这种统治。

密里本德对于社会主义者对资产阶级民主自由的立场提出了一个原则性的意见："'资产阶级自由'被社会主义者批评之处不是（或者不应当是）它们无关紧要，而是它们极其不完善，需要责备它们机能不全和有腐蚀作用,因此需要在其经济、社会和政治内涵上进行激烈的改造以扩展它。"密里本德的这一理论见解非常透彻,国内学者远未达到他的水准。

密里本德在这部书中研究的资本主义国家在统治时努力采用合法化手段的问题,国内学者也远未达到这一分析层次。马克斯·维贝尔为代表的派别提出法理-合法性的理论,认为合法性揭示了"一种统治的有效性的基础。换言之,即统治者要求官员服从,以及二者要求被统治者服从的基础"。"很自然,一种'统治'的合法性也可以被视为一种可能性,即占有态度在一定程度上将能存在而且相应的实际结果也会随之而来。这不意味着,任何对当权者的服从都首先(甚至最终)依赖于这种信念。"马克斯·维贝尔派属于用合法性理论来为资本主义国家辩护的派别。

在"西方马克思主义"政治学中,法兰克福学派的哈贝马斯对维贝尔的合法性理论持一种温和的批判态度。哈贝马斯在《合法化危机》一书中写道,"形式民主的制度与程序的安排,使得行政决策一直独立于公民的具体动机以外。这是通过合法化过程实现的;合法化过程诱发了普遍化的动机,即内容各不相同的大众忠诚,但同时避免了群众的参与。资产阶级公共领域的结构转型为形式民主的制度和程序创造了应用条件,公民在一种客观的政治社会中享有的是消极公民的地位,只有不予喝彩的权利。"

以密里本德为代表的马克思主义学者则从资本主义国家统治的合法性持坚决否定态度。他们从这一立场出发来研究资本主义国家的运作，密里本德从这一立场出发使用的"legitimation"一语应当译为"合法化"。他揭露说，资本主义国家的一切活动都是努力使得自身看来是合法的。他在《资本主义社会的国家》中专门设立了同样以"合法化过程"为题的第七章和第八章来研究资本主义国家这方面活动。他认为，政党、大众传媒和教育都是资本主义国家用以俘虏和同化被统治阶级，以实现统治合法化的力量或手段。"作为经济和社会制度的资本主义恰恰由于它自身的存在程度，在本质上倾向于在从属阶级中同时也在其他阶级中生产出合法化的条件。"这样，密里本德就很好地通过"合法性过程"的研究，揭示了资本主义国家统治的秘密。

1991年那次会议后，我带着密里本德的《资本主义社会的国家》一书，前去拜访陈森先生，建议将此书在商务印书馆翻译出版。我的建议得到陈森先生欣然支持，随后他将此书列入了商务印书馆的出版计划。在陈森先生离休后，继任政治编辑室主任吴延佳先生接下了并完成了该书的编辑出版工作。经过几年工作，1998年《资本主义社会的国家》中译本在商务正式出版。

激进派学者艾伦·沃尔夫在《合法化危机》中揭示资本主义国家的合法化在国家政治实践中困难重重，几乎无路可走，存在着很大的危机。沃尔夫认为，西方世界在20世纪50年代对自由民主盛行持乐观态度，而到了70年代则出现了悲观主义的看法，因为自由民主没有解决西方社会的严重问题。自由民主存在的问题越来越大，其中的原因在于自由民主为冲突和矛盾所困扰。自由、民主涉及不同的相互冲突的政治理论，在19世纪对缓和社会矛盾起到一定的作用。但到了当代，已经无法满足社会的需求和解决社会的矛盾。作者在回顾了西方资本主义社会的政治史后指出，自由、民主曾采取了相继不同的制度形式，如积累的国家、授予特权的国家、二元国家等等类型。而每一种国家形态都不免存在问题，其结果便是国家的停滞。国家的合法性出现了危机。沃尔夫从政治实践的角度论证了资本主义国家在当代无法实行合法化统治。该书对资本主义国家统治的非法性和统治的无能为力分析得鞭辟入里，与密里本德对资本主义国家制度的运作的分析有异曲同工之处。在陈森先生和吴延佳先生先后退离工作岗位后，译作室王振华编审积极支持我的想法，把艾伦·沃尔夫的《合法性的限度》一书列入商务印书馆的译作出版计划。我约请了几位合作者，展开了该书的翻译工作，该书于2005年在商务印书馆出版，并在2021年再版。

欧洲中世纪国家的研究和介绍在以前国内极少，国内学者一度对封建制、等级制和绝对主义国家的类型以及它们之间的发展联系都缺少了解。西方封建制的典型国家是欧洲大陆国家，而英美学者对欧洲大陆国家的历史研究也嫌薄弱。贾恩弗兰科·波齐的《近代国家的发展》对欧洲中世纪等级会议和国家制度说得较为详细和深入，对于理解近代资本主义国家的来龙去脉对读者有启发性。在吴延佳主任的支持下，我把社会学家贾恩弗兰科·波齐的《近代国家的发展》译出并在商务印书馆出版。该书出版后得到研究西方政治制度史的学者广泛引用。

这样，我在商务印书馆新老编辑同仁的支持下得以把西方学者对于民主和国家制度的见解介绍到中国来，使读者在理解西方资本主义民主制度和国家制度时听到了西方左派和激进派学者的声音，以便纠正片面的认识。能做成这些事情，对推动学术的发展尽微薄之力，我作为一个译者和学者是很高兴的。

在商务印书馆建馆 125 周年之际，谨此祝愿它的学术传统宏扬光大，出版事业繁荣昌盛！

我与商务印书馆：从受教到合作的经历

高　丙　中

出版机构是现代国家的基础设施，是引领和助推国家在现代轨道持续发展的文化、科技、教育、学术事业得以运行的支持条件。没有发达的出版部门，就没有现代的发达国家；一个国家要赶上现代的发展，必须支持出版事业优先发展。我国从近代以来出现了成千上万的出版机构，就其创立的历史、生命力和影响力而言，商务印书馆无疑是最具有代表性的国家基础设施。商务印书馆是现代文化的生产者和传播者，是中国现代心智的一个重要塑造者。一个没有商务印书馆的中国是不可想象的。

我个人从学生时代就受惠于商务印书馆的文化食粮，在职业生涯中与商务（这是读书人对商务印书馆的习惯性简称，也是一个亲切的昵称）也有密切的联系。今天回顾起来，我也有同样的感慨：如果没有商务的支持，我的学术呈现要逊色得多。

由于现代教育和现代学术的世界性，我们这代学人从国家的教育规划上都必须是双语的（在汉语和外语并举的意义上而言。如果从具体的外语语种而言，则是"多语的"）。商务是把塑造这种双语性作为自己的目标而获得最大成功的。商务的核心竞争力和对于中国的现代化事业的卓越贡献就在于她的团队对于双语性的最优理解和最有效的解决方案。而我个人在学业上取得学位、在学术上取得职称，也都靠双语能力的赋权。正是在双语性这个节点上，我与商务结下了不解之缘。

我们这代人（1960年代出生）在中小学是用过商务的《新华字典》的，后来就升级用该馆的《现代汉语词典》了，这部词典是1978年开始发行的，我不记得是在高中最后一个学期还是上大学之后购买的。我1978年上了大学才从字母开始学习英语，最常用的是一部小开本、浅绿色软封皮的《英汉小词典》。它有一千多页，是64开本的手掌书或曰荷包书。我在网上查了它的基本信息，是由陈羽纶等先生合编的，商务印书馆1977年2月出了第一版，1978年10月在湖北第一次印刷，定价是1.60元。它的上市就像是专门为我们78级大学生入学而准备的。我在网上看到它的图片，真有一刹那回到当年的感觉。它的浅绿色封面在我记忆里是太清晰了。这是我一辈子用得最多、读得最细的一本"书"。我在大学三四年级时赶时髦，一个一个单词、一页一页背过这本字典。每天用早中晚的碎片时间背并复习单词，差不多是一天有二三页的进度，背过的页码就撕下来。这种枯燥的笨办法在当年还是有不少学生采用过的。我能够坚持背完，也许这种方式的结尾对我有吸引力：当这部字典的最后一页被撕去，整本字典就都进入了自己的脑子。我们当年做学生，日子真是很单纯，心境也很安静。我想，今天的学生没有这种心境，也没有这种必要以死记硬背的方式学外语了。我们这代人把外语的单词和语法作为"知识"学习，而不是把语音作为听与说的能力去练习、培养。这样学外语的缺陷很突出，但是对于后来做文字翻译也有一些好处。

商务的出版以"汉译世界学术名著丛书"为标志，我的职业属于学术圈，我当然也深受其惠。这套丛书是改革开放后成批推出的，我们是改革开放的第一代大学生，双方在1981年相遇了。第一批书里有黑格尔的《美学》三卷四册，我至今仍然记得在武昌街道口新华书店买这套书的经历。我有一个从小学一年级报名就同班直到高中毕业的发小在武汉大学中文系读书，我周末和他一起到街道口逛书店，看到书架上有四大本的《美学》，非常惊喜，两人倚靠在书架旁翻阅，爱不释手。四册总共5.75元，总价对我们来说还是比较大的数字。我们当时每月的伙食费总计才13.5元呢。我们经过一番思想斗争，居然决定一人买一套回去。事实证明这套书是买值了。我认真通读了这三卷书，因为要和我那发小高凯交流读书心得，非读不可。再说了，不读怎么对得起5.75元这笔当时的巨款呢！从学术上说，黑格尔处理逻辑（理念演变为特定艺术类型）与历史（历史中的艺术体裁的演变）的思想方法作为典范，是我终身受益的学术源泉。对我同样有意义的是，我的大学，可以表述为从读"汉译名著"到翻译、组织翻译"汉译名著"的转换过程。

我受惠于商务的出版物，是很平常的例子。她的书是全国都在采用嘛。不过,我有一份比较特殊的荣幸,就是在职业生涯中能够与商务的学人合作,在商务出版和组织出版翻译著作。我在这里出的第一本译著是《满族的社会组织》(1997年),后来又参与策划、组织翻译了"当代法国思想文化译丛""汉译人类学名著丛书""人类学视野译丛"。

我与商务人的合作始于陈胜华先生担任责任编辑的《满族的社会组织》。我在1991年10月被录取到北京大学社会学博士后流动站,由费孝通先生指导做民族研究。费先生那时在写自己的学术经历回顾文章,俄罗斯人类学家史禄国是费先生在清华大学读硕士的导师,他安排我先翻译史氏的 Social Organization of the Manchus,再去东北满族聚居区做社区调查,做一个关于满族基本社会组织变迁的报告。这本英文著作本来就是商务印书馆在1924年出版的。我翻译此书的过程中联系了在商务的朋友于殿利先生,他把我介绍给历史编辑室的陈胜华先生。陈先生待人亲切、热情,加上于殿利学兄的推荐,也借费先生的光,译著的选题申报十分顺利。我于1992年的春节期间开始东北满族聚居村落的实地调查,在辽宁凤城的雕窝村经历了小年前到元宵节的活动;1995年5月到黑龙江的瑷珲做了第二次实地调查,完成了满族的核心组织从氏族、家族到家户的变化路线描述的综合报告,附在译本之中。《满族的社会组织》中文版在1997年出版,从立项到出版的时间跨度有点长,这既是受制于该书的内容构成所需要的工作量,也是由商务对译稿的编、审程序的细致认真所决定的。那个时期的商务就是一个"慢工出细活"的公共认知。译书不仅是翻译书本,在条件许可的情况下,还要尽可能打通各个方面,如历史与现实、外在与内在。现代文化的双语性，依赖把一种语言转换为另一种语言的基本功，但是翻译本在字面上却只是另一个单独的语文，译者及其读者必须以各种文本技巧和话语策略让单语文本承载双语性。从我的经历来看，商务印书馆是提供了这种包容性和承载力的。

从第一次合作来看，我应该是给商务的同仁留下了比较正面的印象，他们后来给了我担任学术组织者的机会。我这种在工作单位都只是做到教研室主任级别的学人，能够得到商务印书馆这种大牌出版社的信任与托付，在同行和同事中实属幸运。

迎接新世纪，是一种把人们置于宏观思想语境的氛围。大致是在1998年，译作室的狄玉明主任知道我对文化社会学的一些著作比较推崇，特别对批评性的"文化研究"（cultural studies）感兴趣，邀请我参与策划、组织翻译相关的西文名著。因为狄先生是法语专业出身，当时又有法国大使馆的法语著作出版资助，他就选择从法语著作开始。我并不懂法语，但是从英文读过一些法国学者的著作，就参与进来。好在狄先生请了著名的法国思想文化专家杜小真教授挂帅，我打边鼓就好。虽然从2000年开始出版的"当代法国思想文化译丛"是我们一个更大设想的其中一个系列，但是当时提到的部分著作后来有机会在人类学系列出版了。单纯看这个法文译丛，我的名字与杜小真教授的大名在一起，多次引起我心虚的感觉。后来的两个人类学译丛把我放在主编的位置，我感觉实在得多。

商务印书馆能够把人类学作为独立的序列组织出版，还是得益于人类学本身的人才培养，因为这个方面的选题、审查和编辑出版工作都是由人类学博士李霞女士承担的。她在狄玉明先生和陈小文先生的支持下，计划组织翻译出版人类学著作，请我帮助选书、组织学人翻译。人类学在中国是一个拥有大抱负的小学科，我们身在其中，有很多关切都想纳入。我们要兼顾学科建设与思想文化的传播，要兼顾本学科的小众与人文社会科学的公众的利用，因此一致同意分经典系列和普及系列来组织选题，出版出来就成为"汉译人类学名著丛书"和"人类学视野译丛"两个系列。第二个系列从组织选题时就得到周大鸣教授和赵旭东教授的鼎力支持，我和他们共同主编，组织了第一批书稿。

我和李霞博士策划人类学名著译丛时商定，每一部都要配中国人类学专家的中文版序。这一条坚持下来是很不容易的，因为找合适的专家而且专家有时间和意愿，不是容易契合的。感谢20多位人类学同仁的支持，他们这些学养深厚、才华横溢的序言为丛书增添了光彩。正是他们的参与使译丛成为中国人类学的共同事业，而且更为重要的是，他们的参与给中国人类学的双语性注入了平衡因素。这套人类学名著译丛改善了中国的人类学人才培养的学术条件，也为中国社会科学基于实地调查的经验研究提供了亟需的借鉴。我要代表人类学师生（现在的与未来的）对商务表达诚挚的感谢！

现代国家具有若干关键属性，如自由、民主、人权的普遍价值，而在文化上，双语性是国家在现代的生存与发展所依赖的核心指标。对于后发现代化的国家，双语性尤其具有基础属性和核心指标的地位，因为那些最关键的属性都是在双语性的扎根与发育之后才能够培植起来的。商务印书馆是在参与这个核心工程的事业中奠定自己的历史地位的。我们这类学人被吸引到商务的翻译出版工作中来，既与她的工作团队的亲和性和执行力相关，内中更与大家对双语性的重要性的共同意识相关。双语性是传统国家在现代获得新生的文化前提，双语性的充分发育则是现代国家的高水平建设和综合实力的文化条件。商务印书馆的出版物的社会需求仍然是巨大而长期的，我们如果还能够继续参与其事，将是我们学术人生的幸中之幸。

2022 年 2 月 10 日，于京师家园

我与商务结缘三十年

潘 钧

商务印书馆是我国现代出版界的一个重镇，也是代表最高学术水平的一面旗帜，历来为学人所倚重。对于从事外语教学研究工作的人来说，也不例外。到今年为止，我正好与商务结缘30周年，正逢商务印书馆成立125周年的喜庆日子，我应邀写一点纪念性的文字，甚感荣幸。特别是我所在的北京大学和商务印书馆同为中国近现代学术文化的双子星座。在中国日语教学研究发展的历史过程当中，北京大学曾经发挥过重要的历史作用，而这种历史作用的体现很大程度上也是依赖商务印书馆的出版和其不可动摇的品牌效应。

1959年商务印书馆出版了北大日语学科编《大学一年级日语课本》。该书与北大陈信德先生编著《现代日本语实用语法》及兄弟院校编《日汉辞典》被称为国内早期日语学习的"三大法宝"。《现代日本语实用语法》上下两册最初是由时代出版社出版

（1958—1959），后来改由商务印书馆于1964出版，后重印多次。此外，陈信德先生编著的《科技日语自修读本》（1960）、《新编科技日语自修读本》（1964）和编注的《译注科技日语自修文选》（1964）以及陈信德先生主编的《日语》（1—3册）（1963—1964，俗称"黄皮书"）也是由商务印书馆出版的。这些成果铸就了北大日语学科在上世纪五六十年代的辉煌，也为新中国日语教学研究事业打下了坚实的基础。

北大刘振瀛先生早在"文革"前就已是国内知名的日本文学研究家，也是国内第一位日本语言文学专业博士生导师。他合编著的《日本近现代文学阅读与鉴赏》（上下，1994）、所著《日本文学史话》（1995）和《日语谓语附加成分汉译》（1984）均由商务出版。我的博士导师徐昌华教授所著《简明日语句法》（1988），以及同为北大教授的我父亲潘金生与北大历史系马斌老师合编著的《日本近代文言文选》（1993）也是蒙商务印书馆出版。

我1987年考入北京大学东语系日语专业。1991年我报名参加了第一届日译中翻译竞赛。这是由商务印书馆与日本巴贝尔公司联合举办的，参赛资格仅限于京津高校日语专业。我有幸获得了大赛的最优秀奖即头奖。发奖仪式于1992年4月在北京饭店中七层举行，时任中日友好协会会长的孙平化先生给我颁发了奖状、奖金和作为奖品的商务版《现代日汉大词典》和《新汉日词典》这两部工具书。因为商务印书馆所具有的超凡影响力，人民日报、光明日报、北京电视台等媒体均对此赛事进行了报道。时任商务印书馆历史编辑室主任，也是北大日语专业毕业的陈应年先生负责此赛事，他带我一起应邀赴日本参加了领奖活动。陈比我父亲小几届，得知我获奖后，我父亲去商务见到了陈先生。当陈先生知道我们为父子关系时，十分惊喜。后来，陈应年先生还曾问我是否愿意来商务工作。当时我已确定保研，错过了这个机会。

其实，在此之前我就已经与商务印书馆结缘了。《日语学习》是商务于1979年创刊的杂志，当时口碑极好，受到读者的热烈欢迎，负责人是北大中文系毕业的李思敬先生。1988年前后，编辑部委托北京大学日语教研室负责编一期。当时负责组稿编辑的是我系顾海根老师。顾老师的家离我家仅隔了一栋楼，加上我刚学了一年日语，正值暑期，于是顾老师给我布置了一个任务，具体是让我将之前《日语学习》上刊发的所有文章做一个目录，以便组稿时参考。我很快就做了出来，当然是手写目录，记得顾老师后来还托我父亲转交给我20元以作酬劳。因各种原因，1990年《日语学习》停刊，但编好的稿子后以"1990年合集"的形式于1992年出版。

1992年4月获得的翻译头奖，给了当时还只是本科五年级的我很大的鼓励（当时学制为五年），提升了我的自信心和学术认同感。后来上研期间，我只要有事进城，总要顺便去商务，拜访一下陈应年先生，向他讨教，听他讲讲学术出版情况，临走时陈先生一般总要送我一两本他编辑的书，记得最初给我的是家永三郎著《日本文化史》等"日本丛书"。此外，我还多次见到了冯建新老师。在陈应年先生筹办第一届日译中竞赛时，冯老师也是负责人之一，记得我到商务参加现场翻译（复试）时，李思敬和冯建新老师都在。冯老师是日语编辑，前述北大老师撰写编著的书，有不少就是冯老师担任责任编辑的。1998年我提交的博士论文也是请李思敬先生做外审的。

1995年夏天,陈应年先生邀请我参加由北京中日文化交流史研究会等几家单位联合举办的国际学术讨论会,我承担了一部分翻译工作,借此机会还认识了李央、朱绛、李新英等其他几位商务编辑。后来有一次去商务时,李央送给我一套商务版的《世界文明史》(4卷),而我与同为北大毕业的朱绛编辑一直保持联系至今。1998年6月,大会的论文集《论东亚经济的现代化》(东方出版社)出版,书序中还点到了包括陈先生、我等在内的参与筹备、组织和翻译工作的人的名字。

大概是1998年秋,陈应年先生邀请我参加1996年由日本小学馆出版的一部著名英日词典(*Learner's Progressive English-Japanese Dictionary* 第二版)的汉译工作。当时我刚刚毕业,想让紧张一时的神经放松下来,更主要的原因是,能够为商务做一件事情,参与一部词典的翻译,对于我来说是十分幸运的事情。于是,我欣然接受,利用业余时间集中做了不到两年。2003年底又补做了一部分,直到2009年才出版,即独具特色的《英汉多功能学习词典》,前后历时整整11年。担任责编的邢三洲老师现在是商务名牌杂志《英语世界》的主编。出版后我才知道,另一位译者是商务资深编辑朱泱先生,他一人担当了其余的90%多的工作量,而我只做了不到10%,自始至终只有我们两个人在做。当时日方没有给电子版,我们是将原版词典复印后,将词条(大词条的话可适当分成几块)剪下,用胶水贴在大草纸上,译文就写在旁边空白处,然后用笔画线,将译文和所对应的原文连接起来。

1998年9月,我博士毕业后刚开始留校工作,就跃跃欲试地想做一些事情。有一次见到冯建新老师,与她谈起能否恢复之前停刊的《日语学习》,当了解到操作起来有难度时,我就接受她的提议,筹备出一本研究辑刊。经过一段时间的磨合准备,2003年由北大彭广陆担任主编、我担任助理的辑刊《日语研究》终于出版了。当年作为编委的冯老师配合李思敬先生主编《日语学习》时,认识了像我父亲这一辈当年正值40多岁的日语人。停刊后,又过了十多年,那批人已经退休,冯老师说她已经与日语界有些生疏隔膜了。为此,在筹办辑刊过程中,我介绍冯老师参加学会,认识学界新人,以方便相互沟通。《日语研究》在国内乃至日本学术界引起了较大反响,直至2018年出版了10辑,2019年还出版了《日语研究论文精选》。记得第一辑出版后,原北京语言大学教授俞晓明写信称赞说"只有北京大学这样的高等学府才会创刊这样的学术刊物。"这封信我保留至今。

当然,冯老师对我的信任不仅仅是通过那场翻译竞赛,更是与老一辈长期合作而结成的相互信任感使然。记得1995年,我父亲和马斌老师合编的那本《日本近代文言文选》终于出版,接到通知后,我带着两名硕士生去商务取样书。当我知道这部书是交稿8年后才出版的,深感出好书真不容易。冯老师还是《日本近现代文学阅读与鉴赏》这本书的责编,这本书是由刘振瀛、卞铁坚和我父亲三人编著的。记得有一次,冯老师从网上看到我申请到了北大研究生课程建设项目,准备写一本《日语史》,专门打电话提出她对此选题特别感兴趣。但后来因难度太大,我一直没有太大进展,辜负了冯老师的期待。我的《日本辞书研究》(2008,上海人民出版社)也是在冯老师的鼓励下完成的,本来也曾经特别想在商务出版,但选题最后没有通过,让我遗憾不已。2002年前后,在冯老师的斡旋下,北大的彭广陆老师组织翻译队伍,开始做《新华字典》的汉日双语版,但后来不知何故没有顺利出版。后来,冯老师在退休前,还将新入馆的张静编辑介绍于我,嘱咐我将来有什么好的选题可以找张静做。

前述《日本辞书研究》与商务失之交臂,让我有扼腕之痛,但在2013年,命运之神终于惠顾我了。2011年年底,我倾15年心血写成的《日本汉字的确立及其历史演变》书稿获得了国家社科基金后期资助。本来按照相关规定,语言学类的书一律交由北师大出版社出版,但北师大出版社某编辑打来电话,说无力审读,打算退回给社科基金办公室。后来,我了解到退回后一般是由作者单位,即我所在的北大出版社出版。这时候,我想起了百年老店商务印书馆,记得好像是和朱绛编辑联系过。后来,我向社科基金办公室负责人提出,希望由商务印书馆出版这本书。由于沟通及时,该书最后如愿以偿地落地到商务印书馆出版,为此要特别感谢朱绛和张静两位编辑。张静编辑认真负责,我也是征得同意亲自到排版公司盯改,一共校对了8次,为的就是不辜负社科基金的信任和商务的品牌,对得起读者。该书出版后,得到了学界的肯定,获得了包括第七届孙平化日本学学术奖励基金优秀专著二等奖在内的多个奖项。至此,在商务印书馆出版一本自己专著的梦想终于实现了。此时,距我获翻译竞赛奖的1992年,已过去了整整21年。

2014年,北大本科毕业后赴日本东京大学攻读硕博学位的郑若曦,打算翻译她的日本导师西村义树的著作,最后也落实到了商务印书馆出版，中文版书名定为《语言学课堂——当哲学家遇到认知语言学》(2019)。担任责任编辑的何宛萍也是北大中文系毕业的，这是她编辑的最后一本书，她之前有一段时期担任《新华字典》的编辑。郑若曦刚刚毕业，邀请我担任这部书的校译，为此我还陪她到商务见过一次相关负责人。郑若曦现在是北京外国语大学日语学院教师。

2014年5月前后，编辑张静和我联系，商量翻译日本出版的口语词典。我本想推脱，但经过了解，看了部分原版词典的页面，受到张编辑的鼓励和她对这部词典钟爱之情的感染，更主要是能在商务出版这样一部新颖实用的词典，这种诱惑力我实在挡不住，很快答应了。尽管之前我参与了《英汉多功能学习词典》的翻译，但英语毕竟不是我的本行，这部普惠于广大日语学习爱好者的词典更能体现我的价值。我另外找了五名老师，组织翻译团队，经过数年努力，终于在2020年出版了《日语口语词典》，受到广大读者的欢迎。京东的字典词典工具书排行榜上，这部口语词典的销售业绩一度从第7名追到第3名，仅次于《新华字典》和《现代汉语词典》。

从2019年10月开始，我联系校内外五名老师和同学一起翻译了日本东京大学大堀寿夫著《认知语言学》。这本书是日本出版的同类书中比较早且十分经典的一本，但难度较大。我的目的不仅是翻译此书以飨读者，而且还想借此尝试学术著作的翻译。商务的平台既是动力，更是压力，促使我们要保持定力，一丝不苟地去做。

2017年，我有幸应邀出席了商务印书馆成立120年的隆重庆典，特别是在参加"商务印书馆与中国现代出版"专家座谈会时，当我看到身边前后坐着那么多知名学者大家，深感商务在我国学术出版界不可撼动的崇高地位和影响力。那次会上做主题发言的北大老师有两位，陆俭明和胡壮麟老师，再次隐喻了北京大学与商务印书馆的渊源关系。

我深感荣幸和骄傲的是，我们两代人与商务有缘。我父亲参与的商务版书有两部，分别是《日本近现代文学阅读与鉴赏》和《日本近代文言文选》。而我则有专著《日本汉字的确立及其历史演变》和两本参与翻译的词典即《英汉多功能学习词典》和《日语口语词典》的出版。此外，还参与了学术辑刊《日语研究》的创刊。

有人说，学者一辈子在商务出一本书就足以自豪。有一个参与口语词典翻译的老师收到样书后也是激动不已，因为这是出版《新华字典》《现代汉语词典》的商务印书馆出的，意义不同凡响。商务印书馆之所以成就国内出版界百年老店的辉煌成就，就我这30年读书学习、特别是与商务的编辑接触体验来说，重要的无非是，作为出版单位自觉担负一国学术文化的使命感，每一位从业人员具有高度自觉的职业精神，这种精神除了兢兢业业的职业操守外，还有尊重作者、扶持新人以利于学术薪火相传的精神品质。作为作者译者，我们也从商务的这种精神中学到很多东西。

我手里有《商务印书馆九十年》《商务印书馆九十五年》《商务印书馆一百年》。其中《商务印书馆九十五年》出版于1992年我获翻译竞赛最优秀奖的那一年，是陈应年先生送我的，当时他还送了我也是当年出版的《从翰林到出版家——张元济的生平与事业》。陈先生也许是以这种方式给我启蒙或启发？

  光阴荏苒，整整30年过去了。回忆往事，不禁百感交集，但不管怎么说，商务印书馆在我心目中的地位无可替代。每次我去位于王府井大街36号的商务印书馆，总要顺便去涵芬楼书店看看，体味一下商务的文化担当与坚守，在数以万计的书海中寻找心仪好书，重温一下什么是学者与出版人的职业操守。

  感谢商务印书馆！祝贺商务印书馆华诞125周年！愿商务永葆青春，继续做引领出版界乃至学术界的一盏指路明灯！

千万里，我追寻着你

周 荐

上世纪90年代初开始热播的电视连续剧《北京人在纽约》，讲述的是北京人在纽约奋斗与挣扎的生存故事，一个充满玫瑰色却又十分苦涩的淘金梦。每天晚上当刘欢"千万里我追寻着你，可是你却并不在意。你不像是在我梦里，在梦里你是我的唯一"的歌声响起，各城市几乎都是万人空巷，无论年轻人还是已不年轻的中年人都挤坐在电视机前，如醉如痴地观看，为剧中人物的命运而悲而欢而兴奋而慨叹。如今快30年过去了，回过头来看，某种意义上说那真是一个人人有梦的时代，大概也是不少人迷惘的时代。其实，淘金只是个别人的梦，未必每个人都有机会去淘，淘来的也未必都是金。淘金不一定非要去留学，更不见得非去美国不可，国外并非处处都是金，青年学子在我们自己的国家也一样可以淘到金。每个年轻人都有梦，都曾"千万里""追寻过"它，所追寻到的那个梦，只要所体现的是民族精神、时代精神，那就是金。刘禹锡诗："千淘万漉虽辛苦，吹尽狂沙始到金。"我心中的学术圣殿和所景仰的先贤，就是我日夜追寻的梦，这个金是在异乡无论如何也淘不到的。

我幼时即从父亲那里知道了商务印书馆这个名字。"文革"结束前我插队落户当知青时，"文革"结束后我读大学期间，工作以来的这数十年，有三部工具书我是常带身边随时翻阅的，它们都是商务出版的，一本是《新华字典》，一本是《现代汉语词典》，一本是《古汉语常用字字典》。《新华字典》大概家家都有，我的那部是家父用过并留给我的；《现代汉语词典》"文革"前已大致编好，因风雨骤至而不被允许正常出版，到1973年9月才应社会急需而将"试用本"拿来印刷出版，家父从新华书店抢购到一本，送给了我；《古汉语常用字字典》1979年出版，是新中国成立后第一部用现代语言学和辞书学观点、方法编写的古汉语权威字典，作者是王力、岑麒祥、林焘等学界巨擘。

读者信任商务，不仅因为商务出版了权威的工具书，还因为商务出版有权威的教材。在我们大学时代，我熟悉的大学中文系语言课的教材不少就是商务出版的，如郭锡良先生等编著的《古代汉语》、北京大学中文系现代汉语教研室集体编著的《现代汉语》等。

读者信赖商务，不仅因为商务出版了权威的工具书和教材，还因为商务出版有大量经典的学术著作。几乎每一个研究领域的重要著作商务都有出版，仅从语言学著作的出版情况看就群星灿烂，如：赵元任的《汉语口语语法》（1979）、《语言问题》（2003），王力的《中国音韵学》（1936）、《中国语法理论》（1951）、《中国现代语法》（1985），高名凯的《语法理论》（1960），吕叔湘的《中国文法要略》（1947）、《汉语语法分析问题》（1979）、《现代汉语八百词》（1984），朱德熙的《语法讲义》（1982），邢公畹的《语言论集》（1983），裘锡圭的《文字学概要》（1988），邢福义的《汉语复句研究》（2001）、《汉语语法三百问》（2002），陆俭明的《八十年代中国语法研究》（2004），江蓝生的《近代汉语探源》（2000），沈家煊的《超越主谓结构》（2019）。"文革"之前，商务印书馆在读书人的心目中的地位如何，我未亲历，不闻其详，自难妄言；"文革"后，我自己也厕身读书人之列了，真切感受到商务印书馆在知识分子心中地位之崇高——记得邢公畹先生的《语言论集》1983 年出版后，先生签名送给南开大学中文系语言学教研室的每一位教师，接受赠书的老师们用手抚摸着书的封面，尽管近四十年过去了，大家当时艳羡的神情犹在眼前；宋玉柱先生还以赞叹的口吻说了一句："这可是商务印书馆出版的啊！"我大概有数年时间常把邢先生的书从书架上取下来阅读，这自然是由于邢先生的书内容精彩，也是因为那是商务出版的学术精品。后来刘叔新先生、张志毅先生等的著作也都在商务出版，甚至我自己的小书也蒙商务出版，本应不再觉得新鲜，但是每次捧读商务出版的新书，无论作者是谁，我心情之激动一如当年。我也知自己对一家出版社所出版的所有的书都如此信赖，似有一点点盲从、迷信的味道，作为一个学者是不大应该的。但商务的历史，某种意义上说就是一部中国现代文化史，它是中国现代文化交响乐中的一段华美乐章，是引领中国现代文化走向辉煌的重要引擎。商务是几代商务人用心血在读者心中浇筑起来的一块丰碑，读者的信任感本身就是一座无可撼动的学术丰碑，丰碑赢得信赖，自是理所当然。正因为此，我无论走到哪个国家和地区，每当学生们、青年学者请我从若干种工具书、学术著作中推荐一部时，商务版的著作自然成了我的首选。

迷商务出版的书，更让我迷上商务人。前几年一个偶然的机缘，我开始对商务印书馆早期的著名人物王云五先生展开了研究。王云五先生故家在中山市南朗镇泮沙村（行政村）的王屋村（自然村），距翠亨村仅数里之遥，我去孙中山先生故居参访，顺访王云五家乡。我到南朗王屋村王云五故居参观（故居旧物唯存一口古井），到上海宝山路商务印书馆旧址和天通庵路190号商务印书馆第五印刷所旧址凭吊，到台北市中正区汉口街一段的台湾商务印书馆"云五大楼"，到宜兰县的佛光大学图书馆的"云五馆"参观，到王云五之子王学哲先生居住的夏威夷养老院访问，应邀赴台北出席"王云五先生诞辰130周年纪念活动"，与王云五先生之孙王春申先生、王云五先生的门生王寿南先生见面，到新北市山佳树林镇的净律寺公墓，在王云五先生墓前祭拜……终于，这个复杂的历史人物在我心里渐趋清晰，我也对他有了自己的一些认识，遂提笔写出了《王云五评传：多重历史镜像中的文化人》一书。王云五在文化事业上无疑是成功的，但他的成功离不开张元济的慧眼识珠和一力提挈。2016年，我应邀赴京出席商务印书馆建馆120周年活动时拜识了张元济先生之孙张人凤先生；2017年，我在上海外国语大学的刘静静博士以及朱元华先生的陪同下专程由上海到海盐，在宋兵副馆长安排下参观张元济纪念馆、图书馆；我还想到张元济先生墓前祭拜一番，可惜墓已不存，令人浩叹。

我一直在思考张元济、王云五这些前辈创业者与商务印书馆的关系，试图用一根线将其牵连起来。2021年，我应邀到绩溪出席《现代汉语大词典》审稿会时，刚刚卸任商务总编辑之职的周洪波兄邀去其府第小坐。洪波兄家的小院正中矗一巨石，北京大学袁行霈先生所题"源水居"三字镌刻其上，门额上"源头活水"四字请京城书家董琨先生题写，凭栏望去，迎面是日夕流淌的扬之河，日夜可闻淙淙的水声。那一刻，商务的历史似乎突然被贯通起来，商务印书馆125年的辉煌不就是一段源远流长、生生不已的历史吗？它是由一代代商务人用心血缔造的，商务未来的辉煌也必将由新的一代代商务人倾注心血去续写。

搁笔之际，刘欢的歌声又起：

"Time and time again you ask me，问我到底爱不爱你？"我默默地在内心里回答：Yes；"Time and time again I ask my self，问自己是否离得开你？"我朗声回答：No。

和商务印书馆工作交往二三事

齐沪扬

我是1978年恢复高考后进入大学学习的。考上大学之前，插过队，当过工人，蹉跎了很多岁月。那时的商务印书馆，对我来说是一个遥远的地方，是一个令人景仰的地方。1993年我博士研究生毕业留校，在上海师大工作。由于工作上的关系，和商务印书馆有了接触，有了联系，商务印书馆渐渐走近了我，这么些年来，商务印书馆成了一个熟悉的地方、一个温暖的地方。20多年来，和商务印书馆的联系很多，大都是和正在做的集体项目有关。这样，我自己在商务印书馆也开始有了很多熟悉的朋友，到北京出差，好几次还下榻在商务印书馆附近的酒店里，是商务印书馆安排的。下面想说的就是和商务印书馆工作上交往的几件事。

《现代汉语描写语法》

上世纪 80 年代初，当时任中国社会科学院语言研究所所长的吕叔湘先生就希望编写一部大型的汉语描写语法，并将编写的想法告诉商务印书馆汉语编辑室主任张万起先生，希望商务印书馆能委托国内某高校或某几个高校，完成这一艰巨的任务。当时由于各方面条件的不成熟，吕先生最初的提议没有得到实施。1999 年，即将退休的张万起先生再次就编写《现代汉语描写语法》一事与国内几所高等院校接触，包括北京大学、上海师大等高校。2001 年，接替张万起先生工作的周洪波先生在比较多所高校的编写力量之后，开始与上海师大商谈，希望《现代汉语描写语法》的编写任务由上海师大承担。上海师大与商务印书馆于 2002 年 10 月签订了图书约稿合同。

2002 年的时候我在学校职能部门任职，工作很忙，但张斌先生一直催着我，希望能早一点落实合同，以便尽快开始编写。那年 10 月，我从繁忙的公务之中抽出时间到北京出差，约好在商务印书馆和周洪波见面，我们两人代表甲乙双方在约稿合同上签了字。商务印书馆拨款 2 万元，作为书稿撰写的启动费。我在《现代汉语描写语法》"后记"中，记述了周洪波在签约仪式上跟我说的话：之所以希望上海师大编写《现代汉语描写语法》，是出于以下的考虑：(1) 张斌先生仍活跃在语法研究一线，有号召力，担任主编是最合适的人选；(2) 上海师大曾经编写过《语法长编》"现代汉语语法研究丛书"等，已经有一定的基础，积累了一定的经验;(3)上海师大语法专业是全国最强的几所院校之一,编写人员资源比较丰富。

当年12月,开始正式编写工作,至2009年,历时7年。经历了2500多个日夜的辛苦之后,当最后的"附表""索引"校对完毕,留在电脑里的是从修改稿1到修改稿7,再到定稿的各个文件夹,编稿、统稿的工作终于结束。然而事实上,时在上海师大攻读博士学位的商务印书馆编辑袁舫女士早已介入,已经开始审读编辑了,这才保证了书稿在2010年11月初正式出版。2010年11月27日,上海师大举办"庆祝张斌先生90华诞从教60周年学术研讨会暨《现代汉语描写语法》首发仪式",周洪波参加首发仪式,并在会议上讲了话。

《现代汉语描写语法》以20章、近200万字的宏大篇幅,全面、系统地总结并吸收了百年来汉语语法研究的成果,在此基础上详尽地描写和分析了从语素到篇章的汉语语法的各个方面,力图完整地反映汉语语法百年来的研究成就,从这个意义上,该书可谓是百年来汉语语法研究的集大成著作,体现着汉语语法研究的繁荣和成熟。

参加本书稿撰写、改写、修订、统稿的人员多达40多位,稿子一改再改,许多章节都是多人完成的。作者尽量吸收全国各高校的教师参加,除了上海师大的教师为主体之外,还有北大、南大、复旦、南开、华东师大、湖南大学、扬州大学、南京师大、浙江师大等20多所院校的教师和研究生参与。

从2002年12月正式开始编写,2009年年初陆续交出版社审稿。责任编辑为商务印书馆编审袁舫女士。袁舫其时正在上海师大攻读博士学位，就读期间，边学边审，辛苦异常。由于作者为多人担任，尽管编辑组统稿多次，在语法思想、学术观点上仍有分歧，在体例上更是不易统一，袁舫克服重重困难，使这本书能赶在2010年11月会议前出版，实属不易。

这部巨著曾经获得上海市哲学社会科学优秀著作一等奖、教育部人文科学优秀著作二等奖等奖项。现在已经再版多次，在海内外语言学界都有重大影响。

对外汉语专业本科系列教材

商务馆对汉外汉语专业本科系列教材是2005年开始启动编著的，到2007年年初，已经编就多本。这套系列教材的总主编为赵金铭、齐沪扬、范开泰、马箭飞，审定是世界汉语教学学会。这套书的前言是由赵金铭、齐沪扬写的，在2007年6月份就写好了。前言里说道，"在国家汉办的指导下，商务印书馆以其远见卓识，决定组织全国各高校对外汉语教学资深人士，跨校协商，通力合作，在初步制订专业课程大纲的基础上，编写一套对外汉语专业系列教材，以适应目前本专业对教材的迫切需求"。"我们对对外汉语专业的教学内容作了权衡和取舍，本着培养目标所要求的内涵，教材内容大致围绕着四个方面予以展开，即：基础知识、专业知识、教学技能和教师素质。我们把拟编的对外汉语专业本科系列教材组成五大板块，共22册。"

这是对外汉语专业自1983年开始设置以来，我国出版的唯一一套成系列的教材，对于后来蓬勃发展的这个专业的广大师生，无疑起到了确立专业培养目标、规范专业教学内容、稳定专业师资队伍的作用，大多数开设这个专业的院系，选用的都是这套教材。现在回过头来看，当初如果没有商务印书馆的大手笔，没有商务印书馆汉语编辑中心众多责编的努力，这套教材难以组织起庞大的作者队伍，也难以如此顺利地编就出版，更难以在全国各高校推广使用。

这套书的"编写计划"做好之后，最早联系的是北京大学出版社。商务印书馆知道这件事后，周洪波找我多次，力陈商务印书馆做教材的历史和成就，希望这套教材能让商务印书馆来做。2005年元旦刚过，1月6日，周洪波请来了商务老总杨德炎先生，带着商务印书馆的公章，到上海师大直接找我，现场办公，现场签约。于是，这套教材成了"商务馆对外汉语专业本科系列教材"陆续出版，影响甚大。2005年1月6日的签约仪式，上海师大俞立中校长、项家祥副校长都出席了，俞立中校长、杨德炎总经理、赵金铭教授都讲了话，我和周洪波再一次代表双方在出版合同上签字。

能够顺利出版这套教材的主要功劳，应该记在商务印书馆的众多责任编辑头上。2008年前后，我到北京出差，只要时间准许，总是会去商务印书馆一趟。馆里二楼尽头的国际汉语编辑室，常常是我和编辑们见面的地方，戴军明、段濛濛、储丹丹、华莎等人，就是在那个时候认识并逐渐熟知的。我们在一起讨论催稿、索稿、审稿的种种琐碎事务，很多具体方法就是在这个办公室里酝酿成的，例如分成南北两块，我和赵金铭老师分别负责，去联系那些分布在北京和上海的主编们；例如为提高教材质量，责编们和主编们之间的来往很多，很频繁，用怎样的措词来回复主编，责编们也和我讨论了多次。这些回忆都已过去，但现在想来，这些回忆难道不是构筑教材质量的基础吗？系列教材中我主编的《现代汉语》，责任编辑就是段濛濛。这本书后来被评为上海市普通高校优秀教材一等奖，里面有段濛濛的功劳。

2019年疫情暴发之前我到北京出差，在商务印书馆见到了周洪波。他跟我说，10多年过去了，商务馆对外汉语专业本科系列教材，在专业建设上、课程建设上和教材建设上都发挥了作用，这种影响力历史上会留下一笔的。现在想考虑的问题是，能不能在这套教材的基础上，精选其中的一些，作修订补充，再编写一套国际中文教育的系列教材，以适应形势的发展。他说他代表馆里，也代表他个人，希望我能够再次出面组织编写这套教材。我思索良久，终未应允。因为我手头正好有国家社科重大招标项目在做，实在腾不出精力和时间。但是我想，洪波的建议确实是有前瞻性的，我感同身受。说不定再过几年，我还会重拾起这份工作的。

《对外汉语研究》杂志

2005年上半年，上海师范大学对外汉语学院在学科建设和科学研究方面，还做了一件到现在都值得学界、学校、学院称赞的事情，那就是创办了一个学术刊物，刊物的名称叫《对外汉语研究》，这个刊物到现在都还在办，已经进入到第17个年头了。刊物的顺利创办和商务印书馆的大力支持是分不开的，刊物的质量提升，没有商务印书馆这些年的共同把关，也是断断做不到的。杂志创办以来，我一直是这个杂志的主编，我深深地知道商务印书馆对杂志的扶掖、激励、鞭策是多么的重要。

办这个杂志和"世界汉语大会"的召开有关。2005年7月20—22日，由中国国家对外汉语教学领导小组主办，中国教育部承办，主题为"世界多元文化架构下的汉语发展"的第一届世界汉语大会将在北京召开。这是为了适应全球持续升温的"汉语热"的需要、召开的以汉语为主题的大会，它将为促进世界各国汉语教学的发展和加强中外语言文化的交流与合作，搭建一个有效的工作平台。为此，国家汉办早在一年前就下文到各个高校，也给全国各大出版社发了通知，要出版社准备橱窗展览，向世界各国展示汉语教学的教材和杂志。

2005年1月，商务印书馆总经理杨德炎和周洪波刚在上海师大和我们签了"对外汉语专业本科系列教材"的出版协议；当年2月，商务印书馆又成立了世界汉语教学研究中心，我被聘为顾问委员会委员。那些日子里，为出版社高校之间在汉语教学上的合作事宜，我们联系很多。要开世界汉语大会了，周洪波给我打来电话：上海师大有什么计划吗？有什么需要在商务的橱窗里展示吗？

我那时最想做的一件事情，就是办一本语言学杂志。所以当周洪波征求我的意见时，我首先想到的就是这件事，即使没有正式刊号，办成像北京大学《语言学论丛》那样的杂志（集刊或辑刊）也是好的。我跟周洪波谈了我的想法，周洪波表示他也是这么想的，因为北京大学出版社也正在联合北大对外汉语教育学院，准备在世界汉语大会召开期间，推出他们出版的跟汉语教学相关的语言学杂志。所以，上海师大对外汉语学院想办语言教学相关的杂志，跟商务印书馆的想法是一致的。周洪波表示，我们两家要联合起来把杂志办好。

《对外汉语研究》第1期赶在世界汉语大会召开前出版，杂志分了三个栏目："汉语本体研究"的打头篇是张斌先生的《试论动宾式动词》，后面是陆俭明、郭锐、陈前瑞、王红旗、吴为善等的论文；"习得与认知研究"第一篇是周健的《汉语作为第二语言教学应突出语感培养》，后面是吴中伟、郑定欧、陈凡凡和周小兵以及周刚等的论文；"课程与教学论研究"首篇是胡明扬先生的《第二语言的学习和教学》，后面是赵金铭、史有为、谢小庆等、郑艳群和刘慧清等的论文。论文的质量上乘，发表论文学者的面也广，有在国内工作的，也有在国外工作的。

《对外汉语研究》这些年来一直在成长：杂志逐渐完善了用稿制度和审稿制度，完善了栏目，逐渐形成了自己的风格；杂志已经固定为一年两期，已经出到24期了；2012年起，《对外汉语研究》被南京大学社会科学研究评价中心评为"中国社会科学引文索引（CSSCI）来源集刊"，杂志的稿源更加广泛多样，质量得到进一步提升；2021年年底，世界汉语教学学会邀请杂志参加"国际中文教育"专栏的建设工作，进一步提升了杂志的影响力。

从2005年到现在，17个年头了，学院杂志兼职的编辑部主任换了四任，商务印书馆那里的责任编辑也换了三位，至今我们的合作依然亲密无间。学院杂志的几任编辑部主任，谈到商务印书馆的袁舫、戴军明等人，都是赞不绝口。

我与商务印书馆二三事

金 莉

我与商务印书馆最初结缘于1994年,那时我与爱人刚从美国攻读博士归来,不久外交学院的吴景荣先生来访,邀请我们担任他主编的《新时代汉英大词典》的副主编。这项工作此前已启动若干年,我们加入后一干又是六年,直到2000年这部收词12万条的词典由商务印书馆出版,成为当时收录词条最多,具有时代性、科学性和实用性的大型汉英大词典,也印证了词典编纂者十年磨一剑的艰辛。在词典编纂史上,自英国的塞缪尔·约翰逊之后,大型词典的编纂罕有出自一人之手。《新时代汉英大词典》的主编吴景荣先生(后有程镇球先生加入进来)呕心沥血,事无巨细皆用心为之;我们的团队通力合作、案牍劳形,在三易其稿后终于完成了这项工作。词典编纂在当年是一份苦活,1990年代中期个人很少拥有电脑,所有工作都是伏案手写完成,我们每每为一个词的定义或一个例句的翻译绞尽脑汁、斟酌再三。加上当时用的都是四开的大纸，所以我和爱人往往是一人在桌边、一人在床边忙碌，桌上和床上摆满了已经完成的或者需要完成的写有词条的四开大纸。词典组最终以十年的时间成就了这份意义重大的事业，这部倾注了我们心血的词典不仅仅是一部工具书，也乃人类文明交流互鉴中的一桩佳事。

词典编纂需要编纂者与出版者的通力合作。词典编纂者辛苦，词典出版者也功不可没。当时不仅商务印书馆领导高度重视这一工作，在这部词典的编纂过程中，我也有幸结识了商务印书馆外语工具书编辑室的编辑们，尤其是参与我们词典编辑工作的薛琪、周欣等人。由于词典收录的词条量大、涵盖范围广，稍不留神就会出错，商务印书馆的编辑们以饱满的精神状态和昂扬的工作热情投入这项工作，全力以赴、默默奉献，令人印象深刻。他们在编辑审校过程中从不放过任何一个瑕疵，为保证这部词典的高水平出版质量发挥了重要作用。他们精益求精的工作态度以及高水平的编辑实力令我心悦诚服，念兹在兹。

再次与商务印书馆相遇是在 2006 年，我与北外的同事申报并获批了国家社科基金重点项目"当代外国文学纪事（1980—2000）"丛书，这一项目对 20 世纪最后 20 年间 20 多个国家与区域的文学发展历程进行了全景式、多视角、多维度的梳理，并对其发展态势进行了全景式的考量和前瞻性的展望，体现了中国学者的问题意识、学术视野和学术立场。从立项到出版的十年中，这支以北京外国语大学集中的人才资源与多语种的优势为基础、吸纳了部分校外优秀专门人才参与的撰写队伍，在繁忙的教学科研之余，或长坐于图书馆翻阅图书，或在网上进行信息查询，或利用出国机会扫描复印资料，甚至委托他人购买资料，克服了种种困难，终于将其完成。资料之新，为信息的获取带来了极大的挑战；工程浩瀚，难度令人难以想象。辛勤耕耘十年后，这套包含了十卷本近千万字的大学文学百科工具书终于陆续与读者见面。我们这个项目的内容涵盖28个国家的文学，涉及八个语种，是"中国学人第一次近距离对当代外国文学的一次较为全方位的扫描，所涉东西方重要语种、国别"，也是"中国学人第一次在缺乏或相对缺乏历史积淀、外国同行评骘的情况下独立自主完成的一次界定性耙梳"，还是"中国学人第一次以这样的形式梳理浩如烟海的外国文学，可谓既是词典，也是史书，历时性和共时性并举"（陈众议语）。它成为国内外国文学界近年来一套极有分量的学术著作，被称为"我国外国文学研究史上一件可载入史册的里程碑事件"（张中载语）。

这个国家社科项目申报下来后不久，我在与商务印书馆的同志见面时聊到了这个项目，英语编辑室的领导对此表示出极大的兴趣，并鼓励我们将此项目作为商务印书馆的出版选题上报，从此开始了作为这套丛书的总主编的我与商务印书馆的又一段长达十多年的合作。作为一个大型项目，我们就编撰理念和编排方式与商务的编辑们进行了深入的沟通，各卷主编也与商务印书馆的编辑进行了对接。与商务印书馆的合作是极其令人愉快的一件事。商务印书馆将我们这套丛书列为其重点出版项目，英语室的几任领导，特别是马浩岚主任极为重视，她从各方面积极协调推进项目的实施，为丛书的出版起到了至关重要的作用；各卷的编辑（姚翠丽、吴冰、张显奎等）与我们密切合作，探讨解决问题。

我与姚翠丽编辑多次通过电话、邮件和微信联系，时至今日，我与姚翠丽编辑几次坐在学校旁边的"我爱我家"咖啡店里讨论稿子的情景依然历历在目。商务印书馆的编辑不仅态度认真严谨、在问题面前一丝不苟，而且他们对于书稿的内容与语言极为敏锐，具有发现问题的"火眼金睛"，往往能够看出我们忽略的一些细微之处，此外他们对于外国文学的整体把握，也令我钦佩不已。

在我们于2017年1月召开的丛书首发式上，商务印书馆总经理于殿利先生对我们的丛书给予了高度评价，使我们备受鼓舞。是商务印书馆这个"在全国最具声望、最具权威性、严谨性的国家级出版社"（张建华语）与我们在这个项目上的精心合作和对于我们的充分信任，特别是商务编辑们所花费的大量心血，使我们的成果得到这样完美的展现。商务印书馆最终以精装本形式将其印刷出版，使这套作品以高品位的品相呈现给读者。这套丛书的精美装帧设计（仅各卷封面的不同颜色他们就进行了多次调配）真正为我们的丛书产生了锦上添花的效果，也是我所有出版的著作中最为喜爱的装帧。2019年8月，这套丛书入选"伟大历程　辉煌成就——庆祝中华人民共和国成立70周年大型成就展"，亮相北京展览馆，它标志着我们为我国外国文学研究和中国文化建设做出的贡献，是我们作者和商务印书馆共同的殊荣。

今年上半年曾应邀为商务最近启动的"汉译世界文学名著丛书"撰写了美国作家海明威的《老人与海》这部小说的导读。至10月下旬，接英语室马浩岚主任的电话，邀我参加第一批丛书出版的座谈会。到达商务印书馆的会议厅时，发现主席台的桌签已经摆好，但令我惊讶的是，位于主席台中心位置的是我与北大的赵振江教授，而商务印书馆党委书记、执行董事顾青先生和总编辑陈小文先生则位于两旁。在我对此事表示诧异时，被告知他们一向都是这样做的。虽然是一件小事，但它充分体现了商务印书馆人尊重学问、尊重学者的精神。而正是这种薪火传递的精神使得商务印书馆成为一代又一代学者的良师益友，在我国的学术界和出版界享有盛誉，为我国的文化和教育事业的发展做出了卓越贡献。

学术路上有你相伴，何其幸也！

于 2021 年 12 月 6 日

1897—2022

商务印书馆一百二十五年

——我与商务印书馆

下册

商务印书馆编辑部 编

目　　录

下　册

商务印书馆将我的讲稿变成了书 ………………… 马　真　521
我与商务印书馆 ……………………………………… 唐晓峰　525
引领出版时尚　孕育精品文化
　　——我与商务结识 25 年 ………………………… 章宜华　530
蒲公英的种子：我与商务印书馆 …………………… 渠敬东　536
发掘地理知识精髓的优秀文化载体 ………………… 宋长青　543
和商务印书馆一起走过的岁月 ……………………… 张书岩　547
我与书，以及汉译名著 ……………………………… 孙周兴　552
我与商务好有缘 ……………………………………… 邵敬敏　556
"商务"并非唯商是务，"印书馆"并非仅仅印书
　　——纪念商务印书馆成立 125 周年 …………… 李宇明　565
我与商务印书馆结缘 ………………………………… 沈家煊　585
我与商务印书馆的两次结缘 ………………………… 乔全生　588
商务印书馆的对外汉语教学深厚情怀 ……………… 赵金铭　594
商务印书馆与当代汉语词汇学研究 ………………… 苏新春　601
百年老店　时代先锋
　　——贺商务印书馆 125 年诞辰 ………………… 田小琳　605

文化担当与至善品格	丁　超	610
引领正确的学术方向　推动语言学科健康发展	苏宝荣	616
我与商务印书馆：因缘·书缘·情缘	周庆生	622
九旬老人的心愿	董鼎山	633
我和商务印书馆的书缘	李如龙	636
商务印书馆与我的不解之缘	唐力行	640
书香致远，墨卷至恒		
——写在商务印书馆创立 125 周年之际	赵蓉晖	646
感恩商务馆：从读书学习到教学研究	李　泉	652
兄弟同心，其利断金	曹志耘	658
我和商务印书馆的十五年	郭　熙	664
商务印书馆：我的学术家园	何勤华	672
在商言学		
——庆贺商务印书馆建馆 125 周年	刘丹青	680
从读者到作者		
——我与商务印书馆的缘分	邢向东	685
商务印书馆是作者的温暖之家	戴庆厦	691
亦师亦友，缘结商务	李　勤	695
交友商务人，读写商务书	王希杰	700
我与商务馆的汉语缘	王建勤	706
在商务印书馆编《吕叔湘》画传	张伯江	712
商务印书馆与我的希腊罗马史研究	晏绍祥	718
为商务印书馆 125 年纪念说几句心里话	周清海	725

目 录

助力科学技术发展的强劲力量
　　——写在商务印书馆125周年馆庆之际 ………… 刘　青　729
商务印书馆与我的语言学之路 ………………………… 刘海涛　733
我的商务缘 ……………………………………………… 侯　敏　740
我和商务印书馆 ………………………………………… 马学强　745
我的读书、写书和商务印书馆 ………………………… 孙玉文　751
知识的提升与进展
　　——同商务印书馆结缘 ……………………………… 孙中原　760
商务精神印我心 ………………………………………… 朱小健　764
商务印书馆：我的寻梦园 ……………………………… 李　崑　769
商务"求索"记 …………………………………………… 叶其松　774
语言生活研究的重要倡导者、组织者和践行者
　　——我心目中的商务印书馆 ………………………… 张日培　780
友谊重于业务 …………………………………………… 吕文浩　786
东想西想说商务 ………………………………………… 屈哨兵　793
我与商务印书馆的非商务往来 ………………………… 周晓虹　799
温故知新：与《地理学性质的透视》的七次相遇 …… 周尚意　805
我与商务印书馆 ………………………………………… 钱　军　814
我与商务印书馆 ………………………………………… 保继刚　817
我遇见了天使
　　——与商务印书馆的结缘、交往与合作 …………… 岳洪治　822
词典，我永远的老师 …………………………………… 汪惠迪　827
商务，新商务！
　　——我与商务印书馆 ……………………………… 姜奇平　833

从读者到作者	段永朝	837
我和商务印书馆	赵树凯	845
我们的作品		
——我与商务印书馆	叶 超	849
商务印书馆助我语言研究之旅	赵世举	855
我与商务印书馆四代编辑的故事	岑容林	866
我与《新华字典》的故事	李瑞英	871
"典"燃的爱心	姜 昆	878
谈《孙毓棠诗集》的编辑出版		
——为纪念商务印书馆建馆125周年	余太山	884
把阅读推广的重任担在肩上	苏立康	887
岁月留痕	于 漪	891
阅读推广,商务印书馆在行动	孟素琴	896
清流悠悠		
——写于商务印书馆125年华诞	杨 桦	901
那些如饥似渴地读"汉译名著"的岁月	陈德中	906
阅读、翻译与研究		
——纪念商务印书馆建馆125周年	林中泽	911
读者、收藏者、作者		
——我与商务印书馆的缘分	张效民	916
发挥余热,与时俱进		
——商务印书馆建馆125周年有感	胡壮麟	923
我和商务印书馆	刘翠霄	930
我所认识的商务印书馆	范景中	933

| 从读者到译者：与商务印书馆为友 | 邵　宏 | 941 |

从良师益友到合作伙伴

　　——我与商务印书馆的故事 …………………… 朱　晔　946

文化高山

　　——一个普通作者与商务印书馆 ……………… 徐永清　951

我与商务印书馆	徐国栋	956
商务助我入哲门	景海峰	962
我与商务印书馆	王晓辉	968
"商务"其实最文化	刘文飞	973
我与商务印书馆的六本书之缘	汪维辉	978

"人之有德于我也，不可忘也"

　　——贺商务印书馆125年华诞 ………………… 鲁国尧　983

从读者到译者的四十年路	曲长亮	990
商务印书馆与我的语言学研究之路	马秋武	997
从读"商务"的书，到当"商务"的作者	王宏治	1004
贺商务百廿五华诞　感恩福泽葡语学子	桑大鹏	1010

构建理论话语，发出中国声音

　　——商务印书馆与我的治学之路 ……………… 曹顺庆　1013

| 《还乡》的还乡 | 张　玲 | 1018 |
| 一衣带水　书海结缘 | 〔日〕山本幸正 | 1023 |

商务印书馆将我的
讲稿变成了书

马　真

　　我要由衷地感谢商务印书馆，是商务印书馆将我的讲稿变成了书！

　　我自1960年于北京大学中文系汉语专业毕业留校任教以来，一直从事现代汉语的教学研究工作。1980年代初，系领导要我为汉语专业高年级学生开设"现代汉语虚词研究"专题课，同时为中文系的外国留学生中文专业高年级学生开设"现代汉语虚词"专题课。从此我的主要精力转入了现代汉语虚词的教学研究工作，直至退休。

　　虚词类似人体的经络，在语言中，特别是在汉语中有着极为重要的地位，这几乎已成为学界的共识。语言实践告诉我们，无论是外国人还是中国人，虚词运用不当是常见的语言毛病。怎么让同学们准确了解和掌握汉语虚词的意义和用法？怎么让同学们自己去发现和纠正虚词使用上的毛病？怎么让同学们上了这门课之后，不只了解我们讲过的某些虚词的意义和用法，而且能从中具体感悟到分析汉语虚词的思路和方法，当自己面对虚词使用的具体语言事实时，能分析、总结、描写某个虚词的语法意义和使用规则？这些都是我承担现代汉语虚词教学任务以来一直在思考的问题。我得设法给学生一把怎么准确了解虚词意义、切实掌握虚词用法、正确运用虚词的"钥匙"。而要给学生这把"钥匙"，我自己得先尝试对现代汉语虚词进行分析和研究。就这样，从1980年代初开始，到我2005年退休，20多年来，我一边教学，一边研究，研究所得就及时补充到教学内容中去，而在教学过程中同学提出的问题、同学在作业中发表的看法和出现的错误，又反过来促使我去进一步思考、研究。就在这样的师生互动中，我的讲稿也换了一本又一本。20多年的课上下来，每一届学生，无论是中国学生还是外国学生，都觉得上这个虚词专题课有用，有收获，学到了知识，更学到了方法；而这也让我感到一点安慰。

把研究所得写成书，我首先要感谢商务印书馆的张万起先生。早在1990年代中期，他知道我在讲授"现代汉语虚词研究"课，就约我写一本有关现代汉语虚词研究的专书给他们出版。张万起年岁比我略大一些，但因为他比我低两个年级，是我的学弟。在学生时代我们曾一起参加了《现代汉语虚词例释》的集体编写工作，所以他约我书稿，我不好推辞，就答应了。但我迟迟没有如约交稿，主要一直在想到底要写成一本什么样的书。思考了好长时间，最后决定，还是把交给学生的那把"钥匙"变成文字。好在张万起也不催，有时开会见面，我都有点不好意思了，可是他总是说，"不急，你什么时候写好，就什么时候交给我。"这使我没有压力，可以慢慢想，慢慢动笔。遗憾的是我写作进程太慢，到张万起先生退休，我也未能交出书稿。这真有点对不住我的学弟张万起。

后来这部书稿由周洪波先生接手。洪波也客气地对我说，"不着急，什么时候写好了就交给我。"直至2004年4月我才将书稿交给洪波。没想到很快，当年12月底，《现代汉语虚词研究方法论》就正式出版发行了，我的讲稿就变成了书。我个人和商务印书馆的关系就是这样开始的。

《现代汉语虚词研究方法论》2004年出版以来，多次重印，承蒙学界重视与肯定，许多高校将该书作为现代汉语语法教学的必读参考书，有的直接将本书作为虚词专题课的教材，这令我感到欣慰。我虽然于2005年退休了，但我的虚词研究工作没有停止。2016年出版了《现代汉语虚词研究方法论（修订本）》。那修订本除了在内容上做了某些调整外，主要是将我退休以来新的研究成果补充到了书里去。

我在虚词教学与研究中，一直强调"切忌将虚词所在的句子格式的意义错误地归到该虚词头上去"，强调要加强虚词用法的研究与教学，特别是要加强虚词使用的语义背景的研究与教学。我退休之后，曾应邀去许多高校为从事汉语二语教学的老师、学生作报告，也屡屡强调上述观点，并以丰富的实例，用深入浅出、通俗易懂、层层深入分析的讲法，说明我的观点，颇受师生们的欢迎，有的讲稿也就在他们学校的刊物上发表了。周洪波先生早先从《现代汉语虚词研究方法论》中看到，我很注重虚词的用法，而且有自己独到的见解,所以早在 2015 年,曾希望我按我的观点和思路来编一本现代汉语常用虚词用法词典,哪怕只收 100 个常用虚词。我把洪波看为学术知音,但觉得自己已力不从心了,就婉言谢绝了。后来洪波又希望我写一本在国内外报告的演讲集。我没有马上答应,只是说我考虑考虑。后来戴军明从他责编的陆俭明老师的《话说汉语走向世界》里所举的我讲解的"常常"和"往往"的辨析,觉得像这样的辨析无论对学生还是对教员都太有用了,所以在 2017 年 8 月向我约稿,希望我写一本《马老师讲虚词》那样的书。我觉得这跟洪波的想法相通,就决定写这样一本书,叫"现代汉语虚词二十讲"。这本《现代汉语虚词二十讲》于 2019 年正式出版了。这又一次将我的讲稿变成了书。

作为现代出版机构,商务印书馆在中国出版界的历史是最悠久的。商务印书馆自 1897 年建馆以来,始终以"昌明教育、开启民智"为宗旨,以"引进世界先进文明、弘扬中华固有文化、推进教育事业"为己任。在我这两本书的出版过程中,在我作为商务馆小学生系列辞书(共 10 本)的顾问从 2009 年至 2011 年对每一本词典的审订过程中,商务印书馆各位编辑重视教育、尊重学术、严谨求真、一丝不苟、力求高质量的"商务精神",让我深受教育。对于商务印书馆我不仅怀有深深的谢意,更怀有深深的敬意。

今年适逢商务印书馆建馆 125 周年,我有幸应邀书写"我和商务印书馆"的文章,深感荣幸。谨在此最热烈地祝贺商务印书馆 125 周年馆庆!商务印书馆有辉煌的过去,我相信一定会迎来更加辉煌的未来!

我与商务印书馆

唐晓峰

我于2013年搬到北京大学在五道口新盖的教师经济适用房，新邻居是一位年过九旬的原英语系女教授，对话之中知道她是上海人，叫张祥保。后来进一步得知，她竟是张元济的侄女，跟随张元济长大。新邻居的出现，令我有些兴奋，一方面是得知张祥保的非凡经历，例如她与张爱玲的关系，与翁同龢后人翁万戈的关系，等等，颇有故事。另一方面，因她是张元济的家人，则多了一分敬重。张元济是我崇敬的近代史人物，他与蔡元培同为光绪壬辰科进士，早年主持商务印书馆工作，是中国近代文化功臣。我知道商务印书馆正在搜集整理本馆的史料，就马上告诉了在商务工作的李平和张稷。张稷不久便来采访了张祥保，了解一些张祥保所记得的张元济的往事。

提起张元济的名字，在我心里，总是与商务印书馆联系在一起的。对于张元济掌门商务印书馆的事情，我最初只是一般性的了解，但在美国念书时，因为要啃已故老系主任葛德石

（E.H.Gressey）的一本英文书，而对商务增加了几分近切感。那本书的名字是 China's Geographic Foundation，出版社是美国纽约的 McGraw-Hill Book Company, Inc.。葛德石在"前言"中说："这本书写于在上海沪江大学教书期间，即20年代后期。书稿完成后交给了在上海的商务印书馆，所以这是一册本来应由商务印书馆出版的书，书名预定为 The Geography of China。不料在1932年，日本军机轰炸上海，印书馆被毁，书稿、地图、照片尽失，所以现在的这本书完全是重写的。"原来，这本书曾是商务印书馆的一份未竟之业！读罢此段，我虽然钦佩葛德石的坚韧精神，但也感受到商务印书馆在那个艰难时代的不易。（那是1932年1月29日，日军轰炸了上海宝山路的商务印书馆总厂，厂房顿成残垣断壁，路对面的由涵芬楼改建的东方图书馆亦遭纵火，据说纸灰飘飞十里之外，大火熄灭后，纸灰没膝。劫后，张元济等奋力恢复商务，称"平地尚可为山，元济一息尚存，仍当力图恢复"。）

葛德石的这本书，曾是业师侯仁之先生钟爱的读本，他曾多次讲到在英国留学时购得此书的愉悦，并一直珍藏此书的购书卡。而我，在听先生讲述的时候，心中都会闪现商务印书馆被炸时的想象画面。

我1995年春从美国回到北大。一天，正在办公室里坐着，忽有两人礼貌而入，是商务的李平和叶冰。他们听说我从美国学地理回来，就来与我商谈翻译地理书的事情。要翻译的书是 The Geography and Geographers（《地理学与地理学家》），这正是我在美国上过课的书，我便说了几句自信的话。他们夸过我后，就开始认真地动员我加入翻译小组。我刚回国，正没什么事做，就答应了。

这本书，商务的几位编辑已经译了一部分，但因为不熟悉美国的人文地理学，很难判断那些寻常的英文词在这本书里究竟是什么意思。所以，确实需要把原来翻译的部分再仔细校一下。另外，虽说我在美国念过这本书，但真到逐字逐句翻译的时候，还要费一番心思。翻译这本书，是很好的锻炼、提高。自此以后，我生出一个看法：没有一个字一个字地翻译一本书，别说自己外文过关了。

这份集体成果终于完成，这是我第一本认真参与了的在商务出的书。这样，也就和商务的人熟起来了。熟起来之后，我发现，商务印书馆地理室（我习惯叫它的老名字，这个编辑室曾是国内唯一的地理学学术书籍编辑室，现在已改名为科技图书编辑室）的人不光是编辑出书，他们还组织一些学术活动，组织这些学术活动，李平是核心之一。参加活动的有地理室的田文祝，此外还有北京师范大学的周尚意、中国科学院地理学科学与资源研究所的李秀彬、刘卫东，北京大学的蔡运龙、柴彦威等。这其实就是一个青年地理学家小组（只有我和蔡运龙是中年人）。当然，这些活动最后都会产生一些出版计划。具体有哪些出版计划，记不清了，总之是一本本地理学的书接连被翻译出来。还有思想活跃的《地理学评论》这样的文集也被编辑出版。

我个人感到，大致在1995—2005那几年，国内仿佛有一个人文地理学书籍翻译出版的小高潮。许多外国学者的好书被引进。这个小高潮过后，外国好书当然还在翻译出版，但有一个转变是十分清楚的，那就是中国学者对于国外主流的人文地理学理论，没什么不知不懂的了，不但明白理论的内容，还能摸清它们的来龙去脉。从此，再读到什么外国"新奇"的理论，新还是新，但不觉得"奇"了，大家可以很快就抓住其实质，很快就可以做出像样的判断。这真是一个大翻身。回想这个转变过程，商务印书馆所做的持之以恒的努力，起了很大的带头作用。

眼下，还有一本我极力张罗的好书正在商务的编辑过程当中。那是美国学者格来肯写的《罗德岛海岸的痕迹》。这是一本研究西方地理学思想史的名著，堪称世纪经典。我请的译者是做"东京审判"的中国大法官梅汝璈先生的女儿梅小侃。小侃聪慧，且英文甚好。现在译稿已成，已进入最后编辑阶段。①

我与商务的交道，还有一项较长期的项目，即《九州》的编辑出版。在这件事上，李平、张稷、田文祝、颜廷真都先后出力帮助。《九州》是系列性的历史地理研究首创论文的文集，第一辑是 1997 年由中国环境科学出版社出版的，后来转到商务印书馆。与商务合作做《九州》始于 1998 年，断断续续一直到 2014 年，出完了第五辑。最开始来做责任编辑的是张稷。编《九州》的稿子有点麻烦，主要是古文字的问题，特别是第三辑，里面文章大多都是古文字学家写的，要做不少造字的活儿。除了编稿，那几年张稷还积极抓住各种机会帮我们解决经费的问题。这些都是不会忘的。

上面说的都是出书的事，其实，与商务的关系，出书是次要的，读书是主要的。我读过的商务出的书就很多了，这一点也不

---

① 本书已于 2017 年由商务印书馆出版。——编者

新鲜，不必多说，许多人都会是这样。

最后抄录一首张元济晚年写给商务同仁们的诗，再表敬意：

　　昌明教育平生愿，

　　故向书林努力来。

　　此是良田好耕植，

　　有秋收获仗群才。

衷心祝贺商务印书馆建馆120周年！

2016年11月28日，于五道口嘉园

引领出版时尚　孕育精品文化
——我与商务结识 25 年

章宜华

我与商务初相识

我对商务印书馆最初的认识始于一次偶遇。我出生在物资匮乏的年代，从小学到大学也没能拥有一本语文词典，外语院校的图书馆只能出借少量外语书籍，很难接触到汉语辞书。在 20 世纪 70 年代末的某一天，我去拜访学校外教，从专家楼门房窗口发现桌子上有一本厚厚的、没有封皮的《现代汉语词典》。当时门岗没人，我便进去打开翻阅。至今记得，在打开书页的瞬间我那有些"惊奇"的感受：怎么世上竟有这样的书，能把我想知道却不得其解的词汇都解释得那么清楚——比老师解释的清楚多了，如果能拥有这么一本词典，我学习和写文章该有多方便啊！当时虽然买不起，但我牢牢记住了"商务印书馆"几个字。

  从此，我开始认识到词典对学习的重要性，利用有限的借书指标尽量借阅各类词典，感觉用词典进行预习和课后复习是事半功倍。我甚至特意全文背过商务印书馆的《法语成语小词典》和《法语介词 de 和 à 的用法》等工具书，取得了很好的学习效果（这也为我最后选择词典学作为职业埋下了伏笔）。后来参加了工作，做了专职翻译，商务印书馆的相关词典就成了我的案头常用工具书，对我的翻译工作带来极大的便利。

  正式和商务人结缘则始于 1995 年 5 月下旬在原广州外语学院（现广东外语外贸大学）举行的第一届中国辞书双语词典评奖会议。我当时还是一个词典学博士研究生，负责评奖会议的秘书工作，商务印书馆外语工具书编辑室副主任潘安荣先生是五个评委之一，他当时是辞书学会双语词典专业委员会副主任，通过他和商务印书馆参评的辞书我对商务印书馆这个"辞书重镇"有了更深入、具体的了解。参评的辞书有 38 部，11 部获奖，商务印书馆《大俄汉词典》获一等奖，《最新高级英汉词典》《波斯语汉语词典》和《新印度尼西亚语汉语词典》获得二等奖。这使我清楚认识到商务辞书出版的实力，商务也成为我向往的地方。

  潘先生退休后，由副主编徐式谷接任其在学会的工作，并担任了第三届国家辞书奖双语词典评奖委员和第四届国家辞书奖双语词典评奖的召集人。徐老师是双语辞书的资深专家和翻译家，他视力不好，但审稿特别认真且眼光敏锐，能发现很多"细微"的问题。他常借助放大镜，眼睛贴着镜片、近距离"扫描"着一行行的字句，一坐几小时不动，给我留下了深刻印象。后来，通过学会这个平台，先后结识了商务汉语室两任主任周洪波（后任总编辑）、余桂林（现任副总编辑），以及李智初、包诗林等，和几任英语室主任，如周欣、霍庆文、马浩岚等，他们的特点是词典知识深厚，对词典的体例和组织方法比较敏锐，且在学术圈内能广泛结交各类学者，有敏锐洞察力和学术凝聚力。

我与商务深互动

大约在新世纪之初，我乘来北京出差之际经语言所词典室李志江老师引荐，拜会了当时的汉语编辑室周洪波主任。初次相识，我们便交换了有关国际国内的关于辞书市场、辞书出版和理论创新等议题，洪波主任对辞书发展的洞察、对辞书工作的执着，以及善交辞书友人的性格给我留下了深刻的印象。从此，我便与商务多个部门和编辑人员开始了密切的工作接触和互动。

商务印书馆不单单是一个引领全国阅读"时尚"的图书出版机构，它还是一个尖端学术殿堂和学界的重要交流平台。商务始终以"开启民智、昌明教育"的宗旨办出版，以推广知识、传播文化、扶助学术为己任，举办多种学术公益活动。譬如，斥资100万元设立语言学出版基金，资助国内优秀学者的研究，我也曾参与过该基金遴选的审稿工作。商务定期举办"中青年语言学者沙龙"和"海内外中国语言学者联谊会"，连年举办系列学术讲座。每次活动商务的周洪波总编都亲自策划热点主题，根据设置的主题邀请海内外相关专业的学者，进行讲演、交流和讨论。我也曾受邀参加了这些沙龙和联谊会，也应邀做了多次学术讲座，在每一次的交流中自己都受益匪浅。

商务印书馆每年都要投入很多资金和人力、物力举办这些看似与出版无关的学术活动，只有付出没有收益。我也就此询问过周总，他简单回答说：商务要回报社会呀。的确，商务作为国字号的出版机构，不单在学术思想的传播方面，而且还在一些"小微"出版方面也是不计成本的。譬如，有关中国传统历史文化、少数民族的语言文化和边缘学科的书籍，以及小语种的工具书等，其读者群都很小，一般出版社都不愿意涉猎，而他们却主动承担，在发掘主题、挑选作者和编校出版上都会精心安排，创造了各领域不少的精品典籍。所以，很多填补国内空白的领域或书籍都出自商务印书馆。

与商务交往的另一个印象是，商务印书馆始终严把选题的学术高度，尊重知识、重视专家的作用。在20多年的交往中，我有时每年都有多次参加商务组织的学术和交流活动，以及选题的论证和审稿等，对这些感受颇深。例如，大约在2004年12月，我与多名专家受外语编辑室主任霍庆文的邀请在香山饭店对拟编写的学习词典进行三天的论证，商务诚恳对待各位专家，对提出的建议都认真对待，按专家意见进行方案修改。再如，大约2008年前后，商务周总就编写汉语学习词典举行了可行性专家论证会，大家讨论了一整天，但由于部分专家提出了异议，这个提议便被部分否定了。周总和商务尊重专家意见的态度可见一斑。

我与商务交往的另一平台是学会。辞书学会成立不久，秘书处由湖北大学迁到商务印书馆，我从2007年开始担任了三届副会长，特别是后两届还兼任了学术委员会主任，与学会秘书处的交往就更加频繁了,见证了商务印书馆以秘书处为平台对辞书学会的日常运行、学术活动、换届选举的组织和《中国辞书学报》的出版等所做的点点滴滴。周洪波秘书长充分发扬民主,重要议题他都要广泛征求意见,重要活动他都亲自组织协调,余桂林副秘书长组织实施,他们为学会的正常运行发挥了重要作用。

我成为商务作者与编者

我与商务印书馆的交往很早,也很多,还被商务印书馆聘为辞书研究中心特约研究员,但要真正成为商务的作者也不是件轻松的事情。我早知道商务选题的高要求和高标准,因此我在写《当代词典学》的书稿时就翻阅了不少商务出版的语言学书籍,熟悉了商务的出版要求。在交稿前还请了全国各地(含港台地区)的十位词典界专家审稿,并根据审稿意见进行了认真修改,直到2005年才把书稿连同专家意见交给了商务的汉语室。周总并不"轻信"这些专家意见,而是按商务的审稿程序重新组织审查。后来,反馈的意见比较正面。记得周总在递给我审稿意见时说:宜华兄,开局不错,你以后有好的作品都可以拿到商务来。我回答说,有你这样的话,我以后更不敢随便把稿子拿给你们了。由于商务的严格把关和出色的编校质量,《当代词典学》获得第五届高等学校科学研究优秀成果奖(人文社科)三等奖,成为我校最早获得这一奖项的专著。我先后在商务出了五本专著/译著,两部词典,还有四本系列词典正在编辑中,其中《二语习得与学习词典研究》又获得第八届高等学校科学研究优秀成果奖(人文社科)

二等奖。这都得益于商务印书馆对作者和作品的严格要求。

在与商务编辑的交流中，他们一是工作态度十分严谨，二是尊重学术，尊重作者。《当代词典学》和《词典编纂的艺术与技巧》的责编魏励和孙述学先生对稿子的编辑十分严谨，对有疑问或拟改动的地方通过各种交流工具与我进行讨论，达到一致后才行处理。原外语编辑室周欣女士在编辑《牛津词典编纂指南》译著时更是细致入微，由于前一稿的编辑误改了一些术语或加入了一些个人理解，使文稿变得有些不太自然了，这些都被她一个个揪出来，全部拍照传给我，并与我逐一电话核对。由于书稿是50多万字的长篇，一个术语在书稿的不同地方反复出现，这无疑增加了其前后统一的难度，周老师不畏困难，排除了各种疑点，保证了书籍高质量出版。

商务印书馆对作者的尊重不是仅体现在书稿的编辑中，而是商务人的一种"气质"。商务人无论出差或开会等，遇见作者或潜在作者一是能热情对待，二是离不开谈业务。例如，英语室的马浩岚主任，无论什么时候见到都要与我一起探讨新的选题，讨论选题的热点方向等。作者无论在他们商务出版书籍，还是参加审稿、讲座，都会得到应有的回报，他们始终把作者的利益最大化。这似乎成了商务的一种文化，许多作者都有这种感受。如北京大学著名语言学家王洪君教授在"大百科"的一次讨论会上所讲，商务印书馆尊重知识，尊重作者，为商务干活，甘心情愿地尽心尽力。也正是如此，商务能凝聚全国的优秀作者，出精品书籍，在学界凝聚了非同一般的影响力和号召力。

蒲公英的种子：我与商务印书馆

渠敬东

大约八年前，我从中国社会科学院调到北京大学，教书，带学生，搞科研，两年后又参与了北大的人文社会科学研究院的工作，直到今天。一开始，作为一名新教员，对北大的一切都充满了新鲜感，后来，便逐渐感受到，在这里做任何一件事情，哪怕很微小，都是有意义的。因为北大永在，无论过去，现在还是将来，每点每滴，都注定会汇成江河湖海，福佑子孙，永光于世。北大惟存于中国，亦因中国而世界，她是一代又一代人的灯塔，即使像我这样从未在此求学的人，依然深感受过她的哺育，于我有着永恒的恩情。

同样，对于今天的读书人来说，有谁没有受过商务印书馆的恩惠呢？商务印书馆创立于1897年，比北京大学的前身京师大学堂还要早。在中国近现代的历史中，两者可谓是同光合璧，创时代之源，领风气之先，风雨中始终携手而行，又有多少先辈同谋共业，为中国文明的传承和再造做出了何等的贡献！北大和商务的命运，也常常与中国的命运牵绊在一起，商务所倡导的"昌明教育、开启民智"之理念，与北大的"兼容并包、思想自由"之精神，总是交相辉映；同样，抗日战争中北大南渡的艰辛与东方图书馆被炸的灰烬，也都满带着民族的屈辱和伤痕。

商务与北大，内在地具有同样的精神气质，胸怀宽广，志向高远，又饱含温情。不过，对于每一位受此养育的普通人来说，教育的昌明和民智的开启，都发生在每一本书的写作和出版、阅读和传播活动中，就像"汉译名著"的标识——那朵蒲公英一样，千百粒种子随风飘散，在茫茫的大地中得到孕育生长，由之绵绵不止，生生不息……我常想，我就是其中的一粒：既为读者，也为作者和译者，还常常作为出版家的朋友，出些主意，献点计策。无论想法合不合适，恰不恰切，反正自以为是商务的人，随叫随到，乐此不疲，总觉得是一种幸运和荣誉。

记得读大学的时候，父母给的生活费除了吃饭，就是买书了。书多了，就在靠在墙边的床的一侧，垫上一块长木板，把书码放成一排。等书又多了，再在上面加层木板，没两三年，便有了壮观的模样。自己的藏书，多半是"汉译名著"，不同的颜色分门别类，很是好看，也显得颇有学问似的。说实话，很多书是为买而买的，像是为未来的学术事业专门准备的嫁妆，舍不得读。但有些确是花了死功夫读的，字里行间都是铅笔、钢笔的各种印迹，还有密密麻麻的批注，像模像样的。如今，我还能在书架里随手翻到这样的书,如贺麟、王玖兴两先生译的《精神现象学》,满是青春的记忆,就在眼前。

　　有时候,我发觉,书虽是叫人读的,却也仿若一个人的日记,特别是"汉译名著"这样的经典,往往会伴随人的一生,不知会读过多少次,而每一次,又都会随着自己做过的各种标记而重新浮现,如一件件记忆的珍宝,摆在面前。此外,尽管很多书买来没读过,可当在木板上层层叠落起来的时候,便已经成为了一种知识结构,印刻在脑子里,不会模糊掉。还有,书会成为一个年轻人的志向,记得大三的时候,从图书馆借来海德格尔的《早期希腊思想》,复印一册,便成天泡在图书馆里,逐字逐句地译,俨然成了"汉译名著"的译者,觉得自己手中的笔像是发出光来,幻想中让自己自豪无比。

　　大学期间,从上海来北京,只能去商务印书馆街边的门市部转转,算是接触到了圣洁的气息;几年后来中国社会科学院读博,开始通过研究生院的朋友结识了商务的几位年轻编辑,还记得初次踏入王府井总馆大门的那一刻,眼前是中国现代出版先贤们的照片,还有几十年来发生在这座大楼里的故事,仿佛扑面而来。在这里工作的人,也与众不同,他们不像是平常见到的那类办公室职员,都有一种"指点江山、激扬文字"的"大单位"里的气象:办公桌上堆积着一摞摞样书和稿件,编稿和原文并排摆放,到处都是红蓝相间的修改笔迹,一丝不苟;可吃饭的时候,则常常聊起国家大事、陈年轶事和生活趣事,气氛热烈。我也渐渐了解到,他们几乎每个人,都是学术界和文化界的联络枢纽,工作之余,则成了经典著作的翻译家,有人竟创作了几十万字的小说,着实令人惊讶。

以前，是读在商务出版的书，如今，则见了在商务工作的人，还有那些与商务常来常往的值得尊敬的学者。不能不说，这里的书和人，无时无刻对自己形成了启蒙般的影响。文化中古今中外的养分，在这里化合着，也注入到年轻人的心灵中，成为一种真正的化育。说实话，就50岁这个年龄段的人来说，之所以能够走上学术研究的道路，课堂的作用并不大，也不是靠体制规则中的逐级打怪来决定的，真正的身心影响，来自于前辈的榜样、经典的阅读和身边的朋友。无论北大还是商务，这三种力量总是常常汇集在一起，一并出现的。这里就是一束光，照亮人的内心处，未来总是美好的，等待去发现。

对我个人来说，有幸还算年轻之时，就成为"汉译名著"的专家委员，也有幸将自己多年积累的译著，最终交由商务出版。从事西学研究的学者，最大的荣誉莫过于加入"汉译名著"的译者行列，在这份名单里，毕竟有最令人敬仰的徐梵澄、陈康、贺麟、潘汉典、何兆武等先生啊！记得当年王国维如此评价严复："侯官严氏所译之赫胥黎《天演论》出，一新世人之耳目，比之佛典，其殆摄摩腾之《四十二章经》乎？"王国维将西学东渐比作"第二之佛教"，认为《天演论》翻译具有汉明帝时期"白马驮经"或《四十二章经》的同等地位。这说明，对一种历史悠久并不断获得新生的文明来说，翻译是一种独特的生命品质，是一个民族在文化上新陈代谢的能力。钱穆在《中国文化史导论》中说，中国文化的历史里，"只见有'吸收、融合和扩大'，不见有'分裂、斗争与消灭'"，指的就是我们对待外部文明的终极态度。

一直以来，商务印书馆都在延续和更新自身的传统，一方面，坚持从古到今，以世界诸文明的经典译介作为本务，为中国全面深入地面向世界、走向世界提供最坚实的思想文化高地；另一方面，则坚持整理国故，推陈出新，为现代中国整体上的社会建设和精神再造探索途径。还记得，十余年前，当时的商务领导和资深编辑造访社科院，我们一起讨论"中国近现代社会科学大系"的出版规划，为此，我约请了好几位学术界的才俊，分领域系统整理了晚清民国以来的各类学术书目，总计一千余种。虽然，这个计划最后被更为宏大的"中华现代学术名著丛书"所取代，但看到我们所尽的心力最终有了结果，还是觉得非常高兴的。近些年来，商务印书馆还启动了"中华当代学术著作辑要"系列，我20年前的作品《缺席与断裂》忝列其中，也是一种幸运。

在与商务印书馆长达二十余年的密切交往中，我越发感受到，商务印书馆的发展始终像她曾经的历史那样，既时刻把握着时代的脉搏，在经营中创新求变，与时俱进，但同时，也时刻坚守着"昌明教育、开启民智"的文化使命，将以经典文本为核心的出版事业进一步夯实拓展，又开始寻求一种扶持和培育新兴学术力量的途径，从系统性的出版战略出发，锻造出一个完整的文化产业链条。就前者来说，如"大师文集""名家全集"等项目，便是一种深化的方式，我重新主持编纂的10卷本《涂尔干文集》便收入在这样的项目中，此类工作的意义，对于学科建设和思想研究来说，都是具有奠基性价值的。而且，就涂尔干作品来说，英美国家也不曾有这样的出版计划，所以，我们整理翻译的文本，要比英语译本规模更大，质量更好。同样，就后者来说，商务印书馆从 2021 年起，又启动了"日新文库"项目，专为从事学术研究的中青年学者辟出园地，共同进步。还记得那段时间，顾青书记为这一项目的名称绞尽脑汁，还问过我的意见。最后，还是商务人最解商务事，"日新之谓盛德"，"日日新"的意象，不正是多少年来士人们的自勉和希冀么？

对我来说，虽为大学教师，但也常常以为就是商务的同事同仁，好在商务的编辑朋友们也这样看。这么多年来，我不仅参与主持或组织了"经验与观念丛书""通识社会经典丛书""社会学名著译丛""百年中国社会学丛书""历史社会学文库"等项目，也推动过"日本人文学经典译丛""法国汉学经典译丛""世界文明丛书"等项目，甚至还做了好些牵线搭桥的事，如"世界史诗系列"就是推动北大和商务印书馆合作的尝试。而就社会学的学科建设来说，北大社会学系与商务印书馆携手合作，共同推进蔡元培、潘光旦、费孝通、吴景超、李安宅等前辈的全集编撰计划，也是令人振奋的事业。当然，这样的合作，最多还是发生在商务印书馆与北大文研院之间，借助"菊生学术论坛"等平台，我们共同举办学术活动，制定出版计划，推动文化传播，拉近了出版界与学术界之间的距离，结识了很多志同道合的朋友。

我知道，与商务印书馆的因缘，还会继续下去，很自然，很长久。我也知道，发生在这里的这些事，只是江河奔腾中的一滴，就像马塞尔·莫斯说的那样，人们交往中的福缘，不过是共同的祖先或神灵的最初赐予。先辈们留下的经典，才是照亮这个世界的真正光源。

陈寅恪先生的那句话，时常在耳边回响：现代中国的文明复兴之路,"吸收输入外来之学说"与"不忘本来民族之地位"总是相辅相成的。在这个意义上,我热爱北大,敬重清华,也深为商务印书馆所做的伟大事业而心存感激。在这些令人敬仰的文化重地,人在精神上总是独立自足的,眼界大开,而又初心犹在。这里的人,从不会为世间的潮流和既定的体制所裹挟,而是对人类曾经的灿烂文明满怀敬畏,对更为久远的未来负有责任。这里的人,也从不是自以为是的"自大狂",在布满繁星的璀璨天空下,大家都是一颗蒲公英的种子,微小轻盈,却可以吹遍广袤的土地,生根发芽,开花结种,让文化的生命代代传续,生生不息。

写于 2022 年 2 月

发掘地理知识精髓的优秀文化载体

宋长青

出版机构在传播知识、开启民智、创建社会文明和提升人类文化品位方面具有重要的作用。出版优秀著作是文明社会的强烈期盼，也是出版机构追求的目标。商务印书馆是我国历史最悠久的现代出版机构，历经清末、中华民国和中华人民共和国三个不同的历史阶段。她在社会变革时期始终站在历史发展的前列，发掘、提炼中华和世界优秀文化的精髓，为中国民众输送先进的思想，赋予社会发展的精神动力。在大多数读者心目中，商务印书馆以出版工具书和人文社会科学学术著作为主，其实这只是一方面。商务印书馆自创立以来，对社会科学、人文科学和自然科学的桥梁学科——地理学的发展也倾注了极大的热情，出版了大量有广泛影响的中外学术著作，以其特有的方式推动着中国地理学的进步与发展，为中国地理学从科学走向实践做出了应有的贡献。

我作为曾经长期从事地理学科学研究的项目管理，现在又从事地理教学与研究的人员，多年来与商务印书馆地理编辑室有紧密合作，对商务印书馆对中国地理学发展所倾注的热情深有体会。

地理学是科学发展过程中最古老的学科之一。从地理思想诞生至今，已有两千余年的历史。作为一门独立学科，地理学可以追溯到公元前9—前8世纪。地理学从产生并发展至今，一直将人类活动与自然变化过程作为一个整体开展研究，并凸显其区域特色。因此，地理学成为当今世界上研究对象最为复杂的学科体系之一。独具特色的学科体系和与众不同的学科发展路径创造了丰富而系统的知识积累，涉及多种地理思想与流派，关注丰富的区域地理现象，不断涌现新的地理研究方法与技术。能在如此纷繁的地理知识的海洋中选择关键的知识精髓奉献给广大地理工作者，体现了商务印书馆编辑人员的超凡的职业素养和敏锐洞察地理学特质与发展动态的能力。

在过去若干年里，商务印书馆瞄准中国社会经济发展的重大问题，针对城市化研究出版了《明日的田园城市》《比较城市化——20世纪的不同道路》《叛逆的城市：从城市权利到城市革命》《中国城市地理》、"城市与区域规划研究丛书"、《城市地理学》《空间共享：新马克思主义与中国城镇化》、"中国城市研究丛书"等。商务注重新兴学科建设，先后出版了《文化地理学手册》《金融地理学》《城市交通地理学》《城市社会地理学》等。商务还注重理论提升和开放引进，翻译出版了一批国际经典著作，如"汉译世界学术名著丛书"中的《地理学性质的透视》《理论地理学》《地理学——他的历史、性质和方法》《德国南部中心地原理》《地理学与地理学家》《哲学与人文地理学》等，还有"当代地理科学译丛"的《人文地理学方法》《人文地理学研究方法》《空间行为的地理学》《全球性转变——重塑21世纪的全球经济地图》《经济地理学指南》《当代经济地理学导论》《变化中的自然地理学性质》等。

商务印书馆尊重科学发展规律，鼓励地理学术争鸣。当今地理学是学科体系丰富、学科分支完善的学科门类之一，其分支学科的研究对象涉及自然、经济、社会和文化要素等多种自然、人文要素，因而也带来了地理学理论、方法、技术探索的复杂性和成因剖析的多解性。商务印书馆直面地理学发展过程中的前沿理论和实践问题，鼓励地理学学者以学术批判的态度，从多个视角剖析地理学问题，助推中国地理学研究方法的建设与完善。近年来，商务印书馆地理编辑室（现在叫科技编辑室）先后参与组织了"中国人文地理学沙龙""中国人文地理学青年论坛"等，并出版了沙龙成果《地理学评论》，为推动中国人文地理学的理论建设、提升中国人文地理的国际影响做出了重要贡献。

商务印书馆注重地理学发展动态、前沿探索和地理学科成果总结。学科发展动态研究是了解学科发展特点、总结科学成就、把握学科发展方向、剖解学科发展动力的最有效的手段和方法。准确地把握学科发展动态、科学地评价取得的科学成就，对推动学科进步、提升学科现实水平具有重要的意义。2016年8月，国际地理学大会首次在中国北京举行，商务印书馆为配合大会的召开，与国家自然科学基金委员会紧密配合，适时出版了"中国陆地表层研究回顾与展望丛书"。这套丛书采用文献计量分析方法进行深入系统的分析，对中国地理学发展 30 年的成就进行了全面、系统的回顾，甫一出版，就得到了广泛好评，必将推动中国地理学发展的快速提升，为地理学从科学走向决策起到积极的作用。

商务印书馆在传播科学知识的同时，弘扬了静心、敬业、追求的企业文化。文化决定了人类社会的制度设计与运行，文化同样决定人的世界观与职业素养。120 年的沧桑历程铸就了商务印书馆的优秀文化。在商品经济的大潮中，我们欣喜地看到商务印书馆秉承中华文化的优良基因，静心思考，承载着不愧于时代的重任。他们将每一个标点符号摆放在恰当的位置，以他们高度的责任感和敬业精神出版了一批又一批的优秀作品。他们与时俱进，展现出优秀的科学素养、良好的学术判断，追求着更高、更远的目标。

作为商务印书馆的忠实读者，衷心感谢商务印书馆多年来给予我的精神视野；作为商务印书馆的作者，衷心地感谢商务印书馆对中国地理学发展的贡献以及对我个人成长的帮助。

于 2016 年

和商务印书馆一起走过的岁月

张 书 岩

记不清是哪一年了,第一次走进商务印书馆,就被左边墙壁上"昌明教育、开启民智"和下面的两栏照片所吸引。照片的左栏是"我们的员工",他们是:张元济、蔡元培、王云五、胡愈之、周作人、陈原……右栏是"我们的作者",他们是:鲁迅、巴金、胡适、冰心、老舍、黎锦熙、吕叔湘、许国璋、赵元任……这些熟悉的名字让我肃然起敬,商务印书馆在我心中也有了一份神圣感。那时,我还不知道,此后的30年,我也与它有了不解之缘。

1984年,商务印书馆的总经理兼总编辑陈原先生调到国家语言文字工作委员会主持工作,兼任新成立的语言文字应用研究所所长,我有幸成为他的属下。而陈原先生虽到语委工作,还兼任着商务的顾问,这样,冥冥之中,语委、语用所跟商务的关系便拉近了。上世纪90年代,我的同事魏励、周洪波、刘一玲、李青梅先后调入商务，当时的语委副主任兼语用所所长曹先擢先生也担任着商务的顾问，这样一来，语委人和商务人更像是一家人了。

从那时起，我便开始了与商务的合作。我参与审稿或编写的辞书有《新华词典》《商务馆小学生字典》《商务馆小学生词典》《现代汉语学习词典》《通用规范汉字字典》《学生通用规范汉字字典》《新华大字典》，还有《汉字源流学习字典》尚待出版。此外，从2006年起参与江蓝生老师主编的《现代汉语大词典》的编写工作，仍与商务密不可分。

值此商务印书馆创办125周年之际，回顾与它一起走过的20多年，那些难忘的日子历历在目。我深感，一代代商务人是实实在在地践行着"昌明教育、开启民智"这个创办宗旨的。商务给我印象最深刻的是以下四个方面：

第一，它有一支高水平的专业队伍。商务的编辑学历高，有真才实学，不仅熟悉编辑业务，语言文字的专业功底也相当深厚。每确立一个选题，编辑与作者都是共同研究探讨，他们提出的意见和建议总是十分中肯；在审稿过程中，编辑还往往能发现、纠正作者的错误。因此，每一部辞书实际上都是编辑与作者共同完成的。商务的编辑，老一辈和中年一代自不必说，年轻一代也十分了得。举一个最近的例子：去年下半年，《现代汉语大词典》进入四校阶段，稿中有这样一个词条：

【苫次】shāncì 〈书〉名 旧指居亲丧的地方。……

注音 shāncì 原错为 shàncì，我在审读时竟然没有发现。是年轻编辑刘婷婷发现错误并指出，避免了一个硬伤。我由衷地感谢婷婷，同时觉得她能发现这个错误，真是难能可贵！因为这个词并非常见，婷婷能发现其拼写错误，说明她专业扎实，工作细致认真。

第二，一丝不苟、甘于奉献的敬业精神。商务人的工作态度极其严谨，遇到疑难问题，一定要弄个水落石出，各类错误休想从他们手中溜走。我们一起工作时，经常会切磋研讨，这令我获益匪浅。还有，商务人几乎个个都是"工作狂"。在我的印象中，从总编周洪波，到各个编辑室的编辑，加班是常规，按时下班似乎成了特例。遇到任务紧急时，双休日、节假日也会变成工作日。记得有一年，编写《通用规范汉字字典》的工作进入倒计时，恰逢国庆长假，编写组人员都没有休息，周总也没有回老家探亲，他把年近八旬的老母亲接到北京来过节，还把她接到单位陪他加班。我们看到老人家精神矍铄，步履矫健，不由心中暗想：周总母子的精气神真是一脉相传啊！还有一年端午节，赤日炎炎，大家都休息过节。可为了《现代汉语学习词典》按时出版，好几个编辑室的编辑集中到会议室加班，宿娟等几位还带着年幼的孩子。

宝剑锋从磨砺出，梅花香自苦寒来。没有商务人的无私奉献，哪里会有一本本精品的诞生呢？

第三，尊重作者，诚信至上。商务人对作者的尊重体现在各个方面。他们尊重作者的想法，意见不一致时，也不会把自己的意见强加给作者，而是充分讨论、交流，甚至亲自登门拜访。如果意见实在不能统一，也会拿出一个让双方都能接受的方案。这就是商务人的智慧。他们还会千方百计地为作者的写作提供便利，创造条件。比如在编写《新华大字典》和《汉字源流学习字典》

时，馆里给每位作者准备了一大批所需要的工具书，还调出语料库的资料供作者查询。商务跟作者签订的合同特别规范，在稿酬方面，也是尽量以最优惠的报酬付给作者，并且绝不会有拖欠等事的发生。

商务人对作者的关心无微不至，友情真挚感人。2021年4月在周总的老家安徽绩溪召开《现代汉语大词典》专家咨询会，为开好这次会议，周总发动了全家人，几个兄弟一齐上阵，绩溪的美景和淳朴民风令我终生难忘。商务的会务人员更是把关心落实到了每一个细节。返京那天，下车时已是万家灯火，他们周到安排，坚持把每一位老师都送到家门口。当汽车开到我家小区大门时，我说进去几十米就到家，我腿脚灵便，行李也不沉，你们不必进去了。但两位会务人员说什么也不肯，硬是把我送到楼下。想象着他们深夜才能到家，第二天一早还要按时上班，心中的感慨一言难尽。

第四，对语言文字规范工作的特殊贡献。"昌明教育、开启民智"，离不开语言文字的工具书，而符合语言文字规范标准是对工具书的基本要求。商务是工具书的殿堂，它的历任领导都有强烈的规范意识，因此，它出版的每本工具书在规范方面都值得信任。商务的看家辞书《新华字典》《现代汉语词典》几乎就是规范标准的代名词，它们是中小学生必备的工具书。不仅如此，商务还直接支持、参与国家语言文字规范、标准的制定。本世纪初，《通用规范汉字表》的研制工作启动，商务印书馆斥资百万支持字表的研制，此后的十几年间，一直跟进研制工作，直到字表公开发布。为宣传、落实字表，商务及时组织编写《通用规范汉字字典》《学生通用规范汉字字典》和《〈通用规范汉字表〉解读》，字表一发布，这几部书很快问世。这些事情，只有商务印书馆才能做到。

  斗转星移，125周年过去，历尽沧桑的商务印书馆青春依旧。这是商务人的骄傲，是对他们与时俱进的报答。愿商务印书馆永远年轻！

于2022年春节

我与书,以及汉译名著

孙周兴

在媒体转换的时代里,人与书的关系也大大变化了。想来也快。想当年,在20世纪的80年代,书对于我们生活的重要性恐怕是今天的学子难以理解的,而我们对于书的态度,完全可以用"珍视"一词来加以形容。书是我们的宝贝,是我们追求和寻索的,是我们用来下功夫的。而相比之下,今天书是多了,爱书的人却少了。

80年代初我在浙江大学上学,虽然不是学文科的(那时候的浙大是所谓"工科院校",根本没有文科专业),但对于文学、哲学之类大有兴趣,故经常买文科的书。当时书出得少,买书也不容易,或有好书,是要抢购的。记得浙大的书店就在校园内,在司令台(学校大操场)后面的一排平房里,每逢新书到来,必排起长队,场面煞是可观。我去的次数多了,认识了一位叫"白阿姨"的售货员。每有书来,这位好心的老太太都会给我留着一本——也算是一种"走后门"了。转眼快30年过去了,许多人都淡了,许多事都忘了,却因为书的缘故,我竟至今还记得这位"白阿姨"!

商务印书馆的"汉译名著"系列,我想也是在那时,在浙大的书店里发现并且熟识的。

后来去山东教书,没教好,只好又回浙大念书,然后去南京念书,然后又回到杭州,终于念完了书,又教书,一晃就到了21世纪,才离开杭州来沪上工作。但无论到哪里,即便是在出差或者旅游中,书店总是要去的,去了书店,总是先去看看商务印书馆的"汉译名著"系列,特别是橘色的哲学名著。这个系列的版式和装帧从来没改变过,然而当时的出版速度够呛,经常好些年没有增加新鲜的,去年去看是这些,今年去看仍旧是这些面孔,年年如此,心里难免郁闷。但每每到了书店,都不免先去那里报到——这就是习惯吧?

到后来,由这种习惯渐渐演变出一种"偏见":有没有商务印书馆的"汉译名著"丛书,有多少,是不是完全,在我竟成了判断一家书店品位的一个标准。记得有一次在西安出差,空下来时去逛了城里最大的一家书店,或叫书城,进去以后照例先去商务专柜,一看,橘色的,齐刷刷放满了好几架子,而且是需要梯子爬上去的那种高大书架,蔚为壮观。我当时就寻思:西安,毕竟古城嘛,真有文化的!

这些年居上海,刚开始听人说上海书城,或专程或顺便时也去了几次,但渐渐觉得不对劲,就懒得去了,大约也是上面讲的"偏见"在作怪了。好在上海书城的斜对面还有一家商务印书馆的专卖店,极可怜的小门面,内容是好的,形象寒碜了些,仿佛是在告诉人们：学术在上海，被闹猛的商业挤压得不行了。

上个世纪90年代的后期，我自己居然也在商务印书馆出书了，而且一发不可收，现在差不多成了商务的"签约译者"——我曾对商务的同仁说笑：我是给你们打工的，是你们的长工。从1997年的《在通向语言的途中》开始，至本文写作时（2009年）已经出了七八种，加上待印的，已然有了十多种；到现在（2022年初），为了修订本文，我大致对我在商务出版的书做了一个估算，著、译、编加在一起，恐怕已经接近一百种。我主编的《尼采著作全集》《海德格尔文集》"未来艺术丛书""未来哲学丛书""欧洲文化丛书"等几个系列，都还在推进中。我译的书已经有十种收入了"汉译名著"系列，分别是海德格尔的《林中路》《在通向语言的途中》《尼采》《演讲与论文集》《路标》《面向思的事情》（合译）、《哲学论稿》和尼采的《悲剧的诞生》《查拉图斯特拉如是说》《权力意志》等，另有海德格尔的二种《什么叫思想？》《同一与差异》也已经列入出版计划。这些个情况，当年作为地质专业学生在浙大书店里排队买书的我，是绝对想不到的。

事也怪。这些年因为书出得比较多了，或者也因为外部环境的变化，我对于书的感觉反而差了许多。同一本《在通向语言的途中》先在台湾时报出版公司出了繁体版，时为1993年，是我出版的第一本译著——顺便说一句，主事的廖立文先生是我碰到过的最认真的一位编辑。取得样书后，我的心情是何等欢愉！书做得也十分精致，蓝蓝的皮，厚厚实实的。心里头就想着时报好，廖立文好！

次年我在上海译文出版社出了一本《哲学的改造》，算是我在大陆出的第一本译著。编辑是蛮严肃的，就是装帧太不像话，连书脊都塌了，一塌糊涂，宛若被狗啃过似的。尽管如此，我用自行车去学校附近的松木场邮局把一大堆样书载回来以后，仍旧显得很满足的样子，带着一点遗憾和犹豫，还是给学界朋友寄送了一些，以为"存正"。

这是从前的心情了。现在出书，拿来样书，挑剔地看看，就插书架上了。或有装得漂亮一点的，欢喜一阵也就过去了，连寄送给人的念头都隐失了，哪里还有先前那种见书的得意和快乐呢！——我想，这肯定是不对的。

不过，时至今日，对于商务的"汉译名著"，我仍然是怀有敬意和好感的。不止一次了，我跟商务印书馆的同仁建议：应该多做些，快些做，别永远是这几百种，好意思么？开启民智，昌明教育，区区几百种名著怎么够呢？每年出四五十种，总不是难事吧？你商务是老大，该有老大的样子嘛！希望商务印书馆有更多更好的汉译名著出版——我以为：汉译名著，至少应该有千种以上！

这是我的希望。也许书的事业会越来越受到排挤，书的空间会变得越来越狭隘，但只消人类存活，思想存活，学术存活，就还需要经典，就还需要名著。再说了，我们还不能太健忘，总还得守住些什么。无论是写书的还是出书的，都还不能忘了那曾经的年代，曾经有人排着长队买书的年代。

2009 年 8 月 14 日沪上同济
2022 年 2 月 18 日补记于良渚

我与商务好有缘

邵敬敏

我与商务印书馆确实很有缘。不仅仅因为商务给我出版了好几本学术著作，也不仅仅是商务的几任老总跟我都是好朋友，还不仅仅出于我对商务的热爱和信任，更在于我也曾经是商务这个大集体中的一员。

一、加盟香港商务

1996年金秋，我应徐烈炯先生之邀，去香港城市大学中文翻译及语言学系做访问教授，参与香港政府的一个重大研究课题"中国两岸四地语言参数比较研究"，并且有幸亲眼见证了香港回归祖国的历史性时刻。就在我即将结束一年的出访行程前夕，突然有一天，香港商务印书馆来电，说是因为香港回归，中小学即将推出学习普通话的必修课程，他们正准备编写有关的配套教材，负责人李家驹经理将率领一批编辑来拜访我，听听我的意见。李先生当时似乎才30岁左右，温文尔雅，风华正茂，才交谈一个小时，他就表态说："邵教授，我们完全认同你关于'语言、功能、文化'三结合的编写理念，如果你同意，我们想聘请你担任这套教材（11本）的编审，城大的研究工作一结束，就请您到我们商务走马上任。"

李家驹，行如其名，目光锐利，快人快语，当机立断。从此，我跟李先生就成了好朋友。1997年9月，我开始到香港商务印书馆上班，一干就是近两年，我们编写的《学好普通话》系列成为一个畅销的著名品牌。不过，我很纳闷，香港商务怎么会知道我的情况呢？后来我才得知，原来香港商务的副总编就是我北大的师弟王涛先生，因他和另外几个香港朋友的推荐，才促成了我和香港商务这段缘分。后来尽管我调到暨南大学工作了，但还一直担任香港商务的教材顾问。

李家驹先生当时主管我们这套教材的编写和发行，他一边工作一边还在香港中文大学攻读博士，真的很辛苦。但是他咬紧牙关，坚持数年，终于修得正果，顺利获得博士学位。其洋洋洒洒近20多万字的博士论文，研究对象就是商务印书馆的历史和贡献：《商务印书馆与近代知识文化的传播》（2005）。我当时就半开玩笑半认真地说："李先生，你是只潜力股，我要投资就投你这只股。"后来还真的给我说中了，这几年李家驹博士一路凯歌，现在已经是香港联合出版集团的副总裁、香港商务印书馆总经理了。

让我喜出望外的是，我才加盟香港商务一个月，就赶上了商务印书馆创立一百周年的庆祝活动。总经理陈万雄博士开玩笑对我说:"邵教授,我们等这一天等了那么多年,你来了不到一个月,就赶上了这一庆典,真是好福气啊!"是的,我确实很幸运,喜事来了挡都挡不住!这还不算,更巧的是,在香港商务举办的庆祝宴会上,我怎么也没有想到,居然巧遇专程从北京赶来香港参加庆典的北京商务印书馆总经理杨德炎先生!杨总,不,我以前一直叫他"小杨"!他则称我"小邵"!当时,我们都是1966年毕业的年轻大学生,1968年年底,我们作为分配到文化部的大学毕业生,一百多人集体到山东胶县沽河军垦农场劳动锻炼,编成一个"文化连"。我和小杨,还有小赵(赵有亮,国家一级演员,后任中央实验话剧院院长)三个"上海年轻人","臭味相投",很快就成了"一个战壕里的战友"。一年的风风雨雨、起早摸黑、摸爬滚打、插秧割稻……这战斗情谊一辈子都难以忘怀。1970年初夏,由于当时的历史环境,我们身不由己,各奔东西,就好像几只孤雁各自在大海、在高山、在草原随风飘荡,只知道小杨下放到湖北咸阳的"五七干校"去了。这一分别就是山高水远将近30年,没有任何音讯,也不曾有过任何联系。没想到,这一天,当年的小杨和小邵,居然在东方明珠的维多利亚海港边,在华丽盛大的商务印书馆的庆祝酒会上,作为北京商务的老总和香港商务的编审重逢了!我们俩紧紧地握着双手,一句话都说不出来,只是傻傻地笑着。青年时代情谊的断线在这一瞬间又接上了,通电了。

二、杨总和我两相知

商务印书馆应该是1897年在上海创立的。后来由于历史的动荡，几起几落，命运坎坷。新中国成立后，上海商务印书馆迁到了首都北京，并成为文化教育出版界的领军者；此外，在香港、在宝岛还有两个有着血缘关系但经济独立的商务印书馆，俗称"商务三套马车"。不过要论规模、讲影响，那当然非北京商务莫属，大名鼎鼎的《新华字典》《现代汉语词典》都发行过亿，是国家出版物中的佼佼者。

2002年1月我参加了商务印书馆"语言学出版基金发布会暨青年语言学论坛"，会后又一次与老朋友杨德炎总经理会晤。在他的办公室里，我们畅谈这些年曲折跌宕的人生经历，分外珍惜现在的工作和前景。这时我才得知，这些年来，德炎兄得到出版界元老陈原的赏识，在商务印书馆做了多年编辑乃至总经理助理，积累了丰富的编辑经验，还从事过外事工作，外派到联邦德国（西德）和瑞士大使馆出任一秘，因而具有国际视野，往往能够识高见远，胜人一筹。我不禁为老朋友的成就感到由衷的欣慰和赞赏。临行时，老杨送了我一本厚厚的新版《辞源》，富有深意地说："邵兄，什么时候也让我们商务能够出版你主编的词典呢？"当时我没敢回答，但这句话却深深地铭刻在我的心坎上，一直不敢忘怀，总盼望着能在将来的某一天实现老朋友杨总的期盼。

这以后，只要我到北京开会，有机会就联系德炎兄，尽管有时只是通个电话。但是，万万没想到，2010年冬竟然传来噩耗，老朋友杨德炎总经理积劳成疾，不幸在上海猝然去世。想起我俩一起下部队农场，扛过枪，插过秧，加上多年亲如手足的情谊，不禁悲从心来，热泪盈眶。我深知，德炎兄是当代著名的出版家、文化活动家，他执掌商务印书馆的12年间，正是我国处于世纪之交的关键性时刻，他注重品牌建设，为商务拓展了不少新的发展空间，不愧被誉为"商务印书馆第二个百年基业的引领者"。作为40多年的老朋友，我深切地、永远地怀念他。

三、我和北京商务的情谊

老天爷对我还是比较眷顾的，1990年代，我在香港商务除了主编《学好普通话》11本系列教材（香港教育制度规定，小学6个年级，中学5个年级）之外，还出版了《汉语语法浅说》和《标点符号要诀》两本书，这都是王涛师弟当年来华东师范大学见我时特约的，主要是用于普及教育，据说卖得不错，一版再版。

让我特别感动的是北京商务对我的厚爱。1990年代初期，我在上海教育出版社出的《汉语语法学史稿》有幸获得了国家教育委员会首届优秀文科著作二等奖，而且得到了吕叔湘先生的首肯；还有在华东师范大学出版社出的《现代汉语疑问句研究》（1992年我第一个国家社科项目的结题成果），也是全国关于汉语疑问句研究唯一的一本专著，这两本书都得到了商务的青睐，在原版问世十年之后，分别经过修改补充重新由商务印书馆于2006年和2014年推出。我深深记得商务原总编周洪波对我推心置腹说的一句话："我们商务有一个愿望，那就是希望语言类的好书，都能够集中到商务的麾下。"这是爱才，爱书，爱精品的极为明智的举措，我要为商务点赞！不仅如此，商务还出版了我另外三本著作。一本是《汉语语法学史稿》的姊妹篇《新时期汉语语法学史》（2011），另外两本是我的论文集：《汉语语法的立体研究》（2000）和《汉语语法动态研究》（2013）。

可以毫不夸张地说，商务对我有恩，我于商务有情。这些年来，商务印书馆大力打造"工具书王国"与"学术出版重镇"，在全国乃至国际上都产生了巨大而深远的影响。在我国学术界，学人对商务印书馆有着浓郁的"商务情结"，特别是我们语言学界，能够在商务出书，那是莫大的幸运，更是作者的骄傲！

四、周总的眼光和支持

2004年6月，我赴京参加纪念吕叔湘先生一百年诞辰的纪念会，会后再次拜访了位于王府井大街的商务印书馆。这次，我不仅跟着杨总去品尝了设在"涵芬楼"里香喷喷的咖啡，还非常高兴地再次见到了他的助理周洪波先生。看得出，杨总对他很是欣赏，有意培养提携。其实我早在1988年就认识洪波了，他很幸运，居然是吴为章先生的硕士生，跟着导师来参加在槐树岭举办的第五届现代汉语语法讨论会；更巧的是他的博士生导师还是陈章太先生，当年国家语委副主任，也是我尊敬的师长和忘年交。记得当我还在华东师大工作的时候，洪波也刚刚接手商务的部分管理工作，他知道我是北大语言学科班出身，在杭州、武汉、香港有不少学界好友，还从事汉语语法学史、中国语言学史的研究，认识的人比较多,知道的事也比较宽,所以,他一碰到问题就会打电话来向我咨询。我也是快人快语,知无不言,言无不尽,我们也就自然而然成了忘年交。

周洪波给人的印象是思路清晰,精明能干,执行力强,是编辑业务和管理的一把好手。最让我感动的是那年,应该是2011年年底吧,我申报了教育部哲学社会科学研究重大课题"汉民族共同语在两岸的现状比较研究",因为这是我深思熟虑后的选题,而且我自以为对台湾的语言情况比较熟悉,这些年几乎每年去台湾各高校访问讲学,有不少学术界朋友,再加上我们暨南大学是侨校,还有不少台湾来的博士生硕士生,更重要的是我在香港曾跟香港理工大学的讲座教授石定栩合作,撰写了《港式中文与标准中文的比较》(香港教育图书公司2006,其母公司就是香港商务),有从事语言接触和变异的研究经验,这一课题也是我设计并获得立题的,如果按照常理,当然应该是我们中标。但是最后居然因为匪夷所思的原因而花落他家,煮熟的鸭子飞了!获知该消息的第二天一清早,我一个人独自到北海散心,想静下心来好好想想下一步到底怎么办。我围着北海溜达,不甘心但也很无奈。思前想后,突然灵机一动,好!既然人家不愿意让你做,那我就知趣一点,干脆放弃!塞翁失马,焉知非福?!我就不信英雄无用武之地!我要另做一个好项目,既有学术品位又有社会效应!我想起已故好友,当年《中国语文》副主编施关淦兄向我提出过的建议:你有没有兴趣编一部汉语虚词词典?对,就选这个题目来做!我要编一本有创意的带检验方法的虚词新词典!这时,我突然有一种柳暗花明又一村的奇妙感觉,西方不亮东方也会亮!可是,我在北京又可以跟谁商量呢？……我站在北海公园大门口发呆，不由自主地想起了商务印书馆，想起了洪波老弟。对，王府井大街就在不远处！

我当机立断立即赶到了商务，还真的找到了洪波（那时他大概是老总了），兴奋地把我的整体构想跟他这么一说，洪波立即表态坚决支持："你想编，我们商务就给你出！"这句话在当时，真的给了我极大的勇气和鼓舞！我历来就是这个脾气，越是受挫越是勇，用香港话来说就叫"打不死的小强（蟑螂）"。

结果，第二年我就申报到了国家社科项目，获批"汉语虚词词典编撰的方法论创新及其实践"，集结了我的已经毕业工作的博士生为主的研究团队，历时四年，发表了37篇研究论文，撰写了二十多万字的词条样章，最后结题被评为"优秀"。我很感谢周总，他在关键时刻，在我遭遇"滑铁卢"的至暗时刻，毅然决然给了我强有力的支持！有意思的是，在2016年年底，我还顺利拿到了国家社科的重大项目"境外汉语语法学史及数据库建设"，比起前面没有申报成功的两岸汉语对比的课题，视野更宽，目标更高，无论从哪个角度看，都可谓"退一步海阔天空"！

五、企盼合作谱新曲

2021年春，我应商务印书馆之邀，参加了由中国社科院学部委员江蓝生先生主编的《现代汉语大词典》的审读会议。会上，不仅见到了刚刚退休的周总和新晋副总余桂林，而且还有幸结识了刚走马上任的执行董事顾青先生。交谈中才得知，顾总不仅是我老乡，都是上海人，还是我校友，同为北大人，真是喜出望外。两人一见如故，相谈甚欢。

从2012年到2021年，我们十年磨一剑，《现代汉语虚词新词典》即将杀青了。对从事汉语研究的人来说，写一本教材，或编一部词典，几乎是最最辛苦的差事了，即使编好了，差不多人人都可以品头论足。但是，我们做语言研究的最终目的，还不是要为社会服务，为大众服务？汉语要走向世界，我们要关注汉语的本体研究，更要关注应用研究。当年我主编的《现代汉语通论》（上海教育出版社第一版，2001）发行近20年，收获了比较好的社会效应和经济效应。现在，我主编的虚词词典即将交付商务印书馆，我内心既充满了憧憬，也有些不安。憧憬的是希望能为汉语教学，包括国际汉语教学出一把力，希望为汉语走向世界摇旗呐喊；不安的是，不知我们的新词典是否能够得到国内外读者的理解和欢迎？不管如何，我都要真诚地感谢商务印书馆一贯的支持，特别是周总的青睐、顾总的决策、余总的理解以及汉语中心朱俊玄主任的布局。

我与商务好有缘，商务待我也多情。青年时看着商务出版的书籍成长，中年时跟商务合作很愉快，老年时想起跟商务的情谊好温馨。祝愿商务百年老馆开新枝，精品源源，恰似长江滔滔奔东海。

"商务"并非唯商是务，"印书馆"并非仅仅印书

——纪念商务印书馆成立125周年

李宇明

每次走进坐落在北京王府井的商务印书馆，门厅墙上的"昌明教育、开启民智"八个大字，总是让我驻足凝视。走进大厅，商务印书馆早期创办人张元济"数百年旧家无非积德，第一件好事还是读书"的对联，总是让人留步思索。"读书""民智""教育""积德"与百多年的商务是个什么关系？与百多年来的中国是个什么关系？

一、初识商务人

我是1977级的大学生。那时虽然恢复了高考，但仍然是家贫

国穷,特别是无书可读。而我却很是"富有",曾经购得商务印书馆出版的两部辞书:《新华字典》,试用版的《现代汉语词典》;1988年又购得商务首版的《牛津现代高级英汉双解词典》。然而当时对商务印书馆并没有很特殊的印象,只是觉得别人都叫"出版社",而她却叫"印书馆",有些特别。

大学毕业后,我考取华中师大研究生,跟随邢福义先生攻读现代汉语硕士学位。之后留校任教,因学术缘故读到陈原先生的《语言与社会生活》(三联书店,1980年)和《社会语言学》(学林出版社,1983年),但也没有将陈原先生与商务印书馆联系起来,虽然他曾经担任过商务印书馆的总经理兼总编辑。

我与商务人第一次接触,是二十多年前在华中师大与商务印书馆总经理杨德炎先生和毛永波先生的见面。那是20世纪末的一个中秋节,杨德炎和毛永波两位到武汉拜望邢福义先生。事先与我联系,让我做向导。商务印书馆是出版界的皇皇殿堂,杨总当年曾经是驻德国、瑞士的外交官员,还做过新闻出版署外事司领导,却如此尊重专家,这给我留下了特殊印象。他温文尔雅,博学多闻,我们很是投缘,一见如故。

在以后与商务的交往中,我深切体会到,"尊重专家"是商务印书馆的"馆风",而这馆风也特别能够赢得专家信赖。自杨总与邢福义先生见面之后,邢福义先生把他的重要著作都交给了商务出版,如《汉语复句研究》(2001)、《汉语语法三百问》(2002)、《词类辨难(修订本)》(2003)、《汉语语法学(修订本)》(2016)、《汉语语法学(修订本)》英译版(2018)、《寄父家书》(2018)、《光明语学漫录》(2020)等。其中《词类辨难》1981年由甘肃人民出版社出版，《汉语语法学》1996年由东北师大出版社出版，都是修订后转交商务的。《寄父家书》是一部特殊之书，收录了邢福义先生1955年至1991年间寄给父亲的两百多封书信。这些书信不仅记录了邢先生的人生经历，还勾勒了邢先生从翩翩学子到著名语言学家的成长之路，呈现了当代中国知识分子的风雨人生和家国情怀。2018年11月14日，商务印书馆还特意举行《寄父家书》出版座谈会，弘扬"新中国知识分子的家国情怀"，商务印书馆总编辑周洪波主持，总经理于殿利致辞，认为家书虽是小切口，但反映了大时代的变迁。据我所知，商务还在筹拍陈章太、邢福义、戴庆厦、陆俭明、王宁、江蓝生等先生的学术人生。由此可见"印书人"对写书人的真实情谊。

二、感恩出版拙著

读书是第一件好事，读好书是别一种享受，其中包括读商务出版的好书。我拥有一套商务出版的"汉译世界学术名著丛书"（珍藏版），共400种、490册，体现着商务"开启民智"的理念，凝聚着商务几代人的心血。有书在商务出版，在我看来也是一种荣幸，因为商务是出好书的学术重镇。

我很感恩商务能够出版我的多部著作。商务出版的我的首部著作《语法研究录》（2002），是我语法研究的总结。后来我的研究兴趣逐渐转到语言规划上，2005年在东北师大出版社出版了《中国语言规划论》。五年之后，我准备出版《中国语言规划论》第二部，便中与周洪波副总商量，这部著作能否在商务出版。周总很是干脆，马上同意，说这个品种的书还较少出版。为了扩大语言规划类图书的影响，得到东北师大出版社吴长安先生的慷慨应允，商务把《中国语言规划论》改版再印，同时出版《中国语言规划续论》（2010）。又五年，出版了我的《中国语言规划三论》（2015）。责编丁海燕为"三论"的出版花费了很多心血。这"三论"是我15年中在中国语言政策、语言规划研究领域的主要思考，也从一个侧面反映着中国语言规划的实践进程。在这"三论"的基础上，商务又组织翻译力量，与德古意特出版社（Walter de Gruyter（Mouton））联合出版了我的 Language Planning in China （2015）。这部英文著作的出版，得到英国伦敦大学教育学院李嵬教授的鼎力帮助。著名语言学家斯波斯基（Bernard Spolsky）还为拙著作序，名为《政府应当管理的是语言生活，而不是语言本身》（译文载《语言战略研究》2016年第1期），这个序也成为语言规划学的重要文献。

此外，我还有幸在商务出版了多部我主编或与友人联合主编的著作，如《国际汉语教育史研究丛书》（四部，与张西平联合主编，2011）、《两岸语言文字调查与语文生活》（两辑，2017、2019）、《中法语言政策研究》（三辑，2014、2016、2017）、《语言扶贫问题研究》（两辑，2019、2020）、《应急语言问题研究》（2020）、《輶轩使者：语言学家的田野故事》（与王莉宁联合主编，2020）。

最令我感动的是《人生初年——一名中国女孩的语言日志》（上、中、下卷，2019）的出版。《人生初年》用日记法记录了我女儿0—6岁多、2200余天的语言发展，近百万字，是"一个动物人到社会人的全景式记录"，是我们全家长达30年断断续续的集体劳作。商务派出了有经验的责编陈玉庆和美编李杨桦，用文字、图画、声音的多媒体方式"立体"出版。2019年12月26日，商务印书馆举办《人生初年》出版座谈会，学界、出版界、教育界、新闻界汇聚一堂，新朋老友喜气洋洋，于殿利总经理热情致辞，高度评价《人生初年》一书反映了作者作为语言学家的学术敏感和社会责任感，所记录的不仅是自己孩子的成长，而且是为中国人乃至人类记录了弥足珍贵的一段档案。

三、助力研制"规范汉字表"

2000年年底，我奉调入京，担任教育部语言文字信息管理司司长，兼任教育部语言文字应用研究所所长。语信司的重要工作之一，就是制定和维护国家语言文字的规范标准，制定"规范汉字表"成为首当其选的任务。这是因为，《国家通用语言文字法》于2000年发布，法定的国家通用文字为"规范汉字"，为了很好贯彻这一法律，需要有一个"规范汉字表"做支撑；自从1955年我国开始简化和整理汉字以来（1935年民国政府也发布过《第一批简体字》），发布过多个字表和汉字规范，需要进行整合归一；语言生活正在发生重大变化，为适应信息化时代的用字需求，需要有一个新时期的字表。

其实，规范汉字表的研制也曾经立过项，但终未有果。把语用所的汉字研究力量动员起来，再次上马，也是有点"明知山有虎，偏向虎山行"的劲头。兵马未动，粮草先行，为寻求课题经费，我求助于商务的杨德炎总经理，没想到杨总竟然一口答应，说商务是用字大户，应当支持国家的这项事业，并派周洪波等人跟踪支持，条件只是课题组要多与商务通气，免得商务贯彻国家的文字精神不及时！

字表研制采取"稳扎稳打"的工作路线，在全国范围内先听取意见，围绕"异体字""简化字""印刷字形""人名地名用字"等问题，多次召开学术研讨会，且利用会议之便也听取港台、海外学者意见，情况明了才有利于决策。这些会议成果编为"汉字规范问题研究丛书"，许嘉璐先生、时任国家语委主任袁贵仁副部长为丛书分别作序，2004年由商务出版：《异体字研究》（张书岩主编）、《汉字字形研究》（厉兵主编）、《简化字研究》（史定国主编）、《汉字规范百家谈》（李宇明、费锦昌主编）。这套丛书是对几十年来汉字整理、简化的经验总结，为字表的研制打下了坚实的基础。

字表的进展比想象的更为艰难。当字表研制有个雏形之后，王宁先生又领衔组团上阵，曹先擢、傅永和、董琨等先生都很支持。商务是《新华字典》的出版者，当时《新华字典》修订出版在即，修订主持人程荣教授不仅把字典用字情况与字表研制者充分交流，而且在字表研制成功后的上报过程中，《新华字典》就率先贯彻字表精神，是字表的第一个实践者。这是《新华字典》的编纂者和出版者的担当，也是对字表的贡献。

字表最后定名为《通用规范汉字表》，从2001年立项到2013年6月国务院批准发布，前后十余年。此后，商务第一时间出版了王宁先生主编的《通用规范汉字字典》(2013年7月)，以及语信司组编的《信息时代汉字规范的新发展——〈通用规范汉字表〉文献资料集》(2015)。可惜这时，那位曾经支持字表研制拨给第一笔经费的杨德炎先生，已经在2010年6月与世长辞了！

四、出版"皮书方阵"

2004年，"国家语言资源监测与研究中心"正式成立，逐渐建起平面媒体、有声媒体、网络媒体、教材、民族语言、华语、开发应用等分中心，用动态流通语料库的理念和方法，对主要领域的语言生活进行长期的监测研究。当时学界对语言生活的研究也有较多成果。这些数据和研究成果需要有个发布载体。《中国语言生活状况报告》(俗称"绿皮书")就是这样的一个载体。

为打造这样的载体，商务做出了重要贡献。周洪波、余桂林等商务人一直参与绿皮书的谋划，请周庆生、郭熙两位先后担任主编，请陈章太、戴庆厦、陆俭明担任学术顾问。商务的工作远远溢出了编辑、出版者的职责。在皮书临近出版的那些天，商务的会议室成为皮书工作的研究室和编辑室，灯光照着一群彻夜不眠之人。在教育部、语委关于语言生活新闻发布会的前后，绿皮书印了一版又一版，修改了一遍又一遍，如此现象，实不多见。

绿皮书出版之后，又有四个方面的发展：

第一，以绿皮书为"学术底盘"，在商务支持下，相继形成了反映中国语言生活的"皮书方阵"：2015—2017年，《中国语言政策研究报告》（俗称"蓝皮书"）、《世界语言生活状况报告》（俗称"黄皮书"）、《中国语言文字事业发展报告》（俗称"白皮书"）次第创办，国家语委这四大皮书年年发布，从不同角度展示了中国与世界的语言生活及其研究状况；2016年《北京语言生活状况报告》出版，2018年《广州语言生活状况报告》出版，2020年《上海语言生活状况报告》出版，京穗沪三市皮书不定期出版，展示了我国大都市的语言生活景观；2020年《中国语言服务发展报告》出版，2021年《粤港澳大湾区语言生活状况报告》出版，这是我国首部领域、区域语言生活的皮书。

第二，努力扩大绿皮书的社会影响。首先是皮书语言追求用"地道的汉语"表述，标准是非语言专业的人可以读得懂。其次是不断改版，使其更利于使用。比如把上下两卷合为一本，重要数据用光盘附载书后；把"内容年"改为"出版年"，以期增加皮书的新鲜感；随书附出《中国语言生活要况》，本薄字少，内容精要，供忙碌人快速浏览，获取重要信息。还试图把语言生活热点写成普及读物，如商务2009年出版的一清的《汉字最近有点烦》。国家语委组编、赵世举教授主编的《语言与国家》（2017）也是面向社会的。记得在商务印书馆开编委会，于殿利、周洪波老总都拨冗出席。于殿利老总还说，商务要与党建读物出版社一起出版，以扩大《语言与国家》的社会影响。

第三，不断向学界传递"语言生活"理念。蓝皮书《中国语言政策研究报告》就是面向学界的。以商务为承办方之一，绿皮书出版后每5年组织一次"中国语言生活学术研讨会"。第一届在中国人民大学召开，第二届在北京语言大学召开。2020年11月

7日,"中国语言生活皮书"编纂十五周年暨"第三届中国语言生活学术研讨会"在商务印书馆以线上线下混合的方式召开。陈章太、戴庆厦、陆俭明、周庆生、陈平、李嵬、郭熙等学者和田立新、刘宏、顾青、周洪波、刘利、刘朋建、余桂林等主宾出席会议,闭幕式上,商务与语信司续签中国语言资源开发应用中心协议,顾青老总、田立新司长签字,刘宏、周洪波、郭熙、李宇明做见证人。令人难以忘怀的是,陈章太先生当时已身患重病,仍然坚持登台致辞。没想到,这竟是他人生最后一次公开发表的学术演讲。

第四,积极推进皮书外译。以"绿皮书"为底稿,商务印书馆与德古意特出版社联合出版英文版 *The Language Situation in China*,从2013年开始已经陆续出版6部,得到著名语言规划学家如斯波斯基等学者的高度评价。《中国语言生活状况报告》还相继引入日本、韩国和俄罗斯,出版了日文版、韩文版和俄文版。皮书外译有三个经验:其一,要有学通中西的专家支持。李嵬教授在国际应用语言学界很有威望,也十分了解中国。为了让皮书内容适合外译,首先请李嵬教授从皮书中勾画出预选篇目。期间还利用李嵬教授到香港讲学之便,我和周洪波老总同去深圳请他过罗湖海关一起交换意见,谈了整整一天,十分愉快。其二,不能直译、硬译。商务根据我们与李嵬教授确定的篇目,组织人重写中文底本,然后遴选既有翻译经验又有学科研究的学者进行翻译,再请母语为英语的学者校订。其三,国外出版社有积极性,译文外传有根基,能发挥作用。这种学术走出去、政府组编的皮书走出去的经验,是值得研究的一个案例。

五、举办"汉语盘点"活动

改善语言生活,需要提高全社会的语言文字意识,传播现代语言理念。日本汉字能力检定协会负责日本的汉字考试,为向社会普及汉字文化,1995年开始让民众投票选出最能反映当年社会热点、世态民情的"年度汉字",当选的年度汉字由京都清水寺住持写出。1995年,日本发生神户大地震,"震"字当选年度汉字。这种做法持续至今,每年12月12日前后,公布年度汉字。我到语信司后觉得,我们既要研究语言生活,也要不断去影响语言生活,也要做个类似于日本年度汉字的事情,向社会刮刮语言文字风。

这个想法立即得到商务的杨总、江远副总、周洪波主任的支持,2006年下半年,由国家语言资源监测与研究中心和商务印书馆发起,"汉语盘点"活动开始筹备。活动的主体是网民,宗旨是让网民用一个字、一个词描述当年的中国与世界,借以彰显汉字汉语魅力、复盘社会变迁,让人们在关心中国和世界的同时,体会汉字汉语丰富的文化内涵。年度字词由社会名家书写出来,通过名家书法增加汉语盘点的效果。这种设计,既有文字又有语言(词),既看中国又看世界,使用的是"语言与社会共变互育"的社会语言学原理。参与活动的既有专家又有网民,平面媒体、有声媒体、网络新媒体等全媒体参与。后来在汉语盘点之时,还同时发布当年的十大新词语、十大流行语、十大网络用语。十余年来,汉语盘点形成了一个品牌,甚至是中国的"文化年俗",也带起了中国的报刊在年终岁尾用字词的方式来梳理、评点当年要事的风气。

现在开展"年度汉字"一类的活动,除了日本、中国大陆之外,还有一些国家和地区。韩国2001年开始推选"今年的汉字成语"活动,由各大学教授、报刊专栏作家和知识界名流共同推选年度成语,在《教授新闻》上发布。2008年,中国的台湾地区举办"台湾年度代表字大选"活动。2010年,《厦门商报》(2012年更名为《海西晨报》)、台湾《旺报》和新浪网等开始主办"海峡两岸年度汉字评选",海峡两岸媒体共同举办,两岸民众共同参与票选。马来西亚2011年开始"年度汉字"评选活动。新加坡《联合早报》2011年开始,举办"字述一年"的活动。法国2019年开始"年度汉字"评选活动。美国"Good Characters"网站公布2021年的年度汉字为"涨"。

汉字是具有表意性的语素文字,本身具有强大的"意义张力",可从字形、字义表现出多重意义,生发出多重含义,还可以组词成语,表达出更丰富的意蕴。汉字是汉语书面语的载体,有汗牛充栋的经典,汉字汉语在中国和其他一些国家的历史上发挥了或发挥着重要作用,这些国家和地区的人民对汉字具有亲切感、认同感。此外,中国古来就有字谜游戏,根据汉字笔画繁复、偏旁相对独立,结构组合多变的特点,运用离合、增损、象形、会意等多种方式创造字谜,广义的字谜还包括词类谜、句类谜等。字谜可用来做娱乐、助酒兴、庆节日,也可用于评说时政和图谶术数。字谜游戏在中国有传统,周边一些国家也有字谜游戏。故而这些国家和地区,可以利用汉字的特点来形成"年度字词"的新文化年俗。在推动国际"年度字词"新习俗方面,中国的"汉语盘点"起了一定的作用。

六、编纂"华语词典"

2002年11月27—30日,我到新加坡参加"第二届肯特岗国际汉语语言学圆桌会议"(The Second Kent Ridge International Roundtable Conference on Chinese Linguistics),同行的有陆俭明、冯志伟、俞士汶、马庆株等先生。在会议的招待晚宴上,新加坡著名学者周清海先生提出,应编纂"全球华语词典",希望中国的朋友能够主导此事。大家都把目光投向我,因为我是中国政府公务员的身份,甚至不少专家"怂恿"我表态。我当时也端着红酒做了个致辞,对周清海先生的提议应承了下来。这就是后来传说的"红酒一诺","一杯红酒和一部辞书"的故事。

陆俭明先生做学问认真,做事情也认真。回到北京不久,他就主动与商务印书馆商议"全球华语词典"之事,并通报了新加坡会议晚宴的情况。作为辞书王国的掌门人,杨德炎先生和他的助手周洪波先生都很支持,认为这是一项民族大业,也符合商务印书馆辞书业务的发展方向。他们把情况告诉我,我自然是很高兴,新加坡的应允有了回应,商务做这个事情也最为合适。但是当要求我做主编时,我就一下子没了底气。我不是研究词汇学、词典学的,也没有这方面的实践经验,且当时身负政务,也无暇于辞书。但最后还是被按在了"主编"的位子上,不过有言在先,说我这个主编,是"一不主,二不编"。

"一不主,二不编"的"主编",词典无此释义,现实也难以兑现。2002年12月30日，伴着新年的喜庆，周洪波先生在商务印书馆主持召开编纂座谈会，参会的记得郭熙、厉兵、周荐、李志江、余桂林诸君。议定先从各华人社区有差异的词语编起，目的是对华语社区的语言使用进行沟通与引导；以大陆、港澳、台湾、日韩、东南亚和大洋洲五个地区为主，也照顾到北美和欧洲。大陆学者和各华人社区学者采取"混成编队"，每个社区的词语都有当地学者和大陆学者一同研究编写，这样会更为客观，更为精准。2005年1月17—21日，在商务的策划下，在暨南大学召开"全球华语大词典"编写工作会。周清海、姚德怀、汪惠迪、田小琳、陆俭明、李如龙、周长楫、郭熙、汤志祥、贾益民都到了会，商务的周洪波、毛永波两位也参加了。周清海先生还带来了新加坡《联合早报》的记者。2006年4月22—24日，商务在深圳大学召开《全球华语词典》词表审定会。周清海、陆俭明、姚德怀、田小琳、汪惠迪、周长楫、汤志祥、郭熙、董琨、王铁琨、李志江、江远、周洪波、刘一玲、余桂林等都参加了。这是新马、港澳、台湾、内地四个组齐全的第一次会议。周清海先生还带来了李光耀先生同意担任词典顾问的消息，大家都很兴奋。

2009年，词典出版在即，全国政协主席李瑞环也同意出任词典顾问。我与时任商务印书馆的总经理王涛先生商议，出版座谈会应在人民大会堂举行，有可能的话应该到新加坡去拜会李光耀资政。2009年7月，我陪同教育部郝平副部长出访新加坡和马来西亚，王涛和陆俭明先生专程赶往新加坡。在周清海先生的有效沟通和精心安排下，7月7日我们在新加坡会合了。下午四点多，中国驻新加坡大使张小康女士陪同，郝平副部长、王涛总经理、陆俭明教授和我去新加坡总统府拜会李光耀资政，为李光耀先生颁发聘书，正式聘请他担任《全球华语词典》顾问"。李资政十分高兴，用华语和我们沟通，还发表了华语应采用统一标准的重要意见。

2010年5月17日下午，《全球华语词典》出版座谈会在人民大会堂举行，李光耀、李瑞环、许嘉璐等先生出席。李光耀先生用华语发言，讲了他的华语观，讲《全球华语词典》的意义。没想到在会上他还提出，《全球华语词典》的篇幅小了点，还可以编更大的词典，收更多的华语词汇。李瑞环主席当场赞同，并当场布置。座谈会上，周清海先生、陆俭明先生作为专家代表发言。整场气氛和谐，充满书香味，充满华人情，有点过节日的感觉。

2011年5月15日，周洪波总编辑发来电邮，告知《全球华语大词典》正式列入"国家十二五重大出版工程规划"项目，希望尽快启动。《全球华语词典》用了8年时间，《全球华语大词典》又用了近7年的时间，2016年出版，还获得了"第四届中国出版政府奖提名奖"。《全球华语词典》《全球华语大词典》的最大贡献是：提出了"大华语"的理念，区分了各华语社区的华语变体，第一次全面收集了各地华语词汇，迈出了从全球视野研究汉语的坚实一步，为全世界华人的语言交流和语言智慧的聚存做出了贡献。商务现在又陆续出版邢福义、汪国胜教授主持的《全球华语语法》各卷，全球华语的研究将更为全面系统。

七、创办《语言战略研究》

在国家语委指导下，加上中国语言学会语言政策与规划研究会的学术支持，商务印书馆创办了中国第一份有关语言政策和语言规划的学术期刊《语言战略研究》。2015年7月，《语言战略研究》编委会第一次会议召开，2016年1月正式出刊。6年来，这份杂志设置了一系列的学术话题，获得了一系列学术荣誉，得到学界的充分认可，其影响也溢出了国界。俄罗斯科学院语言学研究所主办的学术刊物《社会语言学》，2020年第3期推出中俄两国学者合作的专刊，刊发了中国学者5篇关于语言生活研究的文章，这些文章都是近些年发表在《语言战略研究》上的：郭熙《七十年来的中国语言生活》，李宇明《中国语言资源的理念与实践》，刘媛媛、邓飞、赵蓉晖《改革开放以来中国英语教育"文化认同"规划研究》，王春辉《语言与贫困的理论与实践》，赵世举《中国语言观测研究的实践及思考》。俄罗斯科学院成立于1724年，是近300年来世界最重要的研究机构之一，语言学研究所是俄罗斯最重要的语言研究机构。

评价一份杂志，如同评价一个学科、一个学者一样，要看它对本学科的学术提升力，对相关学科的学术穿透力，对社会的学术影响力。《语言战略研究》特别重视对语言生活的研究，把语言生活看作学术的出发点、研究成果科学与否的检验室和成果作用的发挥处。学术的根本目标是改善语言生活，推进社会进步。杂志的选题都来自语言生活，把语言生活中的问题"问题"化。还以杂志发表的论文为主出版论文集《语言扶贫问题研究（第一辑）》（2019）、《语言扶贫问题研究（第二辑）》（2020）、《应急语言问题研究》（2020）、《家庭语言规划研究》（2022）等，把论文写在、发表在大地上。这种学术理念、学术范式，既是发挥学术之责,也是弘扬学术之善。

我作为杂志主编,深切体会到商务的馆风和学术之心。《语言战略研究》能够快速发展为有特色有影响的语言学杂志,与商务领导的重视和人力物力投入有关,也与商务的学术人脉和语言学缘相关。在周洪波先生的积极争取下,国家语委同意商务印书馆设立中国语言资源开发应用中心,成为"国家语言资源监测与研究中心"正式成员。2009年中心成立,江蓝生先生参加了揭幕仪式,周有光先生为中心的内部刊物《中国语言资源动态》题字。语言资源开发应用中心致力于"将语言学知识转化为语言产品和生产力"的开发应用。(早年,商务印书馆准备出资300万元,支持国家语委设立"语言学奖",奖励那些"将语言学知识转化为语言产品和生产力"的人,比如周有光先生、王选院士等。)

2006年开始,在周洪波先生的操持下,商务印书馆联合北语、社科院语言所等单位,举办"中青年语言学者沙龙",2010年开始举办"海内外中国语言学者联谊会"。我曾参与话题的策划,商务印书馆于殿利总经理、北京语言大学校长崔希亮教授、北京语言大学刘利教授多次出席会议致辞。我常常做开题演讲,陆俭明先生做压轴发言,刘丹青先生常做总结,成了"总结专业户"。这两个会议的议题与《语言战略研究》的话题,有许多相近相关的地方,就可以想见《语言战略研究》的成功,有着深厚的学术根脉。

商务印书馆历届语言学者沙龙、联谊会时间和议题

中青年语言学者沙龙

年份	时间	议题
2006	1.20	语言学各领域研究动向与研究生教材教参推荐书目
2007	1.22	中国语言问题蓝皮书：中国语言发展战略研究
2008	1.22	本土意识与世界眼光
2009	2.17	语言资源与语言产业
2010	1.19	中国语言学的话语权问题
2011	1.18	虚拟语言生活
2012	1.8	当今社会发展中的语言学问题
2013	1.24	数字化时代的语言学
2014	1.18	双语双言问题与当代中国
2015	1.20	语言学与新媒体
2016	1.17	"一带一路"的语言问题
2017	1.14	语言资源与语言智能
2018	1.21	语言学论证中的证据问题
2019	1.20	中国语言生活与语言学研究70年
2020	1.12	语言学与中华民族共同体、人类命运共同体的构建

海内外语言学者联谊会

年份	时间	议题
2010	6.27	留学潮与中国语言学
2011	7.3	中国的语言学教学：过去、现在和将来
2012	8.11	何谓语言学事实
2013	7.27	中国周边语言状况
2014	7.27	语言教育与社会进步
2015	7.25	语言与认同
2016	7.30	全球华语视角下的汉语言学研究
2017	7.22	本土意识、国际眼光——中国语言学的现状与未来
2018	7.29	世界知识的中文表达
2019	7.20	中国语言学70年

2021年12月28日,《语言战略研究》编辑部召开年终总结会,郭熙、周洪波、罗骥、余桂林、王春辉、张天伟、侯敏、王飙、魏晓明、韩畅、史明会都线下线上参会,连刚入职的逯琳琳也正好赶上,可以说是大团圆。余桂林副总回顾了杂志一年来的快速发展,大家都很激动。我当时即兴讲到,我们的团队无私奉献、志存高远,有自己的文化。商务对杂志在人力、资金和社会资源等方面全力支持。语信司在办刊方向、政治保障方面起了很大作用。我的世界观:要以"第三视角"看待中国与世界,从"借鉴世界"走向"研究世界"。我的语言观:生活中的语言问题是"本源问题",中国语言生活有自己的特色,有些方面走到了世界前列,研究中国语言生活足以产生原生的概念、理念、理论和学术范式。我的杂志观:杂志是学界的一面旗帜,聚人气,得风气之先,设置话题比解决问题更重要。我们要重视C刊、中文核心期刊的作用,但是我们志不在此,志不止于此。

　　顾青老总很忙,年底更忙,但还是赶过来对杂志的发展发表了"破圈"意见:1.跳出中国本土视野,走向世界,通过建立自己的平台走向世界;2.跳出"中文"谈杂志推广,走多语之路;3.跳出平面媒体,进行全媒体传播;4.跳出编辑部,往智库方向发展。顾总的讲话,是学术走出去的一座思想高峰,是学术自信发展的可行路径。以此而行,《语言战略研究》会办得更有意义。

八、支持辞书学会工作

　　中国辞书学会的挂靠单位是语信司,秘书处设在商务印书馆,商务的历任老总一直是副会长或第一副会长，后来，总编辑、副总编辑还兼任秘书长、副秘书长。当年曹先擢、江蓝生两位做会长时，杨德炎老总是第一副会长，我当年是语信司的司长，每年都多次参与中国辞书学会的工作。商务还帮助学会办"辞书（图书）编辑培训班"、编辑《中国辞书学报》等等。第六届理事会选我做中国辞书学会会长，实在是诚惶诚恐，不过在工作的过程中，也让我更仔细地了解了商务对中国辞书学会的支持。

中国辞书学会是一个学界和业界紧密结合的学术组织，会员是辞书研究者、辞书编纂出版者，辞书出版机构都是集体会员。这种学术组织的最大特点是讨论问题不空洞，学术研究成果可以马上用于业界，业界的现实问题也可以较快地转化为学术问题。这些年，中国辞书学会提出了四大理念：第一，从研究辞书编纂向研究辞书生活拓展，特别要适应信息化时代用户的辞书需求；第二，推进纸媒辞书向融媒辞书发展；第三，在研究国外辞书的同时，加强对中国品牌辞书的研究；第四，弘扬"中国辞书人"的精神。日本有电影《编舟记》，韩国有电影《词典》，英语电影《教授与疯子》讲述《牛津英语词典》编纂的故事，中国也应有传扬中国辞书人精神的文艺作品。

商务印书馆、上海辞书出版社、中国大百科全书出版社等在《新华字典》《现代汉语词典》《现代汉语大词典》《辞源》《辞海》《大辞海》《汉语大词典》《中国大百科全书》等品牌辞书的编纂、修订中，积累了大量经验；《中国大百科全书》第三版以网络版为基础编纂，2020年3月商务印书馆语言资源知识服务平台（涵芬APP）正式上线，2020年8月上海世纪出版集团规划设计、上海辞书出版社研发建设的"聚典数据开放平台"发布，为融媒辞书的发展进行了积极探讨。这些经验和探讨，可以上升为辞书学理论。

商务印书馆今年已经125岁了，但她毫无老态，始终是1897年那个高呼"昌明教育、开启民智"的商务，那个于灾难战火中涅槃重生的商务，那个致力于民族复兴的商务。商务印书馆百多岁而不衰的奥妙，就我与商务的交往看，在于她的"名不副实"："商务"并非唯商是务，做了许多与商无关的事情，也许这里面有更大的商机；"印书馆"并非仅仅"印书"，做了许多与印书无关的事情，也许印的是一部更大的书。

"读书""民智""教育""积德"，与百多年的商务是个什么关系？与百多年来的中国是个什么关系？我需要继续思考！

我与商务印书馆结缘

沈 家 煊

我与商务印书馆结缘，有公私两层关系。

先说公。1999年起我主持社科院语言所的工作，语言所是《现代汉语词典》《新华字典》的著作权人，这两部典也是商务出版的拳头产品，于是在我主持语言所的十年内，与商务打交道就不可避免了。算我运气好，我主持所的工作不久，由于著作权法颁布和实行，所里开始有了比较丰厚的版税收入，我们用来改善科研环境、资助科研项目、培养吸引人才，在许多单位科研骨干流失的时候，语言所内部稳定，大家专心致志做研究，还能吸引外面的人才。当然，语言所的优良传统和长期的学术积累还是主要原因。

跟商务打交道，一是两部典的修订。商务对读者的需求和市场的反应比我们敏感，他们过个两三年就向我们提出修订出新版的要求，而我们这边自诩慢工出细活，平常一直在不紧不慢地为修订做准备，其实是有点懒散，就觉得"怎么又要我们出新版了"，商务的要求倒也治了治懒散的毛病。二是跟商务一起应对社会上的反应。两典作为有重大影响的公共产品，引人注目，语言的规范问题、收录字母词的问题，还有其他一些问题，曾一度沸沸扬扬，成为争论的热点。我们需要共同面对，该解释的解释，该坚持的坚持，该改进的改进。三是我们的科研工作得到商务的支持。所里主办的三个语言学刊物《中国语文》《方言》《当代语言学》，由所主办或主管的一些重要的学术会议，曾长期得到商务的资助。

在我主持所工作期间，开始立项对《现代汉语词典》标注词性，当时认为这是语言工程处理的需要，也是对外汉语教学的需要，为此我们数次召开专家研讨会，商务不仅在资金上支持，还派出得力的编辑人员全程参加，把这项工作看作双方共同的任务，配合十分默契。现在看来给《现代汉语词典》标词性，是个大胆的决策，有得也有失，这就不细说了。所幸的是，当时听取了胡明扬先生的意见，决定不能标得太细。两典的版税收入也给我带来烦恼，跟商务印书馆商定版税的比例，所内如何合理分配，商务自己成立了辞书中心编词典后，我们与商务就在合作之外又多了一层竞争关系，凡此种种，一言难尽，为难我这个一介书生了。

再说说私。我的大部分著作都交由商务出版，这是出于对出版界老字号的信任和仰慕。我的第一本书《不对称和标记论》是江西教育出版社出版的，那时候不敢奢望商务出版。我对这本书的自我评价并不高，但是好像很受欢迎，很多院校拿它做研究生的教材。和江西那边的十年合同早已过期，商务就接手再版。我自认为最重要的两本书，是近十年内写的，《名词和动词》和《超越主谓结构》，都由商务出版，编辑同志认真对待，费了很多心血。听说我的书销量在学术类里还是靠前的，这给我一点安慰，算是没有辜负商务对我的信任。我平常也为商务"国外语言学译丛"的设计和鉴定做一点工作。

我与商务结缘，总起来说的感受，一是商务讲诚信，比如在版税上不用担心有什么"猫腻"，二是商务弘扬学术，几十年来我国语言学的发展有商务的贡献。

我与商务印书馆的两次结缘

乔全生

接到商务印书馆约请,欣闻贵馆125周年华诞,作为一名普通读者和作者,我深感荣幸。值此馆庆之际,我谈谈与贵馆的两次结缘。

我与商务印书馆的第一次结缘是1999年。适逢我的书稿《晋方言语法研究》脱稿,试与时任商务印书馆编辑室主任的冯爱珍老师联系,没承想做事干练的冯老师收到拙稿后,在很短的时间内即走完选题审核流程决定出版,并任拙稿的责任编辑,后经多次修改,于2000年9月出版。这么快能在出版界的"天字第一号"商务印书馆出书确实是一件非常荣幸的事。除了有一种荣誉感,更多的是获得感,因为一次次地修改就是一次次地提高。冯老师是真正的方言学专家,方言学专家审方言学书稿是当时任何一家出版社所不具备的,甚或今日亦然。况且此前由商务出版的方言学大家的名著不胜枚举。此事虽已过去了20多年,但每每想起此事都会对冯老师充满感激之情。更令我激动的是，冯老师将拙著与此时段出版的侯精一先生的《现代晋语的研究》(1999年8月)、李如龙先生的《汉语方言比较研究》(2001年6月)放在了一个系列，封面的版式设计都是以浅蓝色地图为背景，题目竖排，外加边框，精致精美，典雅大方。我遂有"附骥尾则涉千里，攀鸿翮则翔四海"之感。更有意思的是，拙著前面有两篇大序正是侯精一、李如龙两位先生所赐。我请两位先生作序时，并不知悉两位先生也几乎同时在商务印书馆出版大作，作为编辑室肯定是有计划的。这真是无巧不成书，天赐我良机。第一次在商务印书馆出书就忝入大家的学术之列，这对我个人的学术生涯无疑是一次巨大鞭策，我将其视为对自己学术研究成果的充分肯定，因为商务印书馆向来不以出资的多少作为出版的筹码，质量是第一位的。能在商务印书馆出书还有一个最大的收获，就是大大增强了自己的学术自信。世界著名思想家爱默生说过：自信是成功的第一秘诀。古往今来多少成功之士皆为坚定的自信者。我曾想过，商务印书馆不知提携了多少年轻学子走向了成功的学术之路。从这个意义上说，我要感谢冯爱珍编审，没有冯老师的力荐与编校，拙作不知何年才能在商务印书馆出版，当然也不可能借机附两位前辈的"骥尾"与"鸿翮"。顺便一提，拙著出版后于2004年6月获得山西省第四次社会科学研究优秀成果一等奖。这难道不是沾了商务印书馆的名气与喜气吗？

我与商务印书馆的第二次结缘是2019年。时隔整整20年，我主持的国家社科基金重大招标项目"近代汉语方言文献集成"通过了结项，面临出版。起初，我未曾想到在商务印书馆出版，这是因为我的项目结项报道之后，就有五六家出版社找上门来商谈出版。古谚云：求者贵如金，弃者贱如草。上门商谈出版事宜，主动在我，这是自然而然的事。出版社有北京的、上海的、南京的、四川的、陕西的等等。因为从成果价值看，20余人用8年多时间，分14个子课题，收集了晚唐五代宋至1949年的汉语方言历史文献千余种。有很多文献是珍本、抄本、孤本，十分珍贵。我们相信"是金子总会发光"，所以没有过多地考虑出版社的高低。最后决定干脆在陕西师范大学出版社出版，因为我刚调入该校，联系起来也很方便。可是半年之后，由于种种原因，出版受挫。正当我处于进退两难之时，商务印书馆的徐从权主任在上海的音韵学会议上主动征求我的意见，如果没有更合适的出版社，可以考虑在商务印书馆出版。真是天遂人愿，求之不得。悔之当初没有直接与商务印书馆联系，白白耽误了近一年时间。陕师大出版社也很理解并支持我们找更高更好的出版社。

徐从权主任回到馆里汇报后，得到了商务印书馆领导周洪波总编辑、余桂林副总编辑和冯爱珍编审的充分认可与大力支持。周总立即给我回复短信"品牌书，找商务。"短短六个字，简洁明了。我们的《近代汉语方言文献集成》（以下简称《文献集成》）本该在此出版，夫复何求？

我聘请的三位学术顾问侯精一、鲁国尧、张振兴先生也先后以不同方式充分肯定这套丛书，这也是商务印书馆将其作为品牌书决定出版的因素之一。早在项目结项时，侯精一先生评价："《文献集成》的学术价值如同结项报告所说'使散见的文献集中起来，使罕见的文献常用起来，使孤本的文献共享起来，使隐性的文献彰显起来.'如果用最简单的话来说,《文献集成》对我国语言学界,就是为研究者提供了推开近代汉语方言历史研究大门的钥匙。"当丛书第一辑出版之际,鲁国尧先生在《中国社会科学报》撰文指出:"以乔全生为首的多位学者孜孜矻矻地遍寻,夜以继日地奋战,八年辛苦,终成如此中外方言学史上的巨著《近代汉语方言文献集成》。体现了中国语言学人有志于建立自己的中国特色的语言学、方言学的理论体系,建立自己的中国特色的'历史比较语言学'的学术勇气,践行了中国语言学人'为往圣继绝学''为中华民族伟大复兴而奋斗'的光荣使命,这正是中国语言学人以更丰硕、更辉煌的成就奉献于国家,奉献于学术的实际行动。"张振兴先生也在《中国社会科学报》撰文说道:"李荣先生在世时,曾带领中国社会科学院语言研究所方言研究室编辑和标点'汉语历代方言志'和'旧志'等方言材料,其中当然也涉及到宋代以后明清时期的汉语方言文献,或韵书韵图等相关资料。但是由于种种原因,这个工作尚未完成,李荣先生就去世了,这个工作也就停了下来。我们一直为此深感遗憾。如此两件非常重要的事情我们都没有做成,但是乔全生教授带领一批学者把这样的事情做成了,而且做成了一个重大工程,鸿篇巨著。这从根本上实现了李荣先生的未了遗愿。李先生天界有知,当含笑心慰。"2019年夏,张先生专程到太原亲眼看了已经整理好的堆满一间办公室的几百大卷《文献集成》的复印件、影印件和手抄件,听我详细介绍这些文献的收集整理过程,足迹遍及海内外,有时只能带着饼干面包在图书馆收集资料。"动情之处,我们都含泪倾听。我对乔全生教授和他的团队全体成员肃然起敬,十分敬佩。让人感到十分的振奋和强烈的震撼！"还有几位先生在成果鉴定会上充分肯定成果的学术价值，兹不一一举出。我个人认为，本套丛书出版后以其丰富的历史文献定会大大促进汉语史、汉语方言史学科的发展与学术的繁荣。

2019年11月19日上午，周总专门安排我到商务印书馆给汉语编辑中心的编辑们做一次全面介绍，余桂林主任主持，周总讲话，令我非常感激。我说："非常钦佩周总超前的学术眼光，干练的工作作风，有您的周密部署，有强大的专业编辑团队，贵馆一定会将这个备受学界关注的项目成果打造成学术精品。"我在集成丛书出版前言中写道："商务印书馆的领导独具慧眼、高瞻远瞩，用最快的时间，派出最强的编辑力量部署这套丛书的出版，专门召开丛书主编与编审组出版专题座谈会。众所周知，商务印书馆在国内外学术界、出版界久负盛名，这套丛书能够在商务印书馆出版，既体现出了该馆对本套丛书学术价值的充分认可，对学术文献的高度重视，也体现出该馆出版大型丛书的雄厚实力，更彰显出该馆打造学术精品、力推传世文献的大魄力与大胸怀。"徐从权主任自然成为这套丛书的负责人，肩负起组织协调出版的系列工作。尤其在2020年突如其来的新冠肺炎疫情面前，徐主任抓紧时间，设法安排排版印刷工人出书，丛书第一辑《近代汉语官话方言韵书韵图文献集成》（22卷）终于在2020年前半年出版，其他辑也在紧张的审稿排印中。此前徐从权主任还告诉我，这套丛书的出版得到商务印书馆顾青书记的关心。顾总不但是出版专家，也是文献学专家，对我写的总序从文献学角度提出中肯的修改意见，更加突显了丛书的文献学价值。

从我与商务印书馆的两次结缘中，深深体味到，我本人并非"千里之骓"，成果也不敢说就是"千金之璧"，但是，无论是出版社的各位领导，还是本项目、本丛书的各位学术顾问，他们是真正的"善驭"之士、"识玉"之人，否则我与拙著及本套丛书只能"居于驮骒之乘"抑或"混于块石之间"。

谨以与商务印书馆的两次结缘志庆贵馆125周年华诞！

商务印书馆的对外汉语
教学深厚情怀

赵 金 铭

商务印书馆已走过 125 年。众所周知，商务印书馆致力于以各种方式推进中国社会文化的发展，尤其辞书和汉译世界名著是其追求品牌境界的代表，有口皆碑，蜚声世界。众人也许还不了解，商务一直关注着"教外国人学习汉语"这一项国家和民族的事业。早在 1958 年，商务就出版了北京大学外国留学生中国语文专修班编写的新中国第一部给外国人用的汉语教材《汉语教科书》（上下册），为出版新中国对外汉语教材的滥觞。

这部教科书实际上是邓懿教授主持编写的，她的夫君周一良教授在其回忆录《毕竟是书生》中披露，因当时的背景，邓懿虽主编了《汉语教科书》，但并未署她的名字。余生也晚，未赶上使用这部教材，可是我手里却保有一部 1964 年商务出版的《汉语教科书》，布脊硬皮，精装，上下两册。此当为重印本。这也就是说，从新中国接收外国留学生始，至1966年春，使用的唯一的一部正式出版的对外汉语教材，为商务独家支持出版并重印。商务的先进出版理念与服务社会的敬业精神，由此可见一斑，令人钦佩。

话说远了，我从上世纪70年代初始一直从事对外汉语教学，与商务的缘分，竟也是起于对外汉语教学相关的教材的编写和出版。

时值1996年，国务院学位办议定将二级学科"语言学"扩展为"语言学及应用语言学"，其中的"应用语言学"就为了给对外汉语教学提供一个生长点。1999年10月，第四次应用语言学学术研讨会召开，会议决定"尽快编写、出版一套具有中国特色的有较高水平的应用语言学教材"。会后由商务印书馆策划成立编委会，召集总主编陈章太、于根元和分册主编工作会议，并着手撰稿。

这里值得一提的是，这套教材由商务总经理杨德炎先生和时任汉语编辑室主任周洪波先生策划，由总主编陈章太、于根元组织编写。商务印书馆以其开阔的出版视野和宏大的出版格局，从策划、编写到出版，自始至终全力支持、细心关照，令我难以忘怀。

先说杨德炎总经理，他是一位优秀的出版家，为人睿智而谦和，有儒者风范。曾在我驻德国、瑞士使馆任职，精于英、德语言，视野开阔，具有国际眼光。周洪波编审是应用语言学家，精通学术，做事认真，细大不捐，和蔼可亲。陈、于二先生都是著名的应用语言学家。在这些高人的努力下,将《对外汉语教学概论》与计算语言学、社会语言学等应用语言学教材并列,一起出版,这在学术界是前所未有的。此举尽显高瞻远瞩的学术眼光。这是继语言学大师王力先生1985年提出"对外汉语教学是一门科学"之后,第一次以学术著作名义出版对外汉语教学研究著作,图书策划与主编的慧眼决策,令我们佩服。

我忝为《对外汉语教学概论》的主编,联合几位业内志同道合者共同编写,他们皆为对外汉语教学界各分支领域之翘楚:郭树军、李泉、马箭飞、王建勤、张旺熹、郑艳群。各位同仁多次共议编写事宜,不断地一起商议,确立书稿框架,商定编写体例,明确作为一本概论性质的教材所必有的内容。历经近两年的努力,反复讨论,多次修改。最终于2003年春定稿。这之中周洪波先生不断关注编写情况,予以指导,并提供各种帮助,所付出的辛劳,功不可没。

大家一定记得,2003年春天正是"非典"在北京肆虐之时,大家相约减少来往,路上行人稀少,气氛有点紧张。我们正商量如何尽快将书稿交付给商务,那时又无快递。正为此事犯愁时,周洪波先生得知我们已经完稿,立即亲自驱车到北京语言大学取稿。此情此景,我们一时竟不知说什么好,为了尽快出书,洪波先生事必躬亲,可见他对这部书稿的重视,令我们十分感动。

书稿面世后,反响强烈,很快便成为语言学及应用语言学专业和汉语国际教育专业学子和新教师的必读参考书,被商务列为应用语言学精品教材。我记得商务原副总编辑王维新先生在北京市语言学会一次会上告诉我们,看了你们的《对外汉语教学概论》，我了解到对外汉语教学确实是个学科。书出版后每年都要重印，以应社会上的需求。至2018年，已累计印行14次。出书15年来，对外汉语教学作为一个学科，不断发展，取得了新的研究成果，我们决定进行修订。修订本着精简、增新的原则，力求兼顾学术性和普及性，以使更加适用和实用。截至2021年4月20日，《对外汉语教学概论》新旧两版已累计印制达11.4万册。这是个可观的数字，十分难得。

再说"商务馆对外汉语专业本科系列教材"。我们在这套教材的前言中写了这样一段话："在国家汉办的指导下，商务印书馆以其远见卓识，决定组织全国各高校对外汉语教学资深人士，跨校协商，通力合作，在初步拟定专业课程大纲的基础上，编写一套对外汉语专业系列教材，以适应目前本专业对教材的迫切需要。"我引用这段话，是要说商务对出版教材、满足社会需要的前瞻精神与其敬业态度。

话说时为2004年，世界风云变幻，中国和平崛起。对外汉语教学事业蓬勃发展，当时开设对外汉语教学专业的高校已有130多所。大发展带来了丰富多彩，也伴随着不规范。对外汉语教学作为一个专业，"既无统一的教学大纲，也无标准的课程设置，更无规范的教材"。面对这种情况，上海师大齐沪扬教授提出编写一套教材的思路，并跟我商量与北语一起联合其他高校同仁共同搞这个项目。

计划做好后，便与出版社进行联系，正在联系未果之时，商务闻听此事。周洪波立即与杨德炎总经理商定，要立即与作者协商，将这套书纳入商务的出版选题，然后与作者接洽，并尽快签订出版合同，高水平、高质量地出好这套对外汉语专业本科系列教材。不久两位与我们几次洽谈后，决定一起到上海开个会，商量签约的事。那天是 2005 年 1 月 6 日，两校的领导也被邀参加。会上我们汇报了编写对外汉语专业本科系列教材的缘起，从教材的编写原则及所涵盖的内容，以及各册的主编人选等，总之，一切就绪，只差签一纸出版合同。

令我们没想到的是，商务早就准备好了，连馆藏大印都带来了，就是在这会上，举行了签约仪式，上海师大俞立中校长和杨德炎总经理都发表了热情洋溢的讲话。周洪波和齐沪扬代表甲、乙双方签了约。由此可见，商务雷厉风行的工作作风、可贵的敬业精神以及对对外汉语专业发展的全力支持。齐沪扬曾在《商务馆对外汉语专业本科系列教材出版的前前后后》一文中，对一直与我们商谈教材之事的周洪波的敬业精神十分佩服，文中说"他的务实、他的敏感、他的神速、他的果断，都感动了我，也教育了我"。"商务馆对外汉语专业本科系列教材"出版后，被很多高校采用，为对外汉语教学学科的教材建设做出了贡献，影响遍及海内外。

大约与此同时，2005 年 7 月世界汉语大会在北京召开，以此为契机，对外汉语教学加快了走向世界的步伐。汉语作为第二语言教学在世界范围内获得巨大的发展，同时也面临着巨大的挑战与机遇。在多元文化架构下的汉语教学的新格局正逐渐形成。这时急需对已取得的对外汉语教学与研究成果进行回顾与汇总，发扬其长处，检视其所短，以利更快地向前发展。于是我们萌发了编一套研究书系的想法，当我们与周洪波商谈过后，一拍即合，惺惺相惜，所见略同。在杨德炎总经理的大力支持下，经几次商谈后，决定组织跨校团队，编辑出版这套对外汉语教学专题研究书系。在此事上，具有百年历史的商务再一次展现了其远见卓识和宏大格局。

这套书系的各位主编由北语、北大、北京师大和人民大学的教授担当，他们年富力强，既有多年的对外汉语教学经验，又有个人独特的研究成果。在几乎穷尽性地搜集各自研究系列的研究成果后，认真梳理，反复权衡，中正筛选，寻求内在逻辑，以成系统。在这个过程中，周洪波一直与我们共同谋划。在最后确定各分册篇目时，从全书大局出发，彼此协调，以便将最好的研究成果筛选出来。

周洪波带领大家全力以赴，连续工作。这段时间，商务请来了世界汉语教学学会会长陆俭明教授负责审定书稿，从而更加保证了书稿的质量。大约两年之内，"对外汉语教学专题研究书系"全部出齐，共计7个系列22种书，涵盖对外汉语教学研究的方方面面。所涉研究成果虽以近十年来研究为主，也不排除前此有学术代表性的、具有影响的论文。这套书系可谓对外汉语教学50年来研究成果的大检阅。书系的出版，展现了汉语作为第二语言教学作为一门学科，已跻身于世界第二语言教学之林，或曰已取得与世界第二语言教学界同行对话的话语权。

书系出版后影响很大，各校图书馆及业内师生争相购置。美国夏威夷大学教授姚道中告诉我，他们在国外做研究，大多参考的是外国人的研究资料。现在系里购置了一套对外汉语教学专题研究书系，看到了国内这么多的研究成果，感到非常了不起。因这套书系的研究成果只收到 2005 年，是为第一辑。大约十年后的 2016 年，在商务的大力支持下，我们又启动第二辑的编辑出版。2021 年已全部出齐，共计 24 种。

2021 年 10 月 16—17 日，商务与人民大学国际文化交流学院联合举办"国际中文教育学科建设高端论坛"，邀请对外汉语教学界各领域翘楚就新形势下国际中文教育学科建设的历史和未来发展展开研讨，并为广大青年学者和学子提供学术盛宴。论坛期间，商务适时对"对外汉语教学专题研究书系（第二辑）"进行了新书发布。当"对外汉语教学专题研究书系"第一辑与第二辑共 46 册一起在会场上展现之时，洋洋大观，我们内心充满了无限感激之情，更深深地怀念自始至终给予我们巨大支持和帮助的杨德炎先生。

从我们对图书出版过程的回顾，显示了商务这个百年老店对汉语作为第二语言教学的精深认识，对在世界范围开展中文教育、传播中国文化有着无比巨大的热情，并为此付出了艰辛与努力，这令我们深深地钦服。

商务印书馆与当代汉语词汇学研究

苏新春

在我的学术经历中,跟商务印书馆颇多交集,自然也就有许多故事,而印象最深的当是因"词汇研究"而起。深感汉语词汇学能有今天的发展,商务在里面起到了极大的推动作用。

那是2000年的"第三届现代汉语词汇学研讨会"。前两届词汇学研讨会由刘叔新先生与张志毅先生于1993年和1996年主办。李如龙先生和我于1998年10月与1999年1月来到厦门大学,不久即向刘叔新、李行健、张志毅、符淮青诸位先生请教,与他们商议,大家同意第三届研讨会在厦门大学举行。李如龙先生出面邀请了河北师大的苏宝荣先生和商务的周洪波先生共襄盛举。那时,适逢宝荣先生正带领团队大兴学科建设、力创学术高地;洪波兄初入商务,决意秉承商务百年宏志,继承以学问蕴出版、以出版领学术之传统，三方一拍即合。经精心筹划、精细准备，终于办出了一届在诸多方面可圈可点的精彩研讨会。如"每篇论文报告后的讲评""研究生导师培养经验交流会""遴选优秀在读研究生做大会报告"等，都是与会者后来见面时每每会欣然言及的。而我觉得这届研讨会更有价值的是商务与词汇学界的紧密联系，以及两界相互支持促进的合作模式。研讨会自那以后每两年一届，已延续了16年，主办高校更换了八所，但商务印书馆一直是每一届的共同主办者，也连续出版了八本会议论文集。商务成为当代汉语词汇研究的最有力推动者与凝聚中心，其关键人物自非洪波兄莫属。

那几年与洪波兄见面，他每每都会谈到对词汇学研究的期待及商务可以提供的支持模式。商务对语言学一向有大力支持的传统，许多高校的重要刊物都在商务出版，对一些重要学科也有过长期支持，例如对"语法学"的支持。20世纪80—90年代语法学界活跃着一批卓有成就的"中年语法学家"，如陆俭明、邢福义、龚千炎、刘月华、于根元、孟琮、范继淹、史有为、饶长溶、詹开第等，他们每年有会议，每会有佳作，会后都有论文结集，皆在商务出版，连续了10多年，直至这个团体自动终止了活动。这一段学术与出版两界的互动成为现代语言学史的一段佳话。洪波兄认为词汇学作为语言学中一个重要的分支学科，又是辞书学的重要支撑学科，辞书是商务的出版重心，商务愿意支持词汇学的发展，关键是词汇研究要能出新成果，要能对周边学科产生辐射力。

商务对词汇学研究的影响还在更多更具体的层面体现出来，

如会议议题的选择、会议举办形式，洪波兄都会及时发表意见。再就是论文集的编纂，虽然洪波兄不会过问到具体文稿的取舍，但对论集整体水平的要求却是清晰而明确的，那就是要充分反映当前词汇研究的最新成果与动态，古今兼顾以今为主，理论应用兼顾以理论为主，理论上要有新意创见，应用上要实用管用，社会应用为主机器应用为辅。正是在这样的要求与推动下，已出的八部论文集《词汇学理论与应用》已经形成了自己的传统与特色。16年来的汉语词汇研究，每一次激动的聚会，每一轮新的探索，每一步新的进展，都在这个系列论文集中留下了印迹。论文集遴选论文时不拘一格，200余篇论文中既有老一代学者的新作，也有中年学者的力作，更有新秀的佳作，大大促使了一大批青年词汇学者的成长。当今词汇学界最活跃的青年学者，许多人的早期重要成果就是首宣于词汇会，首印于《词汇学理论与应用》的。如余桂林、叶军、胡中文、刘晓梅、王吉辉、匡鹏飞、马清华、李红印、朱彦、万艺玲、王泽鹏、王晓鹏、李智初、王伟丽、金艳艳、王楠、萧模艳、陈长书、叶慧君等。说商务印书馆推动了当代词汇学研究，培养了一批词汇学人才，一点不为过。

  商务在词汇学系列研讨会上的主导作用，还形成了学术界特有的一种组织方式，来自研究界的苏宝荣、周荐和我，与商务的周洪波，形成了这个系列研讨会核心小组。这里无学会，却有学事；无职位，却有实事；无定会，却有恒题。一届届词汇研讨会的筹备与召开，论文集的评审与编纂，都是在不确定的见面与不长的晤谈中得以落实与推进。宝荣兄沉稳大气、周荐兄细密周到，自是发挥了大的作用，而洪波兄的支持许多是"物质"的，所起到的作用自是实在而可靠。

在与商务的交往、与洪波兄的相处中，印象更深的是那种大气与眼光。词汇会议的召开、研究论文的出版，只是明而易彰的"事功"，隐于后的却是那种极为难得的虽立一馆，却敢睨天下的雄心。正是有了这种眼光与胸怀，才有了更大的追求与担当。看看商务这些年的发展，在国际汉语教学领域、语言资源建设与开发领域、绿蓝黄皮书领域、语言学重要刊物的出版领域，语言学理论著作的出版领域，都展示了商务在当代语言学研究中所起着的核心作用。它远远超出了传统的"出版"功能，而是将学术研究的动议、启事、进程、总成各个环节都纳入了自己的视野。"商务"不"商"，其讲究的全然是一个"学"字，姓"学"、兴"学"、求"学"、助"学"、功"学"。商务对当代汉语词汇研究的支持，只是这种境界与功德的点滴写照。

百年老店　时代先锋
——贺商务印书馆 125 年诞辰

田　小　琳

商务印书馆是中国出版业有深厚文化积淀的百年老店。一代代的商务人，一代代的作者，为建设商务添砖加瓦。现在，商务印书馆已经成为 125 层的"摩天大厦"，立于全球优秀出版企业之林。

我年轻时在北京大学、山东大学读书，经典的语言学著作多是商务印书馆出版的。摆在书架上、摞在书桌上，一本本读过。在书上划重点，做印记，所得点滴小字写在书页窄小的天地上。商务印书馆的品牌标志，像是位老朋友，那么熟悉，天天见面。

到了 21 世纪初，轮到自己为商务印书馆添砖加瓦了。吴为章教授和我合著的《汉语句群》作为雅俗共赏的知识性读物，收进了商务印书馆的"语文知识丛书"，这套丛书既体现出学术性，又兼顾到通俗性。《汉语句群》是上世纪 80 年代新教学语法体系《中学教学语法系统提要》公布后的产物。《中学教学语法系统提要》将语素、词、短语、句子、句群列为五级语言单位，形成汉语语法分析的前提。顺应这个新潮流，我们将句群列为最大的语法单位，最小的篇章单位；在语法和篇章之间架起了一座桥梁。我们还在动态中研究句群，人们只要开口说话，就要和句群打交道。句群作为"话语单位"，不仅在语法学、修辞学、文章学里，而且在语义学、语用学、话语分析研究中都有了自己的位置和价值。20年过去了，至今还有读者和我探讨书中的问题。而且，在对外汉语教学界中，有不少老师一直在关注句群和篇章的问题，这本书重印了几次，仍有参考的价值，这一定让已经离开我们的吴为章教授感到安慰。

接下来，我编著的一本《香港社区词词典》，收词2418条，进入商务印书馆的词典系列。商务印书馆是词典"王国"，一本小词典忝列其中，让我又惶恐又荣幸。是商务印书馆在出版界最早推出了"社区词词典"的新概念，介绍了词汇学里这个幼小的新事物。记得我是在2006年交出词典书稿，2009年书稿出版问世。这期间，有周洪波总编辑的热心关照，还有两位责任编辑余桂林和朱俊玄耐心和我一起打磨。我们在电脑上书来信往，讨论词条准确的释义；词典还开辟了知识窗，延伸词语的释义，使读者更多地了解香港社会的实际情况。没有想到，词典很受海内外读者欢迎，没有几年就售罄了。商务印书馆将爱护新生事物视为己任，我亲身感受到商务印书馆给予我的真诚帮助。

继《香港社区词词典》出版后一年，2010年，收录华语社区词语的大词典《全球华语词典》由商务印书馆出版了。这部词典影响很大，发起编写词典的周清海先生敦请了新加坡资政李光耀先生支持此事，李资政和中国领导人李瑞环担任了荣誉顾问，李宇明先生担任主编。我也被邀参与了《全球华语词典》的编委工作。词典的港澳编写组由七人组成，我和姚德怀先生审订，汤志祥主持，成员有张励妍、曾子凡、邓景滨、汤翠兰等。就港澳词条来说，选词的角度宽，收词的数量多，令我加深了对港澳社区词的认识。《全球华语词典》则大大拓宽了社区词的范围，凡例里说道："本词典所说的华人社区主要包括中国大陆（内地）、港澳、台湾、新加坡、马来西亚、泰国、印度尼西亚等东南亚地区，此外还有日本、澳大利亚、美国、加拿大等地区。"词典共收各华人社区词约一万条，第一次展示了华人社区词的大致面貌。

2011年商务印书馆出版了全国科学技术名词审定委员会审定公布的《语言学名词2011》，词汇学部分在05.103条收入"社区词"词条。定义为："某个社区使用的，并反映该社区政治、经济、文化的特有词语。例如，中国大陆的'三讲''菜篮子工程'，香港的'房奴''强积金'，台湾的'拜票''走路工'。"这个名词术语的出现，已经有《香港社区词词典》《全球华语词典》里成千上万条语料的支持，"社区词"这个新概念终于得到拍板肯定。

2016年商务印书馆又再接再厉出版了《全球华语大词典》，这是《全球华语词典》问世后的华语词汇研究的又一重大成果；是李光耀资政亲自提议，李瑞环先生合议，促成又一部词典出版的美事盛事。两位领导人继续担任荣誉顾问，周清海、陆俭明、邢福义担任学术顾问，李宇明继续担任主编，编写团队相当有规模。词典收词88400条，是名副其实的大词典。词典除了收录全球华人社区的通用词语，也收入了华人社区的特有词语。其涉及的华人社区的范围比《全球华语词典》涉及的更广泛。这无疑会促进各华语社区的交流，促进华语的整合优化，为学习和研究华语的人开创了广阔的平台。我虽然只参加了这部词典有关港澳词语的审读工作，却受益匪浅。《全球华语词典》《全球华语大词典》选用了不少香港社区词，在香港社区词的选词释义上，都给我新的启迪。大量语料的积累存储，必然促进理论研究上的创新。这两部词典给华语词汇理论研究提供了丰富的资源。

在华人社区的词汇研究有了一定成果时，华语的语法研究、篇章研究就开始摆上了台面。2021年商务印书馆出版了《全球华语语法　香港卷》。我有幸受邀担任《香港卷》的主编，这工作属于邢福义先生牵头领军的国家社科重点项目。没有总主编邢福义和副总主编汪国胜的策划和指导，没有李英哲、周清海、陆俭明、李宇明四位顾问的远见卓识，没有商务印书馆的鼎力支持，就没有《全球华语语法　香港卷》的问世。全书30万字，例句3000多条，呈现出香港独有的社区语体港式中文的语法特色。

回想起来，2011年我到广州开会，从邢福义先生那里领了任务，回到香港后，迅即组织了七人团队，开始香港卷的编写工作。七人来自不同院校，我和马毛朋、李斐任职于岭南大学，石定栩、赵春利任职于香港理工大学，邓思颖任职于香港中文大学，秦嘉丽任职于香港浸会大学。我们讨论框架，确定细目，积累大量语料，运用"普—方—古—外"的综合比较研究方法，归纳整理，条分缕析，分工执笔，共同奋战五年，按期交出了《香港卷》书稿。在之后的两年里，经过邢福义先生和汪国胜先生的审阅定稿，像接力赛跑交棒一样，最后一棒交到了商务印书馆手中。责任编辑刘建梅细心审稿，提出问题和我们讨论，推敲文字，完善表达，劳苦功高。特别要一提的是《香港卷》的精美装帧设计，封面用上了香港区花洋紫荆的颜色，显眼夺目。算一下，从2011年受命，到2021年出版，还真应了"十年磨一剑"的老话。这本《全球华语语法 香港卷》，从内容到形式，都表现了学界和出版界天衣无缝的合作。

接着，商务印书馆按计划要出版《全球华语语法》的全套丛书，《马来西亚卷》新年伊始业已出版，还有澳门卷、台湾卷、新加坡卷、北美卷等会陆续出版，展现出华语社区在语法、语篇方面的运用特色。这一套丛书的出版，开阔了读者眼界，让读者对使用华语的不同社区的语言生活有了更多的了解，这在资讯时代是特别重要的。当地球已经被形容为一个村子的时候，语言文字的交流，比什么时候都更能显出它的活力。《全球华语语法》六卷本，只是个开头，这项工程的完成还需要更多人接棒努力。

商务印书馆是百年老店，是语言学经典著作出版的重镇。一排排的名家名作成行成列，记录了中国语言学的成长、发展、壮大，令中国语言学自立于世界之林。这是人人皆知的。我要说的是，商务印书馆又是时代先锋，它不担心新事物的生命还是新鲜的、弱小的，它用巨擘呵护着新生命的诞生和成长。上述一系列表现华人社区语言特色的出版物，就是最好的例证；而我作为受益者，便是最好的见证人。

感谢商务出版人，不避为他人做嫁衣裳的辛苦，咬文嚼字，勤勉劳作。万丈高楼从地起，一代代商务出版人让这百年老店的血脉传承延续不断，成为时代先锋。在商务印书馆125年华诞之际，我们期盼商务印书馆年年更上层楼，促进中国语言科学的大力发展。

文化担当与至善品格

丁　超

在人类文明的历史长河中，语言文字和书籍出版是文化传承与知识创新的基本载体，是一个民族源流通达的显著标志，社会进步的思想阶梯，文明互鉴和文化交流的重要媒介。中国现代出版业和文化的发展繁荣与商务印书馆的名字紧密相连。今年是商务印书馆125年华诞，也让我们再一次在历史与现实的辉映中景仰她的博大风采，铭记她的无量功德，感念她的深仁厚泽，祝福她的美好明天。

作为商务印书馆图书的忠实读者和受益者，每当走进涵芬楼书店或翻阅手边那些不同年代但有着同样精神力量的商务版书籍时，我的内心总会充满浮想和感慨。

我的小学和中学都是在"文化大革命"期间度过的，当时的情况在今天已经很难想象。懵懂的少年时期虽乐于阅读，但那个年代能够接触到的图书实在太少，对出版更是一无所知。仔细想来，商务印书馆给我的最初印象，大概在我参加1977年高考进入北京外国语学院之后，具体又来自《罗汉小词典》。这本小书由北京外国语学院罗马尼亚语专业编，商务印书馆1959年10月初版，字数132千字，开本787×1092 1/42，印数2500册，定价0.60元。我们当年学的正是这个专业，它是我们接触到的国内唯一正式出版的罗语工具书。虽然只有万余词条，纸张粗糙，泛黄斑驳，大家却视若珍宝。编辑这本小词典的是我们的前辈，北外罗语专业1956年创办后的第一批师生，是在很短时间完成的国庆十周年献礼。后来我又买了商务印书馆1981年出版的《罗马尼亚语姓名译名手册》(辛华编)，这本书对于翻译工作是重要的工具，四十年来一直放在我的案头。

2018年，商务印书馆出版了《罗马尼亚语汉语大词典》。编著者是北京外国语大学冯志臣教授，他也是当年《罗汉小词典》的编者之一。这部词典是近年来我国外语非通用语种（小语种）辞书编纂出版方面最重要的成果之一，也是到目前为止国内外出版的最大一部罗汉双语词典。它参照了罗马尼亚多种权威的语文词典，收录词条8万余，除现代罗语的通用词汇外，还选收了一批俗语、方言、古语、外来语和不同学科的基本专业术语，涵盖面极为广泛。全书释义精准，例证典型，信息丰富，详略得当，规范严谨；在科学性、准确性、适度性、简明性、实用性和时代性方面均相当突出，代表着我国对罗马尼亚语言研究及相关辞书编纂的最高水平。

令人无比感佩的是，这部约500万字、凡1600余页的大部头辞书是冯志臣先生在古稀之年独力完成的。冯先生是吉林通化人，

1956年考入北外，是罗马尼亚语专业创办后的首批学生，1961年毕业留校任教，同年由国家派往罗马尼亚布加勒斯特大学深造。他师从著名语言学家亚历山德鲁·罗塞蒂（Al. Rosetti）院士，于1965年获得罗马尼亚语文学博士学位。上个世纪七八十年代，他同北外罗语教研室的杨顺禧、张志鹏、毛春普等其他几位前辈，克服了种种困难，先后编纂出版了《汉罗词典》和《罗汉词典》，为中罗两国语言人才的培养和各方面的交流提供了基本的语言工具，也通过这种创造性的工作和成就，在自主研究编纂小语种辞书方面为全国的同行带来了成功的经验和精神上的鼓舞。

从我读本科到后来读博，冯先生一直是我的导师，我在专业上有幸受教于他，更为他身上体现的理想、学识、毅力和奉献精神所感动。冯先生完全可以更轻松地度过自己的晚年，更何况他和任远教授主编的《汉罗词典》和《罗汉词典》都已在1990年代出版，这对于一般人来说可谓功名圆满，但他却没有让自己停歇。面对全球化时代世界语言的快速变化以及在具体目的语中的反映，他深感不断推新辞书编写的重要和紧迫，决意要在有生之年再编纂一部更新更全的罗汉词典。就这样，冯先生从2000年开始，凭一己之力，每日坚持不懈，历经十个寒暑，卷帙浩繁的《罗马尼亚语汉语大词典》最终完稿。早在年轻的时候，冯先生就熟练掌握了外文打字，1990年代又对电脑技术产生浓厚兴趣，中外文编辑极为娴熟，让我们这些学生都自愧弗如。在编纂这部辞书时，他几乎将编写、电脑录入和排版等工序一气呵成，初稿一成即已相当成熟。在有的人看来无比艰难的词典编写，对于冯先生来说成为一件在创造中享受乐趣的事情。他毕生学以为耕，文以为获，尤其在辞书编纂方面富有理想而勇于实践,《罗马尼亚语汉语大词典》的编纂过程就是科学精神与人文品格的一次完美融合和体现。

一部好的书稿最终能否成为读者手中的精美图书,发挥其应有的社会效益,在很大程度上要靠出版社的眼光和编印。应该说《罗马尼亚语汉语大词典》是十分幸运的,它先是得到了全国哲学社会科学办公室的支持,被列为2010年度国家社会科学基金后期资助项目,后交由工具书出版领域最负盛名的商务印书馆负责出版。外语编辑室主任郭可同志亲自担任本书的责任编辑,经她和同事们认真细致的编辑打磨和反复校订,一部印制精良的工具书最终诞生。紫红的布面典雅有质感,烫金的书名端庄醒目,内文的版式设计条目突出、层次分明,米黄色的纸页平整柔和,词典形式与内容相得益彰,厚重大气,让人爱不释手。

《罗马尼亚语汉语大词典》出版后受到各方面的好评。在2018年10月24日举行的发布会上,北京外国语大学副校长贾德忠在致辞中指出:"在'一带一路'背景下,党和国家高度重视非通用语教育,而辞书和教材建设则是非通用语人才培养的基石。以冯志臣教授为代表的老一代教师不计名利、默默奉献,甘于坐冷板凳,从事投入高、见效慢的基础性工作,堪称后辈之楷模。"在2019年第九届中国出版集团出版奖评审活动中,该书荣获综合奖。

从1959年《罗汉小词典》到2018年《罗马尼亚语汉语大词典》,历经近60年,它们作为编辑出版个案,折射出新中国教育、文化和出版事业取得的巨大发展和辉煌成就。由此概观,商务印书馆的工具书编印出版是最体现文化价值和学术担当、最具有规模和影响力的品牌系列。它不仅涉及汉、英、日、德、法、俄、西、阿等国际通用语言，还包括相当一批外语非通用语种的词典出版。诸如《越汉词典》(1960)、《朝汉词典》(1978)、《缅汉词典》(1990)、《汉越词典》(1994)、《汉朝词典》(1995)、《汉语波斯语词典》(1997)、《波斯语汉语词典》(2012)、《普什图语汉语词典》(2014)、《意汉词典》(1985)、《塞尔维亚克罗地亚语汉语词典》(1997)、《新捷汉词典》(1998)、《汉语拉脱维亚语大词典》(2010)、《汉荷词典》(2018)等，都是这方面有代表性的精品力作。

从 2009 年起，商务印书馆陆续推出多语种版的《汉语图解词典》，其中的小语种多达几十种，为蓬勃发展的孔子学院和中国语言文化的国际传播提供了非常实用的学习读本。

2013 年，商务印书馆联合中国国际广播电台编辑出版了"18 种小语种汉外分类词典系列"，包括阿尔巴尼亚语、保加利亚语、波兰语、波斯语、菲律宾语、豪萨语、克罗地亚语、罗马尼亚语、缅甸语、尼泊尔语、僧伽罗语、泰语、泰米尔语、乌尔都语、匈牙利语、意大利语、印地语、印度尼西亚语，其中大部分都是第一次正式出版汉外分类词典，具有填补空白的意义。此外，该系列还实现了 EP 同步，在出版纸质词典的同时推出 iOS APP 应用和电子书形式的数字产品。

辞书的编辑出版难度大，周期长，其中的非通用语种辞书普遍面临研究力量弱、使用范围窄、出版成本高的情况，比一般图书的出版要复杂和艰难许多。但这类图书往往也体现着一个国家的文化导向，以及对相关语言基础性研究和出版的综合实力。商务印书馆多年来以义取文，以道自任，注重社会效益，以"超越巴别塔"的情怀和使命担当，通过诸多语种词典的出版为连通中外、增强中国文化的国际影响力做出了历史性贡献。

当今世纪疫情和百年变局相互交织，国际社会面临诸多挑战，世界各国比任何时候都需要相互尊重和团结合作。不同国家和民族之间的相互理解和信任，在共建人类命运共同体的理念下协力开创美好未来，都离不开语言的纽带和文化的桥梁。中国走向世界，强大的文化力量不可或缺。双语工具书，特别是广大发展中国家使用的非通用语言的词典编纂出版，文学经典和学术著作的引进外推，"冷门绝学"研究工作的开展和成果出版等，无疑都具有重要的学术开拓和文化积累意义，是功德无量的至善之举。在这方面，已经在风雨磨砺中走过125年光辉历程的商务印书馆，未来一定会给我们带来更多视野恢宏、体大精深、新颖实用的书籍，不断推动中国文化的繁荣与发展，助力人类文明的传承与创新。

引领正确的学术方向　推动语言学科健康发展

苏宝荣

以"昌明教育、开启民智"为宗旨的中国历史最悠久的现代出版机构——商务印书馆，即将迎来125周年诞辰，作为它的读者与作者，回顾多年来它在"引进世界先进文明，弘扬中华固有文化"事业中所做的杰出贡献，回想近二十年来与该馆同志接触中所受到的教益，可谓感慨万千。

我与商务印书馆的联系与友情，是建立在多重关系之上的。

首先，我是它的读者，也是它的作者。2000年我所承担的国家社科基金项目的结项成果《词义研究与辞书释义》由商务出版，2008年我的论文集《词汇学与辞书学研究》也是由商务推出的。此外，在商务出版的词汇学、辞书学等相关论文集如《词汇学理论与应用》《语文辞书论集》《中国辞书学报》《中国训诂学报》等中，收入了我近 20 篇文稿。如果说我在词汇学、辞书学研究中还做出了一些成绩的话，商务就是我最主要的展示学术成果的平台。

2003—2013 年十年间，我曾担任两届中国辞书学会的副会长（其中一届还兼任学术委员会的主任），而中国辞书学会的秘书处就设在商务印书馆，每年要在商务召开两到三次工作会议（会长办公会或常务理事会），期间既商量工作，也研讨学术问题，这就更加增多了我与该馆同志交流的机会。

另外，《现代汉语词典》2012 年修订出版的第 6 版和 2016 年修订出版的第 7 版，我被聘任为审订委员会委员，由于审订工作的有关会议与活动是由编写单位（中国社会科学院语言研究所词典编辑室）和出版单位（商务印书馆）共同组织的，这也就进一步增加了我与商务的同志接触的渠道。

在这近距离接触与交往的过程中，我的一个非常突出的感觉是：近年来，我国语言学科的快速发展和逐步走向繁荣，商务是做出了重要贡献的，可以说，是当下国内任何一个出版社所不能比拟的。商务不仅不分分内分外，做了大量创新性的工作，而且坚持正确的学术导向，促进我国语言研究、教学与应用的健康发展。这突出体现在以下几个方面：

一是坚持正确的学术导向，注意妥善处理继承民族优秀成果与引进西方理论方法的关系。可以说，这是事关我国语言学科健康发展的首要问题。用汉字书写的汉语，在语言表达上与以拼音文字书写的印欧语言是有重要区别的。吕叔湘先生曾经说过："'词'在欧洲语言里是现成的，语言学家的任务是从词分析语素……汉语恰好相反，现成的是'字'，语言学家的课题是研究哪些字群是词，哪些是词组。汉语里的'词'之所以不容易归纳出一个令人满意的定义，就是本来没有这样一种现成的东西。"现成的是"汉字、音节、语素形成三位一体的'字'"，"专门指音义结合体的时候，最好管它叫'语素'"。东西方心理、思维与语言的差异，使汉语研究与西方语言研究呈现出不同的特点。二者之间既有本质上的同一性，又有特质上的差异性。一方面，我国传统语言研究生根于汉语自身的沃土，在很大程度上揭示了汉语的特殊规律，取得了丰硕的研究成果，我们今天的语言研究对此必须加以继承；另一方面，建立在理性思维与构成分析基础之上的西方现代语言学，使语言的研究从朦胧走向科学，它对于汉语研究有极其重要的借鉴价值。

中国语言事业的发展，具有中国特色的语言学科体系的建立，必须坚持传统与现代的有机结合。而在我国语言学界确实存在将传统与现代、语言的民族性与共性对立起来的情形：或者认为"语言学和其他科学一样并不存在国界"，否认不同民族语言的差异性，忽视对我国传统语言学研究的理论、方法和学术成果的总结与继承；或者主张"以字为本位来研究汉语"，夸大汉语的特殊性，排斥对西方现代语言学理论的学习和借鉴。而商务在语言学著作的出版上却始终坚持引进西方与继承传统相结合的原则。早在1898年商务就出版了《马氏文通》，奠定了中国现代语言学的基础。此后一百多年间，先后推出了《国文法草创》《新著国语文法》《汉语口语语法》《中国音韵学研究》《普通语言学教程》等一系列中外语言学经典著作。2002年，为推动我国语言学事业的发展，适应时代的需要，又专门设立语言学出版基金，用以资助"中国语言学文库"的出版。文库的第一辑为老一辈语言学家的传世之作，书名以含有作者姓名的"语言学论文集"命名；第二辑为中老年语言学家，主要是专题性著作或专题性论文集。在已经出版的著作中，从研究的内容来看，既有以现当代汉语为研究对象的，也有以古代汉语为研究对象的；从研究的理论方法上来看，既有以引进现代语言学理论为主的，也有以传统语言学研究方法为主的。为了促进传统与现代的有机结合，商务还与中国社会科学院语言研究所、北京语言大学、中国语言学书院联合主办"海内外语言学者联谊会"，定期举办学术论坛，至今已举办了10届。

二是具有前瞻意识，重视对青年学术新秀的推介。作为一个出版单位，商务尤其重视发现人才、培养人才，特别是培养年轻人。自2002年语言学出版基金启动后，近十几年一直将中青年语言学者专辑的出版作为重点。为了扶植中青年学者，基金会每两年举办一次"中青年语言学者沙龙"，与会代表除评议委员外，还邀请学界某一领域的中青年学者参加，沙龙至今已经举办了15次。对青年作者既积极支持、鼓励，又严格要求，为了保证出版基金资助著作的质量和评选的公正性，基金采取书稿匿名评审制，要求评审人本着对学术负责的精神，指出参评著作的优点和存在的问题。基金资助著作出版时，将评审人的意见附于书后。"中国语言学文库"的中青年学者专辑已连续评选出19届42部，其中多数都是近年来语言学研究的精品。如受"中国语言学文库"中青年学者专辑首批资助出版的刘丹青的《语序类型学与介词理论》、曹志耘的《南部吴语语音研究》、郭锐的《现代汉语词类研究》及张国宪《现代汉语形容词功能与认知研究》等，已是公认的相关领域的代表性著作，有些文库著作的作者如今也已成为语言学相关学科的领军人才。

三是树立精品意识，始终将社会效益放在首位。商务注重图书出版的质量，在我国出版行业内是公认的，特别是在打造精品图书方面享有盛誉。《新华字典》《现汉汉语词典》《辞源》是商务的三大中文品牌图书，也是代表国内语言学研究成果的经典著作。《新华字典》已经修订至第12版，《现代汉语词典》正在进行第8版的修订，《辞源》（第三版）已于2015年出版。其中《新华字典》《现代汉语词典》的修订出版是由商务与中国社科院语言所共同完成的，《辞源》编辑、出版、修订则是商务独立组织完成的。《辞源》的首任主编陆尔奎，在《辞源》出版不久，因积劳成疾，双目几近失明，被人称为是为《辞源》呕心沥血、鞠躬尽瘁的人。这些精品的打造，都凝聚历代商务同仁的心血和汗水。特别是在图书市场竞争激烈、经济效益压力巨大的形势下，该馆对《辞源》进行了规模空前的第三版修订工作。《辞源》是中国现代史上第一部大型语文工具书，也是商务标志性的品牌辞书，为文史研究和古籍阅读者所必备。《辞源》第三版在1979年版的基础上，借鉴吸收了三十多年来辞书编纂的丰富经验和研究成果，保留原有特色，守正拓新，以现代语言文字学理论为指导，充分利用计算机技术提取语料，将信息科学与语言研究相结合，全面提升《辞源》的学术价值和文化内涵。新版《辞源》问世后得到有关专家和社会的高度评价。

四是关注语言的应用，注重语言理论研究与应用研究的结合。

商务在建立语言学出版基金，资助"中国语言学文库"出版的当时，就明确了"提倡汉语研究与理论探索相结合，汉语本体研究与应用研究相结合"的宗旨。为了贯彻这一宗旨，推动语言学理论研究与应用研究的有机结合，商务出台了一系列具体的工作任务和措施。如组织馆内外专家学者编写与现实生活更贴近的《当代汉语词典》；资助《汉语世界》《英语世界》《对外汉语研究》《汉语国际传播研究》《中国社会语言学》《汉语应用语言学研究》《语言学论丛》《中国语言学报》《中国文字学报》《中国方言学报》《汉藏语学报》等二十余种期刊和辑刊的出版；国内各语言学分支学科的学术研讨会，商务几乎都作为协办单位予以资金和论文集出版方面的资助。特别是又受国家语言文字工作委员会的委托，主办和出版《语言研究战略》，并于2016年1月正式创刊。该刊是我国第一份以语言政策和语言规划为主要内容的专业学术期刊，该刊是国家语委学术指导，中国出版传媒股份有限公司主管，中国语言学会语言政策与规划专业委员会予以学术支持，由商务印书馆主办和出版。《语言战略研究》的办刊宗旨是"服务国家和社会需求，研究现实语言问题，促进学术成果应用，构建和谐语言生活，提升国家文化软实力"，将语言的应用研究提高到国家发展的战略层面，如今这本期刊已是中文社会科学引文索引（CSSCI）扩展版来源期刊和中文核心期刊。

我与商务印书馆：
因缘·书缘·情缘

周 庆 生

商务印书馆是目前中国最具实力和影响力的文化出版机构。一个多世纪以来，从变化的时代看不变的担当，商务印书馆秉承"昌明教育、开启民智"的初心，把文化担当和文化追求放在企业核心经营理念之首，出书出人出影响，不断创造中国文化出版事业的辉煌。

继《辞源》《新华字典》《现代汉语词典》等传世语言品牌之后，商务印书馆又恪守"服务国家""品牌至上"的经营理念，精心打造了《中国语言生活状况报告》（简称绿皮书）这个新品牌。本文讲述我和商务共事的故事，回忆梳理我们双方携手培育绿皮书品牌过程中的缘分。

一、因缘

1. 读书购书：仰慕商务图书

我从小就用商务印书馆出的《新华字典》，受其影响，获益多多，但只记得字典的名字，不关心是哪家出版社的产品。商务印书馆对我还只是一种自然而然的单向影响。上大学前后，我对人文社会科学感兴趣，开始博览群书，大量购书，经常光顾北京西单和王府井新华书店、中国书店及商务印书馆涵芬楼等处，发现还是商务出的书更有品位，更加经典，更具影响力，我对商务油然产生一种仰慕爱慕之情。

2. 聆听陈原演讲：间接感悟商务

我跟商务印书馆的间接交集可以追溯到20世纪80年代中期。1985年，陈原先生刚刚离开商务印书馆总经理兼总编辑的职位，出任国家语言文字工作委员会主任。陈先生协同中国社会科学院研究生院语言文字应用系的陈章太教授和民族学系的王均（同时兼语言文学应用系教授）、周耀文、应琳教授，招收了我国第一代社会语言学方向的硕士研究生。我有幸考入民族学系，师从王均等教授。

1987年三四月间，陈先生给中国社科院研究生院社会语言学硕士研究生讲社会语言学课，我怀着浓厚的兴趣认真听完了陈先生的系列演讲，演讲内容包括语言变异、语言与文化传统、语言交际和定量分析四个方面，演讲中展示了大量的录音录像材料，穿插着听讲者的提问及解答，讲课形式新颖多样，效果极佳。陈先生反复强调:"社会语言学既要研究语言变异的消极方面,即冲击并妨碍规范化的方面;也要研究语言变异的积极方面,即丰富语言表达力和适应语言交际需要的方面。"这个观点给我留下了极深的印象。

陈先生演讲后组织研究生座谈,再根据讲课及座谈的录音记录,写成《社会语言学专题四讲》一书,"座谈记录"附在书后,1988年出版。中国社科院研究生院语用系苏金智、姚佑椿、汪慧君、陈佳平、郭晓峰、陈红玉、黄慧之,民族系周庆生,语用所厉兵,《语文建设》编辑部李钊祥听课并参加座谈。我在座谈中提出"求异思想"也是新词新语产生的一大原因、"小姐"的社会称谓问题、语言和文化传统等问题,没想到陈先生都耐心细致地一一解答,令我茅塞顿开、终生难忘。

3. 山水宾馆恳谈:与商务喜结良缘

我和商务印书馆的直接交往是在21世纪初,周洪波先生从教育部语言文字应用研究所调到商务印书馆之后。我曾应邀参加过他召开的几次语言研究座谈会,其中两件事还有印象,一是他约我整理一张中国少数民族分布表,拟在修订《新华字典》《新华新词语词典》时附上。我很快就完成并上交了这份作业。二是我在一次座谈会上推荐介绍了美国《国际语言社会学期刊》的做法,每一期主打一个主题,同时也刊登一点其他主题的论文。这样更适合同行需要,更易受业界欢迎。

我跟商务印书馆的密切交集可以追溯到2004年9月3日。这天教育部语言文字信息管理司召开了一次工作会议,我即兴提出编写一部"中国语言状况绿皮书年度报告"的建议。会后,大家对此建议感兴趣,想再深谈。周洪波总编邀请李宇明、王铁琨、郭熙和我同去山水宾馆喝咖啡，边喝边谈。果然谈出了结果，一是启动国家语委科研项目资助"语言状况绿皮书"研究，二是项目由我来挑头，三是将此项目成果纳入国家语委主导的"中国语言生活绿皮书"系列丛书出版。

关于绿皮书的出版，陈敏处长曾透露，"当时我们在策划的时候，也找了好几家出版社，很多出版社可能出于方方面面的考虑，下不了决心来出这个书，但是商务印书馆眼光独到，很注重社会效益，我们的绿皮书才能走到现在"。

没想到这次五人的山水宾馆恳谈孕育了语言研究的一个新品种——语言生活状况绿皮书，结下了我和商务印书馆共事18年的不解之缘。

二、书缘

商务印书馆既是绿皮书的出版者，也是课题组部分研讨会及联审会（亦称消极审稿会）的资助者，还是联审会的组织者。按常规，一个课题立项后，出版社只是在课题结项、形成书稿之后才跟课题主持人接触，但商务印书馆不走俗路和老路。课题一立项，周总就开始参与课题组的活动，从选题策划、立意谋篇，结构框架到审稿改稿，全程一条龙介入，直至书稿出版。

周总常被课题组称作"工作狂""永动机"，常年看不到他消停的时候，要么工作，要么抱个电话，不知疲倦，不停转动。郭熙教授说得很形象，"没有他好像就无法运转，而有了他，我们就得一直跑，一直转，无法停下来"。

在跟周总的工作交往中，我逐渐认识了商务印书馆原总经理于殿利、党委书记、执行董事顾青，副总编辑余桂林，语言编辑王飙、蔡长虹、刘建梅、丁海燕、戴文颖、俞必睿、朱俊玄、杨佳、姜贺、李青梅、何瑛等。

1. 服务发布会，赶印毛坯书

国家语委拟于 2006 年 5 月下旬召开"2005 年中国语言生活状况新闻发布会"，但是绿皮书距正式出版还有一长段路程，为了让出席发布会的人员能够见到绿皮书，但又不违背出版行规，语信司建议出个绿皮书征求意见版，不申请书号，以毛坯书的形式，非正式出版，在毛坯书的封面注明"征求意见本，不外传、不引用、不公开"。

5 月 18 日上午 9 时，绿皮书改稿工作兵分两路，进入攻坚战。一路由周洪波、陈敏、侯敏、杨尔弘、汪磊等根据审稿各方反馈意见，在商务六楼会议室审改，李宇明、王铁琨两位司长下午一到，即投入战斗。另一路由绿皮书上编责编余桂林和下编责编魏励在排印厂盯改。周总等在会议室做出的改动，及时通过电话传到排印厂余桂林等处，余桂林等根据电话记录，叮嘱排印厂照排修改，然后再将照排改稿传给周总等确认。大家一篇一篇过，逐字逐句推敲，忘了吃饭，忘了睡觉，一直工作到第二天上午 9 点。最终赶在绿皮书新闻发布会召开之前，印出"征求意见本"毛坯书 150 册。绿皮书先以毛坯书形式亮相以及毛坯书的产生过程，这种事例在商务印书馆语言学著作出版史上实属罕见。

2. 追赶进度，应急"扣人"

为了确保绿皮书的出版进度，对于稿件审改过程中出现的重要问题，需要将改稿高手留在宾馆一段时间，集中时间和精力，突击处理那些疑难问题。这或许是商务印书馆"赶进度、保质量"的一大法宝，但被集中改稿者却戏称此举为"羁扣情缘"。

2006年2月绿皮书第一次专家审稿会在北京八达岭庄园饭庄举行，会后，李宇明、周洪波决定将郭熙、冯学锋"扣"在八达岭一周，根据审稿会提出的意见，修改全部书稿。李宇明、周庆生、周洪波不断打电话交流讨论相关问题。周总和责编余桂林也多次打电话嘘寒问暖，为被扣者准备了换洗内衣内裤。二位圆满完成了绿皮书的修改任务。

3. 标题年号从内容年改为出版年

2006年2月绿皮书第一次专家审稿会在讨论书名时，曾涉及书名标题年份如何标写的问题。我当时提出，如果遵循学界大多数皮书的做法，绿皮书标题年号似宜用出版年，比如《中国语言生活状况（2006）》，其中2006是出版年，书中的内容则是上一年2005年的，但是，大家都不同意这种标法，认为应该实事求是，绿皮书标题中的年份应该跟此书内容反映的实际年份相一致，采用内容法标注更合理，所以第一本绿皮书的标题就标为《中国语言生活状况（2005）》。

五年后，周总发现了内容标记法的弊端，一是绿皮书标注的年份总是比实际出版的年份早一年，作者年终考核时，成果总是滞后一年，作者填表会感到很尴尬。另外，商务印书馆2006年出版的新书，因为封面标的是2005年，到了书店则被认为是上一年的旧书，不愿将其放在醒目的位置，有的甚至不给上架。为此周总建议将绿皮书标题中的年份，由内容年改为出版年。大家一致同意这项改动。

后来周总又找我谈起五年前我提过的建议,说你当时要是坚持书名标题用出版年就好了。我说,当时提议用出版年,只是随大流,知其然不知其所以然,当时我也说不清楚为什么学界大多数皮书标题都用出版年,所以没有坚持。现在周总说的条条在理,所以年号改动,大家也都心悦诚服。

4. 专家型编辑:余桂林

我跟余桂林的初次交往大概在2005年,绿皮书正式被国家语委批准立项,项目最终成果由商务印书馆出版,桂林做责编,我做主编,彼此之间接触频繁。桂林是个敬业勤恳、志向专一、绩效显著、特点突出的商务人。

由于绿皮书具有时效性、政治性、敏感性、复杂性等特点,做绿皮书的责编可能比做其他书的更辛苦,改稿,审稿,送稿,取稿,跟作者、主编、审订讨论,工作十分繁重,经常要加班加点,甚至熬夜。2006年稿件处理一般都用纸版,不大使用电子版。一天早上,桂林骑着两用自行车,冒着蒙蒙细雨,驮着孩子,来我家取稿,然后再送孩子上学,最后再去上班。我送他们到小区大院门口时,孩子看着过往的轿车突然问爸爸:"爸!我也想坐汽车,你什么时候买呀?"桂林答道:"咱家这电动车挺好,不用买汽车。"孩子无语,我也无语,但我心中却在念叨,真是商务的一条硬汉!

2005年在做第一本绿皮书时,选题多,作者少,课题组鼓励年轻学者、博士生等自报选题,正副主编将给予具体指导。当时桂林报的是"台湾语言生活状况",我跟他具体讨论了此篇报告的框架搭建及材料搜集等问题。他的初稿完成后,有多位专家评审,我也提了不少修改意见。余桂林一一消化吸收,认真改正,不放过每个错漏细节,直到顺利通过终审。

在绿皮书的青年作者中,有的只做一锤子买卖,一年只完成一个题目,以后再不问津;有的选中一个方向,最多只做两三年,尔后也离开这个团队。唯独桂林与众不同,他自第一年选中"台湾语言生活状况"这个题目后,18年如一日,年年都做,年年出新,不离不弃,坚贞如一,尽显其对绿皮书的执着、热爱、钟情、专一。经过长期的积累和修炼,桂林已成为该领域小有名气大有希望的专家了。

三、情缘

1. "水与火"的历练:联席审稿会

每年举办一次主管方、审订方和主编方三方联席审稿会(简称联审会),是商务印书馆实施"绿皮书品牌"战略的一项重要举措和法宝。联审会的参会人员平素分散各地,很少有机会聚集。商务为大家选择一个可以享受大自然之美的庄园或食宿比较称心的宾馆,让参会者彻底摆脱都市的喧嚣,静下心来,跟专业同行共同探讨解决书稿问题。对参会者来说,这原本就是一种莫大的幸福,现已成为一种深切的期盼。

商务素有十分尊重专家学者的传统,周总更具有儒商兼学者的魅力,商务振臂一呼,应者怎能不云集。周总是联审会的大管家,参会人员的交通食宿、会址日程、审改分工、会议讨论等等,事无巨细，都得走心操办。

2. 审稿冷酷无情

联审会旨在解决三方面的问题。一是讨论解决书稿中的棘手问题、疑难问题，排除所有潜在风险和隐患。二是坚持质量第一、宁缺毋滥、一票否决的原则，任一稿件，只要审稿人说不，就坚决拿下，没有商量的余地。三是对于已经通过联审会的审核但还存在一些问题的稿件，逐一提出修改意见，并将这些意见反馈给作者修改。

3. 金婚几年活动

陈章太、戴庆厦、陆俭明三位老先生是审订团队的核心，他们16年如一日，坚持参加联审会议。为了表达绿皮书团队对陈章太等老先生的敬爱和感谢、增强团队的亲和力和凝聚力，我曾提议，在绿皮书联审会或研讨会召开期间，为老先生简单过个金婚纪念。这很快得到李宇明司长和周洪波总编辑的认可和支持，周总亲自负责筹办。

2010年5月下旬，绿皮书联审会在北京大兴召开，陈先生金婚纪念于26日晚举行，李宇明司长代表语信司和绿皮书团队，向陈章太、邓庆春夫妇献上一大束鲜花，祝他们金婚快乐。陈先生夫妇接过鲜花，十分高兴，连连鞠躬致谢。陈先生讲述了自己的恋爱过程。本人担任金婚纪念主持。陈先生夫妇为大家献上一曲《夕阳红》。后来，每当有人提起陈先生夫妇的金婚纪念时，陈先生都感到无比自豪和满意，正如他在多种场合所说："我这么多圈子里面，就没人想着给我过金婚啊！"

戴庆厦夫妇的金婚纪念于2008年5月在北京怀柔绿皮书联审

会期间举办，陆俭明夫妇的金婚纪念于 2011 年 5 月在广东韶关绿皮书联审会期间举行。

4. 汽车接送走心

2009 年 5 月初，绿皮书联审会在北京顺义顺鑫绿色度假村举办，度假村坐落在一大片森林之中，其住所和餐厅相距三四里。腿脚正常者行走，不在话下，但腿脚不便者则会犯怵。戴庆厦先生身患痛风，不能走远路，其夫人徐悉艰老师腿脚受过伤，还没完全康复。

有鉴于此，我主动提出，我是开车过来的，我可以用车接送两位老师去餐厅。这几天每次用餐，我都开车接送，对我来讲，不过是举手之劳，没费什么事，但两位老师却感动得不得了，他们一再表示感谢，因为此举解决了他们的大苦恼。此后多年，每当见面，他们都会"谢"不离口地表示一番，还时不时给我带点小礼物，让我十分过意不去。我时常扪心自问，戴老师伉俪跟我结下的是一种什么感情？不是亲情，但绝对胜似亲情！有道是：

审稿之心，似镜似水，清冷平平；

聚会之情，如火如荼，炙热滚滚。

四、余言

因编印绿皮书，我和商务印书馆共事 18 年。回顾过去，我跟商务印书馆携手打造绿皮书品牌 8 年，从框架设计、选题组稿、通审统改，各个环节都要亲自操刀。年年累得不行，但年年见新书，成就感快乐感和幸福感还是满满的。由于时间精力和体力投入太多，我个人的一些科研项目及出书计划均搁置下来，焦虑越来越重，压力越来越大，我不得不辞去主编。

辞职后，本想借此好好喘口气，聚精会神还清多年欠下的文债，谁知还是跟商务脱不了干系，又给我挂了一个审订，从2014年我不干主编开始，一审又是8年。

对比过往，原来的老审订都是在书稿成型后介入，现在的新审订是从选题阶段就介入，现行绿皮书的编审程序更严了；原来的老审订只审绿皮书一种，现在的新审订要审绿皮书、白皮书、蓝皮书、黄皮书四种，皮书的品种扩大了，审订的任务也随之增加。

2017年商务印书馆建馆120周年之际，商务邀我担任"商务印书馆学术委员会专家委员"，还发给一份证书，这让我深受感动，不胜荣光。看来我跟商务的"编审情缘"终身难断了。

在商务印书馆迎来125周年华诞之际，我由衷祝愿商务印书馆老当益壮、永葆青春，在百年未遇之大变局中，以不变应万变，不断创造新的辉煌！祝愿我和商务的友情及缘分延绵不断，永世长存。

于2022年1月30日

九旬老人的心愿

董鼎山

我是1947年出国赴美国留学的，65年前我在上海只是一个年轻的小伙子，到了今日，哪有资格来谈我与商务印书馆的"关系"。我只记得，在那时，抗战胜利后，各种文化企业纷纷自重庆、桂林各地返回上海。在三大书局中，商务印书馆最有名气、有重量，其他两家是世界书局与中华书局，都是靠印刷学校教科书来支持，但是商务声誉特高，因为在王云五领导下，商务出版有质量的字典、辞典与学术书。这三家书局，特别是商务，被读者们目为品质高等的文化机构，也甘愿出版新文学著作。后来，适应青年读者口味的开明书店、生活书店纷纷而生，我记得开明与生活出版了不少新文学作品，吸引了许多青年读者，那时出名作家如巴金等的作品就由生活书店（后来成为三联）等出版。商务印书馆也出过《小说月报》等文学期刊。我除了心醉于新文学以外，还特别拜服王云五先生所发明的四角号码检字方法，我还记得，在中学时代，我就要父亲陪我到一家书店购了一本小小的袖珍四角号码字典，带到学校炫耀，与同学们比赛谁查字快。成年后，我闻说王云五先生并不是经过大学熏陶的学者，他的学问都是自学的，更令我肃然起敬。

我 65 年前出国之前，根本没有资格出书，只由一个朋友所设的小书局替我出版了一本短篇小说集《幻想的地土》，留给朋友们作为告别的纪念。原只想留学三年后回国，替新闻界或出版界服务（那时专靠写稿不能为生，作家们非找一个职业不可，如教师、小店伙计、公司职员之类），我的雄心是回国后当个报馆记者或书局编辑。不想时事的转变促使我终生留在美国，现在年临 90，我对商务印书馆印象犹深。在出国之前，我曾在《申报》与《东南日报》任职，也曾在各地报章杂志发表过散文、小说，还不能算是个作家。在美国时，我经常用英文写作。美国总统尼克松访问中国后，中美关系正常化，我才有幸于 1978 年，作 31 年后的初次回国探亲。到了那时，我对新中国出版事业已完全没有什么了解，由于弟弟董乐山与老友冯亦代的介绍，我结识了还尚在的三联书店几位新编辑。他们正在筹办《读书》杂志，就请我写些有关美国文化与出版事宜的报导，如此恢复了我的中文写作。也有幸出版了我二十种单行本，但出版者之中没有我自幼即崇拜的商务印书馆。

但是这个梦等到 2000 年终于实现。这本名叫《美国梦的另一面》的文集乃是当时商务一位叫朱绛的编辑先生编辑。内容选自我数年来在《香港商报》所发表的"纽约人语"专栏。这个专栏的主要内容是介绍美国的一般情况。当时中国同胞们正在深深迷醉美国生活、大做美国梦之际，而我要用我在美国半个世纪的生活经验与我在新闻观察上的职业兴趣，写出一些兼具新闻性和历史价值的资料与观感，内容不一定是文化杂谈，而是有关美国政治与社会情况的透视。我的原意是在打破中国人迷上了的有关美国的美梦，把社会上的不平等与并不美好的现象透视出来。我原想将此书名为"美国梦的丑恶面"，与编辑先生讨论之下，才改为现在的"美国梦的另一面"。商务印书馆愿意出版《美国梦的另一面》，我也完成了自幼所做的梦——商务印书馆出版我的著作——的心愿。这对九旬老人来说，是件可慰之事。

2012年2月20日，于纽约

我和商务印书馆的书缘

李如龙

我这辈子都在跟书打交道，或者说与书有缘。论书缘，大概有十种。贯穿始终的是读书、查书、考书、买书；当学生时是念书（闽南话指朗读）、背书、抄书；当老师后是教书、编书、写书。读书是终身事，不用说了；当学生要查词典，当老师、写书要查资料；当学生被考，当老师要考学生，写书则是应读者之考；不论何时，见到好书就想买。所以，这几样是终身都要做的事。上小学时要大声唱读，也少不了背诵，有老师告诉我，学文言文、读古诗最好要动笔抄书，我试过果然有效，所以有时也抄抄古诗词。当了老师当然要教书、编教材、写教案，有了心得就难免想写书。这十种书缘，概括起来主要是读书、教书、写书三种。

回顾过去的几十年，我对这些书缘并不感到负担，更不会反感，而是觉得温馨和庆幸。有时忙着别的事，几天不读书、不看报，反倒会不习惯。因为读书使我获得知识和力量，也能陶冶性情；教书使我能够帮助别人提高，也能教学相长；写书则是为社会上更多的人服务。从这里，我找到了实现人生价值的道路。

我的种种"书缘"，都和商务印书馆有许多关联。

在上小学时，我学会了用"四角号码"检字法查字典就十分兴奋，商务印书馆的《四角号码小词典》为南方的孩子正字、正音帮了大忙，我是经常不离手的。学校里查字典比赛得过奖，作文比赛因为没有错别字也名列前茅。商务印书馆不但编四角号码字典，还出版注音符号的教科书，让我们学了国语。因为尝到甜头，一路走来，常用的都是商务印行的《新华字典》《辞源》《现代汉语词典》。上了中学之后，有"万有文库"的百科读物，都是小薄本，几天就能换一本再借，那是扩大知识面的康庄大道。上了大学，不论是古籍《四部丛刊》《古今图书集成》，还是"汉译世界名著丛书"，就更是读不完的书海了。当我大学一年级选定了语言学的道路后，迎面而来的是赵元任、罗常培、王力、吕叔湘、朱德熙、丁声树、李荣的名著和洪堡特、高本汉、帕默尔、索绪尔、布龙菲尔德、萨丕尔的译本，都是商务抢先出版的，步步催我前进。在语言学方面，商务印书馆不但出版名著勇立潮头，对于许多反映时代成就的巨著也责无旁贷地承担了出版任务，如多卷本《中华人民共和国地名词典》，综述全国民族语言的《中国的语言》。老一辈的语言学家大多有重要著作在商务出版，如杨树达、陆志伟、黎锦熙、陆宗达、周祖谟、俞敏、邢公畹，等等。此外还一向关注语言学的应用和创新，成绩斐然。21世纪之初，他们斥资百万设立"语言学出版资金"，赞助"中国语言学文库"的出版。在普及和应用方面，近20年间，出版了系列的《普通话水平测试指导用书》和国家语言文字工作委员会历年发布的"中国语言生活绿皮书"系列,印制《中国语言文化典藏》《中国濒危语言志》等声像读物,也都是走在时代前列。后来评选出版的优秀博士论文不但催生了许多语言学新苗,也是对于学术创新的有力肯定。辑刊方面在出版《语言学论丛》《中国语文》《方言》之外,还承担了大批语言学核心刊物的出版和发行,对编者、作者和读者都大有推动。从事语言的学习和研究,读书、教书、查书、考书、买书,乃至编书、写书,商务印书馆都给我提供了优越的条件。最近,在盘点自己编著的57种出版物时,我才发现,所编著的57种之中,在我服务过的厦门大学、暨南大学的出版社和福建人民出版社、商务印书馆四家,各占8种,其中商务的独著最多(4种),这是对我的语言学研究的最大鼓励。

商务印书馆是我国首家现代出版社,125年前建立的时候,正是中国灾难最为深重的年代。商务印书馆成立之初就推出了《华英词典》《国文教科书》和多种学术译著等,陆续办起《东方杂志》《小说月报》《自然界》等新刊物,为思想启蒙运动和新型语文教育与文学革命做出了重大贡献。经过30年的艰苦奋斗建立了庞大的出版集团。1932年,商务被日本侵略者的炮火毁于一旦,而后又重新崛起。1949年后数十年来,又创造了辉煌的成就。仅就庞大发行量的《现代汉语词典》来说,经过多年努力,1960年出了"试印本",1965年出"试用本",直到1978年才出第一版,从启动到正式出版,精心打磨,中国社科院语言研究所倾力所为,经历了20年才完成的这部中型词典,足见其认真和慎重,才能有如今的完美质量。目前更大规模的《现代汉语大词典》正在紧锣密鼓地进行着。

  语言是传承和传播民族文化的基本工具，是启迪子孙后代智商发展的重要原动力。汉语和汉字在世界上独具一格，重视语言学的研究，鼓励和推动关于汉语的本体特征的研究及其与外国语言的比较研究，对于语言学的理论建设和庞大复杂的语文应用工程，对于民族文化的发扬光大并走向世界，建设人类命运共同体，都有重大而深刻的意义。商务印书馆125年的成就在这方面卓有成效并积累了可贵的经验，在与语言学相关的学术队伍中具有崇高的威望，成为鼓舞人们前进的指挥所。其厚今而不薄古、重中而不轻外、理论与应用并重、提高与普及两兼、继承与创新并举，都体现了大型文化建设机构的宝贵性格，这就决定了她一定可以与时俱进地不断繁荣发展，我们期待着她为祖国的文化事业做出更大的贡献！

  一个出版社要办成花繁叶茂的园地，关键在于有一批能干又辛劳的园丁。商务印书馆因为高层领导有眼力、有心胸，经营也很成功，所以许多专家就愿意加盟，去帮助同行出好书，而不计较自己的付出。没有这些甘当人梯的勇者，就一定不能出现骄人的业绩。就我自己和商务人有交往以来，就认识了这样的一批人：郭良夫、李思敬、周洪波、冯爱珍。对他们，我一直是心怀崇敬的。

商务印书馆与我的不解之缘

唐力行

商务印书馆是我心目中的学术圣殿。我生也有幸,与商务印书馆结下了不解之缘。在我涉足的三个研究领域:区域社会史、区域比较与区域社会文化史,都受惠于商务印书馆的关注与提携。值此商务印书馆成立125周年华诞,我由衷地祝愿她生日快乐!

我对商务印书馆的认识是在与编辑多年来的学术交往中逐渐加深的。世纪之交,我从苏州大学调动至上海师范大学任教。2002年8月,我们主办了"国家、地方、民众的互动与社会变迁"国际学术研讨会暨第九届中国社会史年会,在这次会议上,我与商务印书馆编辑朱绛先生开始了比较深入的交往。朱先生平易近人,和蔼可亲,我们一见如故,聊起了我的学科建设规划。结合我原先的徽州、苏州的区域研究,我把来上海后学术主攻方向定位为江南区域社会史研究,设想逐渐建立起三个江南研究的学术平台:江南社会史国际论坛、江南社会史专业辑刊和江南社会史研究丛书。朱绛先生十分赞同我的设想,提出先易后难,可以先从丛书做起。次年，我赴京与商务印书馆签订了"中国近代社会研究丛书"出版合同。2004年，由朱绛先生担任责编的丛书第一本《国家、地方、民众的互动与社会变迁》问世了。之后，丛书陆续出版了一系列近代社会研究的学术专著，在学术界引起了广泛关注。

随着学科建设的进展，我们不仅建立起了历史学一级学科博士点，还晋升为上海市重点学科、上海市普通高校哲学社会科学重点研究基地，有了学科建设经费，实现后两步规划的条件成熟了。2007年我们开始主办江南社会史国际学术前沿论坛，会议的规模不大，三十人左右，都是国内外江南研究的顶尖学者。我们精心选择会址，先后在江南有特色的地方如徽州、苏州、扬州、无锡、常熟、常州、杭州等地举办，我们还花大力气研究会议的主题，力图引领江南研究的方向。从首届会议开始，到去年的第十四届会议，朱绛先生都全程参加，全身心投入。首届会议在徽州举行，我们白天外出考察，晚上结合考察的体验和各人文章展开讨论。会场里议论风生，闪耀着学术的灵光，一扫学术会议沉闷的气氛。以至直到深夜十一二点都兴意盎然，难以结束。朱绛总是认真地听学者发言，翻阅每一篇论文，不时做着记录。我知道他是在为辑刊的诞生做准备。外出考察时，中等个子的朱绛，背着一个大大的相机，不知疲劳地奔前走后，摄下一个个珍贵的镜头。为会议积累了完整的资料。2009年《江南社会历史评论》创刊号出版了，会议论文成为辑刊稿件的主要来源，会议与辑刊相得益彰，大放异彩。我在发刊词上讲到办刊理念是：一是重视理论的创新，尤其是本土化理论的建立；二是重视新资料的发掘；

三是提倡社会史的新视野；四是倡导历史评论，在学术批评中推动学术的发展。现在看来基本上做到了。辑刊由每年一期，发展到每年两期，迄今已出版了十九期。朱绛先生为我们设计了封面，每期封面的左侧都会有一幅他在江南各地拍摄的照片，淡雅隽永，诗意中散发着学术的底蕴。朱绛先生总是默默奉献，每次来开会，我们要给他报销车马费，他总是说你们经费紧张，我自己解决吧。有好几次由于印刷厂拖延了出厂时间，为了将辑刊杂志及时送到江南社会史研讨会代表的手中，朱绛先生肩扛手提几十本辑刊，从北京匆匆赶到会场，看着他满头大汗、十分疲惫的样子，我们不由为他的敬业精神所感动。

朱绛先生先后担任我的三本徽学著作的责任编辑。第一本《商人与中国近世社会》，2017年被收入"中华当代学术著作辑要"，曾获江苏省哲学社会科学优秀成果一等奖。第二本是2007年出版的《苏州与徽州：16—20世纪两地互动与社会变迁的比较研究》，该书获得了上海市哲学社会科学优秀著作奖一等奖、教育部高等学校科学研究优秀成果奖（人文社会科学）三等奖。2015年，朱绛先生又担任了《延续与断裂：徽州乡村的超稳定结构与社会变迁》一书的责任编辑。他为该书的出版倾注了巨大的心力。在编辑推荐语中写道：这本专著是唐力行先生长达30余年的徽州史研究的收山之作，代表了唐力行先生徽州史和区域史研究的最终成果。这三本徽学著作先后被国家社科基金中华外译项目立项，译成英语和法语在海外出版，引起了较大的反响。

值得一提的是，朱绛先生还担任了我父亲回忆录的责任编辑。2007年台湾商务出版了我父亲的《别梦依稀——我的评弹生涯》。

不久后，一些国内出版社联系我表示愿意出简体字版，但我更希望能在商务印书馆出版，于是联系了朱绛先生。经过朱绛先生的精心编辑，商务版封面是父亲在沉思的照片，还加上了一段文字："在这部回忆录里 一位著名的评弹艺人 将向我们讲述他的艺术、他的人生 和他身处的那个时代"2009年3月父亲病危中收到了新书，也见到了前来探望他的编辑，两手相握，一切尽在不言之中。

我在给父亲整理回忆录的时候，出于一个历史学者的学术习惯，翻阅相关历史资料，核对文中时间、地点、人物和事件，积累了几十万字的资料。父亲看后说这些资料很重要，最好能将这些资料加以扩充，留给后世。2002年我去英国参加一个社会文化史的研讨会，认识到社会文化史研究已成为国际学术的新前沿。面对社会文化史研究的新视角、新方法、新资料，我深受启发：评弹艺人这样一个群体，这样一门艺术，渗透到江南城乡每个角落。研究评弹与江南社会的互动关系，将是研究江南社会的一个新切入点，也是研究社会文化史的一个新课题。从那次会议回来后，我下决心开拓社会文化史这一新领域。在作了充分的学术准备后，我开始组织队伍从事研究。相应地，学术成果的出版也提上了议事日程。2011年商务印书馆上海分馆成立，给了我一个很好的机会。因为研究计划庞大，在上海出版要方便一些。我想起了在上海分馆工作的鲍静静，她雍容大度，勇于开拓，豪爽中不失细致，干练中透露优雅，是一个有着丰富经验的出版人。我与她的首度合作便是出版《唐力行徽学研究论稿》。自从上世纪80年代进入徽学研究领域以来，我先后发表了数十篇专题论文，结集出版做个学术总结，是我多年的愿望。这一愿望在静静的支持下得以实现。她亲自为我设计的蓝底银字封面，简朴典雅厚重，得到了学界朋友们的赞许。我找她谈了苏州评弹社会文化史研究的计划，并了解到当时上海商务要开拓艺术领域的图书选题。静静考虑商务品牌"汉译世界学术名著丛书"虽然荟萃了西方哲学、历史、经济等各社科领域的世界经典著作达六百多种，但在艺术类图书的引译和出版上还是短板，所以她正在筹划出版"艺术史名著译丛"。中外艺术史是相通的。听了我的计划后，她经过慎重的考虑后答复我："从苏州评弹这一地域文化的角度去研究江南社会，是观察社会的一个特有视角，这是一个尚未开拓的新领域，是大有可为的。"同时她决定将"评弹与江南社会研究丛书"纳入商务上海分馆的出版计划。丛书的出版还得到时任商务印书馆总经理于殿利的支持，他说："出版'评弹与江南社会研究丛书'，把正在走衰的传统文化保存下来，让几百年后的人通过这套书了解苏州评弹，这是商务的历史责任。"在于总、静静等商务人上下同心、合力支持下，2013年丛书的第一本——美国学者何其亮的《个体与集体之间：二十世纪五六十年代的评弹事业》问世。2014年我成功申报国家社科基金重大项目"评弹历史文献资料整理与研究"，更为丛书的出版插上了翅膀。从2013年到2022年这十年间，静静亲力亲为，从丛书的系统性到编辑工作的具体细节，都给予精细的指导。丛书由三个类别组成，到目前为止，已出版专著18本；资料集两套，《中国苏州评弹社会史料集成》（三卷本）、《光前裕后：一百个苏州评弹人的口述历史》（两卷本）；书目整理一部，《唐耿良说演本长篇苏州评话〈三国〉》（两卷本）。在这个过程中，还培养了参与研究的19位博士，5位硕士。他们中有一位获得了省部级哲学社会科学一等奖，两位获得二等奖。开拓了社会文化史的新领域，打开了江南研究与评弹学研究的新局面，而这一切都是和商务印书馆的不解之缘分不开的。

我对商务印书馆的认识，是通过具体的编辑逐步深入的。是商务养育了这样的好编辑，一代又一代的好编辑又凝聚成了伟大的商务精神。愿商务这株千丈之松日新无已永如朝曙。

书香致远，墨卷至恒
——写在商务印书馆创立 125 周年之际

赵 蓉 晖

商务印书馆是我国出版业的旗舰企业之一，她的创立标志着中国现代出版业的开始。跨越三个世纪，虽历经风雨却依然生机勃勃，成为中国现代文化史上的奇迹和民族出版的品牌标杆。在她迎来创立 125 周年庆之际，作为一名读者和作者，在送上最真诚祝福的同时，不禁回想起自己与商务结缘的前前后后；在感悟商务精神、商务气质的同时，更深刻地理解了她以书香致远、以文化兴邦、以专业立足的精神和品质。

成为忠实读者

我与商务印书馆的最初结缘应是在不知不觉中开始的，深刻的第一印象来自读硕士研究生时的一段经历。当时，教授《普通语言学》这门课程的信德麟先生给我们开出了必读书单,其中包括索绪尔的《普通语言学教程》、布龙菲尔德的《语言论》、萨丕尔的《语言论：言语研究导论》、洪堡特的《论人类语言结构的差异及其对人类精神发展的影响》等经典著作。记得先生特别关照："一定要看商务印书馆的版本！"从那时起,"商务印书馆"就和这套设计简洁朴素至极的"汉译世界学术名著丛书",成为刚刚迈进学术殿堂的我最深刻的记忆。也就是从那时开始,"选书要看出版社"成为我选择和推荐图书的自觉意识。

时至今日,我的书架上已经有了很多商务的作品,从工具书到经典作品,从普及读物到学术专著,林林总总,蔚为大观。那套被读者们誉为"彩虹墙"的全套"汉译名著",也成为我珍贵的收藏。这些常读常新的作品成为我研究中最亲密的伙伴和教学里最重要的参考书。书中流露出的从容和深邃,也如沙漠里的绿洲,能让人在日常纷繁的事务中寻得心灵上的宁静与安详,更有拨开云雾见月明的神奇效果。我想,这就是回顾事物本质的经典所独具的意境。

成为商务的作者

博士毕业后我开始做博士后研究项目,期间收集了大量关于索绪尔研究的中外文献,于是想做两部关于索绪尔的书,一部是《索绪尔研究在中国》,一部是《索绪尔〈普通语言学〉札记》。在选择出版社时,我首先想到了商务。这不仅是因为她对学术经典始终抱有虔诚的尊重,而且我也期待用自己的作品致敬商务出版的系列经典,丰富中国学者对这位现代语言学之父和结构主义奠基者的认识与理解。幸运的是,我的选题很快就被商务接受,我也正式从商务的读者变成了商务的作者,对她的了解也有了更多机会和更丰富的视角。

说到选题采纳,还有一段故事。我当初只是想到要在商务出书,但苦于不了解出版社的选题规则,也没有认识的编辑,只能把出版计划写好打印好,准备利用到北京出差的机会自己到商务去碰碰运气。记得那是在2002年9月,我在北京语言大学参加首届社会语言学国际学术研讨会,在会议手册上看到有商务印书馆的周洪波老师也在参会。在分组会上,我等周老师发言结束后,便鼓足勇气上前自我介绍,说自己有两部书的出版计划,希望能交给商务。我记得当时自己说,关于索绪尔的书,应该首先考虑在商务出版才对。周老师收下我的材料,说回去商量一下给我答复。此后不到十天,我就接到了周老师的电话,说商务同时接受了我的两个选题计划,并和我约定了交稿的时间和对接的编辑。说实话,我当时真感觉是在做梦,完全没想到会这么顺利。我就这样成为这家著名出版社的作者,而当时自己还只是博士刚刚毕业一年的一名讲师。

此后,我开始有更多机会参与商务的工作。参与编纂《新时代汉俄大词典》、参与翻译《俄罗斯语言学百科》,这些工作让我有机会了解外语编辑室的工作,他们丰富的外语工具书和著作给我留下了深刻影响,我也得以了解了词典编纂幕后的酸甜苦辣,从此对词典的编者和编辑充满了敬意。前几年有则新闻引发了广泛的社会关注:中国传媒大学的车洪才先生在1975年全国中外语文词典编写出版规划座谈会之后接受了编写《普什图语汉语词典》的任务，历经36年才完成付梓。这部200万字的词典背后，是"板凳甘坐十年冷""文章不写一句空"的治学信念，和编纂者对使命常年不懈的坚守。在我第一次听到关于这部词典编者的故事和商务的努力时，禁不住感慨，这的确是商务的风格。

大约是在2009年，我开始参与《中国语言生活状况报告》的编写，从此走进中国的"语言生活派"，结识了一群有理想、有激情、有着强烈的使命感和现实意识的学者，也对商务汉语编辑中心的工作逐渐熟悉起来，才知道著名的《新华字典》和《现代汉语词典》都是这个中心的出版物。也是从此时开始，参与编写这套被昵称为"语言生活绿皮书"的社会语言学报告，也让我这个一直在外语院校工作的"外语人"，对中国的语言国情有了更系统更深入的了解。

大约是在2012年，我参与《语言与国家》一书的策划和其后的写作，第一次经历一部集体作品是如何从创意到组队、从写作到出版的全过程，对学术活动的策划与组织有了深刻认知，为后来自己组队出版"外语战略研究"丛书、"语言政策与语言教育"丛书、"语言生活黄皮书"系列等大型团队作品打下了认知基础、积累了实战经验。2015年，商务筹备创建《语言战略研究》期刊，我有幸成为首批刊物编委，和商务的联系与合作越来越多。

感悟商务气质

商务可以给人众多的感悟。当你在商务办公大楼里看到那些承载着历史和几代人奋斗的老照片、雕塑,反映出版社发展历史的一件件实物时,那种由于历史的沉淀和知识的积累而散发出的淡定、从容和大气,不由得让人心生敬意。

商务的专业首先来自对知识的尊重,来自商务人宽广的视野和对专业的精深了解。和商务逐渐熟悉起来以后我才知道,商务的众多编辑都有着专业的学术背景,像我比较熟悉的外语编辑室、汉语编辑中心,很多编辑都有博士学位,而且自己在完成编辑工作之余也会做研究、写论文,是不折不扣的专家。这就难怪为什么商务的选书和审稿会这么专业,他们的确是把学术和出版实现了完美的对接。

一百二十余年的发展,淬炼出商务追求卓越的精神。在申请出版两部索绪尔研究作品时,我深深体会到他们不拘一格、以作品为先的专业态度;在参与选题和策划时,亲身体会到他们将出版事业与国家和民族命运紧密相连的责任意识、使命意识和担当精神;在一部部书稿的审稿和编辑过程中,商务人的严谨令人印象深刻。

2016年,我主持工作的上海外国语大学中国外语战略研究中心受命研发《世界语言生活状况报告》(也称"语言生活黄皮书"),在与国家语委、商务印书馆共同策划、组队、编写、审稿的过程中,我对商务的国家意识和专业水准有了更深刻的认识。编写前两本时,由于对内容、定位、体例、规范等还处于探索和适应阶段,编写团队在一轮又一轮近乎严苛的审稿和修改中,不禁急躁起来。记得最初的几轮审稿会上,主编组有好几次都想跳起来和评审与编辑们"讨个说法"。终于有一次实在忍不住了,我去找时任商务总编辑的周洪波老师，向他大倒苦水，希望出版社能体谅这部书的写作难度和作者们的不易，不要太"苛刻"。我记得周老师当时只是很平静地听我诉苦，然后很平静地说，商务要为书的质量负责，这也是对作者负责。

周老师的话语虽然很朴素，但却让我真正体会到，出版社和作者的共同目标就是拿出好作品，对历史负责，对读者负责。从此我们改变了心境，虚心地接受专家和编辑们对作品的打磨，认真体会其中的要义和精髓。还记得有一年为了赶上出版进度同时保证质量，我和助手们在商务闭门改稿近两周。每天都在商务正式上班之前到达临时办公的会议室，晚上 12 点多才离开出版社的大楼。这段披星戴月的日子里，我们和编辑们一起讨论、改稿，不仅对书稿标准有了更进一步的理解和把握，也对商务的敬业、严谨和专业钦佩不已。

我和商务印书馆，因读书写书而结缘，因深入了解而敬佩。那些可亲可敬的商务人，亦师亦友，每每想到他们，心中总是满满的敬意和温暖。每一位读者、每一位作者都会有他们和商务的故事，这些点点滴滴汇聚成流，和商务众多的作品一起，构成"书香致远，墨卷至恒"的商务历史，成就中国文化出版事业中的辉煌篇章。

感恩商务馆：从读书学习到教学研究

李 泉

值此商务印书馆成立125周年之际，有机会表达我对商务馆多年的崇敬之情和感恩之心，深感荣幸和快乐。可以说，许许多多学子学人在专业学习和学术研究过程中都受惠于商务馆出版的书籍，感恩商务馆是一代代中国"文化人"的共同愿望。

一、仰望商务馆、感恩"商务书"

20世纪80年代初以来，我在本科和研究生学习期间，使用过的多种教材、读过的多种专业书籍中有许多都是商务印书馆出版的。如吕叔湘《汉语语法分析问题》（1979）和《中国文法要略》（1982）、赵元任《汉语口语语法》（1979）和《语言问题》

（1980）、索绪尔《普通语言学教程》（1980）、布龙菲尔德《语言论》（1980）、丁声树等《现代汉语语法讲话》（1980）、朱德熙《语法讲义》（1982）和《语法答问》（1985）及《现代汉语语法研究》（1980）、帕默尔《语言学概论》（1983）、王力《中国现代语法》（1985）等等。学习和研读这些经典著作和教材，不仅开阔了眼界，增长了知识，奠定了我的语言学和语法学基础，引领我走上语言学习和研究之路，也让我对每本书上都印有的"商务印书馆""王府井大街36号"这家出版社不断产生仰慕之情和感恩之心。所以，我第一次来京后第一时间就来到了王府井大街，深情而朝圣般地久久围观街北端36号商务印书馆大楼，亲切而兴奋地流连于商务馆的读者服务部，满足了一个长久的膜拜心愿。

我在商务馆出版的书籍中学到的知识，可谓难以尽数，让我难以忘怀的"故事"和"事例"就有不少。比如，在《现代汉语语法讲话》中，我第一次看到"王冕七岁上死了父亲"这一主语既非施事，亦非受事，只是动词陈述对象的例子。此后，每当我看到讨论这个例子的文章，就唤起我第一次看到这个例子时的情景和心境。近些年来，在西方现代语言学理论影响下，该句式引发的句子生成、动词分类等问题仍在讨论中，刘探宙以该例为书名的《说"王冕死了父亲"句》（学林出版社，2018）就是一例，该书介绍和比较了当今两种主流的现代语言学研究思路，并分别基于"动词和位移"和"句式和移情"对该句进行了新的分析和讨论。我在帕默尔《语言学概论》中读到这样一些观点：汉语书面语是独立于口头语言的各种变化之外的，这意味掌握4000个左右的汉字，可以看懂4000年前的文献。"汉字是中国通用的唯一交际工具，唯其如此，它是中国文化的脊梁"。如果将汉字换成字母文字，中国人就将失掉"对四千年的丰富的文化典籍的继承权"。这些话第一次让我对汉字不可替代的伟大功绩有了深刻认识。我相信，跟我读商务馆的书有同样经历和类似故事的人，同样难以尽数。一代代"商务人"用他们的慧眼和辛勤，遴选、加工和出版的各类工具书、教材和学术著作，惠及一代代文化人和社会大众。我在20世纪80年代末开始从事对外汉语教学，最离不开的两本工具书《现代汉语词典》《现代汉语八百词》即是商务馆出版的。

二、走进商务馆、结识"商务人"

大约是2002年下半年，商务馆策划的应用语言学系列教材之一《对外汉语教学概论》（2004）启动编写工作。由商务馆汉语编辑室主任周洪波先生召集、主编赵金铭先生主持的编写研讨会在商务馆召开，于此我正式结识了周洪波先生。所谓正式结识，是因为很早就看过他的文章，也在会议上见过，但只是"此次"才让我们熟识起来。洪波温文尔雅，谦和有加，跟他交流如沐春风。他无论是做汉语编辑室主任，还是后来做商务馆副总编辑、总编辑，对我这个对外汉语教师从来都是一副和蔼可亲的学长面孔，完全感觉不到大馆名馆老总的味道。事实上，无论是对业界著名专家学者，还是对青年教师和学子，洪波都是谦谦君子，彬彬有礼、亲切和善，这让他在学界拥有众多的师友和朋友，让他在服务教育、服务学术、服务社会的工作和活动中能一呼百应、一路畅通。

认识洪波的人都知道，他的影响力和感召力完全不是缘于主任和总编辑的名头，而是他的人格魅力。在我参加他策划组织的商务馆"中青年语言学者沙龙"活动，参加他策划组织的"商务馆对外汉语教学专题研究书系"第一辑（2006）、"商务馆对外汉语专业本科系列教材"（2012）和"商务馆对外汉语教学专题研究书系"第二辑（2019）相关分册的选编过程中，就充分领略了他敬老尊少的一贯作风、举重若轻的组织能力和关键时刻的决断能力。当然，洪波在组稿、约稿和策划各种学术活动中能够游刃有余、想到做到，不仅得益于他的个人魅力，更是得益于他宽阔的学术视野、敏锐的学术眼光和前瞻性的学术引领能力。事实也正是如此，我看到商务馆出版的许多好书，就是洪波策划和邀约的，如手边袁毓林先生主编的《汉语形容词造句词典》（2018）的前言中就有"商务印书馆周洪波先生约我主编汉语配价词典"的字样，陆俭明先生著《话说汉语走向世界》（2019）的引言中也有"这里我要感谢商务印书馆周洪波总编辑，是他的提议推动我撰写这本小书"的字句。

在我选编商务馆对外汉语教学专题研究书系《对外汉语教学学科理论研究》（2006）、《对外汉语教学理论研究》（2006）、《对外汉语教材研究》（2006）、《对外汉语课程、大纲与教学模式研究》（2006）、《汉语作为第二语言教学的教学理论研究》（2019）、《汉语作为第二语言教学的学科理论研究》（2019），编写《对外汉语教材通论》（2012）和出版《单音形容词原型特征模式研究》（2014）的过程中，结识了商务馆年轻的资深编辑袁舫女士、王丽艳女士、刘婷婷女士和戴军明先生。他们同样热情友好、诚以待人、专业敬业。我想这应该是商务人的共同品质。他们的编辑加工让我感受到认真细致无止境、精益求精无极限。跟他们互动和交往、沟通与协商，不仅是愉快的，更是收获多多的。我相信，跟商务人打过编书、出书交道的人，跟我一样，都成了商务人的朋友，成了商务馆的"亲友团"，这可能就是百年老店的"店格"魅力吧！当然，商务馆的魅力更在于出的书口碑好，为一代代书生学人和社会大众高度认可。百多年老店之所以百多年生机勃勃、引领潮头，正是因为有一代代学术功底深厚、慧眼识珠、爱岗敬业、甘于奉献的商务人，他们守正创新编好书、出好书，与时俱进服务国家文化建设和学术繁荣的需要。

三、感谢商务馆、合办"学科会"

2020年年底，我幸运地获悉商务馆基于加强新时代国际中文教育学科建设，为促进全球中文教育领域学术交流与合作，激发国际中文教育事业发展和学科建设的活力，拟召开一次学科建设研讨会，会议主旨是在"回顾与展望"中为国际中文教育未来发展提供新思路。我第一时间向学院领导建议与商务馆合作并具体承办此次会议，学院领导愉快同意并大力支持。于是，我联系商务馆副总编辑余桂林先生，请求商务馆与中国人民大学国际文化交流学院合办会议。桂林先生谦和低调，从不夸夸其谈，但行事果断，毫不犹豫地答应了我的请求，并请戴军明先生和华莎女士负责跟人大方面具体协商会议的筹办工作。

2021年10月16—17日，由商务印书馆和中国人民大学联合举办的"国际中文教育学科建设高端论坛（2021）"通过线上与线下相结合的方式顺利召开。论坛主会场设在中国人民大学逸夫会议中心，中国人民大学党委副书记郑水泉，商务印书馆党委书记、执行董事顾青，世界汉语教学学会副会长、日本大阪大学教授古川裕（视频）在开幕式上致辞。北京大学陆俭明教授、北京语言大学赵金铭教授做了主旨报告，与会嘉宾就"学科建设""教学技术、教学史、文化教学""标准、大纲及教材建设""汉语教学与习得""教师认知与发展""教学模式与测试"等六个分主题发表了主题报告，展示了对相关问题的新思考、新见解。来自中国、美国、日本、匈牙利等60余位海内外专家学者和业界同仁现场参会，会议全程通过哔哩哔哩商务印书馆直播间向全网同步直播，高峰时1.8万余人同时在线观看。本次论坛是新冠疫情以来，由集中讨论线上教学问题回归到全方位回顾和研讨国际中文教育学科建设问题的重要会议，涉及议题之全面、探讨问题之深入、参会各领域著名专家学者之多，参会人员之广，盛况空前，受到各方好评。

论坛的成功举办，是商务馆和商务人服务与引领学术、促进国际中文教育学科建设美好情怀和强大号召力与影响力的完美体现。我作为"人大人"和"业界人"，衷心感谢商务馆和商务人与中国人民大学国际文化交流学院的这次完美合作。

兄弟同心，其利断金

曹志耘

我与商务印书馆结缘是二十年前的事了。2002年，商务印书馆斥资100万元人民币设立语言学出版基金，用于资助"中国语言学文库"的出版。我的博士学位论文《南部吴语语音研究》有幸入选首批书稿，于2002年由商务印书馆出版。自那以后，我在商务印书馆出版了一系列著作，包括专著、合著、主编的系列丛书：《汉语方言地图集》《吴语婺州方言研究》《汉语方言的地理语言学研究》《中国语言文化典藏》（已出版20卷）《中国濒危语言志》（已出版30卷）《中国语言资源调查手册·汉语方言》《中国语言文化典藏调查手册》《中国语言资源有声数据库调查手册》《走过田野——一位方言学者的田野调查笔记》。

商务印书馆已经成立125年了，就它的历史而言，我跟它的交往时间连一个零头都不到。但于我而言，则涵盖了我学术活力最旺盛、研究成果最多产的时期。因此，可以说商务印书馆是我在学术道路上的亲密伴侣，也是我的恩人。

我主编的《汉语方言地图集》《中国语言文化典藏》《中国濒危语言志》都是大部头、大规模的系列丛书。这种工程性、系列性、创新性研究及其成果的组织完成自然不易，编辑出版的难度也非常大。商务印书馆的各级领导和众多编辑为它们付出了大量心血和辛勤劳动，令我永远不能忘怀。

2001年12月，"汉语方言地图集"获批为教育部人文社会科学研究"十五"规划项目和北京语言大学"十五"规划项目。经过国内外34所高校和研究机构57名研究人员长达4年的实地田野调查，共完成全国各地方言调查点930个（东南部地区达到一县一点），发音人基本上是1931—1945年出生的男性，调查条目包括单字、词汇、语法共计1005个条目，收集到100多万条第一手方言资料。在传统的书面记录之外，还采用数字录音方式录制全部调查项目的有声语料。

但绘制全国性的汉语方言特征地图集，在我国历史上尚无先例。西方国家虽然早已编写出版了多种方言地图，但因中国版图辽阔，各地方言悬殊，汉字形式无法表音，因而在绘制方言特征地图时也无法照搬国外已有的做法。要把在如此广阔的地域上分布着的如此丰富复杂的方言现象绘制到地图上，对我们研究人员来说无疑是一项巨大的挑战，对出版社而言也同样面临很多困难。在绘图、出版的过程中，我们和商务印书馆的负责同志、责任编辑、美工设计反复讨论沟通，一起想办法，出主意，经过一轮又一轮的尝试，克服了一个又一个困难，说是过五关斩六将亦丝毫不为过。

就拿地点图来说。我们的地图集是 8 开本，要在上面标上 930 个地名将会一片密密麻麻，更何况每张地图上还有同样数量的图例符号。但地图上如果只有图例符号，没有地名，要想知道某种说法是哪个点的，或想知道某个点是怎么说的，就几乎是不可能的。幸好，我们从一本书里的一个透明的薄膜放大镜得到启发。于是在每卷里附上一幅薄膜的调查点图，把 930 个地名都标上去，写不下的就用字母代替，再在地图边上列出字母所对应的地名。我们把薄膜图做成活页，夹在每卷的开头，如要知道纸质地图上某个地方是什么县时，就将薄膜图置于纸质图之上，即可一目了然。这可以说是用了一个极简单的办法解决了一个极大的难题。不过，薄膜图要求与纸质图严丝合缝，北京的那家印刷厂还制作不了，商务印书馆颇费周折地从浙江找到了一个厂家，请他们专门为地图集配制了薄膜图。

出版的过程是漫长的。商务印书馆似乎不是在出版一本书，而是在雕琢一件艺术品，或是在十月怀胎。经过整整一年的等待和期盼，2009 年 1 月 5 日下午 5 点，商务印书馆的送货车终于开到了北京语言大学语言研究所的楼下。同事们纷纷下去搬书，每个人脸上都洋溢着开心的笑容。等到把包装的牛皮纸打开，大 8 开的页幅，绛红色的封面，烫金的书名，还有压印的古朴图案，一切如想象，但似乎又超出想象。打开书本，清晰的图例，高档的纸张，精致的装订，一切都让我们喜出望外。七年来 2500 多个日日夜夜的拼搏、激动和煎熬，交稿后悬着一年的心，到这一刻终于释然了。而我从第二天开始就感冒，发烧 39.8°C，在床上躺了两整天，才渐渐好转。

《中国语言文化典藏》和《中国濒危语言志》都是中国语言资源保护工程（以下简称"语保工程"）的标志性成果。语保工程是在国务院领导指示下，由国家财政支持、教育部和国家语言文字工作委员会组织实施的重大语言文化工程，是继1956年开展全国汉语方言和少数民族语言普查以来，我国历史上第二次全国性、大规模的语言方言调查工作，也是目前世界上最大规模的语言资源保护项目。语保工程于2015年启动，一期任务于2019年年底顺利完成。共完成1712个调查点，其中包括1134个汉语方言点，324个少数民族语言调查点，152个濒危少数民族语言和汉语方言点，102个语言文化点。调查范围涵盖全国所有省（区市）、123个语种及其主要方言，一大批濒危语言方言得到科学系统的调查保存，其中有的是从未被记录过的语言或方言。

　　为了及时推出调查研究成果，展示语保工程的巨大成就，并向中国共产党建党一百年献礼，国家语委决定编写出版100卷标志性成果，包括《中国语言文化典藏》50卷、《中国濒危语言志》50卷。其中第一辑的《中国语言文化典藏》20卷、《中国濒危语言志》30卷已分别于2017年和2019年出版，第二辑的50卷也已进入编写出版程序。

　　商务印书馆是我国语言类学术著作的出版巨头，国家语委科研机构"中国语言资源开发应用中心"就设在商务印书馆。自语保工程实施以来，商务印书馆投入了巨大的人力财力，紧密配合语保工程的实施，组织出版了多种调查手册和一系列重要成果。其实，《中国语言文化典藏》的前身是由我主持的教育部哲学社会科学研究重大课题攻关项目"中国方言文化典藏"（2011年立项），商务印书馆总编辑周洪波先生对该项目的成果非常关注，在项目进行过程当中就让我去商务印书馆向有关领导和编辑做了一次汇报，馆领导当场表示很希望由商务来出版这批成果。语保工程启动后，"中国方言文化典藏"项目的后续研究工作就与语保工程里的"语言文化调查"类项目相结合，形成了更大的规模，质量也有了很大的提升。商务印书馆对这套新型的丛书高度重视，于2016年申请了国家出版基金，组建了高水平的编辑团队，聘请了广州的专业设计公司专门负责丛书的美工设计和图片编辑工作。这个公司的确非常专业，也非常敬业，他们甚至不惜代价，派摄影师赴各调查点对相当一部分图片进行了重拍，从而使书稿的图片质量得到了质的飞跃。最终，《中国语言文化典藏》以高端、大气、典雅、新颖的形象问世，见者无不眼前一亮，很多非专业人士也是爱不释手。

编写《中国濒危语言志》系列丛书是我国语言学界的一大夙愿，语保工程使得我们有机会从全国语言方言的层面来规划实施这一计划。该丛书包括少数民族语言和汉语方言两个系列，分别聘请了孙宏开、黄行、李大勤和张振兴、邢向东先生担任系列主编，编委是该领域的权威专家，作者是长期从事本语言方言研究的中青年学者。为了保证质量，编委会和出版社创新建立了一系列工作机制，其中一项叫作"会审会"，就是由主编、编委、编辑和作者一起对书稿进行当面审阅讨论，提出意见，再行修改。每次会审会，出版社方面的领导周洪波、余桂林先生都全程参加，有时甚至教育部语言文字信息管理司的领导也会出席指导。这种工作机制虽然牵涉人员多，工作量大，作者旅途往返也很辛苦，但效果十分明显。那几年，几乎每个月都要在商务举行这样的会审会，会审会一开就是一整天，中午也没法休息，我因有午睡的习惯，所以到下午就头疼难受。但使我惊讶的是繁忙的领导和比我年长的先生个个精神矍铄，真让我自愧弗如。《中国濒危语言志》同样获得国家出版基金资助，采用相近设计，与《中国语言文化典藏》风格一致，堪称双璧。

《汉语方言地图集》《中国语言文化典藏》《中国濒危语言志》出版后，都受到学术界的好评，也获得很多荣誉。例如教育部高等学校科学研究优秀成果奖（人文社会科学）一等奖、北京市哲学社会科学优秀成果奖一等奖、中国出版政府奖图书奖提名奖、中国出版集团出版奖综合奖图书等，还入选了中国出版集团"中版好书"、商务印书馆最佳年度图书奖和最佳创新奖等。这些沉甸甸的荣誉，饱含了商务印书馆各位领导和编辑的精心策划、严格管理和默默奉献，准确地说，是由出版社和作者双方同心协力，携手打造的结果，可谓"兄弟同心，其利断金"。

我和商务印书馆的十五年

郭 熙

2002年1月，我接到商务印书馆的邀请，到北京参加商务印书馆语言学著作出版基金发布及中青年语言学者论坛。

商务印书馆一直是我神往的地方。大一开始，我爱上了语言学，因而也通过一部部语言学经典著作，知道了商务印书馆。第一次到北京，还专门找到王府井大街36号，不过，当时只是在大街上"一睹"而已。

终于有了踏进商务印书馆的大门的机会。拾级而上，进入大厅，"我们的作者""我们的员工"的照片和一个个熟悉的名字映入眼帘。尽管早已过了不惑之年，尽管对商务印书馆的历史并不陌生，但此时我还是感到震撼，甚至发出了"能在这里出本书，也就不枉此生"的感慨。那时没有想到，后来还真的跟商务结下了不解之缘：成了它的作者，不过不是名作者；成了它的员工，不过只是个"编外义务员工"。

作者的我和商务

最早成为商务印书馆的作者是在于根元老师带领下编写《应用语言学概论》（2003年出版）。只是那时都是于老师直接跟商务印书馆联系，我对馆里的编校运作等情况因此没有太多的认识。

2004年，承蒙赵金铭和齐沪扬二位先生邀请，我承担了商务印书馆系列对外汉语教材中《华文教学概论》的编写，其间分别在上海师大和商务印书馆参加过两次论证会。该书于2007年正式出版。后来又陆续在商务出版了《华语研究录》《中国社会语言学》（第3版）等。作为作者，我一次次领教了商务印书馆编辑水平的高超、工作态度的严谨，也影响了我后来的写作和研究。

我在写作中一直追求语言的平实和可读性，有时候甚至还对自己的东西有些沾沾自喜。但在《华文教学概论》的编校过程中，才发现自己的功夫还差得很远。责编袁舫女士一次次电话、电邮联系，核对每一个细节，确认每一个疑问。其中，为了华文教学和对外汉语教学的区别，我们讨论了很久。有一段话我认为自己说得很清楚了，袁舫却来电话问是什么意思。这使我认识到问题的严重性：责任编辑尚无法理解的话语，学生或普通读者如何明白？这促使我后来对这个问题进行进一步思考。后来发现，我当时的概括的确没有抓住本质：我们只是从教学对象的不同去讨论区别，而没有从教学目标上去思考。我也由此总结出一条"规律"：如果一个问题不能用简单的语言说明白，实际上是作者自己没有想明白，或者想得不是很明白。

2012年在商务印书馆出版的《华语研究录》是我本世纪前十年在海外华语、华文教学等方面的一些研究和思考，文章都是在国内或国外报刊公开发表过的，也都经过了一轮轮的编校。这次编辑出版，责编蔡长虹女士从中发现了不少问题，提出的疑问密密麻麻。初版于1999年的《中国社会语言学》2013年在商务印书馆出版了第3版，前两版经过多轮校读，我自己也一遍又一遍地校对，但到商务印书馆责任编辑刘建梅女士手上，又发现了我们从来没有意识到的问题。

此外，戴军明先生在编辑《全球华语研究文献选编》（2015年出版）中，其政治的敏感，业务的熟练、专业，都使我和我们的团队感到由衷地佩服。作为作者，我曾经想过的是荣耀，而多年下来，我更感到在商务印书馆出书多么幸运。这里的编校过程是作者学习和提高的过程，也是保护自己学术声誉的一个屏障。这些都因为商务印书馆有一支力量雄厚的编辑队伍。我永远会记住各位编辑所付出的辛勤劳动。

这些年来，作为作者，我先后参与主编或主编《中国语言生活状况报告》，主编《中国语言生活要况》《华文教学研究丛书》《全球华语研究文献选编》《全球华语研究文献索引》等，还担任了《全球华语词典》《全球华语大词典》副主编等。

"员工"的我和商务

说自己是商务印书馆的员工，主要是因为我担任《语言战略研究》杂志执行主编，此外我还是辞书研究中心特约研究员、世界汉语教学研究中心研究员。当然，后两个是虚的。

2014年开始，《语言战略研究》开始构想。从刊物理念，到刊物名称，到运作方式，田立新司长、李宇明先生、周洪波先生多次就杂志进行讨论，我也参与其中，收获颇丰。在当今中国申办一个新杂志不是一件容易的事情。商务印书馆凭借自己的实力，尤其是近些年在语言服务国家方面的积累，赢得了有关部门的支持，在最短的时间里获得了批准。

这里有一个小插曲。有一次我和同事到有关部门就申办一个杂志的事去汇报，对方讲了申请新杂志的基本要求，其中举了商务印书馆申报《语言战略研究》成功的例子。他指着面前的一大堆《中国语言生活状况报告》，说看看人家的基础，对商务印书馆的赞许之情溢于言表。我当时心里真是偷着乐，因为他并不知道我就是《中国语言生活状况报告》的一个参与者，也不知道我就是《语言战略研究》的执行主编。

商务印书馆的做事效率很高。2015年6月5日期刊获得批号，7月中旬在商务印书馆举办的海内外语言学者联谊会上，征稿启事就正式摆在各位与会者的面前。随后的约稿、审稿、编稿，真可谓环环相扣，故事不断，2016年1月15日《语言战略研究》正式推出创刊号。

作为直接参与人之一，我亲历了杂志初创、头三脚难踢的过程。好在是商务印书馆，有足够的学术地位，有足够的社会资源。杂志编委会的组成充分体现了商务印书馆的国际影响力，体现了商务印书馆开放包容的文化，国外知名专家积极加入到编委会中，国内编委更是召之即来，有求必应，开诚布公，敢于担当。而各期的"名人谈""多人谈"更是利用商务印书馆的人脉优势，时有亮点出现，引发关注。这就是我们干起来很累，却又兴致勃勃的原因。

2016年六期杂志，从主编到编委，用李宇明先生在年度中青年作者座谈会上的话说，大家都是"义工"，也就是从这个意义上，我说自己是商务的"编外义务员工"。这种运作模式也很有意思。编辑部把清样寄给我，我从头到尾通读一遍，把改过的稿子用手机拍下来，通过微信发回编辑部，以便及时调整刊出。这也真是发挥了现代科学技术的作用。馆里更是动用优质的编辑，对他们来说没有节假日，没有白天黑夜，因为投入的人很多，我无法一一提及他们的名字。编辑部原来人手很少，早期真正的编辑只有丁海燕、朱俊玄、余桂林也都参与其中，还有叶青老师帮忙；再到后来，增加了姜贺；现在，把刘玥妍调过来做编辑部主任，再加上戴燃，编辑部成长起来，工作也越来越有序。

多年来，我目睹了商务印书馆的发展历程。《汉语世界》《家国情怀》《世界语言生活状况》《世界语言生活报告》等的设计、开题、审稿等，我都有幸参与其中。在这一点上，我们几乎已经成了"商务人"。周洪波先生曾经笑谈要我到商务工作算了。我说，现在已经够累了，再到你这里，不要把命交了啊。周总是个工作狂，多年来，没有看到他消停的时候，要么工作，要么抱个电话。他不知疲倦，是个"神人"。没有他好像就无法运转，而有了他，我们就得一直跑，一直转，无法停下来。

我最怕接到周总的电话。到北京华文学院任职前的几年里，我随时都有可能接到他的电话飞北京，可谓"召之即来"。我后来曾给周洪波开玩笑说，我到北京工作最大的受益者是商务印书馆，为馆里节约了大笔机票和旅馆费用。

《家国情怀》曾记录了我和冯学锋"被关"的故事。其实我被扣留是家常便饭，我每次到商务都有被扣留的危险。发展到后来，只要是周洪波通知的会，我都会多带几件衣服，以防"不测"。

作者兼"员工"的我和商务

还有些情况下我已经分不清自己到底是作者还是员工了。这里说两件事。

一是《全球华语词典》。2002年12月下旬，我接到商务印书馆通知，到北京参加《华语词典》（当时的名称）筹划会议。这事源于两个因素。2002年6月，在南昌一个学术会议上，新加坡南洋理工大学周清海教授向时任商务印书馆汉语室主任的周洪波建议编写《全球华语词典》；同年11月，时任国家语委副主任、语信司司长的李宇明赴新加坡参加学术会议，周先生又向他提出这个建议，于是就有了后来广为流传的"杯酒允词典"的故事。我从2000年起开始关注海外华语，先后发表了几篇文章，商务邀我参加《华语词典》项目应源于此。这次会议讨论了《华语词典》编写的意义和基本设想，但当时对于海外华语有研究的人还不多。随后的几年里，围绕华语词典展开了一系列的工作。2005年1月，正式定名《全球华语词典》后的第一次编委会在暨南大学华文学院召开。同年，暨南大学成立了海外华语研究中心，《全球华语词典》是中心的重要工作之一。如果说，本世纪初我的南洋之行使我进入华语研究的蓝海的话,《全球华语词典》毫无疑问则是一支强大的助推剂。从《全球华语词典》到后来的《全球华语大词典》的编写,使我们对全球华语有了更多的认识。《全球华语词典》体现了商务印书馆的胆识和开放态度。词典的英文名称一开始有些纠结,我建议直接用HUAYU,商务印书馆就大胆采纳了。就我所知,这是正式出版物中第一次把"Huayu"引入英文。

编词典的这些年里,还遇到了一群好朋友,李志江老师的睿智,刘一玲的犀利,都使我受益良多。我永远都会记住这一群"小伙伴儿"!

二是《中国语言生活状况报告》。2004年1月,李宇明、王铁琨、周庆生、周洪波和我在教育部参加绿皮书编写会议,午饭后周洪波的五杯咖啡又推动了商务印书馆的一件大事。这就是《中国语言生活状况报告》编写的动议和随后的落实,自此开始了我每年的《中国语言生活状况报告》(以下简称"《报告》")生活。

2011年9月30日,我刚从泰国回来,周洪波来电话,要我赶到北京,利用国庆假期,编加《报告》英文版的中文底本。我2日即赶往北京。除了我,周总还抓来了许小颖、蔡冰,一个黄金周,我们就在商务印书馆埋头改稿。这次改稿,我和周洪波同时面对一篇稿子,讨论修改。这次改稿真正体会了洪波"眼睛之毒"(侯敏教授语)和"刀子之快",几乎没有什么问题能逃过他的眼睛,经他砍过的稿子,简洁精炼,原来不起眼的东西经他一"拨弄",马上成了"亮点"。我从中学了很多。也是在这次改稿中,我们意识到了以往稿子的诸多不足,这为后来的《报告》的"缩水"奠定了基础。

从编写《全球华语词典》和《报告》这两件事看，我是作者；但从后来的大量的编务工作等来看，我也算是"员工"。说到这里，想起别人也有些说不清的。余桂林从《报告》一开始就为《港澳台篇》撰稿，至今为止，年年不误，成了专栏主笔；而且每年收到他的稿子，大家就会觉得很省心，说，桂林的稿子好办。由此看，他则既是员工，也是作者了。

今年，是商务印书馆建馆120周年。年初的中青年语言学者沙龙上，刘丹青教授提醒是中青年沙龙的15周年，而这也正是我从走近到走进商务的15年。要回忆的东西实在太多。写上面这些文字的时候，我一直在想，这些年来，如果不是一直跟这个以"昌明教育、开启民智"为己任的出版社在一起，我会怎么样呢？

于2017年

商务印书馆：我的学术家园

何 勤 华

一、商务的书籍，成为我青年时代的精神食粮

1977年10月，国家恢复了高考制度，我有幸考上了北京大学法律系，开始了学习法律的生涯。由于之前10年"文革"，使我们这一代人蹉跎岁月，光阴虚度太多。所以，当我们一进入大学学习时，每个人都如饥似渴地刻苦阅读，徜徉在知识的海洋里。而我们当时所读到法律方面的经典书籍，除了少量是由上海法学书社、上海法学编译社、上海大东书局、北京朝阳大学（学院）出版社等出版的之外，主要的都是由商务印书馆出版的。如日本学者矶谷幸次郎的《法学通论》（王国维译，1902），孟德斯鸠的《法意》（严复译，1909），程树德著《九朝律考》（1927），日

本学者穗积重远的《法理学大纲》（李鹤鸣译，1928），杨鸿烈著《中国法律发达史》（1930）、《中国法律思想史》和《中国法律在东亚诸国之影响》（1937），丘汉平著《法学通论》（1933），胡长清著《中国民法总论》（1933），穗积重远之父、日本著名法学家穗积陈重的《法律进化论》（黄尊三等译，1934），英国宪法学家戴雪的《英宪精义》（雷宾南译，1935），王世杰、钱端升著《比较宪法》（1936）和瞿同祖著《中国法律与中国社会》（1947）等。商务印书馆的书籍成为我大学时代课程之外学习法律时阅读的主要精神食粮。

顺便说一句，1978年改革开放之初，我国法学界出版社不多，有些如法律出版社等刚刚恢复，出书更少。我们读大学时，法理、法史、宪法、民法、刑法等，都没有教材，或者发一些油印的讲义，或者就在课堂上拼命地记录。少量来自苏联的法学著作和教材，都是由中国人民大学翻译出版的。民国时期商务出版的法学著作和教材刚好填补了我们学习和阅读的这一空白。通过不停地读书，从中汲取学术营养，我这样一位从农村考上来的普通青年，与中国历史上最为悠久的出版社商务印书馆联系在了一起。

1982年1月我大学毕业，考入华东政法学院（2007年改名华东政法大学）读外国法制史专业的研究生。由于专业的原因，阅读西方法学名著就成为我学习的一个重要内容。而此时，商务印书馆推出的"汉译世界学术名著丛书"正在陆续出版（重印、再版）。因此，在我读研以及1984年年底留校任教之后的一段时间内，商务印书馆的这一套名著，成了我了解、接受、借鉴人类法治文明优秀成果的重要渠道。如亚里士多德的《雅典政制》（日知、力野译，1959）和《政治学》（吴寿彭译，1965），狄骥的《宪法论》（钱克新译，1959），《阿奎那政治著作选》（马清槐译，1982），洛克的《政府论》（下，叶启芳等译，1964），孟德斯鸠的《论法的精神》（张雁深译，1963），黑格尔的《法哲学原理》（范扬等译，1979），卢梭的《社会契约论》（何兆武译，1982），梅因的《古代法》（沈景一译，1984），比尔德的《美国宪法的经济观》（何希奇译，1984）等，都是放在我书架上经常翻阅、参考和引用的作品。

可以这么说，笔者的四年本科、三年研究生，以及之后的青年教师生活，几乎都是在与商务印书馆所出版的法学经典作品的相伴中度过的。

二、和商务的交往，让我感受到了她的巨大魅力

当然，此时，我与其他大多数年轻人一样，对商务印书馆完全是仰望的，从来没有想过能在她那里出版自己的成果。从读者，改变为作者，源自于我对商务印书馆学术定位的了解、理解、认同和尊敬，以及王兰萍编辑的牵线搭桥。

2001年，我在华东政法学院开始招收、指导法律史博士研究生。2002年，商务印书馆的王兰萍编辑考上了我的博士生。她的入学，给我们华政法律史专业带来了商务印书馆的知识和氛围，也使我更加深入地了解了中国第一大出版社商务印书馆的出版理念和出版追求，因而不断地提升了自己希望在商务印书馆出版作

品的愿望。2002年9月，在王兰萍的鼓励和支持下，我将《当代日本法学——人与作品》（上海社会科学院出版社1991年版）的修订版书稿交给了商务，商务经过严格的流程审核以后，认为该书填补了我国法学领域中日本法学研究的空白，因而于2003年3月予以出版，改名《20世纪日本法学》。

受此鼓舞，我对商务的学术追求有了更加深入的理解。在此过程中，和王兰萍也有了经常性的关于策划选题、出版著作的聊天。在一次谈话中，我提出来，现在不少出版社都出版了大型的法学著作的丛书，如中国政法大学出版社的"中青年法学文库"，法律出版社的"当代中国法学文库""当代德国法学名著"，山东人民出版社的"法理文库"，北京大学出版社的"法学文丛"，中国大百科全书出版社的"外国法律文库"，等等。商务印书馆是一家大社，且历史悠久，尤其是20世纪上半叶国内的法学类经典著作，几乎都是由商务印书馆出版的，我们现在也不能落后于法治国家建设的步伐啊！我们是否也策划出版一套大型的法学丛书，名字就叫"法学原创文库"，定位就是明末清初大儒顾炎武的名言："古人所未及就，后世所不可无者"。王兰萍编辑当场表示赞同，认为这是一个很好的建议和设想，她会向商务领导汇报，争取立项。但是，她同时也说了，由于改革开放以来到目前为止，除了"汉译世界学术名著丛书"这类引进国外名著的大型文库之外，商务较少出版国内各学科如哲学、文学、历史学、经济学和政治学等的大型文库。不知我们法学学科出版大型文库，能否获得领导的批准。

不多时间，王兰萍很高兴地告诉我，商务领导同意了我的建议，由我出面，主持编辑一套大型的法学文库，以适应我们正在推进的建设中国特色社会主义法治国家的宏伟事业。但为了谦虚和低调，把"法学原创文库"中的"原创"两字拿掉，就叫"法学文库"，但学术追求不变。我非常高兴，也深受感动。因为我们新中国的法学学科的成果和底蕴，实际上是比较单薄和浅显的，不如历史学、哲学、文学、经济学等学科，现在商务的领导能够高屋建瓴，让原来比较弱小的法学学科率先推出一套大型的学术丛书，真的是需要巨大的勇气、非常的魄力和高度的社会责任感，才能下此决心。我想我们一定不能辜负商务的这一片心意，把这一套丛书编好，真正达到"古人所未及就，后世所不可无者"的境界，以为我国的法治建设和法学研究做出贡献。这样，"法学文库"于2004年正式出版，至今已经出版了20多种，包括笔者的《律学考》，李秀清的《日耳曼法研究》，胡留元、冯卓慧的《夏商西周法制史》，刘作翔的《法律文化理论》，彭小瑜的《教会法研究》，何柏生的《法律文化的数学解释》，魏琼的《民法的起源》，屈文生的《普通法令状制度研究》，冷霞的《英国早期衡平法概论》，王伟臣的《法律人类学的困境》，井涛的《古埃及法研究》，等等。我们秉持的原则就是，宁肯速度慢一点，数量少一点，也要保证质量，出的是精品。

三、对学术的信仰和敬畏，是商务的基本价值和根本理念

由于我们作者的认识和观念与商务印书馆的杨德炎、王涛、

于殷利和顾青等领导,以及专业编辑的完全一致,因此,我们的合作越来越愉快,越来越密切。除了笔者撰写和主编的几本著作如《东京审判》《纽伦堡审判》《法的移植与法的本土化》《中国法学史纲》(被商务列入外译项目,2015年出版了英文版;之后,又被列入2020年度国家哲学社会科学基金"中华学术外译项目")、《西方法学史纲》(已经被列入商务"中华当代学术著作辑要")等放在商务出版之外,在"法学文库"之后,我和我的团队继续在商务印书馆推出了一批法学丛书和专著,如《法律文化史研究》(2004年起,多卷本),《外国法与比较法研究》(2006年起,多卷本),《新译日本法规大全》(全11卷,2007),"中国法律史学文丛"(2012年起,多卷本),《大清新法令》(全11卷,2011),"全国外国法制史研究会30周年丛书"(多卷本,2012)。自2015年起,我们又和商务印书馆合作,将南京国民政府时期制定颁布的所有法律法规汇编点校出版,定名为《中华民国法律法规大全》(已经出版补编一卷)。

尤其是2008年,笔者将自己长期构思的多卷本《法律文明史》选题报给了商务印书馆,得到了当时商务领导的全力支持,2009年就被列入了商务印书馆的重点出版图书,2010年又成功申请为国家新闻出版总署的重点图书出版计划,2011年又申请到了国家哲学社会科学基金重大项目,2012年又被列入"十二五"国家重点图书出版规划项目。这个系列自2014年起由商务印书馆陆续推出,至今已经出版了12卷(总共16卷),其中第1卷《法律文明的起源》,第5卷《宗教法》,第6卷《中世纪欧洲世俗法》,第9卷《大陆法系》,第13卷《现代公法的变革》已经多次重印。

特别是第 7 卷《中华法系》被列入 2021 年度国家哲学社会科学基金"中华学术外译项目"。整套丛书受到了社会的好评和学术界的认可。

四、商务是我们广大读者与作者的学术家园

回顾自己从商务印书馆的一名读者，成长为一位作者，以及与商务印书馆 20 年学术合作的历程，深深感受到了商务印书馆的强大魅力。她不仅对国家的法治事业极其重视，对社会的公平、正义满怀信仰和崇敬，而且具有高度的社会责任感。商务印书馆给人的理念以及释放出来的信息是，出版社的任务和使命不仅仅是编书和出书，也不仅仅是传播文化和知识，而是要通过写书、编书、出书的过程，培养更多有志于学术的人才，引领对学术事业的向往与追求，扩大国民对自然世界和人文世界的智识视野，提升中华民族的文明程度和道德品格，以加快融入人类文明的进程。如"中国法律史学文丛"就是以培养法史青年学者为宗旨、由王兰萍编审策划的，其目标不仅是要出学术精品，也要推出一批中青年才俊，如程波、周少元、曹全来、刘晓林、张勤等。而《法律文明史》这一大型丛书的撰稿、修改、编辑，商务印书馆的各位编辑更是全力以赴，殚精竭虑。其所表现出来严谨、踏实、认真，一丝不苟的精神（每一部书稿都是反复修改、七次校对，最后还有专业审校），对我们所有的撰稿人而言都是一种润物细无声的教育，让我们深受感动。这套丛书，从 2008 年开始动

笔，参加者有国内的 25 所大学和科研机构的 240 余位作者。作者中，除了少量的教授之外，绝大多数是青年教师，乃至研究生，水平参差不齐，这给商务的编辑工作带来了很大的压力和工作量。但商务印书馆从来不嫌弃作者的年轻和稚嫩，编辑们一方面严格把住书稿的学术质量，另一方面，又充满热情地与各位作者保持着密切的联系，有时可以说是手把手地指导书稿的修改、充实和完善。几乎所有的青年作者在书稿的写作中，都得到了极大的锻炼，因而慢慢成长起来，开始找到了写作的感觉，悟到了学术的真谛，变得成熟和自信。

因为长期在大学工作，所以我深知大学的使命是传授知识、培养人才、科学研究和服务社会。而通过与商务印书馆的长期合作，我对该馆的理念和精神也是越来越了解和认同，这就是以服务读者为本，以弘扬学术为宗，以提升民众的文明智识为使命。正是因为商务拥有这样的追求、理念和精神，所以她就成为了我国出版界的一面旗帜，成为我们广大读者和作者的学术家园。

2022 年 1 月 28 日于上海

在商言学
——庆贺商务印书馆建馆 125 周年

刘 丹 青

在改革开放后的体制改革中,出版社被明确归入企业,自带"商"的性质。在商务印书馆的员工、伙伴乃至众多作者读者口中,"商务"二字就是商务印书馆的亲切代称。作为一家国有企业,商务印书馆以书籍类精神产品创造效益,为国有资产保值增值,是题中应有之意,如俗话所说,"在商言商"。但是,在商务印书馆建馆 125 周年之际,我个人对"商务"生出的最大感受却是——在商言学。学术,是"商务"深厚的初心,不变的担当,持久的践行,永续的责任!

每个中国语言学学人,都会早早开始与"商务"的结缘。众多必读的语言学经典,出自商务印书馆。更何况从小学开始,人人就会在书包里揣上商务印书馆出版的"国民字典"——《新华字典》。我儿时从商务印书馆受益，还不止于此。我于1965年入小学，1976年高中毕业。整个中小学学龄，基本与"文革"十年动乱重合。在批斗、武斗导致的停学中，在长期学工学农学军代替课堂教学的"学期"，在物理、化学、生物课程被"工基""农基"取代的年代，我家幸运地藏着上下两册1915年版《辞源》，这部商务印书馆出版的语文兼百科大型辞书，成为那个年月里我最重要的知识来源。我最初的历史、地理、物理、化学、天文、生物诸方面的知识，大都来自此书，成为我"课后"捧读最多的书籍，不啻为当时知识荒漠中的醴泉。我不敢设想，假如当初家中没有这两册旧书，经历"上山下乡"末班车的我今后能否顺利走上学术之路？这两册年逾一个世纪、外观破损严重的厚书，至今仍是我书柜里的镇柜之宝，与最新的《辞源》第三版并排而立。翻到老《辞源》最后，还可以看到当年许多"商务"图书广告附页，包括《马氏文通》《中等国文典》等"教育部审定"的早期语法书的广告。也是从《辞源》开始，我养成了查阅之外"读"词典的爱好。如报考研究生时，我为了准备古汉语考试，就集中读了"商务"出版的王力等编的《古汉语常用字字典》。

随着我从商务印书馆的读者，到成为作者，再到共同事业的合作者，我对商务印书馆学术初心的了解也愈益深化。当然，我的感受主要来自商务印书馆在语言学方面的辉煌业绩。

商务印书馆的学术追求，首先表现为出好书，出高质量的学术著作。历任馆领导的书卷气和学术锐眼，编辑队伍的学术性和学者化，全馆上下与高校、学术机构的密切联系，对学者的尊重，对学术的敬畏，对优良学术传统的守护和对学术前沿的敏感，为

"商务"孕育催生了一批又一批学术精品和知识大餐。对一些重点系列图书,"商务"更定有行之有效的精密评审编审制度,精心呵护着"商务"学术的荣耀。就拿我多年参与的面向中青年作者的"中国语言学基金丛书"来说,"商务"成立了专门的评委会,配以一系列细致合理的制度设计:每个作者都要有自己导师和其他学者的推荐信,每部作品都要有推荐人以外的至少两位匿名评审专家书面评审,入选出版的著作会附上评审意见,而参加终评会投票的专家,不能是推荐人,评审结果严格遵从投票结果,对通过的著作也会提出修改意见。这里的每一条规定,都从一个侧面强化了质量保证。熟悉作者的导师等推荐,便于充分展示著作的创新点;而由推荐人以外的两名匿名专家评审,可使评审意见尽可能客观平衡;出版时后附评审意见,更促使评审人严肃认真公正地提供评语。尊重投票结果,意味着宁缺毋滥。事实上,在多项严格要求下,多数年份通过的著作数都少于额度。经此评审后出版的著作,20余年来始终保持着崇高的学术声誉,丛书作者逐渐都成为中国语言学队伍中的精英学者。

除了对基础学术研究的重视,商务印书馆也以高度的社会责任感关注中国语言生活,大力服务语文政策、语言规划和语言应用研究,推动语言资源保护,多年来将"中国语言生活绿皮书"打造成影响深远的连续出版物,积极出版传承语言文字优秀传统、保护少数民族语言资源和方言资源的多种丛书,还直接参与创刊《语言战略研究》等面向语言社会生活研究的新期刊,并在短短几年中获得可观的学界声誉和社会影响。

书籍期刊出版终究还是出版"商"的天职本分。商务印书馆的在商言学，远远超出出版的范围。商务印书馆作为我国语言学著作和语文工具书出版的首要重镇，始终把推动中国语言学的发展作为自己的使命和责任，做了很多与出版没有直接关系，却显著贡献于学术发展的大小实事。商务印书馆是运行多年的全国语言学暑期高级讲习班等多个全国性暑期讲习班的长期资助者，参与讲习班的策划筹备和经费支持，讲习班为全国众多语言学及相关专业硕博士生和青年教师提供暑期学术盛宴，传递语言学基础知识和前沿信息。商务也积极支持多家高校开设中国语言学书院暑期课程班，为录取的学员提供不同种类的奖学金。书院课程班系统传授当代语言学分支学科知识，提供专业训练，令很多学员得到扎实收获。一批如今活跃在各专业期刊的年轻作者常常回忆书院课程班对他们学术能力的关键性提升。商务印书馆连续多年参与主办两个重要的年度语言学沙龙：中青年语言学者沙龙（年终）和海内外语言学者联谊会（暑期），为语言学者的跨学科交流、海内外交流提供高水平的学术平台，每次沙龙既有精心组织的主题发言，又有火花迸发的自由讨论，参与者每每感到收获满满。商务印书馆还在国家语委指导下，与高校和专业机构合作，举办多种贴近时代贴近生活的发布会、研讨会、报告会，有力推动中国语言生活和语言文明的健康发展。

  这些在商言学的活动，与商务印书馆的商务没有直接关系，但是，商务印书馆主动积极推动、参与的这些学术活动，强劲助力中国语言学前进的步伐，推动了语言学与国家发展、社会进步和人民幸福的结合，参与培养了大量优秀学者，肥沃了孕育语言学丰硕成果的土壤，在大大利好学术的同时，长远来说也大大利好学术出版的本业,实现了更高层次上的在商言商。

商务印书馆,遭受过日寇炮火的摧残,经历过特殊年代的文化萧条,从未放弃过拥抱学术、传播知识、建设文明的初心,在历代贤达的不懈努力下,在商言学,商由学盛。125周年是千年的八分之一。我们期待商务印书馆在新的起点继续当好出版业的头羊,薪火相传,再创百年乃至千年的辉煌。

从读者到作者
——我与商务印书馆的缘分

邢向东

一、痴迷的读者

我的专业是现代汉语和汉语方言。回顾自己的读书经历，才发现读过的语言学名著多半是商务印书馆出版的。从索绪尔的《普通语言学教程》、布龙菲尔德的《语言论》、萨丕尔的《语言论》，到赵元任的《语言问题》《汉语口语语法》，李方桂的《上古音研究》，罗常培、王均的《普通语音学纲要》，高名凯的《语言论》，吕叔湘的《中国文法要略》《汉语语法分析问题》，吕叔湘主编的《现代汉语八百词》，王力的《中国现代语法》《中国语法理论》，李荣的《音韵存稿》《语文论衡》《方言存稿》，朱德熙的《语法讲义》《语法答问》，徐通锵的《历史语言学》，还有许多前辈、时贤的著作……难以一一尽述。我是个喜欢自己买书读的人——自己的书可以随意在上面写写画画，改革开放以后商务印书馆出版的语言学著作基本上都买全了，还虔诚地把它们一一摆到书架最显眼的地方，竟然摆满了一架子，像书店里的"商务印书馆专架"。这些书大致都是仔细读过的。我喜欢它们，当然首先是内容经典，语言精当，其次是装帧精美，气质典雅，其中"汉译世界学术名著丛书""汉语语法丛书""中国语言学文库"等尤其设计考究，叫人爱不释手。用"文质彬彬"来表达我对它们的感受，应当是最恰当不过的了。

说到读商务版的语言学名著，必须讲讲一本书的故事。我1977年考入陕西师范大学中文系。那时候正是"为中华崛起而读书"的时代，大家都相信"知识改变命运"，拼命地读书。我自一年级开始就对汉语课情有独钟。1980年读大三，养成了每周逛古旧书店、买打折图书的习惯。有一次，在古旧书店看到商务印书馆出版的赵元任先生《汉语口语语法》（吕叔湘译），原价6毛8，卖5毛钱。这时我已经买了两本外国小说，兜里只剩6毛钱了，中午饭还没吃。书店不远处有家葫芦头泡馍馆，5毛钱一碗，剩1毛钱正好坐公交车回学校。我已经计划了好几周，要吃一碗葫芦头。看着这本书，犹豫了很久，心想这种语言学的书感兴趣的人少，下星期来还会有吧。于是就没有买，去吃了葫芦头。可是下一个星期天再去一看，那本《汉语口语语法》已经不见了！心里真是无限的懊悔！这一下子就后悔了二十年！从那以后，我再没有看到卖这本书，心里总是放不下。直到2000年博士毕业，到北京给专家送博士论文，特意到王府井大街北端的商务印书馆门市去看看，一眼就看到了《汉语口语语法》！为这本书悬了20年的心，终于落下了！每每给学生讲这段经历，还让我眼眶发潮。

二、终身受益的作者

2003年，我从南开大学文学院博士后流动站出站。出站报告是《陕北晋语沿河方言语法比较研究》。书稿写完了，我联系导师马庆株先生，找哪个出版社合适？马先生没有一丝犹豫地说："商务印书馆。"我想那就去碰碰运气吧。正好原在《方言》杂志工作的冯爱珍老师已经调到商务印书馆，于是写信给冯老师，问她如何给商务投稿。她回复我说，商务已经出版了侯精一先生的《现代晋语的研究》和乔全生老师的《晋方言语法研究》，关于陕北晋语语法的选题正好和他们形成系列。不过编辑室要讨论选题和书稿质量，才能确定能不能立项，嘱咐我如何写好选题和内容介绍。经过相关流程，这本书终于通过了立项，我从一名商务版图书的忠实读者，变成了她的作者！这对一个年轻学者，是一个里程碑式的事件！我的责任编辑是马庆株先生的弟子王金鑫。他是语法专业出身，熟悉马先生的"语义功能语法理论"，因此对书稿在语法理论方面提了不少中肯的意见。同时，大到书名（最后确定为《陕北晋语语法比较研究》），小到引文出处、标点符号、方言用字，都不厌其烦地一一落实，方才作罢。这本书的编辑出版过程，让我真切地体会到，在商务印书馆那一本一本的好书和卓越的声誉背后，是出版社领先的出版理念、严格的选题流程和每位编辑的辛勤付出。《陕北晋语语法比较研究》出版后受到了学界的好评，2007年荣获北京大学王力语言学奖二等奖。

2008年，我和王临惠、张维佳、李小平兄合作完成的国家社科基金项目"秦晋两省黄河沿岸方言的现状与历史研究"结项，获得优秀等级。我们向商务印书馆投了稿，顺利通过立项。汉语编辑室的叶军自告奋勇担任了这部书的责任编辑。叶军是我在内蒙古师大教书时的学生。后来她跟马国凡老师读研究生，成了我的师妹，再后来留校任教，成了现代汉语教研室的同事。1997年我们同时考取山东大学文学院的博士生，她跟葛本仪老师学词汇学，我跟钱曾怡老师学方言学，成了同学。在商务印书馆出书，又让我们成了作者和责编的关系，都感觉特别开心。叶军的一丝不苟我在当班主任的时候就知道。这次当我们的责编，让我对她的业务水平和责任心又多了一份敬重。首先是书名，原项目的"秦晋两省黄河沿岸方言的现状与历史研究"太长，而且结项成果中除了对秦晋两省历史和移民的讨论以外，对沿河方言历史的探讨并不是主要内容，而分量最重的是秦晋两省黄河沿岸方言的比较。叶军建议不要特别强调"历史"，应当突出"比较"，几经反复，最后确定为《秦晋两省沿河方言比较研究》，关键信息突出，简明清晰好记。在编辑、校对过程中，我又一次领教了商务印书馆编辑的专业素质和严谨作风：绝不放过任何一个疑点。这本书一共600多页，每一章都有大量的国际音标，"字音对照表"则全是音标，看稿子几乎能把人看得抓狂！在编辑、作者的反复往还中，叶军不知提出了多少疑点需要澄清、核对。直到现在，这本书还没有发现一处编校错误！可见当年编辑和校对过程之严、之细！后来，《秦晋两省沿河方言比较研究》荣获全国高等学校人文社会科学优秀成果三等奖,这既是对作者的奖励,也是对责编、对出版社的肯定。商务版图书获得教育部三等奖是件平常事儿,但对作者而言却是一件大事。我深知在这个奖项中出版社和责任编辑的份额有多大,会永远记得出版社的栽培和编审、校对的老师们付出的努力。

2015年中国语言资源保护工程启动,我受命担任"濒危汉语方言调查"项目组组长。2017年,《中国濒危语言志》入选国家出版基金,开始编写出版,曹志耘兄担任总主编,张振兴先生和我担任方言卷主编。其间我多次与各卷作者、周洪波总编和汉语编辑中心的余桂林、冯爱珍、朱俊玄、刘建梅等开会讨论书稿,对他们的工作作风有了更深刻的印象。当时商务印书馆汉语编辑中心在同时编辑《中国语言文化典藏》。记得有一次,年轻的编辑刘建梅打来电话,咨询我"羊肚子手巾"最准确的叫法和贴切的解释,我说叫"羊肚(上声)子手巾",有的人可能误作"羊肚(去声)子手巾",读音不同,意思就完全不一样了。她告诉我,同事金欣欣觉得一位作者对"羊肚子手巾"的解释可疑,让她打电话问问我。话毕,小刘庆幸地说:"多亏打了这个电话!"我回头查了一下"百度百科",其中"羊肚子手巾"的"肚"果然注的是去声,其解释错得离谱!时下人们多依赖"百度",可是他们没有轻信,替作者把关,消灭了一处硬伤!这既是为书负责,为读者负责,也是为作者负责。后来,《中国语言文化典藏》获得第九届中国出版集团出版奖(综合奖),中国出版集团2017年度"中版好书";《中国濒危语言志》获得中国出版集团2019年度"中版好书",第五届中国出版政府奖提名奖,其中有一本还获得了吕叔湘语言学奖一等奖。这些奖项和良好的口碑，是对作者、编委和编辑所付出的巨大努力的褒奖和肯定。这段经历也给我留下了难忘的印象。

从念大学时为一碗葫芦头泡馍错失《汉语口语语法》到现在，40多年倏忽而过，我自己也由商务版图书的忠实读者成长为她的一名作者。读者、作者的身份随着时光流转不断变换，然而商务印书馆"服务教育，引领学术，担当文化，激动潮流"的精神没有变，我对商务版图书的喜爱和这些书籍的编辑者们的敬重没有变，也永远不会变。

商务印书馆是作者的温暖之家

戴 庆 厦

2022年,是中国第一家现代出版企业商务印书馆(以下简称"商务")125周年华诞。这是中国出版事业的一件有意义的节日,可喜可贺!

我是一个从事语言学教学和研究的高校教师。从2004年起就陆续在商务印书馆出过一些书,如《语言调查教程》《汉藏语研究方法讲稿》,以及主编的《社会语言学概论》《语言学基础教程》、"新时期中国少数民族语言使用状况研究丛书"(18本)、《汉藏语学报》(12期)等,还多年参加了中国语言绿皮书的审定工作。由于工作的关系,我与商务印书馆接触较多,也不断麻烦他们,相互间有了事业的感情和友谊的感情。我很愿意与他们一起合作,很珍惜在商务出的书,更珍惜与商务的领导、编辑们相处的日子,深深感到商务是作者的温暖之家,可信任之家。

在与商务印书馆具体合作的过程中,商务的编辑工作的两性——严肃性与温暖性深深感染了我。严肃性,是指他们对出版物一丝不苟、严肃对待。每位编辑对我出的书都要求很严,书稿中凡遇见错误的、含糊的、不明白的、遗漏的、不规范的,都不放过,一定要弄清楚或改正后才付印。这种严肃负责的编辑作风保证了高质量的品牌。温暖性,是指尊重作者,虚心倾听作者的想法,善于与作者商量,体谅作者的难处,不把自己的意见强加给作者。我们与编辑打交道,感到不拘束,能把自己的想法说出来。这两个特点是商务历史传统的积淀,也是一代代领导坚持下来的传家宝。

商务人有很强的事业心,能紧跟时代的步伐出版有价值的书。这里举几个例子。在语言学领域,商务出版了大量受读者欢迎的词典和语言学著作。比如,我到许多少数民族地区调查语言时看到,商务出版的《新华字典》《现代汉语词典》已在少数民族地区广泛普及,几乎是每个家庭的必备书,成为少数民族学习国家通用语、认识中华民族文化不可缺少的工具书。这些年来商务还出版了许多有价值的少数民族语言研究的著作,以其品牌优势推动了少数民族语言的研究,对加强国内各民族的团结、促进各民族的繁荣起了重要作用。这些出版物深得少数民族热爱,真是功德无量!

我要感谢商务2007年起为我们中央民族大学"985"工程出版了"新时期中国少数民族语言使用情况研究丛书"。进入本世纪,由于现代化进程加快,少数民族语言也适应社会的需要在使用功能上、语言结构特点上发生了新的变化,特别是在语言能力上,少数民族群众除了使用自己的母语外,还兼用国家通用语,成为"母语-国家通用语"的双语人。语言功能、语言结构的这一变化，需要及时调查、记录、研究，其成果能为语言学研究提供新的语言事实，还能为党和国家制定科学的对策提供依据。为此，中央民族大学"985"工程组织了调查队伍不失时机地进行了新时期少数民族地区的语言国情调查，获得了大量新情况、新语料。记得当时我与时任商务总编辑的周洪波先生谈了这个情况并希望能出版相关丛书的想法，周总听了后立即同意我的意见，认为这是一项有战略意义的举措。从2007年到现在，我们已在商务出版了二十多部语言国情调查个案专著。这些成果都是我们民族语文专业人员亲自到各民族地区经过第一线的调查、整理和分析而写成的，能够从中了解到现代化进程中少数民族语言的现状及变化，还有助于社会语言学的研究。这些著作的出版，是我国民族语文调查研究工作的一份成绩，必将载入中国语言研究史。要衷心感谢各部书的责任编辑们曾经付出的辛勤努力。

2002年，为适应高校语言学教学的需要，在陈章太、于根元教授的主持下，商务印书馆组织各方力量编写"应用语言学系列教材"，包括《应用语言学概论》《计算语言学概论》《中小学语言教学概论》《对外汉语教学概论》《语言规划概论》《社会语言学概论》等书。我主持了《社会语言学概论》一书，多次参加了商务印书馆召开的策划会、编写会，深深感到商务做事有板有眼、盯住质量、一抓到底的编辑作风。这套书出版后在社会上引起热烈反响，对语言教学有着重要推动作用。该丛书各品种已不断重印，以《社会语言学概论》为例，已重印了八次。

我还要感谢商务在2013年出版了我的《语言调查教程》这

本教科书。我国是一个多语种的国家，有无限的语言资源，随着社会的发展，语言处于不断变化之中，因此，语言调查成为民族语文工作中的一项常态工作，必须不断开展不同类型、不同目的、不同语言专题的语言调查。在当前国家主持的语言保护工程中，语言调查如何决定了语言保护工程的质量。在我们高校的语言学专业的教学中，语言调查课是一门必修的基础课，但多年来，还没有一部适合少数民族语言专业使用的教材。我在多年的民族语文工作中，有了一些语言调查经验，还教了几十年的语言调查课，积累了语言调查课的讲稿，商务的领导和编辑知道这一情况后，决定为我出版这部教材。在责任编辑刘建梅的精心编辑下，这部满布国际音标的教材很快就出版了，成为高校语言调查课的一部选用教材，在短短的时间里已印刷了三次。

商务还有一个特点，就是他们不把自己的职责仅放在出书上，而是把出版与推进国家的文化和科学建设紧紧地联系在一起。比如，为了促进传统语言学与现代语言学的结合，商务和中国社会科学院语言所等单位连续几年共同召开了"海内外中国语言学者联谊会"，讨论大家所关心的语言认同、跨境语言等问题，不仅有助于学科建设，还有利于中青年学者的培养。

进入伟大的新时代时期，衷心预祝商务印书馆在过去光辉的基础上越办越强！

亦师亦友，缘结商务

李　勤

　　商务印书馆素来享有"工具书王国"或"辞书王国"之美誉，这一方面得益于其门类齐全、品种繁多的辞书，另一方面，也是更重要的，彰显了其辞书广泛的受众面和强大的影响力。

　　大凡新中国成立后出生和上学的人，其汉语的启蒙和提高无不受惠于商务印书馆的辞书。本人亦不能例外。还在上小学之前，尚不会汉语拼音的我接触的第一本字典是商务印书馆出版的《四角号码新词典》。至今仍记得它深棕色的硬皮封面，仍能背诵字典的查字口诀。这是我父亲使用的字典。我父亲出身贫苦，没上过学，于20世纪30年代末在山东沂蒙山区参加了八路军，戎马倥偬十余年，新中国成立后才有机会学习和提高文化。他学习用的工具书就是《四角号码新词典》。那时，幼小的我出于好奇，会经常翻阅这本词典并向父亲提出各种各样的问题。于是，在父亲的指导下我就从这本词典开始一步一步走入了汉字世界。该词典根据汉语方块字的特点，以字形进行编码，能够帮助不会汉语拼音的读者较快地查找汉字。但是若未经一定时间的训练，查找起来还不是很方便的。上小学后，我接触到的第二本字典就是商务印书馆出版的《新华字典》。该字典是根据汉语拼音音序排列的，而我们在小学里首先学习的就是汉语拼音，因此在查找和使用方面要方便、快捷很多。此外，《新华字典》中的词语和配例比《四角号码新词典》更丰富翔实，更贴近时代，更有实用性。可以说，作为好帮手，《新华字典》是我在中小学语文学习中助益最大的工具书。在后来的学习中，我所使用的辞书大多是商务印书馆出版的，如《汉语成语小词典》《现代汉语词典》，等等。

其实，我和商务印书馆还有另一层渊源。商务印书馆当年在上海时，我母亲曾在商务印书馆的门店工作过若干年。说句玩笑话，如此论来，我似乎还是商务印书馆的家属呢。后来，商务印书馆北迁京城，我母亲就转到新华书店工作了。母亲会经常提及在商务印书馆的工作经历，说这是中国历史最悠久、规模最大的出版社，出版的书籍很受民众的喜爱。从母亲的介绍中我对商务印书馆开始有了进一步的了解。就这样，商务印书馆在我童年时的心目中已然树立了"高大上"的形象。

作为一介书生，二三十年前我在上海最喜欢逛的一条马路就是著名的文化街——福州路，那里聚集了许多书店，如上海书店、外文书店、古籍书店、科技书店、上海书城等。记得商务印书馆在福州路上有一个门市部，门面不大，但书籍很有特色，大多为本馆出版的、别的书店所没有的图书。我每次去福州路，必定要到这个门市部去看看。在那里我经常流连忘返，买了不少喜欢的书，其中印象最深的是 20 世纪 90 年代末在那里买到的商务印书馆翻译出版的美国学者 A.P. 马蒂尼奇所著的《语言哲学》。当时，我正好准备开展句法语义学的研究，对语义学、语用学等学科的基本理论特别感兴趣，而这本书恰好收入了这些领域领军人物的一些奠基之作，所以，对我而言，买到这本书无异于如获至宝。后来，我多次推荐我的硕士生和博士生去商务印书馆门市部买这本书。

我和商务印书馆直接结缘是始于 2004 年。这次结缘与以前的纸上谋面不同，我的读者身份上从此加上了一个作者的身份。这年下半年，商务印书馆外语室主任韩文殿老师和俄语编辑冯华英老师专程来上海，和我们上外俄语系的顾柏林等老先生们商讨修订再版《汉俄词典》事宜。顾柏林教授让我也参加商讨。众所周知，《汉俄词典》是我国第一本汉外大词典，是由上海外国语大学俄语系编纂并由商务印书馆出版发行的。我虽然也参与过上外俄语系当时正在编纂的《汉俄大词典》，但作为小字辈，我起初只是想为老先生们做一些辅助性的外围工作。但是，顾老师希望我全面介入并领导新词典的编纂工作，因为他主编的《汉俄大词典》处在最后的校审阶段，实在无暇他顾。于是，我在老先生们和商务印书馆同仁们的支持下，开始了编写《新时代汉俄大词典》的准备工作。在充分调研了以往汉俄词典以及各种汉外词典的基础上，我于 2005 年 11 月制定了词典的编写大纲。该词典的突破点和亮点在于，通过一系列创新来体现时代性、准确性、科学性、知识性、规范性、实用性，重点解决以往词典中所缺失的学习性和文化性，力争成为我国汉外词典中适应新时代、满足新需求的精品。鉴于词典编者大多来自外校，我们在时任外语室主任梁音老师和俄语编辑冯华英老师的全力支持下，在上海和厦门举行了两次研讨会，进行了全面的理论探讨和务虚探索，统一了编者们对词典定位和体例的认识，为词典编写的启动做好了充分的准备。

《新时代汉俄大词典》的编纂是一个浩大的工程，加之其间又走了一些弯路，尤其在审定阶段几乎成了我一个人在孜孜矻矻地工作，一路走来确实十分艰辛。但是，我们自始至终得到了商务印书馆同仁们毫无保留的支持。十五载面壁图破壁。2020年下半年，《新时代汉俄大词典》终于完成了全部编写工作并交付商务印书馆出版。磨砺宝剑的艰难历程刻骨铭心，我也从当年的风华正茂到如今的两鬓斑白：付出的所有的艰辛、心血无非是为不负商务印书馆的信任和嘱托，不负大词典应负的时代使命；而我和所有参编者的共同愿望，都是希望词典的内容和形式都应该在水准上与"辞书王国"相匹配。此外，围绕词典的编审工作所做的其他事情，也使我收获颇丰：不但在词典编纂实践、审改经验方面我积累甚多，技巧更加娴熟，趋于炉火纯青，而且还在词典理论方面有所建树。经过对理论和实践方面的深入思考和梳理，我撰写并发表了几篇论文，而且分别在国际、国内相关学术研讨会上做了专题发言，取得了令学界瞩目的科研成果。而宣读论文的过程本身也达到了预告、宣传推介这本词典的效果。真是一举两得！

十余年来，我和商务印书馆还有很多合作，例如，审定《新华字典》的俄译稿，评审外译项目的试译稿，等等。在这些工作中，我得到了商务印书馆同仁们的全面支持和充分的信任与肯定。

此外，我还曾和商务印书馆的《汉语世界》编辑部合作，帮助寻找俄罗斯相应层次合作伙伴，尝试在俄罗斯推出《汉语世界》的俄译版。虽然最后因为俄罗斯方面的原因没有成功，但是与《汉语世界》编辑部和俄罗斯同行的三方合作还是为中俄两国的合作出版事业做了有益的尝试，打开了一扇窗口，也给我们大家留下了愉快和美好的回忆。

在和商务印书馆同仁的交往中，最让我感动的是他们对老作者的关心和感恩之情。2017年3月底，外语室主任郭可老师、俄语编辑冯华英老师和刘早老师来上海和我们研讨《新时代汉俄大词典》的编纂工作。她们提出，想抽空去看望商务印书馆的老作者、已经92岁高龄的黑龙江大学退休教授李锡胤先生。我欣然允诺开车带她们前去，因为李锡胤教授也是我非常敬重的大学者。他的人品和学问是非常值得我们晚辈学习的。我经常去黑龙江大学出差，李锡胤教授曾多次到宾馆来找我，平易近人地和我讨论一些学术问题。3月30日，我们来到松江九亭李锡胤教授家中，为老先生献上了鲜花。李锡胤教授十分高兴，和我们侃侃而谈，讲起了他的人生经历、生活趣事、学术研究以及所培养的杰出学生，使我们又一次地受到大师的点拨，受益匪浅。尤其是老先生给我们展示了他2012年亲笔立下的不要给国家增添负担并捐献遗体的遗嘱，让我们对老先生更加肃然起敬。华灯初上时分，我们和李锡胤教授依依惜别，圆满地完成了商务印书馆同仁们所说的"致敬、致谢的行程"。

商务印书馆之于我，可谓亦师亦友。谨祝商务印书馆继往开来，百年腾飞，更上一层楼！

交友商务人，读写商务书

王希杰

我同商务的交往是从周洪波博士和《汉语修辞学》开始的，是从他提议再版我的《汉语修辞学》开始的。

洪波先生和我是早就相识的，早在他还在国家语委语用所工作时。1983年10月，北京出版社出版《汉语修辞学》，吕叔湘先生的序，这本书的雏形是1974年5月我编写的给工农兵学员授课用的讲义。1980年，云南师范学院铅印两万册作教材。初版后没有再版过。阜阳师院教务处铅印供兄弟院校作教材用。我们南京大学用的也是阜阳师院本。1999年春，新加坡南洋理工大学任课教师请我建议出版社尽快重印，因为他们的教材是复印件，但是我没当一回事。

当时已经是商务老总的洪波找我，提议由商务再版。年过花甲等待退休的我，兴趣不大，没及时回答。商务的钱厚生先生知道了，认为我这样做不妥不对，建议尽快修改，交商务再版，他当时有些激动，很严肃。我相信厚生，听从了。这就是《汉语修辞学》（修订本），吕海春博士的责编，2004年10月出版的。

　　修辞学学家肖书文博士说："王希杰的《汉语修辞学》是他的成名作，出版于1982年（笔者按：是1983年10月），修订本出版于2004年，二十年间，基本框架并没有实质性的改变，从篇章结构上看，这本书和他作为自己理论体系的代表的其他著作，如《修辞学新论》和《修辞学通论》相比，差别很大。但为什么直到2004年，他还要以'修订本'的方式将自己这本早年的著作加以再版？"这个问题其实是要洪波和厚生来回答的。因为已经有《修辞学新论》（1992年）、《修辞学通论》（1996年）与《修辞学导论》（2000年），我没想过再版《汉语修辞学》。是洪波和厚生提出与推动《汉语修辞学》修订再版的，是吕海春实施再版的。是他们认为《汉语修辞学》值得修订再版的。我的书，厚生最推崇的是初版的《汉语修辞学》，内容和文笔与装帧，他都喜欢，赞不绝口。在他看来，《修辞学通论》和《汉语词汇学》的文笔都不如《汉语修辞学》的初版。

　　肖书文教授说："我们从中可以看出，王希杰的思维方式是立体的，他不是用一本代表性的著作来表达自己的主要观点，而是把自己的思想分为不同层次，最基本的层次就是在课堂上宣讲的教科书的层次，这是通俗入门的读物，用他的话来说，这'不是学术专著'。而从《修辞学新论》开始，他的学术观点已经大大偏离《汉语修辞学》中的那个朴素的框架，到最后甚至是面目全非了。但他仍然认为自己早年的《汉语修辞学》是值得修订再版的，可以作为大学本科生修辞学入门的导引，这就说明，他并不认为这种导引是误导，而是认为，这种导引恰好是导向自己的正式的修辞学理论的途径。所以我们在分析王希杰的修辞学理论的体系结构时，也不可不从他的《汉语修辞学》入手。"事实是，既然"认为……早年的《汉语修辞学》是值得修订再版的，可以作为大学本科生修辞学入门的导引"的是洪波和厚生与责编海春博士，那么就是他们具有"立体思维"。顺便说一句，我从不把教材同学术专著对立起来。索绪尔的《普通语言学教程》、陈望道的《修辞学发凡》是教材也是专著。教材不等于就是"通俗入门的读物"。

我为什么说《汉语修辞学》不是学术专著呢？因为我记住了中国科学院语言研究所杨耐思先生的一番话。《汉语修辞学》（修订本）出版后，在杨耐思先生家，他问我："你的《汉语修辞学》印了多少本？"我说："八万七千五百本。责编说，卖完了。"他说："坏啦！那你就不是学者了。八万人都读得懂，那就不是学术专著了。八万人都懂的，还叫什么学问？"后来耐思送我他的关于八思巴的书，只印了几十本，我怎么也读不懂，但是非常佩服，这才是学术专著，真正的响当当的学术专著。因此我总认为我的《汉语修辞学》不是学术著作。

《汉语修辞学》（修订本）出版之时，日本清和大学图书馆馆长加藤阿幸教授翻译的我的《这就是汉语》在日本出版了。在比较比利时列日学派的修辞学著作之后，她牵头集体翻译《汉语修辞学》（修订本）。他们六位学者，辛苦奋斗十年，"十年磨一剑"，书名为《中国修辞学》，2015年终于由日本好文出版社出版了。我的老师方光焘留学日本，我的这两本书在日本出版，在我，可算是对老师的回报。

加藤阿幸教授说："中国现代修辞学受惠于日本修辞学，是中国修辞学回报日本修辞学的时候了。"这是修辞学在汉字文化圈里互动的新事物。古时候，日本的弘法大师（774—835）从大唐拿回修辞学，创作《文镜秘府伦》，创建日本古典修辞学。日文本《中国修辞学》是中日修辞学互动中的一朵小小的浪花。没有洪波和厚生与海春，就不会有《汉语修辞学》（修订本），也不会有日文本《中国修辞学》。《汉语修辞学》（修订本）在商务出版，表现出洪波出版家的特色，有学术眼光与远见。超越作者的学术眼光与远见。洪波和厚生与海春推动促进了修辞学在汉字文化圈内的互动。

我打交道的最多的商务人，责编我的书最多的编辑，是吕海春博士。吕博士是《汉语修辞学》修订本和第三版的责编，是《显性语言和潜性语言》和《这就是汉语》的责编，是《汉语修辞学》第四版的现在进行时的责编。站在编辑的立场说，我不是好作者。因为我的思路比较活跃多变。世纪之交，有的年轻学者在论文中，善意劝告我，不可一味地探索，不可不停地变换阵地，应当停下来，停在一个地方，深化完善一项工程。我感谢他们，他们是对的，他们是为我好，我应当这样做，但是我做不到。我羡慕人家年轻时候的著作，就非常熟，一直到老到死都不改变。但是我做不到。常规书稿一次交清，按理交稿之后，不可以做大改动的。看样稿，只能按照原稿校对，做一些技术性修正。这个道理我是懂的，也一心想这样做的，不愿意坏了规矩。但是，定稿之后，还不断地改动，看样稿时，常常想做出较大的改动，这说明我的思想不成熟。我承认自己的思想至今还是不成熟。海春博士令我感动和感激与佩服的是,她宽容,她耐心,她不厌其烦,她从没有过不满,更没有加以挖苦指责,她没有拒绝过我的修改要求。

《汉语修辞学》的初版和修订本,第十一章"语体",第十二章"风格"。第三版二校(也许是三校?)时,我把语体改为第五章。我的想法是,第一,我讲修辞学是从大到小,语体为大,理当先讲,从语体的大局再来讲授用词造句修辞格。第二,第四章"同义手段和语言变体",讲的是语言的社会变体。理当接着讲语言的功能变体的语体:语言的变体—社会变体—功能变体,逻辑上更合理。我知道,改动太大,不合规矩。我难以开口。但是,我想,我已经老了,这是最后一次修改了,没下次了,就一咬牙,提出来了。令人高兴的是,海春一句话也没有,她同意了我的修改。海春做我的书的责编是很辛苦的。她做我的责编时,我已年过花甲,想的多了些,不再有年轻时那样干脆利索快速了断。

吕海春之外,另一位我的商务责编是钱厚生先生,他责编的是我的《汉语词汇学》。钱厚生先生是著名的英语词汇学家,有英语词汇学论著,编著过多部英语词典。他责编《汉语词汇学》所花费的时间与精力,恐怕是他所责编的书中最多的一本。他家在上海,专程来南京,从早到晚,坐我家客厅里校对,核对原文。他要我事先准备好所引用的原件。他说一件,我就给他一件。一连数日。午餐特简单,没时间,赶任务。厚生是我所见的最认真最细心的责编,每一个引文、每一个标点,都不厌其烦反反复复地核对。可以相提并论的是日本学者加藤阿幸教授。他们经常发现意想不到的、我不以为是问题的问题。跟他们打交道，培养我的耐心与细心。厚生编辑我的《汉语词汇学》是花了大气力的，吃了大苦头，花费了大量的时间。没有厚生，就没有《汉语修辞学》，同样也不会有《修辞学通论》。应当说，《汉语修辞学》和《修辞学通论》厚生也有他一半功劳。

跟商务人交往最早的是钱厚生，从他大二时开始的，当然那时他还不是商务人。厚生，谦谦君子，诚信之人，为人厚道总为他人设想。做编辑，把作者的事当作他责编自己的事，无私地为作者服务。厚生是修辞学家，他在伦敦大学的学位论文《文人际修辞学》是商务上个世纪出版的；他也是修辞家，他的言行很修辞的，和颜悦色，轻声软语，温文尔雅，适度得体。

遇到洪波这样的大出版家，遇到厚生和海春这样的敬业细密宽容的好编辑，是幸运的。

2021年12月6日，于南京水木秦淮河畔

我与商务馆的汉语缘

王建勤

缘分这东西是上天安排好的，可遇不可求。上世纪 90 年代初，因为一个韩国朋友去商务印书馆拜见一位编辑，我便和他一起去了商务印书馆。这是我第一次踏进商务馆的门槛。那时的商务馆办公楼有点陈旧，在阴冷的冬天，并没有给我留下什么深刻印象。1994 年回国后，没想到我也走进了出版行业，一干就是十年。期间，认识了当时还是商务馆汉语编辑室主任的周洪波先生。由于我当时所在的出版社主要是出版对外汉语教材，商务馆也打算进军汉语教材出版领域。我们出版社举办对外汉语教材发布会，周洪波也经常参加。同行之间总是有竞争，但是我们并不排斥商务馆进入这个领域。所以，我经常跟他开玩笑，欢迎他"深入敌后"。于是，我们成为朋友。此后，我也成为商务馆的常客。

真正与商务馆的交往和合作是我 2004 年离开出版社之后。当时我不仅是商务馆的作者，也是商务馆策划出版汉语教材，特别是对外汉语学术出版的参与者。商务馆虽然是一个学术出版声誉很高的出版企业，但是在汉语教材出版竞争如此激烈的市场开辟一个新领域并不容易。企业领导人必须具有前瞻性的眼光和准确的市场定位，加上坚韧不拔的精神。最初，商务馆汉语编辑室也策划出版了几套面向外国学生的汉语教材。但是，无论在规模和效益上都不尽人意。2005年五一劳动节，当时的周洪波副总编辑给我打电话，希望我帮助策划一套对外汉语教学专题研究书系。也就是说，商务决定进入对外汉语教学的学术出版领域了。商务馆这一决定，开启了对外汉语教学学术出版新领域。我拟了一个专题书系的提纲后，由商务馆牵头，北京语言大学赵金铭教授作为总主编，邀请对外汉语教学界各研究领域的领军学者编辑出版了"商务馆对外汉语教学专题研究书系"（共22本）。这套书系汇集了2005年前十余年数百位作者的文章，"可谓对外汉语教学成果50年来的大检阅"，"汉语作为第二语言教学作为一门科学，已经跻身于世界第二语言教学之林，或曰已经取得与世界第二语言教学同行对话的话语权"。赵金铭教授在书系总序（《从对外汉语教学到汉语国际推广（代序）》）中对这套书系的评价是非常中肯的。新中国的对外汉语教学始于上世纪50年代。当时对外汉语教学尚未成为一门科学和学科。与国外英语作为第二语言或外语教学研究领域差距非常大，在理论建设上至少落后人家30年。直到上世纪80年代，在著名语言学家王力、吕叔湘等老一辈学者的呼吁和支持下，对外汉语教学作为一个学科才建立起来。但是这个学科的建设，特别是学科理论建设才刚刚起步。因此，无论从哪个角度讲，这套书系的出版都是史无前例的。从学科建设的角度讲，这套书系的出版无疑是商务馆对对外汉语教学学科理论建设具有里程碑式的贡献。该书系出版后，社会效益自不待言，而且带来了良好的经济效益。一些国外汉语教学界的学者把这套书系作为礼品购买赠送。此外，这套书系的出版也是对商务馆拓展对外汉语教材市场、走学术出版的市场定位和决策最大的肯定和鼓励。

这套书系出版10年之后，"商务馆对外汉语教学专题研究书系"（第二辑）共24本，于2020年先后出版。书系第二辑是在国家汉语国际传播事业大发展、对外汉语教学学科建设大繁荣的背景下出版的。对外汉语教学已经转变为汉语国际教育，汉语国际教育又转变为国际中文教育。虽然这个学科三易其名，但学科建设的繁荣发展确是事实。这10年汉语国际教育事业的发展带来了学科研究范围的不断扩大，出现了许多新的研究领域和新成果。这些研究成果无论在数量上还是质量上都是对外汉语教学50年所不能比拟的。为此，2021年，商务馆与中国人民大学共同主办了"国际中文教育学科建设高端论坛"。按说，学科建设应是高校自身建设的核心任务。但是，商务馆作为学术出版的百年老字号出版企业，在当今竞争激烈的出版市场，一直坚守学术出版，以服务社会、服务高校学科理论建设为己任，是值得学界敬佩的。这两套书系反映了汉语作为第二语言的教学研究的最新成果，缩小了与国际同行的差距。在某些研究领域，如反映汉语特点的汉字认知与教学研究、教学模式研究等，具有较高水平。尽管这些年，汉语国际教育事业搞得热热闹闹，但是真正埋头做学科理论建设的是那些默默无闻的学者。而商务馆把这些成果汇聚在一起，呈现出来，对对外汉语教学学科建设是实实在在的奉献。书系第二辑的出版，在海内外汉语教学界产生了巨大的影响，推动了海内外的学术交流和汉语国际传播。从出版的角度讲，这两套书系的出版表明，学术出版仍然可以带来两个效益。最为重要的是市场定位，要有眼光、有魄力，不急功近利。此外，还要拥有一个引领学科发展的一流作者队伍。商务馆深谙其道。

与商务馆多年交往与合作，我感受最深的是商务馆以人为本的出版理念和企业文化。一个具体的体现，就是善待作者。这是商务馆的老传统。据说，商务馆创立之初便广招人才，当时学界领袖像蔡元培、胡适、陈独秀等曾被商务馆的领导延聘，而商务馆以人为本的传统也一直延续至今。记得最初与商务馆合作时，每次去商务馆，当时的杨炎德总经理常常在百忙中亲自出面接待、交谈。商务馆这种以人为本、以德待人的理念，给我留下深刻印象。由于商务馆的领导和编辑与作者和学者保持密切的联系，在作者群中具有强大的向心力。

2005年，当时的总经理助理周洪波正是通过在作者群中形成的这种向心力，成功地组来"对外汉语专业本科系列教材"的书稿。商务馆出资资助专家团队召开教材研讨会、教材编写会，邀请诸多专家参与对外汉语教学学科和课程的顶层设计，经共同策划和整合后，由赵金铭、齐沪扬、范开泰、马箭飞等担任总主编，世界汉语教学学会审定的"对外汉语专业本科系列教材"共22本，自2007年陆续出版。这是对外汉语教学领域50多年来第一套系统的本科系列教材，奠定了对外汉语教学学科的理论基础，搭建了对外汉语教学的学科框架，加强了对外汉语教学课程的规范化。这套系列教材是目前全国高校对外汉语专业（汉语国际教育专业）本科院校、汉语国际教育硕士生和博士生使用最多的教材。其中多部教材每年重印。有的教材被译成外文版在国外发行，也有教材被盗版、抄袭，这虽不是什么好事，但也从侧面看到这套系列教材的影响力。应该说，这套系列教材为商务馆创造了良好的社会效益和经济效益。教材建设是学科建设的基础，一套好的教材对学科建设的贡献是不言而喻的。因此，在服务对外汉语教学的学科建设方面，商务馆功莫大焉。

商务馆作为学术出版的殿堂，吸引了众多高水平的作者和学者，学者们以能在商务馆出版学术作品为荣。这是商务馆以人为本企业文化的力量。经济效益是出版社的生命线，但是出版企业的企业文化对企业的可持续发展以及产生长期的社会效益和经济效益也是至关重要的。在改革开放的经济大潮中，商务馆秉承以人为本的人文传统，守正出新，确实是难能可贵的。

与商务馆的深度合作就不能不提到2006年创刊的英文版双月刊《汉语世界》。《汉语世界》刊名的由来是当时的周洪波副总编辑和我说起商务有一个不太景气的刊物想改版，征求我的意见，刊名叫什么好。大家都知道商务馆主办的《英语世界》影响力很大，架起了英语学习者和爱好者与英语世界的桥梁。但当时缺少一个沟通汉语学习者和海外对中国感兴趣的读者的桥梁。所以，建议新刊物叫《汉语世界》。这样商务馆的《英语世界》和《汉语世界》就成为沟通中国与世界、世界与中国的"双子座"，何乐不为呢！没想到，我们俩当时在王府井大街讨论的话题，很快就成为现实。商务馆做事就是快当，说干就干，不久《汉语世界》杂志社成立了。但是,创办一个刊物谈何容易!在期刊的市场定位上,《汉语世界》的领导和编辑们伤透了脑筋。好在,商务馆是一家眼光长远的出版企业,不计眼前利益,着眼长远。《汉语世界》的编辑是一群善于学习、善于吸收他人智慧的出版人。他们邀请了业界的专家学者、期刊的老总们帮助出谋划策。最终,几经周折,《汉语世界》选择了一个独特的视角——"中国故事,世界表达"。于是有了英文版双月刊的《汉语世界》。中国故事,中文表达,是我们的理想。现实的选择应该是用海外读者熟悉的语言来让他们了解中国,不仅让中国人用他们的语言讲中国故事,而且让外国人用他们的视角、用他们的语言讲中国故事,多好!《汉语世界》从创刊至今,探索的路走得很艰辛,但前景越来越好。现在,每当拿到《汉语世界》,基本每期都看,因为这里呈现的是不一样的故事。

商务馆以其深厚的企业文化,团结了一大批作者和著名学者,也培养了一大批年轻作者,彰显了百年老店的活力和魅力!在商务馆 125 周年华诞之际,谨以拙文讲述的老故事表达我们深深的祝福!

于 2022 年 1 月 26 日

在商务印书馆编《吕叔湘》画传

张 伯 江

吕叔湘先生一生中最重要的学术著作都是在商务印书馆出版的。从他29岁的第一本译著《人类学》(马雷特著,1933)起,到他生前最后一部译作《有效思维》(斯泰宾著,1997),吕先生与商务印书馆结缘超过一个甲子。这期间,有他早期最有影响力的语法专著《中国文法要略》(上卷,1942;中卷、下卷,1944;修订本,1956;"汉语语法丛书"本,1982),有他的理论专著《汉语语法分析问题》(1979),有他的晚年译著《汉语口语语法》(赵元任著,1979),有他的语法论文集《汉语语法论文集》(增订本,1984),有他语文思想的论集《吕叔湘语文论集》(1983),有他的古籍整理心得《标点古书评议》(1988),有他的英语学习名著《中国人学英文》(修订本,1961;重订本,1980),有他任前期主编的《现代汉语词典》(试印本,1961),有他主编的我国第一部语法词典《现代汉语八百词》(1980),还有他一生论著的精选《吕叔湘文集》(第1、2卷,1990年;第3、4卷,1992年;第5、6卷,1993年)。

在吕先生离世后五年多的时候,中国社会科学院语言研究所筹备纪念先生百年诞辰的学术活动,其中一项安排是编辑一个纪念册。起初的设想是收集一些吕先生的代表性照片和书影、信件、文稿等文物图片,做成一个简单的纪念册。我受命组织这个纪念册,就开始撰写编写提纲。凭着多年对吕先生生平事迹的研读,我一口气就写出了近万字的提纲,送给所领导审阅。沈家煊所长、蔡文兰书记和董琨副所长看了以后,很是支持,说这体量已经不是个小册子,可以做成一本书了,他们出面与商务印书馆取得联系。商务得知为吕先生做纪念,也表示全力支持。时任商务印书馆汉语编辑室主任的周洪波说,吕先生给商务、给学界、给社会创造了巨大的精神财富,商务为纪念吕先生做点什么,多大的投入都不为过。

编辑工作首先得到了吕先生家属的全力支持,吕先生家人把他们珍藏的吕先生生平的照片全都提供出来。我仔细排比那些大大小小的照片,按时间和事件对照,一点点去还原吕先生的生平行迹。除照片外,我还在吕先生生前工作过的书房里,看到了他很多著作的早期样本,以及多种笔记、书信等实物。吕先生的长女吕霞教授耐心地给我讲吕先生的生平往事,先生的经历在我脑海中逐渐丰满了起来。由于先生早期生平几乎没有留下多少照片和记录,我萌生了探访先生家乡的想法。2004年3月初,一个细雨蒙蒙的早上,我踏上了水乡丹阳的土地。在那里我沿街寻找百年故物,重走先生和家人走过的街巷,呼吸着那片滋养过他们的土地的气息。我走进了先生的故居,拜访了先生家族的后人,听他们讲述吕家往事。随后,我又到了吕先生工作多年的苏州中学,从校史馆中看到了吕先生执教期间的不少珍贵遗物。

我把从丹阳和苏州拍来的实物照片和家人提供的历史照片放到一起,按照时间和内容排列好,又结合着图片内容把全书文字做了调整,基本形成了书稿。拿给周洪波看,他十分感慨,认为这将不是个简单的图册,于是决定,要找最好的设计公司来做此书的设计。我们从图书馆找来了当时已经出版的好几部文化名人的画传,反复研读其编辑思路和设计风格,最后确定邀请王序设计公司来做设计。

我们把全书文稿交给了设计公司。全书内容为七个部分:一、求学的道路(1904—1926),反映吕叔湘先生的小学、中学、大学学习对他一生学术生涯的影响;二、从苏州到伦敦(1927—1937),反映吕先生在苏州中学的教学经历以及留学英国的内容;三、战乱年月中的教学与著述(1938—1949),重点描述了抗战期间吕先生一家颠沛流离的经过以及在华西的学术研究成果;四、在新中国的土地上(1950—1965),记述了吕先生为新中国的语言规范化工作所做出的贡献,重点描写了吕先生筚路蓝缕,编写《现代汉语词典》的经过;五、在动乱岁月里(1966—1977),反映吕先生在"文革"期间的读书生活;六、还将老笔写华年(1978—1982),记录了吕先生担任中国社会科学院语言所所长期间的研究工作和社会活动;七、晚年情怀(1983—1998),记述了先生从所长职务上退下来以后,关心青年,寄希望于未来的高尚情怀以及活到老学到老的执着学术精神。

初春的一个下午，王序先生带着他的团队来到了商务印书馆。他做了个简单的PPT，给我们讲他对此书的理解和设想。记得他把七个标题竖排从右向左齐下排列，可以看出高低不等的七列字。他说：通过研读文稿，我发现第三、第四、第七这三部分，正如图上所显示出来的，是吕先生一生中著述的三个高峰。我听了这话，不禁暗暗赞叹：真是艺术家的眼光！他把他研读传记的结果，具象化地投射到形如山峰的形象表示中，这难道跟我们认知语言学常说的"象似性"是相通的？最终成书的时候，目录页就是这样按照山峰一样的构形排列的，七个高低起伏的大标题十分醒目，而分节的小标题则用灰色小字竖排在水平线的下方，宛如桂林山水的水中倒影，很是美观。

　　从那开始，我们就依托于商务印书馆这个可靠的平台，跟王序团队以及商务的编辑们开始了紧张愉快的合作。当我把吕先生生平著作的原始版本一册一册地拿来，大家观赏时，王序先生看到那些饱含历史时代感的故物，很是感动。他当即产生一个设想：要把书影拍出历史感和立体感来。他建议说：找一张旧席，编织的那种，作为底衬，让暗黄色的光，投过百叶窗一样的效果，照在书上。商务的摄影师毛尧泉先生心领神会，经过多方寻访和准备，在商务的一间小办公室里搭建了一个简陋而专业化的摄影室。拍摄的时候，我把一箱珍贵的旧书搬去，一卷一卷展开，参与拍摄。没有其他人手帮忙，我除了摆书以外，还给他的用光打打下手。他用一张A4纸，剪成百叶格子，我就按他要求的倾斜度举在灯前，制造光影效果。拍出来的书影果然别具风格，完美实现了王序先生的构想。

除了书影拍摄以外,毛尧泉还跟我一起到了吕先生家中,拍摄了吕先生的画像、绣像和书房。那时先生已经辞世有年,先生的外孙吕大年教授搭了个行军床在那里,日常读书休息,那间书房于是一直保留着先生生前工作时的样子。毛尧泉用广角镜头拍了个书房的全景,画面上阳光明媚,绿意盎然,书香气息扑面而来。

画传的成功,跟吕先生家人的贡献是分不开的。向吕先生家人请教吕先生生平事迹的过程就是一个学习吕先生精神品格的过程。吕先生一门俊逸,儿孙辈都是各个行业的杰出人才,却是家风淳朴,行事低调,不事张扬。刘坚先生曾以苏东坡"一门三学士"典故为况,称吕先生一家是与李四光院士先后辉映的"一门三院士"之家。我撰写的吕先生画传初稿,在最后单有一段,写了吕先生长女吕霞教授、哲嗣吕敏教授和女婿唐孝威教授的重要学术贡献,吕霞教授坚决要求删掉。谈及吕先生和师母的生平故事,她却十分动情,绘声绘色地给我讲了许多。其中有几段早年间的珍贵回忆,她还亲自执笔,一段一段地写了下来,成为画传中的点睛之笔。

设计家王序为这本书可以说是煞费苦心。他说这不同于他以往设计过的文学艺术家的传记,一定要让设计体现出吕叔湘先生的学术品格来。为此,他先后构思出几套不同的文字和图片安排方式,逐一跟我讨论,听我讲述语言学这门学科的特点,以及吕先生本人的研究特点,并从吕霞教授的文字中体会吕先生的性格与为人。最后确定书的开本仿照旧式线装书的风格,外加深蓝色宣纸封套,全书采用竖排,茶色图片和彩色书影相间,既有历史感又具生动性。重点的章节，采用可以打开的大折页，气势恢宏地展现吕先生生平的几项重大成就。当我点出吕先生读书笔记和书中批注的几个亮点时，王序和他的同事都以极其恰当的形式精妙地实现在画面上，尤其是，把传统文化的厚重感和西方学术的现代感融合在一起，传达出多层面的丰富信息。

由于此书设计独特，对印刷和装帧要求很高，商务印书馆按照设计方的要求，特别安排了由专业的印刷公司来印制，这都是打破常规的做法。

2004年6月21日，"纪念吕叔湘先生百年诞辰国际学术讨论会"在中国社会科学院隆重召开，6月20日傍晚，第一批印制精美的画册如期从京郊送到社科院的会场。大会开幕的早上，众多海内外来宾人手一册《吕叔湘》画传，惊喜之情溢于言表，纷纷称赞此书内容丰富，设计新颖，有很高的学术参考价值和收藏价值。

那一刻，我由衷地感念语言所同事和吕先生家属的倾情投入，更对商务印书馆全过程的无条件支持感佩不已。我仿佛感受到了吕先生数十年里跟一代一代出版人之间那种血乳交融的交往。我想，百余年来，商务的旗下汇聚了一批又一批文化精英，商务因这些文人学者的优秀作品而声誉日隆，学者们也用自己的精神贡献与出版人共同塑造了商务的品格。这次编辑吕叔湘先生画传的过程，既是对吕先生生平事迹的一次深刻的学习，也是对商务学术精神和编辑风格的一次全方位的体验。中国现代学术史星光璀璨，每一颗星星的光耀里都有商务这样的现代出版家们的心血凝聚。

商务印书馆与我的希腊罗马史研究

晏绍祥

1984年上半年，我完成在内蒙古大学历史系的硕士研究生复试，转道北京回芜湖时，第一次去了北京王府井大街上的新华书店。由于自己已经确定要从最初报考的世界近现代史转到世界古代史方向，因此在书店中看到希罗多德的《历史》、修昔底德的《伯罗奔尼撒战争史》、阿庇安的《罗马史》时，向来有买书癖好的我立刻毫不犹豫地买了下来。只是当初自己太孤陋寡闻，根本没有注意到我买的几种古典著作都由商务印书馆出版。直到正式入学攻读研究生之后，才从相关的老师和同学那里知道商务印书馆是一家有着悠久历史，且以翻译出版西方思想与学术著作为重的出版机构。与此同时，我购自商务印书馆的古典文献中文译本也越来越多，如柏拉图的《理想国》《巴曼尼得斯篇》、亚里士多德的《政治学》、波德纳尔斯基编的《古代的地理学》，还从旧书摊上淘到了《古希腊罗马哲学》等。除那些已经被翻坏而不得不置换的之外，它们中的大多数至今仍立在我的书架上。由于那时个人助学金只有每月58元，个人购买外文书几乎是梦想，大学图书馆能够买到的外文新书也非常有限，因此商务印书馆出版的希腊罗马的古典著作，成为我认识古典世界的主要窗口。

1987年，我研究生毕业后去了华中师范大学，主要教授本科生世界古代中世纪史。那时的华师世界史藏书非常有限，有关世界古代史的藏书几乎掰着指头都能数过来。非常意外的是，因教学工作需要，教研室安排我上的第一门课居然是世界中世纪史。因为是入职后的第一门课，我用了一个学期来准备讲稿。在此过程中，我发现自己使用的一些重要备课材料，如郭守田主编的《世界通史资料选辑》（中古部分）、汤普逊的《中世纪经济社会史》、布瓦松纳的《中世纪欧洲生活和劳动》、希提的《阿拉伯通史》、马宗达等著的《高级印度史》等，居然又都是商务印书馆出版的。

1993年以后，由于原本教授世界上古史的老师退休，我得以逐渐离开中世纪史而回归古代史。从此时直到2000年左右，虽然从事世界古代史教学和研究的条件在不断改善，但是总体上仍不如意。尽管在此期间自己有幸获得了一次赴英国剑桥大学一年的访学机会，加上同行们慷慨相助，复印了一定数量的外文文献，但能够接触到的古典文献，仍主要依靠商务印书馆的中文译本。在此期间，一些重要的古典著作，如柏拉图的若干重要对话，塞诺凡的部分著作，撒路斯提乌斯的《朱古达战争》和《喀提林阴谋》、普鲁塔克的《希腊罗马名人传》(上册)等陆续出版,进一步丰富了我的古典文献收藏。那时自己追踪国外最新学术动态的主要手段,自然是阅读新的外文著作,但就基本史料而言,仍然要依靠商务印书馆的中文译本。事实上,自己日常阅读最多的,仍然是王以铸译的希罗多德和塔西佗,谢德风译的修昔底德和阿庇安,吴寿彭译的亚里士多德《政治学》,郭斌和与张竹明译的柏拉图《理想国》,任炳湘译的《高卢战记》等。有些书如希罗多德《历史》和修昔底德《伯罗奔尼撒战争史》等,更是反复阅读。因关于古典世界的主要史料来自这些古典文献,熟悉了它们,等于掌握了古代的基本文献。今天自己能够对古代世界的诸多掌故和历史相对了解,偶尔还能在生活中拽上几句,不能不归因于那时对这些译本的反复阅读。而自己后来能够比较迅速地从古代希腊转向罗马共和国史,同样得益于对这些古典文献的掌握。

2000年以后,随着大学图书馆购买外文资料经费的大幅增加,以及学者个人外出访学机会的增加,还有电子图书与文献获得渠道的迅速拓宽,中国学者研究古典世界历史的条件,早已与上世纪八九十年代不可同日而语。同时,随着学术环境的变化,能够直接阅读原文,包括古希腊语文本的学者越来越多,对于古典文献中文译本的批评,声音似乎也相应地越来越高。应当说,这是中国学术进步的重要表现。相对于原文来说,译文毕竟存在重要的缺陷。首要的问题在于翻译同时也是解释,体现了译者的立场和时代的取向,所以在不同的译本之间,会存在一定的差别。对于普通读者来说,这些细微的差异也许不是问题,但对于一个专业研究者来说,则可能影响他的观点和结论。

人们常说的修昔底德记载的伯里克利在阵亡将士葬礼上的演说,当霍布斯翻译时,他将伯里克利定义民主政治的那句翻译成"我们的政治所以被称为民主政治,是因为政府在庶民(Multitude)手里,不是在几个人手里"。但在"企鹅古典丛书"的华尔纳(Rex Warner)译本中,变成了"我们的政府之所以被称为民主政治,因为政权是在全体公民手中,而不是在少数人手中"。"洛布古典丛书"的史密斯(Charles Forster Smith)译本此处被译成"我们的政府确实被称为民主政治,因为管理权不在少数人而在多数人手里"。比较而言,三个译本的主要差别在于政权到底是在庶民手中,还是在全体公民手中,抑或是在多数公民手中。三者的含义区别明显,第一种显然带有贬损意味,第二种当然比较肯定,第三种则介乎两者之间。核查原文,则用"多数人"更为准确。霍布斯是民主政治的批判者,对普通人殊无好感,相应地讨厌雅典人,因此把修昔底德的书名译成比较中立的《希腊人战争的历史》,把民主政治译成"庶民的统治"。华尔纳和史密斯都是在20世纪完成自己的译文,他们都把修昔底德的著作译成《伯罗奔尼撒战争史》,暗示他们接受了近代人将战争责任归于斯巴达的立场。不过略有不同的是,史密斯的译本为"洛布古典丛书"之一种,该丛书整体的规划比较强调忠实和直译。此外,他的译本完成于1919年,当时民主政治和多数人的统治已经逐渐变成褒义词,所以他并不介意将民主政治与多数人的统治联系起来。而华尔纳译本初版于1954年,此时第二次世界大战已经结束,民主政治相当巩固,并且在文化中成为了完全正面的术语,他本人可能对民主政治有更多的好感,干脆就将民主政治变成了全体公民的统治。谢德风先生在翻译修昔底德时，采用的就是华尔纳译本，因此出现了民主政治下权力在全体公民手中的译文，并且成为大多数中国学者评价古代民主政治的重要依据。然而如上所述，这句话是英译者的解释，与修昔底德的原意显然存在一定差别。

译作的另一问题，是翻译有时会出错。刘北成先生曾在《北大史学》2007年刊上撰文，精辟归纳了翻译出错的三种主要原因，首先是译者的学识、中外文能力不足而且不善于使用工具书；其次是审校制度缺失，导致一些明显错误不能及时消灭；最后是缺乏健康的翻译批评。三者缺一不可。然而刘先生当年指出的问题，在今天的中国依然未能圆满解决，导致某些译作错误百出，从而影响了学术翻译整体的声誉，连带一些比较好的译本，也遭遇冷遇。甚至出现一些作者明明利用的是中文译作，哪怕是一字未改，注释时仍煞有介事地使用外文版本的现象。

虽然2007年我已经可以方便地利用"洛布古典丛书"，又"煽动"自己所在单位的图书馆购买了部分牛津古典文献，个人电脑里也存储了不少古典文献文本，利用古典文献的途径变得多元而且更加方便，但商务印书馆的希腊罗马古典文献译本仍然是我书桌上的常客。每每有新的古典著作译本出版，自己必然会想办法得到一本，有些还会马上就从头到尾地读上一遍。在教学和研究中经常使用的，首选仍是商务印书馆的中文版本；给学生推荐古典著作的中文版本时，一般也是商务印书馆的版本。对于那些没有商务印书馆版本的古典文献中文译本，除非自己亲自阅读过，确信它们大体忠实可靠，否则宁愿推荐英文或原文版本。在撰写学术论文和著作时，一般情况下我仍参照"汉译世界学术名著丛书"，并在注释中引用相关译文。之所以如此，除自己的阅读习惯外，也是对译者劳动成果应有的尊重。所幸商务印书馆这些年来推出古典文献新译本的速度大大加快，亚里士多德和柏拉图的绝大部分著作，西塞罗的著作《国家篇 法律篇》等，以及重要史学家的著作，基本都有了中文译本，给学者们利用古典文献提供了诸多便利。值得一提的是，近年来商务印书馆在继续坚持出版古典著作之外，也开始留意到有定评的近现代古典学著作，先后出版了蒙森的《罗马史》、乌特琴柯的《恺撒评传》和特威兹穆尔的《奥古斯都》，还推出了"探寻古文明丛书"的希腊和罗马两个分册；新规划的"古典文明译丛"中，包括了芬利最重要的《古代经济》《古代世界的政治》和《古代民主与现代民主》、塞姆的《罗马革命》、布尔克特的《希腊宗教》等，为国人认识古代希腊罗马世界，又打开了一扇重要的窗口。虽然有些著述我自己以前读过英文版本，但有些著作如蒙森的名作《罗马史》，我必须毫不羞愧地承认，是在商务印书馆李稼年先生的中文版本推出后，才首次全部阅读的。很多与我同一辈的西方古典学领域的耕耘者，不知是否与我的情形类似？

有意思的是，在阅读商务印书馆古典文献汉译著作中成长起来的我们，如今也成为了商务印书馆的译者。承王明毅先生盛情，我先后承担了芬利的《古代世界的政治》（与黄洋教授合作）、林托特的《罗马共和国政制》以及罗与斯科菲尔德主编的《剑桥希腊罗马政治思想史》的翻译工作。这些著述都属西方知名学者的最新论述，代表着国际古典学界最近的认识和研究的进展。在杜廷广和郑殿华两位先生的辛苦操持下，前两部已经顺利出版，而且已经或正计划纳入"汉译世界学术名著丛书";第三部今年也已出版。我相信,随着中国古典学研究的发展,商务印书馆出版的各种古典文献以及近现代著述,都将继续陪伴中国的学者们,其中自然包括我自己。

于 2016 年

为商务印书馆 125 年纪念说几句心里话

周　清　海

一

我和商务印书馆结缘，应该是在上世纪 50 年代，我读中学的时期。那时新加坡还是英国的海峡殖民地。华文的信息，大部分靠商务印书馆提供。

新加坡的华人，大体可以分为两类。一类是由马六甲或者印尼移民到新加坡的，他们大多数说方言和马来语混合的语言，以及英语。这批人移民到新加坡比较早，是华人中的少数，被称为"峇峇"。他们掌握了英语，因此多数成为社会的精英。另外一大批华人，移民得比较晚，多数是来自中国南方的农民，没受过什么教育。这两批华人,在太平洋战争爆发之后,都积极支持和投入中国的抗日战争。日本占领新加坡之后的大肃清,就针对华人青年。不少华人青年,在新加坡樟宜海滩被屠杀。

抗日战争期间以及光复以后的一段时期,才有比较多的高级知识分子,从中国内地或者香港迁移到新加坡、马来西亚一带定居。他们给新马原有的中文教育增添了新的动力。新马的华文学校,在这一批华人知识分子的参与下蓬勃发展起来。他们也发展了中文报刊。华文学校是在英国殖民地教育系统之外的民办学校。这些华文学校,大部分是单语的,也大量采用中国编撰的教科书。新马独立之后,才正式提出教育本土化的问题。学校的教材才转向更注重当地的历史、社会与文化,但对中华文化的认同,却从来没有间断过。

我是在华文学校受教育的,因此也比较熟悉中国,了解中国文化。我这一代华文教育出身的学生,占了新加坡当时在籍学生的一半以上。马来西亚就更多了。我们所阅读的华文文学作品、时事报刊,全是由新加坡的商务印书馆提供的。

1949年之后,中国的出版物大部分在新马成了禁书。在商务印书馆出售的,是由香港翻印和出版的中文书刊。香港出版的中文书刊,大部分通过商务印书馆在新马出售。商务印书馆也铸造了香港的出版业。

从我住家到新加坡河畔附近的商务印书馆,巴士车程将近45分钟。我几乎隔一个星期就要去商务一趟。当时在商务印书馆也还能买到民国期间的出版物。商务印书馆成了受华文教育者了解中国和中国文化、传播中华文化的重要机构。如果没有商务印书馆，冷战时期关于中国和中国文化的信息，就可能在新马完全中断。

在新加坡，商务印书馆一直扮演着传播中华文化和提供中国信息的角色。

二

现在是网络时代，商务印书馆的实体书店，在华语区的作用，逐渐减弱。新马的实体书店逐渐消失，是一个大趋势。面对全球化的网络发展，商务印书馆必须考虑怎样和这个趋势配合。

从语言的应用看，以新加坡为例，随着双语教育和国际化的发展，年轻人的英文程度远在中文之上。他们更方便通过英文接受新的知识和信息。泰国、马来西亚、印尼和菲律宾，也有同样的双语发展趋势。商务印书馆以前只注重单语的出版，今后可能要考虑中英双语了。尤其是儿童的读物，更应该注意双语。商务印书馆应该考虑怎样通过英语，利用英语，把中华文化传播出去。

利用网络和双语，才能为世界华语文的推动和发展，多做点事。《全球华语大词典》、"全球华语语法研究丛书"等的网络化、双语化，也是大势所趋，这是商务印书馆考虑今后发展应该注意的。

带动和组织各地学者，编撰读物、词典和丛书。《全球华语大词典》，全球华语语法研究丛书的出版，就是这方面工作的开端。

配合"一带一路"的发展需要，中国的青少年要了解世界，因此，需要有计划有组织地向他们提供各华语区的神话传说、风土人情等读物。这要求商务印书馆从只注意国内的市场、国内的人才,逐渐转向国际,考虑怎样调动和组织国际的中英双语人才。

除了语言文化的传播,商务印书馆也应该考虑如何带动世界华语文的出版。商务印书馆必须了解各地的需要,也应该注重培养和带动在地的语文人才。泰国、马来西亚、印尼、菲律宾等东南亚国家有不同的需要,也有人才,应该怎样将他们组织起来,为中华文化和语言做点事。

东南亚地区的某些国家,比如新加坡、马来西亚、印尼、菲律宾等地区,都有自己的华语文出版物,商务印书馆可以从中挑选特出的,再编辑出版。这对华语文的推广,能做出贡献;也能通过出版联系各地有发展潜能的书店、出版商,共同推动、传播华语文。

在商务印书馆 125 周年之际,我对商务印书馆过去提供关于中国以及传播中华文化的信息,是给予高度的评价的。没有商务印书馆,我没有办法获得许多关于中国历史、中国现状、中国语文的信息。

希望在中华语言文化的传播和信息提供方面,商务印书馆继续发挥作用。更希望商务印书馆不只考虑中国本身的需要,更应该关注、带动世界华语文的推广和出版。

于 2021 年 11 月

助力科学技术发展的强劲力量
——写在商务印书馆125周年馆庆之际

刘 青

2022年，百年风华的商务印书馆迎来125周年诞辰，这是业界与同行们共同的喜庆之日。百余年前的风雨飘摇中，作为中国近代教育出版业的先行者，商务印书馆以"昌明教育、开启民智"为立身之本，推进了中国现代文化的兴起和进步；百余年后的历史新时期，商务印书馆满载着丰硕成果再次起航，去创造更加灿烂的明天。

2019年岁末，全国科学技术名词审定委员会编纂，商务印书馆出版发行的《中华科学技术大词典》问世了。这是科技界与出版业再次联手的成果，具有非常重要的意义。这部大词典的内容几乎涵盖了科学与技术所有领域，从理工农医到人文社科，分为10卷，收词50余万条。不仅架设了海峡两岸科教经贸文化交流的桥梁，更是传承与弘扬了中华数千年的优秀文化。它成为"辞书王国"商务印书馆出版物中的力作之一，也成为科学技术专家与出版界同仁团结协作的联系纽带。

回望30年前，这部词典体现的合作精神是源于重塑《希腊字母表》汉字译名的涓涓细流。1987年2月，全国名词委为了统一各学科名词中涉及人名的译名，专门成立了"外国科学家译名协调委员会"，其中包括了商务印书馆、科学出版社等出版行业专家。此委员会的工作涉及20多个语种，前后共审定了3000多个外国科学家译名。"译名协调委员会"在审定工作中发现，不同词典中希腊字母的音译各不相同，完全一致的反而比较少。为了使译名有章可循，全国名词委决定由"译名协调委员会"提出具体的规范意见，这一工作得到商务印书馆的重视和积极支持，并在1996年《现代汉语词典》（第3版）中率先刊出希腊字母新表，此后，希腊字母译名在辞书领域逐步得到规范应用。这一成果在近两年的新冠疫情中也得到进一步体现，新冠病毒变种就是用的贝塔、德尔塔等等。此外，1997年国际组织开始对102～109号元素重新命名，最后完成了110～118号元素命名，全国名词委分批组织了元素中文命名工作，并且逐步填满了元素周期表。在元素中文命名过程中，每一次都是《现代汉语词典》率先登出新的元素周期表，带动了辞书同业的科技名词规范化工作。

商务印书馆是我国第一家现代意义上的出版机构，在国内出版界有着重要的历史地位和重大行业影响。商务印书馆非常重视出版质量，打造了许许多多精品出版物，在规范使用科技名词方面也堪称典范。商务印书馆严格执行国家出版主管部门关于规范使用科技名词的规定，要求馆属各编辑部门认真落实这一工作。不仅如此，商务印书馆还积极与全国名词委合作开展规范使用科技用词用字的工作。例如，"像"和"象"是长期困扰出版界的易混淆用字，全国名词委与国家语委联合开展相关工作。经过国内著名语言文字专家认真研究并做出判别标准后，商务印书馆出版的《现代汉语词典》率先贯彻，在辞书业起到了很好的引领示范作用。

多年来，商务印书馆一直支持全国名词委的各项工作，并与科技名词规范化事业结下了不解之缘。2005年，全国名词委主办的学术刊物《中国科技术语》在发行渠道与办刊经费方面出现了一些困难，商务印书馆主动邀请期刊加入其"期刊方阵"，以提供广告费标准的方式提高了期刊收入水平，同时也增加了发行量。2011年，为促进中国术语学学科发展，全国名词委与商务印书馆联合推出"中国术语学建设书系"，前后共出版了10余部专著。该书系不仅为有志于术语学研究的人员提供了学术园地，并且有力地促进了术语学在中国的发展，使具有中国特色的术语学研究在世界上逐渐地占有了一席之地。同年，全国名词委审定公布了《语言学名词》，并与商务印书馆签订了战略合作协议，之后公布的人文社会科学名词，由商务印书馆优先出版发行，充分发挥了商务印书馆人文社会科学出版物重镇和广泛发行网络的作用，实现了"强强联合"。

商务印书馆在语文和社科学术类书籍的编辑出版方面首屈一指，占据了业界高峰，近年来又向科学技术领域挺进，取得了丰硕成果。2012年，为促进科学技术学科建设和发展，商务印书馆对《综合英汉科技大词典》进行修订，这是国家"十二五"重点图书出版规划项目。修订过程中，商务印书馆聘请了参加全国名词委审定工作的 50 多位科技、英语方面的专家参加工作，涉及科学技术领域 51 个学科。词典注重查得率和准确性，既有数理化天地生等基础学科，又有航海、计算机、建筑、冶金、医学等应用学科，全面系统，收词广泛，文风严谨，为科技发展做出积极努力和贡献。

全国名词委是经国务院授权审定公布各学科科技名词的权威机构，开展海峡两岸科技名词的交流对照和统一工作是开展两岸科教、经贸、文化交流的重要基础。1993 年 4 月举行的第一轮"汪辜会谈"，即将"探讨两岸科技名词统一"问题列入"共同协议"之中。因此，全国名词委自 1996 年开始就一直致力于广泛开展这一工作。根据《第五届两岸经贸文化论坛共同建议》，全国名词委在原有工作基础上，编纂出版系列两岸科技名词对照词典，其中包括《中华科学技术大词典》《两岸科技常用词典》等。这项工作得到了商务印书馆的大力支持。商务印书馆的编辑人员在编纂出版辞书方面有着丰富的经验，他们恪尽职守，以高度负责和积极合作的精神，对系列对照词典的编辑工作给予很多配合与帮助。《中华科学技术大词典》《两岸科技常用词典》等一系列辞书和专著的出版凝聚着商务印书馆领导和编辑们的心血，这是让我们深受感动的。

我们相信，商务印书馆将充分发挥自己各方面优势，在科学技术著作出版领域内取得更多更好的业绩，成为助力国家科学技术发展的强劲力量。

值此商务印书馆成立 125 周年之际，特以此文祝贺，并祝愿商务印书馆在未来的漫漫征途上，赢得新的辉煌！

商务印书馆与我的语言学之路

刘 海 涛

在当代中国,只要上过学的人,可能都与商务印书馆有或多或少的关系,也许他们已不记得"商务印书馆"这个名字,但一定不会忘了《新华字典》对他们的帮助。作为一个从事语言学教研的人,我与商务的联系当然不止是一本《新华字典》。

40年前,我还是一名在读的工科大学生,开始对外语学习和语言研究产生了浓厚的兴趣,于是读了很多商务出的书,比如在1898年出版的商务第一本学术专著《马氏文通》。从某种意义上讲,是商务开启了我的"语智"(语言研究的智能),我是商务"昌明教育、开启民智"宗旨的受益者。

我的语言学之路是从研习世界语开始的。据不完全统计,商务建馆125年来,出过的与世界语的相关图书有:《世界语高等新读本》(1922)、《世界语高等文典》(1922)、《世界语初级读本》(1923)、《国际语运动》(1925)、《世界语概论》(1926)、

《世界语史》(1930)、《万国语通论》(1933)、《世界语初级讲座》(1958)、《世界语新词典》(1959)、《注释世界语文选》(第一辑, 1959)、《世界语学概论》(1992)、《世界共同语史》(1999)。我在这里列出这些，是想说明即便这么小众的领域，商务出的书也涵盖了它的方方面面，既有理论，也有历史，还有教材和词典，这是非常不容易的。在写这段文字的时候，我旁边摆着1982年11月8日买的《世界语新词典》，那是我的第一本世界语词典，就是这本词典和《世界语初级讲座》把我带进了世界语的世界，并使我2016年当选为只有40位成员的国际世界语研究院的院士。

说到世界语，不得不提及胡愈之先生。1931年，愈之先生从欧洲途径苏联回国，在当地世界语者的帮助下，他在莫斯科参观访问了一个星期，回国后写了《莫斯科印象记》，风靡一时。在这本书的扉页，他用世界语写道：Al moskvaj gekamaradoj, kiuj volonte gastigis, helpadis, gvidadis min dum mia vizito de la ĉefurbo de tutmonda proletaro, mi dediĉas tiun ĉi libreton.（我将这本小书献给莫斯科的同志们，他们在我访问全世界无产阶级的首都期间，自愿接待、帮助和引导过我。）

次年，应商务印书馆总经理王云五之邀，胡愈之开始正式担任《东方杂志》的主编。其实早在1915年，愈之先生就开始在《东方杂志》任助理编辑，之后负责《东方杂志》，他的成长与这段工作经历有密切的关系。1922年，愈之先生在《东方杂志》发表的题为《国际语的理想与现实》的文章，对我的启发极大。按照我新近在《中国外语》发表的《国家安全视域下的语言问题》一文的看法，愈之先生在100年前勾勒的国际语的理想直到今天仍然具有现实意义，是一种符合国家语言安全观的国际语理念。

学了一段时间的世界语后，我开始对人类有意识干预语言的活动产生了兴趣，于是进入了语言规划领域。共同语的形成与演进是语言规划研究的一个主要领域。共同语的形成与词典、语法的标准化密切相关。在现代汉语书面语的形成与推广过程中，商务均做出了巨大的贡献。这不仅体现在《新华字典》《现代汉语词典》等规范字（词）典上，也体现在范文的出版与推广上。在《中国外语》的那篇文章中，我也特别提到了法国作家都德的《最后一课》，该文 1912 年由胡适首译为汉语白话文，1920 年收入商务印书馆的语文课本《白话文范》（第二册），2017 年以前一直都是我国中学语文教科书的保留篇目，成为教科书编写史上不多见的现象。

当然，如果将商务、世界语、语言规划等关键词联系在一起的话，我们也很自然地会想起曾任商务印书馆总经理、总编辑的陈原先生。

我从上世纪 80 年代后期就开始研究的另外一个领域是依存语法。关于依存语法，李维和郭进在商务出的《自然语言处理答问》曾这样说到"PSG（短语结构语法）树好比牛顿的经典力学，DG（依存语法）图好比爱因斯坦的相对论。后者涵盖并升华了前者。"事实上，依存语法也是人工智能时代的计算语言学研究者使用的主要句法模型。目前在自然语言处理界享有盛誉的语言资源项目 Universal Dependencies 已包括 122 种语言的 217 个句法标注语料库（树库），其句法基础就是依存语法。在我研究依存语法的过程中，商务在 1924 年出版的黎锦熙先生的《新著国语文法》对我的帮助也很大。

我曾经写过一篇题为《从图解法到句法树》的小文，收于《黎锦熙先生诞辰120周年纪念暨学术思想研讨会论文集》。我的研究生潘夏星将毛主席的《实践论》进行了依存语法的全文标注，并与黎锦熙先生对《实践论》的图解分析进行了比较研究。这充分说明，商务100年前出版的学术著作，在人工智能时代的今天，仍有很大的学术与实践价值。

上面说的这些，是我作为一个普通读者对商务建馆125周年的感念。我想有我这样感想的人在全国可数以亿计。下面，我再从作者的角度谈一下我与商务的联系。

我是2002年从企业调入北京广播学院从事语言学教研工作的。大约在2005年初时，正在上我课的娄开阳跟我说，周庆生老师在语委和商务印书馆的支持下，开始做一个"中国语言状况报告"的课题，其中也需要一些国外的情况。开阳说如果我愿意参与的话，他可以向周老师推荐我。那时，我已经是国际语言规划知名刊物 LPLP（《语言问题与语言规划》）的编委会成员了，但由于我原来只是业余研究语言学，与国内学者的联系不多。当时我正在研究欧盟的语言政策，便同意了。不久后，我也参加了周老师课题组在昌平召开的会议。

这篇文章最终发表在2006年9月出版的《中国语言生活状况报告（2005）》（上编）中，这也是我作为作者在商务印书馆出的书中的第一篇论文，有趣的是，按照那时的习惯，这篇文章并没有署我的名。

2010年，我调到浙江大学外语学院工作，周围懂外语的老师与同学多起来了，就想是否可以一起做些事情。考虑到国内语言学的状况，感觉有必要做一个译丛。这时我想到了商务，因为浙大的前身求是学院也成立于1897年，两个同龄机构也许会有更多的共同话语。2011年2月10日，周洪波、叶军、蔡长虹和我在王府井大街36号就翻译出版"应用语言学译丛"的事宜进行了商谈。本译丛重点介绍语言学的新理论、新方法与新领域，关注语言学与其他学科的交叉研究，注意引介基于数据与实证的语言学著作，使中国的语言学尽快适应大数据时代语言研究的理论与方法，进而推进中国语言学的国际化与语言学的科学化。在商务汉语中心各位同仁的帮助下，目前已经出版了《自然语言交流的计算机模型》《语言政策导论》《语言研究中的统计学》《英语语法论》《句法计量分析》《语言规划》《语言：从意义到文本》《协同语言学：词汇的结构及其动态性》《语言规划与社会变迁》等九种，其中六本是由我自己审订的。

大约在2014年年底或2015年年初，时任商务印书馆总编辑的周洪波兄联系赵守辉和我，说商务打算办一本名为《语言战略研究》的期刊，希望我们俩能出一些力，特别是从国际学术的角度为期刊出一些点子。记得我们三个还在商务附近的地方，吃了顿涮肉，喝了点小酒，一起雄心勃勃地畅谈期刊的未来。我刚刚检索了一下我的163邮箱，从2015年7月到2019年5月，仅这个邮箱里面就有450多封带洪波兄名字的邮件。后来，守辉微信用熟了之后，我们三个有关刊物的联系大多都在微信群里面，邮件用得就少了。我记得很长一段时间里，每天七点到办公室的第一件事，就是处理洪波兄发来的稿子，提出自己的初步意见。记得当时为了给馆里的相关人员说说现代期刊论文的事情，洪波兄还邀请我于2016年1月27日下午，在商务印书馆做了一个有关论文的讲座，参加者除馆里的人员外，还有不少高校的师生。

2016年1月，《语言战略研究》第1期按计划出版。经过大家的努力，目前《语言战略研究》成长为北大中文核心期刊、中文社会科学引文索引（CSSCI）扩展版来源期刊、中国人民大学复印报刊资料重要转载来源期刊，并荣获"2020年度语言学最受欢迎期刊"和"2016—2020年最受欢迎新刊"等称号。这对于一本新创期刊而言，是非常不容易的。我本人也在这本刊物的2018年第1期，发表了一篇题为《中国语言建设两大要务：成果国际化和方法科学化》的文章。

后来我的主要研究方向转到计量语言学相关方向。据不完全统计，11年来，我发表了200篇（部）左右的论著。当然，这些论著不可能是我一个人完成的。在近几年，我更愿意以通讯作者的身份出现在文章中。因为，接力飞、一起飞是衡量一个研究方向是否科学、是否可以持续、是否可以壮大的重要指标。在某种程度上，这可能也是智能时代语言学研究的一大特点。这些成果的取得说明，计量语言学是一个符合大数据时代精神的语言学分支。但遗憾的是，世界上长久以来都没有一本入门性的计量语言学著作。

我在2011年获批国家社科基金重大项目"现代汉语计量语言学研究"，其中的一项重要任务就是编写一本计量语言学导论。大约在2017年年初的时候，我们在小群里聊期刊的事，洪波兄随口问了我一句，你那个计量语言学能不能写一个教材之类的东西，我说我有一个啊，已经在联系出版社了。洪波兄说，为啥不在商务出？我说，一是怕麻烦你老兄，二是商务出书有些慢啊。他说，还是给我们吧，我们也可以不慢的。

2017年4月15日，我将《计量语言学导论》的书稿发到洪波兄的邮箱，两天后即收到责编王飙编审的初步修改意见。同年10月13日，在国际计量语言学领军学者科勒教授受聘浙江大学求是讲座教授的仪式上，我将此书送给了科勒。这是《计量语言学导论》第一次公开露面的时间，据交稿时间还不到半年。现在我相信洪波兄说的话，商务也可以不慢的。

这本书是世界上第一部《计量语言学导论》，也是"商务馆语言学教材书系"的第一本，书中用通俗易懂的语言，介绍了计量语言学的历史、理论与方法，并为初学者指明可以立即展开研究的问题及方向。上市以来，该书赢得了读者的欢迎与好评，并在缺货后又及时进行了加印。书中介绍的理论与方法，不仅有助于推动语言研究的科学化，也有助于将人工智能时代"得语言者得天下"这句话落到实处。这本书的出版过程中，还有一点小插曲，据说，馆里让黑马校对软件扫了一遍书稿，没有发现一个错误，我听到这个消息都惊呆了，因为我自己老说学生们的汉、英语都是混合语，但万万没想到黑马原来也是混血的。

唠叨了这么多，中心思想只有一个，就是从读者和作者的角度，对商务在我个人成长中的帮助与支持表示感谢。我也坚信在下一个125年，商务印书馆将会继续秉承"昌明教育、开启民智"的宗旨，对国家和人类的发展做出更大的贡献。

我的商务缘

侯　敏

商务印书馆，北京王府井大街上一座灰绿色古旧小楼，却是中国最享有盛誉的旗舰型出版社，中国现代出版就从这里开始。记得读研究生时，只要是商务印书馆出版的专业书，我就是手头再拮据，也会买下来，因为我相信，那一定会有价值。我很幸运，没想到，几十年后，我自己会成为商务的作者，和这样一个我心中奉若神明的所在结下一段又一段的缘。

我和商务的第一段缘分始于绿皮书《中国语言生活状况报告》。2005 年，国家语委与一些大学共建了国家语言资源监测与研究中心，与我所在的中国传媒大学共建了有声媒体分中心（后改为国家语言资源监测与研究有声媒体中心）。在一些学者的提议下，教育部语信司开始组编中国语言生活绿皮书，由时任教育部语信司司长、国家语委副主任李宇明任主编。语言生活绿皮书开始时分为上下两编，上编记录年度社会语言生活，由社科院民族所的周庆生老师任主编；下编主要记录年度的语言使用数据，主编是教育部语信司的王铁琨副司长，由语言资源监测与研究中心各分中心提供语言使用数据。绿皮书由商务印书馆出版。我有幸参与了下编的写作。那时的我，对绿皮书的编写还是懵懵懂懂。2006年4月的一天，第一次绿皮书审稿会在商务印书馆六层会议室紧锣密鼓进行，参加会议的有李宇明、王铁琨、周洪波、陈敏、杨尔弘、汪磊、余桂林和我，从目录确定，到具体文章，一篇一篇过，一句一句审，一个字一个字推敲。就这样，字斟句酌，审稿工作从上午9点钟开始，几乎忘了吃饭，没有睡觉，一直持续到第二天上午10点。那次审稿会，对我来说，有着振聋发聩的作用：原来，稿子应该这样推敲，可以这样改。那一个不眠之夜，绿皮书培育了我，商务培育了我。

绿皮书一年一年地编下来，一开始是上下编两本，2011年后改成一本。它凝聚着学者们的心血，也在一定程度上引领了社会的语言生活，甚至得到国外语言学家的肯定，翻译成英文、韩文、俄文、日文在国外出版，为中国学术走向世界做出了贡献。但实事求是地说，它不是一本畅销书，商务花费大量人力、物力、财力，可能连成本都收不回来，但十几年过去了，商务将此作为每年度的常规项目，甚至由总编辑（过去是周洪波总编辑，周总退休后是余桂林副总编辑）主抓，亲力亲为。商务是一个企业，企业是要追求经济效益的，但商务能将这件没有什么经济效益的事情十几年如一日地坚持下来，足见其不一般的企业文化，足见其不一般的社会担当和文化担当。

我和商务的第二段缘分是因了《汉语新词语》。2006年7月，在国家语言资源监测与研究中心的年度工作会议上把监测年度新词语的任务交给了我们中心。新词语反映了语言的变化，是语言监测的重心，也是语言监测永恒的主题。在大规模语料库中提取新词语，对我们来说是个新课题，以前从没做过。在一阵紧张的准备之后，2008年年初，我们和同是承担国家语委新词语课题的南开大学周荐教授团队一起拿出了2007年年度新词语的初稿，周荐教授团队运用传统方法在报刊读物上勾选，我们团队利用语言信息处理技术在语料库里提取，两种方法结合，互补长短。我们那稚嫩的初稿，交给了商务富有编新词语词典经验的李智初老师，由他做这本书的责任编辑，并由资深词典编辑、著名的《现代汉语词典》的修订者之一的李志江老师审订。从两个人那圈圈点点、红字连连的修改稿上，我们看到了责编和审订者的负责精神，也学到了许多编词典的精髓和语言文字功夫。为了提高团队的整体水平，我们中心还和南开团队一起，请二位老师来给我们开设讲座，介绍词典编辑的过程和编辑中应注意的问题，李志江老师还专门就原稿和修改稿的对比从用词的准确、词语的色彩、释义语言的考究、结构的简洁和繁复等方面进行了详细的讲解，使我和学生们受用无穷。

2007年汉语新词语，2008年汉语新词语，2009年汉语新词语……一本本年度新词语就这样编下来了，每年一本，直到2017年我退休，将这件事交给了中心新负责人邹煜。每年选定词条时，都要在商务文津厅召开一个专家审订会，除了李智初、李志江二位老师外，李宇明、郭熙、周洪波、余桂林、刘一玲等学者和商务的领导及编辑都参加了新词语词条的审订，这一本本书，也浸润着他们的心血。十几年的接触，我与商务的朋友们也结下了深厚的友谊。

我和商务的第三段缘分源自《实用字母词词典》。2007年我们有声媒体中心承担了绿皮书《中国语言生活状况报告（2006）》中字母词使用状况的调查任务，撰写了《报纸、广播电视、网络（新闻）字母词使用状况调查》。绿皮书完成后，商务印书馆总编辑周洪波就对我说，编一本字母词词典吧，我们还没有一本用语料库方法编出来的字母词词典呢。我应允下来。开始在语料库里搜索词条，编写释义，寻找外语原文，选择例句，忙得不亦乐乎。原以为两年定可拿下，没想到这一编就是五年。它也成了压在我心头的一块石头，甚至有一阵子，我怕见到洪波，像欠了他的债一样。初稿完成后，交给商务，我心里的一块石头落了地。这本词典的责编是朱俊玄老师。我们有无数次邮件往来，他以博学、审慎以及老道的眼光，指出初稿中无数的错误，曾让我无地自容。在我想象中，这一定是一位资深老编辑，起码有四五十岁，头发花白，戴着一副深度近视眼镜。所以每次回复邮件时，我都恭恭敬敬地尊称"朱老师"。后来一次去商务开会，洪波指着一位白白净净、年轻英俊的小后生对我说，认识一下，这就是《实用字母词词典》的责任编辑朱俊玄。小后生也笑着点头说，"就叫我小玄子吧。"我愕然，这与我的想象差得也太远了点吧。看来，商务就是商务，无论年轻年老，那编辑水平就是牛！

我与商务的第四段缘分与杂志《语言战略研究》有关。出版社编杂志，在国外是常见的事情，但在中国，很少有，学术期刊多是由大学或研究机构来编辑。2016年，在刊号很难获得批准的情况下，商务以一份志存高远、服务国家、极富说服力的申请报告顺利拿到了刊号,《语言战略研究》成为我国第一份有刊号、正式由出版社编辑出版、以语言政策和语言规划为主要内容的杂志。在这份杂志上,商务可是花了大成本,下了大功夫:总编辑周洪波亲自操刀,每期卷首语、"名家谈语言"、"跨界谈"等都是他去组织人员落实;请来著名语言学家李宇明教授做主编,郭熙教授做执行主编,每期都以专题形式展现,两位主编以其高屋建瓴的见解和远见卓识为杂志设立了很多新颖、具有前瞻性的话题,在语言学界起到了极大的引领作用;出版社又从昆明请来《云南师范大学学报》名刊名栏的主编罗骥老师做编辑部主任,杂志的编辑出版井井有条。杂志出版的第二年,就成为"最受读者欢迎的杂志"之一。杂志出版的第五年,就列为北大认定的核心期刊,南京大学认定的 C 刊(扩展版)。这其中需要克服的艰难、付出的辛劳,只有经历者自己知道。为了进一步扩充杂志的编辑力量,出版社又请罗骥老师和两位年轻有为的学者王春辉教授和张天伟教授任副主编,出版社资深编辑王飚老师做编辑部主任。承蒙商务和主编们不弃,我忝列杂志编委,退休后又承担了三审工作,对二审会通过、准备录用的文章从细节上再次审查。为了了解主编和编辑部其他人员对文章的意见,我也参加编辑部的二审会。每次参会,我都深深感到,这是一个令人敬佩的团队。审稿评稿,无论主编还是责编,也无论年老还是年轻,大家各抒己见,坦诚面对。每次会议,我都从中学到很多,感慨颇深,也对杂志的未来充满信心。

  能与商务结下这一段一段的缘分,是我人生中一件莫大的幸事。感谢商务!感谢商务的朋友们!

我和商务印书馆

马 学 强

我最早读商务印书馆的书是哪一本，已经记不清了。1989年，我师从华东师大王家范先生研习明清江南史，在他给研究生开列的书单中，就有一些是商务印书馆刊印的书籍。这时，我才关注商务印书馆的版本。一段时间，我经常去上海、杭州、苏州等地的古籍书店闲逛，也会留心购买商务印书馆的老版本图书。从华东师大毕业，来到上海社会科学院历史研究所工作，专门从事上海史研究，知道了更多商务印书馆与这座城市的关系。

我从商务印书馆的一名读者成为其中的一名作者，这里要感谢当年商务印书馆的总经理杨德炎老师。大约是2005年初夏，商务印书馆想策划一套城市史研究方面的丛书，杨总来到上海。那天，杨总由当时叫商务印书馆上海信息中心（今商务印书馆上海分馆）的几位老师陪同，其中就有鲍静静老师，来到上海社科院，与我们讨论相关选题。就在这次座谈会上，杨总向我们介绍商务印书馆的光辉历史，讲一些名人在商务印书馆的轶闻趣事，娓娓道来，如数家珍。回想起来，宛如昨日。此后，我与商务印书馆有关人士的接触渐多。不久，我承担的国家社会科学规划基金资助项目"中国江南地区一个家族的变迁：洞庭席家研究"结项，承蒙商务印书馆不弃，我做了修改后，改名《江南席家：中国一个经商大族变迁》，于2007年12月出版。

此后，我们研究团队的一些关于城市史与人文遗产研究方面的专书，如《上海石库门资料选辑》《八百里瓯江》《国际视野下的都市人文遗产研究与保护论集》等，也陆续由商务印书馆上海分馆出版。这里，我要特别提一下校史研究丛书。早些时候，我参与主编上海的两本校史著作，分别为《西学东渐第一校：从徐汇公学到徐汇中学》《沪上名校：百年大同》，均由上海辞书出版社出版。其时，我们也没有更多关于校史研究的计划。但此后陆续有江浙沪地区的百年名校找到我们，要求开展合作，共同研究校史。我把这一情况告知鲍静静老师。作为出版人，她目光敏锐，马上让我们考虑是否可以形成一套丛书。我也觉得这是一个好主意。后来，我在《文汇报》发表了一篇题为《中国知识分子创办的大同大学》（2012年11月19日"学人·思想与人文"版），提到研究校史需要梳理文化脉络的问题，就大同这所学校而言，就涉及近代上海学校演变脉络，以及近代留学生的那条脉络，其背后则与深厚的"江南文化"有着密切关系。据此，我归纳为"江南文脉"。随后，我们成立校史研究小组，策划"百年名校与江南文脉"丛书，找到鲍老师，商谈能否在商务印书馆形成一个系列。

作为这套丛书的第一种《为国桢干：上海南洋中学120年》，

2016年在商务印书馆正式出版。以此为开端,《存古开新:从绍郡中西学堂到绍兴市第一中学》《诚朴是尚:从澄衷蒙学堂到上海市澄衷高级中学》《绍兴一中·养新书藏文献丛刊》《王培孙文集》先后出版。至2022年10月,还将出版上海第二中学(历史上的务本女中)、上海市第三女子中学(由圣玛利亚女中、中西女中合并组建)、浙江金华第一中学、绍兴稽山中学等校史著作。"百年名校与江南文脉"系列有了一定的规模。

作为校史研究丛书,商务印书馆新近出版"百年名校与江南文脉"涉及的历史人物、旧书籍,更是与百年来的商务印书馆有着密切的联系。这可以从几个方面得以反映。

其一,这些名校与商务印书馆一些人物的关系。众多周知,张元济是商务印书馆的重要人物,在商务印书馆的发展史上有着特殊的地位。而张元济与蔡元培、唐文治等,同是清光绪十八年(1892年)进士,那一年是壬辰科。晚清办学群体之中,蔡元培、张元济、唐文治等彼此相援,他们参与了江浙沪一些新式学校的开办,其中不少日后成为名校。甲午中日爆发战争,中国惨败,促使蔡元培他们反思,并开始广泛接触西学。他们均同情维新,主张变法,倡导兴学。1898年戊戌变法失败后,蔡元培弃官从教,回到家乡绍兴,按他自己的说法,"自北京回绍兴,任中西学堂监督,这是我服务于新式学校的开始。"海盐的张元济则来到上海,加入商务印书馆,后任董事长。来自苏南的唐文治后任上海高等实业学堂监督(校长),提倡科学,重视工科教育,为我国高等院校做出了自己的贡献。

再说蔡元培,他后来离开绍兴,也来到上海。1901年在位于上海虹口西华德路北塘山路的澄衷蒙学堂任教,又先后在沪上多所学校任董事。在我们涉及的那些学校中，经常可以读到蔡元培与商务印书馆一些人士的交往活动，他们一起参加校务会议，为一些学校编书、题词。以在澄衷蒙学堂为例，在《蔡元培日记》中多次提到这所新式学堂，以及与学堂有关的人与事。光绪二十七年（1901年）三月十九日，"阴。晨，到菊生家。年伯母影堂前行礼。同菊生访刘葆良前辈于澄衷学堂"。菊生，就是张元济。在早前的一篇日记中，蔡元培曾提到"致菊生书"：菊生函寄上海西华德路隆庆里772号。西华德路隆庆里，就在澄衷蒙学堂附近。三月二十九日，"晴。王宛生前辈索《字课图书》四部，由菊生转致"。四月九日，"晴。午后六小时到上海，仍寓蒙学堂"。六月二十九日，"得顾宴庵书，言澄衷学堂以本月初三日歇夏，七月初五开学"。八月十九日，"识别澄衷学堂所编《字课图说》竟"。八月二十日，"致章一山，送《字课图说》，并还《文通》"。八月二十一日，"致菊生书，为铭甫商译书事。马相伯来"。十月五日，"晨与初荪到澄衷学堂。到公学。亚泉函订译《妖怪学讲义》"。从蔡氏日记的这些"片段式"记载中，可以获得很多信息，勾勒出这些人物的活动情况。

在这些人物中，与蔡元培、张元济等交集较多的是杜亚泉。早年他应蔡元培之聘，任绍郡中西学堂数学教员，在《蔡元培日记》记曰："授数学及理科的，有杜亚泉诸君"。杜亚泉后来到上海，建"亚泉学馆"，办《亚泉杂志》。后来，又应邀担任商务印书馆编译所的理化部主任，参与主编《东方杂志》，在商务印书馆的创建中，杜亚泉也是一位值得关注的人物。在1932年"一·二八"战事中，杜亚泉的住所连同商务印书馆编译所均被毁，他不愿进租界避难，后回到绍兴家中，一直到临终还坚持为稽山中学义务授课。在《存古开新：从绍郡中西学堂到绍兴市第一中学》一书中，他的后人还为课题组提供了多幅珍贵照片。

我们在编写绍郡中西学堂（今绍兴一中）、澄衷学堂、南洋中学、稽山中学等校的校史时，读到与商务印书馆有关联的人与事，则倍觉亲切。彼时的商务印书馆，聚集了一大批人士，皆有名于世，融通中西，既具深厚的旧学根底，又有开新的办馆办学理念，可谓一时之选。实际上，江南的这些名校与商务印书馆这所名馆，一起从事着伟大的文化教育事业，"存古开新"（蔡元培语），在中国民族救亡与民族复兴中起着重要的作用。名校、名馆构建起的是一张张庞大的网络，商务印书馆在其中扮演着极为重要的角色，内中的一些脉络与线索，还需要进一步深究。

其二，谈谈商务印书馆出版的那些图书。在涉及的这些百年名校中，我们非常关注这一时期的教材，以及学校图书馆的藏书。尽管是意料之中，但还是有些惊异。

为什么说是"意料之中"，作为集编译、印刷、制造、函授、公益等业务于一体的中国最大现代出版机构——商务印书馆，在出版界享有崇高地位，所刊印的教材、图书等，被学校大量采购、使用。且不说国人创办的学校，就是一些教会学校，也在使用商务印书馆出版的教科书。我们在《私立中西女子中学校（原名中西女塾）章程摘要》中就查阅到，中西女中的国文课用书，如：【初中一年级】国文，《现代初中教科书》，一、二册，商务版；历史，《初中本国史》，一册，商务版。【初中二年级】国文，《现代初中教科书》，三、四册，商务版；历史，《初中本国史》，二册，商务版。【初中三年级】国文，《现代初中教科书》，五、六册，商务版。

所说的"惊异",就是在一些中学图书馆保存的书籍,至今还留存着大量商务印书馆的旧版书。以绍兴市第一中学图书馆为例,其特藏书库就叫"养新书藏"。1898年,蔡元培任绍郡中西学堂总理后,规划藏书室,取名"养新书藏",以校内有养新精舍,故名。据《蔡元培日记》记载:清光绪二十五年(1899年)三月十八日,"午后到精舍(拟名学堂曰'养新精舍',此后皆书精舍),以切音简表教蒙学斋诸生"。学堂利用多种途径,采购了不少中外书籍,"养新书藏"也成为近代中国创办较早的学校图书馆。绍兴一中所藏的商务印书馆版本,弥足珍贵。

另如金华一中,创建于1902年,迄今整整120年。在其图书馆保存着该馆早年的购书目录,厚厚的几大本,从中可以清晰地了解到这所学校购书的来源、版本。无疑,它也采购了商务印书馆刊印的大量书籍。金华一中所藏的"购书目录",可以从一个侧面反映当时的学子们在读什么书,能读到什么书,这些图书是谁在编写,又是谁出版的。这是一个大议题。

那些历史人物,那些老教材、旧图书,在如今商务印书馆刊印的"百年名校与江南文脉"丛书中得以重现,与历史上的商务印书馆奇妙地结合在一起,这也是"文脉"的传承。125年的商务印书馆,的确与众不同,散发着独特的魅力。

跨越时空,作为读者、作者,我深切感受到商务印书馆给我们带来的温馨、惊喜,可以久久回味。

于 2022 年 3 月 10 日

我的读书、写书和商务印书馆

孙玉文

记得曾在《读书》杂志1988年第7期上拜读过吕叔湘先生的一篇文章《书太多了》，这篇文章介绍了英国两篇谈书多为患的小品文，很受教益。我国各地出版社出版了大量的著作，也让人感到"书太多了"，而且越来越多，让人目不暇接。在出版凤毛麟角的优秀著作的同时，不免泥沙俱下，连带也出版了不少学术次品。因为书太多了，任何个人都读不过来，所以就要借助人们开的书单子，读精品。可即使开单子的人既有见识，也很公正，书单子所开的都是精品，但对具体读者来说，未必都能"开卷有益"。更何况，受不正之风的影响，有人在开精品书的书单子时，不免携夹带，塞私货，误导、坑害读者。因此，一个出版社尽管不可能保证所出的书本本都是精品，但是精品意识是很需要的，在当下更需要加强这种意识，精品意识是打造学术精品的必要前提。

我觉得商务印书馆就是有精品意识的出版社。它创立于1897年，早已是百年老字号。百年来，它出版了不少好书，最明显的证据就是，有的著作出版了上百年、几十年，至今都在产生重要影响，例如马建忠的《马氏文通》（1898年），王力的《同源字典》（1982年）等等。回顾我个人的成长，从读者到作者，都深感离不开商务印书馆所出精品的帮助。

一、读书

我步入学堂，始于满足贪玩的习性；跟商务印书馆结缘，始于《新华字典》。起因是这样的：湖北黄冈市黄州区是我家乡，在我家附近，有一所岳王庙小学，我父亲在这所小学当校长。我于1969年春季步入学堂，当时新生是春季入学。入学之前，我非常贪玩，根本不想进学堂读书。我儿时有一位很要好的小伙伴，大我两岁，这时候他已经在岳王庙小学读书，为了让我入学堂，我父母亲跟我这位小伙伴商量好，让他绘声绘色地给我编了一个谎话，说岳王庙小学天天都玩猴把戏（普通话叫"耍猴儿"），去了学校，就可以天天看猴把戏。就这样，我开始了读书生涯，尽管猴把戏没有看成，但天天可以看到岳飞的塑像，学习成绩还不错，语文更突出，又结识了很多新朋友，于是慢慢体会到读书的乐趣。

大约是小学三年级，我父亲就要我帮我大伯父给远在昆明的堂兄写信，我堂兄当时已经参军了，在昆明军区招待所工作。大伯父思子心切，隔三差五就要我帮他写信。在写信的过程中，感到好多字写不出来，有一些我大伯也不会写；我堂兄的回信，好多字都不知道怎么念。那时候，在父亲的引导下，我开始接触到不少文学作品，外国文学作品主要是苏联的，还能阅读湖北、黄冈出版的几乎每一期文学杂志。要想读懂它们，需要有一部字典。阅读的作品多了，自己也萌发了写作的兴趣，但深切感受到自己词汇贫乏。当时我从外祖母家借来一本祖传的《康熙字典》，可是太深了，于是买下一本《新华字典》，这是我第一次用到商务印书馆出版的书，这本字典是上世纪70年代初期出版的。后来我看到金欣欣博士写的《〈新华字典〉从人民教育出版社转到商务印书馆出版的缘由》等几篇文章，知道"文革"时由商务印书馆出版的《新华字典》有种种曲折，商务版的这本《新华字典》存在种种缺陷，但在那时，它却是我攫取知识的至宝，一似大旱之中遇到甘霖。这本字典，一直从小学伴随我读到初中、高中。除了背在书包中带到学校，还常常揣在口袋里，在上学、放学的路上，当我一个人踽踽独行时，经常掏出来看看；为了获取一些字词知识，我曾经摘抄过其中的部分内容。可以说，我从小学到高中学到的许多语文知识都离不开商务版《新华字典》的滋养，它是我跟商务印书馆缔结书缘的开始。

回过头想想，我当时还是十岁左右的小孩子，尽管求知欲很旺盛，但处于被动接受知识的阶段，根本没有能力判断一部辞书是不是精品。如果当时购买的是一部满目疮痍、问题百出的字典，那就不知要给我获取知识营养造成多少年的危害。我暗暗庆幸自己撞上了一部精品，而这部精品除了编纂者具有极强的才、学、识，也跟商务印书馆的精品意识和极高的编校质量密不可分。应该想到，在人生的这个阶段，我们是多么需要注重打造精品的出版社，多么需要一批有精品意识的编辑们。

我读大学中文系，第一动机是想当作家。进入大学学习以后，阅读了商务印书馆出版的更多的图书。我记得进大学的1979年，商务印书馆出版《辞源》修订本第一册，直到1983年出齐，正好是我大学毕业的那一年。当时我大学同学刘勉订购了一套《辞源》的修订本，大家都羡慕不已；还有一位楚宏同学，他则从家里携来一套商务印书馆1930年代出版的《辞源》，将两种《辞源》一对照，就可以看出它们有非常大的不同。由于语文工具书看多了，因此后来我的兴趣逐步转到了汉语研究。参加工作以后，我反复精读了商务印书馆出版的瑞士费尔迪南·德·索绪尔的《普通语言学教程》、美国爱德华·萨丕尔的《语言论》、美国布龙菲尔德的《语言论》、法国约瑟夫·房德里耶斯的《语言》、瑞典高本汉的《中国音韵学研究》的中译本，还有马建忠的《马氏文通》、王力的《同源字典》等国人的优秀著作，很受启发。可以说，商务印书馆出版的这些著作对我走向汉语史研究的道路、从事汉语史研究，都产生了重大影响。现在看来，这些书都经得起历史检验，都是精品。

二、写书

后来我当了商务印书馆的作者，更加亲切地感受到编辑先生的负责精神。我在商务印书馆出版的第一部学术著作是《汉语变调构词研究》（增订本）。《汉语变调构词研究》是我的博士学位论文，由业师郭锡良先生指导。我当时想到，汉语变调构词研究是认识汉语特点、推进汉语史和汉语音义关系研究的核心课题，也是阅读中国古书的一项基础工作，所以1980年代开始就搜集这方面的各种材料，进行理论思考。郭先生毫不含糊，精心修改、指导。论文答辩以后，特别是被评为首届全国优秀博士学位论文以后，迅速在海内外产生重要影响，多家出版社向我约稿，希望书稿在他们那里出版。我接受了郭先生的建议，于2000年在北大出版社出版了这篇论文，责任编辑是郭力、徐刚两位编辑。

后来我跟北大出版社签的合同快要到期了，乔永博士是商务印书馆的编审，负责古代汉语书稿的出版工作，他建议我在商务印书馆出版《汉语变调构词研究》的增订本。在杜若明编辑的帮助下，征得北大出版社同意，加上何宛屏、谢仁友、乔永等编辑鼎力相助，增订本纳入商务印书馆的出版计划。责任编辑金欣欣博士认真把关，悉心校对，书稿的质量又有提高，《汉语变调构词研究》（增订本）很快于2007年由商务印书馆出版。从此，我跟商务印书馆的联系更加密切，耳闻目睹编辑们的兢兢业业和一丝不苟。在《汉语变调构词研究》刚出版时，金博士跟我说，《汉语变调构词研究》写得比较深，普通读者不太容易看懂，并希望我就此内容写一本普及性的小册子，能更好地服务社会。由于一直腾不出手，至今都没有实现这个愿望。

《汉语变调构词研究》只是我庞大研究计划的一小部分，我原本计划将先秦到明清时期汉语的变调构词配对词一网打尽，有1000多对。但《汉语变调构词研究》只收了100对词，探讨了研究变调构词一些必要的理论问题。于是我笔耕不辍,寒来暑往,终于完成了《汉语变调构词考辨》的写作,将所收1000多对配对词的音义匹配源流一一考证下来,这项研究花费了我近三十年的学术光阴。书稿既有考证的性质,也具有一定的工具书的作用,交到商务印书馆后,徐从权博士担任责编。书稿实打实有270万字,引用的原始材料数不胜数;交稿后,我又发现了一些新材料,能解决一些原来没有解决的难题,需要中途加进书稿当中。因此,书稿的编校难度可想而知。

我的稿子原来准备出简体字,后来考虑到书中多引用古书材料,干脆改为繁体字,因此涉及繁简转换的诸多问题。为了保证编校质量,徐从权博士帮我核对原始材料,改错字,有疑问的地方常常找我商讨,以求其是。这样的反反复复,不知有多少次了。书稿的出版,既要保证质量,又要赶进度,所以他经常拿回家去审读、校对,挑灯夜战,这花了他好几年的心血,直到出版。最后即将出版时,我提出,《汉语变调构词考辨》的读者对象包括许多青年学生,希望不要将价码定高了,商务印书馆完全采纳了我的这个意见。值得欣慰的是,《汉语变调构词考辨》出版以后,不仅在国内外语言学界产生了它应有的影响,而且也成为不少文史哲工作者经常用到的著作。我在将初稿交给商务印书馆后,又负责《辞源》第三版的语音通审,《汉语变调构词考辨》的不少成果我都吸收进了《辞源》第三版中,这是令人高兴的事。

《汉语变调构词考辨》的问世,凝聚了商务印书馆巨大的劳动,他们的奉献精神极大地鼓舞着我。现在,汉语音义关系研究逐步成为显学,实现了我的夙愿。

三、参与《辞源》修订

《辞源》作为我国第一部现代辞书，是1915年出版的。到2015年，《辞源》问世正好一百年。为了使精品焕发青春，商务印书馆提前几年就制订好规划，力争赶在《辞源》百年之前出版第三版，我主持午集的修订工作。

午集修订完工后，承何九盈、王宁、董琨三位主编先生抬爱，希望我对《辞源》的注音进行通审。我在使用《辞源》以及担任午集主编的过程中，看出《辞源》注音存在不少问题，而且一般人对辞书注音跟字义的关系没有清晰的了解，以为字义的确定可以不考虑语音，音义匹配只表现在给已经确定的字义匹配相应的读音，没有意识到字义在确定的过程中必须要跟语音联系起来，因此导致大量的字义确定不符合音义匹配，不能反映古人的音义规定，审音时必须高度重视音义匹配。换句话说，"若要审好音，功夫在音外"。我想，担任这项工作，不仅能服务于社会，能立竿见影地在审音中吸收《汉语变调构词考辨》的成果，而且还可以增进自己的音义关系研究的功力和学养，于是欣然接受这项工作，跟商务印书馆订下了一年的审订合同，具体时间是从2014年3月到11月，审音地点在和平里中街的一栋公寓里，在那里设有《辞源》项目组办公室，占据两层空间。

商务印书馆特地为我们成立了《辞源》注音专项组，由孙玉文、乔永、黄御虎、董媛媛、郭威五人组成。担任《辞源》（第三版）注音审订时，我跟乔永、徐从权以及《辞源》项目组的各位编辑结下的不是一般的友谊,简直可以称得上"战斗友谊"了。我们跟 1979 年版《辞源》的审音错讹作斗争,跟修订中出现的新错讹作斗争,跟时间作斗争,因为 2015 年《辞源》第三版必须出书,还得排除各种杂音。我们的工作流程是:(一)先由从子至亥等十二集的修订人员独立作出本组的审音,由审音组独立作出审音组的审音,我本人从子至亥等十二集独立作出我的审音,三种审音互不相谋。(二)由黄御虎、董媛媛、郭威三位编辑比较前两种审音的异同,如果两种审音结果相同,那就不必通审了。遇到不一致,就会出现两种情况,一是至少有一种审音的稿子出现了明显的错误,由黄御虎、董媛媛、郭威三位直接改过来;一是他们三人拿不准,就一一贴上纸条,交给乔博士,由乔博士裁断,作出修改,然后揭走纸条。如果乔博士拿不准,就提取出来,保留纸条,留给我来最终拍板,再将纸条揭去,我也将自己原来独自作出的修改反映进去。这项工作极细致,乔博士和从权博士催我审稿的水平绝对是一流的,每周至少要去和平里一次,每次都是整整一天。常常是三班倒,早上八点到达,有时到深夜才返回家中;审音不一定选在工作日,有时是在周末,这得牺牲大家不少公休的时间,但是没有一位编辑有怨言;有时候我需要核查古书的原始材料,项目组的成员马上给我调出来,极为愉快,这是精品意识在左右着大家的工作。为了减轻我们的压力,周洪波总编辑有时会从王府井赶过来,陪我们吃吃饭,喝喝酒,聊聊天,也表示商务印书馆领导的大力支持。修订的稿子还保存在和平里中街,几乎每一页上面都是斑斓满目,那是我们精诚合作的见证。审音的间歇,乔博士和我聊起刘叶秋等先生从事《辞源》第二版修订工作时动人的场景，令人感佩不已。

浮躁的社会里，需要不浮躁的人。惟其如此，我们才能消弭浮躁，走向平和，打造学术精品，而不是装扮"学术精品"。打造学术精品，是作者的事，也是编辑的事。我以为，在这方面，百年老字号商务印书馆兢兢业业的编辑们给我们提供了宝贵的经验。

知识的提升与进展
——同商务印书馆结缘

孙中原

我1960年由中国人民大学哲学本科毕业，留校工作，至今60余年。纵观我知识提升与进展的历程，同商务印书馆多年的结缘、交往与合作，有必然的因果关联。经年累月，点点滴滴，刻骨铭心，记忆珍贵。

商务印书馆出版中外历代学术名著，浩瀚经典《四库全书》《四部丛刊》等，海量世界名著如亚里士多德《形而上学》、黑格尔《哲学史讲演录》等，犹如无边无际的知识海洋，是哺育滋养我的精神食粮，深度影响我一生的学术生命。

我1958—1961年，奉调攻读中共中央直属高级党校自然辩证法（科技哲学）与逻辑研究生班，接受现代科学方法论与逻辑训练。1961—1964年奉调，师从中国科学院汪奠基、沈有鼎，接受中国逻辑史与古典文献整理考辨训练。

我长期为大学本科、硕士与博士生讲授"逻辑学""中国逻辑史""墨学与中国文化"等课程，数十年教学研究积淀的成果，由商务印书馆出版，反映良好。这是商务印书馆编审同仁悉心打磨、修改润色、精益求精的力作。

我的学术研究方向、道路与过程，发端于时代引领，是我尽心竭力争取实现的历史使命。毛泽东读书秘书回忆说："毛泽东不满足于看逻辑学论文，他还希望系统地看全部'专著'；他不满足于只了解'近几年'的讨论情况和各种见解，还希望了解中国'近数十年'的研究概况、认识的历史发展；他不仅对西方的逻辑感兴趣，也想对中国传统逻辑思想有更多地了解。一九五八年他就和周谷城说到过这样的意思。他说最好把古今所有的逻辑书都搜集起来，印成一部丛书，还在前面写几句话，作为按语。"[1] 周谷城回忆说："主席曾对我说过：'最好把所有的逻辑书，不论是新的或旧的，过去的或现在的，一律搜齐，印成大部丛书，在前面写几句按语式的话，作为导言。'"[2]

中央负责人秉承毛泽东意图，指示中国人民大学的领导人："人民大学派人，跟汪奠基学习中国逻辑史。"我 1961—1964 年奉中国人民大学校长之命，到中国科学院哲学所逻辑室，师从汪奠基、沈有鼎，专攻中国逻辑史与古代典籍，经受古典文献校勘、训诂与考据的系统严格训练，奠定现代科学研究的文献资料基础。

---

[1] 高路《毛泽东与逻辑学》，龚育之等《毛泽东的读书生活》，生活·读书·新知三联书店 1986 年版，第 141 页。
[2] 周谷城《回忆毛主席的教导》，《毛泽东同志八十五诞辰纪念文选》，人民出版社 1979 年版，第 191 页。

我不忘初心，牢记使命，把终生奋斗的事业，理解为尽力实现毛泽东的构想："也想对中国传统逻辑思想有更多地了解。"

2001年1月，设在中宣部与原国家新闻出版总署的《中华大典》工作委员会和《中华大典》编纂委员会，聘我为《中华大典·哲学典》编委与《中华大典·哲学典·诸子百家分典》副主编兼撰稿人，编撰国家大型出版工程《中华大典·哲学典·诸子百家分典》数百万字。工作多年，后续衍生大量理论性研究成果，与商务印书馆合作，精心打磨，成书出版。略举数例，俾便观览。

整合我数十年教学与研究成果的《中国逻辑研究》，2006年6月由商务印书馆出版。2015年经全国哲学社会科学规划办公室组织专家评审，全国哲学社会科学规划领导小组批准，获2015年国家社科基金中华学术外译项目立项，译为英文，在国外刊行。

合著《墨子今注今译》，由商务印书馆2009年出版。1997年，由于海内外墨学研究发展的需要，美国宾州爱丁堡大学李绍崑教授建议，中国墨子学会委托，海峡两岸与国际学人鼎力推荐，谭家健和我综合现代世界性研究成果，共著《墨子今注今译》，由商务印书馆出版，多次印刷，在国内外学界有广泛影响。

首部《墨学大辞典》《墨子大辞典》，商务印书馆2016年出版。《墨学大辞典》是首部全面系统的大型墨学辞典，设墨学分科、墨学研究史和墨学研究方法论三编，以词目释文形式，再现墨学的系统性与整体性。列入2015年国家社科基金后期资助项目，2019年国家规划办列入社科基金中华学术外译项目推荐选题目录，译为英文，在国外出版。本书是创新性地解释《墨子》语词的工具书，按音序排列《墨子》词条，释文有助于读者准确理解《墨子》元典。

"中华优秀传统文化系列读物"丛书首批十余种,商务印书馆出版。《五经趣谈》《二十四史趣谈》《诸子百家趣谈》《古文大家趣谈》四种,分别与《四库全书》经史子集四部,恰相对应。这是我多年在编撰《中华大典》过程中,通过亿万次检索研讨《四部丛刊》《四库全书》海量资料,概括升华的理论性精品。

我数十年教学与研究"逻辑学""中国逻辑史""墨学与中国文化"等课程,毕生撰著,围绕这一核心主题,积淀引申出了一系列作品。如《中国逻辑学趣谈》《诸子百家逻辑故事趣谈》《诡辩与逻辑名篇趣谈》《墨子趣谈》《墨学趣谈》《墨学与中国逻辑学趣谈》《墨经趣谈》等,近年来陆续在商务印书馆出版。

期待后续,有更多与商务印书馆合作的精品面世,祈请读者,不吝赐教。

于 2021 年 12 月 13 日

商务精神印我心

朱 小 健

这里说的商务精神，指的是我与商务印书馆交往中感知到的该馆独具的品质。

在中国，只要上学念书，基本都会用到商务出版的《新华字典》，按眼下疫情防控的新说法，那就与商务成了时空伴随者。而像我这样学习中文专业从事语言教学工作的人，接触阅读并从中获益的商务图书就更难计其数了。在参与商务出版物的一些撰稿、审稿、策划过程里，自己又进一步体味到商务人的敬业，商务书的精致，商务会的求实，商务事的动人。无论是字典辞书的分类编写，还是期刊的不断创新，包括语言沙龙的逐年举办，抑或训诂学报的一编再编，都让我时时事事感受着商务精神。这个精神最突出的特征如果要用一个字来表达，我觉得是"细"：编撰细心，审校细微，细工出细活，细密求细致，细究成细巧。这个细，源自对人类文明传承传播的衷情热爱，表现为对民族文化振兴发展的自觉担当。

比如商务主办的"中青年语言学者沙龙",近几年的主题包括"'一带一路'的语言问题""语言资源与语言智能""语言学论证中的证据问题""中国语言生活70年""语言学与中华民族共同体、人类命运共同体的构建"等等,仅从议题就可以看出对国家战略布局的在意,对语言学者责任的期待。而每次的讲者皆是一时之选,互动也都因谈者的用心而精彩纷呈。没有细心的谋划和耐心的商讨与精心的实施,是做不到的。参加一次沙龙,与会者有时能收到数封电邮,先期预告者有之,落实行程者有之,确定议程者有之,会后反馈者亦有之。印象里我参加过的类似活动里,这是组织得最用心周全的,你无论多忙也忘不了还有这么个沙龙要参加,老被商务人细心地提醒呀。

还有件事也让我深刻记忆着商务的细。2006年7月4—5日国务院召开全国汉语国际推广工作会议,6—7日首届全球孔子学院大会举行,8日商务印书馆与北京汉语国际推广基地(后改称"北京汉语国际推广中心")合作创办的《汉语世界》杂志发行。果断投入资源创办这样一个经济效益难知的语言学习类期刊,体现出商务人以国家战略需求为己任的意识。那时商务让我也参与一些杂志创办的工作,使我有机会与商务人共事一段时光,真切感知他们的细致努力。当时创刊号的封面曾设计了20来个方案,也征求过不少人的意见,但总是不能确定哪个方案最优。考虑到杂志读者定位是学汉语的外国人,最后商务决定找一些刚下飞机来北京学汉语的美国人,跟他们说这是一本学习汉语的杂志封面图案,让他们从中挑出自己喜欢和认为合适的。当时听说电影

《茉莉花开》在美国正红，所以其中有一个是章子怡在电影里的剧照。编辑部觉得那个方案可能他们会喜欢，结果没有一个人挑那个。一打听，他们没人看过这个电影，也没人听说过有这个电影。真是枉费了我们编辑设计的期待。最后他们票选出的方案是长城，我们忽然醒悟，若是我们去埃及学习阿拉伯语，人家拿一堆方案来让我们选，恐怕也多半会选金字塔吧？其实我们自己原先也很喜欢那个长城的方案，但总觉得人家买咱这杂志是为了学习汉语，如果用长城图案作封面有点儿跑偏像个旅游杂志。没想到人家来北京固然是为学习汉语，但更是为接触中国，了解中华文化，看那些在美国见不到的东西。即使他们在美国看过《茉莉花开》，大概率也不会选那个方案。吸引他们的正是闻而未见的事物，在他们眼里，长城并非是我们习惯意识里的名胜景观，而是与汉语文化密切关联的意象。编辑部的同仁由此深感讲好中国故事的不易。这也促使我们进一步细想：不易缘于什么？主要就来自不同文化间存在的差异。那些刚到北京的汉语学习者的选择点醒了我们：不同国家不同民族不同文明之间历史渊源不同，风俗习性有异，学习语言的认知思维模式也不一样。要将我们习以为常的中华文化讲给外国人听，就要换位思考，感知世界各地不同地域汉语学习者本身的文化样态，提供最适应他们阅读习惯和学习成效的形式，才是办好《汉语世界》杂志唯一可行之路。这期封面的确定，是杂志后来探索出的用外国人的视角和他们地道的语言讲述中国故事，即"中国故事，国际表达"成功路径的第一块基石。这件事既体现了商务人的细心：一个封面方案都反复推敲以至交由读者判定；也启拓了参与者的文化思索：同在一国的各地乡情都有异，不同国别的文化更是多姿多彩，要讲故事给人家听，先要把握人家的习惯。杂志本身也沿着这样的思路，从中文采写英文翻译，过渡为英文原创写作，再转型为新媒体传播，终于成为被世界各国读者认可喜爱的读物。

为外国人讲好中国故事的同时，也要为中国人讲好外国故事。文明因多样而交流，因交流而互鉴，因互鉴而发展。商务的"汉译世界学术名著丛书""世界名人传记丛书"等出版物的成就人所共知，为我们借鉴他山之石推动中华优秀传统文化创造性转化、创新性发展做出了重要贡献，甚为难得。

中国的出版社不下几百家，管自己叫"印书馆"的好像只有商务一家。印，《说文解字》释为"执政所持信也"，就是古人说的玺，相当于今天的公章。许慎是依据小篆"㊞"的形体由爪（手）和卩（玺节）构成而分析作出的解释。罗振玉认为"㊞"（印）"与"卩（归、抑）"为一字，是由甲骨文以手按人使之跪着的"⺋"演化而来，学者们大多以为罗氏的说法有道理。因为盖玺钤章总是要按压的，汉代开始玺也就叫印了。盖印就把图形和文字留在了帛纸等载体上，从而引申出了印书印刷的印。正因如此，"印书馆"听上去有点儿印刷厂的味道。但商务印书馆并不是印刷厂（虽然她也有自己的印刷厂），她是促进世界语言文化交流的使者。她不仅将人类精神文化转印在了纸张上，也印在了每一个与她交往过的作者、编者、读者等众生的心中。至少，我的心中有她细细印上的深深的痕。正所谓：

涵芬楼里墨奇香，

字典辞书举世强。

若问缘何深造诣，
细心梨枣绽鸿光。

祝她125岁生日快乐！

于 2022 年 1 月 23 日

商务印书馆：我的寻梦园

李　崟

在中国，所有学生从小就都知道《新华字典》，也都会因此知道商务印书馆。对那些学外语的学生来说，商务印书馆出版的各种英汉词典和《英语世界》更是必备、必读之物。我和其他人一样，从小就知道商务印书馆这个名字。而我对辞书的特殊兴趣，又使我对商务印书馆由衷起敬，曾梦想过有一天进出版业，到商务印书馆工作。我最早踏入商务印书馆的大楼还是和陈原先生有关。那是1985年，我在北师大英语系的本科学业基本结束，虽说学校已留我免试下一年读研究生，我心里还想着考社科院语言所词典学的硕士。通过家人联系到陈原先生，他曾经是商务印书馆总经理、总编辑兼党委书记，但当时已离开商务，担起国家语委的工作。陈老很高兴有年轻人愿意做辞书工作，跟我强调辞书工作的重要性，并说国内辞书编辑出版商务印书馆是绝对的老大，同时提醒我辞书工作很辛苦、比较枯燥，要有耐心，要吃苦认真才能做好。他安排我去商务印书馆和词典编辑们见见面，了解一下辞书编纂到底是什么样的工作。当时见到的是谁我已记不清了。但商务印书馆楼道展柜里琳琅满目的辞书那一场景仍然历历在目。

也正是那次接触陈原先生，使我对社会语言学这个概念有了初步了解。陈老1983年出版的《社会语言学》一书在中国语言和社会、语言和日常生活的系统研究进程中是个里程碑。作为社科院语用所的首位所长，陈老培养出的学生都为建立有中国特色的社会语言学做出了很大的贡献。陈老问过我是否考虑过考语用所的研究生，他说当时所里非常希望有外语专业毕业的人去应考。不过最终我既没考社科院的研究生，也没留在北师大。1986年，我有机会来英国教汉语，同时可以读硕士，也就留在英国读书工作至今。

由于和陈原先生的接触，我对社会语言学产生了浓厚的兴趣。因此我在纽卡斯尔读完英语学的硕士后就决定攻读社会语言学的博士学位。虽说研究方法上基本是变异社会语言学的定量分析法，但我对海外华人社团内部的语言变迁和使用尤为关注，包括使用不同汉语方言的华人之间的接触而产生的新的词汇和表达方式、汉语和英语混杂使用对语言结构、家庭关系、社会关系等的影响，以及和移民或少数民族社团相关的语言政策和语言教育。2005年当听说国家语委将发布"中国语言生活报告绿皮书"，我非常激动，盼望着早日能够看到绿皮书的出版。2006年8月底我正在北京，通过老友徐大明约了当时任教育部语信司司长的李宇明教授吃饭。李司热情系统地介绍了绿皮书的内容和编辑过程。并将刚刚印好但尚未正式出版的《中国语言生活状况报告（2005）》（以下简称《语言生活报告》）上下两卷送给了我。回到英国后我详细认真地将报告读了一遍。《语言生活报告》不仅资料丰富，而且从分析视角上有特别的创新。后来人们将它称为"语言生活派"，说明对建立具有中国特色的社会语言学有多么特殊的贡献。

我将希望能协助语委和语信司把《语言生活报告》介绍到海外的想法告诉了李司。他介绍我见到了商务印书馆的周洪波总编辑。周总既是出版家又是学者，钟爱语言生活，对《中国语言生活状况报告（2005）》的出版费尽心机。他对"中国学术，国际发表"尤其重视。德古意特出版社是德国一家以出版辞书和学术经典知名的老出版社，在美国等地有分社。他们非常希望扩大和中国的合作。他们的总裁向我表示非常愿意以系列丛书的形式出版一套"中国语言生活报告"，就此双方很快达成协议。但出版一套《语言生活报告》的英文版不是件简单的事，不是只靠翻译就行的。《语言生活报告》本身就有很多创新之处，同时产生在具体的社会环境和历史时期。《语言生活报告》中的许多内容在国内也是第一次被人所知。要想介绍到国外去，并能获得关注，有一定的影响，从内容到形式上都要做适当的调整。2008 年周总组织了一班人马，包括李司、周庆生、郭熙等老友，聚集在商务印书馆大楼，连续三天，将 2005 到 2008 各卷内容，一章一章，甚至一段一段地审读，确认是否适合对外宣传。然后才组织英文翻译。这次经历使我亲身体验到老中青三代学者和出版家们对中国语言学事业的发展认真执着的工作作风。2012 年我们终于将《语言生活报告》英文版第一卷的稿件交给德古意特出版社。该书以 *Language Situation in China* 为名，于 2013 年出版第一卷，立刻得到国际广泛重视。2014年在苏州举办的世界语言大会上此书作为给所有代表的一份礼物，让他们对中国的语言生活有了进一步全面系统的了解。

就在《语言生活报告》绿皮书编辑出版的同时，国家语委决定立项编辑《全球华语词典》，由李宇明教授主编，商务印书馆出版。本书的编辑历经五年时间，国内国外，特别是港澳地区和东南亚华人聚集的国家和地区数名学者参与了语料收集工作。《全球华语词典》2010年出版时得到全国政协和中国台湾地区、新加坡等地高级官员的关注。也就在《语言生活报告》英文版第一卷出版之际，商务印书馆的周总又问我可否参与扩充版《全球华语大词典》的编辑工作，主要负责收集英国和欧洲地区特有的华语词汇。前面说到，海外华人社团，尤其是英国华人社团的语言使用和变化是我的主要科研课题，有这么好的机会我自然不会错过。新版《全球华语大词典》收集了近九万词条，而且在注释方面也有很大改进，被国外词典界同行称为国际性语言的词典编纂建立了新的样本。我在参与这部词典的编辑过程中学到了很多新的知识，同时圆了我年轻时想参与词典编辑的梦。

商务印书馆建立125年来，为中华民族文化传承与复兴，为推动现代文明和知识的传播与发展，为推动中国学术成就走向世界，都做出了卓越贡献。其中关键性的因素是商务印书馆编辑本身的水平。记得我的老师钱瑗回顾她父亲钱锺书先生和商务印书馆的多年交往时说："我父亲喜欢为商务印书馆做事是因为他们认真，编辑的质量也高。"杨绛先生对我们说过："商务是学者编辑，不是商人编辑。"因此她晚年将钱先生的文稿和手记都交给商务印书馆出版。近年我有英文书籍被商务印书馆翻译出版，使我感到一种特有的成就感。相信商务印书馆会在发展新时代中国特色出版业的工作中做出更多更大的贡献。感谢商务印书馆扶持了一代又一代的学生学者，给他们创造了机会，去实现自己的梦想。

商务"求索"记

叶其松

今年恰逢商务印书馆成立125周年。身为一名"辞书人"和商务的作者,我备感欣喜。最近十几年,机缘巧合,与这家百年老店有过几度合作的经历。每每回想这些经历,总有一股暖流涌上心头。

我的三次商务"破格"经历

位于北京市王府井大街36号的商务印书馆是蜚声海内外的出版界巨擘,我十分有幸,在商务享受过三次"破格"待遇。

2006年,我刚投到郑述谱教授门下攻读术语学。有一天,郑师收到中国社会科学院语言研究所董琨先生发来的邮件,邀请他参加商务印书馆组织召开的"《语言学名词》审定会"。当时郑师和师母接受国家汉办的委派,准备启程赴乌克兰教授汉语一年。

郑师告诉我，他拟回函推荐我去，让我着手准备论文。时隔不久，商务回复同意我参会。这是我第一次进入商务，当时内心的激动和忐忑，我至今仍记忆犹新。工作人员将我领至商务二楼的文津厅，在场的几位京外专家得知我这个年轻人也是来参会的，脸上掠过一丝惊讶。我道明原委后，专家们纷纷笑着对我点头示意。那次会议规模不大，但规格很高，受邀参会的专家都是国内语言学各个领域领衔的，我一个刚读博的研究生能有幸列席会议，郑师的推荐自然重要，商务"不拘一格降人才"，也着实让我感动。

2015年初夏之交，外语室郭可主任打来电话告诉我，馆领导让我参加7月份在馆里举行的学术会议。挂断电话以后，我仔细回想了一下，怎么也想不出是哪位馆领导抬爱，就算在几次辞书学会议上与商务的馆领导有过几面之缘，但自知没留下什么深刻的印象。没过多久，我便收到商务发来的邮件，邀请我参加"2015海内外语言学者联谊会——第六届学术论坛"。这次学术论坛是由中国社会科学院语言研究所、北京语言大学、商务印书馆等联合主办的，研讨的主题是"语言与认同"。好在有了第一次赴商务参会的经历，我便欣然前往。那次会议安排在商务印书馆礼堂召开，参会的有来自国内外的40余位专家，我以一个副教授的身份参会，再一次受到商务的优待。

2017年，商务印书馆喜逢建馆120周年。郑师和我受邀赴京参加系列庆祝和学术活动。到了北京后才知道，外语室从京外只邀请了三位专家，除了郑师和我以外，另一位是上海外国语大学德语系原系主任卫茂平先生。两天的活动安排相当紧凑，上午在北京饭店礼堂举行十分隆重的庆祝大会，下午在昌平召开"商务印书馆与中国现代出版"专家座谈会,第二天上午是各小组的分组讨论。在小组讨论开始前,郭可主任找到我,让我代表外语组在闭幕式上作总结发言。我听后大为吃惊,在商务建馆120周年这样的重要场合,安排我这样一位新人出场,似乎不太合规。但事已至此,我也只好客随主便,无意间又得到一次难得的展示机会。

一部大词典,十年合作路

商务被出版界誉为"词典王国",与黑龙江大学合作出版的俄汉词典有十几部。从20世纪50年代开始,几代黑大辞书人与商务有过合作,从老校长赵洵,到李锡胤、陈楚祥、潘国民、郑述谱等一众资深编者,再到我们这一代年轻编者。

在《俄汉详解大词典》完成修订以后,商务委托第一卷主编马福聚先生来黑大商谈《大俄汉词典》的修订事宜。修订工作由郑师牵头,潘国民、马福聚、吴安迪三位资深编者表示愿意"接着干",但人手还远远不够。郑师想出两条解决办法:一是"拉强援"。他亲邀浙江大学俄语系的王仰正、王永两位教授加盟,由他们负责词典的虚词部分。王仰正教授毕业于莫斯科大学语文系,是国内俄语学界的知名学者。王永教授曾追随华劭先生做博士后,而《大俄汉词典》的虚词部分就是华先生负责编的。二是"挖存量",他从自己指导的博士、校内外中青年教师中动员数人参加修订工作。一支由15人组成的、以老带新的词典编写团队就这样组建起来了。现在回头想一想:如果没有与商务数十载合作造就的四位资深编者坐镇,"铁路警察,各管一段",《新时代大俄汉词典》

（下文简称"大词典"）是无法完成的；同时，没有商务的积极推动和对年轻编者们的认可，这部词典的问世恐怕又要延后数年。

我国辞书学界的老前辈巢峰先生说过，大型辞书"三分编写、七分组织"。"大词典"的编写过程充分证明了这一点。"大词典"2009年启动编写，2014年交付商务审校，2019年出版，编写和审校所用的时间大致相当。商务时任总编辑周洪波先生曾表示，"大词典"修订的速度之快有点出乎意料。这种"意外"恰恰体现了词典组织的高效，编写、编辑团队的精诚合作。原商务于殿利总经理、王齐副总经理期间多次来黑大沟通协调；外语室张文英、崔燕、郭可先后三位室主任亲自过问，出面解决各种棘手问题；冯华英、刘早两位编辑分工协作，高效衔接。双方前后开过两次专题研讨会，不下十次编委会，来往书函上百份。

大型词典的编纂千头万绪，编者和出版社各自代表一方，如果遇事都只站在自己的一方，彼此猜忌，处处算计，耽误词典进度不说，还容易心生怨气，合作关系就难以持久。幸运的是，我们与商务的这次合作是令人愉悦的。尽管也有认识不统一的情况出现，但双方都能做到心怀坦荡、彼此信任，最终合归一处。2015年的年末，"大词典"进入最后收尾阶段，我们收到责任编辑冯华英发来的一封邮件，其中谈到了大词典的附录。编委会此前曾讨论过附录的问题，达成的初步意见是：由于此次修订使词典的正文部分篇幅增加，为了使整部词典篇幅不至于"胀肚"，原词典的多个附录删去不排。但商务考虑到大型词典编纂的惯常做法和词典未来的实用性，提出适当增加附录名目。编委会经过讨论，很快回函表示接受商务的提议并做出安排。从2015年年底接到任务到 2016 年 8 月完成附录的修订，编者和责任编辑就附录问题往来邮件十多封，充分交换了意见，没有影响词典的整体进度。最终，商务在稿酬之外额外拨付一笔附录修订的费用，这个细节的处理充分体现了商务对作者与其劳动成果的尊重。作为编写团队一员的我也深深感受到商务的格局和气度。同时，在"大词典"的后期系统性的修改完善工作中，我感觉自己也得到了难得的锤炼和提升的机会。

与古俄语的一段学术情缘

古俄语是东斯拉夫先民们使用的语言，是现代俄语、白俄罗斯语、乌克兰语的母语。在俄罗斯高校，古俄语是语文系、历史系、考古系等专业的必修科目。但在国内，古俄语却是真正意义上的"冷门"学科，掌握这门古老语言的人屈指可数，"大词典"副主编马福聚先生便是其中之一。马先生 20 世纪 50 年代从莫斯科大学语文系毕业，学习过这门语言。编写一本《古俄语通论》（下文简称"《通论》"）是他一直想做却未做成的一件事。大词典编写完成以后，他又萌生这个想法，找到编辑冯华英商量，得到冯华英的极力支持。冯华英当即表态，愿意申报选题，希望将这部书稿在商务完成出版。她还推荐我参与此事，一来可以学习古俄语，二来可以帮忙整理书稿。我自然不愿错过难得的学习机会，也欣然答应下来。此后，马福聚先生不顾年事已高，在北京、哈尔滨之间往返数次为我"讲课授业"，找来相关书籍让我阅读，将写好的书稿通过冯华英转交我参详。编写事宜似乎按着预定的轨道正常运转。

但天有不测风云，2018年4月，马福聚先生因病突然去世，《通论》刚完成初稿，距离出版还有不小的距离。冯华英联系我，希望由我来完成马先生未竟之事，承担书稿的整理和审校工作。冯华英又请来在她北京大学俄语系读博士时的老师之一、古俄语专家左少兴先生通读把关并作序。左先生不顾九秩高龄，放下手头的其他工作，通读书稿并欣然允诺为《通论》作序。时间转而来到2020年春天，《通论》最终编竣待梓，多年来压在我心头的一块重石也就此卸去。

时至今日，回首这段学习古俄语和编写《通论》的不平凡经历，我内心感慨万千。商务老编辑冯华英当年巧用心思，促成马福聚先生与我这一"忘年"组合共赴一段学术传承之旅，在古俄语学界算得上是一件美谈。《通论》从最初上马到编完交稿，作者和出版社并未签订过一份出版协议，这一合作的达成全凭借着双方彼此间多年的信任。马福聚先生和我前后接力，完成书稿，算是没有辜负商务的这份信任。类似古俄语这样的学术冷门，读者群体十分有限，定是"曲高和寡"之作。商务并未因此拒绝书稿，兑现了最初的出版承诺。唯一遗憾的是，马福聚、左少兴两位先生先后离世，未能等到《通论》的出版。

一代人有一代人的学术。同与商务合作的前辈黑大人相比，我们这代人是幸运的。他们用自己的坚毅和奉献深耕俄语这片土地，为我们留下丰厚的精神财富。我们要做的，就是守护好这份财富，与商务一道，向未来进发，创造新的精神财富。

语言生活研究的重要倡导者、组织者和践行者
——我心目中的商务印书馆

张日培

商务印书馆是中国出版业中历史最悠久的出版机构，现当代中国首屈一指的出版和文化机构，高水平学术出版机构。我与商务的亲密接触，有两个机缘。

一是参与编撰语言生活皮书。从2006年起，国家语委组编、发布语言生活绿皮书，包括A系列（语言文字软规范）和B系列（年度《中国语言生活状况报告》），由商务出版。在绿皮书（指B系列，下同）连续出版10年后，从2016年起，以绿皮书为学术底盘，又陆续发展出蓝皮书（《中国语言政策研究报告》）、白皮书（《中国语言文字事业发展报告》）和黄皮书（《世界语言生活状况报告》），此外近年来涌现的京穗沪地方语言生活绿皮书和

语言服务绿皮书，也都在商务出版。我曾多次参与绿皮书的专题撰稿，同时自2016年以来受国家语委和上海市语委的委托，担任了蓝皮书、白皮书和沪皮书（《上海语言生活状况报告》）的主编或执行主编。皮书是集体智慧的结晶，我主要做好内容策划、学术统筹、文字梳统等工作，将语言文字行政部门领导下的编委会的集体决策努力落到实处。由此而成为商务的作者，我感到十分荣幸。站在作者的角度，感触最深的是商务这样一个高水平学术出版机构对出版质量的"品控"。这种"品控"不仅仅是末端的编校工作，更在于前期策划、组稿、审改稿阶段的学术指导和智慧贡献。10多年来，语言生活皮书的编撰要求、内容体例、品控流程等逐步固定下来，商务的提前介入、深度参与、默默付出，发挥了重要的主导和推动作用，功不可没。

二是建设国家语委科研机构。国家语委科研机构是教育部语言文字信息管理司（简称"语信司"）与有关高校、科研院所等共建共管的国家语委研究型基地，是国家语委组织高水平语言文字科学研究、实施重大语言工程和科研任务、建设语言文字基础资源、宣传语言文字方针政策、开展语言文字合作交流的重要平台。自2004年设立首家科研机构以来，根据"总量控制、按需设点、结构优化、有序发展"的建设原则，在语信司统筹区域分布和功能定位的谋划布局下，机构数量稳步增长，布局不断完善，目前共建有24家。我是2014年进入设在上海市教科院、成立于2013年的国家语言文字政策研究中心工作的，承担蓝皮书、白皮书和沪皮书的编撰工作，是我中心的常规性科研工作任务。而商务于2015年成立了中国语言资源开发应用中心，承担国家语委科研工作成果的出版、普及、转化与应用等工作。由此，我们两家成了兄弟中心，在编辑与作者的关系之外，又增添了一层工作联系。

这两个机缘密不可分，统一于服务国家语委科研工作、助力语言文字事业发展，统一于我们秉持的共同学术理念——语言生活理念。语言生活理念是为妥善处理好语言文字规范化标准化建设遇到的各类复杂问题和困难而提出的，倡导关注应用、聚焦问题，在生活中研究语言、为构建和谐语言生活而研究语言，强调科学辩证、统筹兼顾、实事求是、动态规范、服务为先，坚持语言资源观，注重实证研究方法和信息化手段的学术理念，是我国学术界在语言政策与规划领域的重要理论贡献。我对商务的形象建构主要立足于语言生活研究。基于我亲身经历或关注了解到的以下事实，我心目中的商务印书馆是语言生活研究的重要倡导者、组织者和践行者。

其一，在语言生活绿皮书品牌打造中发挥了重要作用。2006年出版的第一本绿皮书——《中国语言生活状况报告（2005）》应该说是语言生活理念提出并确立的重要标志，而其动议、策划、定名的过程，除了语言生活研究旗手、时任语信司司长的李宇明，时任语信司副司长的王铁琨，15年来的两任主编周庆生和郭熙，还有商务的总编辑周洪波，商务人是核心发起者之一。在之后组织、实施、发布、出版的过程中，特别是前后修改8稿，中间还试印了"毛书"，周洪波、余桂林等很多商务人参与其中，发挥了重要作用、做出了重要贡献。从第一本起，绿皮书的学术团队构成就来自全国范围的多家高校，而就绿皮书编撰、出版的实体依托而言，商务可以称得上是开创者和连续15年不间断的组织者，做了大量巨细烦琐的组织工作。

其二，承担了截至目前所有种类语言生活皮书的出版工作，并在皮书系列的顶层设计方面发挥了重要作用。作为语言生活研究的重要学术平台，语言生活皮书15年来已从1种发展至9种，包括国家语委组编的4种，北京、广州、上海地方绿皮书3种，语言服务绿皮书1种，粤港澳大湾区绿皮书1种，都在商务出版。商务既构建了规模空前的集成性的语言生活研究平台，又在语信司领导下担负着各类皮书顶层规划的职责。比如，由于白、蓝、黄三色皮书都是在绿皮书基础上开枝散叶，和绿皮书之间以及互相之间的内容分工需要加以明确，为此，2017年2月，在第一本白皮书编制紧张推进之际，在语信司指导下，周洪波总编辑牵头，组织绿、白、蓝、黄四色皮书主编，邀请名誉主编李宇明、皮书审订周庆生等，齐聚商务，就皮书系列的名称、彼此内容分工等进行了深入探讨，为国家语委语言生活皮书系列的成型和发展奠定了重要基础。

其三，为语言生活研究打造了多样化、权威性学术平台。商务除了出版语言生活皮书，还积极出版语言生活研究的各类专题论著，如基于语言资源监测与研究的年度《汉语新词语》，聚焦语言的社会功能、阐释语言在国家安全与发展中的重要作用的资政类著作《语言与国家》，服务国家语言文字事业重点任务的《语言扶贫问题研究》《应急语言问题研究》等。特别是于2016年创刊了我国第一份语言政策与规划领域的专业学术期刊《语言战略研究》，该刊秉持"既关心语言使用、语言态度，也关心民族、国家层面的宏观语言问题"的语言生活理念，以"服务国家和社会需求，研究现实语言问题，促进学术成果应用，构建和谐语言生活，提升国家文化软实力"为办刊宗旨，五年多来刊发了数百篇高质量研究论文，迅速跻身北大中文核心期刊和 C 刊方阵，学术影响力、权威性和引领力日渐提升。

其四，结合出版业务工作积极践行语言生活理念。商务是语文辞书出版的重镇，周洪波总编辑等很多商务人都具有语言文字规范化标准化工作的职业经历和学术经历，对语言生活理念有着更加全面而深刻的理解与认同。从第一本绿皮书起就形成的包括商务人在内的核心班底，如李宇明、周庆生、郭熙、周洪波、侯敏、杨尔弘、苏新春、冯学锋、汪磊、余桂林等，15 年来基本延续至今。先行者们边实践边总结，不断提炼语言生活研究的内涵、理念、范式，为我们这些后来人指明了方向。同时，商务从 2008 年以来累计出版了约 20 项语言文字软规范。语言文字软规范是绿皮书的 A 系列，是国家语委贯彻语言生活理念的重要体现，李宇明曾指出，"制定语言规范标准如此困难，而在语言交往频繁、信息技术高速发展的时代，又必须快速制定较多的语言文字规范标准，用绿皮书发布一些语言文字的'软性'规范，可能是解决时代提出的新课题的一种办法。""绿皮书公布的语言文字规范标准，不具有标准法所赋予的法律效力，没有强制性，只是推荐给社会需要者参考使用，体现着'语言服务'的理念，并以此达到对社会语言生活进行引导的作用。其实，这也是给新制定的语言文字规范标准留下较长的试行试用空间。这些语言文字标准在试用中不断完善，有些将来可以升为正式规范标准，进入 GF 或 GB 的行列。"十多年出版的软规范，内容涉及日本汉字的汉语读音、现代汉语词汇、义务教育常用汉语词汇、汉语拼音词汇、夹用英文的中文文本标点符号用法、藏文拉丁字母转写、语言资源和方言文化调查、行业普通话水平等级标准、普通话朗诵和演讲水平等级标准以及语言文字信息化等方方面面，商务做了大量艰苦细致的编校工作，用实际行动践行着语言生活理念。此外，商务还在与第一本绿皮书同年推出、至今也连续举办了15年的"汉语盘点"活动中发挥了核心枢纽作用，做了大量组织工作，配合了年度语言生活状况的盘点与发布，为引导社会语言观念进步做出了积极贡献。

其五，在语言生活研究队伍建设方面发挥了重要作用。重视作者队伍建设，是商务一百多年始终秉持的优良传统。将几近"严苛"的"品控"与对作者的温情和包容，有机统合起来，使商务产生了巨大的人才吸引力和学术向心力。多年来，商务坚持举办研修性质的中青年语言学者沙龙，着力做好皮书作者、期刊作者、软规范和各类专题论著作者的日常联络工作，结合国家语委科研机构建设承担"国家语委语言文字应用研究中青年学者协同创新联盟"的日常工作，运维"语言生活 π"微信群，为语言生活研究打造了人才队伍的基本盘。

我对商务的形象建构仅仅是从"语言生活研究"一个侧面，仅仅基于我对语言生活理念的粗浅理解和所掌握的有限信息。最近，在完整收看了央视"国家记忆"之"百年商务印书馆"五集纪录片后，我深感商务历史之厚重和"中国近代文化的双子星之一"评价分量之厚重，更从商务在语言生活研究领域取得的成绩中感受到了其百多年来的家国情怀、文化自觉、开明思想、科学精神和务实传统。谨向百年商务印书馆致敬，祝商务印书馆125周年生日快乐！

友谊重于业务

吕文浩

我的本职工作在中国社会科学院近代史研究所，研究方向主要为中国社会学史、中国社会思想史等，和过去商务印书馆重点出版西学译作和研究著作的基本方向差距甚远，很难产生多少交集。但近十五六年来，商务的出版方向有所调整，加强了中国近代以来学术史的总结和整理，我和商务交往的因缘开始萌生。2006年年初至2013年年中，我在《中华读书报》兼职书评编辑，商务的重点书往往会被我列入备选书目。在2019年年底之前，我所供职的近代史所和商务仅有步行五分钟的距离，我和商务的朋友们时常见面叙谈是很方便的。作为书评编辑的我，和作为图书编辑的商务诸友，有很多业务性的往来。他们为我提供样书、撰写书评和推荐书评，我对有关商务的书评稿件精心编辑加工，在互动过程中彼此的学识和品味都为对方所了解，情谊亦因之而获得蓬勃发展。蒙商务编辑朋友不弃，邀我参与"中华现代学术名著丛书"和"碎金文丛"的一些工作,亦取得了较为满意的结果,至今回忆起来仍觉津津有味。

在我兼职书评编辑期间,以独立书评、译者感言和编辑手记的形式刊发了不少商务版图书的书评。当时报社的朋友们约定,凡属与书有直接利益关系的人写的书评,一律亮明身份,一方面使译者和编辑把他们对书的理解和工作过程中的感受写出来和读者交流,另一方面也可以让读者监督,避免他们不自觉地拔高自己的工作。总体上来说,商务的编辑朋友学养和文笔都是比较好的,我经手编发过他们以编辑身份写的不少商务版图书的书评。

商务的卢煜、丛晓眉、丁波、李霞、杜非、倪咏娟等朋友不时地为我提供样书,我素来欣赏商务图书的品质,乐于邀约评论并精心加工,因而颇有一些有影响的书评发表。如《写文化》出版后,我约我的老师王铭铭教授写过一篇很有分量的书评整版发表。再如我编发过商务的译者许明龙先生撰写的《译事历五载,甘苦告世人——写在新译〈论法的精神〉出版之际》也是整版发表,许文关于某个词的译法曾在网上引起过很多讨论,我仔细看了这些网上的讨论意见,写了一篇综述发表。

在这个阶段,我的书评编辑工作对商务的朋友也许有一些小小的帮助,至于介绍书稿甚至有一本书出版后获得广泛好评,那是意料之外的惊喜了。我给商务的朋友介绍学界同仁的书稿,有几本产生了较好的结果,最使我感到欣慰的是2012年12月我介绍的一本书不仅成功出版,而且获得了读者的广泛赞誉。那一年12月初,我太太在南京师范大学参与了"抗战时期都市民众日常生活"国际学术研讨会,她回来告诉我,同济大学的潘敏副教授翻译了一本加拿大汉学家卜正民研究江南沦陷区民众生活的书，2007年暑假就完稿了，但联系了多家出版社都没有受到重视，她深感心痛并答应竭尽全力帮忙。我相信商务编辑的学术判断力和出版胆识，就转请译者将目录、内容简介、译者简介和译稿样章等打包发给我。12月4日晚上我给倪咏娟写了一封信介绍了版权转让和译者的愿望，附有译者打包文件供她参考。不久之后，倪咏娟看了材料，对译稿很感兴趣，直接和译者联系上了。这本书的编辑过程，据译者说："为了让这本书的中文版顺利面世，我们之间的通信不下40封，对于书名的斟酌、译者序的切入点、一些词语的用法，我们都进行反复交流和商讨。她聪明睿智，对很多问题有自己独到的见解，交流的过程也是一种享受，有时间整理整理我们之间的通信，绝对是个看点。"2015年10月，这本书以《秩序的沦陷——抗战初期的江南五城》为题出版，很快就受到了读者的热烈欢迎，半年左右马上就加印了精装本。我把这本书推荐给近代史所的青年读书会，专门举行了一次读书研讨活动，请倪咏娟作为特邀嘉宾参加了。

在"中华现代学术名著丛书"里，我先后参与了吴景超著《第四种国家的出路》和潘光旦著《中国伶人血缘之研究》《明清两代嘉兴的望族》合刊本这两种书的选编、校订及撰写导读和学术年表等工作。我编校《第四种国家的出路》时，对2008年版《第四种国家的出路——吴景超文集》上编的原著部分重新做了仔细的校订，同时增加下篇"相关研究补编"，收录与原著主题比较相关的5篇文章和一本小册子，使得吴景超的著述更多更精地出现在读者面前。至于潘光旦的两本著作合刊本，我做校订后又由潘乃穆教授再次校订，特别值得一提的是，《明清两代嘉兴的望族》一书参照收藏于国家图书馆的原书手稿做了若干校订，是这本书最精的版本。

2012年2月17日，倪咏娟给我发来邮件，附有"碎金文丛"征稿文案，她希望我能够和潘光旦先生的家属联系取得授权，在这套书里出一本潘先生的随笔选本。根据丛书注重独创性、独家性、可读性的要求，我较多地选录了潘光旦发表于《华年》上的"长短评"（大部分未收录于14卷本《潘光旦文集》），也选录了潘先生关于婚姻、家庭、女性的几篇演讲稿，同时将龙美光兄新近发现的潘光旦抗战时期为美军做的演讲稿《中国人的宗教信仰》翻译出来，经潘乃穆教授校订后收入。关于这本书的书名，考虑到要形象生动地传递出潘光旦的思想特色和精神气质，经反复琢磨，我采取了潘光旦在不少文章中提及的一个词汇"逆流而上的鱼"作为书名。潘光旦是学生物学出身的，在社会思想方面属于"生物学派"；又因幼承庭训，对传统文化特别是儒家文化怀有温情与敬意。基于生物学的科学精神和儒学的人伦道德情怀，他在社会问题的讨论中，坚持不盲目跟着所谓"时代潮流"走，主张在必要的时候要学习"逆流而上的鱼"，坚决抵抗那些"坏潮流，江河日下的潮流"。倪咏娟希望我能为这本书写一篇导读性的"编后记"，我起初拟的标题是"科学态度与人文情怀"，自觉比较能够切合全书主旨。不过，倪咏娟觉得这个标题比较宽泛而古板。经过几度构思，我把题目改为"'不合时宜'的另类现代化思考"。2013年10月，《逆流而上的鱼》在"碎金文丛"第一辑里出版，到2018年3月已经是第三次印刷了。

我后来的工作重点转移到吴景超著述的搜集整理和年谱长编上，所以我们的合作意向自然地转向围绕吴景超做点什么。我们的共识是就都市社会学这一主题选编一本书，但究竟如何选，还是有不少分歧。我起初的思路比较偏向学术性，希望把吴景超关于都市社会学的小册子、短论和书评悉数选入，倪咏娟看了不太满意。我做了一些微调，她还是不太满意。事情就暂时搁置下来。但这段时间，倪咏娟做了不少功课，她甚至在数据库下载了一些文章看，看到她觉得可以入选的文章就推荐给我。慢慢地，我似乎找到了选编的感觉，最后在2019年秋冬之际，确定了以"发展都市以救济农村""工业经济与都市社会""变动中的婚姻家庭"三个层次全面呈现吴景超关于都市社会学的见解，选文不求全面，但求能涵盖吴景超都市社会学研究的主要方面，特别是要能揭示出他的思想特色。为了把吴景超的治学方法和思想特色做进一步的呈现，也为了使这些经验能够对今天的年轻学者有所启发，我特意设计了第四编"治学方法与经验"。关于书名，我从吴景超的文章中提取了"都市意识"一词，又从"第四种国家的出路"的著名论断中提炼了"中国命运"和"国家前途"两个词，我把这个想法和倪咏娟说了，她觉得"国家前途"更好一些，所以这本书的书名就确定为《都市意识与国家前途》。做这本书的时候，我在校订文献上又积累了一些经验，倪咏娟此时也有十年的编辑工作历练，更加成熟了。所以这本书的文献整理和编辑处理较《逆流而上的鱼》又有了一些提高。比如，为方便读者理解，对不能一眼看明白的一些旧式译名出注说明今天的通行译名，对读者不熟悉的人物和事件背景做了简要的注释说明。这本书的校对，我花了不少时间和精力，除了原文特别不清楚的几篇由我提供录入稿以外，其他稿子我从一校看到三校，每一校次都要看好几遍，力争把错误减到最低程度。这本书的编后记《不该被遗忘的一位前瞻性的社会学家》，我写出初稿后请了五六位富有写作和编辑经验的朋友帮助修改，他们的意见确实让我受益良多，也保证了文章能够较快定稿。

最令我难忘的是，这本书区区二百来字的内容简介，我居然改过七个版本的稿子才最后定稿，这里面也包含了倪咏娟的细心提示。我写的第一稿，倪咏娟看后觉得太实太板，希望能突出思想特点和精神气质，重拟一个更虚更活一点的内容简介。我根据她的意见不断修改，每改一稿就用微信发给她，她每次都提出很有启发的意见。除了总体上的风格把关以外，我特别欣赏她的两条具体意见：把费孝通先生对吴景超的评价"放眼世界，看到了世界中的中国"化成"放眼世界，着眼中国"八个字；将吴景超对西方国家情况的介绍适当弱化，而突出其对国内社会经济问题参考价值这个真正的重点。我把第七稿发给她后，看到她的回复：这一稿完美了！心里真是有说不出来的愉悦。这真是一次愉快而难忘的修改经历！我把前后七个版本的内容简介稿整理、保存下来，作为我们友情的纪念。以前我对图书内容简介的重要性体会不足，这次才深深地体会到，作为位置比较醒目的"门面文字"，不管是著译者还是编者，都要多多用心推敲，力求以最简练最生动的文字展示这本书的精华，让读者看了就能产生进一步阅读的欲望。

友情重于业务。我和商务朋友们的交往不太像普通的编辑与作者之间的业务往来，更像是朋友之间的谈学论道，不经意间，业务工作就在日常的交流过程中完成了。很难想象，如果换成另外一批人，他们会有耐心帮我"量身定做"式地构思书稿，会愿意为我那些一遍又一遍的修改版本提供意见。商务之所以为商务，以我的理解，大概就在于商务的编辑们能够和作者交朋友并进行深度的交流讨论吧。

于 2022 年 2 月

东想西想说商务

屈哨兵

我最早知道"商务"这个词是在我读小学的时候。那是在上个世纪 70 年代，因为我的父母都是湖北鄂西山区偏远之地的中小学老师，他们做老师，都教语文，父亲教初中，母亲教小学。他们那时似乎也没有教学参考资料，父亲母亲平时教学准备翻得最多的应当就是《新华字典》。有的时候父母在家里会争论一些问题，通常是一些字的读音或者解释之类，相持不下之际，我就会听他们说，"把《新华字典》拿过来，看商务是怎么说的"。说实在的，我那时也就是在读小学低年级，不知道"商务"是什么单位，不过心里倒是在猜，这个"商务"是做什么生意的呢？是卖什么东西的杂货铺吗？因为那时在乡下，书店之类是没有的，与商务有关的只有供销合作社，所以我才有商务是杂货铺这样的联想。现在想来实在是对商务印书馆的大不敬。2016 年，世界权威的纪录认证机构吉尼斯世界纪录宣布，由中国商务印书馆出版的

《新华字典》是"最受欢迎的字典"和"最畅销的书",全球发行量共达5.67亿本。不过我那时哪里知道商务印书馆的《新华字典》会在我国现代化尤其是国民文化素质提高中有如此崇高的地位与功勋呢？但不管怎样,这是商务印书馆和我的最初结缘,我的父母都是上个世纪50年代的师范生,中师毕业后终身从教,商务的出品成为了他们站好三尺讲台最坚实的基础支撑,可以说商务带给我们的实际是两代人的惠泽。后来我母亲退休后六十多岁中风偏瘫,语言基本失能,但这个老人家很是顽强,硬是从简单的数目字开始学习,从最简单的字词开始回忆进行语言康复,遇到写不起来或者读不出来的字就翻翻我们放在她身边的《新华字典》寻求帮助。现在母亲八十多岁了,靠着毅力和《新华字典》等的阅读帮助,竟然用左手完成了二十多万字的个人回忆录的撰写,并且到现在都还没有停笔。老人家的回忆铅华洗尽,留下了别具一格的地方史实和家庭史料,弥足珍贵。我们从心底里感谢商务印书馆。

  商务印书馆的出品和学问发生关系在我这里也有一个小故事。1978年我考上大学,那时对商务印书馆的概念固然脱离了"杂货铺"谬想,但心中仍然不免将印书馆三个字和印刷厂联系起来。现在看来这个"印刷厂"联想实在也是十分荒谬,但是当时也是一个事实。因为知识来源实在是十分欠缺,我考上的大学叫华中师范学院恩施分院,也就是现在的湖北民族大学。好在进了大学不久以后,这个想法就有了变化。我看到一个同宿舍的同学整天在拿着《新华字典》翻检摘抄什么东西,觉得十分好奇,感觉这里面可能有学问。尤其有一次我们听了一个来自山外老师讲了一场关于古汉语音韵的讲座，我的这位同学说，根据这个讲座他发现他的方言（恩施方言）有中古音遗留，于是就开始查资料做对比，商务印书馆的《新华字典》就成了他放在宿舍书桌上的一个宝贝。当时这个同学还根据字典编了一个什么指导中小学语文教学的小册子，商务印书馆的《新华字典》好像也是最重要的依据。可以这样说，从这位同学那里我隐约知道商务印书馆不是印刷厂之类的所在了，应该是一个有学问的地方。后来这位同学考上了社科院杨耐思先生的研究生，毕业论文答辩的时候听说答辩委员会主席还是许嘉璐先生。再到后来，这位同学学问做得好，还做了一个省的分管文化教育的副省长。我要感谢这位同学使商务印书馆在我的心里树起了做学问有学问的文化形象。大学毕业，我回到家乡参加工作，在一所镇上的中学教语文，商务印书馆的字典词典已经成了我备课的必备之物。几年后，我的一个弟弟高考落榜，准备复读，我送给弟弟复读的激励品是《现代汉语词典》。这个时候我大抵知道商务印书馆及其出版的字典词典对我们的学习进步有极其重要的帮助作用了。

上述两段记忆可能有点个人化，但毋庸讳言，商务印书馆一定会以这样或者那样的方式在很多国人心目中留下深刻的印象，因为商务印书馆及其出品对我国的文化教育的影响实在是太大了。谈论中国现代化，一定绕不开商务印书馆；讨论中国学术发展，也一定绕不开商务印书馆。我后来跟随邢福义先生研究现代汉语语法，邢先生的好几种著作都是商务印书馆出版的，其中《汉语复句研究》（2001）还获得中国高校人文社会科学优秀研究成果一等奖，这些都奠定了商务印书馆在我心目中的崇高地位。我自己因为学科专业的原因，机缘巧合，成了《中国语言生活状况报告》的研制写作队伍中的一员。大约从 2006 年前后开始，亲炙于商务多矣。我多次参加由商务主持或者推动的相关研习讨论活动，不管是进入商务印书馆的办公大楼开会还是见到商务印书馆的各位同志先生，我都感到一种莫名的亲切和温暖。在这里面我认识了王涛总经理、顾青执行董事以及周洪波总编辑等一大批商务人。每一次到商务印书馆，我都不由自主地会在门庭大堂那里停步，仔细端详一下墙上的两幅照片集图，一幅叫"我们的员工"，另一幅叫"我们的作者"。我相信只要进商务印书馆大楼的人都能看到这两幅照片图集。我不知道别人看到这两幅照片图集会是什么样的感受，对我而言，每当站在这两幅照片图集面前的时候，我的心中都充满崇敬。就是这样的一群人月积年累的工作与奉献才使得我们这个国家的文化教育的现代化得以赓续坚持，也才使得我们的文化自信的建设得以赓续坚持。因为国家语委的着力倡导，在商务印书馆这个平台，我有了更多的机会向我所从事的学科专业领域中的大家行家讨教，在这里多次聆听许嘉璐、陈章太、戴庆厦、陆俭明、江蓝生、李宇明等一众先生的讲座报告，更结识了一大批来自全国各地的俊彦同道。

商务办事是十分讲究和认真的。这种讲究与认真甚至可以体现到商务办会时在周边酒店订餐都考虑到来自全国各地与会者的口味。我至今还记得有一年周洪波兄在餐桌上提前点好的一个大号的狮子头，好像是江浙一带的名菜，现在想来都是味犹在舌汁犹在腹。当然，商务印书馆的讲究与认真更多是体现在每一个商务人对工作的严谨负责上。近些年来，商务印书馆以出版"中国语言生活状况报告"系列皮书为主线，可以说为大家言谈中期望的"中国语言生活派"学术追求的形成做出了极其重要的贡献。假如今后真有一天形成一个这样的学派的话，那商务印书馆一定是表达学派观点的最重要所在。观察很多学派得以成立的原因，其中一个重要标志就是有相对稳定的出版表达机制平台，倘真这样，商务于此功莫大焉，善莫大焉。

我和我所在的团队近些年来在商务印书馆先后出版过《语言服务引论》《广州语言生活状况报告》《中国语言服务发展报告》《粤港澳大湾区语言生活状况报告》，其中大都获得学界与社会的积极反响与好评。在每一次研制审定统稿出版过程中，我们都感受到来自商务印书馆参与其间的同志的吐华作育，那种一丝不苟无不体现着商务印书馆的讲究与认真。讲一个小例子，我在一篇文章中谈到《现代汉语词典》和《新华字典》之间是否有关联的问题，相关表述没有认真查核资料，讲错了，余桂林副总编辑马上就微信我帮我点出修改，让我十分感激。在此我们要向商务印书馆深深致敬。

商务印书馆旁边就是涵芬楼书店，每次到商务印书馆开会或者办事，只要有时间，我都要到涵芬楼去。涵芬楼里面的好书实在是太多了，这也足以证明商务印书馆的品质。有一次我在涵芬楼看到中山大学黄达人校长所著的《大学的声音》和华中科技大学李培根校长的《认识大学》，都是商务印书馆出版的。黄达人和李培根两位校长都是我国近年来大学教学管理的有影响的人物。我因为组织的安排近些年来也在从事高校的教育管理工作，对这两本书不免心向往之，买来读了，心想什么时候是不是也向商务印书馆投上一本。不过后来这个念头没有付诸行动，虽然我也有大致类似的一本，然终于不敢投向商务印书馆。但不管怎样，商务印书馆及涵芬楼给我的启发确实是实实在在的。这两年因为疫情，我没能到商务印书馆，当然也上不了涵芬楼，念想倒是有的。最近一次我上京东网买书，专挑商务印书馆的书买了一千多块钱的。这次买的书里还包括一些我专业之外的所谓"闲书"，例如《托克维尔传》《我的父亲罗家伦》《他乡明月——走在中国十五年》等，还有一本《空间行为的地理学》。尤其是下单这后一本书的时候，我心里在想，说不定空间行为的地理分析可能也会有助于我开阔社会语言学的观察视野呢。当然，这也可能完全是瞎想，但是我要感谢商务印书馆给了我们可以这样东想西想的机会。放开来看，商务印书馆在文化建设上的很多贡献说不定就是鼓励我们去东想西想呢。这也应该是我们要感谢商务印书馆的地方。我也相信商务印书馆未来的发展未可限量，于国家富强与民族复兴的贡献更是辉煌。

于 2022 年 1 月 27 日

我与商务印书馆的非商务往来

周 晓 虹

时间过得真快。一转眼，上回去北京参加商务印书馆120周年庆典已经五年。那年我正好60岁，和商务印书馆差了整整一个甲子的时间。

因为自小喜爱读书，虽说在中学时代和下乡的两三年内要读到一本好书非常困难，常常是借到手的书第二天就要归还，但商务印书馆的大名在心中却一直神圣异常。后来，"文革"结束，考上了大学，尤其是1980年代在"文化热"开启的年代我又弃医从文，接着考上了南开大学攻读社会学硕士学位，买进的商务版图书究竟有多少实在难以记清，但最初那些年"汉译世界学术名著丛书"基本上都是见一本买一本，说句笑话，和这家大名鼎鼎的印书馆的"商务性"往来十分频繁。从最初黑格尔的《精神现象学》《哲学史讲演录》《美学》，到后来弗洛伊德的《精神分析引论》、墨菲和科瓦奇的《近代心理学历史导引》、波林的《实验心理学史》，再到最后涂尔干的《自杀论》、托克维尔的《旧制度与大革命》、曼海姆的《意识形态与乌托邦》……不同学科的商务版图书的买进，不但反映了这些学科在改革开放前后的中国恢复繁盛的先后顺序，也反映了我本人的学术兴趣的演进过程：从一开始的哲学和美学，到中途的心理学，再到后来的社会学。

对学者来说，买书只是其个人生涯的奠基工程，类似于这些年火爆的房地产业的"三通一平"。究竟要买多少书才能成为学者，自然因个人的天然禀赋和用功程度而异。于我而言，如果从1978年上大学常规购书开始，到1987年硕士毕业正式入职南京大学，大概用了10年左右的时间，不过如果从1984年发表第一篇学术论文起算可能要更短一些。当然，虽说从1984年后我已经开始常规性地撰写并发表学术论文，也开始出版著作和译作，但在相当长的时间里是不敢往商务印书馆这样的出版社投稿的，所以我与商务印书馆的"非商务性"往来要比"商务性"往来（购书）延后许多。

大概是2007年，用孔老夫子的话说此时的我已经迈入知天命的年纪，北京大学的高丙中教授要为商务印书馆编一套人类学的译著，我与李姚军合译的美国人类学家玛格丽特·米德的《萨摩亚人的成年》有幸忝列其中。最早翻译这本书时，我和李姚军都在南开大学攻读硕士学位，潘建国编辑来南开为"文化研究丛书"组稿，就选中了这本书和米德的另一本《三个原始部落的性与气质》（宋践译）。记得我先是翻译了米德的《文化与承诺———一项有关代沟问题的研究》（河北人民出版社1989年版），但后翻译的《萨摩亚人的成年》出版顺利，不仅在交稿的第二年就顺利由浙江人民出版社出版，而且次年就被介绍到海峡对岸，由台北的桂冠图书公司出版了繁体字版。一时间在两岸人类学界小有影响，1990年前后投身人类学甚至社会学科的人大多读过这本著作。

米德的这本著作是以1926年在美属萨摩亚岛上九个月的田野研究为基础写成的，那时她和后来写出了《菊与刀》的本尼迪克特都师从人类学大师博厄斯，在哥伦比亚大学攻读人类学博士学位。在米德之前，美国心理学家斯坦利·霍尔根据他对西方社会青年的研究，率先于1900年在两卷本的《青春期》一书中提出了著名的"青春期危机"的理论。霍尔从"个体发生概括了种系发生"的重演论的角度出发，认为青春期象征着人类的一个动荡的过渡阶段。青春期的出现是一种"新的诞生"，意味着个人心理形态的突变和危机。沿着霍尔的思路，斯普兰格把青春期誉之为"第二次诞生"，而霍林沃思更是形象地喻之为"心理断乳"。但是，种种发轫于心理学的青春期理论都在重复着同一个主题：即遗传决定的生理因素引起了人的心理反应。因此，青春期的特征具有生物学的普遍性。

在萨摩亚的九个月生活，使米德具备了依赖丰富的民族志资料向先前的理论挑战的勇气。尽管她并未完全否认生物学因素对青春期的影响，但她指出文化因素对发育有着更为重要的意义。例如，那些身穿草裙的萨摩亚姑娘在青春期并不存在紧张、抗争和过失的阶段。鉴于他们只有一种简单的生活方式，因此不会为前途的选择所困扰；生活的意义是既定的，因此也不会对人生发出痛苦的质疑；甚至在性的方面她们也有着较大的自由，因此同样不会有文明社会的一般年轻人都有的那种骚动和压力。

萨摩亚之行是米德整个人生的里程碑。自此之后，从东部的波利尼西亚到西部的新几内亚，太平洋地区形态殊异的原始文化牵动着她此后整整50年的情愫。在她的早年生涯中留下的诸多民族志研究，包括《萨摩亚人的成年》和前述《三个原始部落的性与气质》，都被人们公认为是由人类学家对社会心理学所做的又一次严峻的挑战，它使得社会行为解释的后天论对先天论获得了一次完胜。

当然，众所周知，米德去世五年之后，她的著作受到了澳大利亚人类学家弗里德曼的批评。在《玛格丽特·米德与萨摩亚：一个人类学神话的形成与破灭》（1983）中，弗里德曼对米德著作的真实性提出了质疑。虽然就像我的同事人类学家范可教授为商务版《萨摩亚人的成年》撰写的译序所说的一样，尽管米德的研究不乏"不尽如人意和值得商榷之处，但它所呈现的资料之真实性不容置疑"，但于我而言，米德的一生的发现和见解的意义还另有一层：那就是1970年在美国青年大造反运动刚刚退去之时，这位70岁的老人就代沟问题写下的《文化与承诺》，后来影响到我的"文化反哺"概念的提出，也因此再续了我与商务的非商务往来。

我提出"文化反哺"概念时，刚刚译完《文化与承诺》不久。1988年在家中过春节，三年前强烈反对我穿西服的父亲，拿出一套新买的西服和一根领带，让我教他如何打领带。联想起三年前老人家从补发的离休军人服装费中拿出200元给我买衣物，但规定不准买西装，到现在他自己穿西装、打领带，这一转变确实令人惊讶。在1978年改革开放后的最初十年里，整个国家阴霾尽扫、人心雀跃，加之国门洞开、西风东渐，一系列新鲜事物出现在越来越开放的社会当中。父亲的转变其实只是原本刻板保守的老一代人无数转变中的一种，却在我敏感的心头酝酿出充分的想象。经验现实的变化，加上米德理论的启发，很快促使我提出了"文化反哺"这一颇具本土特色的概念，并写成了最初那篇万字长文。

感谢我们这个丰富多彩的时代。1992 年后，整个社会因朝向市场的转型发生了更加意想不到的变化，尤其是家用计算机的普及和网络时代的到来，开始进一步影响到中国社会的代际关系，也使我们关于文化反哺的思考变得前所未有地紧迫起来。1998 年，同样和商务多有联系的好友周宪教授在与同事讨论计算机应用时无意中的一句"我儿子说……"，就像十年前父亲让我教他打领带的事件一样，犹如开闸之水汹涌奔腾，再一次激发了我的社会学想象力。我开始思考如何通过焦点组访谈来获取经验性资料，再对文化反哺做一番探究。在这一促动下，我完成了五大城市 77 户人家的访谈，先后在《中国社会科学》和《社会学研究》上发表了多篇论文，并撰成 50 万字的著作《文化反哺——变迁社会的代际革命》，同时顺利入选"国家哲学社会科学成果文库"。

接下来，万事俱备。我与商务印书馆又一次发生了令人难忘的非商务往来：2015 年《文化反哺：变迁社会中的代际革命》一书由商务印书馆出版，并在不久之后又入选国家社科基金中华学术外译项目，2020 年由英国老牌出版商罗特里奇出版公司分上下两册出版。更有意思的是，"文化反哺"概念在社会学界发酵的同时，也成为日常生活中讨论青年文化的流行词汇，并于 2010 年被选作浙江省高考作文试题，2016 年又入选浙江省初中英语选读课文。

大概是上述铺陈做得顺畅。这几年，我与商务印书馆的非商务往来日趋频繁。2018年,受南京大学"双一流"建设卓越研究计划委托,我主持开启了"社会学理论与中国研究"项目,并与商务印书馆签订了一系列相关书系的出版协议:2019年我指导的博士研究生陆远获首届余天休优秀博士论文奖的著作《传承与断裂:巨变中的中国社会学与社会学家》,作为"社会学理论与中国研究"书系的第一本著作出版,一时间好评如潮。2021年,我和谢寿光共同编辑了15年的《中国研究》杂志移至商务印书馆,改由我和翟学伟教授主编,立志继续"让中国研究听到中国的声音"。同年,在访问海内外40位社会学家的基础上,由我主编的上下两卷110万字的《重建中国社会学——40位社会学家的口述实录(1979—2019)》一书也由商务出版,《中国新闻周刊》发表主编专访,探照灯、凤凰网、新京报等多家媒体也将该书列入年度好书推荐榜单。接下来,在不久的将来,"新中国工业建设口述史丛书"和包括《重建中国社会学》《弄潮三十年——30位下海知识分子口述史》在内的"新中国人物群像口述史丛书"也将由商务印书馆陆续推出。看来,我与商务印书馆的非商务往来不过刚刚开了个头,而接下来的日子也因此而会变得充满意义之感……

温故知新：与《地理学性质的透视》的七次相遇

周尚意

2021年4月9日，中国地理学会在商务印书馆举办了"地理科学十大经典读本"推介会。西南大学倡议，并联合中国地理学会组织了此次评选活动。鉴于疫情，与会代表并不多，我作为代表之一，有幸参加了会议。在10本被推荐的书中，有7本是商务印书馆出版的，足以见商务印书馆在出版选题上的学术眼光。这次活动，令我想到自己阅读经典的过程，因此我选择"十大经典读本"其之一——哈特向的《地理学性质的透视》，梳理自己阅读经典的心得，发现经典要在人生中反复阅读，不断理解。本文题目中的"相遇"一词，取人文主义地理学定义的encounter之含义，即与感知对象接触后的理解和感悟。

第一次相遇感受
——地理学研究区域差异

1979年至1983年，我在北京师范大学就读地理本科，那时主要是在图书馆借阅地理类的书籍，因为当年没有推荐阅读的地理书目，所以我就在图书馆里"乱看"。"乱看"的弊端是不聚焦，益处是开阔眼界。《地理学性质的透视》英文版于1959年问世，商务印书馆在四年后就出版了其汉译本。以当年的出版技术和流程，速度相当快呢。1978年中国迎来"科学的春天"，《地理学性质的透视》汉译本于1981年再版。我们班上不少同学都买了此书。当年班上的同学，没人会想到，有一位同学会成为商务印书馆的总经理。最近，我翻出当年买的1981年版的《地理学性质的透视》，封底上的定价是0.88元，在当年，这点儿钱可以在食堂吃上两天。那年月，我自己买的地理书籍并不多，因此买到一本书后，自然要"认真"阅读。我专门买了一个"大横格本"做读书笔记。一学期下来，我抄了不少"要点"，但因为没有做地理研究，所以只记得地理学是研究区域差异的学科，其他似乎都忘记了。

第二次相遇感受
——多要素综合是区域研究难点

1982年商务印书馆出版了詹姆斯（Preston E. James）的《地

理学思想史》，书中第384—387页提到了哈特向的两本代表著作。詹姆斯是雪城大学地理系的教授，该地理系的地理学史比较强。詹姆斯与哈特向的学术观点有很多相似之处，他们都认为地理学要研究多要素综合的区域。詹姆斯认为，即便是选定系统地理学中一个分支作为研究领域的学者，也应该了解一个区域各个要素的组合（原文是现象的组合），或许还应该成为某个区域地理的专家。许多和哈特向同时代的人，都将自己定位为区域地理学家，并出版了区域地理的专著。詹姆斯指出，地理学家要使用世界的各个区域作为分析的框架，尽管他确定的区域规模比维达尔学派的学者（Vidalians）所研究的区域大得多。1942年詹姆斯出版了自己的区域地理专著——《拉丁美洲》，可谓是身体力行。有了互联网之后，我很方便地查到了詹姆斯与哈特向的生卒，发现两人同年出生，但是詹姆斯比哈特向早辞世五年。哈特向为詹姆斯的同事梅宁（D.W. Meinig）编辑的《詹姆斯论著选集》（*On Geography: Selected Writings of Preston E. James*）做了特别推介。这足以见两位老朋友之间的惺惺相惜。读詹姆斯《地理学思想史》时，我已经是本科三年级，学习了中国自然地理、中国经济地理、世界自然地理、世界经济地理四门课，才体会到哈特向主张的区域多要素综合，是地理学的难度所在。

第三次相遇感受
——在长时段中理解区域差异

《地理学性质的透视》英文版是1959年出版的，它是1939年哈特向发表的《地理学的性质》之续篇。这两本是哈特向的代表作。为了帮助中文读者理解续篇，商务印书馆于 1996 年出版了其汉译本。这促使我第三次重读《地理学性质的透视》。

1939 年之前，有许多美国学者试图定义地理学，以及地理学家的任务。著作可以参见地貌学家戴维斯（William Morris Davis）的《地理学随笔》（Geographical Essays），约翰斯·霍普金斯大学原校长、政治地理学家鲍曼（Isaiah Bowman）的《新世界：政治地理问题》（The New World: Problems in Political Geography），经济地理学家芬奇（Vernor C. Finch）的《地理要素》（Elements of Geography）等。论文可见地质学家菲尼曼（Nevin M. Fenneman）的《美国的自然分区》（Physiographic Subdivision of the United States），德里耶尔（Charles Redway Dryer）的《地理学的产生：地理意义和概念的发展》（Genetic Geography: The Development of the Geographic Sense and Concept），帕金斯（Almon Ernest Parkins）的《当下对地理学的需求》（The Present-Day Demand for Geography）等。然而，众人的思考和研究实践不断改变着地理的定义。在这样的背景下，哈特向试图从哲学的角度来思考地理学的性质。哈特向在书中指出，地理学是一门独立的科学，它以解释世界上为何有区域差异为任务，地理学家首先要向人们展示一个地方与其他地方差异体现在哪些方面，其次要展现每个地方多种要素的组合方式。正是这种组合使得一地不同于任何其他地方。

在《地理学性质的透视》的开篇，哈特向指出本书要回应 10 个问题，它们既来自《地理学的性质》尚未全面阐述的问题，也来自该书问世后，引发的许多讨论和批评。全书12章，除去前言和后记两章，其余10章回应10个问题。哈特向强调读者在读别人著作时，应认真体会作者观点，努力在讨论中找到共同点，而不只停留在批评，大家需要向着学术共识而努力。从这段话的字面，可以隐约感到有许多人与哈特向展开了对话，因此哈特向必须再出版续篇，以回应所有的质疑。我第三次读《地理学性质的透视》产生的感受主要来自第八章，本章讨论了时间对理解地理的价值。有书评人指出，哈特向强调在长时段中理解区域的特点。

第四次相遇感受
——美国的中西部学派

1999年至2000年，我到美国威斯康星—麦迪逊大学做富布莱特学者。当时地理系的楼道中挂着该系著名教授的照片，其中之一就是哈特向，此外还有芬奇等人。从该系老师口中得知，哈特向在该系工作了30多年。他的研究领域集中在地理学史和自然研究。

哈特向于1899年12月12日生于宾夕法尼亚州，父亲是牧师，家庭成员经常讨论哲学问题，这培养了哈特向的思辨能力。他有五个兄弟，哥哥查尔斯·哈特向（Charles Hartshorn）是美国著名哲学家，曾担任过美国哲学协会和美国形而上学协会的主席。与詹姆斯一起写《地理学思想史》的马丁（Geoffrey Martin），连续多年编辑出版《地理学家》（*Geographers*）。该书每年出版一卷，收集了对地理学和地理学思想做出重大贡献的个人。在1994年的那卷中,马丁介绍了哈特向,说他在中学时成绩优异,曾获得演讲比赛奖和数学竞赛奖。他演讲的内容涉及德语研究,这也证明了哈特向在进入大学前,就具有很强的德国地理著作阅读能力。哈特向进入普林斯顿大学,继续研究德语。在大学期间,哈特向读到了亨丁顿(Ellsworth Huntington)的著作,亨丁顿当时是耶鲁大学地理系的教授,研究经济增长、气候学等,著有《文明与气候》(*Civilization and Climate*)。多年来哈特向一直与亨丁顿有书信往来。

听到这些信息,让我联想到北京师范大学地理系的学术流派。上个世纪,美国地理界被分为中西部学派(Midwest)和西部海岸学派(West Coast),亨丁顿和哈特向均属于中西部学派。北京师范大学原地理系主任黄国璋先生深受这派的影响。1996年我跟随张兰生先生,参加了在陕西师范大学举办的黄国璋先生100周年诞辰纪念活动,从吴传钧先生的发言中,我了解到黄国璋先生1926年在耶鲁大学就读,师从亨丁顿,后转到芝加哥大学学习,1928年获得硕士学位后回国。从年龄上看,黄国璋先生比哈特向年长三岁。从师承关系看,哈特向与黄国璋的学术观点还是有交集的。北京师范大学区域地理发展基础比较好,得益于两位前辈打下了基础,一位是白眉初先生,另一位是黄国璋先生。而后续我的老师和同辈也在探索区域多要素的综合。

第五次相遇感受
——西部海岸学派

因为自己主要研究文化地理学,所以阅读了文化地理学创建人索尔（Carl O. Sauer）及其弟子的著作。索尔一支属于西部海岸学派。我1984年在文津街的北京图书馆（今国家图书馆古籍馆）阅读了斯宾塞（Joseph E. Spencer）和小托马斯（William Leroy Thomas Jr.）合著的《文化地理学导论》(Introducing Cultural Geography)。斯宾塞的博士导师是索尔。后来我还读了索尔另一位弟子泽林斯基（Wilber Zelinsky）的《美国文化地理》(The Cultural Geography of the United States)。

索尔供职于加州大学伯克利分校，1898年，该校首先在美国大学的商学院内独立出一个地理系。在该系的课程中，既包括面向师范学校教师教育的地理课程，也包含面向地理研究的课程。索尔和他的弟子们被称为伯克利学派，他们认为，文化景观是地理学研究的核心，这看上去与中西部学派的主张不一样，但是我理解是打破固定的区域边界，用景观重组边界，用景观整合多要素。这些读后感是在将文化地理学的书，与哈特向《地理学性质的透视》对比后获得的。伯克利学派在分析时会涉及区域内要素综合，只是在意的是综合后在大地上留下的痕迹，伯克利学派也注重地理分析的时间维度，只是开始注意到不同主体评判景观的差异了。

第六次相遇感受
——观点影响到欧陆

2019年8月，我随中国地理学会的团队，在伦敦参加英国皇家地理学会与中国地理学会合作备忘录的签署仪式。顺便参加了当年的英国皇家地理学会的年会。英国皇家地理学会带中国代表团参观了他们收藏的中国古地图，以及奖牌陈列室。在奖牌陈列室的墙上，列有历史上获得英国皇家地理学会奖的人名，哈特向赫然列在其中，他于1984年获得皇家地理学会的维多利亚奖牌，索尔是1975年获得该奖牌的。当时我请教领我们参观的女秘书：哈特向的英文发音何为，中国代表团里的其他成员觉得奇怪，不理解问此何来。其原因是，我在郑胜华翻译的《地理学思想史》中，看到他还将哈特向译为哈子宏。女秘书的回答证实了我的猜测：译为哈子宏最接近哈特向英文名字的发音（ha:tz hon）。女秘书还特意提到哈特向的两本书。哈特向能得到英国同行的认可，说明其学术影响力。当然，从法国著名教授克拉瓦尔的书中，也可以看到法国同行对哈特向的学术贡献的认可。

第七次相遇
——"一纵一横"的学术源流

2022年1月，商务印书馆科技室主任李娟女士电话通知我，该馆启动了纪念建馆125周年的系列活动。希望我在2月11日前写一篇短文，谈谈商务印书馆出版的书对我的影响。因此我又重读了《地理学性质的透视》。在书中第19页，读到哈特向引用的赫特纳（Alfred Hettner）文字：地理学现象的关联性或因果关系有两类，其一是在一个地方不同现象之间的相互关系，以及不通过地方诸现象的关系或关联。2004年我参加了在南京召开的一个人文地理学沙龙，《地理学报》发表了该沙龙的主要发言，我在发言中引用了英国地理学家约翰斯顿（Ronald Johnston）在《哲学与人文地理学》中的一段话，并给了一个中文简称——"一纵一横"。"一纵"是指分析一个区域范围内探讨不同人文要素之间、人文要素与自然要素之间的关系，从而分析由要素关联形成的区域独特性；"一横"是从不同区域之间人文要素的相互关联，分析在关系网中各个区域的独特性。其实这个观点是哈特向和约翰斯顿等从赫特纳处接受过来的。今天我们依然能体会到，赫特纳指引的地理研究的学术方向具有强大的生命力。

现在回想与《地理学性质的透视》的第一次相遇，这部经典名著潜移默化地影响了我，因此可以在日后多次与其相遇时，可以方便地找到书中相应的观点，重新品味其中的道理，思考自己在做一个具体研究时，如何在时间历程中探索多要素地理综合的。

我与商务印书馆

钱　军

上小学的时候,遇到不认识的字,母亲总是帮我查四角号码词典,由此知道了商务印书馆,知道了王云五先生。若由此而论,与商务的关系已经逾越半个世纪。

上大学以后,因我的老师与商务有千丝万缕的联系,影响潜移默化。我的学士论文和硕士论文导师是张祥保教授,她是商务元老张元济先生的侄孙女。我的博士论文导师胡壮麟教授是商务的"荣誉顾问"。张祥保教授、周珊凤教授共同主编的《大学英语》四册(1985)由商务出版。我的"英语史"授业恩师是李赋宁教授,他的《英语史》(1991)也是商务出版。往前追溯,俞大姻教授主编的《英语》第五、六册也是商务出版的。那时,北大没有英语系,英语是西语系的一个专业。凡此种种,对我而言,这意味着,我的师长认可商务。

我以为,我的师长、学长与商务之间的相互认可基于理念的近似。比如，北大英专强调"详悉最细碎的语言现象"，强调对英语语法经典著作的研读（这种传统新近的证据见胡壮麟教授为商务出版的《英语结构入门》所写的序言）。有了这种背景，就可以理解，为什么1983年李赋宁教授请商务的党凤德先生，给研究生开讲"英语语法"课程（课本是叶斯珀森的《英语语法要略》）。对于我们双方而言，斯威特、叶斯珀森、克鲁辛格、普茨玛、寇姆等，都是共享知识。商务把叶斯珀森的《英语语法要略》（1989）、寇姆的《英语句法》（1989）列入"汉译英语语法丛书"，我们自然深知其价值。

在35年的教学生涯里，商务是我重要的依托。比如，钟子岩编的《英语句式详解》（1980）、张文庭的《英语强语势》（1985）等是我指定的课程阅读书目。这些书大都语料翔实，论述精当。

与商务的关系，除了作为读者，间或也作为译者、作者，从而有机会接触到商务的职员。他们的专业素质可圈可点。比如，编辑会细致地考虑封面、封底的使用，会根据文本推敲英文词语的汉译。作者与出版社的关系，说好相处，是因为目标一致；说难相处，是因为视点不尽相同。与商务讨论，大到书稿框架，小到标点符号，屡屡沟通顺利。这多半是双方认识乃至价值观相近的结果。

接触久了，也看到商务的某些弱项，比如图书推介。例如，龚景浩先生的《英译唐诗名作选》《英译中国古词精选》，如果没有推介，好酒也怕巷子深。有的出版社有书评部，有出版物定期介绍自家最近的图书（相当于书讯）。有的出版社跟踪刊物上的书评，发现某人经常评论某类图书，会寄送自家出版的主题相同的出版物。国际通行的做法,为书评者免费提供书评本(a review copy)。在这方面,商务令人有所期待。

当开始关心商务的时候,与它的关系也就超出了一般的读者关系。

于 2021 年 12 月

我与商务印书馆

保 继 刚

我大学学的自然地理专业,在学习综合自然地理接触到中国自然地理区划时,读任美锷先生的《中国自然地理纲要》(1979),注意到商务印书馆也出版地理学书籍。1983年购得李旭旦先生翻译的普雷斯顿·詹姆斯的《地理学思想史》(1982),并多次通读,从本科一直读到研究生。《地理学思想史》是我阅读次数最多的一本书,书中一段话至今仍对我影响甚大,詹姆斯说"要使地理研究为年轻一代所吸引,一个强有力的方法就在于清楚地表明它对于解决重要问题时能做出什么样的贡献。抽象的概念要结合实际的应用;不掌握这一点,就会使地理工作陷入无足轻重的境地。"今天重温詹姆斯的这段话,对中国今天地理学的发展反思同样有用。

之后,商务出版的地理学"汉译名著",我基本都购买收藏了,如《古代的地理学》《地理学性质的透视》《地理学中的解释》

《气候与文明》《地理学的性质》等。

后来,认识了商务印书馆的李平博士,才知道商务印书馆有一个地理编辑室。与李平博士熟识后,他向我约稿,我说商务出专著必精品,等我有觉得是精品的书再交给商务出。这是我对商务的敬畏。

我与商务的合作是从主编出版系列《旅游研究进展》开始的。国内的学术期刊管理方式是学术单位,或大学,或研究机构申请办刊,并负责一切事务。而国外的学术期刊是出版社办刊,学术机构的专家主要是大学的教授任主编,邀请全球的相应专家任编委,主编和编委会负责审稿,出版社负责投稿审稿系统维护、技术编排、印刷、发行等。申请刊号在国内是一项非常难的事,而旅游研究在国内的发展如雨后春笋,发展迅速,很多高质量的成果不能及时与读者见面。因此,与商务合作,以系列专辑的方式出版旅游研究成果成了一个不错的选择。出版《旅游研究进展》的目的在于鼓励创新、鼓励真正的学术贡献。《旅游研究进展》从2009年出第一辑,到2021年已出版11辑,每辑发表6篇中山大学旅游学院的博士论文的主要研究贡献,每篇3万字。这60多篇博士论文基本反映了中山大学这个阶段旅游博士生培养的状况,这些毕业的博士95%毕业后都在高校任教,今天大多成了各个大学的骨干。《旅游哲学:从现象到本质》(2016)这本书值得记录一下。2014年年初我应邀到布里斯班参加澳大利亚旅游年会时,买到了英国萨里大学约翰·特莱布教授主编的这本书,看后很兴奋,觉得应该翻译介绍给中国旅游研究者。其一,旅游研究的哲学视角重要但至今未受到足够重视。其二,国际旅游研究逐渐体现出一种具有哲学精神的自我反思，值得关注。其三，在为数不多的旅游哲学研究者中，约翰·特莱布教授具有代表性。把西方旅游哲学前沿研究带入中文语境，有助于推动中国旅游研究，并为国际同行提供中国视角。但这本书显然不是热点，不会畅销，但当我将这本书推荐给商务印书馆后，商务印书馆在推动学术向前发展的道义上以及坚持出精品的原则上，及时应允提供本书的出版服务。尽管翻译工作吃力不讨好，赖坤等几位年轻学者圆满完成了这项翻译工作，这份努力是值得的。

我主编在商务出版的 *Tourism and Hospitality Research in China*（上下卷，2017）是一本英文论文集，该书从中山大学旅游学院师生 2008 年至 2017 年间发表的 126 篇英文论文中选择了具有代表性的 46 篇集辑出版。这种出版方式在西方国家的大学很少，该书作为中国学者英文发表的有关中国旅游研究的论文选集，出版后作为会议资料赠送给出席国际旅游研究院第 15 届双年会（2017 年 5 月，广州中山大学）的会士，让他们能集中看到和了解中山大学的学术研究成果，得到他们的一致肯定和重视。中山大学旅游学院这些年发展很快，在上海软科旅游与休闲学科排名已经连续两年全球第四。2021 年一年发表的 SSCI 论文达 123 篇，差不多是 2008—2017 年十年的总和。中国大陆旅游研究这些年来在国际上影响越来越大，除了得益于中国旅游发展规模大、国际影响力高之外，重要的是已经成长起了一批能基于中国实际研究而有知识贡献，并在国际上发表论文的学者。

在商务出版的《旅游研究理论与方法十讲》（保继刚、宋海岩主编，2019）是 2018 年第五届"中国旅游管理博士学术训练营"主讲导师的十个讲座的核心内容，凝聚了旅游学界多位优秀华人学者的智慧力量。"中国旅游管理博士学术训练营"最早由香港理工大学宋海岩教授和我联合倡议发起。2014年年初，我们两人一起在澳大利亚布里斯班参加澳大利亚旅游与酒店教育年会（CAUTHE），关注到大会前一天有一个博士生训练专场，由参会的部分教授授课并与研究生分小组讨论，研究生受益良多。中国大陆的旅游管理博士生培养始于2001年，中山大学率先招收旅游管理博士生，到2014年已有多所大学招生，培养规模渐增，但各校师资参差不齐，难于完全达到与国际水平看齐。受澳大利亚CAUTHE会议的启发，我和宋海岩商量由中山大学旅游学院和香港理工大学酒店及旅游业管理学院以两校师资为基础，聘请全球优秀华人学者加盟轮流举办博士生训练营。从2014年8月1日训练营在中山大学揭开序幕后，到2018年已办五届，累计进营训练的博士研究生已近五百名，每年一度持续举办的博士训练营为培养国内青年旅游研究人才发挥了重要作用。

《旅游学纵横：学界五人对话录（续）》（2021）是谢彦君、王宁、马波、肖洪根和我第二次关于旅游学界、学科和学术的对话录，2013年第一次对话出版后，一时"洛阳纸贵"，反响热烈，《旅游学刊》等刊物发表了三篇书评。时隔五年之后，我们再次集聚，进行第二次五人谈。我们有个20年之约，五人谈，五年一次，每人轮流坐庄一次，活到老，学到老，谈到老！

为了写这篇短文，梳理了一下这些年在商务出版的书，已不少，但总觉得少了点什么，就是与李平博士之约的个人专著！书名都想好了，可好几年过去了，还迟迟未动手，说起来惭愧，时间哪去了？

今年是商务印书馆成立125年，百年的大学容易，百年的企业很难！祝愿125岁的商务印书馆出版更多的精品，始终是我们作者心中神圣的殿堂！

2022年1月24日于广州中山大学

我遇见了天使
——与商务印书馆的结缘、交往与合作

岳 洪 治

十几年前,在北京最繁华地段的一幢老楼里,我幸运地遇见了天使。这里是商务印书馆,是中国现代出版开始的地方。

那是一个秋天的午后,我抱着一摞刚刚创作完成的儿童散文诗稿,走出家门。不知受到一种什么力量的驱使或引导,我穿街走巷,径直来到了商务印书馆。我知道,商务馆是我国最早出版儿童书的出版社。早在1909年,该馆就出版了孙毓修编译的《童话》。而后,又创办了由沈泽民编辑的《少年杂志》和郑振铎主编的《儿童世界》,刊载过叶绍钧的《稻草人》等儿童文学作品。我也知道,自从1958年我国出版社实行业务分工以后,商务馆不出版儿童读物了。但是,我仍然抱着试试看的心理,走进了商务馆庄严的大楼。

为了调整好心态，好让自己见到编辑的时候，能够从容一些，我没有乘坐电梯，而是沿着光滑的台阶，一阶一阶地往楼上走。一直走到四楼，我才在楼道中间站住，举手敲开了朝北的一扇门。

一位女同志坐在电脑前正忙活着。她满怀兴味地把我抱去的一摞稿子翻阅了一遍，竟然毫不勉强地把它们留下了。告辞的时候，接过她递出的名片，我才知道，这位爽快而又美丽的女士，是教育图书编辑室的冯爱珍主任。过了一段时间，我再次来到这里的时候，就见到了我的责任编辑余节弘先生，和负责为诗稿插图的美编李杨桦女士。

我会写出这些儿童散文诗，是在有了小孩之后，得到爱与美女神的眷顾和指引，而突然发生的事情。而今，凭着对商务馆早年曾出过儿童读物这点印象，自己就冒失地把一部童书稿送了来，而且，还幸运地被接受了——这种神奇的事情，除了爱与美女神的指引和帮助，难道还会有其他解释吗？

余节弘先生看完全部诗稿后，建议可按作品内容与形式的不同，大体分一下类。他说，这样看上去会更有秩序，更方便读者阅读……我遵照他的意见，把诗稿重新编排了一遍。于是，最初那一摞杂乱的诗稿，就变成了《稚子心语》《孩童世界》《爱在心底》几个各有特点而又相互关联的部分。为使作品能够更顺畅地走向读者，商务馆决定将诗稿做成精装图文书，以丛书形式推向市场。我便根据作品内容及其产生的经过，给它起名为"爱与美亲子阅读丛书"。

担任丛书整体设计和插图创作的李杨桦女士，是一位年轻而优秀的美术家，作品曾获推荐参评"2007年度中国最美的书"。

她通过认真阅读文本，寻找到一种与作品"有深情而出诸淡语，以平凡语动人心灵，在素朴中显真纯，摹写儿童稚语描画儿童心灵"（李标晶：《二十世纪中国散文诗论》第339页）的艺术特点相一致的设计和插图方式。为使插图与作品内容相呼应，她让10岁的女儿芈芈（杨知辰）也加入进来。由此，使这部以父亲与儿子的视角写成的作品，通过插图又融入了母亲与女儿的视角。因而，无论何种身份的读者打开这部书，都会被一种扑面而来的温暖亲切的感觉所吸引而欲罢不能了。插图与作品艺术风格的相接相契、相得益彰，不仅提高了诗集的品质，也为读者带来了更多的阅读享受。

为做好这套丛书的推广工作，冯爱珍、余节弘、李杨桦和负责宣传的倪咏娟女士一道，精心策划了一场"爱与美亲子阅读丛书"新书发布会暨"何以言爱"诵读与绘画亲子主题活动。当日，许多小朋友和他们的父母，挤满了中关村图书大厦的一个大厅。在"如何说爱"环节，父与子读诗交流爱与美；在"如何画爱"环节，母与女同绘美丽心世界。来宾们以一种生动有趣的亲子互动方式，亲身感受和体验了这套丛书所描绘的真纯善美的童心，和纯洁美好的儿童世界。

能够如此热诚地接纳一个陌生的作者，这样用心地操持和编辑一本平常的小书，冯爱珍、余节弘、李杨桦、倪咏娟等商务人，不就是翩然前来引领我、帮助我的天使吗？在他们共同努力下，这套丛书刚一面世，就引起了业界的关注和受到读者的欢迎。多家媒体报道了其出版的消息，认为这是商务馆"重新进军少儿图书市场"的一个标志。出版界前辈于友先认为这"是一部适合家长、老师与孩子们一起阅读的优美而又有益的书"。著名诗人、翻译家屠岸称赞此书"内容极好,呈现出儿童美好天真纯朴的心灵世界",商务馆出版该书,是"有眼光的作为"。著名儿童文学评论家王泉根称誉它"是新时期以来出版的儿童文学中,最优秀的作品之一"。著名漫画家蔡志忠和著名儿童文学作家金波联袂予以推荐。《中华读书报》《文汇读书周报》《中国图书商报》《新华书目报》以及《天津日报》等纸媒,也都发表署名文章,对这套丛书做了评论和推介。这套丛书自2009年出版后的几年间,连续加印了几次。仅《爱在心底》一种,就印行了将近30000册。

商务印书馆在我心中,是巍巍乎若泰山一样的存在。多少年来,每当从这座楼前走过,我都会情不自禁地仰首对她望了又望,心中就生出一种崇敬和欢喜。是的,自打上小学,开始使用《新华字典》的时候,我就知道了她。后来,这里出版的《现代汉语词典》《古代汉语词典》《辞源》等多种辞书,都成了我读书写作时不可缺少的友伴。偶尔我会想到,像我一样自幼受惠于商务馆的读者,全国大约每个家庭都有的吧。但是,当我们手捧一本这里出版的辞书的时候,大约很少会关注它的出处的——就像我们每餐手捧一碗米饭,却很少想到生产它的大地母亲一样。我们每天得到她的滋养和帮助,我们已经习惯了她无私的给予,却很少想起,应该对她也表示一点心底的爱与感激。

今天,在迎来商务馆125周年华诞之际,我们终于有机会,可以向她说一点早就想说,却一直没有说出口的心里话了。

为什么商务馆走过125年光辉历程,至今仍充满朝气与活力,而能够为实现中华民族伟大复兴,提供充满新的活力的精神食粮呢？我觉得，一个重要的原因就是，商务馆拥有很多像冯爱珍、余节弘、李杨桦、倪咏娟这样，能够热诚负责地对待作者，全心全意服务读者，像天使一样辉耀着爱与美之光的员工。他们对出版工作充满激情，能够以不竭的创造力对待每一个选题，每一部书稿。他们懂得用品质缔造价值，铸就品牌。他们知道用责任彰显品格，筑成使命。他们清楚创新关乎生命，并决定未来。他们善于通过合作创造和谐，保证效率……这些，都是让一个作者对在这里遇见的编辑充满感激、念念不忘的缘由。这些，正是商务馆百年兴旺的原因所在、魅力所在。这些，也正是商务馆让天下读书人感之、念之，难以忘怀的一个根本原因。能够与商务馆结缘，先是读者，又成为她的作者，这是我的幸运。

商务印书馆是一个有着125年历史和深厚积淀的老社，同时也是一个朝气蓬勃，充满活力的大社。可以相信，拥有众多天使般的编辑和员工的商务馆，在今天实现中华民族伟大复兴的新征程中，一定会做出更卓越的成绩和贡献。

我衷心祝愿她一步一层楼，从辉煌走向更大的辉煌。

词典，我永远的老师

汪惠迪

古训云"一日为师，终身为父"。词典，历来就有一个美丽的比喻——不会说话的老师。这位老师知识渊博，满腹经纶，缄默不语，有求必应，解疑释难，永不言倦。秉承古训，我们应该终身尊其为父。

学生时代，有问题问老师，也买不起词典。参加工作当教师后，遇有疑难，我首先请教"不会说话的老师"。人到中年，外流香港，复下南洋，在异国他乡从事文字工作，单枪匹马，我更是买了数十部大大小小各种各样的词典傍身，几乎靠它们为生。

2000年我退休回到香港，后为新加坡返聘。2008年辞职，为的是全身心投入《全球华语词典》的编写工作。2010年5月词典出版后，原班人马继续奋战，开编《全球华语大词典》。2016年4月，大词典问世，我多年的愿望终于实现。从此以后，停下脚步，赋闲在家，喝茶码字，打发日子，还是离不开老师，每天都向他请益。

词典，我永远的老师，伴随我成长，伴随我工作，还将伴随我终老。

说也奇怪，年届耄耋，对词典的依赖不减当年，老是要查词典。说起老是查字典，就想起著名语言学家、文学翻译家季羡林先生说过的一件事。

1998年北京大学百年校庆前夕，三位语文专家登门拜访季羡林教授。这一年，季老已经87岁了。在交谈中，精神矍铄的季老围绕学习中文和外文的问题，谈了很多十分深刻的体会和意见。后来，季老应访问者之请，把他的谈话写成文章——《关于学好中文和外文》，发表在当年的《语文建设》第7期上。季老在文章的结尾写道："朱光潜先生是大学者，是我的老师。有一次我去看他，他对我讲，我现在老是查字典，我听了很吃惊。现在我也常查字典。不论是搞中文的，还是搞外文的，都应学到老。"

大学者如朱光潜、季羡林还"老是查字典"，不才如笔者，"老是要查词典"有什么奇怪？又怎能不把词典放在案头，朝夕相对，随时查检呢？

回想1984年10月8日，我应聘去新加坡《联合早报》工作时，与"另一半"偕行，随身携带的唯一"宝贝"便是一部1980年2月香港商务印书馆出版的《现代汉语词典》第1版（修订本，繁体字版）。它早就"退休"啦，我还珍藏着。

10月16日，开始上班，看到偌大一个新闻编辑组只有一部新加坡当地书局（姑隐其名）出版的暗红色布面精装的《最新现代汉语大词典》。这部"大词典"书口乌漆墨黑，右下角既残又脏，参差不齐，封面封底与书脊藕断丝连，几近脱落，要不是使用率高，又姓"公"，怎会如此"破相"呢？再说那书名，上书"最新"和"大"，"牛"得很啊！我就犯疑了，别说当时，就是今天，中国社科院语言研究所词典编辑室编的《现代汉语大词典》都还没出版呢，遑论"最新"。仔细翻阅，内容跟我带去的那本一字不差。哦！我明白了，莫不是……我不愿继续往下想，我深知书局这样做的苦衷。或许新加坡朋友还真该谢谢它，否则怕连这部词典都没有啊！

当时，新加坡政府禁止书商进口中国图书，凡是进口，必须送审，《现代汉语词典》也在禁止之列。按理说词典是工具书，并非政治书籍，何以也禁？据说是因为书中某些条目及释义含有政治色彩。原来如此……

在优质工具书缺乏，发行又颇受限制的年代，海外华人从事中文传承工作，无论是教师还是媒体人，是多么不容易啊！当年那部《最新现代汉语大词典》因《现代汉语词典》进入新加坡而被冷落，不知被遗弃到哪个角落了。我后悔没有收存它，要是保存到今天，它可是个宝贝啦！

我所使用的林林总总的语文词典，跟我感情最深的是商务印书馆出版的《现代汉语词典》。从1960年"试印本"到2016年第7版，56年中《现汉汉语词典》正式出版了7个版本，我是一个版本接着一个版本地用过来的。不但自己用，还撰文介绍给《联合早报》的读者。《联合早报》自1995年上网后，早报网（zaobao.com）日均点击量逾1000万次，影响较大。我在评介《现汉汉语词典》的每个版本时，都以"守正拓新"为标尺，守正不离拓新，拓新不弃守正。二者共生互补，相辅相成，并始终保持平衡统一。

特别值得一提的是《应用汉语词典》。当年，新加坡怡学出版社洽购了商务印书馆的版权，把词典更名为《新世纪高级汉语词典》，于2000年7月出版。那时，离我退休回香港还有两个月，我已经开始整理自己的行囊了，于是连忙写了篇介绍这部词典的书评《贴近生活 规范实用》，发表在《联合早报》的副刊《早报周刊》上。书评主要介绍词典的特色"三个突出四个性"：突出时代特色，突出应用特色，突出文化特色；做到了科学性、知识性、应用性、规范性的统一。出版社把这些话印到海报上，海报贴到我们编辑部，同事们买词典，可享受优惠，卖得不错。而新加坡教育部经审读后，将这部词典确定为中学华文考试时可以带进考场的工具书；新加坡150所中学，90所采用了这本词典。据说，总销量达到两万本。后来，这部词典被中国版协合作出版促进会评为版权贸易（输出版）优秀图书。

怡学出版社当年曾买下《全球华语词典》的版权，出版了新加坡版。《全球华语大词典》即将出版时，怡学已经招牌换记，由于我跟新加坡名创教育集团的总经理林玉玲女士熟稔，就把消息告诉她，并一再建议他们买下版权，把这部词典引进新加坡。在2016北京国际图书博览会上，商务印书馆与新加坡名创教育集团现场举行《全球华语大词典》的海外出版发行协议签约仪式。协议商定，新加坡名创教育集团获授权，将在东南亚地区以及英国、美国等地出版发行《全球华语大词典》的中文简体字版。

我在使用、推介商务版语文工具书的同时，还曾抓住机会维护商务版的语文工具书。

2004年2月10日，中新网和新华社先后转发了《合肥晚报》的一则消息，说合肥金寨县某中学一位初一学生（姑隐其名）向权威工具书《现代汉语词典》（以下简称"《现汉》"）叫板，直指其不妥之处。事缘那位学生要写一条保护野生动物的建议，于是翻查《现汉》。他发现这部词典对"虎""狼""熊掌""海豚"的解释都有"肉可以吃""骨可以入药""皮可以制革""脂肪可以炼油"或"毛皮可以制衣褥"等字眼，便给宋庆龄基金会和《现汉》编委会发电邮。他在信中说："《现代汉语词典》是我们青少年学习的工具书，希望能够尽快修改有关野生动物的词条，不能让这些错误的词条注释继续误导我们。"

批评者用的《现汉》是1983年初的第2版，他不知道1996年7月修订第3版有关野生动物的词条已经做了修改，叫板已是明日黄花。不知者无罪。问题出在发表他叫板文章的媒体《合肥晚报》，不查证就把它当作新闻发表。更叫人不敢恭维的是中新网和新华社盲从《合肥晚报》，加以转发，还有几家网站跟着转载，以讹传讹，好像又发现了一颗新星似的。

2003年"非典"暴发后，就有"环保卫士"把矛头指向辞书里的果子狸。他们严厉批评辞书编者没有一点环保意识，指责词典已经成为"野味贴士"或"狩猎指南"，要求辞书编者把环保意识落实到词条上。对此，我向来是不以为然的。可是《新华词典》和《现代汉语词典》的编者都从善如流，趁着修订，把"可以吃""可以入药""可以炼油""可以制衣褥"等等通通删除了。《现汉》把"熊"字词条下的"熊掌"都删了，至今没有恢复。

《应用汉语词典》保留"熊掌",释义是"熊的脚掌,富脂肪,是富于营养的珍贵食品。"接着提请读者【注意】:"为了保护野生动物,已经禁止将熊掌列为食品。"唯恐有人说它是"贴士"或"指南"。词典编到这份上,空前是肯定的,绝后则未必。

词典收录"贿赂",释义是"用财物买通别人";收录"贪污",释义是"利用职务上的便利非法地取得财物",难道都是在教唆读者贿赂、贪污?词典收录"狗",释义倒是没有说"肉可以吃",还不是有人嗜食狗肉?并没有说"皮的用处",还不是有人在卖狗皮膏药?人们与其怪罪辞书,不如反省自己:自己是不是长了一张贪吃的嘴,别找辞书的麻烦。

为此事,我写了一篇评论《向权威工具书叫什么板?》,发表在2004年2月16日《联合早报》的言论版上,以正视听。

商务印书馆1897年在上海创立,是我国现代出版业的始祖,即将迎来125年华诞,谨怀感恩之心,撰写此文,以表庆贺。

2021年12月5日于香港新界青山东麓北望斋

商务,新商务!
——我与商务印书馆

姜奇平

"用人类创造的全部知识财富来丰富自己的头脑",这是商务印书馆"汉译世界学术名著丛书"出版说明中,从我年轻时起就给我留下深刻印象的一句话。

那是 34 年前,我上大学二年级的时候第一次看到的。我读着中文系,却天天上哲学系的课。支撑我信念的,就是这句话。那时的大学还不兴转专业,上别的系的课,有点不务正业。我自己鼓励自己:不是"用人类创造的全部知识财富"才能"丰富自己的头脑"吗,光看本专业的书,头脑肯定达不到丰富。全部知识,当然包括隔壁那个系的知识。

哲学系的课,也不是都喜欢,我只上一门,就是黑格尔逻辑学。黑格尔的书,当时只有商务印书馆出的最多。这样,就与商务印书馆结下了最初的缘。南开大学哲学系当时有门选修课,是黑格尔逻辑学。由冒从虎先生主讲，一年一次。哲学系的学生，顶多听一年。对同一门课，我却连着听了三年。别人是为了修学分，我却完全凭兴趣。冒从虎先生心脏不好，有一次讲着讲着，在讲台上说，我趴一会儿，过五分钟叫我。我就抱着《小逻辑》，津津有味地读。这是我生平第一次买的精装书，商务的。

学到后来，我觉得《小逻辑》不能满足专业兴趣了。于是攒钱去劝业场买大逻辑，就是商务印书馆印的《逻辑学》上下卷。书店里的《逻辑学》上卷是精装的，下卷却是简装的。但我一刻都不想等了，就买了下来。但兴奋劲过了，把书拿在手里，却感到别扭。一本精装，一本简装，读着影响情绪。最后还是想办法换成了精装的一套。那时学生没什么钱，我一个月连吃饭带买书，总共只有20元钱。床头摆一套商务印书馆的精装书，就好比现在小孩子买了苹果手机一样。要多喜欢有多喜欢。

天天泡在黑格尔里，慢慢地，我跟文学专业的同学读书口味开始变反了。我觉得文学枯燥无味，哲学反而生动有趣。因为文学不想看的，非当作业布置下来，看多反胃。想看的又看不着，比如《金瓶梅》，得向老师编个理由，说要"研究"，才能借到。可真要编理由，受不了别人那种心照不宣的眼光：你不是就是要看"流氓书"吗？算了，不丢那个人现那个眼。还是看"汉译世界学术名著"比较光明正大一些。

看多了黑格尔的书，再看华兹华斯们的诗，心理上已有了相当距离，总感觉这些诗人与现代化格格不入。

现在回过头来想，"汉译名著"为什么成了我当年的精神支柱。除了个人的原因，还有时代的原因。以上世纪80年代的时代氛围，大学生正处在接受理性启蒙的阶段。商务印书馆的书，成了我的启蒙者。这是我在正规学习中得不到的东西。这也许是商务的书真正吸引我的原因。

时光荏苒，一晃30年。我自己成为商务印书馆的丛书执行主编，在写作"新商务系列丛书总序"时，我提笔第一句写的是："商务印书馆历来重视用人类创造的全部知识财富来丰富自己的头脑"。不是没的写了，我用的是致敬体，故意引一句前辈的原话，以表敬意。这种感情是由衷而发的。

这次的缘，是人缘。一次，范海燕找我聊天，说她准备推出一套丛书，征求我意见。我脱口而出，建议叫"新商务"丛书。"新商务"这个念头，不知从什么时候起，一直在我的潜意识里转。它首先指的是新商务印书馆，其次才是指新的商务，比如电子商务。

已经有相当长一段时间，我一走进涵芬楼书店，随着咖啡的香味，就产生一种若隐若现，但又说不清楚的思绪。我想找到年轻时，面对"汉译名著"时那种眼前一亮的兴奋感。但不知为什么，这种感觉越来越稀薄。我想，也许是现在书多了，不像那时饥不择食；或者是自己从事了20年的互联网工作，看这里的什么书都像是古董。

在涵芬楼的楼梯上，面对商务印书馆前辈的照片，我终于想清楚了那种感觉是什么。这就是我在丛书总序里接下来说的："其中一个重要取向，是不断用人类新的知识，更新国人旧的头脑。在上一个社会转型时期，通过对工业文明智慧渊源及思想果实的系统引进，为推动中国从农业社会向工业社会转型，提供了有力的智力支持；在下一个社会转型时期，必将通过对信息文明智慧渊源及思想果实的系统挖掘，为推动中国从工业社会向信息社会的转型再次提供智力支持。从这个意义上可以说，新商务，既是商务印书馆的历史，也是商务印书馆的未来。"

"在上一个社会转型时期"，说的是涵芬楼上那些前辈；"在下一个社会转型时期"，说的是如果我们处在那些前辈的位置上，要做得同样好，必须做到的事情。其中一以贯之的，就是"用人类新的知识，更新国人旧的头脑"。这是商务的魂。商务印书馆的影响力，就来源于对时代精神的把握。

按照我个人理解，"用人类创造的全部知识财富来丰富自己的头脑"，这里的全部知识，不是大杂烩，不是为了填鸭，而是为了启蒙。好的出版者，好的书店，应该是时代精神的引领者。

站在新时代的起点上，用什么样的知识来启迪智慧，是新商务面临的挑战，也是它的机遇。互联网时代，商务印书馆还是那个商务印书馆，但商务已经从旧商务，变成了新商务。因此，全部知识中的旧知识，应更新为新知识。

从读者到作者

段 永 朝

2017年,商务印书馆将迎来120周年馆庆日,这是商务印书馆传承文化、见证沧桑的一件大事、盛事,也是情系新老出版家、几代作者译者编者,和万千读书人的大事、盛事。提前一年,我就接到商务印书馆范海燕女士口头邀约,以"我与商务印书馆"为题撰文,备感荣幸。作为商务的忠实读者,我已有三十余年"书龄",从"汉译世界学术名著丛书",到"国际文化版图研究文库",商务的书籍已成为我选书、读书的思想主轴,她不啻为一座穿越百年的思想灯塔。然而,一旦要将这透入骨髓、浸于心田的平日感念,追忆下来,一时竟万千思绪,不知从何着笔。下面只略记一二小事,表达对商务印书馆120年馆庆的恭祝和崇敬之情。

一

这是 1980 年的北京。

从北京站口出来，向西走大约 300 米，就是 103 路无轨电车站。这趟车从北京站开往动物园。乘车五站后，灯市西口下车，前行约 100 米，右手边就是商务印书馆读者服务部。紧挨着商务的，是中华书局。

这一年，我 16 岁。打这一年起读大学的四年里，每个寒暑假，我都会在北京转火车去沈阳。每次转车签票，都差不多有一整天的空余时间，这一天，我一定会到商务印书馆来，像约会一样。

直到今天，我都能清晰地记得商务印书馆小门脸儿的模样，还有书店内大致的格局。商务的门脸儿坐东朝西，进深较浅，南北向长方形，门脸儿不大，印象大概 200 来平方米。

进门之后就一个长条儿玻璃柜台（后几次来，柜台没有了，改开放式书架了）。左手这边是辞书类，印象最深的是《英语世界》杂志专柜。右手这边，就是鼎鼎大名的"汉译世界学术名著丛书"。

说到"汉译名著"，我还是很有情结的。我买的第一本汉译名著，是奥古斯丁的《忏悔录》。后来就一发不可收拾，可说是见一本买一本，比如卢克莱修的《物性论》、斯宾诺莎的《伦理学》、莱布尼茨的《人类理智新论》等等。

可以说，汉译名著系列，给我打开了一扇通往世界学术思想宝库的大门。在我心目中，"汉译名著"系列是商务绵延百年的思想缩影和品格象征。创办于19世纪末的商务印书馆，以《天演论》《原富》等译作，开启了近现代中国思想启蒙的先声。

二

我是学自动控制专业的。诺伯特·维纳是控制论的创始人，可说是这个专业的"祖师爷"。维纳有一本小册子，叫作《人有人的用处：控制论与社会》，商务印书馆1978年6月份出中文版，陈步教授翻译。

这本小册子，我迄今清晰记得的说法有：麦克斯韦妖、进步与熵、作为消息的有机体、语言的磨损等。这些新颖的说法，让一个初识学术的青年，品尝到隐藏在技术符号背后的思想魅力。书中的这些句子，直到今天读来，依然散发着醇醇的味道："信息，与其说是旨在贮藏，不如说旨在流通。""我们是处在教育形式大大排挤掉教育内容的时代里，是处在教育内容正趋于日益淡薄的时代里。""科学是一种生活方式，它只在人们具有信仰自由的时候才能繁荣起来。"

这是一本值得一读再读的好书。

在我看来，好书分两种，一种是那些畅销书，读起来酣畅淋漓，画面感极强，仿佛在看大片。但另一种好书，与此完全不同。这些书，读来并不轻松，令人或击节赞叹，或掩卷长思，仿佛与良师益友抵足晤谈，又仿佛任由作者的笔锋思绪，掀起阵阵波涛，将你卷入漫漫洪流，跌宕起伏，难以自抑。有时候，你还会深深领略到作者时刻充溢着的惆怅、牵挂、忧虑。你仿佛能看到作者的眼睛，满目犹疑地注视着你。

这样的好书有很多很多，商务的书绝大多数是这个味道，这个从商务一直以来简朴、大方的装帧设计就能感受得到。比如我在大学时期读过的：罗素的《我的哲学的发展》、海森堡的《物理学与哲学》、玻尔的《原子物理与人类知识》。当然，我当年最喜欢的当属商务1979年首版的《爱因斯坦文集》。

作为业余理论物理爱好者，那个年月的年轻人大多喜欢谈论相对论和量子物理。《爱因斯坦文集》是大学图书馆借阅率居高不下的读物。每次还书在即，我都会再找一个借书证，续借回来。刚开始读的时候，做摘抄笔记，后来干脆整篇整篇地抄录，积累了厚厚的一大本。

我在大学期间几乎全本抄录过的书，还有一本是苏联阿尔森·古留加写的《康德传》(1981)，也是商务出版的。这又是一本激动人心的著作。刻写在康德墓碑上的那句，"敬畏苍茫的天穹和心中的道德律令"，总让我在繁星满天、走出阅览室的时候，心中涌动着无限情愫。

三十多年过去了，我自己和周边很多的朋友，都有浓厚的"商务情结"，可说是商务印书馆的铁杆儿粉丝了。

三

读书和念书有很大的区别。我自认为开始"读书"的时候，是高中时从老师那里借来的一本科普书，书名叫《物理世界奇遇记》，作者是一个俄裔美籍物理学家，叫乔治·盖莫夫。这本书写的是现代物理中有趣的故事，比如爱因斯坦相对论、量子力学。看了这本书，让我从心底里感受到了什么是思想，朦朦胧胧十几岁，感受到了什么是学问背后的思想，以及"认真想问题、问问题"是怎么回事。念书则不然，念书毫无乐趣可言，功利心太重，往往是应付考试，或者迫不得已。能在读书中发现思想的乐趣，这真是读书人最大的获益，也是出版者精心选题、选材、选人，作者译者编校者鼎力携手，所带来的莫大善功。

这些年，我在大学里讲课的时候，总要跟同学们讲，我觉得一个人是念书还是读书的分水岭，就在于你是不是进入到了一种"思考、思虑"的状态，这是一个很大的差别。

更重要的差别是上大学之后体会到的。这就是独立思考。

1982年的某个夏日，我在学校社科阅览室读到了波普尔，这对我而言是一件大事。波普尔说，就算你看见1000只白天鹅，你也不能证明"凡天鹅皆白"。但只要你看见一只黑天鹅，你就完全可以推翻"天鹅皆白"的论断。证明与证伪不对称，证伪比证明更有力量。这就是那个夏夜，波普尔带给一个18岁青年的震撼。之所以说是"震撼"，一定要回到上世纪80年代初的那个语境，那个文化背景。

每念及此，一半深感幸运，因为在读书的年龄遇到了能振聋发聩、启愚发蒙的好书，遇到了恪守良知、坚守信念的出版者。另一半，却也多少有点慨叹，在读书的时候，总也遇到这样的情景：一些书跟另一些书，说得并不那么一致；一段时间的思想，和另一段时间的思想，也并不连贯、接续，令人疑窦丛生。

渐渐我明白，读书原本就是如此纠结、煎熬的旅程。读书，也是在这样一点一点的滋养、一点一点的震撼、一点一点的欣喜间，经年累月，层积垒土。

如果说波普尔是我早期读书的引路人的话，哥德尔就是我读书初期的"灌顶者"。上世纪80年代初期，影响甚广的"走向未来丛书"中，有一本薄薄的小书，叫《GEB——一条永恒的金带》，作者是美国著名科普作家霍夫斯塔特，这个中译本是节译本。1996年8月，商务印书馆出版了完整的译本《哥德尔、艾舍尔、巴赫——集异璧之大成》，洋洋上千页大作，迄今都高居我私人荐书榜的首位。这本书，商务20年来，已经印刷了10次之多。

四

2009年年底，中国社科院信息化研究中心秘书长、《互联网周刊》主编姜奇平找我参加一个小型研讨会，地点就在商务印书馆大楼。参加研讨会的，有1998年国内第一套"网络文化丛书"的主编郭良，北京大学新闻与传播学院的胡泳，前《21世纪商业评论》主编吴伯凡，互联网实验室联合创始人方兴东，还有商务印书馆的范海燕。

这次研讨会的成果，是商议出版一套"新商务系列丛书"。这真是一个令人兴奋的好主意。参与这一"新商务系列丛书"的几位同仁，可以说过去30年来，都是这一伟大变革的见证者和亲历者，此次商务印书馆以厚重的历史积淀、敏锐的未来眼光，确定这样一个重要的选题系列，可谓恰逢其时。

接下来的几年里，负责这套丛书的范海燕女士，多次与我们几位作者沟通、商定选题、拟定大纲、讨论内容、处理编务。这套丛书从 2011 年起步，以聚焦互联网带来的信息社会、信息经济变革为主线，以"发现规则""发现方法""发现经典""信息经济研究"为主要子系列，迄今已经收获了 15 种（16 册）的成果。更令我倍感荣幸的是，我与姜奇平合著的《新物种起源：互联网的思想基石》，以及我自己的《互联网思想十讲：北大讲义》，忝列这个系列中的一员。

商务印书馆，无疑在中国百年历史变迁中扮演着思想灯塔的重要角色，在"昌明教育、开启民智"的馆训传承中，商务每每站在时代的前沿，站在学术思潮的前沿。步入商务印书馆涵芬楼，映入眼帘的是一长串商务人光辉的名字：夏瑞芳、张元济、蔡元培、陈云等。

今天的商务，120 年的历程已经跨越了三个世纪的风雨。在新世纪的晨曦中，在日益强劲的互联网大潮中，细心的朋友会发现商务印书馆已经悄然变身，成为信息社会、数字传播的践行者。微博、微信公众号和手机 APP，以及各大图书电商平台的商务旗舰店，已经让古朴的商务洋溢着青春活力，让新商务站在了新的起点。

"全媒体出版、数字化转型"，这是 2015 年上海书展上，商务印书馆总经理、国内专攻"亚述学"的大家于殿利先生的一句话，后来与于老师的一次谈话中，再次聆听了他讲述新商务"大思想""大时代""大作品"的未来发展战略，不禁感慨万千。

曾几何时，数字化浪潮令传统出版业举步维艰，这是一次比百年前引进先进制版技术、印刷技术难度更大的挑战。商务不止要做思想文化的引进者,更要做前沿思想的传播者、东西文化融合的推进者。2012年,商务印书馆出版了《主流——谁将打赢全球文化战争》一书,后续相继出版了名为"国际文化版图研究文库"的20余种新书,用于殿利的话说,就是充分意识到"文化软实力已经成为衡量一个国家综合实力的战略指标"。

从这个意义上说,120岁的商务印书馆正在以崭新的面貌、全球性的视野、与时俱进的精神,再次擎起现代出版的大旗,延续商务百年情怀和百年担当。

最后,我愿意摘录商务印书馆在新时代下发出的新倡言,表达对这一倡言的由衷的共鸣,以及对商务印书馆发自内心的敬意:

我们提倡做有良知的出版人——

我们是文化建设者,而不仅仅是商人;我们提倡实事求是,而不是夸张和误导;我们提倡社会责任,而不是攫取社会财富;我们提倡首创精神,而不是盗取他人成果;我们培育品牌,而不是捕捉猎物。

我和商务印书馆

赵 树 凯

我做研究近四十年，著述不丰，目前出版仅六种，其中商务印书馆四种，且均有英文版。这是我的莫大荣幸。我崇敬商务印书馆，是一种厚重的情怀。

我在商务的第一本书是《乡镇治理与政府制度化》。当时，经朋友认识了时任著作室主任常绍民先生，常先生亲自主持此事。这本书2010年12月出版，2012年8月再版，2018年8月出修订版，并入选"中华当代学术著作辑要"丛书。经商务印书馆推荐，这本书还入选国务院新闻办、原国家新闻出版署"中国图书对外推广计划"推荐书目，由World Scientific于2013年出版英文版。

从2012年到2014年，商务连续出版了我的农民研究专著三种。《农民的政治》2011年5月出版，2012年5月再版，2018年8月出修订版；《农民的新命》2012年5月出版，2018年8月出修订版；《农民的鼎革》2013年12月出版，2018年8月出修订版。

常绍民先生离任后,在新任商印文津文化公司(商务的分公司)总编辑丁波先生的主持策划下,这三本书入选商务印书馆第一批"走出去"书目。2014年8月,在第21届北京国际图书博览会上,商务印书馆与施普林格出版社举行战略合作签约仪式,授权施普林格出版"农民三部曲"英文版。据介绍,海内外两家大出版社的首度合作,首批签约的著作只有两种。随后两年时间里,丁波先生、总编辑助理王希女士以及其他商务同仁为英文版出版做了大量工作。

2017年8月23日,商务印书馆与施普林格在第24届北京国际书展举行"农民三部曲"英文版发布会。商务印书馆副总编辑陈小文先生主持,中国出版集团公司总裁谭跃先生、商务印书馆总经理于殿利先生、施普林格人文及社会科学编辑总监裴米娅女士出席。在发布会上,中国出版集团公司副总裁潘凯雄先生表示:"施普林格与商务印书馆两家重量级出版社的共同努力,使这部承载着中国现代化改革实践与探索的'三部曲'走出国门,走向世界,这是中外出版人合力的成果,更是世界读者的幸事。"商务印书馆总经理于殿利先生表示:"'农民三部曲'来源于作者对中国农村长期具体与深入的观察,对于推动中国农民问题研究具有重要的启示与推动作用,对于国际社会客观认识中国的改革与发展道路具有重要意义。能够将'农民三部曲'这样优秀的学术成果输出国门,是商务印书馆与施普林格出版社自2014年达成战略合作协议以来取得的新进展与新成果。"施普林格人文及社会科学编辑总监裴米娅女士致辞表示:"'农民三部曲'是施普林格与商务印书馆战略合作的重要成果,施普林格很荣幸能将这套书带给全世界的读者,并相信其在国际市场会有不俗的销量并产生重要社会影响。"我应邀到会,深受鼓舞,向中外出版界朋友表示殷切感谢。

在英文版出版之后,丁波先生和王希女士积极策划以上四种著作的修订再版。2018年秋天,这四种著作的精装修订版面世,产生了良好的社会影响。《乡镇治理与政府制度化》《农民的政治》入选商务印书馆年度畅销书榜单。2021年丁波先生离任后,王希女士接任商印文津公司总经理,继续精心策划我的著作出版发行,帮助指导我的研究写作。

我是农民出身,关心农民命运,四十年来投身农村改革,倾心农民研究。我的研究,如果说有什么特点,就是注重实证,以政策改进为核心目标,以现实问题为基本关切。现在,我的研究重心有所转移,从现实政策研究转向改革历史研究。因为长期在中央政策研究机关工作,积累了一些阅历,经历了一些事情,形成了一些经验思考,我将努力写出无愧于改革年代的农村改革史专著。

过去十多年来,我的著作出版主要由商印文津公司负责运作,历经三任负责人,分别是常绍民先生、丁波先生和王希女士。这是非常愉快的合作过程。他们敬业、高效、严谨的工作风格,给我留下了深刻印象。商印文津是商务印书馆体制创新的产物。这些年的实践证明,这个创新是非常成功的。商印文津既秉持商务印书馆的深厚优良传统,也形成了与时俱进的新锐气象。在商务印书馆组织体系中,商印文津虽然并非大机构,但鲜明地展现了这个百年老店的勃勃生机和辉煌前景。

与商务印书馆的缘分,是我学术生涯的巨大激励和精神力量。每每看到商务印书馆馆标,我都备感亲切。现在,因为这种感情,我逛书店,最多是去涵芬楼。有时候,与其说是为了买书,不如说为了领略商务特有的文化氛围,感受那种特别亲切的书卷气。在北京王府井大街36号,当我站在商务印书馆门口,看到进进出出的商务员工,虽然我不认识他们,但从心里感到亲切和尊重。

于2021年12月16日

我们的作品
——我与商务印书馆

叶 超

一个人的成长既受世界和时代变化的强大影响,又会与单位、组织及其他人密切关联。在我的经历中,除了自己学习和工作的学校,商务印书馆是与我有最紧密关联的单位之一。在我心中,它不是一个普通的单位或机构,而是读书人的"精神家园"。当然,作为作者和译者,我深深感激商务的厚爱,我们已经非常愉快地合作并(正在)出版我的几部作品。但更多也更久的是,在受商务滋养的亿万读者心中,它出版的中外经典和教本辞书等已经使其成为出版界的第一品牌,教育和文化界的"百年老店"。我们正处在百年未有之大变局和大时代之中,今年恰逢商务印书馆创办 125 周年,这不仅是商务的大事,也是学术、出版和文化领域的大事,很值得庆贺并记录,于是便有了这篇小文。

商务印书馆的历史是在波澜壮阔、跌宕起伏的大时代中开创、奋斗、存续并不断发展的历史。即使粗浅地了解近现代史，也知晓在变乱时代赓续文化和发扬教育的艰辛困苦。正如商务印书馆馆歌《千丈之松》所言："昌明教育平生愿，故向书林努力来……从今以后更艰难，努力还需再试"。短短百余字，反复提到了艰难中的努力，不能不令人感叹和佩服。这首馆歌其实也是歌词作者之一、商务印书馆奠基人、著名出版家张元济先生一生的写照。就出版行业来讲，成功的出版商固然不容易，职业的出版人需要行业的培养与长期的积累，就更为难得；至于凤毛麟角的出版家，那也许与文学家、艺术家、科学家一样，除了以出版为志业，还得有难得的天赋与时运了。身处艰难之中，不懈努力的韧劲不仅是出版事业延续和发展的关键，其实也是各行各业及个体存续的要旨。重拾、重温这一段历史，不由地感叹百年文脉延续之大不易也。

我与商务的交集并非只停留在对前辈精神和伟大事业的敬仰。作为读者，我很早就接触了商务的图书，最早自然是常用的工具辞书，这是商务"开启民智"宗旨落实在大众层面的集中体现。等到上大学及读研究生初期，因我读书兴趣广泛并开始阅读专业著作，不知不觉竟买了许多商务的书，尤其是西学经典系列，摆在书架上，赫然一排，蔚为大观。虽未全部看完，但有同学来访时看到这些书，谈论起来，颇为自得，因为商务的书其实也是学术品位与质量的重要表征。因专业关系，研究生后期开始更多地阅读人文地理学相关的中外论著，商务出的自然最多，因为它有专门且强大的地理编辑室（后合并为科技编辑室）。《哲学与人文地理学》《地理学与地理学家》两本入门书给我印象最深，读完虽半懂不懂但心向往之，心头也隐约种下追求理论和思想的种子。读的时候也没想到书的译者，也是商务地理书籍翻译的"冠军"蔡运龙教授，后来成为我做博士后研究的合作导师，唐晓峰、李平、柴彦威等先生也将与我产生更多的交集。

"道不孤，必有朋；德不孤，必有邻"，先贤们或书本上的思想、智慧虽能启迪和激励人，但毕竟还是"高冷"和远了些，生活中实际接触的师长、同仁和家人的理解与支持对学术研究至关重要。在北京读博期间，因为受了商务出的西学经典的影响，尤其是受《国富论》与《道德情操论》等名著的深刻影响（后来我的博士论文及在其基础上出版的书也是通过重构亚当·斯密的城乡关系理论解释中国城乡历史演变），我在一开始就想从事人文地理学理论和思想的研究。因为此类研究在国内并非主流，不但难开展和难评价，就业和未来发展出路似乎也不佳，总之是"不合时宜"。但我当时并未考虑这些实际问题，只是抱有这样一种想从事理论研究的执念。当然，因为存有一种完全的学生心态，所以除了与中科院地理所的老师、来所里做报告及学术会议上碰到的诸多学者交流之外，我当时也写信求教于国内外方家，然而得到的积极回应甚少。因为李平老师在地理所读博期间曾专攻人文地理学思想，所以我也写信求见。当时已是副总编辑的他虽然公务繁忙，但也爽快答应了，并约我在商务见面。他很看重地理学思想和理论研究，对我博士论文有意选择此方面题目则略有些意外，甚至举了苏联地理学家阿努钦的博士论文遭遇巨大争议的例子，但在说这并非易事的同时，还是鼓励我继续探究，临别之际还送我好几本商务出的译著。这对当时处在孤独彷徨中的我是莫大的激励。

到我后来做博士后期间，专门切入地理学思想与理论的研究，也时常将自己编译的地理学文稿和一些随笔发给李平老师，包括在学术会议上进行报告，总是能得到他的肯定甚至赞扬，由此而信心倍增。及至蔡运龙老师与我和其他学者在商务出版《地理学思想经典解读》，我算正式从商务的读者成为作者。犹记得当时与编辑一起反复校核文稿时的复杂心态：一方面心中还是有作品即将出版的、敝帚自珍般的喜悦，另一方面也唯恐出错，有一种战战兢兢、如履薄冰的感觉，因为我们都知道作品变成铅字并和商务的名字出现在一起意味着什么。或许它就像当年我们所读过的商务出版的书改变了我们的思想一样，也会改变某个人的思想甚至人生道路。不过通过之后的历练，我也渐渐明白并自我安慰：世上很难有完美的作品，只有臻于完善的下一部作品。虽然把书看得很重要的人越来越少了，甚至人们都不怎么买书和读书了，但只要架上、眼中乃至心头有书，就仿佛一种重要的信仰，迟早都要向它回归。不读书或不爱读书的很难理解这一点，因此也就很难理解作品和创造作品意味着什么。此书出版还有一个插曲：书稿本有另一家出版社约定出版，但该社担心销量而中途反悔，关键时刻又是在李平老师的大力支持下，才得以迅速且顺利地在商务出版。没想到这本书的销量居然不错，重印了一次，对于普及和倡导地理学思想起到了较大作用。李老师的慧眼独具和商务提供的学术支持在推进地理学思想、理论研究方面的功劳可见一斑，这只是我所经历的其中一例。

商务的同仁们在交流合作的过程中也成为我的良师益友。除了李平先生一直以来亦师亦友般的关心、帮助和大力支持之外，李娟、孟锴、任赟、苏娴等编辑老师对我也有很大的帮助。李娟老师是热爱事业且非常干练的资深出版人，在她的有力组织和协调下，我与商务的诸多合作出版计划得以顺利推进。她数次告诉我，她要推出的是学术精品，而非为了经济效益，给我印象深刻，这与我们学者的理念是契合的。孟锴老师特约我翻译哈维的名著《社会正义与城市》，给予我很大的信任，在我因工作和琐事而延宕进程时，一直很宽容和体谅。任赟老师在拙作《时空之间》出版前后进行了大量认真和细致的工作，热心周到而不厌其烦。即使是新进入商务的苏娴老师在编校即将出版的拙作《象征与现实》时，也很谦和有礼和细心认真。总之，我所接触的商务人都是非常好的、敬业而认真的出版人，这也许是商务一直延续至今的精神传承与文化熏陶的结果。正是在他（她）们热心且不计名利的协同工作之下，这些被作者爱惜的作品才得以变成铅字，被更多读者所了解、熟悉甚至喜欢。有的时候编辑的名字可能会出现在书页不起眼的地方，有的时候她（他）们则不署名，但他们的工作和贡献都和作者一起凝结在书中。也许，正是把作者的作品也看作自己的作品那样细心编排、校对和设计，才有了读者手中的作品。这就形成了真正意义上的我们的作品。这些又影响了一代又一代的读者、作者和出版者。在我们的作品面前，大家的身份和职业之别其实是次要的，但作为"无名英雄"的编辑和出版人的贡献应该被更加尊重和重视。

最后，还是回到那唱出一代代读书人、学者和教育工作者心曲的馆歌:"此是良田好耕植,有秋收获仗群才"。商务印书馆的发展历程已凝结为诚朴厚重的历史,先贤志士不畏艰难开创奋斗的精神也激荡着一代代商务人和我们这些读书人。出版、学术、教育、文化和社会其实密切关联,"昌明教育"的共同目标把大家维系而成一个共同体。作为作者,深感一部作品的诞生与传播并非只系于自身,"仗群才"中尤其要仰仗学术编辑的慧眼细心与出版人、出版家的胆识判断。我们唯有像商务一代代出版家、出版人在艰难时世中不息奋斗那样"努力,再努力",才能出精品力作,以"不负汗青不负卿"。作者与出版者的名字出现在一起可能开始有偶然的成分,后来则是一种必然,就像从"我"到"我们"一样,我们的作品也是如此。

商务印书馆助我语言研究之旅

赵世举

说来惭愧，20世纪50年代末出生的我，由于生长于偏僻农村的贫困家庭，加上稍识人事就遇上文化荒芜时期，20岁之前没有见过几本书，因此那时在我的脑海里压根就没有"商务印书馆"这个词。与"商务印书馆"结缘并有所注意，始自我有幸成为恢复高考之后首届大学生的岁月，入学那年我刚好20岁。俗话说世事难料，谁也没想到，后来我竟成了商务印书馆的常客挚友，商务印书馆成为我的学术"贵人"。

图书馆结缘

录取我的学校是武汉大学襄阳分校。不料读了一年多被改为"襄阳师范专科学校"，学生证也被换了。同学们当时颇为不满，后来才听说这是因为恢复高考匆忙，国家要让一些停办的学校恢复招生或新建学校,时间不及,所以才采取如此应急之策——先借校招生,后恢复或新建学校。国家毕竟也是为了多招生的好意而不得已为之,因此大家也就释然了。武汉大学襄阳分校坐落于诸葛亮的躬耕之地古隆中,隐身远郊,古刹为邻,风光幽雅,校舍简朴,与武大本部珞珈山有异曲同工之妙,颇有几分世外桃源之灵韵。在那里生活过的武大老师们都称之为"小珞珈"。作为一名来自偏僻农村的知识和经济双贫困学生,能在这样的盛景圣地中读书,真是连做梦也想不到的巨大幸事(正因有此感触,后来我还为母校贡献过一条广为流传的招生广告——"到诸葛亮读书的地方上大学")。不言而喻,图书馆很自然地成为我最钟爱的地方,不意也成为我与商务印书馆的结缘之地。

母校图书馆其貌不扬,但当我第一次踏进书库就被震撼了,因为满目皆书。我生来第一次见到那么多的书,可以想象,一个知识严重贫乏的毛头小伙此刻该有多么激动!从此我就成了图书馆的常客,而且基本上都是最早进去和最晚离开者之一。因为自己语言基本功差的缘故,我查阅最多的工具书是《新华字典》《四角号码新词典》《现代汉语词典》《古汉语常用字字典》《辞源》《国语词典》等,阅读最多的学术著作是语言学著作,如赵元任先生的《语言问题》、朱自清等先生所编的《开明文言读本》、王力先生的《中国语法理论》《中国现代语法》、吕叔湘先生的《中国文法要略》《文言虚字》、吕叔湘和朱德熙先生的《语法修辞讲话》等。虽然没怎么读懂,但眼界大开。所读的那些书,大多是商务印书馆出版的,因此这个名字便铭刻脑海,崇敬之情油然而生。

也许是冥冥之中的因缘吧,那些著作激发了我对语言学的兴趣，而且毕业留校时戏剧性地别无选择地"选择"了从事古代汉语教学。我第一次领到工资，咬牙从严重入不敷出的47元工资中拿出10元，很奢侈地购买了《古汉语常用字字典》《辞源》（第一册）等，也都是商务印书馆出的。那本《古汉语常用字字典》尽管早就被我翻得破烂不堪，后来又买了修订本，但仍珍藏至今。正是上述那些书指引我开启了至今未辍的语言研究之旅，也成就了我30岁那年（1988年）出版了两本语言学著作（这在当时是有新闻价值的事）。

《语言与国家》定情

我真正跟商务印书馆有密切来往，是从主编《语言与国家》开始的。我过去对商务的认识，主要有感于他们为社会贡献了大量的学术精品，而《语言与国家》的编写和出版，则让我深切感受到了商务人的家国情怀、卓越品格和暖人情愫，也让我与商务结下了深厚的情谊。

话得从头说起。由于专业兴趣和自己当时担任院长的武汉大学文学院发展的需要，本人一直关注语言学新兴领域的发展。2007—2009年间，我大胆地在语言科学技术跨学科研究、汉语国际推广等领域开疆拓土，取得了喜出望外的成效，也从中感到，语言和语言学的功能及价值正在发生前所未有的变化，已经成为深刻影响社会稳定、国家安全、科技创新、经济发展、文化建设的重要因素，与国家核心利益息息相关，但还没有引起有关方面应有的注意，迫切需要更多的人重视。于是我萌生了编写一本小册子，宣传语言重要性的想法。2010年12月9—10日国家语委

"十二五"科研工作会议在京召开,趁会议间歇,我把编写《语言与国家》读本的想法向教育部语信司时任司长李宇明做了汇报,他听后很高兴,当即表示肯定和支持。会后,我又去商务印书馆跟时任副总编辑周洪波说想法,他当即承诺支持出版。此事就这样敲定了。自此开始了长达六年的编写工作,其间商务印书馆不仅是出版方,而且还履行起编者和审订者的职责,全程参与指导和把关。

2011年元旦前后,我着手起草书稿的"编写方案",并邀请参与我主持的教育部重大项目的部分子项目负责人及有关知名学者组建骨干队伍。很荣幸,朋友们一致支持。郭熙、屈哨兵、苏金智、孙茂松、王建勤、赵蓉晖、周庆生等教授欣然允诺担任分题主持。阵容令人鼓舞。

第一次编写工作会议暨"首届语言与国家学术研讨会"就是在商务印书馆召开的,那是2011年1月8日。语信司李宇明司长、上任不久的田立新副司长、综合处陈敏处长,商务印书馆于殿利总经理和周洪波副总编辑,以及曹志耘、贺阳、汪国胜、夏中华等教授和初定的部分编撰人员出席。周洪波和我共同主持,田立新副司长首先代表语信司表示祝贺并发表指导性意见。会议主要围绕《语言与国家》一书的编写宗旨、主要内容、基本框架、写作模式及要求等问题开展深入研讨,对"编写方案"提出不少具体修改意见。大家越议越深感这一命题的重要、这一任务的艰巨,但都充满信心。李宇明司长做总结,对编写的主要问题及后续工作提出了明确要求。于殿利总经理高度重视,建议邀请党建读物出版社联合出版,以期引起党政战线对语言文字事业的重视,并当即致电党建读物出版社王英利总编辑,王总编辑也当即表示支持。

2011年3月5日在武汉召开了"第二届语言与国家学术研讨会暨《语言与国家》编写工作会议",周洪波副总编辑与会,主要审订我修改的编写方案和撰写大纲,并做了初步分工,启动相关工作;7月3日利用在商务印书馆参加另一个会议的机会,部分作者会后交流了提纲撰写情况;8月5日又在商务印书馆召开写作提纲审议会,并决定正式撰稿。

2012年年初大部分稿子初成。当时恰逢巴黎第七大学邀我讲学三个月,每周只一次讲座,正好有时间统稿。但没想到的是,多数稿子与设计要求相去甚远,主要原因是该书的话题都是全新的,许多朋友感到难以把握。我把稿子传给李宇明司长和周洪波副总编辑,他们都直言失望。我有点儿不知所措了。但冷静一想,就这样半途而废,于心不甘,也对不起为之付出努力的领导和朋友,于是还是鼓起勇气统稿,并逐篇提出了具体的修改意见,返给各板块负责人修改。好在朋友们都没有拒绝,表示理解和支持。

2013年年初修改稿大多提交。然而,坦率地说,尽管有较大改观,但仍有不少问题,我有点泄气了。加上手头急于处理的事情确实太多,此事也就未能及时推进。然而诸多领导和朋友总以不同方式时不时地督促此事,几乎见面必问。4月,语信司新任司长张浩明深入武汉大学原中国语情监测与研究中心调研,也对该书表示期待。方方面面的压力令我别无选择,因此便硬着头皮进行第二次统稿改稿。

2014年年初我拿出了大体完整的初稿,提出召开审稿会。语信司和商务印书馆很快于2月16日(元宵节刚过)在商务印书馆召开了第一次审稿会。张浩明司长、田立新副司长及李强同志亲临会议，于殿利总经理到会致辞，特邀陈章太和陆俭明两位先生莅临审订，特请李宇明教授主持会议，周洪波副总编辑、郭熙教授、余桂林主任等出席会议。大家既充分肯定，也提出了很多十分中肯的意见和要求，并寄予很高的期待，希望我尽快修改。

为了保证时间精力，语信司和商务印书馆商量采取特别措施，致函武汉大学为我请假，召我驻京改稿。学校有关方面也都大开绿灯，我便很快于2014年3月5日成行。大气的商务印书馆一应包揽，直接从北京西站接我住进沙滩后街的华育宾馆。该宾馆是一家涉外舒适型酒店，独立院落，外邻景山公园、紫禁城和南锣鼓巷，内有气派的现代大厦和乾隆时期和嘉公主府大殿及京师大学堂的旧楼，古今相映成趣，颇有几分幽雅，闹中取静，殊为难得。就这样，我一人过上了闭门改稿的生活，没跟任何朋友联系。每天6:30左右起床，去景山公园跑步登山，7:30许冲澡完毕去早餐，8:00左右开始敲键盘，除了午餐、中午小憩、晚餐和偶尔晚饭后串串周边巷子之外，全都伏案咬文嚼字，直至零点左右睡觉。生活规律且高效，颇为惬意。其间，周总和桂林主任偶尔电话嘘寒问暖，别无打扰。过了些日子的某天，洪波兄又给我打电话，说几个朋友在华文学院昌平校区审改绿皮书（《中国语言生活状况报告》），大家得知我"被'双规'"，都很同情，一致邀我过去"放放风"。我当然乐意，满口答应。傍晚时分，洪波兄专门找车把我接到华文学院食堂。老朋友相见自然乐不可支，忘了是哪位朋友还从外地带来了白酒助兴，更添了几分热烈。《语言与国家》自然是热议话题，一方面朋友们关心我"双规"的境况和修改进展，另一方面我也借机向朋友们讨教一些问题，俨然一场学术餐叙！事后我想，周总找机会让我放松是真，借机推进《语言与国家》的修改进程恐怕也不假，诚可谓用心良苦啊！然而，事有不虞，到了4月中旬，进入旅游旺季，华育宾馆的宁静被打破，因为紧邻名胜，每天中外游客络绎不绝，连一日三餐也人满为患，给我带来了一些影响。也许是心有灵犀吧，一日，洪波兄又来电问冷暖，我便如实相告。他毫不犹豫地说，换地方！当天就派人把我送到了王府井的天伦松鹤大酒店。这是个涉外的四星级酒店，条件更为优越，一直住到4月底完工。

在京期间，我主要做了如下工作：一是对全稿进行较大幅度的优化调整；二是补写了一些篇目；三是改写了部分篇目；四是补充了大量事例，更新了一些内容；五是修改了不太稳妥的观点和表述；六是在文字表达上再加工；七是把原来补写的各节阅读提示按章整合。足足两个月时间，终于完成改稿任务。虽然非常紧张和辛苦，但颇为充实而快乐，并且在景山公园沐浴晨曦、登高望远的情景也定格为难忘的记忆。朋友们跟我开玩笑说，"'语言生活派'因写稿改稿而被'双规'的人有之，但像你'双规'这么长时间的尚无先例，破纪录啦。"这也算是此生一个难得的花絮吧。

商务印书馆做事总是精益求精的，为了保证质量，又于2014年5月29日组织了一场别开生面的审稿会。邀请了相关领导参加，大家从不同视角提出不少修改意见。6月21日，商务印书馆又在华文学院召开定稿会，逐篇审读第五稿。周洪波主持会议，李宇明、郭熙、苏新春、侯敏、汪磊、余桂林、叶军和我等与会。大家又提出一些新的意见。随后我又做了一次小的修改，7月初最终杀青付梓。先后仅系统的修改，就达六次之多。

由上述可见，商务印书馆为《语言与国家》一书的编写，不惜成本地付出了难以确计的人力、物力和财力。我觉得，之所以如此重视，主要在于他们认识到了语言对于国家发展和安全的重要性，认同该书的主题和价值，这反映了商务人敏锐的学术眼光和社会使命感，体现出他们对国家语言文字事业和国家语言能力发展的关切和担当。

正是由于方方面面众多人士的精心打造，2015年1月5日，在语信司和商务印书馆、党建读物出版社联合召开的《语言与国家》出版座谈会上，该书得到了与会领导和专家的一致好评，认为该书"体现了国内学术界特别是语言学界的家国情怀和社会担当"，是"语言战略学""很好的资政读本"。当天，中国新闻网以"商务印书馆力推《语言与国家》强调语言牵系国运"为题做了报道。人民网、新华网、凤凰网等近百家媒体也相继报道。不少媒体发表了知名专家学者的书评。其后入选了各种好书评选、获得了各种荣誉，并被列为国家语委等相关单位的培训教材，为增强我国有关方面的语言意识和促进国家语言能力建设，发挥了积极作用。

商务馆成"家"

与商务印书馆的多方面交往，又让我见证了其使命担当和学术勇为。他们不只是重视作者，更利用自己的优势，广泛凝聚和扶持学者，融入学界，支持学术发展，勇担社会责任和国家使命，达到了令人崇敬的高度和境界。我和不少朋友常说，走进商务印书馆，嗅不到商人气息，感受到的则是浓烈的担当精神、学术氛围和人情味。我们都由衷地称之为"语言学之家"。就连馆外的一些重要学术事项，他们也慷慨提供后盾似的支持。我从中获益良多。从我的一些亲历，即可略窥一斑。

语言学的俱乐部。多年来，王府井大街36号成了名副其实的中国语言学者俱乐部。那里每年都会举办各种丰富多彩的学术活动，我有邀必到，成为常客。只是这两年因疫情影响少了点，遗憾不已。每次去商务，深切感受是，无论成规模会议，还是各种小会，大家都无不欢快惬意，各自分享从四面八方带来的学术信息，不拘俗套地坦诚切磋，海阔天空地神聊论辩，时常会有思想火花的迸溅或又一个新鲜策划的出炉。生活上也安排周至。大家不仅总有学术收获，而且享受宾至如归的温馨。其中，一年一度的"海内外语言学者联谊会""中青年语言学者沙龙"等已成品牌。为推动中国语言学交流和发展发挥了重要作用。

语言"皮书"的锤炼场。一年一度由国家语委组编和发布的《中国语言生活状况报告》《中国语言文字事业发展报告》《中国语言政策研究报告》《世界语言生活状况报告》，是对中国乃至世界语言生活和事业状况的大规模总结和深入解读，是很有难度的大工程。商务印书馆挑起了出版重担，并参与编撰的全过程。我有幸除《中国语言生活状况报告》只参与了数次审改和撰稿之外，其他三种皮书基本上每年都参与选题和一次次审改，亲眼见证了商务同仁投入之深、要求之高、把关之严和赶时间之拼，令人敬畏。由此有朋友戏称周洪波为"周扒皮"。

辞书学会的大本营。我是中国辞书学会的老会员,幸承错爱,连续多届担任常务理事、学术委员,故常常享受商务印书馆对学会的各种服务,也亲见他们的贡献。学会秘书处设在商务,他们除了处理庞杂的日常事务、承办各种会议和活动之外,还主理辞书出版规范系列标准的研制、中国辞书奖评审、《中国辞书学报》出版等重要事项的具体工作。

学术事业的"大财神"。他们于学术,乐善好施。其一,资助学术会议,例如持续资助全国汉语词汇学学术研讨会已达13届,并且出版论文集。2004年的会议是我承接在武汉大学举办的,那次扩大为国际会议,叫"汉语词汇学首届国际学术讨论会暨第五届全国研讨会",商务爽快资助2万元,当时可不是小数,会议开得很隆重且有成效,还出版了论文集。其二,打造语言学期刊方阵。了解较多的是《语言战略研究》的创办,非常不易,记得那一年全国只新批了该刊和武汉大学的《文化软实力研究》。承周总等朋友不弃,策划方案不耻下问,我有幸表达拙见,后来又忝入编委之列,也曾参与审稿、撰稿和主持栏目,同样见证了周洪波等商务同仁和李宇明、郭熙两位主编为该刊付出的非同一般的努力,感佩他们的执着和智慧。短短数年,该刊就蜚声学界,进入权威检索,这是颇为罕见的。此外,我也忝列编委的《中国辞书学报》等,也是由商务倾力支持的,算经济账的话,这些刊物纯属赔钱生意,但商务为了学术事业而不吝。其三,为多个语言学研修班持续提供学员资助。其四,设立语言学出版基金。不胜枚举。

服务社会的志愿者。只略述一例:2020年年初,新冠病毒突袭，武汉封城，全国各地驰援湖北。在得知一线医患沟通遇到语言困难时，一批语言学人自发地火速线上集结，在语信司指导下，组建"战疫语言服务团"，洪波总编辑和桂林副总编辑也是第一时间加盟，无条件支持，承担《抗击疫情湖北方言通》融媒体版的研发。他们克服重重困难，隔空协作，日夜奋战，不几日就推出产品，通过多种渠道无偿送到一线。与此同时，《语言战略研究》策划开设应急语言研究专栏，周总命我起草"征稿启事"，在主编李宇明的带领下，很快推出多期。为疫情防控和推动相关学术研究及应急语言服务建设做出了贡献。

以上只是一个自学术之旅起步就一直享受商务印书馆学术给养和慷慨帮助的普通学人的零散回忆及真切感受，虽然不少都是些平常琐事，但多少可以从中略窥商务印书馆非同凡响的品格和风采。

我与商务印书馆四代编辑的故事

岑容林

手捧着商务印书馆石良燕编辑寄来的厚厚一部《汉泰词典》,细嗅着新书的墨香,心底一股热流缓缓涌出,回忆起这十年的出书历程和这十年历程中与商务印书馆编辑们的交往故事,意味深远。说来话长,这《汉泰词典》着实历经了商务印书馆秦森杰、梁音、王淑敏和石良燕四代编辑的不懈努力与奋斗。

早在上世纪 80 年代中期,商务印书馆的泰语编辑秦森杰先生就曾专程来到北京外国语学院,约我组织力量来修订《泰汉词典》——商务印书馆出版的第一部泰语词典。可我当时的教学、科研和行政工作确实繁重,抽不出大部头的时间来承接商务的任务,无法承诺秦老编辑的一番盛情。此后遇到有关商务的人或事,都会令我想起秦老来北外时的音容笑貌,一番心结无从释怀。

时值 2010 年春节,我已退休,拥有了属于自己的大段时间。正巧商务印书馆外语室的梁音主任制定的当年出版规划中就有

《汉泰词典》。梁编辑亲自来到北外,邀我做这部《汉泰词典》的召集人。他对我详细讲述了编写原则,就编写班子的组建问题,梁主任提出,人不在多,而贵在精。我觉得有理,并尽快找到了曾教过的两位学子,现分别是北京大学和上海外国语大学骨干教师的万悦容和廖育人二人;还包括在北京师范大学读博的泰国彭世洛府皇家大学教师邓进隆和中科院旗下公司的资深泰语翻译翁熠二人。我们五人与梁主任签约后,立即排好字头分工编纂,每人编好的字头都上交给我再进行修改审阅。

大家热火朝天地开始写稿了,可计划赶不上变化,我本人的工作又有了新的变化。外交部通知我,泰国皇太后大学校长邀请我去做其孔子学院的外方院长,并兼任其诗琳通中国语言文化中心的主任。五月上旬,我就旅泰赴任,远离了我们的编写小组。相隔千里也不算什么,关键是我本人在泰国身兼二职,白天时间全部都被工作占走,只有晚上回家才能做《汉泰词典》了。深山夜静,打开窗户,伏在案头,阵阵夜风送来雨林特有的芬芳,耳边时闻夜雨,时听虫唱;眼前浸透各位编委辛勤汗水的手稿,激励着我拿出年轻时的干劲,挑灯夜战,直至更深。

对于《汉泰词典》的编写来说,尽管我身在泰国,这其实也是一个难得的好机遇。一到皇太后大学,我就尽力恢复上世纪80年代我在泰国第一学府朱拉隆功大学文学院读研时的校友关系,还有上世纪我在泰国国会主席访华团、上议院议长访华团、大学校长访华团、医学专家访华团和海军司令访华团的陪团过程中所建立的泰国社会关系;向泰国各界友人求教,以泰国专家的不吝赐教作为《汉泰词典》最权威的语料,还通过日常工作中的专门访谈、大量阅读、收听收看电视广播等多元渠道,来大量收集政治、经济、科技、金融等各学科门类的道地实材。

出于我对这部《汉泰词典》权威性的高度使命感和责任感,在校对修改编委们寄来初稿中的存疑词条和拿不准的例句时,我尽量撷取出最贴切释义,并把这些词义潜移默化地融汇在最恰当的例句中,以最大限度地保证这部《汉泰词典》的广度与深度和其语言的准确性与地道性。我要做到使这部词典中每一个词条下面的每个释义都不会望文生义,让泰国各界友人在阅读《汉泰词典》时不致贻笑大方;也使每一个例句都尽可能地做到原汁原味,让中国学子们不出国门就可学到地道的泰语。这样才对得起中华老字号商务印书馆当年名列世界三大出版机构之一的品牌价值和商务老中青几代编辑对我们的信任和支持。

众人拾柴火焰高,商务的四位编辑和《汉泰词典》的四位编委,其个中辛苦,我作为主编,不得不对各位同仁学侣深表感激。其中王淑敏编辑和万悦容编委,廖育人编委和石良燕编辑四位,尤为可贵。我来泰不久后,编委之一的翁熠也被公司派到泰国建厂,做了 A 和 E 两个字头之后,就因其工作紧张而无力继续完成分配给他的其他九个字头,这时悦容勇于担当,一人握管,知难而上,可因操劳过度,突患眼疾,视网膜反复脱落。

此时商务印书馆的王淑敏编辑已从梁音主任那里接手我们《汉泰词典》的责编工作,当时王编辑正患有癌症,身体被病痛折磨,非常虚弱。但她对我们编辑小组的每个成员都是热情鼓励,沟通联络,随时解决编辑小组提出的各种问题,尽可能地把好一校、二校和三校的每一个细节。王编辑的倾情付出保证了《汉泰词典》收词精当、体例严密。悦容人在北京，是国内和王编辑联系的桥梁，也深受鼓舞，克服困难，最终独立完成了翁熠剩下的九个字头。

编委之一的泰国教师邓进隆后来也因为其在北师大的博士论文答辩紧张，在编译分配给他的最后一个字头Z时，出现了困难，为了不影响词典进度，廖育人编委又顾全大局，挺身而出，在完成的自己分到的字头后，用超额工作，对进隆施以援手，使《汉泰词典》顺利收尾。

此时又值王淑敏编辑因化疗不便，改为石良燕编辑接手《汉泰词典》的三校、四校和最后的出版工作。石编辑热忱投入，迅速顺了词典的编辑脉络，并且开拓思路，根据育人关于词典的体量说明，充分优化资源，酝酿出了《汉泰词典》作为中型本词典的出版规划，使得《汉泰词典》和商务印书馆出版的第一部《泰汉词典》版式同样，得列商务出版的泰语词典双璧之一。

《汉泰词典》从2010年和梁音主任签约起，到2020年正式出版，正可谓十年磨一剑，我也走过了自己人生的第74个春秋。我在泰国的十年光阴也一去不返，但我没有愧对光阴，我除了把大家每次寄来的手稿，都认真地进行润色修改和补充完善外，为使《汉泰词典》能够开宗明义、丝丝入扣，而非述而不作、拾人牙慧，三审其稿之时我不遗余力，还把自己多年搜集的有关泰国的社会、历史、文化、宗教、旅游、体育、风俗习惯、成语、水果以及新出现的科技医学方面的词条整理归类，再逐步补充到《汉泰词典》的每个词条当中，使《汉泰词典》能在原有的基础上更为充实饱满，增强其可读性，以期不辜负中外读者的需求。

《汉泰词典》出版后,石良燕编辑又向我转告馆里领导的一番美意——商务印书馆又委托我在泰国皇太后大学的汉学院和孔子学院组织力量来编写一部《简明泰汉词典》。我尚在努力之中,一旦时机成熟,我将一如既往地去迎接下一次的挑战,完成商务这一光荣的任务,为祖国的文化教育事业再尽一把绵薄力,再奏一曲胜利歌!

路漫漫兮修长远,不管未来的道路有多远,不管前方的困难有多曲折,我与商务印书馆四代编辑的友谊薪火相递永不灭,我与商务印书馆四代编辑在祖国的文教公益事业上一路偕行肩并肩。祝商务印书馆事业欣欣向荣,节节高升,拥有更加美好的明天!

我与《新华字典》的故事

李瑞英

电视播音员的良师益友

我是一名媒体工作者,具体来说是一名电视播音员。从上大学到去年年底退休,42年之间,我做的最主要的一项工作就是用标准的普通话把党的方针政策、国际国内的大事、老百姓身边的事、此时此刻世界正在发生的事告诉大家,说清楚,说准确,说生动。由于工作的关系,我从考入北京广播学院新闻系播音专业开始,就对《新华字典》怀着一种常人难以想象的敬畏之心,因为读音错误是我们这个专业的大忌。在学校的四年专业课,每一个字的发音,甚至汉语拼音的每一个声母、韵母的发音,都需要练习无数遍。

在学校学习时,为了搞清楚相似或相近的字音,有时甚至会翻许多遍字典才能记住一个字的正确发音。我是在北京上的小学、中学，所以发音时不免带着北京味儿、北京腔。北京的孩子说话习惯"偷懒儿"，唇舌无力。因为这样的习惯和"小毛病"，不知道让老师帮助我矫正了多少遍。老师经常提醒我们，拿着字典好好练发音。

工作以后，我先被分配到了江苏电视台，那时各地的电视台播音员都比较少，江苏电视台加上我一共只有四名播音员，三个播新闻的，一个主持综艺的，负责全台的新闻采访和综艺节目。当然我们新闻播音员有的时候也要主持专题节目或春节晚会等综艺节目。在南京很容易被南方音影响，比如前鼻音和后鼻音特别容易混淆，所以，每次配音时，我就更加倚重手里的《新华字典》了。在江苏电视台工作期间，我翻烂了好几本字典。

那时候每个周末的晚上，我们几个一起从北京分配过来的大学生，有做技术的，有做编导的，都会到南京工人文化宫为市民讲公益课，教自愿来学习普通话的市民学习正确发音。那时我的每个书包里都会放一本字典，唯恐换了书包找不到字典。

让《新华字典》成为孩子们必备的学习工具

在江苏电视台工作了三年之后，我被调回了北京。当时在中央电视台做播音员的同时，我还在自己的母校北京广播学院，即后来的中国传媒大学做兼职老师，也参与编写了一些关于播音的教材。随着电视的发展，我们的业务种类逐渐增多，工作量也越来越大，每天从早忙到晚，除了自身的播音本职工作外，领导和同事们还给我增加了一些管理和服务的担子。比如，从播音组的副组长到组长，从播音部的副主任到主任，从央视播音员主持人业务指导委员会秘书长到中央广播电视总台播音员主持人管理中心副召集人，从中广联合会播音主持委员会常务副会长兼秘书长到委员会会长等这些行政的、基层的职务。在单位和行业里，大家都觉得我是一个热心人，习惯了一些事与我沟通，这也是我一直比较关注公益，带领团队做公益的起因。

无论是播音组还是后来的播音部，或是委员会，我们都要定期开展走基层、帮残助困等活动。我会经常带着播音员轮岗，参加一些采访工作，所以新闻中心的记者有什么好的新闻线索，经常会跟我沟通交流。

2010年的一天，新闻中心的一位记者采访归来，拿着一本被翻破了的《新华字典》让我看。我们播音部和委员会有几年一直送字典下乡，去希望小学讲课的时候会给学生买字典，买文具。在那么多的学校里，我还没有看到过这么破旧的字典。她告诉我，前不久，记者到广西山村采访，路过一所小学，听到里面朗朗的读书声。孩子们的声音那么清晰，那么稚嫩，一下子把他们吸引进去了。在参观学校时，他们在校长办公室看到的这本字典，那么破旧，那么令人瞩目。校长说这是学校唯一的一本字典，哪位老师或学生需要查字典，都会到校长办公室来借。当校长动情地讲述时，这位记者意外发现这本字典有的字音标注好像不太对，她征得校长同意把这本字典带了回来，让专家鉴定一下。这一鉴定才发现，这本学校唯一的字典竟然是盗版的。记者回京后马上给学校寄过去了一些正版的《新华字典》。

这个故事对我触动特别大,有很长一段时间,我几乎每天都会想到这个故事里的孩子们。怎么解决这些孩子缺字典的问题呢?我是第九、十、十一届全国政协委员。政协委员的职责就是了解社情民意,反映民众诉求,为政府决策部门提供决策依据和支撑。作为一名政协委员我有责任和义务把这件事反映到相关部门加以解决。我沿着这个故事的线索,请各地方电视台的相关负责人到自己所在省份的边远地区做问卷调查。反馈回来的信息是部分省区或多或少都存在这样的现象。于是,我正式提交了"关于把《新华字典》正式纳入教育两免一补范围内"的提案。第一次提交由于调查研究的数据还不够充分,没有达到预期效果。后来,在全国政协开会期间,我和另外几位政协委员,在委员驻地的大厅摆了一个展示台。我们摆上正版字典,也摆了盗版字典,请各委员辨认。我所在的新闻出版界别的委员们都特别关注这件事。他们说,怎么能有这样的盗版字典出现在孩子的手里呢?这一提案得到了新闻出版界别全体委员的支持,我们大家共同提交了这个关于字典的提案。

紧接着,中央电视台新闻中心组织拍摄了公益宣传片《插上放飞梦想的翅膀》。孩子们学习能力的养成要从学会使用字典开始,我们希望通过我们的实际行动号召全社会参与到扶助山区孩子的教育事业中来,帮助孩子们学会使用《新华字典》,正确认识汉字,让《新华字典》成为孩子们终生学习的老师,为孩子们插上放飞梦想的翅膀。我和李修平、海霞、康辉、郭志坚、郎永淳等几位同事共同参与到了宣传片的拍摄中。我们与大山里的孩子们一起做游戏，共同参与查字典比赛，帮助孩子们通过使用《新华字典》纠正拼写错误。这个宣传片播出后，产生了很好的社会影响，有越来越多的人关注乡村孩子缺乏字典的问题，在大家的共同努力下，终于促成了这一问题的解决。2012年财政部和教育部联合下发了"财教〔2012〕334号文件"，从2012年起将《新华字典》纳入国家免费提供的教科书范畴，《新华字典》成为孩子们必备的学习工具书。

我有一个心愿，就是以后要经常到山区去，到欠发达地区去，把教学生使用字典的活动当成播音部的一项固定公益活动。2014年，我与李修平、贺红梅、郭志坚、长啸、何岩柯、章伟秋、胡蝶等12位同事，商务印书馆于殿利总经理，以及陕西师范大学、陕西学前师范学院等单位的老师们，一起来到了秦巴山区的陕西洋县，拉开了"放飞梦想的翅膀"《新华字典》公益活动的序幕。在洋县华阳镇希望小学，我们与孩子们一起做游戏，走进班级里，给孩子们上了语言文字规范课、阅读课、朗诵课，与洋县南街小学师生、洋县新闻工作者座谈交流。商务印书馆还向该县师生捐赠了《商务馆小学生词典》《如何阅读一本书》《文化战略》等价值8.6万余元的图书。其后的2016年、2018年、2019年，播音部的同事们，又走进了内蒙古四子王旗、内蒙古苏尼特右旗、四川汶川映秀、福建宁德下党乡等地，让《新华字典》公益的种子，播撒在了乡村孩子们的心田。我自己也曾买了很多字典，在做公益活动的时候送给孩子们，那份喜悦和欣慰，那份轻松和惆怅，是难以用语言表达的。衷心感谢社会各界人士给予孩子们的厚爱。

我与《新华字典》融媒体版

2015年的一天，商务印书馆的李平，当时他是副总编辑，带着他的团队找到我，说商务印书馆为了适应大众需求，准备做《新华字典》融媒体版，把每个字读出来，放到网络上供大家学习。我毫不犹豫地接下了这个任务。一接触才发现任务还是挺艰巨的。因为时间紧，任务重，每个字的读音都要一次到位。我拿到的几万字的汉语拼音文案足足有好几公斤重，先默看一遍，有的音怕读不准，要标上自己能看得懂的符号，然后再大声读一遍，或者读几遍。到录音机房录制的时候，有录音员做监播，播音主持委员会的办公室主任肖晓艳做校对。她特别认真负责，看了好多遍，在我录音之前就做了细致的准备工作，在我录音的过程中，发现错误随时喊停。我们每天录六个小时，连续录了十几天。自始至终都要全神贯注于汉语拼音中，录制一天下来感到腰酸背痛。因为我们录音的正确姿势是坐椅子的三分之一，腰杆挺直，口对话筒，要绝对保持一个距离，一种姿势，不能忽远忽近，身体的一点儿晃动都会影响录音的效果和质量，因此必须一个姿势坚持到底。全部录制完成后专家组再校对一遍，发现一些小问题，比如翻纸声、换气声、咽唾沫声等杂音录入话筒了，都要重新录一遍。在大家的共同努力下，我们用最短的时间完成了录制任务。我想是山区里的孩子们朗朗的读书声和清澈天真的目光给了我动力和信心。

一部《新华字典》录下来，真的从心底感激当年在大学学习那四年教导我的老师。他们一字一句地矫正我的发音，才会有今天我的专业状态和专业基本功。

我曾经作为普通话推广大使，跟着教育部语用司的领导去过海南五指山的希望小学等一些偏远地区的学校。每一次去地方采访的时候，我也是尽量安排出时间到附近的学校去看看孩子们，或去地方电视台，特别是县级电视台看看同行，与他们交流一下业务体会，鼓励大家多走基层，多做公益，多去学校教孩子们说好普通话。

我深知，作为一名媒体人，一名语言工作者，社会责任感和使命感永远不能丢。学无止境，《新华字典》是我一辈子的良师益友。

于 2022 年 3 月

"典"燃的爱心

姜 昆

有人说，字典是人的另一个生命。真的是，一辈子都离不开他呀！我都 70 多岁了，现在依然时不常地拿起字典，找一些我似曾相识但是又不知其所以然的字，字典明明白白地告诉了我这一切。

《新华字典》应该是我们现在在中国发行量最多的、用处最大的一本工具书。中国的第一本字典，从出生那天到现在已将至古稀的年龄了。1953 年，我们中国的第一本《新华字典》诞生了，但是到现在他老吗？没有，依然那么年轻，那么清晰，那么灵敏，那么让人随时从他那活动的、带有印记的、各种各样的知识里汲取营养来丰富自己。

从 1957 年开始，商务印书馆担任起《新华字典》的出版任务，《新华字典》的修订到现在就一直没断过。那一年我七岁，当时还没有见过《新华字典》，但是在今后的几十年当中，我没有离开过《新华字典》。因为大家都知道,离开了学校,来到了广阔天地去炼红心的时候,那时候能够陪伴我们的,能够给我们支持的,也就是这本小字典了。

可让我和商务印书馆建立联系的,却是一条把我们连接在一起的爱心的纽带。这个事情发生在2011年,那一年我是政协委员,在参加全国政协会议的时候,听到一位新华社的记者给我们讲述了他和一本字典的故事,当时我们都非常地感动。

这位记者来到了一个边远山区的小学,小学里孩子们在一个非常简陋的教室里学习语文。在老师的手边有一本字典,但是这本字典已经破烂不堪了,有残页,有缺页,边边角角有许许多多磨损的痕迹。许多孩子争着跟老师说想查一个字,老师非常爱惜地把这个字典抱在自己的胸前,"不许乱动,不许乱动,你们看都这样了。"

这位记者很不明白为什么,为什么对这本字典这么珍惜呢?老师道出实情说:"我们全校就有这么一本《新华字典》"。这怎么可能呢?《新华字典》不应该是非常普及的一本语言工具书吗?但是,这就是那个时候在我们许许多多老少边穷地区的一个现实的情况。

这位记者把这本字典拿到手中,非常认真地翻了翻。突然,他发现其中几页有的是没印上,有的是不清楚,甚至还有错别字在里头。他问:"这是怎么回事呢?"连拥有这本字典的老师都摇了摇头。然后这位记者又仔细地看了看字典,他惊奇地发现,原来这本字典是盗版的。

当这位记者向我们讲述完这个故事,所有的政协委员全部都被这个消息给震惊了,他们望着记者手中拍下的这张照片,这张盗版的《新华字典》照片，有的人都不相信，事情会是这样吗？

于是，我们这些文化艺术界的政协委员当即就发出了一个号召，说我们能不能捐字典给这些需要《新华字典》的孩子们，一呼百应。我当时是中国文学艺术基金会副理事长兼秘书长，主持基金会工作。我代表基金会接受了大家这个爱心的请求，决定要把这件事情付诸实践，决定让我们全体献爱心的政协委员将他们的这个意愿付诸行动，变成现实。我马上联系了商务印书馆的同志们，得到的是他们积极热情的支持和我想象不到的相助行动的付诸计划。

商务印书馆的主管领导两次来到我们中国文学艺术基金会的办公室，我们共同商讨如何将我们的爱心变为行动。商务印书馆提出：第一，我们要保证所有的《新华字典》一定要在规定的时间内印刷好，要保质保量。第二，我们协助中国文学艺术基金会将这些字典亲自送到孩子们的手中，我们愿意承担一切费用。第三，我们要按照现实生活当中大家对《新华字典》的需求，逐渐完善这个工作，不仅仅局限于这些文化艺术界的政协委员，我们要呼吁广大社会的同志们参加这个爱心行动，而且我们商务印书馆的同志们首先要作为爱心的捐助者。

经过了20天的准备工作，中国文学艺术基金会联合商务印书馆、中国社会科学院语言研究所一起开展了"送字典下乡"这样一个活动。我当时很奇怪，商务印书馆怎么做得那么快呢？原来商务印书馆有一个百余年的传统，他们以"昌明教育、开启民智"为座右铭，并以此来体现企业使命和社会责任感。那么到了今天，尤其是新时代，我觉得这种百年传统对商务印书馆的要求，就形成了一个非常实际的、将爱心通过送字典到农村的这样一个活动，得到了一种新的体现。

我们的第一站定在了吉林省梨树县十家堡中心学校，到那里一是送字典，二是给同学们讲课。讲课讲什么，就讲文化，就讲字典在我们整个学习中华民族传统文化知识当中的重要性。另外我们用政协委员们一起捐赠的款项购买了5万册《新华字典》送下去，希望让我们边远山区农村学校的孩子们人手一册。

我记得那一天，我们去梨树县的时候，首先要坐飞机到长春，然后改乘其他交通工具才能到达梨树县。由于大家都是文化艺术界的政协委员，都在不同的地方演出，所以大家需要从各地乘坐不同班次的航班赶到梨树县共同完成这次爱心活动。那天，天公不作美，吉林省乌云密布，四个班次的航班有三个班次来到了乌云密布的上空以后，都掉头返回。老天爷似乎知道了，作为这个活动的组织者，我身上所担的重任，就在我们航班即将掉头返回北京的时候，我们东航的驾驶员突然发现乌云当中有一条清晰的缝隙，能够依稀看到地面的建筑物。随即他做了一个决定，居然一扎头钻出了云缝儿，看见了地面，当时机上所有的乘客都为我们的驾驶员鼓掌。当飞机平安落地以后，我心里长舒了一口气，因为第二天的早晨，我们就要送书到梨树县十家堡中心学校，孩子们已经做了很长时间的准备，尤其是商务印书馆的同志们在那儿给孩子们做横幅，帮助孩子们组织会场，将所有的工作全都布置好了。其中还特别邀请我和政协委员巩汉林代表文艺组的政协委员，在这里进行一场"艺术课堂"的宣讲活动，如果我们无法在规定时间赶到梨树县，那么很有可能整个活动就有被取消的危险。所以当我们落地以后，所有人都为我们能够在这样的一个气候条件下安全降落热烈地鼓掌。当然，第二天，我们的巩汉林老师也如期赶到了，他乘坐的飞机当天晚上在吉林省的上空转了一圈，最终返回北京机场，他们待了一宿，第二天匆匆忙忙地又赶到了吉林省，来到了梨树县十家堡中心学校。

在这次活动上，商务印书馆的总经理于殿利说："这是一所小学校，是在农村，我们可以叫作小农村，但这里是个大课堂，在这个大课堂里学习的所有的同学们将是祖国未来的主人，我们要在这个大课堂上做出我们的一份努力，做出我们的贡献。我和我们文艺界所有热心的政协委员和爱心人士一起为同学们送来《新华字典》，他们捐 5 万册，我们商务印书馆也捐 5 万册，一共 10 万册《新华字典》，我们要让所有需要《新华字典》的同学们人手一册。"他的这份热情的言语，赢得了阵阵热烈的掌声。我和巩汉林也是情绪非常激昂地给同学们讲了两堂艺术课，这次活动非常圆满，同学们和老师们一直是掌声不停，同学们高兴地说："我们这个小学校里从来没有这么热闹过！"

"爱心字典"捐赠活动是由我提议，由中国文学艺术基金会和商务印书馆共同合作的公益活动，我们都没有想到，几年后居然成为了一个响当当的品牌活动。从 2011 年开始，我们已经为西藏、贵州、青海、河南、吉林、甘肃等贫困地区的孩子捐赠字典 111291 册。德艺双馨的艺术家巩汉林、刘敏、阎维文、鞠萍、刘全利、刘全和等都积极参与。商务印书馆的同志们告诉我，目前《新华字典》已列入国家重点支持项目，这是多么令人高兴的事呀！

十几年过去了，我永远忘不了《光明日报》以《小字典撬动大公益》为题为我们做了大篇幅的报道；我忘不了北京丰体时代小学出现了动人的一幕：学生们你一本、我一本，将新买的《新华字典》交到老师手中，这些字典将送给那些素不相识的、贫困小学的孩子们；我忘不了从80多岁的著名音乐家吴祖强，到20出头的年轻歌手常思思，艺术家们纷纷伸出援手，短短一个月，中国文学艺术基金会就筹措到85万元；我忘不了青年舞蹈家刘岩，因伤残只能坐在轮椅上，行动不便，她不仅捐钱，而且坚持作为志愿者参加赴新野的捐赠活动；我更忘不了，一时间社会各界的爱心活动在广西、甘肃、北京等全国各地都开展得如火如荼，各社会公益组织、政府相关机构都被动员起来。其中，广西政府专门拨出2000万元的专项资金解决字典的匮乏问题，原新闻出版总署也号召新闻出版企业进行捐赠……

我想起，刚开始"字典"步入广泛的公众视野的那则"广西山区小学缺字典"的央视新闻：电视中，孩子们对字典"翘首以盼"，一本破破烂烂的字典上歪歪扭扭的几行字："此书值千金，破了伤人心。朋友借去看，千万要小心……"的画面。这已经成为过去，十几年弹指一挥间，但这个活动的每一个场面，我至今记忆犹新，这是爱心的涟漪在扩散，形成了爱的汪洋。现在，唱起"只要人人都献出一点爱，世界将变成美好的未来"这首歌的时候，我脑海里浮现出每一个催人泪下、爱心四射的镜头。这是一段历史，应该永远记在人们心中的历史，我相信人们不会忘记。

于 2022 年 2 月

谈《孙毓棠诗集》的编辑出版
——为纪念商务印书馆建馆 125 周年

余 太 山

商务印书馆为我们社科院历史所中外关系史研究室出版各种刊物和丛书，又为我个人编辑出版文集，我自然万分感谢。但是，最使我刻骨铭心者是于 2013 年 9 月出版《孙毓棠诗集》。以下略述我与孙毓棠师之因缘以及编辑此书之经过。

1963 年，我中学毕业，因各科成绩均差，未能上大学。1965 年年初，去一由刑满罪犯组建的生产自救小组当徒工。嗣后，在几家集体所有制小厂打杂，凡一十四年，身无一技之长。阴错阳差，1978 年被中国社科院研究生院历史系录取，成为孙师指导的硕士研究生，而以古代中亚史为方向，时年三十又三。孙师并未嫌弃我这块废料，而是知不可为而为之，不仅耐心提点我治学之道，且特撰《安息与乌弋山离》一文（《文史》第 5 辑 [1978 年]，页 7—21）示范，要在指明：治中亚务必结合中西史料；而他以近代工业史名家，未曾涉足古代中亚！此恩此德，没齿难忘。

1985年1月起，孙师旧疾一再发作，终于在5月初住进北京协和医院。治疗期间，我多次探视，见他状况一天不如一天，曾一再请求允许我编辑其史学论文集，他始终没有同意。有一次，他说："我的论文，质量不高，特别是解放前写的，当时条件太差，资料奇缺。时隔多年，史学界已有长足的进步，考古工作更是突飞猛进；既无力增补，你看有重新发表的价值吗？"见我颇不以为然，他又说："你如有兴趣，将来不妨收集一下我的诗作。"一个献身学术的人，心高气傲，临终前说出这番话，可谓字字血、声声泪，令我震撼！

我只知道孙师在上世纪30年代写过不少诗，但读过的只有《宝马》等二三首而已。其他是些什么诗，发表在何处，一概不知，那时的情况，不容我多问，只是在心中发愿，一定要把孙师托我的这件事办好。这便是我编辑这本诗集的缘起。

在搜集、编辑的过程中，得到孙师许多友好的鼓励和指点。其中特别要感谢卞之琳先生、萧乾先生和唐弢先生。这些前辈的热诚帮助，特别是提供的线索，使我克服了不少困难，也使我认识到孙师诗作的价值所在。我更爱孙师了。

孙师去世后，我便着手编辑他的诗作，在很长一段时间，只要有空，便去北京图书馆报库，翻阅各种旧报，搜集孙师诗作。个中甘苦，难以备述。功夫不负人，终于结成一集，请卞之琳先生作序，名之曰：《宝马与渔夫——孙毓棠诗集》。明知难称齐备，只想尽快出版，告慰孙师英灵于地下。

没有想到的是，我处处求告无门，没有找到一家愿意承接此书的出版社；一时真有呼天不应，叫地不灵的绝望之感。直到我于 1989 年访问伦敦大学，结识在那里执教的王次澄先生，才由她介绍到台北业强出版社，诗集得以在 1992 年 10 月问世。但所录不齐，校对不精，为此我一直耿耿于怀。

随着检索手段的进步，我收集孙师诗作的范围不断扩大，终于编成比《宝马与渔夫》篇幅增加数倍的《孙毓棠诗集》。书成，接着又面临出版问题。就我所知，出版这类书籍是最最困难的。

因为已和商务开始了交往，便抱着试上一试的心情，询及此事。万万没有想到，商务竟然接受了。不仅接受，还由馆内优秀编辑写了书评，推介此书（王希"一代史学家的诗人情怀——读《孙毓棠诗集》"，《博览群书》2014 年第 1 期，页 106—107）。这确确实实使我喜出望外。而当我知道，由于发行渠道等原因，商务此前从未出版此类书籍，则更使我感激涕零！

对于我来说，一生所编撰的全部书刊中，没有一种的重要性超过此书！

最后，必须指出，复旦大学中文系杨新宇先生发表"《孙毓棠诗集》补遗"（《现代中文学刊》2015 年第 5 期，页 97—107）一文指出《孙毓棠诗集》收录仍未齐备，他列出了 8 首"集外诗"和 2 首"集外译诗"，都非常重要。在此，谨表示我由衷的谢忱。文章还指出《孙毓棠诗集》校勘的疏漏和编排方面的不合理处，作为行家，也字字中肯。随后，杨氏又陆续发现了多首孙师署名"唐鱼"的诗作和若干论诗的文字，无不令人惊喜！

《孙毓棠诗集》合同期即将届满，非常希望能和新宇先生精诚合作，再出新编。

于 2021 年 12 月 9 日

把阅读推广的重任担在肩上

苏立康

中国教育学会中学语文教学专业委员会(以下简称"中语会")和商务印书馆的关系,要从阅读推广中心成立说起。而阅读推广中心是当年周洪波副总编辑主动提出并建立起来的。

先要说一说中语会的西部行。本世纪初,为了响应党中央"西部大开发"的号召,中语会先后四次组织全国优秀中学语文教师支教团,赴宁夏、贵州、青海、新疆和甘肃开展义务支教活动,送课下乡,宣传课改。作为一项公益活动,"西部行"得到各有关教育行政部门和基层学校的大力支持,同时也得到商务印书馆的热情关心。当时,我们中语会的秘书长顾之川同志找到教育编辑室主任冯爱珍,杨德炎总经理批准支持这项活动,并且给基层送来了《现代汉语词典》等工具书。活动开展不久,周洪波副总编辑就率领几位年轻同志前来参加我们的支教活动了。当时这些偏远地区的学校办学条件是很差的,工具书非常少。商务印书馆的朋友们的到来,对我们是很大的支持!"阅读推广中心"就是在这种水到渠成的情况下诞生的。

"阅读推广中心"的成立有一个酝酿的过程。记得是2011年,"语文报杯"教学竞赛在安徽黄山举办。在竞赛结束之前的一个晚上,周总召集各省市语文教研员开了一个会,酝酿成立阅读推广中心,这个提议得到了大家的一致认可。这以后筹备工作就正式开始了。这一年的九十月份,周总邀我参加筹备会,但不巧的是我的右脚骨折了,那时候,我还有照顾外孙的任务,只好请假吧。周总却把会议安排到我家里来开了。来我家的除周总外,还有吴满蓉、王永康等几位年轻的同志。这些年轻人太可爱了,到了我家,他们立刻"反客为主",沏茶倒水,搬椅子,还有人时不时地照顾我的外孙。我们的关系立刻变得亲近了。说实在的,那天商量了什么事我一点都不记得了,记得的就是我一下子交了这么多年轻的朋友。

阅读推广中心从2012年正式成立到2021年,分别在北京、安徽、青海、河南、陕西、宁夏、吉林、贵州等省举办了系列阅读论坛。阅读活动的安排,西部地区是重点,也兼顾了中部和东北。在活动内容的安排上,针对性和高质量是自始至终的要求。为了使教师受益,阅读推广中心的专家和老师们对语文教学的实际情况进行了深入的研究——包括成绩、问题、困难、需求等,进而由易到难有计划地安排高质量的活动,受到了老师们的热烈欢迎。每次活动都精心准备:专家报告是一项重要内容,教育部中学语文课程标准修订组组长王宁教授、教育部中小学语文教科书总主编温儒敏先生都先后两次到会做报告,还有北京师范大学李山教授、全国著名的北京四中特级教师顾德希老师等多位名师大家都曾到会做报告。对一线教师，尤其是偏远地区的教师而言，这是多么难得的学习机会，也可以说是难得的一次高水平的培训。另一项就是请名师来上观摩课，他们先进的教育理念、专业素养和教学艺术，通过课堂教学得到生动的展示。很多老师反映：他们大开眼界，感觉自己"开了窍"。

参加活动的老师，无论是上课的还是听课的，都有丰富的感受和收获。2014年，北京的张媛老师在"为中国未来而读"论坛上了一节整本书阅读示范课——《海鸥乔纳森》读书分享会。前来观摩学习的河南省实验中学的汪滨老师说："张媛老师的教学设计太新颖了，学生进入了读书思考的深层次，思维能力、语言能力都得到了有效的训练和提升。"

这两位虽然是个别的例子，但有一定的代表性。像张媛这样的老师理念先进，教学艺术游刃有余，都很难得。像汪滨这样不仅能听懂并且做出自己判断的老师也很宝贵。这种示范课加评课的活动，对于一线老师来说，直观生动。他们会从自己的实际出发，收获他们自己的理解。他们的语文课的水平提高了，学生们的读书热情被激发起来了，他们能抓紧时间主动地去读很多很多的好书，他们的健康成长就是水到渠成的事了。

阅读推广中心组织的这种活动，参加的人是很多的，一般常有两千多人，会场挤得满满的。中语会旗下的其他单位也举办各有特色的培训活动，商务与之不同的是这些活动完全不收费。这对于满腔热忱参与培训的广大语文老师来说，实在是福音！对于中学一线老师而言，不交会务费就解除了一大负担。试想这些老师出来听课，目的是学习、是进修，学校报销会务费的人数是有限的。不收会务费，就会给太多的老师提供学习的机会。每当宣布会议结束的时候，我都会听到会场上爆发的热烈的掌声，会看到很多老师迟迟没有离去。我想他们一定是收获满满，怀着愉快而留恋的心情返回的。

会议结束了，会务人员——商务的年轻人又忙碌起来了。组织这样的活动，会务工作是相当烦琐而紧张的。这几位年轻人始终情绪饱满，认认真真地做好每一件事情。我突出的感觉是周总带出了一只素质优良的团队，跟他们接触，感受的始终是他们的纯粹、真诚、热情。其实周总自己也是这样的人！

语文课程改革把整本书阅读纳入语文教学中来，已经有几年了。这样一个非常重要的变化，大多数语文教师却是完全不适应的。我们要求语文课要培养学生对阅读的热爱，培养他们良好的阅读习惯，那么语文教师的培训工作，仍然是当务之急。衷心地希望阅读推广中心在新的形势下，把阅读推广的活动坚持开展下去。我建议借助书单推荐以及线上线下阅读活动的发展，把语文教师和众多的同学们以及热爱阅读的广大群众，吸引到阅读活动中来，把阅读的力量传递下去，真正做到"为中国未来而读"。

"腹有诗书气自华"，我常把这句话和周总的团队联系起来。书读得越多，人就站得越高，所看到的世界就越广阔，追求就不会停步。

相信商务印书馆一定会在新形势下，把阅读推广的工作送上一个新台阶！

岁月留痕

于 漪

我是读着商务印书馆出版的书不断成长的，从年轻的时候就对商务印书馆有特殊的感情，心底始终有一种商务情结。后来，由于各种机缘，我有幸见证商务印书馆为服务中小学语文教学所做的工作，为它的不懈努力而感动。再后来，王荣华主编的《人文主义的教育理想：于漪教育思想研究论文集》，以及我的语文教学自选集《点亮生命灯火》先后在商务印书馆出版。从读者、仰慕者到作者，我的商务情结可谓初心不改。2022年2月，商务印书馆为庆祝创立125周年编纪念文集，总编辑陈小文先生邀我写文章，谈谈我与商务印书馆的故事。岁月留痕，于是，我就把脑海深处记忆点滴连缀成文，以谢盛情。我这样一名草根教师，能与商务印书馆结缘，始终没有离开读书，没有离开中小学教师读书价值的主题。

2012年7月，商务印书馆与中国教育学会中学语文教学专业委员会合作成立阅读推广中心，时任商务印书馆副总编辑的周洪波先生联系我，希望我能给阅读推广中心写一份寄语。商务印书馆是我心目中的文化圣地，重视教育，重视语文。阅读推广中心计划面向中学教师、中学生研究阅读内容、读书方法，开展读书活动。这个宗旨我由衷赞同。读书是一个人获得真正教养的途径，这条路永无止境。我自己也是读书的受益者。我给周洪波副总编辑写了贺信，表达我对中小学师生读书的看法。我说："原本求知欲最为旺盛的中学师生阅读群体读书的现状很不理想。从教育内部而言，对分数顶礼膜拜的势头从未降温，强化'育分'，淡化'育人'，把谋取分数的操练手段用来占领学生大量的时间空间，语文学科在有些学校几乎已边缘化，还谈什么课外阅读？教育外部声、光、色，快餐文化、低俗文化、垃圾文化五光十色，炫人耳目，近年来网络文化的飞速发展，对青少年学生更是有巨大的诱惑力，又怎能静下心来读书，尤其是读名著，读经典？提倡读优秀读物，文学的，科普的，推广阅读优秀读物，尤其是农村中学生的阅读，面对这样的环境，难度是大的。但是，再难，也要做，也要奋然而前行，为了学生心灵的健康成长，为了引导和教育他们成为素质良好的现代中国人。"周洪波先生很重视我的贺信，还联系报纸发表了。

早在2012年，商务印书馆就倡导中学生师生开展各学科领域的阅读活动，计划为中学教师、中学生出版与各科学习相关的好书，这是很有远见卓识的。从2012年到现在，商务印书馆每年暑期都要举办"阅读论坛"，邀请全国各地的语文教师共同探讨读书，探讨如何教好语文，久久为功，必收成效。

2017年8月的一天，商务印书馆编辑李节电话告诉我商务新出版了"语文教师小丛书"第一辑，寄我一套，并代表周洪波先生邀请我在上海书展就读书发表看法。小丛书五本，精装，美观。看到这套书，好像有一种"归来"的感觉。过去我曾多次读过其中的一本《经典常谈》，然而朱自清先生的论述，我依然理解肤浅。我从教六十多年，就是因为书读得不多，又不善读，上课的时候，仍然会感到有很多问题说不清楚。教课，有时能够一语中的，学生豁然开朗，是因为对这个问题钻研得很深，成竹在胸；而有时候觉得自己没有讲清楚，讲过来讲过去，学生还是一知半解，实际上是因为自己有一点含糊。我始终认为，教师要提高素养，提高教课水平，就需要多读书，多读经典，多积累。什么叫老师？老百姓认为老师就是读书先生，这是我国自古以来就有的传统，现代社会也应如此。读书对于教师而言其重要性不言而喻。在"语文教师小丛书"的"出版说明"里引了张之洞先生的话："读书宜有门径。泛滥无归，终身无得。"读书是有门路的，得门而入，事半功倍。这就告诉我们读书应该寻找一条正确的路。

8月19日那天，我早早地来到书展现场，再一次见到了周洪波先生。他跟我讲，自从成立了阅读推广中心，商务就一直想办法为中学教师读书服务。我说："在教师的成长过程中，技能技巧是第二位的，摆在第一位的应该是扎实的学识，而扎实的学识与读书紧密相关。我自己就是一个例子，我之所以还能够改行教语文，说实话还是因为在中学大学里读过一点书。"语文教师应该读一些磨脑子的书。在书展现场，有从山西太原、江苏徐州等地来的年轻教师找我聊天，我说年轻教师能够把自己的精力放在书展上，倾心读书，这对于我们老教师而言是非常欣慰的，也是很值得向他们学习的。

2018年的四五月间,李节编辑给我打电话,希望我能编一本自选集,收入"语文名家自选集"丛书,要求选集里既要有思想理念也要有教学实践,选最具代表性的文章。虽然那时我的全集即将出版,但我还是答应了商务的约稿要求,我是想用实际行动支持商务印书馆服务中小学语文教师读书的出版志向。我给李节编辑打电话沟通书稿内容和交稿时间,拟定的书名是"点亮生命灯火"。因为我一直觉得教育的目的就是聚焦于学生的"人之完成",教师的职责在于怀着对每个学生生命敬畏的虔诚,手持火种,点燃他们精神成长的灯火。

2019年,对于我个人来说,是一个难忘之年。这一年9月29日,我在北京人民大会堂金色大厅接受了习主席授予的"人民教育家"国家荣誉称号。《点亮生命灯火》赶在颁奖之前出版。10月18日,商务印书馆在北京举办新书发布会。当时我已从北京回上海,因为身体原因住院治疗不能到场,心里是有一丝遗憾的。因为医生嘱咐不让我说话,我就让家人专门拍了我在床榻上捧读《点亮生命灯火》这本书的照片发给李节,商务印书馆把照片放进了在发布会播放的记录片里。我当时也只能通过一张照片,向商务印书馆表达我的感谢之情。现在,"语文名家自选集"已经出了六本,"语文名师自选集"也出了四本,对于百年商务印书馆来说,为中小学语文教师出书,记录当代语文教师的思想和经验,也是别有一番意义的。

写到这里,我又想起2019年商务印书馆举办的一年一度的汉语盘点活动,周洪波总编辑请我书写了候选词语"改革开放四十年"。汉语盘点旨在"用一个字、一个词描述当年的中国和世界",鼓励全民用语言记录生活,描述中国视野下的社会变迁和世界万象。

2020年,《新华字典》推出了第12版,商务印书馆邀请我录制一个短视频谈谈感想。提起《新华字典》,我感到有说不完的话。我说:"看到《新华字典》,我就情不自禁地回想到小学时代的情形,做小学生的时候,多么想有一本字典。字典是一位学术渊博、不会说话的老师,它的好处是可以随时带在身边查阅。而《新华字典》是新中国最具有影响力的现代汉语字典,这本字典告诉我们:字是和生活紧密联系的,汉字简直就是社会生活的摄像机。我曾经查过很多的人名,包括商店的店名,我发现很多字都是用得非常吉祥的。但是字典当中,又有许多字是表现悲欢离合的。我后来想通了,原来它就是社会历史、社会生活的直接的反映,而《新华字典》本身就是我们社会历史和社会生活的摄像机。"应该说《新华字典》从一开始就承担着非常重要的使命。旧中国,我们一穷二白,文盲占人口的百分之八十以上。而一个人要驱除愚昧就要读书,读书是明理,明做人之理,明报效国家之理,而要读书就要识字,字典是最好的老师。《新华字典》一版一版地培养了许多人。新时代,在国家扶贫过程中,《新华字典》又承担了文化下乡的使命,免费地送到农村需要的人手中。《新华字典》在肩负的文化使命——普及文化、开启民智、昌明教育的使命当中做出了重大的贡献。借《新华字典》第12版出版之际,我也向所有编纂人员表示崇高的敬意。

祝愿125周岁的商务印书馆基业长青!

阅读推广,商务印书馆在行动

孟素琴

上小学后,学了注音和汉语拼音,从此可以自己看工具书认字了。妈妈给我的衣服缝上了超大的口袋,可以放下一本《新华字典》,这样我不论走到哪里都可以随时掏出字典查字认字。我到中学任语文教师后,和学生常用的工具书除了《新华字典》,还有《现代汉语词典》和《古汉语常用字字典》。这三本书,都是商务印书馆出版的。

2012年7月19日,由时任中语专委会理事长苏立康教授提议,中语专委会与商务印书馆联合成立了"阅读推广中心",我任主任。从此,与商务印书馆的联系更多了。

推广阅读,十年坚持不寻常

阅读推广中心成立后,几乎每年都要召开阅读论坛和其他阅读活动。我们先后在安徽、青海、河南、四川、陕西、宁夏、吉林、北京、贵州举办了"为中国未来而读"为主旨的阅读论坛，邀请在阅读方面有研究成果、有实践经验的专家和教师做专题报告，上阅读指导课，交流在校园开展阅读的经验。与会老师表现出了极大的参会热情，普遍反映会议内容有很高的理论指导性和操作可行性。之所以有这样的活动效果，是因为商务印书馆会前做了大量的工作，有关人员反复研究报告人和执教者，协调涉会的多个地区和部门、学校和教师、场馆和酒店。特别是备课环节，邀请了全国最优秀的一批语文教师，与会议承办方所在地教师一起备课，或线下或线上，深入研究，反复修改。其间，讨论的问题涉及教学理念、教材解读、教学策略、教学过程与方法诸多方面，执教老师大为受益。拿 2015 年 7 月在郑州举办的阅读论坛来说，早在当年五月份，商务印书馆就请来北大、北京景山学校、北师大附中、北京十一学校的语文教师和语文教育研究工作者，到郑州与河南省实验中学的语文老师共同研究教材教法。总之，一切从一线老师的需要出发，为老师们提供最好的服务。

推广阅读做一次活动容易，而坚持做十年，就不是一件容易的事了。每次活动会场都会悬挂一个条幅"商务印书馆与中国教育同行"，我想，他们说到了，他们做到了。

乡村阅读，扎根泥土育儿郎

商务印书馆从 1897 年创立之初，便以"昌明教育、开启民智"为己任，始终坚持积极推动文化教育事业。新时期，他们又创造性地探索、践行了建设乡村文化的新路子：建立乡村阅读中心。我有幸参加了 2016 年 3 月在邯郸、同年 10 月在安徽绩溪县上庄、2017 年 4 月在山西高平县良户书院、2018 年 7 月在四川阿坝州映秀镇建立四所乡村阅读中心的工作，之后还参加了对绩溪县上庄乡村阅读中心的回访。

我目睹了商务人如何身体力行"文化报国"的志向。他们精心挑选适宜乡村民众特别是乡村儿童阅读的图书，一捆捆地搬运，一本本地摆放，连供孩子们坐下来读书的软垫都设计成充满童趣的南瓜、花朵、小动物的样子。在胡适先生的母校绩溪县上庄毓英学校，我看到连校长和老师都惊叹商务送来的图书竟然如此"高端"，一位带领学生来读书的老师小声问我："以后我备课能来这个地方吗？"在山西充满厚重历史人文气息的良户村"侍郎府"，我看到孩子们像小鸟一样飞向一间间摆满图书的房间，踩着凳子去书架上挑选自己的"最爱"，然后坐在台阶上、倚在树干上，立即开始读书……商务在四川的乡村阅读中心，建在经历了特大地震灾害的川北映秀镇。置身此处，抚摸着一本本崭新的图书，我的眼睛湿润了。蒙眬中，身旁一排排的直立的书架仿佛与不远处漩口中学地震遗迹中那倾倒的学生宿舍重叠了……灾难不能打垮中国人民，灾难不能中断中华文化！在灾后重建的巨大工程里，在延续中华文脉的历史使命中，商务人与所有的文化人一起，自觉地担当起了自己的责任。

紧跟时代，《新华字典》又起航

2011 年"两会"期间，几十位代表提出将《新华字典》纳入"两免一补"的名单。乡村儿童拥有《新华字典》的比例究竟多大？盗版的《新华字典》是否存在？学生和老师对工具书有怎样的需求？这些问题都需要给出明确、清晰的回答。为此，中央电视台与《新华字典》出版单位商务印书馆联合，以最快的速度到乡村做了一次相关的调研。调研地点选的是河南省南阳市新野县新甸铺镇，我随央视和商务的团队一起来到这里。央视记者采取严格措施，保证受访者能够在不受任何外界因素干扰的情况下，自由、真实地表达。同时，商务同志深入多个班级，尽可能多地收集了孩子们手里的《新华字典》，结果发现多数是从书商手里低价买来的盗版书。这次调研的情况，央视以最快的速度在新闻节目中做了报道，回应了"两会"代表的声音。之后，我们欣喜地看到，财政部、教育部联合出台文化惠民政策，为全国约1.2亿义务教育阶段的农村中小学生每人免费配发一本《新华字典》。

在实现中华民族伟大复兴的新的时代，一本小小的工具书成了一个重要的文化标志，它将从每一个中国人的少年时代开始，伴随、扎根……

我还跟随商务印书馆做了其他一些阅读推广活动。如到黑龙江"北大荒"给老师们送书送教；到大庆参加"阅读嘉年华"活动，举办亲子阅读讲座；到河南卢氏县给山区孩子们赠送图书；配合多地新华书店，与教师家长交流开展儿童阅读的经验；参加央视"放飞梦想的翅膀"系列活动，先后到陕西华阳县、内蒙古四子王旗、四川阿坝地区及福建宁德地区的城乡学校，赠送图书并与老师和学生交流读书体会。

在一次次充满书香的同行中，我对商务"昌明教育、开启民智"的宗旨有了越来越真切的体悟，因此，我对商务印书馆满怀崇敬与感激之情。

于 2022 年 2 月 1 日

清流悠悠
——写于商务印书馆 125 年华诞

杨 桦

由"清流悠悠",自然想到"五岳归来不看山,黄山归来不看岳"的黄山,想到蜿蜒于黄山山涧的清溪。那日复一日、年复一年轻盈的潺潺溪水,经历了纷纭世代,见证了沧桑岁月,但依然清澈,缓缓流淌,从不停息。清溪流水滋润了山中万物,也让山行人赏水寻迹,这岂不就是黄山溪流的灵韵?

清流悠悠不仅是自然界的优美风景,也是人世间的纯粹生活。由"清流悠悠"的黄山清溪,不禁联想到古今中外的浩瀚书海,书对人类进步的滋润、启蒙和推动;联想到芸芸众生中的读书人,他们的学识和睿智对一代又一代人思想进化的引领和影响;联想到一个多世纪前,"百年老店"商务印书馆应运而生,成立初期,一群志同道合的读书人成就了编书的义举,编书人的前世今生都是读书人。十多年前,我因参与"为中国未来而读"的阅读推广公益工作而与商务印书馆结缘,亲历编书的读书人为推动中小学校园阅读所做的点点滴滴,如"书香校园""书香乡村""书香中国"全民阅读活动的组织和开展。阅读推广活动虽"小",但着眼的是中华民族素养之"大"。我想这也是商务印书馆编书人的"清流悠悠"!

为我国中小学学生阅读而有所作为,是商务印书馆百年来一以贯之的优良传统。1897年商务印书馆初创时,商务的出版与中国中小学教育就结下了不解之缘。1902年,刚进入商务印书馆的张元济先生,就旗帜鲜明地提出"以扶助教育为己任"。1904年,商务印书馆为适应当时教育的发展,陆续编辑出版了"最新教科书"系列,涵盖了国文、修身、笔算、历史、地理等学科,仅初小、高小就有11门32种156册。"最新教科书"的特点是种类齐全,在19世纪末20世纪初的中国社会中产生了很大的影响。为那个年代的中小学生编写教科书是高瞻远瞩的识见,犹如源于黄山之巅的清清溪水,从山涧流淌而去,默默滋养着小小生灵,永不停息……

一个多世纪过去了,商务印书馆秉承"昌明教育、开启民智"的责任,发掘和出版中华优秀文化,引进和翻译国外先进新知,历经磨难而又凤凰涅槃,在我国出版业中创造了一次又一次的辉煌。

2012年7月19日中国教育学会中学语文教学专业委员会和商务印书馆共同创立的"全国中语会阅读推广中心"在安徽池州隆重揭牌。阅读推广中心的宗旨是开展与中小学生校园阅读有关的教研活动,促进我国全民阅读公益事业的发展。也就在这个时候，我结识了商务印书馆的副总编辑周洪波先生和他所带领的团队。儒雅、谦和的周洪波先生，低调、少言的余桂林主任，他们对阅读推广活动的策划一丝不苟，对活动过程的细节考虑周到，给我留下极为深刻的印象。团队成员均为年轻的编辑，而且大多是刚从校园毕业便走进商务印书馆的博士生、研究生，这批人好学、谦虚、有追求、有创新。我想，这是百年商务的"后来者"，是"早晨八九点钟的太阳"，商务印书馆的未来是属于他们的。在商务印书馆的"清流"中，这些年轻的编辑们一如"清流悠悠"中尚不引人注意的细小波光，但依然晶莹，流向远方……

十多年来，与商务印书馆的编辑们一起做阅读推广，融洽而不生分。我想，这大概因为大家都是读书人，便有了共同的语言、情趣甚至是更纯粹的交往。尽管大家都是兼职做阅读推广，但是每一项工作、每一次活动的效率都很高。从2013年起，每年举办一次公益性的"为中国未来而读"阅读论坛，每次参加的中小学教师少则几百人，多则千余人，在全国产生了极为广泛的影响。多年来，阅读推广中心还研发了为全国中小学生推荐的阅读书目；研发了面向中小学师生，尤其是农村中小学师生的阅读读物；建立了阅读推广实验基地、实验学校，树立了标杆学校和个人；等等。读书是生活，做阅读推广既是读书又是生活，这种生活恰如清溪中的细流，虽平平常常，但延绵不断，悠悠前行……

阅读推广工作本是平常而又琐细的，因商务印书馆参与其中，就做得有声有色。出色的工作在于识见、创新和严谨。记得当初，我们在研究确定阅读推广论坛的总主题时，提出过几十个备选题目，论证过程十分热烈，大家都很执着，希望这个主题即能体现全国性读书公益活动本身的特点,又能体现商务印书馆创立时所倡导的"昌明教育、开启民智"的宗旨,讨论下来,最后的总主题确定为"为中国未来而读"。从引导中小学生要着眼中国的未来去读书的角度立意,这个主题体现的是不同一般的识见和阅读理念。阅读推广中心曾组织全国中学名师、专家和学者编了一套《中学生阅读行动读本》,初中四册,高中四册。这套书是从文学、历史、哲学、艺术、社会、科学和博物七个方面建构阅读框架,尤其是将近年来大家特别关注的"博物"纳入到丛书中,目的是引导中学生阅读多学科、多领域的内容。中学生的阅读一定要广泛,而不能局限于某一二学科,从广泛阅读的角度提高中学生人文精神和自然科学的底蕴,是这套读物构思和编写的匠心所在。

与商务印书馆的编辑们已相处多年,近年来又承担馆里一些中小学书籍的审读工作,接触多了,尤感编辑们工作的严谨。这里说说自己亲历的一件事,去年我承担商务印书馆某本书的审读,这本书的作者是中学语文界的名家,书的内容体现了当下新课程、新理念,但审读后,我感到书中有一些内容需要商榷和推敲,所以提交的审读报告中就强调这本书必须再做修改才能出版,并提出了具体修改意见。因审读报告中所写修改意见不少,报告末尾,我不无动情地写到:"本人斟酌再三,对本书稿的审读,还是要实话真说。一是实事求是,二是为了遵循商务印书馆百多年来所崇尚的价值追求。"报告发出后,很快就接到商务印书馆学生编辑室吴满蓉主任的电话,电话里满蓉老师除了感谢外,表达了与我同样的心声,即商务印书馆出版的书,第一位的是质量。我想,编辑工作严谨的背后是一种纯粹,纯粹是一种悠悠的力量,正如从黄山峰顶流下来的涓涓细流,历经淘沙,迂回曲折,更加清澈如镜……

写到此处,我突然萌生一种念想:再去黄山走走,看看清溪,领悟"清流悠悠"的自然魅力,冀望百年商务印书馆作为我国出版业的"清流"永葆青春,流向未来……

那些如饥似渴地读"汉译名著"的岁月

陈德中

喜欢商务印书馆"汉译名著"者,无一例外都是喜好读书之人。我与"汉译名著"的结缘,也是起因于这一小小嗜好。中学时代,我受托代管着学校每月都会有源源不断新到刊物的报刊阅览室,并趁此翻遍了那个县城中学图书馆满满几个房间的藏书。正是在这一时期,我的阅读兴趣开始转向了哲学,转向了名著。在不知不觉中,商务印书馆的图书成为我心目中不可替代的经典,阅读与珍藏商务图书成为我一个金灿灿的梦想。

不过,对于一个在荆棘与草莽之间艰难跋涉的农村孩子而言,对于一个时时还需为油盐酱醋发愁的家庭来说,要将梦想变为现实简直阻力重重。当时我在物质上的困难,近于不可思议的赤贫。说到赤贫,陀思妥耶夫斯基在其作品《穷人》中曾经情绪激动地写道:"贫穷不是罪恶,这是真理。我知道,酗酒不是美德,这更是真理。可是赤贫,先生,赤贫却是罪恶。贫穷的时候,您还能保持自己天生感情的高尚气度,在赤贫的情况下,却无论什么时候,无论什么人都做不到。为了赤贫,甚至不是把人用棍子赶走,而是拿扫帚把他从人类社会里清扫出去。"

非常幸运的是,和《穷人》的主人公一样,我虽在物质上极度贫乏,但在精神上却收获颇丰,常有着操一叶扁舟航行于惊涛骇浪之间的体验。1980年代的社会变动已经在思想领域掀起滔天巨浪,而我因为贫穷而生活单调,因为生活单调而情绪敏感,因为情绪敏感而思维活跃。家人倾尽全力支持我去从事稼穑生计之外的奢侈学习,而我也安于清贫生活,陶醉于阅读与思考的乐趣之中。

不过,赤贫的状态绝不允许我奢侈地拥有哪怕勉强说得过去的私人藏书,所以中学的大部分时间我是在图书馆中度过的。大学四年中,对于那些照本宣科的俗套课程我一概逃避,把绝大部分的时间都奉献给了当时刚刚建成开放的新北京图书馆。

如饥似渴的阅读欲与图书海洋带来的视觉冲击,注定要在我心里产生骚动。要说我不想拥有属于自己的珍贵藏书,那是绝对不可能的,但是我的生活只能勉强维持我继续读书而不辍学。大二的时候(大约是在1990年前后),学校里忽然贴出告示,说要征集义务献血者,我高高兴兴地去报了名。在临上车时,我突然被班主任叫住,他以怀疑的眼神打量着我,问我这样瘦弱的身体是否有可能去献血。咱很积极啊,告诉老师不用担心,身上有的是热血。

献完血后照例要卧床静养,并且发了一百元现金作为犒劳。静养间歇我忽然闪现出一个念头:这现金来得是时候啊,干吗不去购买一批书籍呢?

第二天一大早,我直奔商务印书馆当时在琉璃厂所设的一个门市部。记得那次去得很早,门市部刚开门,直到我选完书交款时才似乎又有一名顾客进店。

那次买的书都属经典,休谟的《人性论》上下卷,全两册十块九,托克维尔的《论美国的民主》上下卷,定价十三块七,如果我没有记错的话。有很长一段时间我对这个定价是耿耿于怀的,由于当时我对哲学兴趣更浓,所以觉得《人性论》更合算一些。当然,最合算的是《伯罗奔尼撒战争史》,七百多页的精装,三块九。直到现在,我仍然认为它很超值,不但花钱少,而且很经典。萨拜因的《政治学说史》,两册分别定价,耗去了我十二块两毛五。这套书成为了我系统学习西方政治思想的启蒙教材。文德尔班的《哲学史教程》只购得上册,六块四。还有一套《西方伦理学名著选辑》,上下册合计十二块六毛五。总共花去了我六十元左右。在当时,六十元就是一个半月的生活费。不过因为有了外财,那天花得很是过瘾,跋山涉水地把几套书搬回学校,手都勒得有些青红。

那天晚上我很兴奋,吃完饭把宿舍灯光打开,整整齐齐排在床头的书像是我招兵买马武装起来的正规部队,我在刹那间闪过一种检阅千军万马的喜悦——兵是我的兵,马是我的马。

随后一段时间,除了继续在图书馆读书学习,我也能更从容更灵活地阅读属于自己的经典了。其中几套,我是看了又看,画了又画。有书在手的确不同于在图书馆读书，首先可以随时捧读，不受时间限制，其次可以随时画线批注，或者前后互相引证寻找思想逻辑。

说起来，在此之前我其实已经拥有了一套商务图书。那是在高二时，我在县城新华书店购买到的一套《西方哲学原著选读》上下卷，共花去五块一。当时我每月的生活费是八块，所以买这套书要比前边提到的献血买书更不容易。有很多事，只有在回首时我们才会恍然意识到，原来它还别有深意。多年之后，我进入了北京大学外国哲学研究所学习，我在中学时期购买到的一套商务版原著选读正是这里的老师们参与编选的。到了今天，我竟也成为外国哲学研究群体的一员，而这些都是当年热血涌动买书时所未曾预料到的。

工作之后，尽管有了属于自己的一份薪水，在很长一段时间里，还算不上宽裕。不过我已经养成了一个习惯，只要时间允许，总会在不同的书店中寻觅那色彩斑斓的橘红、土黄与蔚蓝。商务的哲学、历史与经济理论书籍一直牵动着我的视线，我也逐步了解到，这些大都属于商务的"汉译世界学术名著丛书"。

再往后，读书的条件日趋改善，买书也可以享受到不同的折扣优惠了。当我开始能够基本按照自己的阅读与研究兴趣系统购书时，我感到非常"知足"。不时有朋友赠送给我商务出版的经典书籍，不管他们是出于对于我学习研究的支持还是为了满足我的嗜好，我都一律把这视作意外的惊喜。假如说读书人窃书尚不为偷的话，受人关怀而笑纳心爱应该算是对赠书人浓厚情谊的真诚肯定吧！

受惠便生回馈之心。好多年过去了，我一直为自己还没能为哺育我成长的这些经典书籍做出一些直接的贡献而心生歉疚。好在多年以来，我能够专注地在学术群体中发挥自己的力量，为学术繁荣、学术规范化贡献绵薄之力。几年前，我所翻译的 G.E. 摩尔的《伦理学原理》也得以在商务印书馆正式出版，忝列"汉译世界学术名著丛书"。一己之力单薄，有此缘分意满。

读经典而正本心，凭着这些经典的养育之恩，在工作中我不敢有丝毫的私心杂念。"只事耕耘，不问收获"是我对自己的基本要求。蓦然回首，无意间发现，我心目中行事的典范，居然与"汉译世界学术名著丛书"这一套经典所惯有的沉稳与质朴之风格暗自合拍。经典自立规范而不要求后来者，我们可以把这称作经典之"格"，有了"格"才能有"品"。如果这算是我对经典作品的真诚褒奖的话，我也愿意把这褒奖一并奉献给那些为我们定格局、立品位的出版家们，奉献给我们尊敬的商务印书馆。

2009 年初稿，2022 年 2 月改定

阅读、翻译与研究
——纪念商务印书馆建馆 125 周年

林 中 泽

人的一生如以 80 年为限,除去童幼无知的五年和老年昏聩的五年,剩下 70 年工夫,再除去睡觉发呆、吃喝拉撒、应酬交际和工作谋生等事项,真正用于阅读的时间,实在极其有限。一个人既然无法做到遍读群书,就只好进行选择性的阅读。选择什么样的作品来阅读,这往往受制于一个人的性格爱好及职业需求等多方面的复杂因素,不同的人可以且不得不选择读不同的书。正如人的身体健康需要通过摄入全面的营养要素才得以保障一样,人的心灵健康也需要通过摄入相应的心灵营养要素才能得到实现。营养学的原则要求一个健康人士必须是一个杂食者,教育学的原则要求一个博学人士首先必须是一个杂读者。可是,就如人体诸种营养素有主次之分那样,心灵的养料也有高低之别。假设一般性的作品犹如碳水化合物和维生素那么不可或缺,那么经典名著就像蛋白质那么至关重要。一个人如果长期缺乏蛋白质的摄入，肌肉就会萎缩，脂肪就会堆积，各种危险的疾病就会随之而至；一个人倘若长期缺乏经典名著的熏陶，心灵中的真善美就会逐渐枯竭，生活就会空虚，各种精神危机就会趁势而入。因此，要想保持精神健全和人格完善，就很有必要使自己常常接受经典名著的滋养。

说起经典名著，我们首先想到的当然是商务印书馆那套历史悠久和享誉全球的"汉译世界学术名著丛书"。我个人就是借助那套丛书进入专业研究领域的。作为全国恢复高考后第一届大学生，我深感时间的弥足珍贵，"把损失的时间夺回来"，成为我们这一代学子的响亮口号和行动指南，图书馆则是我们梦魂萦绕的地方。最初的阅读有些饥不择食，后来老师给我开列了一个阅读书目，其中大半是商务印书馆出版的经典名著。于是我才开始得以知晓"商务印书馆"这个赫赫有名的出版大家。在这个书单中，有一部书令我玩味再三，爱不释手，它就是吴献书先生翻译的柏拉图《理想国》，该书出版于1957年，为竖排繁体字精装本。此书以其半文言文的语句，为柏拉图的思辨平添了几分古雅的色彩。在阅读此书之前，我只知道马克思所构想的未来理想生活蓝图，源自傅立叶和圣西门；而傅立叶和圣西门的思想，则源自托马斯·莫尔和康帕内拉。在阅读了《理想国》之后，我才意识到，原来在托马斯·莫尔和康帕内拉之前还有柏拉图，柏拉图才是空想社会主义思想的始作俑者。追本溯源本来就是历史学的特性，好奇心驱使我进一步追问：柏拉图的思想源头又在哪里呢？柏拉图为什么会有这样一些奇思妙想呢？柏拉图所处的，到底是怎么样一个时代？等等。这些问题既使我困惑，又令我入迷。我想，我的专业思想就是从这部在当时的我看来十分奇特的书开始的。

商务印书馆的那套"汉译名著"都是译作，因此我们接着要谈谈与翻译有关的话题。说到翻译，钱锺书先生曾有过极其精辟的谈论。例如他说：优秀翻译者总是希望人们读了他的译本之后，就无须去读原作了，殊不知正是因为他的优秀译作的作用，激发了读者抛开译作去直接阅读原作的冲动；而拙劣的译作则不仅杜绝了读者阅读译作的欲望，而且彻底打消了读者阅读原作的念头。换言之，优秀译作是原作与读者的居间，拙劣译作则是二者的离间。该观点至少对我而言是真实可信的。奥古斯丁的《忏悔录》，在国内有多个不同译者译出的汉译本，可是我却偏爱周士良先生的译本，该译本优美的译文的确激发了我阅读原作的冲动。我打开亨利·查德维克（Henry Chadwick）的英文译本（牛津大学出版社2009年版），细细地品味着奥古斯丁从异教向大公教转变过程中痛苦挣扎的心路历程，一种饱享美餐的满足感不禁油然而生。奥古斯丁毫无保留地向上帝敞开了其真诚的内心世界，这种自我解剖借助查德维克那传神之笔，足以扣开读者的心扉，而每每令人心潮澎湃，激动不已。

做世界古代中世纪史研究，第一个基本功自然是翻译。只是在一般情况下，我们仅满足于做片段的翻译，即翻译某个文献的有限片段资料，以作为论证有关话题的证据，而很少通译全书。说来惭愧，我在四十余岁时，才开始系统的翻译工作。而我与商务印书馆的结缘，则是最近十余年的事情。2008年，我获国家社科基金资助，对古罗马教会史作家优西比乌的作品进行研究，其中的一个内容，就是译注这位作家所撰的《君士坦丁传》。课题做完后，我试着将汉语译作《君士坦丁传》投给商务印书馆，没想到很快就得到了回复：译作质量没问题，可以出版。由于手中拥有课题费，我主动提出支付出版资助，却遭到了婉拒，他们反倒支付给我翻译费。这件事情对我触动颇大。在唯利是图的现实社会里，竟然还保留有只讲学问不讲金钱的一块净土。从此我决定竭尽所能为这个百年老馆效力。除了《君士坦丁传》已被纳入"汉译名著"丛书并得以重印之外，迄今为止，我先后为商务印书馆翻译完成了斯夫廖内的《宫廷骑士》、鄂图的《双城史》、苏克拉提的《教会史》及奥罗修的《历史七卷》；目前正在翻译的有琼斯的《古代世界的衰落》；接着有意翻译的有霍沃士的《大格雷戈里》、斯特拉透达奇的《佛提乌传》及韦伯的《早期圣职买卖史》等。

就我的个人经验而言，做成一部好的汉语译作，必须具备三大基本功：其一是汉语功底要过硬。因为你所面对的是汉语读者，你首先得让他们读得懂，然后是让他们喜欢读，这不是说说就可以做得到的，需要长期的历练。其次是相应的外语功底要过硬。现在已经不再是林纾的时代，可以借助口译者的中间传递来充分发挥你的汉语优势；你除了必须娴熟掌握底本的语言规则之外，恐怕还得多少了解相关的其他语种的情况，如拉丁文或希腊文等，因为做学问的西方人，尤其是做古代中世纪历史的西方人，都是深谙拉丁文或希腊文的。第三是专业功底要过硬。没有专业功底而只有外文知识的人，是根本无法适应笔译工作的，因为他们不理解所要翻译的作品的基本专业历史背景，因此就可能会出现种种误译。对于译者本人来说，翻译的过程无疑也是一个深度阅读的过程。你得仔细斟酌每句话乃至每个字词的意义和弦外音，然后用最适合的汉语表达方式传递出来。整个过程虽然有时是艰辛的，但却充满着阅读的乐趣。孔子曰：学而不思则罔。如果说，在翻译过程中不贯穿着译者的思想与思考，那是实在不可思议的。因此翻译就与研究产生了密切的关联。

翻译基础上的研究，可以分为三个层次：第一个层次是给那些对于中国读者而言是比较陌生的内容，加上适当的注解。这虽然是一项十分基础性的工作，对于专业人士来说没有任何难度，但它并非可有可无。第二个层次是给整部译作写一篇序论。写序表面看来并不难，但一篇好的译序也并不容易写。马克思曾经说过，要理解一个特定的历史时段，首先就得跳出这个时段的限制。马克思自己就是这样做的，例如他虽然研究 18 世纪英俄关系，但他将其溯源至 9 世纪基辅罗斯时代；他讨论的焦点虽然是英俄两国，可是他也由此延伸至瑞典、土耳其和德法等相关各国。同样，我们如果要公正地和有深度地评价一部作品，就不能仅限于该作品所提供的资料，而应旁征博引，使自己的视角有所升华。第三个层次是以所翻译的诸多译作为中心，展开专题性的系统研究。这是翻译研究的最高层次，它要求有丰富的翻译基础和较长时间的知识积累，其目的是实现对自身翻译工作的阶段性总结，以期深化未来的翻译。

总而言之，从理解西方文明的角度看，首先是在好奇心和求知欲的驱动下阅读著名译作，然后是接触和翻译原作，最后是在翻译中进行不同层次的研究，以满足更高层次的好奇心和求知欲。阅读、翻译与研究，是三位一体互相联动的，只要运用得当，就可起到触类旁通和举一反三的功效。

读者、收藏者、作者
——我与商务印书馆的缘分

张　效　民

我与商务印书馆的结缘，最早是在20世纪60年代。作为川北山区一名五年级学生，由于家庭条件稍微好一些，父亲给我买了一本商务印书馆出版的《新华字典》。可别小看这事儿，在贫困山区的小学里，那是一件很能吸引眼球的事情呢。在我的记忆中，在那所名叫"黄泥堡"的小学里，似乎只有我拥有这本字典。也许是新鲜感的驱动，或者是炫耀心理作祟，我把这本字典带到了学校，享受同学们既羡慕又有些嫉妒的目光，少年心气由此陡然增长。

可以说，正是这本《新华字典》开阔了我的视野，成为在那个特殊年代中一位无言的老师。后来读初中，从一位同学手里借得从书本中间断开的半本古典小说《三侠五义》，诸多尚不认识的字词，大都是通过这本字典来认识的。这里要说说所谓"半本"

是怎么回事。这本《三侠五义》因为人们常常折叠起来装在衣袋里，一有时间就拿出来阅读，既方便又安全。但借阅人多了，折叠就多了，久之即断为两截。即使如此，借给我书的同学，还是担心全本借出有收不回去的危险，就采取只借半本的方式以策安全。只读上半本或只读下半本，当然很不方便，本可一口气读完的竖行文字，读到中间就没了。下半行的内容究竟是什么，要靠你的联想去弥补。但某种意义上，也似可锻炼你的想象力。后来有出版社为了配合评《水浒》运动出版《水浒传》，我有机会得到一部，那时我已经高中毕业，但还是依靠《新华字典》解决了《水浒传》中的一些生字问题。读《红楼梦》也是囫囵吞枣读完，当时感觉，都是男男女女那些家长里短的事，节奏缓慢，远不如读《水浒传》来得痛快。当时只希望情节快速推进，故事激烈冲突以快人心，好人坏人一目了然，更不明白这里有什么阶级斗争。但是有本字典，书中的生字也大致可以认识。

再后来就改革开放了，我那时是一所师范学院中文系的学生。现在已经忘了是什么渊源，得到一本20世纪50年代出版的四部备要本的《孟浩然集》，几个同学在老师指导下开始学习注释这个集子。刚开始的指导老师自己也正在注释扬雄的《方言》。他热衷于"无一字无来历"，要求注释《孟浩然集》也按照这个方法来进行，并指点我们去查工具书。这样逐字逐词加以注释，费了不少时间。后来中文系老学者傅老先生等认为，这种乾嘉学者的老路，今天已无必要再走，要我们删繁就简，搞一个简注本出来。当时我们对指导做比较繁复注释的老师还有点埋怨，但后来却感到，对于我们这些刚刚进入大学、知识先天不足的学子而言，这是一种必要的基础性补课，也是一种初步的学术训练，能使我们知道工具书的使用和资料的查阅方法，对文字字义的理解也深入一些。如果那时能够坚持下去，可能收获会更大一些。正是这次注释《孟浩然集》的尝试，使我接触到了商务印书馆出版的《辞源》等书籍。借着改革开放、思想解放运动的东风，我们又有幸读到了商务印书馆出版的"汉译世界学术名著丛书"中的几种著作。在近代史和现代文学课上，授课教师都会讲到《天演论》对于近代中国思想界的巨大影响，也会讲到林纾等翻译的那一百多种西方文学作品，由此知道了当时"译才并世数严林"那段著名公案，知道了"可怜一卷茶花女，断尽支那荡子肠"那些香艳故事。这些著作和译作，在我们面前展现出全新的思想和生活状态。在此之前，我们的视野极其狭隘，我们的思想极其幼稚，我们的知识来源除了仅有的、浅显的几本教材，就是当时"小报抄大报"千篇一律的报纸，狭小的生活圈子就是我们所能感受的世界的全部。但改革开放了，这些著作的出版打开了知识的大门，使我们能够阅读到来自欧美、日本等各国的学术名著和文学名著，可以通过阅读感知与此前认知完全不同的崭新世界和崭新生活，受到了一种强烈的思想的冲击，认识到我们对外部世界的认知是多么浅薄缺乏，高呼过的一些豪言壮语是多么不靠谱、多么可笑！但那个时期只是从商务印书馆出版的那些著作和翻译的文学作品中感受到了理论和文学的力量，尚未清晰地认识到商务印书馆诞生和存在的价值。

再后来，大学毕业了，我被分配到成都师范专科学校，讲授现当代文学。商务印书馆出版的《天演论》等著作和林译外国小说，就成为授课时必会涉及的内容。后来我调深圳工作，参与了参政议政事务，又到深圳职业技术学院担任行政职务，那些世界学术名著便自然成为参政议政十分重要的思想认识理论基础之一。这时我才认识到商务印书馆的成立和存在，对于几千年来处于高度封建集权社会中的中国人，尤其是一些较早觉悟、睁开眼睛看世界的先行者们来说，意味着什么！在我看来，如果没有商务印书馆先辈们的努力和艰苦奋斗，出版一大批世界学术名著、文学名著和教材，中国社会的人们，可能还沉醉在"中华帝国天下第一"的迷幻之中不能自拔。正是《天演论》等著作的出版，使那时的中国人认识到当时国家面临"瓜分豆剖"的险恶处境，激起强烈的忧患意识，从而奋起自强自救，思考落后根源，图谋改变封建制度，推动了古老中国的近代化运动，奠定了坚实的思想理论的基础，也成为五四运动的嘹亮先声！我才意识到商务印书馆的事业绝不仅仅是现代出版业的开端，而是致力于开启民智、昌明教育、普及文化、养育新思想的崇高事业，是中国人睁开眼睛看世界最为重要的思想理论的供给者，是打破封建主义"黑屋子"思想桎梏的重要思想文化生产基地和精神堡垒，是近代以来中华民族文化精神的一座耀眼的灯塔！商务印书馆在我心中的地位由此逐步提升以至达到只能仰视的神圣地位！

在成都师专任教期间，1986年6月，我有幸购得商务印书馆1981年出版的"林译小说丛书"十种，加上钱锺书等著的《林纾的翻译》一书，一共是十一本。这套丛书开本不大，正32开本子，蓝绿色的封面简洁大方，我至今视为拱璧。到深圳后，我开始陆续购买商务印书馆出版的单行本的西方美学理论、政治学、历史学、社会学、法学理论著作。到深圳职业技术学院后，又有了"汉译世界学术名著丛书"和"中华现代学术名著丛书"各一套，也陆续购得任继愈先生主编的"中国文化史知识丛书"中的系列著作，成为商务印书馆出版著作的真诚读者、收藏者，内心确实是无比愉悦。

后来我的朋友苑容宏先生主持商务印书馆教育编辑室事务，我得知商务印书馆拟恢复始于20世纪初的分馆体制，拟在广东设立分馆。与其他一线城市相比，深圳在文化方面、出版方面的差距十分巨大，如能促成商务印书馆在深圳设立分馆，对于深圳的文化建设，具有十分巨大的意义。于是就从我的角度极力促成商务印书馆与深圳职业技术学院合作设立分馆。在双方领导支持下，商务印书馆深圳分馆很快建成并开始运作，至今已近十年。深圳分馆成立以来，出版了一系列教育、文化类图书，提升了深圳和深圳职业技术学院的文化影响力。我还积极促成深圳市社会科学院与深圳分馆合作，在深圳社科院设立编辑出版中心，为深圳市以及大湾区社科文化教育界搭建了一个高端出版平台，为大湾区文化建设做出了积极贡献。作为推动人，我也感到十分自豪、十分欣慰！在这期间，我也多次到商务印书馆总馆参观、学习，感受到了这座文化堡垒、文化灯塔的无穷魅力；与商务印书馆的各位领导和编辑们也有了较为深入的交往，我钦佩他们的风范学识，景仰他们宽广的胸怀气度。出于对商务印书馆的仰慕，我十分关心商务印书馆在全国各地留下的遗迹。2013年年末，我到福建漳州出差，在漳州台湾街发现了商务印书馆的发行所遗址，就将这个标牌拍下照片，通过苑容宏先生发给商务印书馆领导，他们十分高兴，说这是国内迄今唯一发现的一处商务印书馆三级机构的完整办公建筑，对馆史研究有一定价值。我则十分佩服当年商务人传播文化、开拓和深耕市场的能力。在这个阶段，我才算真正与商务印书馆直接结下了缘分。

由于深圳分馆设在深圳职业技术学院，学院至少可以享受到"近水楼台先得月"的便利：在书稿写作、出版方面可以就近得到具体、细致的指导，促进书稿编写质量和学术水平提高。几年来，深圳职业技术学院在商务印书馆出版了好几套大型丛书，在职业教育研究方面迅速产生重要影响。考虑到各高校安全教育教材缺乏，在分馆安排下，由我主持编写了《大学生安全教育与应急处理训练》一书，受到欢迎，很快就印行了第二版，迄今已印刷6次，在全国高校安全教育方面产生了一定影响。

我退出行政岗位后，有时间做自己愿意做而又力所能及的事情，就决定开展大唐名相张九龄研究。这个想法得到商务印书馆总馆和分馆领导的大力支持与具体指导。在研究的进程中，我通过电商购得一批新中国成立前和改革开放后商务印书馆出版的相关图书，解决了研究中的版本校对、异文校勘、地理风俗认识等问题，着实受益不浅。比如，张九龄开凿大庾岭路的具体时间，他在《开凿大庾岭路序》中说是开元四年。来自当事人的说法当然具有权威性，应该信从。而中华书局版《新唐书·地理志》中，却说是"开元十七年"，乾隆武英殿本说是"开元十六年"。今天的学者们对此也是众说纷纭。我则根据商务印书馆老前辈、著名编辑家、历史学家张元济先生校订，最早由商务印书馆出版的百衲本《新唐书》和由他编著的《百衲本二十四史校勘记》中的

《新唐书校勘记》的材料，确定宋代欧阳修最早编纂、进呈的《新唐书》或即谓"开元十七年"，此后明代丘浚所见《新唐书》亦同。可见中华书局本《新唐书》之误来源于北宋流传下来的《新唐书》的说法，而这个说法也是错误的。据此，我还对致误之由做出一些可供参考的推测。现在，《张九龄研究》一书已经脱稿，交付商务印书馆编辑出版，年内当可面世。因研究张九龄而涉及的沈佺期事迹的考辨，汇集成《沈佺期行实考辨》一书，即将由其他出版社出版。《张九龄传》的写作也在抓紧进行，完稿后亦当交由商务印书馆出版。这些著作的出版如能成为现实，我就成为商务印书馆的真正作者了。

今年是商务印书馆成立125周年，谨以此文对商务印书馆表达由衷敬意，并祝商务印书馆在未来的日子里，坚持125年来形成的高尚出版文化，取得更加辉煌的成就！

于2022年元月

发挥余热，与时俱进
——商务印书馆建馆 125 周年有感

胡壮麟

近日，正在回忆思考本人耄耋之年的日日夜夜。在此过程中突然获悉商务印书馆已建馆125周年，而我这十来年与商务印书馆过从密切，我的学术活动有不少竟然与商务印书馆有这样那样的联系，有必要先整理一下，与众共享。

1.《牛津高阶英语词典》（第8版）

2012年8月29日下午，商务印书馆在第19届北京国际图书博览会上举办了《牛津高阶英语词典》（第8版）发布会。作为该版序言作者之一，我与北京外国语大学教授、前副校长庄绎传先生也受邀参加此次发布会并致辞。

《牛津高阶英语词典》（第8版）是商务印书馆和牛津大学出版社强强合作的产物。它比第7版新增20%的内容，体现了英语世界的新变化、新特点和新趋势，同时更加突出"学习性"这一"牛津高阶"系列的招牌特色。词典后所附32页的"牛津写作指南"更是一大亮点,指导使用者循序渐进地掌握写作要点。为此,我在序言中指出"本词典是专为英语非母语者编写的英语词典,编者重视目标读者的特殊需要",而且"没有汉语释义和译文,高阶学习者的阅读不会被打断,可以自由徜徉在英语的世界里"。

2."西方语言学系列丛书"专家研讨会

2013年6月22日在商务印书馆礼堂召开此会。我对总经理于殿利的讲话印象很深。他认为商务印书馆应当"学术引航,做好工具书出版。""服务学术,担当文化,引领潮流。"他特别指出,要在目前已有丰富众多的语言学著作出版情况下,做好西方语言学系列丛书的出版工作,不走弯路,不重复工作,不浪费资源。

我也记得项目负责人杨子辉介绍相关情况时提出商务印书馆引进、出版语言学著作应遵循的出版标准,抓住学术性、代表性、前沿性、经典性;读者对象应该是语言学专业本科生、研究生及相关研究人员。我在发言中提到我本人与商务关系渊源已久,如与徐世谷、周欣、栾奇等编辑的合作。结合那次专家研讨会,我提出商务除引进西方语言学著作外,也可讨论相关工具书的引进或编写,也可组织国内专家编写专著和论文集等,思路可放宽,更可以思考翻译非英语国家语言学著作,也可将国内语言学名著翻译后输出。就前沿性而言,可考虑近十年中青年学者的论著。切入的角度可以考虑只收录2000年之后的西方语言学著作,系列名称建议定为"21世纪西方语言学新著"。

3. 商务版"剑桥应用语言学年度评论"丛书

自 2013 年 8 月起,商务印书馆与剑桥大学出版社开始商洽在大陆出版 Annual Review of Applied Linguistics(《应用语言学年度评论》,以下简称"《年度评论》")事宜,至 2014 年春末签约。此后,商务印书馆英语编辑室领导栾奇、马浩岚和责任编辑杨子辉博士先后来我家访问,约我办三件事,一是代为组织国内学者为各卷评论写导读,二是承担导读的审稿任务,三是为商务版《应用语言学年度评论》写一个总序。作为对我的照顾,商务印书馆领导同意我邀请复旦大学朱永生教授和北京师范大学田贵森教授参加导读审定工作。

我的总序于 2015 年元旦完成。在内容上,我谈到刊物方针、主编更迭、国人参与和"商务"特色。这里仅就最后一点稍做介绍。商务版《年度评论》始自第 20 卷,而不是从第 1 卷出版。其原因有二,一是《年度评论》的第 20 卷实际上已对前 20 年中的发展做了系统总结,帮助读者了解总体,起到承前启后的作用;一是商务印书馆此举着眼于让读者以更多精力把握应用语言学在新世纪的发展,急读者之所急。当然,商务版《年度评论》增加了满足中国读者需求的新内容,那就是每卷都有一篇 1.5 万字左右的中文导读。这便于帮助读者掌握每卷的基本内容和背景材料,对汉语界的教师、研究者和学生很有帮助。由于《年度评论》涉及多个学科和领域,各卷原版的体例不全相同,我们对每位导读作者只要求对本卷各章内容都能做提纲挈领的介绍和解释,帮助读者理解和抓住要点。导读作者各自的特色则表现在:(1)能在正文之前对本卷的总主编、客座编辑做介绍,并对总主编的引言深入分析,起到画龙点睛的作用;(2)对本卷主题进行了解释;(3)对有关主题在20世纪的研究状况或《年度评论》已经发表过的专辑做必要回顾;(4)对每卷论文内容进行归纳,指出其特点;(5)坦率指出某卷内容的不足之处;(6)结合国内现状进行讨论,并进行反思;(7)在讨论中,引入当代先进理论;(8)向我国学界和领导部门提出今后有待深入展开研究的问题。

4.《牛津中阶英汉双解词典》

早在本世纪初,牛津大学出版社便邀请我为该社在香港出版的《牛津中阶英汉双解词典》和《牛津进阶英汉双解词典》(第3版增补本)写过序。牛津大学出版社后来和商务印书馆合作,以《牛津中阶英汉双解词典》第4版、第5版等名称在中国大陆出版。《牛津中阶英汉双解词典》与《牛津高阶英汉双解词典》《牛津初阶英汉双解词典》是一个完整的学习词典系列,满足不同英语水平的中国读者的需要。该词典系列问世以来,深受我国广大英语教师和学生的喜爱。非常荣幸,商务印书馆在其新版本中保留了我写的序言。

与此同时,经牛津大学出版社惠允,商务印书馆在内地出版发行该词典的简体汉字本,并对原词典进行了必要的编辑加工和技术处理,以便更适合内地读者使用。

2016年8月24日,第23届北京国际图书博览会开幕第一天,商务印书馆和牛津大学出版社联合举行了《牛津中阶英汉双解词典》(第5版)新书发布会。商务印书馆总编辑周洪波先生在简要介绍第5版《牛津中阶英汉双解词典》修订内容时,提到我为该词典撰写了序言。我本人则在发布会上向读者热情推荐这本词典，认为该词典具有"通俗性、创造性、时代性和实验性的特点"，"继承了牛津词典系列的一贯优点，编排条理清晰、图文并茂，内容丰富实用、与时俱进，释义深入浅出、融会贯通，译文通顺流畅、符合国情"。

5."剑桥应用语言学年度评论"丛书发布会暨"语言学名著译丛"研讨会

2017年2月24日，商务印书馆召开发布会，正式推出"剑桥应用语言学年度评论"丛书，首批出版共15种（2000—2014）。

我在会上回顾了丛书的作者遴选和审稿过程，肯定了导读撰写专家团队为丛书的高学术水准做出的贡献。令人鼓舞的是商务印书馆特地安排了向长期合作的北京大学外国语言学与应用语言学研究所赠送一套"剑桥应用语言学年度评论"丛书的活动。张薇教授代表北京大学外国语言学与应用语言学研究所接受赠书。更使我兴奋不已的是肖启明书记代表商务印书馆向我这个八五老汉颁发了"荣誉顾问"聘书。我在答谢辞中深情地回忆了家族与商务印书馆的患难情缘，以及商务印书馆与北京大学在合作过程中缔结的紧密关系。此前，我在商务印书馆创立120周年时，将家传珍藏的商务印书馆民国版《辞源》（一套3册）和一整柜"小学生文库"无偿捐给了商务。

尽管如此，发布会结束后召开的"语言学名著译丛"研讨会更具战略意义。鉴于"汉译名著"中语言类著作的实际情况，商务印书馆通过这次研讨会，听取了与会者就出版语言学译著发表的种种意见，并统一思想，确定了引介国外语言学名著的思路，最后决定了"语言学及应用语言学名著译丛"的出版计划。这在下一节细谈。

6."语言学及应用语言学名著译丛"出版座谈会暨"汉译世界学术名著丛书"第二十辑语言类名著专家论证会

2021年10月24日,"语言学及应用语言学名著译丛"出版座谈会暨"汉译世界学术名著丛书"第二十辑语言类名著专家论证会在商务印书馆成功举行。出席会议的北京大学教师除我本人外,尚有"名著译丛"专家委员会顾问教授陆俭明和北京大学语言学及应用语言学研究所高彦梅副所长。

"语言学及应用语言学名著译丛"选择国际一流语言学专家的经典作品,邀请国内生成语言学、布拉格学派、语义学、语音学等领域的顶尖学者进行翻译。目前列选书目42种,涵盖理论与方法、语音与音系、词法与句法、语义与语用、教育与学习、认知与大脑、话语与社会七大板块,对于国内语言学专业学生、教师和研究者,以及与语言学相融合的其他学科师生均具有极高的学术价值。截至2021年10月,本套译丛已出版15种。

我在发言中肯定,本套译丛目前已取得了阶段性的胜利,相信商务印书馆会不忘初心,坚持把语言学出版事业继续下去,并适时扩大至比较语言学、计算语言学、语言政策和语言战略等学科。我还提出更高的要求,其实也是我多年来一再坚持和强调的要求,力争将本土的语言学名著翻译成外文,本土化与国际化结合,这才是为实现真正的语言学的中外交流、相互观察和学习贡献力量。

行文至此,容许我归纳一下上述的各项活动。这十来年中,我不仅仅是参加商务印书馆的若干会议而已。会前会后的思考和具体活动所花的精力和时间是难以估量的。这就是说，我在八十以后的许多时日有不少贡献给了商务印书馆的种种出版活动；反之，正是商务印书馆的种种活动，让我得以发挥余热，没有虚度此生。我将继续和商务印书馆共同战斗，站好最后一班岗！

我和商务印书馆

刘翠霄

"商务印书馆"是个多么让作者和读者仰望的名字!无数读者在读过她出版的著作、译著后,从此就和她结下了不解之缘;能成为她的作者,更是感到无比的荣幸和自豪。其实,每个读者都会感谢一直以来给予自己精神食粮的商务印书馆。

《新华字典》自出版以来,几乎每家一册,人们由此知道了"商务印书馆"这个赫赫有名的出版社。在我读书的几十年中,《新华字典》是我书桌上不可或缺的一本书;从事社会科学研究后,《新华字典》仍然是经常要用到的书籍。

商务印书馆出版的许多经典哲学译著,康德的《世界公民观点之下的普遍历史观念》(1990年)、《人类历史起源臆测》(1990年)是我们"法学基础理论"专业学生的必读著作,我们通过阅读这些名著,了解了人类历史发展的规律和阶段,认识到社会主义战胜资本主义是必然的、符合人类历史发展规律的。我还阅读了商务出版的政法类、经济学类的大量经典译著，它们成为我进行专业研究的丰厚知识基础。

无论哪个年龄段的人，只要与商务印书馆结缘，就会被她提供的精神产品滋养，并渐渐储备起越来越丰厚的知识，构筑起越来越坚实的理论功底。

我所学专业是"法学理论"，发表过几篇法理学方面的论文。在上个世纪80年代末90年代初，随着国家经济体制改革，大批国有企业职工下岗，国家虽然采取了"两个保障"的政策，让2000余万下岗职工平稳着陆，没有引起社会动荡，但是他们的生活风险问题凸显了出来；农村经济体制改革，释放出大量劳动力进入城市打工，这些从事着非农产业工作又是农民身份的"农民工"们的生活风险如何保障需要解决；在市场经济社会，农民不可避免地被卷入其中，他们所面临的生活风险是农业社会所无法比的，如果不通过有效的制度予以保障，农民的生活不但会陷入困境，而且农业生产也会受到极大影响。

在这些事实面前，我将研究方向转向社会保障制度的研究。在将近30年的研究中，我看到了我国的社会保障制度的项目设计从无到有、从少到多，老百姓获得的福利待遇逐渐在提高。到了今天，基本养老保险制度和基本医疗保险制度已经基本实现了全覆盖，其他几个社会保险的覆盖范围在逐步扩展；军人的优抚安置制度越来越完善，国家成立了"退役军人事务部"，专职退役军人的权益保障事业；我国的义务教育覆盖95%的适龄儿童，中学教育、职业教育都有了快速发展，高等教育已经实现了大众化，国民教育水平普遍提高；政府通过一系列住房保障制度解决了老百姓的住有所居问题；国家通过城乡居民最低生活保障制度的实施，解决了贫困人口的最基本生活需求。

我遂产生想法，将这些最能彰显中国共产党丰功伟绩的辉煌成就记录下来，于是拟了"中华人民共和国社会保障法治史"这样一个课题，在将课题大纲确定下来后，拜访商务印书馆王兰萍编审，和她详谈了课题的历史和现实意义。兰萍编审认为这是一个很好的选题，可以纳入"中国法律史学文丛"。2014年年底《中华人民共和国社会保障法治史》正式出版发行，读者可以从中系统全面地了解中华人民共和国成立60年来，中国人民是怎样从"衣不蔽体、食不果腹"的状态走向今天的美好生活的。

发达国家经济社会制度与我国不同，社会保障制度建立得比我们早，而且比较完善，但是社会保障制度的内在规律如同人类社会发展的规律一样，我们可以从他们的立法经验甚至立法理念中学到对我国社会保障立法有价值的内容，这样既可以降低我国的立法成本，也可以让我们少走弯路。于是我拟定了一个"比较社会保障法"的课题，将国际范围内具有典型特征的五个国家（英、德、美、新加坡、俄罗斯）的社会保障制度建立的理论基础、历史发展、社会保障法律制度的体系、对该国经济社会的影响进行了系统的梳理论述，并对不同社会保障制度的成因进行了分析，最后对全球化背景下社会保障制度面临的挑战进行了论述。在写作《比较社会保障法》过程中，我又参阅了商务印书馆的一系列译著。商务印书馆的经典译著为我们做比较研究提供了可靠的理论、事实和数据，如果没有这些译著的支持，写出的成果无疑是大为逊色的。成为商务印书馆的作者是荣幸的，我也是心怀感恩的。

于 2021 年 11 月 18 日

我所认识的商务印书馆

范 景 中

我们这些上世纪50年代出生的人,凡对历史、文学、哲学、地理、科学思想和观念史等知识有些兴趣,都离不开商务印书馆的滋养。我们用的工具书也大都拜赐于商务印书馆的恩惠。就连我自己读过的第一部西方艺术史杰作《意大利文艺复兴时期的文化》,也是商务印书馆出版。因此,商务印书馆是我们获得知识的重要源泉,它的出版物为我们构筑了知识的天堂。

我读书的岁月,受益最深的商务印书馆出版物,是阅读塔尔斯基的《逻辑与演绎科学方法论导论》。当时,我一边做书中的习题,一边对展现在眼前的陌生知识景象感到震惊,那种情景至今犹历历在目。从塔尔斯基开始,我对科学哲学和数学哲学发生了兴趣。后来,这部书被收入"汉译世界学术名著丛书",尽管我手头已有了两本旧版书(1963年版),我还是忍不住又买了本丛书版。这可能既有对知识惊奇的余波,又有对书籍依恋的情感,还有对商务印书馆的深深敬佩。

"汉译世界学术名著丛书"是中国出版史上的伟大工程,这已无须赘言。但就我个人感受来说,它常常让我想起歌德对翻译的评价:

> 不用借助自我的创作,仅凭着对别人的接收,我们就已经达到了文化教养(Bildung)中一个很高层次。
>
> 一门语言的力量不在于拒斥他者,而在于将之吞噬。

一百多年来,商务印书馆的书是如此广受欢迎,凡有书人家,几乎都有它出版的书。我家的藏书不多,但也有几种商务的书为我珍重,其中一本小册子是周暹与尉礼贤合译的康德《人心能力论》(1914年),它外表平淡朴素,毫不惊艳,可却是我喜欢的康德哲学,又出自我极其景仰的乡贤的译笔,因此袭以书函,宝爱有加。周暹早在1922年就和张元济先生来往,其时,张先生正为商务印书馆印行《四部丛刊》(1919—1936年),选用底本都以最古最善者为准,所以曾向周先生借用宋版《寒山子》、元版《玉篇》和《孝经》。《四部丛刊》虽是影印古籍,但初印本印刷极佳,例如《孝经》,用皮纸大开本精印,数量仅20部而已。有的还专门选用清宫遗留的公文纸,被今日的藏书家誉之为"新善本"。

1922年开始出版的《续古逸丛书》,更是精益求精。我也收藏有几种。它们版式阔大,明朗悦目,即使像《山谷琴趣外编》(1923年)那样薄薄十几页的书,也是气派恢宏的高头大册,反映了商务印书馆在采用西法印刷的同时,毅然捍卫中国传统书籍之美的气魄。商务印书馆还不惜费资,买下陶湘刊刻的《营造法式》书板,继续印行,那是民国出版史上最精美的线装书籍之一。

我家还有一套1920年出版的《默庵集锦》，宣纸珂罗版精印，据说此书在孔夫子网上品相八成者已标价98000元，令人惊目。默庵即伊秉绶，清代书法巨擘，梁启超和马一浮都赞颂他的隶书为清代第一。《默庵集锦》是我们研究他的艺术的必备文献。大概由于默庵是我夫人母亲的先人之故，《默庵集锦》自然成了我家最珍惜的商务印书馆出版的艺术书。

我从小喜爱绘画，从天津古旧书店买的一册胡锡铨《山水入门》（1920年）也是商务印书馆出版，卷端纸尾还有黄绮先生的印记，或许是他在天津工作期间售出的。《齐白石年谱》（1949年）为黎锦熙、胡适与邓广铭合编，版权页标明中华民国三十八年三月初版商务印书馆发行，可能是胡适生前在大陆出版的最后一本书。此书的开本与封面设计与《上海商务印书馆被毁记》（1932年）相同，后者记录了商务印书馆历史上最黑暗的一页，也警示着一个极其明显却易被人忽视的道理：The end is always near。

大学读书期间，我曾在北京文津街的老北图和商务印书馆附近的科学院图书馆读过一些中国艺术史的书，留意过中国美术的研究历史，这期间曾买过一本滕固著的《中国美术小史》（1926年）。后来我才知道，它是现代学术意义上中国学者写的第一部美术史。戋戋51页的袖珍小书，却已具备了世界学术的眼光，他提到的著作有：Friedrich Hirth, *Die Malerei in China*; E.Chavannes, *Mission archeologique dans la Chines septentrionale*; Osker Munsterberg, *Chinesische Kunstgeschichte*。尤其引人注目的是它的分章题目：生长时代，混交时代，昌盛时代和沉滞时代。作者已经采纳了进化的观念。在我眼中，这本小册子非常重要，可不小心在书籍搬移过程中丢失了，我不得不四处寻访，又购入一册，仍然是商务印书馆1926年的初印版本。

商务印书馆也出版艺术书，今日的读者大概会感到诧异。其实，翻翻商务印书馆的出版总目，就会看到，它的艺术书籍绝不止上述的五六种，而是几百种。只是由于后来出版分工，它才与艺术书籍久违了。不过，之前"汉译世界学术名著丛书"没有给艺术史留有一席之地，却不能不令人遗憾。因为我一直认为，研究艺术的学科，也就是艺术史，乃是检验一个民族感受力的学科，是一个民族经济富强和学术富强的标志，尽管它实际上是一门最无用的学问。然而，也正是由于它的"最无用"的性质，让它担负起为文明代言的角色。这一要义我们可以从唐朝张彦远、宋代米芾的言论中读出（请见我的《艺术的故事笺注》第1—5页）。张彦远生活的时代，是功名至上的时代，他的研究，绝难找到什么人来欣赏。尤其关键的是，他深知美术史无用，仍然一生沉迷其中，精勤不懈，觉得那才是值得花费生命度过的生活。因此，他的工作常常让我想起欧几里得。欧几里得证明了素数有无穷多个，也明明知道他的证明没有什么实用价值，甚至连有人点赞都不会，但他还是做出了证明，他的无穷的观念是向无穷无尽的灿烂星空的致敬。

不过，"汉译世界学术名著丛书"没有艺术史的遗憾现在已然被完全打破。抱负远大的商务印书馆实际上早已留意到这一空隙。当中国的艺术史研究在2000年代真正有了起色，商务印书馆的陈小文总编辑和商务上海分馆总编辑鲍静静二位即擘画筹运，与黄专、邵宏、杨思梁和李本正诸位先生合作，于2015年推出了"艺术史名著译丛"。现在这套丛书已出版二十余种，其中的《艺术批评史》《瓦尔堡思想传记》《历史及其图像》等书已收入"汉译世界学术名著丛书"的第17辑，这在我看来，真是一个了不起的成绩。它由一个中国历史悠久且最负盛名的出版社出版，从一个最高的层次上标志着艺术史研究在中国已经走出了美术学院的专业领域，将为整个人文学科带来新的内容和新的语言，带着一种亲和力走进我们的知识世界。

那么，这种力量如何发生？这就涉及我们如何探索伟大艺术家的创造秘密，特别是文艺复兴时期的那些伟大的艺术家。像莱奥纳多·达·芬奇，他不仅是绘画史上最著名的两幅作品《蒙娜丽莎》和《最后的晚餐》的创造者，而且是雕塑家、建筑家、军事工程师、水道营造家，他似乎在各个领域都做出了贡献：解剖学、生理学、机械学、水力学、植物学和光学。凡是他涉足的地方，都无不神奇地为之改观。难怪人们说他是天才，借用伟大的史学家雅各布·布克哈特的话："莱奥纳多·达·芬奇的巨人般的身影永远可望而不可即。"我举达·芬奇为例，也许有些极端，但我们知道，文艺复兴时期确然有一批这类的艺术家。所以，研究文艺复兴既成为整个学术的重镇，也成为艺术史的重镇，更重要的是，我们现代人对人类文明史的这个重要时期——文艺复兴的理解，乃是由艺术史奠定的。正是在此领域，艺术史的研究为人文学科频频赢得了光荣，并且还从一个侧面展示了艺术史的高度和难度；那是大学者们比试智慧和学问的奥林匹克竞赛，不是天慧高爽，深积厚培，要在这一领域取得成就，是不可能的。

这里如此强调文艺复兴的艺术史研究，因为它也是商务印书馆"艺术史名著译丛"的重头戏。这一点可由丛书中的"欧文·潘诺夫斯基专辑"体现。作为这套丛书的主编，我为自己能参与这一工作，无比喜悦。20世纪的学术中，潘诺夫斯基对文艺复兴研究的贡献，大概只有很少几位能够比肩。他长期工作的普林斯顿高等研究所，是一批世界最顶尖的科学家工作的地方，因此潘诺夫斯基也研究了文艺复兴的科学方面。他的这一取向，再加上可遇而不可求的科学气氛浓郁的环境，让他的两个儿子都爱上了科学。其中一个叫沃尔夫冈·潘诺夫斯基，是核物理和粒子物理的专家，曾对北京正负电子对撞机的研制做过贡献，2002年当选为中国科学院的外籍院士。而老潘诺夫斯基本人，按照人类学家克利福德·格尔茨的说法，是欧洲最后的几位伟大的人文主义者之一。那些人文主义者虽然凤毛麟角，却出版了一系列令人敬畏的著作；他们决意挽救经历了法西斯主义灾难后的西方学术遗产，而不是津津满足自身的学科目标；因为，狭隘的学科观念不能牢笼他们的胸襟，他们关切的是对文明的维护，是让艺术史成为文明的代言，尤其是对古典文明的代言。这种抱负让20世纪的艺术史家沃尔夫林、瓦尔堡、扎克斯尔、潘诺夫斯基和贡布里希等人都成了古典学学者。就此而言，他们和商务印书馆的老一辈主持者张元济从东方到西方遥遥呼应。张元济推出严复翻译的《天演论》、林纾翻译的《茶花女》等大批外国名著，主持影印《四部丛刊》《续古逸丛书》，校印百衲本二十四史，撰写《中华民族的人格》，创建东方图书馆等的气魄之举，都是怀着文明时刻有断绝的忧患，才倾力而为的。

在这些人文学者中，有一位叫泽林斯基（Tadeusz Stefan Zielinski），是波兰的古典学学家，也是一位大翻译家，译过索福克勒斯、欧里庇得斯和其他的古典作品，研究的领域横跨艺术史、考古学、古典语文学和宗教史。在二战中，他的房屋被炸，书籍被毁，他的儿子本奈舍维奇（Vladimir Beneshevich），西奈抄本的第二个发现者，他的女婿皮尔托夫斯基（Adrian Piotrovsky），芭蕾舞《罗密欧与朱丽叶》创作的推动者，都被无辜地杀害，他的心脏病不断发作，视力不断恶化，带着病重垂危的女儿，竟是依然不断地写作。1942年8月他完成皇皇巨著《古代世界的宗教》论述罗马帝国宗教的第五卷之后，又开始动笔撰写论述古代基督教的第六卷。他在一封写给年轻的古典学者斯雷尼（Stefan Srebrny）的信中说："我已经开始第六卷的写作，这不是空抱希望，我能够完成它；但我一直明白，所写的每一页都是从冥王喉中夺取的。"这样的一位学者，在生死相逼中怀着古典信仰 nil desperandum（永不绝望），倾心守护着文明的星火，不禁使我想起了他的雄浑的乐观的语句：

> 从伦巴第平原向北和向西穿越阿尔卑斯山的几条路，自古以来就是人类的交通要道，任何在这些路上旅行获得愉悦的人，都不会忘记他的经历。他触摸到了世界历史的脉搏。所有时代都在它们上面留下了印记：这边是为马可·奥勒留的战争所建的罗马瞭望塔，那边的骑士堡垒令人想起霍亨施陶芬翻山去探访陌生的土地；这边，山峡讲述着汉尼拔，大坝评论着拿破仑，桥梁诉说着苏沃洛夫；那边，一色湖水因卡图卢斯的隽语而高贵，一段溪谷因但丁的三行诗律而轩昂，

一片景致因歌德的某页日记而不朽；而这边的一块岩石就像迷途的飞鸟，曾经坠落过特里斯坦和伊索尔德满怀忧伤的爱情记忆。

这是独一无二、令人难以忘怀的愉悦的体验和自述。古典的遗产令人着迷，很多艺术史家都把它嵌入自己金子般的表达之中。"艺术史名著译丛"正是要传达这种文明的光致，并且不仅仅是传达，它还往往被我们拂去尘封，让沉埋的金子重新放出光明。我想，这也是遵循着当年商务印书馆编纂"汉译世界学术名著丛书"的要旨：倚靠翻译来吸收世界的文明，用威廉·冯·洪堡的话说就是："当语言的意义扩展时，民族的内涵也会扩展。"从某种意义上可以说，一百多年来，商务印书馆体现着一个经历过翻译冲动的民族，借助翻译来补充自己文化建构的民族。这构成了商务印书馆的一个无与伦比的特色。

从读者到译者：
与商务印书馆为友

邵　宏

我至今都刻骨铭心地记得：1968年盛夏一个酷热的下午，正读小学三年级又恰值"停课闹革命"的我，在大院里闹完打砸抢的游戏还顺带偷鸡摸狗后冲回家找水喝时，被正在写大字报的父亲断喝：你这样下去不行的！接着他甩给我一本《中国古代神话传说》（书名应该没错，不记得出版社）和一本商务印书馆（就是它让我提前三年结束了"阳光灿烂的日子"）出版的《四角号码新词典》，大声呵斥道："认不得的字就查字典！背：横一垂二三点捺……"，从此王云五发明的"四角号码查字法"就伴随我直到老来闲时读《世说新语》都管用。

1971年7月，13岁的我考进湖北省汉剧团学戏。这个专业对语文有要求：被迫又重学汉语拼音，背戏词加熟悉十三辙。为此买了本《汉语成语小词典》(商务印书馆,1972年),照着传说中日本首相田中角荣少时背字典学习的方法,一页一页地背(当然不敢像他那样背一页撕一页)。不过,待到开始学习英译汉时老师又要我尽量少用四字成语,这当然是后话了。学戏四年里,我用《四角号码新词典》读遍了所能找到的各种小说和剧本,再加上经常有学习马列原著讲用会,我的语文水平差不多就提高到了初中毕业。

1975年9月,我调入位于昙华林(华中村)的省美术院这个非教学单位学书画装裱。当时美术院隶属省文联,开大会时能与作家如徐迟、碧野、姚雪垠等相遇,逐渐在心里产生了对文化人的崇敬之情,竟然还幻想有一天成为文化圈中人。也是从这时开始,由于湖艺美术系(现湖北美术学院)图书馆、省文联图书馆和本单位资料室里的破旧书籍都得由我这个裱画工修复装订,我顺便读完那些经手装订的各类书籍,靠的就是那本《四角号码新词典》。

1977年年底恢复高考刺激我萌生了"上大学"的念头。1979年,《湖北日报》奖励我这个因裱画而得的优秀通讯员一本附四角号码检字表的《现代汉语词典(试用本)》,这部中型汉语词典使我的母语阅读能力有较大的提高。也是在这一年的11月,我开始先跟广播,后用中学试用教材自学英语;邻家英语老师让我用张其春、蔡文萦合编的《简明英汉词典》(商务印书馆,1963年)。1981年4月,我进入省直机关业余大学英语专业学习。精读教材用北京外国语学院英语系编 English 1—4册(商务印书馆,1979年),第三年用张汉熙主编 Advanced English 1—2册(商务印书馆，1982年）。口语教材用北京对外贸易学院英语教材编写组编《英语口语教材》上下册（商务印书馆，1978年）。有次无意中发现，襄樊六〇三印刷厂是商务印书馆的定点厂，我便找关系弄到该厂印刷的 English 1—4册的教师手册（商务印书馆，1979年）。有了教师手册就可以自己掌握学习进度。泛读教材采用《新概念英语》的第3、4册。听力训练用 VOA 的"Special English"节目，同时做听写练习。

到了1982年的夏天，我便大着胆子开始做英译汉练习。工具书采用商务印书馆出版的郑易里编《英华大词典（修订缩印本）》（修订者党凤德、曹成修，1965年），加上张道真编著的《实用英语语法》（1982年），以及雷馨编《英语分类句型》（1979年）和钟子岩编《英语句式详解》（1980年）。处女作是弗洛伊德《诗人与昼梦的关系》（《湖北美术通讯》1982年第5期）；记得文中有个词"cathexis"，《英华大词典》里解释为："（精神分析学里所说的）精神专注 [指精神集中于某人，某事，某种想法或自己身上］。"这时我才认识到词典只能提供没有上下文的释义。准确理解上下文并追溯词源才是翻译最重要的一环。后来了解到此词源于弗洛伊德自创的术语"Libidobesetzung"（欲力投入）。也是从这次的翻译尝试中得出一个对自己后来十分有用的结论：多用英英词典。于是买了一本影印（时称海盗版）的 Oxford Keys English Dictionary，随身携带，有空就像当年背诵《汉语成语小词典》一样背它几个词条。四年后，这书有了中文本《精选英汉汉英词典》（商务印书馆与牛津大学出版社，1986年）。

1984年9月，我以同等学力考入广州美术学院攻读西方美术史硕士学位，导师为迟轲教授。迟先生赴美考察前（1984年10月）给我分配了40多万字需要汉译的美术史材料（后结集出版，为迟轲主编《西方美术理论文选》，四川美术出版社，1993年）。恰好在这个时候，商务印书馆出版了《英华大词典（修订第二版）》（1984年）和北京外国语学院英语系编的《汉英词典》（1980年）这两部重要的工具书，再加海盗版 Owen Watson 编 *Longman Modern English Dictionary*（1976）和海盗版 *Webster's Dictionary of the English Language*（1979），这样就可以按照翻译老师"作者是美式英语背景就用美式英语词典，作者是英式英语背景便用英式英语词典"的要求开始工作了。完成迟先生交待的任务后，我发表了一篇译文：贡布里希的《为多元论辩护》（《美术思潮》1986年第3期）。这篇译文引起了范景中老师的注意，从此他也会不时地给我分配翻译任务。也是在这一时期，我发现译者的相关专业知识会帮助对专业文本的理解，并就此写了两篇小文《翻译——对外来文化的阐释》（《中国翻译》1987年第6期）和《文化"陷阱"小议》（《中国翻译》1988年第2期）。后一篇文章里提到：《汉英词典》里"壁画"词条"敦煌壁画，the Dun-huang frescoes"是错的（这个错误的由来以后可以另写一篇小文），应该改为"Dun-huang murals"。后来的修订版便按照我的建议做了修改。这让我深深地领会到约翰逊博士（Dr. Johnson）的名言：再差的词典总比没有强，再好的词典也不可能没有错误。对于自己来说，翻译只有越改越好，如果有人愿意不计报酬地对拙译做审校那就更是谢天谢地了。

2014年10月，广州美术学院的黄专老师将我引荐给商务印书馆的鲍静静老师，当时商务印书馆刚开始涉足艺术史的译介工作。从那时起，我就差不多全身心地投入到商务印书馆艺术史类图书的翻译工作里。在工作交往中发现，鲍老师是个非常认真严格的编辑，"批评"起人来毫不客气，催起稿来毫不留情；但在工作之外她又是一个十分谦逊随和的小女生，很有人情味儿。也是从那时起合作到今天，我已在鲍老师的邀约下译有《论艺术与鉴赏》（2016年）和《艺术批评史》（2017年），著有《东西美术互释考》（2018年），校译有《时间的形状：造物史研究简论》（2019年），修订有《艺术批评史》（"汉译名著"版，2020年），以及最新译出《视觉艺术中的意义》（2021年）。手头还有两部正在完成中的书稿，也是她交托给我的任务。相信她还会源源不断地给我新的任务，不会让我闲下来。

忙着忙着也没觉得自己越来越老，倒是自觉对原典更有把握一些；越来越对从意大利文到法文和德文，再到英文的美术史词汇系统的演变更加敏感；对设计史词汇系统从英文向德文、法文和意大利文的输出更加敏感；对作者母语在英文写作中的无意表现更加敏感；尽管从20世纪中期开始，美术史与设计史的语汇已成了英语的天下。把这个已经英语化的术语体系准确而清晰地用现代汉语表达出来，这一工作应该可以在我们这一代人手中完成。为此我常常想抽出一个相对长一点的时间，学着王云五先生学习英语的方式，就是从英译汉再汉译回英，对意大利文、法文和德文的英译文献都这么倒腾一番，估计我"翻译养生"的理想也就实现了。不信？何兆武和许渊冲这两位商务印书馆的老朋友就是榜样。

从良师益友到合作伙伴
——我与商务印书馆的故事

朱 晔

我是一名"80后"大学法语教师。从小到大,商务印书馆于我而言,一直都是殿堂级一般的权威存在。离开家上大学之前,家中书柜最醒目的位置上,一直都摆放着商务印书馆出版的《现代汉语词典》。这本权威词典是我多年汉语学习的良师,但凡遇到不确定的汉字读音和含义,我都会去查阅它。在我心中,《现代汉语词典》就是我在汉语使用时的定海神针。

进入大学,我选择了法语专业,我才知道,原来商务印书馆还出版了许多法语语言方面的权威词典。《汉法词典》成为我在法语本科阶段学习汉法翻译的助手与明灯。

考上研究生后,我步入了法语深入学习乃至研究的新阶段,硕士导师向我们隆重推荐了梁守锵先生编撰的《法语搭配词典》,并强烈建议我们熟记其中的用法。我兴冲冲跑进书店一看,嚯!

出版社又是商务印书馆！

在后来不断深入法语学习及至成为法语教师的岁月里，我又不断发现了商务印书馆出版的一部又一部法语工具书力作：《法语同义词词典》《法语同音词近音词词典》《利氏汉法辞典》，它们都成为我在使用法语进行翻译或教学工作时的定心丸。

选择进行法汉诗歌互译研究后，我又先后读到了《法国诗选》《法国诗歌史》《法国抒情诗选》等好书，它们也都是商务印书馆出版的。

可以说，在我从汉语到法语的整个学习生涯中，商务印书馆都是始终相伴的良师益友。直到2014年年底之前，我都从未想过，此生能有幸与商务印书馆合作，更不会想到，我还会与商务印书馆不断合作至今，接连编译出版法语图书。

我与商务印书馆的合作情缘必须要从2014年年底说起。当时，我已执教大学法语本科专业近十年，也教授二年级精读课程多年。我所带的每届大二学生，在每年5月份都会参加全国法语专业四级考试，因此，我对这门考试从题型难度、答题技巧到学生答卷情况都比较熟悉。2014年年初，教育部高校外语专业教学指导委员会法语分委会、高校法语专业教学测试组对专四考纲进行了修订，并对考试要求和考试题型做出调整。很多考生甚至备考辅导教师都一时来不及适应，在同年专四考试和考试后分析工作中，我们发现，很多考生成绩差强人意。因此，针对新考纲、新题型以及考生答题能力，出版一本实用的新版考试辅导用书显得迫在眉睫。商务印书馆敏锐地发现了这一市场需求，并与高校法语专业教学测试组取得了联系。于是，经由测试组老师推荐介绍，我有幸认识了商务印书馆外语编辑室法语编辑陈琪老师。

大家一拍即合，迅速达成合作意向，拟定针对大二法语专业学生普遍存在的法语语言及文化知识储备不足，答题心态不稳且听力训练欠缺，作文不解题意、环节不全且语言表达错误百出等多方面问题，有针对性地编写《法语专业四级考试答题技巧与模拟测试》。

该书分为答题技巧、模拟测试两大板块，并征得法语测试组同意，附当时最新的（2015 年）专四真题一套及答案。其中，答题技巧板块分题型逐一展开，将教学与测试理论融于具体的分析，深入浅出。模拟测试板块依照最新考纲编排设计各题型：无论是词汇、语法、阅读理解、完形填空等客观题，还是听写、时态、作文等主观题，均力求高度接近真题的难度及整体样式，帮助考生实现从备考到实战的过渡。该板块共含六套模拟测试卷，并附答案和范文。这样，考生便可结合第一板块的答题技巧，有条不紊、专心致志地完成第二板块的模拟测试卷，从而在语言能力和答题心态多方面提升专四应战能力。

说干就干，我同上海外国语大学贤达学院法语教师谢津津老师、厦门外国语学校法语教师吴金娜老师，组成了编写团队，我们利用 2015 年春节寒假完成了初稿，交给陈琪编辑老师，之后我们与陈琪老师通力合作的每个环节都无比顺畅愉快。2015 年 11 月，《法语专业四级考试答题技巧与模拟测试》如期顺利出版。

必须指出的是，当时，法语教辅出版匮乏，市场上从未出版过全套法语专四模拟题，更从未出版过含听力录音的全套法语专四模拟题，在这样的时代背景下，该书得以率全国之先出版问世，这与商务印书馆始终顶立时代潮头的工作作风与精神是密不可分的。

由此,我与商务印书馆美好且愉快的第一次合作完美结束,我与陈琪编辑老师也因为这次合作,结下来美好的情谊,我们不再只是法语工作上的好伙伴,更成为了生活上无话不谈的好闺蜜。在我后来生活中突发变故、伤心难过时,亲爱的陈琪时常表达关心与问候,我每每吃到她寄来的家乡特产水果,都是甜在口中,暖在心里。

之后,我与商务印书馆的合作不曾间断。

2016年,陈琪邀请我独立翻译《99幅图教你法语拼写不犯错》一书。当时,我已开始担任副系主任职务,学期里事务繁杂。我便利用暑假时间,每天去办公室潜心翻译三至六小时。我至今依然非常怀念当时身心专注的翻译状态,如今依然记忆犹新:那年暑假,恰逢教学楼走廊装修,噪音、粉尘不断,我关上门,在办公室里盯着电脑专心翻译,完全沉浸在法语和汉语的世界里,对办公室外装修的喧嚣全然不觉。2016年8月初,我完成初稿,交给陈琪。特别感谢陈琪提出的宝贵意见,使得该书于2019年3月高质量出版。

2016年11月,我收到了陈琪送给我的《2017年商务印书馆120周年华诞·锦鸡吉祥生肖日历》,非常精美。封面上还印有一只五色羽毛的锦鸡,我很喜欢。我觉得,这不仅是陈琪与我个人情谊的体现,更是商务印书馆对我工作的肯定。更有幸的是,我和商务印书馆都属鸡,我真的感觉,我和商务印书馆的情谊又加深了一层。

2017年暑假,基于《法语专业四级考试答题技巧与模拟测试》取得的良好市场反响,我们又编写完成了《法语专业四级考试技巧·解析·测试》初稿。我们不仅保留了原创的答题技巧板块，并把模拟题新增为八套，而且，我们还征得法语测试组同意，依照当时最新的（2017年）法语专四真题，编写了真题解析，具体分析每道小题的讲解答题思路，辨析不同选项之间的差别，从而帮助备考学生更加身临其境地预演专四，零距离实战专四。此举在法语专四教辅图书领域再创全国之先。2018年3月《法语专业四级考试技巧·解析·测试》出版，自然再次获得市场好评。

2019年10月，陈琪与我联系，拟推出法语语音慕课。我们完成了第一课的小样，后因客观技术问题，方案搁浅。现在回想，如果当时慕课推出，无疑能在后来疫情期间，及时回应市场需求，再创一次全国法语语音慕课教学之先。不过，凡事都会有遗憾，这是我与商务印书馆数次合作中的第一次小遗憾，我也坚信，会是唯一一次。

2021年暑假，响应市场需求，我们撰写了《法语专业四级考试技巧·解析·测试（增订版）》初稿，在18版的基础上，增加了八套模拟题的解析，第三次开创全国先河。目前该书已进入校样阶段，相信不久便能顺利出版。我也相信，我与商务印书馆一次又一次的愉快合作还将不断继续。

转眼2022年将至，一路走来，商务印书馆不再只是我一生学习生涯的良师益友，更是我已愉快共事近十年的合作伙伴。至此商务印书馆即将迎来125周年华诞之际，作为万千忠实读者之一和无数愉快合作的伙伴之一，我衷心祝愿商务印书馆的事业蒸蒸日上，不断为读者提供优质权威的精品好书和宝贵的文化食粮！衷心祝贺商务印书馆125周年生日快乐！

文化高山
——一个普通作者与商务印书馆

徐 永 清

读过商务印书馆列入"汉译世界学术名著丛书"出版的著名华裔地理学家段义孚的《恋地情结》以后,我就想,在自己的人生坐标抛物线上,也曾画上过几段"恋山情结"的痕迹。我所恋之"山",极为重要的一个,就是文化高山——商务印书馆。

在我心目中,商务印书馆不仅仅是"一览众山小"的独峰,还是一个磅礴云天的山系。在这个巍峨庞大的山系中,蕴含着无穷无尽的知识宝藏,排列着各呈异彩的学科分层,开放着绚烂多彩的文化鲜花,收获着扎实丰厚的学术果实。仰望这座高山,你可以领略现代中国文化建设所达到的高度;攀登这座高山,你能够体会"知识就是力量"所特有的幸福。

余生也晚,发蒙之时正值"文革"动乱时期,可读之书甚少,一册商务印书馆出版的《新华字典》,就成了须臾不可离开的唯一的工具书。那时家里书架上还有几本零散的20世纪30年代商务出版的"万有文库",从戎一生的父亲是《红楼梦》爱好者,他还购买了商务出版的万有文库《石头记》合订本。

我成为商务印书馆的一个作者,也是因为山的缘分。

由于工作关系,2005年4月到5月,我和一些新闻同行们在西藏工作了将近两个月,在海拔5200多米的珠峰北坡大本营的帐篷里辗转反侧将近一个月,成为2005年珠峰高程测量的全程亲历者。2015年5月,在巴尔干半岛索菲亚城的一个商场里,我发现了美国国家地理杂志的一期特刊《珠峰的呼唤》。这本纪念美国登顶珠峰50周年的文集,汇集了一批登山家和学者的文章,从登山、历史、科学多个角度讲述珠峰的故事。异乡人对珠峰如此尊崇,让我十分感慨。事实上,2015年正值2005珠峰复测10周年,我意识到珠峰是"活着"的,她生命的历程是多样的、立体的。我有了为珠峰写史作传的想法。从保加利亚回国后,为商务印书馆编书的资深编辑林京登门向我约稿,我就向林老表示想写一本全面介绍珠峰的书籍,这一设想得到时任商务印书馆太原分馆总编辑李智初等商务人的大力支持。我用了一年多的时间,写出了40多万字的《珠峰简史》,商务印书馆2017年1月出版。

《珠峰简史》这本书出版后,《文汇报》以整版篇幅刊登了记者赵征南撰写的长篇报道《徐永清:为"活着"的珠峰立传》,《中国科学报》也做了详细报道。2017年6月30日,商务印书馆和国家测绘地理信息局测绘发展研究中心在北京共同召开《珠峰简史》出版座谈会,商务印书馆副总编辑陈小文和全国政协常委、时任国家测绘地理信息局副局长李朋德到会致辞。《珠峰简史》获评科技部2017年全国优秀科普作品，入围商务印书馆2017年人文社科十大好书评选。2020年5月27日，2020珠峰高程测量登山队突击登顶，商务印书馆太原分馆新任总编辑张艳丽老师邀我到王府井涵芬书院，对抖音、京东的网友做了一场关于珠峰高程测量的直播。2020年5月，张艳丽告诉我，准备再版《珠峰简史》，这年9月，精装本的修订版《珠峰简史》出版，全书文字略有改动，图书编辑薛亚娟做了精心校勘。精装本《珠峰简史》装帧精美、设计精心、制作精良，封面上的珠峰油画是我的好友、著名画家李新建的作品，每本书还附有一张带编号的书签。

我在商务印书馆出版的第二本书，是《地图简史》。

2016年年底，我有感而发，写了一组《新大陆舆图故事》，在《中国测绘》杂志和测绘界的一个网站连载。接着，竟然一发而不可收，在差不多一年的时间里，沉迷于几千年来的地图世界，写了《地图简史》这本书，从全球视角梳理、介绍地图历史。以我的专业、学术背景、知识储备而言，《地图简史》是一本斗胆之作。我只能努力学习国内外地图史专家的著作和研究文章，尽量向读者呈现一部诚实之作，八十高龄的中国工程院王家耀院士为《地图简史》作序。2017年12月5日，国家测绘地理信息局测绘发展研究中心"地图简史"研究课题召开评审会，通过了以王家耀院士为组长的专家组的评审。

2019年5月，商务印书馆出版《地图简史》。2020年4月23日，2019年度"中国好书"正式出炉，《地图简史》入选。当晚央视《新闻联播》报道2019年"中国好书"揭晓的新闻，闪过了有《地图简史》的画面。晚八点十分，央视科教频道播出2019年度中国好书特别节目，其中有一段介绍了《地图简史》。《地图简史》获评"中国好书"后，受到读者的关注、欢迎，已经印刷三次。2020年4月24日，我到商务印书馆，为"书香中国·北京阅读季·机关读书大讲堂"和京东、当当的网友做了两场《地图简史》网络直播。5月12日下午，商务印书馆涵芬楼又邀请著名文化学者、地图收藏家杨浪先生和我，在淘宝、抖音平台上做了一场网络直播，向网友们介绍《地图简史》中涵括的地图知识。2021年5月12日上午，我应邀到商务印书馆涵芬楼书店参加读书活动，同东华门地区的居民交流、介绍《地图简史》。

2021年1月，我在商务印书馆出版了第三本"简史"——《长城简史》。

2017年6月底，我向商务印书馆的编辑谈及《长城简史》写作计划，得到热情鼓励和大力支持。2018年8月，我退休三个月后，《长城简史》竣稿。2021年1月在商务印书馆出版。著名文化学者、好友杨浪作序。这本书围绕长城主体，依托长城地带延展出来的广袤的地理空间、人文空间和历史空间，以纪实的方式，通过梳理真实有据的历史事件和历史人物，追寻长城起源兴衰的历史风貌，向广大读者完整地呈现出一部历史脉络清晰、兼具可读性和科学性的长城传记。2021年2月17日（正月初六）下午，我应邀前往延庆八达岭镇里炮村和帮水峪村，参加中国新闻出版传媒集团、商务印书馆"新春走基层"赠书分享活动。在帮水峪村，举行了"长城脚下书香浓"活动，商务印书馆执行董事顾青致辞，我作为《长城简史》一书的作者向村民分享有关此书的内容和写作心得，随后向村民赠送了《长城简史》等图书。2021年

3月4日,《光明日报》在11版的"光明阅读"发表了我的文章《再现一道生龙活虎的长城——〈长城简史〉创作谈》。此文见报后,当天中纪委网站、中国文明网、党建网等网站全文转载。《博览群书》《湖北日报》《长江日报》等报刊和一些网媒也推介了《长城简史》。

2022年,中国第一家现代出版企业商务印书馆将迎来125年华诞,商务印书馆也即将出版我的《宫殿简史》,从而与《珠峰简史》《地图简史》《长城简史》形成"简史"系列。作为一个默默无名的普通作者,五年之内在中国出版重镇商务印书馆接连出版了五本书,确实是莫大的荣幸和荣耀。

在商务印书馆125年华诞之际,我要热烈地祝贺商务印书馆,高山仰止,景行行止,拨开风起云涌的百年历史云烟,令人惊喜、令人幸运的是,我们依然还有商务印书馆这样的文化高山在华夏大地矗立。我要郑重地感谢商务印书馆,没有商务印书馆的领导和老师们的支持鼓励,没有商务印书馆编辑们的辛勤付出,我能够连续写作、顺利出版"简史"系列,几乎是不可想象的。我要热诚地致意商务印书馆,125年恰风华正茂,奋进正未有穷期。我还将同大家一道继续努力,把倾心倾力的作品呈献给商务印书馆,为让我们无比自豪的文化高山的壮丽风景添枝加叶。

于2022年1月7日

我与商务印书馆

徐 国 栋

一、遥望商务印书馆

我于 1961 年出生于湖南省益阳市这样的小地方，父亲是团级军官，这使得家中有一定的书可看，主要是单位发的学习资料。母亲是工人。我们的家，一度安在母亲的单位。一次，钢笔水用完，到邻居家找补给，遍寻一层楼，家家无墨水。找商务的书，更是不可能的。

在 1978 年侧身重庆这样的大城市之前，我所在的小地方的文化中心是当地的中学。一些老师有叫我垂涎的私人藏书。从吉林大学发配到我上的南县一中的数学讲师傅负藏有《李白诗百首》和《杜甫诗百首》，可读不借，我把两书抄下来。教中文的刘老师藏有包含《长恨歌》的一本古诗集，我读了一遍，流泪，再去借，欲抄，刘老师不让了，让我恨恨的。总之，小地方的生活意味着对书，尤其是对好书的饥渴。

入学西南政法学院，我犹如饿汉找到了面包，一头扑进图书馆，课也不爱听了，成了逃课大王。老师讲课挤牙膏，不如自己扎进图书馆放开吃。我吃得最多的"面包"都产自商务印书馆，都是一些经典。那时看了不少商务出版的文史哲经书，从此我的智识发展进入了商务阶段。那时看过的书记得的有休谟的《人性论》，讶异其中谈认识论问题，不同于本土人性论仅关注人性善恶问题，后来才知道中西人性论之别。前者仅为伦理人性，后者兼涉理论认识人性和伦理人性。

放假回小地方益阳，带一些借的图书馆的书回去。一次，在我心仪的女孩家看克劳塞维茨的《战争论》，女孩的父亲见我看这样的书，说我将来必定有出息。

二、与商务印书馆同城

在重庆，是读商务书，不见商务印书馆。1984年我考上中国政法大学的硕士研究生，与商务印书馆同城了，顿然感到自己的品级提高不少。有闲时，骑着自行车就去了坐落在王府井北大街的商务印书馆，在那里坐下来，不紧不慢地淘书。哲学、历史、政治、经济类的书，基本上是见一本买一本，读不读以后再说。囤商务书在屋，养气呀！养的是博雅之气。世界各国的书店，都有一个"经典"部，其中卖的书差不多的，语种不同而已。人类积累下来的经典，大部分被商务出了。淘书结束得早，也去旁边的中华书局逛逛,那里是国学经典的大本营,其中可购得《顾维钧日记》,那是我的同室袁有忠的最爱,他读后给我们讲一些弱国大外交官顾老的逸事。到饭点了,去商务大楼对面的兰州拉面馆就餐。那是周总理专门从兰州请来的店,进门就有总理手书"把兰州风味带给首都人民"横幅。那时胃口好,吃两碗,有时一碗好吃一碗不咋地。原来,面好吃就靠一碗熬了一夜的牛肉汤。好吃的那碗,用的是此汤,另一碗的汤来路不明。

回程,自行车后座驮一大包商务书回去(如果买了词典,则书包更大,我用的意大利语汉语词典等学外语词典,都是商务版的),穿过热闹的王府井南大街商业区,见到100多块的女呢子大衣,觉得好,兜里钱不够,跟路人说明情况借钱买,竟然两次借着。对方留下地址,然后邮局寄债款回去。现在想来天方夜谭。

回到法大宿舍,读得最多的商务书是丹皮尔的《科学史》,它让我知道科学革命带来的一般的思维范式的革命,例如,牛顿的物理学的成功带来了万物皆机器的人类思维范式,达尔文的进化论的成功带来了普遍的进化论思维模式,包括法学上的。后来在写作我的博士论文《民法基本原则解释:成文法局限性之克服》时,我引用得最多的商务书就是这一本。

三、与商务印书馆闹气

有一年在湘潭开外国法制史年会,见到刚调到商务的Z编辑,他专门找我谈合作。我当然愿意,对我来说,相当于到圣地打工,哪怕扫地,也是光荣的。我们的第一个合作项目是校对一位前辈的影响巨大的教科书。这位前辈在商务出此书时年事已高，目力不济，亲自求过我帮他校稿，他自知该稿是多人合作的结晶，不协调之处、看走眼之处恐怕不少。作为同行，我与该老的关系一直好，经常通信。经 Z 这么一请求，我慨然答应。上手之后，觉得费力，完成上卷而罢。交给商务看反应。结果是老前辈故去后，与他合作此书的老先生们不同意我校对他们的劳动成果，还说了一些难听话，我被闪在里头，白干了。当时我可惜被浪费的时间，觉得肚子胀，埋怨商务印书馆。所以，后来费安玲依托商务出版意大利法学名著丛书，要我参与其事，老姐姐的面子不好驳，答应下来。但商务要我填各种选题表格时，我大发脾气，说要填表我就不干了，结果这个项目中我的参与就此打住。而且我发下毒誓：永不插手他人著作。凡插手者结果大多不好。一位 M 先生在 C 先生去世多年后修订其法学著作再版，结果被 C 先生非法学专业的儿子举报好经念歪。案件移送我处理，坚定了我永不插手他人著作的信念。

四、挤进商务印书馆著译者队伍

与商务的不愉快交道如果我不占理，我也无底气与我心中的圣地商务闹气。例如，当我的《法学阶梯》译稿被商务拒绝时。该译稿从英文译得，在我于中国社会科学院研究生院读博期间完成。兴冲冲地骑车去王府井北大街投稿，接待我的陈森编辑正在看张启泰的《法学阶梯》译稿，对照着英文看，感叹商务编辑的水平高！既然已有同样选题书稿，我只得怏怏而归。后来我的译稿改为与意大利教授贝特鲁奇、纪蔚民合作从拉丁文重译，在中国政法大学出版社出版。

有一年的外法史年会，商务一位中层领导找我，说要为我出书。确实，我这样的作者与商务挺对口径的，双方都很重视古典学。于是，我在商务出了《〈十二表法〉研究》，后来又出了《法学阶梯》拉汉对照本，接下来还有好几个合同要履行，我与我崇敬的商务，成了好朋友了。

说到《法学阶梯》，它是我与商务的作者缘的开始，以前只有读者缘。骑车从商务快快而归是因为它，后来从该书入选"汉译世界学术名著丛书"获得骄傲感也是因为它，可谓绕了一个圈，回到原点，但螺旋了一下。我诚心为自己挤进商务作（译）者队伍骄傲，因为这是一个百年来影响了国人头脑的队伍。读商务书多的人，半个小时的谈话就可看出来，因为有一个商务脑筋。打个比方，假设商务印书馆是一座灯塔，我自己也成为其中的一盏灯了。

五、商务印书馆是我的学园

商务对我意味着什么？这个问题类似于厦大对于厦门意味着什么。没有厦大，厦门的品位要下降好多等。如果我是厦门，那么，商务就是我的厦大。她是我的学园（academia 意义上的）。在重庆时，我同时上着两所大学。一方面，我是西南政法学院的学生，我身在此；另一方面，我是商务学园的学生，读商务书，汲取商务书的营养，我心在此。无商务书的滋养，我肯定是另外的一个人。我买的商务书，重要的我都读了，影响了我的三观，其内容还是一种普遍的价值观，另外是对英国的经验主义哲学和归纳法的推崇，强烈厌恶大陆式的理性主义，该主义在民法学中导致了许多的胡言乱语。所以，商务是我的母校之一，我是商务校友会的一员呐！商务滋养了我，犹如她百年来滋养了愿意求知的万千中国人的灵魂。百年以来，商务像一所无需报考，凡有同好者皆可进的无校舍全境大学（乃至中学、小学，因为早期的商务出这两个学历段的教材），传播最新的知识、最好的思想于中国，以智慧的光明照亮无知、愚昧的黑暗。没有商务，中国肯定是另外的样子。

从职业道德和素养来看，商务也有古士大夫之风。编辑看稿认真，能提出建设性的修改意见，相比于一些出版社的编辑根本不看稿或选看几行，挑几个错别字证明自己看了，差别很大。实行版税制多年了，能从中拿到与印数相符的版税的出版社不多，商务是其中之一，据说外地作者能托京内朋友到商务查账核实印数，未闻其他社有此举也。

以商务书滋养我的一个例子收尾。有一年，我与意大利人桑·斯奇巴尼教授在秘鲁开会。在利马的一个广场闲逛时，谈到西班牙人对美洲的征服，老先生的记忆断片，说谁是墨西哥的征服者来着？我蹦出了"科尔特斯"这个名字，从《征服新西班牙信史》上看来的，当然是中文译音，我按照我想象的这个名字的西班牙语发音念出时，斯奇巴尼教授知道我说的是谁。

2021 年 11 月 12 日完稿于胡里山炮台之侧

商务助我入哲门

景 海 峰

今年是商务印书馆成立125周年，作为我国最早创办的一家现代出版机构，它对于这一百多年来中国文化的发展是影响巨大的。就我个人而言，几十年来的学习经历、阅读习惯和成长过程，商务几乎如影相随，成为学术生涯中最为亲密的伙伴。每每想起初学哲学的往事，马上就会联想到最早对商务的了解以及与商务的结缘过程。我是1978年秋进入北大哲学系念本科的，在这之前，从没有系统读过一本哲学书，对于什么是哲学也懵懂无知。北大在初设哲学学科时，称之为哲学门，而不叫哲学系，但这个门怎么入，对于初学哲学的人来说，还的确是个大问题。我们刚入校时，接触的是马克思主义哲学原理，辩证唯物主义一学期，历史唯物主义一学期，然后是从零开始补习外语、学高数、党史、政治经济学、形式逻辑、马哲史及原著选读等，而中西哲学史的课程则开始得比较晚。当时，哲学专业还是以马克思主义哲学为基本内容，西方哲学和中国哲学在很大程度上只是辅助性的，属于资料性质。大约到了二年级的下半学期，才正始修读西方哲学史，随后又选了一些西哲的专题课程，这样才慢慢地了解了什么是哲学。在这个过程中，伴随着摸索入门和课外阅读，哲学的天空逐渐变得敞亮起来，我对于哲学的兴趣也才有了一点点的积累。而商务印书馆就是在这个时候走入我的视野，融入到学习生活中，并且成为进入哲学之门的重要助力。

当时教我们西哲课的主要是齐良骥、王太庆、朱德生三位老师，西方哲学史的大课，由王老师上一学期，朱老师上一学期，齐先生讲的是康德哲学专题课。这几位老师与商务印书馆都有着颇深的渊源关系，所以在他们的讲授过程中，以及所开列的参考书目里，便充满了商务的印迹，我对于商务的关注、喜爱和迷恋，大概也是在这个时候建立起来的。

三位老师中，齐良骥先生的年纪最大，当时应该有六十好几了。他的祖上是蒙古贵族，但人一点也不显壮硕，反而很是文弱，其待人极为和善，一看就很有教养，属于彬彬君子。他上世纪30年代初就读于北大哲学系，和牟宗三、王锦第（王蒙父亲）、李尔重（湖北书记）、任继愈等人是前后脚的同学，这是我和张慎等同学到他家里探访时，他亲口告诉我们的，所以记忆特别深刻。齐先生一直在北大任教，治西方哲学，特别是康德，50年代初就是副教授了，出版过小册子《康德唯心主义的认识论及其形而上学思想方法批判》（1957年）。他讲康德，师承蓝公武、郑昕。蓝公武的《纯粹理性批判》翻译是当时唯一的中文本子，他采作教材；而参考书则分别推荐了郑昕的《康德学述》（1946

年)和华特生的《康德哲学讲解》(韦卓民译)。还叮咛我们课下要看庞景仁翻译的《未来形而上学导论》,后来才知道庞也是他的同学。这些书,还有他讲课的时候不时提到的唐钺译《道德形上学探本》、关文运译《实践理性批判》、宗白华等译《判断力批判》等,皆是由商务印书馆先后出版的。齐先生的课,没有讲义,只发给我们每人一份六七页的讲授提纲,这几页纸至今我还保留着。其内容包括了"前言"和六章:第一章"康德与十八世纪的启蒙运动",第二章"向批判哲学过渡",第三章"批判哲学的奠基石:《纯粹理性批判》——理论的哲学",第四章"实践的哲学",第五章"判断力的批判:理论哲学与实践哲学的结合",第六章"民主政治理想和历史观"。面对晦涩难懂的批判哲学,我们当时除了在课上拼命记笔记和课下相互对笔记之外,还不得不花费大量的时间去翻阅这些参考书。这样,自然就不断要和商务的本子打交道,变得越来越亲近,这大概是我集中接触到商务出版物的一个最早机缘。

齐先生的康德哲学课拉近了我和概念中的商务印书馆的关系。从此以后,凡是学西哲必读商务译本,馆里每出这方面的新品必购买或者关注之,这已经成了我几十年雷打不动的习惯。齐先生教了一辈子的康德,接引了无数的学子进入西哲之门,让我们逐渐了解和熟悉了商务印书馆;但他的讲义却一直没有出版,每每翻看听课笔记,总觉怅然若失。到了2000年,终于欣喜地发现齐先生的书面世了,书名叫《康德的知识学》,出版机构就是商务印书馆,这应该是他几十年教学和研究一点一点积累下来的成果。但此时,距离先生过世已经整整十年了。

商务助我入哲门

王太庆老师曾被打成了右派，经历坎坷，文革之前更是远放于西部边陲，一直到改革开放初，才被系里调了回来。实际上，早在抗战时西南联大的后期，王老师就已经是翻译界一颗冉冉升起的新星。当时，由贺麟先生主持的中国哲学会西洋哲学名著编译委员会将刚毕业不久的他征招于旗下，协助译事。应该说从那时起，王老师就成为贺先生门下从事哲学翻译工作最为得力的助手了。从合译黑格尔的《哲学史讲演录》算起，到后来众多的独译著作，他大概是商务"汉译世界学术名著丛书"前期所收哲学部分中，数量最多、名气最响的译者之一，其卓越超群的语言功夫和孜孜以求的翻译实践，真正达到了一种以译事为终身志业的境地。王老师的译著滋养了几代学哲学的人，凡是对西哲有所涉猎的读者，没有不受其惠泽的。他不但翻译了大量的西哲原著，而且在翻译实践中总结出一套行之有效的办法，鲜明提出了"翻译不是描红""翻译不是传声筒"的原则。自严复以来，"信"（忠实）、"达"（明白）、"雅"（优美）诚为译事之楷模、译者之目标，但如何将三者有机地融合，做得恰到好处，实为不易。王老师在其一生艰苦卓绝的努力中，不断揣摩，不断精进，真正做到了"信而且达"的标准。他常说：译著要做到沟通读者和作者，就必须要深入地理解原著的思想，同时要充分考虑到如何确切、顺利地表达这个思想，而对于哲学译著来讲，这一点就显得尤其重要。而如今，从事哲学译事者众多，但真正像王太庆先生这样的译家，却反而是打着灯笼也难找了！

王老师在西北银川待了十几年，那可能是他人生的至暗时刻，但从没有听他抱怨过，更无牢骚满腹。当时，他刚从宁夏医学院调回北大，学校在蔚秀园为其安排了住所，我和77级的宁夏老乡李伟去看过他几次，因为李伟家是区卫生系统的，所以之前他们就熟络。每次去，都能感觉到他返回北大后的欣喜和时不我待、要补回损失时间的急切心情，所以怕打搅，后来就不去了。王老师给我们上西方哲学史的前半部分，讲课中间，时不时地会涉及原著的问题和翻译的话题，尤其是在讲古希腊哲学时，用了很多生僻的词语，这对于我来讲，不啻是天书，完全不懂。后来读了他的译著，学了几年之后，才渐渐地明白了一些。其后，因为我的兴趣转向了中哲方面，对西哲的关注少了，与王老师的接触也就渐渐地疏远。但他作为我学习西哲的启蒙老师，带着入门，永远难忘；作为西哲原著的重要译者，每每想起他，便又会自然地联想到商务印书馆的种种往事。

与齐先生和王老师相比，朱德生老师可能与商务的关系不那么紧密，但作为当时系里的主要负责人和西哲的骨干教师，对西哲翻译工作的组织和相关出版物的联系，其位居要冲，一定出力不小。像当时最为重要的一套西哲资料选集：《古希腊罗马哲学》（1982年新版）、《16—18世纪西欧各国哲学》（1975年新版）、《18世纪法国哲学》（1979年新版）、《18世纪末—19世纪初德国哲学》（1975年新版）和《18—19世纪俄国哲学》（1987年），就是在这前后由商务印书馆陆续推出（或者重版）的，我们当时用的都是商务出的新本子。而朱老师讲授德国哲学，最为重要的参考资料使用的就是《18世纪末—19世纪初德国哲学》，这套资料中我们最为熟悉的也是这一本。朱老师在"文革"后首次参与编写的《欧洲哲学史》（1977年）是由商务出版的，而我们后来修读西方哲学史这门课时,使用的却是由北大自己印的黄皮本教材,不知是市场脱销了,还是因为内容有了重大的改动。那时候,不是没有教材,就是不断地新编或改编教材,几易其稿,是常有的事,实属时代大变动的一个缩影。

从北大毕业之后,我也成了一个教哲学的,不但入了哲学的门,而且也吃上了哲学的饭。商务出的书始终伴随着我的成长,其后所有的科研和教学活动,几乎是靠了商务不断提供的知识营养而存活、发育和伸展的,在我的藏书中,商务出版的也属于绝对的大宗。后来,我自己也编书、写书和出书,有数种便是与商务合作的,我有幸成为了商务印书馆的作者。但是回首往事,与商务的结缘,首先想到的便是这几位引领我进入哲学之门的西哲老师,是他们让我最初触摸到了哲学的门,也认识、了解和亲近了商务印书馆。

我与商务印书馆

王晓辉

我与商务印书馆,时常觉得很近,因为我购、藏了多部"汉译世界学术名著",不时地翻阅、研读;时常又觉得很远,在我心目中,商务印书馆是学术出版界的高峰,须仰视,但不可及。虽然我曾经出版了几部小书,但这些书大都在与我们教育领域相关的出版社出版,而与综合型的商务印书馆相距甚远。

几年前的一天,我的好友、北京师范大学张斌贤教授告诉我,商务印书馆有意出版一批外国教育学术译著。几天之后,商务印书馆教育室主任苑容宏和两位年轻编辑来我校面谈,我们几位教师同他们就出版目的、书目选择等议题进行了热烈的讨论。于是,我同商务印书馆的机缘才真正开启。

经协商,确定了我的翻译任务:第一,法国哲学家阿兰的《教育漫谈》;第二,法国教育家加斯东·米亚拉雷的《新科学精神与教育科学》。

关于第一部著作，因作者文风类似于散文，除了为文中涉及的大量陌生人物加以注释之外，翻译起来并未遇到大的困难。得益于编辑邹贵虎先生，此书已于 2019 年顺利出版。

而第二部著作，开始几章的翻译还算顺利，但后面却有大量相对论、量子论等自然科学的理论、概念、公式，令我这个理科基础极差的人几乎崩溃。在几乎不懂的状况下，每天小心翼翼地搜寻与法文对应的汉语词汇。另外，还要抄录原著中各种科学公式。但这在 Word 文档中几乎不可实现，勉强找来各种已经令人眼花缭乱的符号，却不能将它们安置在适当的位置。于是只好放弃这种做法，采用截图的方式将公式放在文档中。十分惊喜的是，在校对稿中，发现那些公式完美地呈现出来。真是由心底佩服商务的设计排版功夫！这样，第二部译著便于 2021 年 10 月正式出版。

其实，在翻译两本法国教育名家著作的同时，我还在筹划法国教育史的撰写。

撰写一部法国教育史的想法由来已久。纵览我国出版的外国教育史著作，西方大国的教育史译作、专著已不少见，唯独不见法国教育史著作，这不能不说是我国外国教育史研究的一大缺憾。主要的原因可能是语言问题。研究法国教育通史，非通法语不可，否则难以掌握大量的原始文献。当然，懂得法语是研究法国教育史的起码条件，如能略知拉丁语更好。法国的教育史专家多为历史专业出身，而我国与法国情况不同，几乎所有教育学分支学科的学者，均为教育学专业出身的人。研究教育史的学者也不例外，基本为教育学专业出身。古文好的可能转修中国教育史，外文好的转修外国教育史。但由于我国基础教育的外语教学几乎单一为英语，那些研究外国教育史的人均以英、美教育史为主要目标。也有一些来自外语院校的学生，跨入教育研究领域，但第一步常以比较教育为主。而且这些学生中极少学小语种者（除英语，其他外语几乎都可以称作小语种），偶尔有学法语者，一般都在研究当前的法国教育。他们偶尔会涉及历史研究，但所涉及的往往是一个历史片段。

然而，仅有语言基础还远远不够。法国教育历史可回溯两千余年，历经多种政治体制，各种政治、经济、文化、宗教、语言因素交织其中，历史文献汗牛充栋。法国教育史学者注重原始资料的挖掘、整理，关于教育史的研究成果已经极其丰硕。我本想先翻译一部法国教育史著作，作为撰写法国教育史专著的起步。但遗憾的是竟然找不到一部用法文写成、篇幅中等的法国教育通史著作，我甚至专程去鲁昂的法国国家教育博物馆的专业图书馆搜寻，也无所获。这些著作或者太简，或者太专，或者专注于某一历史时期，或者专注于某一类教育。对于这样状况，我的感觉是，法国教育史学者们面对浩如烟海的史籍，无力自身完成整体研究工作，专注于某一时期、某一领域，可能是最好的选择。而目前唯一的一部法文的法国教育通史则是由多位教育史专家分别撰写，共有四卷，体量太大，且法国语言、宗教成分较重，显然不适宜翻译。

鉴于我国外国教育史研究的现状和法文教育史著作的情况，不乐观地估计，未来几年、十几年、几十年，甚至更长时间，可能都不会有关于法国教育通史的专著问世。这样，我的唯一选择就是亲自撰写一部法国教育史了。出于责任，出于挑战，出于理想，我便有了一种"舍我其谁"的豪气。好在有诸多法国教育史资料可供参考，也可以说我们已经站在巨人的肩膀上，再畏缩不前，将有违于使命。

十几年前我已经开始了关于法国教育史的资料收集、构思，并且断断续续地写了一些东西，但真正动笔却是在退休之后。没有了授课安排，没有了指导学生的责任，没有了发表文章的压力，没有了必须参加的会议，并且逐渐完结了曾经申报的课题，有了"时间自由"，便可以全身心地投入到法国教育史的写作中。

历经五年之久，终于完成了《法国教育史》初稿。书稿分不同历史时期论述了从古代到当前的法国教育状况和教育实践。书稿完成之后，我曾预料其命运。出于自信，我想它不至于被搁置；但也心怀忐忑，出版社总要考虑效益，对于这样不可能畅销的书籍，不会无条件地接纳。然而，毕竟与商务印书馆有了两本译著的前缘，还是不愿错失这一机会。思前想后，还是将书稿发给了苑容宏主任。

之后，便是漫长的等待（大概几个月吧，主要是心理期待）。有时，想催问一下，随即又觉不妥。有时，也想联系另一家出版社，但感觉并未被退稿，说明希望还在。正在翘首企盼之时，突然收到商务印书馆编辑来函，不仅表示了出版意向，同时提出了一些修改意见。

我当然喜出望外，随即对书稿加以补充、改正，然后回复了编辑。本来，我已准备自己动手在文稿中修改，但责编梁锐萍却表示由她来做此项工作。不仅如此，每当她对书稿中的误差、重复等问题提出疑问时，我都可以感觉到她那认真、细致的工作态度和敬业精神。而每当我向她致谢时，她总是谦称是职责所在，实在令人感动！在此书稿即将付梓之际，再次感谢商务印书馆对拙著的认可，特别感谢苑容宏和编辑为其出版所付出的辛勤工作。

2022年是商务印书馆成立125周年。125岁，已是人生的极限。125年，对于商务印书馆来说尚属年轻。商务印书馆虽以商务为名，但最少铜臭气，特别是在物欲横流的当下，这种精神更是难能可贵。祝愿商务印书馆的同仁与作者一道，秉承学术至上之精神，代代相传，永葆青春。

2021年岁末

"商务"其实最文化

刘 文 飞

不知在 125 年前的上海滩,夏瑞芳和鲍氏兄弟等人在创办他们的"印书馆"时为何取名"商务",想必与他们要做一番"印书生意"的初衷有关,在他们这些大多具有教会学校教育背景的人当年给出的"等值"英译馆名"The Commercial Press"中,也能感觉出一种浓烈的商业气味。然而,在 125 年后的今天,"商务印书馆"这个名称给人的印象却完全没有了商业味,似已与"商务活动""商务英语""商务包机"等概念中的"商务"一词风马牛不相及,因为在这 125 年间,商务印书馆为中国的出版事业,乃至中国的文化事业做出的巨大贡献,使她早已不再被人们当作一家商业机构,而被视为一个文化符号。

商务印书馆诞生之日,正值中国文化的现代化转型之时,商务印书馆的创建不仅是中国现代出版事业的起点,更是中国文化现代化进程的里程碑,它因此与北京大学并称为"中国近代文化的双子星"。张元济先生等当年确定的重要出版方向，包括编写新式教科书、翻译海外著作、创办现代期刊和出版现代工具书，无一不是中国的文化现代化，乃至整个国家现代化不可或缺的文化基础建设工程。新式教科书的编辑出版，使得无数中国少年接受到现代意义上的启蒙教育；现代期刊的创办，培养起中国第一代具有现代阅读意识的公共读者；对海外著作的翻译，不仅形成了康有为所谓"译才并世称严林"的壮观场景，还使得当时处于半封建、半殖民地状态的中国做好了与世界文化对话的准备；而各类现代工具书的编纂和出版，更是一个国家文化和科学发展的基本前提。很难想象，一家商业性的私营出版社居然能在国家现代化的关键时节同时完成如此之多的文化大工程。

抗战时期，位于上海的商务印书馆之所以成为日军飞机的轰炸目标，成为日本浪人的纵火对象，就因为日本侵略者试图在精神上和文化上摧毁中国，便特意选择商务印书馆这个中国文化的象征痛下杀手。商务印书馆在遭此劫难之后的所作所为则更令人唏嘘，让人感佩。她在一片废墟之上站起身来，在很短时间里就恢复出书；她颠沛流离，先后在香港、重庆等地重整旗鼓，浴火重生。商务印书馆在民族危难时期的这些壮举，本身就是坚韧的中国文化和不屈的中国文化精神的典型体现！

中华人民共和国成立后不久，商务印书馆迁至北京，从私营变国营，从地方到中央，从综合到专门，其性质、功能和业态均有所改变，但她出版一流著作的一流出版社的地位和风格却始终未变。即便在之后不久便袭来的文化饥荒年代，商务印书馆也依然起到了延续文化火种的作用，我们如今不无惊讶地发现，我们手边还在使用的一些工具书，居然是商务印书馆在"文革"时期出版发行的。

我真正开始广泛阅读和使用商务的图书，真正意识到商务在中国文化领域的独特意义，是在改革开放之后。就在我考入中国社科院研究生院前后，商务开始推出"汉译世界学术名著丛书"，这套书中的许多经典名著，如亚里士多德的《诗学》、黑格尔的《美学》、罗素的《西方哲学史》、普列汉诺夫的《俄国社会思想史》等，很快就成了我和我的同学们的学术入门指南。可以毫不夸张地说，这一套洋洋大观的"汉译世界学术名著丛书"以及商务在上世纪八九十年代出版的大量其他图书，为中国新时期的改革开放提供了源源不断的思想资源，使一代中国学人由此形成了他们的"商务情结"。所谓"商务情结"，说到底就是对商务版各种工具书的信赖和依赖，就是对商务版知识类、思想类图书的阅读和眷恋。

无论作为读者还是作者和译者，我均受惠于商务印书馆甚多。出生在1950年代末尾的我，成长在一个既无"商业"气息、也无"文化"氛围的年代，可以读到的书寥寥无几，甚至连阅读本身都成了禁忌。上小学后不久，身为小学教师的父母所使用的一本灰皮精装《新华字典》就成了我爱不释手的"读物"。我看这本字典通常不是为了查生字，而是像读小说一样一页一页地翻阅，我喜欢久久地盯着某一个不认识的字看，更喜欢看每个字后面的简短解释。就这样，《新华字典》成了我人生中第一部百科全书。后来我才发现，我的这第一本"经书"就是商务印书馆的出版物。

我在1977年考入大学，成为一名外语专业大学生，我像当时中国所有"外语人"一样，终日手捧商务出的教科书和工具书。记得当年我费了九牛二虎之力才托人买到一本商务出的《简明俄汉词典》，这本字典伴我度过了四年大学生活和三年研究生生活，可能是我一生中翻阅次数最多的一本书。如今，这本版权页上标明为"1965年9月初版""1965年9月北京第一次印刷""字数2393千字""印数1—20600册""定价4.90元"的字典，已成为我书架上的"文物"，它被翻得稀烂，硬皮封面已与内瓤脱离，书脊处还留有多次粘贴的痕迹，就像一位伤痕累累的老兵。后来，商务出的俄文和英文工具书我越买越多，越用越多，但再也没有一本能像《简明俄汉词典》这样曾与我终日相伴。

　　从小学时偶然捧读的《新华字典》，到大学时每日查阅的《简明俄汉字典》，再到读研究生时阅读的"汉译世界学术名著丛书"，商务印书馆的书搀扶着我走过了半个世纪的人生。我是读着商务的书长大的，让我没想到的是，在读了商务的大量图书之后，自己后来居然也有了为商务写书和译书的机遇。多年前，我的《俄国文学演讲录》在商务出版；稍后，由我编译的"俄语诗人丛书"也由商务陆续推出，目前已出版《普希金的诗》《帕斯捷尔纳克的诗》《茨维塔耶娃的诗》《叶夫图申科的诗》等四种；2020年，我翻译的米尔斯基所著《俄国文学史》在商务出版，并入选商务当年的"人文社科十大好书"。去年，我又有幸参加商务的"汉译世界文学名著丛书"的编选和翻译工作。这套新丛书的出版是商务一个新的大手笔，它必将与"汉译世界学术名著丛书"构成呼应和互补。我翻译的《普希金诗选》和《大尉的女儿》能被列入这套丛书，我引以为荣。当然，较之于我自商务数十年的获取，我对商务所做的这一点回报是微不足道的。如果说商务是一座富矿，我无论作为读者还是作为作者和译者，都只是一名普通的挖煤工。

"商务"其实最文化，"商务"的商务就是书，就是知识，就是文化。衷心祝愿这家历史最为悠久的中国现代出版企业继续为中国的文化添砖加瓦，成为中国知识森林里的千丈之松，中国人精神苍穹中的云中之龙！

2022 年 2 月 10 日于京西

我与商务印书馆的六本书之缘

汪维辉

商务印书馆 125 岁了,她对中国社会做出的贡献无法估量,她跟我个人的学术之路也紧密相关。值得回顾的往事很多,这里就简单说说我与商务印书馆的六本书之缘吧。

这六本书可以分为三组。

第一组:吕叔湘的《汉语语法分析问题》(1979 年 6 月第 1 版,定价:0.36 元,66 千字,印数:1—111000 册)和赵元任的《语言问题》(1980 年 6 月第 1 版,定价:0.9 元,165 千字,印数:1—25300 册)。

我与商务的结缘始于两位语言学大师的这两本书。它们的定价和印数今天看来都是令人惊讶的。

那大概是 1980 年,我刚从宁波师专中文科毕业(我们是"77 级"里最早毕业的一批大学生),被分配到奉化师范学校任教。好像是在宁波新华书店吧,买到了吕叔湘先生的《汉语语法分析问题》，封面那苍劲飘逸的题字（印象中似为书法家周慧珺所题，但一时无从查证），一看就令人喜爱。书是薄薄的一本小册子，字印得很大，黄褐色的纸张散发出一股淡淡的幽香，展卷静读，让人陶醉。这本书只有6.6万字，吕先生说原来是作为一篇论文来写的，也准备读者把它当一篇论文来读。"本文的宗旨是摆问题"，"说明汉语语法体系中存在的问题何以成为问题，说明问题的来龙去脉"。书分四章99节，用高度凝练而又平易直白的语言摆出了汉语语法分析中的种种问题。我当时在教学中也要讲到一些语法知识，常常有学生拿各种刁钻古怪的句子来问我该如何分析，我知道他们其实是暗中在考我，因为在那个特殊的年代，中师除了招收一部分初中毕业生外，更多的是招收符合条件的民办教师，简称"民师班"，学生有一半以上比我年长，最大的三十多岁，而且有多年的教学经验，对现代汉语语法多少有些了解。我靠自己看书，解答他们拿来的难题，几乎从未被难倒过，他们慢慢地服了我这个才二十出头的"小老师"，我自己对语法也产生了浓厚的兴趣。所以读着吕先生的书觉得兴味盎然，被里面大大小小的问题所吸引，似乎自己也能发表一点见解。我觉得这本书有两个特点，一是内容体大思精，二是表达深入浅出，这也是我平生最爱读吕先生文章的原因。多年来虽然心追手摹，但是很难学到。据说沈家煊先生曾经读破过四本《汉语语法分析问题》，我虽然没有下过这样的功夫，后来也没有把语法作为研究方向，但是很能理解沈先生这样做的理由。要想研究现代汉语语法，把这本书读透大概就可以思过半了。

后来又买到了赵元任先生的《语言问题》，这本书的内容和语言太有趣了，读着读着常常笑出声来。比如开头的"原序"，一上来就讲到这次演讲总题《语言学跟跟语言学有关系的某些问题》里头的"跟跟"两个字，报馆的人打了三个电话来问是不是多了一个"跟"字，赵先生向他们解释说，一个是大"跟"字，一个是小"跟"字，不能省掉一个，"结果第二天登出来居然登对了。可是有些报没打三次电话的，还是登错了。""我引这个例，表示这一系列的演讲是讲语言的，不是讲文字的。尽管通行的文字里不用'跟跟'，甚至连一个'跟'都少见，可是北京口语里最常用的是'跟'，所以就让它去'跟'去了。"大师的机智幽默令人忍俊不禁。也是在这篇短短两页纸的"原序"里，赵先生向读者交代了这本书的语言风格："为保存原来讲堂空气起见，除了上述的删除重复跟整理句法以外，一切仍是照旧。"也就是说，这书并不是先写好讲稿然后去做演讲的，而是根据演讲录音"听写下来"的。对当时的我来说，这简直是太新奇了！书还能这样写！所以你读这本书，就好像是听着赵先生在跟你娓娓谈天，天南地北，古今中外，妙趣横生，真理闪耀，许多深奥的语言学原理，在听故事中就轻松愉快地领悟并掌握了。比如书中用一个赵氏改编版的德国老太婆的故事，说明了"一个一生只用过一种语言的人，往往分不出语言跟语言所代表的事物来"这个道理。关于语言符号的任意性，我没有见过比这个故事更恰当的例子了，读过之后终生难忘。我孤陋寡闻，一直认为赵先生的《语言问题》是最好的语言学入门书，常常向学生推荐，边推荐边想，如果一个人读了这本书而无动于衷，那他最好就别学语言学了。其实即使不学语言学，读读这本书也是可乐而且益智的。

商务出版的语言学书籍对我产生过影响的当然很多，不过回想起来，印象最深刻的还是最初读到的这两本。其实那时候并没有人指导我学习语言学，完全是凭兴趣乱读书。我很庆幸自己在涉学之初就遇到了这样的好书，它们引我走上语言学之路，入门很正，气象阔大。这种潜移默化的影响让我受益终身。

第二组：史文磊的《汉语运动事件词化类型的历时考察》（2014年）和刘君敬的《唐以后俗语词用字研究》（2020年）。

商务向来有出版语言学著作的优良传统，我国第一部现代语法学著作《马氏文通》就是1898年由商务推出的。在商务出版自己的著作一直是心中的梦想，可是没想到，两位学生却捷足先登，早于我跟商务结下了这个缘。

2010年，我指导的博士生史文磊在南京大学获得博士学位，当年他的博士论文入选商务"中国语言学文库"第三辑，是该年入选的唯一一部书稿，2014年出版。2011年，我指导的博士生刘君敬在南京大学获得博士学位，当年他的博士论文也入选了商务"中国语言学文库"第三辑，不过由于主客观原因，直到九年后的2020年才出版。

他们年纪轻轻，博士刚毕业就能在商务出版学术著作，这得益于2002年商务斥资100万元设立的"商务印书馆语言学出版基金"。这个基金评选严格，每年中选的书稿不超过四种，宁缺毋滥，入选的著作质量很高，在语言学界拥有良好的口碑。难能可贵的是，这个基金向所有人开放，对已经成名的专家和初出茅庐的新秀一视同仁，只看质量不看人，不少刚完成的优秀博士论文得以跻身其中，这不仅对入选者和青年学子是极大的鼓舞，也给了整个语言学界正确的导向和示范。

第三组：我的《东汉—隋常用词演变研究（修订本）》（2017年）和《汉语核心词的历史与现状研究》（2018年）。

这是我在商务出版的两本个人专著，在年届耳顺之时，终于梦想成真。

《东汉—隋常用词演变研究》在我的博士论文基础上修订而成，2000年由南京大学出版社出版，2002年重印了一次，两次总共印了4000册，但早已售罄多年。2017年，我商请商务出个修订本，时任总编辑周洪波先生爽快地答应了，并且特地安排龚英女士担任责编。龚女士工作踏实高效，书出得又快又好。同年，我的国家社科基金项目结项成果《汉语核心词的历史与现状研究》入选"国家哲学社会科学成果文库"，要求在2018年3月前出书。全国社科规划办开始是安排在另一家出版社出的，我觉得不合适，因为这本书要出繁体字版，难度较大，而且时间很紧，我希望能在商务出。又一次商请周洪波总编辑，又一次得到他的支持，我就向社科规划办的负责同志提出了改换出版社的要求，最终获得批准。又是龚英女士担任责编，在很短的时间内，这本1173页的书就顺利面世了。这两本书的出版，让我真切地感受到商务人的职业操守、业务水平和工作效率，以及他们与学人之间的真诚友谊。

老树发新枝，明日花更艳。作为商务的老读者和新作者，我衷心祝愿商务印书馆越办越好，为中国的进步和人类的未来不断推出更多的精品图书！

"人之有德于我也，不可忘也"
——贺商务印书馆 125 年华诞

鲁国尧

《古文观止》，收录了自《左传》至明末的两百多篇文章，绝大多数是脍炙人口的名文。自 1695 年刊行至于今，在中国，400 多年来没有一个文化人没有读过它，堪称顶级畅销书，是世界书籍史上的奇迹。

据我粗浅的感知，阅读或吟诵《古文观止》，如注重文采，则多取唐宋文；若注重义理，则应取先秦文。这两句话，前者易晓，后者需要略加解释。请读首篇《郑伯克段于鄢》，其中的名言"多行不义，必自毙"，古往今来多少恶人奸人都应验了这句话。《石碏谏宠州吁》，"爱子，教之以义方，弗纳于邪"，于今何尝不然，尤其是对"官二代""富二代"。《祁奚请免叔向》叙说退休的老臣祁奚请求晋君赦免了贤人叔向，结句是"不见叔向而归，叔向亦不告免焉而朝"，二人之高风亮节令人感动。这些篇章蕴含人生哲理，富于教育意义。我很爱读，尤其在我进入老年之后。以上几篇选自《左传》。源于《战国策》的《唐雎说信陵君》，文短而精悍，我多次读过，每读一遍，心灵即接受一次"再教育"。兹将原文移录于下：

> 信陵君杀晋鄙，救邯郸，破秦人，存赵国，赵王自郊迎。唐雎谓信陵君曰："臣闻之曰：'事有不可知者，有不可不知者；有不可忘者，有不可不忘者。'"信陵君曰："何谓也？"对曰："人之憎我也，不可不知也；吾憎人也，不可得而知也。人之有德于我也，不可忘也；吾有德于人也，不可不忘也。今君杀晋鄙，救邯郸，破秦人，存赵国，此大德也。今赵王自郊迎，卒然见赵王，臣愿君之忘之也。"信陵君曰："无忌谨受教。"

我最服膺的是这一句："人之有德于我也，不可忘也。""不可忘"就是铭记的意思。用一个词儿来表达全句的思想，我以为非"感恩"莫属。在战国时代，在西汉季年刘向校雠整理《战国策》的时代，汉语里尚未有"感恩"一词，我查了《汉语大词典》，陈寿著的《三国志》和裴松之注里方出现此词。近年来"感恩"一词很是流行，耳濡目染，我在写作时也用了起来。2013年我在上海古籍出版社出版了一本《鲁国尧语言学文集——衰年变法丛稿》，是我五年来撰作的论文汇集，40万字。写"自序"，到了结尾时，我怀着满腔的感情写下了这么一句："本集诸文的思想渊源和学术渊源，端赖中外先贤的教导、启迪，在此谨表示我的'感恩'心情。"

如今我要再次写下"感恩"一词。

我生而有幸,耄耋之年欣逢商务印书馆 125 年馆庆,兹向商务印书馆表示热烈的祝贺,同时表达我的"感恩"心情。

名称有它的历史发展脉络,如果探究中国现代的图书出版机构名称的历史,大致可以这样说,第一代是"印书馆",此后是"书局",再后为"书社",当今通用的是"出版社"。《孟子·离娄上》里有"天下之大老"一语,可以借用来形容商务印书馆的地位,它是中国出版业的"天下之大老",它是我国最早的、最负盛名的现代出版机构,在中国由屈辱到崛起、由贫弱到富强的一百多年的历史征程中,商务印书馆对国家、民族做出了不可磨灭的贡献,功莫大焉,永昭国史!

作为一介学人,在这里简要叙述我"受恩"于商务印书馆的一些情况。

如果从中学懂得读书开始,估计七十多年来我读了商务印书馆的几千本书,现在我拥有的商务印书馆出版的书肯定逾千册。这些书,如果分类的话,主要有两类,一个大类是语言学的书籍和刊物,另一类是哲学、思想史类的书,当然还有其他如史学、外文等类的书。

1957 年,我在大学本科三年级分专门化的时候,选了语言学作为终生的事业,于今整整 65 年了,大致是商务印书馆高寿的后一半。读了商务印书馆许许多多的书,确确实实是"受惠多矣"。众所周知,商务印书馆是中国的顶级综合性的大型出版社,刊行语言学类书籍和刊物是它的"最强项"。这里先说商务印书馆出版的词典,我有《现代汉语词典》的试印本、试用本、第一至第七版,在我读书、教课、写作的时候,它们是我时时求教的良师益友。要特别说明的是,我的第五、第六、第七版都是商务印书馆赠我的,我在拜读之后还为这前两版各写了一篇书评,胪陈得益之多之深;也不揣谫陋,提了些许建议,当然,这不足以回报于万一。受赠的那装帧精美、红色与金色交相辉映的《辞源》(第三版),既解答了我的不少疑难,也为我的陋室带来了喜庆的气氛。

商务印书馆出版的语言学类的书籍和刊物,数量最多,质亦最高。我国古代有"府""天府"二词,我们年轻时读过的诸葛亮《隆中对》中有"天府之土"一语,"府"跟"库"是近义词。我要给商务印书馆上尊号:商务印书馆是中国语言学者的"天府"。欧美一些国家语言学虽称发达,但未必有像我们中国语言学拥有商务印书馆这样的"天府"。正因为有如此"天府",中国语言学乃有兴隆发达的今天,循大道以前进,屹立于世界学术之林大有望焉。

再说,除了语言学类的书和词典之外,我还购买、阅读过不止百本哲学、思想史类的书籍,有朋友问,你是语言学工作者,怎么购买、研读哲学书,而且这么多?我作答如下:我自将身许与语言学的六十多年来,做过许多文献研究,也做过一些田野调查,在语言学的园地里,我下过功夫,遍涉音韵学、方言学、语法学、词汇学、文字学、西方语言学史等等,都曾发表过有分量的论文,我写的文章还力求行文兼具文采。回忆在步入老年的时候,我惶惑,我焦虑:花甲之后如何度过"余生"?如果不想优游度日,仍旧做学问,该做什么?怎么做?是仍旧守在语言学的圈子里吗?那么,有一条路可走,就是近若干年盛行的在西方的某种语言学说的后面做跟随式的研究，那，极可能是当搬运工。否，否，有志者岂能若是！唐代名诗人李贺"少年心事当拏云"，老年何尝不可？人，应该有志气，做一个学人，就应该"做大学问"（按，这是我2010年、2015年两次在浙江大学做学术演讲时的讲题）。这"做大学问"有二解：一是"做大"学问；一是做"大学问"。

最后我下定决心走"坚实、会通、创新"之路，于是我"衰年变法"，近二十年，读了哲学（含其重要分支美学）、思想史、史学甚至古人类学、社会学、政治学、心理学的上百本书籍。我力图跨界，目的在八字："会通多学，以臻胜境。"在摸索中，我的体会是，诸学中哲学、思想史更为重要，我认真读过冯友兰、张世英、朱光潜诸前辈的大著。为什么要读哲学书？冯友兰先生的《中国哲学史新编》"全书绪论"中指出，一个学者应该努力培养、提高理论思维即哲学思维的能力，对此我十分服膺。好了，我这篇短文写到这里，应该及时点睛了：读哲学书，绝对不能不读商务印书馆的"汉译世界学术名著丛书"，这部大丛书目前已出版有八百多本，是百年来几百位精通外国人文科学、社会科学的学者打造出的精品书库，这是商务印书馆的又一强项，至少是国内唯一。以前我只读过语言学类的四本（索绪尔、萨丕尔、布龙菲尔德、赫尔德），这二十年来我"变法""转型"，因而对这套大丛书里橘色书皮书即哲学类的书产生了浓厚的兴趣，购买了柏拉图、亚里士多德、笛卡尔、培根、黑格尔、罗素的书以及中国哲学史的若干书。我的学术思想是：我们中国学者应该坚持"不崇洋不排外"的"双不方针"，崇洋则泯没自己创造的心智，排外则堵塞借鉴他人的窗口，我们既要研究中国的学问，也要研究外国的学问，会通融一，自力自作。简要地讲，我读商务印书馆出版的中国和外国的哲学书，旨在拓宽视野、培养理论思维能力，走出一条自己的路。

我在 2005 年、2006 年呼吁"创建中国语言学思想史学科"，殚精竭虑，十年后我写出了《新知：中国语言学思想家段玉裁及〈六书音韵表书谱〉》长文，有学者表扬我为"中国语言学思想史的拓荒者"，因为以前无论中外，一直没有人提出"创立中国语言学思想史"并能做出实绩。我 2011 年发表了《语言学和接受学》，2012 年发表了《语言学与美学的会通：读木华〈海赋〉》，2015 年发表《哲学札记》，以上这些都可以算是踏上了一座辉煌宫殿的门槛。最近，即 2021 年我发表了《语学与史学的会通——三十而立，再证"长安论韵开皇六年说"》，研究与撰作历时一年多，得两万字。隋文帝初年的"长安论韵"是中国语言学史上的老大难课题，很多名声赫赫的大家"逐鹿"于此，就中陈寅恪先生《从史实论切韵》、周祖谟先生《切韵的性质和它的音系基础》是两篇经典名文。我站在巨人的肩上提出"开皇六年说"，千年谜题，百年破解。更重要的是，在文中我提出了"三说"："齐一律""以今例古法""知世论人说"。段玉裁《与诸同志书论校书之难》云："何谓立说？著书者所言之义理是也。"自立新说，是我在这个学术课题上逾越陈、周二大师之处。也可算是我在学术登山途中又迈上了一步。在该文结语中，我说："治学撰作既需要充分占有可靠的材料以做严谨的逻辑推理，也需要具有思想、理论。"这是我二十年来修炼所悟得的义理。

总之，我的学术思想与学术实践之所以能至此境，我应该感恩。对于书，我感恩；对于出书人即出版人，我感恩；对于印书馆特别是商务印书馆，我感恩。

颜之推故里南秀村民于 2022 年 1 月 22 日

从读者到译者的四十年路

曲 长 亮

一

和许多人一样,我幼年时对商务印书馆的印象,也是从《新华字典》开始的。初有记忆时,就清楚记得卧室的高低柜抽屉里有两本蓝色塑皮的《新华字典》,旧一些的是爸爸的,新一些的是妈妈的,这两本字典被奉为家中的宝,只可惜小孩子的手没轻没重,没多久就弄坏了妈妈的那一本。一直记得妈妈在埋怨:"我那是四角号码版的哎,现在买不到了!"回想起来心中很是难为情。

成长于改革开放初期实为幸事,社会飞速发展带来的欣欣向荣局面,即使我们小孩子也能够真切地感受到。生活里日新月异的变化催促着人们不断读书学习,那些大我们一代的热血青年们,深明让中国走向世界并参与国际舞台之大义。他们手捧许国璋的

《英语》课本，跟随着双卡式录音机里吱嘎旋转的盒式磁带喃喃朗读，时不时眉头紧锁地翻查着郑易里的《英华大词典》。对于他们来说，英语学习的历程当然不是一帆风顺的，但是这幅壮观画面反复不断地出现在我们小孩子的眼前，反倒让我们好生羡慕。十余年后，求学时代，我手上也有了一本传奇的英语词典——《牛津高级英汉双解词典》第3版。("高级"改译为"高阶"，是第4版以后的事。) 商务印书馆引进的这部国际精品级的工具书，暗紫色的典雅封面，视感手感皆佳的纸张，数量不多却绘制精美的插图，在我国经济与社会即将振翅高飞的年代带来的是耳目一新的美妙感觉；而该词典上乘的编纂质量，为夯实我们的英语基础立下了何等汗马功劳，自然更是无需多言的。从勤勉求学一路走到悉心授业、潜心研究，它一直默默与我们相伴。

对于我们这些上世纪90年代进入英语专业学习的学生来说，商务印书馆的书，无论是国人的原创之作还是国外著作的中译本，皆是课内课外挖掘知识的金矿。我们读陈嘉先生的四卷《英国文学史》和三卷《英国文学作品选读》，读张汉熙先生的两册《高级英语》，读李赋宁先生的《英语史》，让英语水平有了质的提高；我们读王宗炎先生翻译的四卷本《光荣与梦想》，好奇地观察着光怪陆离的当代美国文化；我们读赵元任、王力、吕叔湘等中文界泰斗撰写的各种汉语语法著作，思考英汉语言结构之间的异与同；我们也读"汉译世界学术名著丛书"中的各种哲学书、历史书，以及该丛书最早的三本语言学著作——索绪尔的《普通语言学教程》、萨丕尔的《语言论》、布龙菲尔德的《语言论》；很多人还啃下了商务印书馆版的四册《法语》。人生路上，十分庆幸有这些书陪伴我们度过了最具求知欲的美好时光。

二

2017年,我应邀参加了商务印书馆"语言学名著译丛研讨会"。会议号召英语界学者为商务推荐国外语言学的名家名作,将其高质量译出,让中文读者有机会读到更多语言学的经典著作与前沿著作,也为未来"汉译世界学术名著丛书"在语言学领域的进一步充实创造条件。有机会参与这一工程,是莫大的荣幸,更深感肩上责任之重大。学术名著代表了人类的最高智慧,译者有责任通过自己的笔,把这样的智慧精准传递给更多的读书人;而世界级的学术经典,通常是英、法、德、俄等版本俱全,高质量的中文本之存在,无疑是我国国力之彰显。

语言学领域有许多历经时代检验而积淀下来的名家名作,是当之无愧的经典;而近几十年来,亦有诸多各具特色的新作极大启发了读者,极有潜力成为未来的经典。

后一类著作,我想到了美国语言学家道格拉斯·A.奇比教授的《法语在英格兰的六百年史(1000—1600)》一书。我们读英国文学史,研究英语词汇,皆会注意到历史上法语对英语的巨大影响,但是,在中世纪及文艺复兴时期的每个小阶段,法语在英国的社会生活中居于何种地位?法语和英语之间形成了何种语言关系?有什么样的教学活动在维系这样的语言关系?社会新思潮、新技术对法语和英语的地位产生了何种影响?我国数量庞大的英语学习者中,相当一部分人选择了法语作为"第二外语",英语与法语之间的互动，始终是大家非常感兴趣的话题。不仅如此，这些话题还涉及我们今天所关注的语言政策、语言与社会、语言教学方法等问题。让深度研究中世纪手抄本及文艺复兴早期印刷品的语言学史专家奇比教授来回答这些问题，自然会引人入胜。2020年，商务印书馆出版了我翻译的此书的中译本，有了这个中译本，相信读者就不必惧怕英文原书中大量引述的中古英语、古法语及早期现代英语的一手资料了。

而前一类著作的汉译工作，更存在许多空白有待填补，有些名家名作从未得到过汉译。例如，为英国语音学开辟新路径的斯威特，为美国语言学拉开序幕的辉特尼，为美洲本土的描写主义指明发展道路的鲍阿斯，均是我们经常从语言学通史中读到的名字，但他们的著作却长期无中译本可供我国读者做深入研究。此外，有些经典著作不是从原文翻译的，而是通过其他语言的版本转译，有的译本仅"译"未"注"，仍存在以讹传讹之风险。还有些成果丰硕的语言学家，他们的著作仅有少量得到了汉译，并且覆盖的领域也很不平衡。

曾对中国语言学界产生重要影响的叶斯柏森，一生著述众多，覆盖语音学、语法学、语言演变、语言与社会、语言教学等众多领域，但是只有《语法哲学》和《英语语法要略》的中译本出版得较早，以致他在我国曾经长期只被当作一位语法学家来看待。直至任绍曾教授精心译注了《人类、民族和个人》《语言论》《语言变化中的效用》等书中的精华，辑成《叶斯柏森语言学选集》，一个更加完整的叶斯柏森才呈现在我们面前。这方面的工作，商务印书馆也出版过姚小平教授编辑并译注的《洪堡特语言哲学文集》以及钱军教授编辑并译注的《雅柯布森文集》。这些成果为我们继续整理翻译语言学经典著作树立了典范。

于是，2016年起，我开始着手筹备一本题为《叶斯柏森论语音》的书，因为叶斯柏森的语音学著作，如《语音学》《语音学的基本问题》《语音学教程》等，中文读者依然了解甚少，这与叶斯柏森早年对语音学的重大贡献很不相称：19世纪末，他已创制了旨在全面精准描写各类语音细节的音标系统，已在借助后人所说的"音系学视角"来研究不同性质的语音成分对语义区别所发挥的作用，他还深入论述过阶层差异、民族国家意识等宏观社会因素对语音产生的影响。为此，我精选了叶斯柏森1884年至1933年间撰写的关于语音的论文、书章、百科全书词条、报刊文章共计24篇，归入"论语音演化""论普通语音学""论英语语音学""论语音学的历史"四大主题，从英语、德语、丹麦语原文译出，力求全面反映出叶斯柏森一生的语音学思想。

编辑并翻译这样一本书必然包含大量考证工作。叶斯柏森喜欢旁征博引，但是时过境迁，昔日的常识已不再为今人所熟知。作者"点到为止"的地方，今天的读者未必能够"心领神会"。大到社会思潮背景及语言学理论本身，小到所涉及的人物、流派、著作、刊物，常常需要得到足够的解释，才能够重现当时的语境。因此，译者必须同时发挥起校注者的职责，通过大量"译者注"为今人研读昔日的著作扫清障碍。辑注之工作在我国有着深厚悠久的传统，其重要意义无需格外强调。把这一思路和方法从本国古籍的整理引申至外国经典著作的汉译，自身就是一件非常有意义的事。

《叶斯柏森论语音》2021年由商务印书馆出版了，我又继续进行特鲁别茨柯依音系学著作的整理与翻译。多年前从钱军教授的若干著作中了解到了马泰修斯、特鲁别茨柯依、雅柯布森等布拉格学派学者对现代音系学的卓越贡献。如今，历史已悄然驶入21世纪20年代，信息资源的查阅与检索变得便捷而精准，交通与通讯技术的进步使我们与国内外同行学者的交流变得频繁而高效。显然，在这一背景下，高质量译出语言学经典著作比以往任何时期都更具可能性。此外还需要的，就是译者的细心、耐心与毅力了。

三

繁忙的工作之余，我竭力挤出时间多陪伴家人。欣喜的是，爸妈虽然早已是退休乐龄，却跟随时代脚步跟随得很紧。他们够新潮，已像年轻人一样学会了用手机追看网络小说；每每遇到有趣的词，会拿起书柜醒目位置上的那本因常年翻阅而变得有些走形的《现代汉语词典》，小心翼翼地翻查着。这场景常让我的思绪回返到8岁那年，爸为我买回这本词典时的那一天，他笑言这是对我的"智力投资"。当时没有能力领悟这个词的意义，但的确感到这本词典是座奇幻的宝库，在那个资讯仍很闭塞的年代，词典里的一个个词条，在我的眼前打开了一重重新奇的世界。如今，看着它9.30元的定价，想起爸当时每月72元的工资，才品味出"投资"二字的真正深意，体会出民谚所言"阿爸亲像山"这几个字沉甸甸的分量。我赶忙为他们买了全新的《现代汉语词典》第

7版，妈妈对这一版红红火火的外壳格外满意。而我，则把灰色封面的旧词典认真收好，放回柜中，它是时代的缩影，是个人成长的伙伴，更是拳拳父爱的完美见证。

英美有习语曰"to pay it forward"，意即受过恩泽之后，把爱继续传递下去。我们这些在改革开放号角吹响时降生的一代，在清爽拂面的东风里欢快成长、扎实求学，在阅读、思考与实践中砥砺前行，不知不觉中已过不惑之年。我们深知自己教书育人的职业生涯里下一阶段的使命：该为下一代的成长做些实事了！于是，商务印书馆与我商讨翻译乔治·尤尔教授最新修订的《语言研究》一书之事时，我毫不犹豫地接下了这项任务，因为这本由学界大师撰写的通论，自上世纪80年代初版以来一直是语言学领域最受好评的入门书之一，视野开阔，理论深入浅出，读起来趣味盎然。我们大学时代所读的第2版，还只是本普通的200余页小书；如今的第7版，已华丽变身为彩色印刷的大书，页码也足足增加了近三成。把它翻译好，定能吸引更多年轻学子参与到对语言奥秘的探究与思索之中。我期待能够为他们打开新的世界，正如父辈们曾为我们打开过新的世界。学术出版事业，历经各个世代，让人类的智慧与爱心一代代得以传承。

商务印书馆与我的
语言学研究之路

马 秋 武

译著对我的影响

1981年,我考入大学外语专业,之后又进行了三年硕士研究生的学习。我记得初入大学时,我的阅读兴趣是外国文学作品,大二时接触到很多现代派作品,看了一些西方文论的书。那时候,我尤其对汉译韦勒克、沃伦的《文学理论》印象最深。现代文论中所提及的结构主义、解构主义等文论,都涉及"所指""能指"等概念,这极大地引起了我想去了解一下它们的来龙去脉的兴趣。就在这个时候,天津市八里台高等教育书店推出了由商务印书馆出版的"汉译世界学术名著丛书",书店用了一整面墙来陈列这套书,也足以显示这套书的"分量"很重。就是在这面"墙"前,我看到了索绪尔的《普通语言学教程》、萨丕尔的《语言论》和布龙菲尔德的《语言论》三部语言学译著,我喜出望外,爱不释手,毫不犹豫地把它们全部收入囊中。那种内心的满足与喜悦,我至今仍能清晰记得,只是当时的我并没有想到自己会从此走上语言学的研究之路。

起初翻看这三部译著时,我还有很多不能完全理解的地方,但其中有关"语言"与"言语"、"所指"与"能指"以及火车与棋子的比喻等都给我留下了深刻印象。我们大三时修语言学导论课,是由美国语言学博士哈比克(Timothy Habick)担任的,他在课上讲了很多有关语言与交际、词、句法等方面的语言学知识。我由于事先读过商务印书馆的三部译著,因此对语言学课上讲的东西就有了比较深刻的理解,还在期末考试中获得了全年级三个班中唯一一个 A+,受到了老师的嘉许。

成为研究生后,我对语言学的兴趣愈加浓厚,理解也愈加深刻,并且从结构主义语言学逐步走入生成语言学研究,而后又专心投入生成音系学的研究。我在硕士毕业论文中提出了很多原创性观点,导师王嘉龄先生对我的论文大加赞赏,不仅评其为"优秀",还认为它"除了篇幅稍短外,跟国外的博士论文没有多大的差距"。我自知这是导师对我的厚爱与鼓励,但也从此更加坚定地踏上了音系学的研究之路。

应该说,我后来的语言学专业研究能力是从我最初接触的商务印书馆的译著开始的,而且它们也为我后来的语言学研究打下了坚实的基础。所以,上世纪 80 年代购买的三部语言学译著一直被珍藏在我的书架上。

从读者到译者

2017年3月，我应邀代表复旦大学外文学院参加商务印书馆组织举办的专门会议，研究组织翻译出版"语言学及应用语言学名著译丛"的工作。商务印书馆意在推动和扩展40年前创立的品牌丛书"汉译世界学术名著丛书"。在会上，我谈了商务印书馆语言学译著对我的影响，以及我对语言学和语言学名著的理解与认识。会后不久，商务印书馆的刘军怀先生多次给我打电话，十分认真地与我深入探讨"语言学及应用语言学名著译丛"的准备工作。我从究竟什么是语言学、语言与语言学有何不同等角度，建议他分七个板块来组织翻译西方的语言学名著工作。这样做，不仅能够确保语言学核心部分名著的选译，还可以保证外围的语言学名著也能入选其中。此外，我还向他推荐了国内可约请的各个板块的负责教授。

四年过去了，一部部选材精当、装帧精美、译文精确的译著已经陆续出版。我特意把新的译著与珍藏在书架上的那三部语言学经典之作排放在一起，感慨良多：救赎于我如灯塔，始终引领着我不断探索新知。毫不夸张地说，如果当初没有读到商务印书馆出版的那三部语言学名著的译著，就不可能有我后来在语言学道路上的不懈追求并形成自己的观点和见解。足以见得，名著译著的影响之大，常常超出我们的想象。40多年后的今天，我们这些受过其影响的一代人又开始接过接力棒，从事这方面的翻译工作。我翻译的《词库音系学中的声调》《音系与句法》《语调音系学》也都陆续出版，希望它们仍能成为灯塔，为中国语言学的发展继续指引方向。

英汉语言学术语之间的对应性和精准性

什么是语言学，似乎是一个很简单的问题，但实际上并非如此。"语言＋学"并不等于"语言学"。"语言学"关注的是普遍的语言问题，是一门揭示语言内在规律的科学；而"语言＋学"关注的则是不同语种的语言描写、语言教学等问题，它显然是一门人文学科。关于语言学到底指的是什么，我们可以很容易地在商务印书馆上世纪80年代初出版的索绪尔的《普通语言学教程》中找到答案。语言就跟国际象棋一样，无论我们对一个棋子做多么细致入微的描写，说出这个棋子最好应由何种材料做成，也都不可能告诉我们支配棋子在棋中行为表现的一套"棋法"。语言学研究的目的就在于揭示语言中语类成分之间的结构关系以及这些成分所应遵守的基本原则和规律。

翻译一定会涉及两种语言之间语言形式的对应问题，但由于两种语言的说话人所持有的概念系统有别，所使用的概念也会有所不同。同一个术语，在不同的语言里可能具有不同的内涵与外延。如果不把这一点搞清楚，那么肯定会闹出很大的笑话。举"语法"一词为例，汉语言学界通常使用的"语法"是与语音、语义、语用等术语并列使用的，而在英语里，与语音、语义、语用并列的只能是"词法"或"句法"，绝不可能是"语法"。国内某本学术刊物就曾将"语法栏目"直接英译为 grammar，结果造成"语法（grammar）"与"语音与音韵（phonetics and phonology）"等成为了并列的栏目。

显然，中外语言学界都有各自的语言学术语体系。例如，汉语言学界区分"构词"与"构形"，前者多是指词的组成方式，后者则多是指通过词的形态变化构成新词的方法。袁家骅等三位学者在翻译布龙菲尔德的《语言论》时便是用"词法"来翻译英语 morphology 的。要知道，英语并不区分"形态"与"词法"，"形态"指的就是"构词"。袁先生他们用"词法"来译 morphology，显然是对英汉两种语言不同术语之间的差异经过深思熟虑后做出的。近来，虽然有学者对此译法提出异议，但我非常赞同袁家骅等先生对此一译名的处理方法。

我们知道，翻译有把中文译成外文的，也有把外文译成中文的。很多人都以为汉译易，外译难，而且国家现在正积极倡导和大力支持外译工作，希望通过这项工作让汉语言学研究成果走向世界。但实际上，若翻看国外语言学的研究成果，就会发现在语言学的理论建构上几乎看不到我们国人的贡献，我们外译的成果在国外也没有得到足够的关注。究其原因，很明显是我们对国外语言学理论的理解还很肤浅，甚至是错误的。比如，之所以要把 phonology 译成"音系学"，而不是"音位学"，主要是因为现在在西方主流音系学理论中都已没有了"音位"这个概念。在我看来，我们撰写论文说明现在"音位"在音系学中的情况，远不如我们把阐释"音位"已被抛弃的论著译成汉语更有价值，因为它能让汉语读者更加全面地了解到音位被抛弃的整个过程。我们的语言学研究成果要想走向世界，与国际语言学界进行深入的对话与交流，首先要充分了解和理解他们的理论实质内容及各方面的应用情况。

所以，要做好语言学名著的翻译工作，必须弄清楚现代语言学中的一些重要概念。汉语里有没有这样的概念？如果有，那么还要搞清楚：两者之间是否有所不同？它们的不同表现在哪些方面？我们在翻译过程中，怎样才能处理好这方面的问题？我们现在对西方现代语言学的理论还有很多误读与误解。在翻译和应用西方语言学理论中仍然存在很多问题，但就国内所出版的语言学译著而言，商务印书馆出版的译著无疑都是质量和品质最高的，也是对我国语言学理论的建设与发展贡献最大的。

语言学术语翻译的背景知识

我们在谈语言学时，总以为中外语言学是完全一致的，没有什么差别，但深入下去，会发现中外语言学之间存在着很大的不同。在西方现代语言学中，形态句法结构中的最小单位是morpheme，它的上面是"词"，再上面是"短语"和"句子"；而在汉语言学中，我们有"词素""语素""形素"等不同说法，甚至还有"构词"与"造词"之分。英语的构词主要有三种方式：合成（compounding）、派生（derivation）和转化（conversion）。近来，国内有学者提出"屈折"构词法，这完全是错误的，因为"屈折"常用于构成数、时、格等的语法属性，它完全不同于用于构词的派生手段。我们在阅读或翻译西方语言学著作时，切不可以混淆中外语言学常用的一些基本概念。有些概念，西方语言学不区分，但汉语言学却区分。同样，汉语言学不区分，但西方语言学有可能区分。例如，stress与accent在汉语言学中是不做区分的，通常都把它们译成"重音"或"重读"，但在西方语言学中则是区分的。国内一些学者在撰写论文时有时把 accent 译成"重音",有时又把 stress 译成"重音"。到底怎么翻译 accent？其实,accent 这个术语在西方语言学的文献中早已有之。赛尔凯克(Selkirk)曾在她的《音系与句法》一书中提出 stress-first 理论与 accent-first 理论之分。我们若要区分它们,就必须采用不同译法来译它们。由此可见,翻译不是一种简单的语言之间的转换过程,而是一种错综复杂的概念系统之间的转换过程。在这一转换过程中,需要译者在充分研究中外语言学概念之间差异的情况下采用或创制表意准确、含义精当的术语来呈现现代语言学的现状。现代语言学理论多源自西方,汉语言学中的很多理论和概念也都是舶来品,因此我们的语言学译著无疑需要承担起创制语言学概念体系的重责,这不仅有利于推进国内现代语言学的建设与发展,而且也有助于纠正种种谬误。商务印书馆推出的"汉译世界学术名著丛书"和"语言学及应用语言学名著译丛"无疑将在这一方面在国内起到重要的引领作用。

从读"商务"的书，到当"商务"的作者

王宏治

我不记得我是从什么时候开始读商务印书馆的书的。上小学、中学时读"课外书"，从不关注读的书是哪个出版社出的。上世纪70年代初，我因身体有病，从插队的农村回到北京养病。因为没有工作，就在家里看各种杂书，有时间还到琉璃厂的中国书店转转，翻看一些古籍图书。"文革"中，图书市场一片萧条。1971年"九一三"事件后，有一段时间比较宽松，中国书店拿出一些政治上不太敏感的古籍书供读者选购。我当时身上钱不多，不敢涉及大部头书籍，只能翻阅一些零散的杂书，偶尔也买上几本诸子百家的单行本小册子。有意无意地买了几本上海商务印书馆发行的老版本图书，大多为"国学小丛书"中的遗珠，如民国十五年（1926年）初版的，甘乃光著《先秦经济思想史》，有马君武

先生为之序曰：

> 同乡甘君乃光研究国民生计学，湛然学者。近著《先秦经济思想史》，据近世发展之生计学说，以解剖我国先哲所有关于此方面之思想，诚整理国故中一宗大事，甘君乃于短期中成就之，其敏锐尤足异也。
>
> 民国十三年五月四日工学博士马君武序于宝山县忆文园

买时觉得此书无大用，可谁知三十年后，学校让我给研究生开"经济法制史"的课，有关"经济"一词的来路，我在该课程的讲义中说道：

> 现代意义上的"经济"一词是从日语汉字转译来的，其英文原词是 Economy，早年梁启超曾从英语直接译作"生计学"，或"富国学"，如"国民生计学"等，1902年曾著《生计学沿革小史》。大约在二十世纪二十年代，经济一词确立。甘乃光著《先秦经济思想史》一书问世，这是近代经济史学的创始之作。从此，现代意义上的"经济"词汇正式在中国落地生根。

真是"书到用时方恨少"！

还有一件奇事，我曾花三毛钱买到一本民国二十六年（1937年）初版的"万有文库"本，唐人颜师古撰《匡谬正俗》，内容多为古代生僻词释义，无事常翻阅一下。读研究生时，导师王永兴先生让我们整理敦煌吐鲁番文书卷子，考古专业宿白先生的研究生也一道参与。在他们的卷子中有"草马"一词，都知道草马即母马，但出处在哪里，一时谁也说不清楚。我听到他们的议论，恰好我也带了《匡谬正俗》一书来校。我就告诉他们，此书可作答，其文曰：

> 草马。问曰："牝马谓之草马何也？"答曰："本以牡马壮健，堪驾乘及军戎者，皆伏皂枥刍而养之。其牝马唯充蕃字，不暇服役，常牧于草，故称草马耳。"

该生见此极为兴奋，问我怎么就知道在此书中找答案？我也只能说是它撞在我枪口上了。真是"踏破铁鞋无觅处，得来全不费工夫"！

1984年我研究生毕业后，分配到中国政法大学从事中国法制史的教学与研究工作。上世纪80年代，古籍书出版还很少，许多必用之书没有新版的，我就到中国书店淘换古旧书，先后买到《唐会要》《唐明律合编》，特别是东汉班固撰、清陈立疏证的《白虎通义》，一套三册，仅花了八毛钱。其他"万有文库"本的书还有一些，如陆贾的《新语》、刘向的《新序》等。1957年出版的《汉书艺文志》单行本，当时售价仅两毛二分钱。记得当年有位中医朋友，那天上我家玩，可能是正在写什么文章，需要参阅《汉书艺文志》，不知怎么就跟我提起，说现在找不到这本书。我说我有，他不肯相信，直到我给他拿出来，他又惊又喜，赶紧抄录了所需的资料，对我感激不尽。

商务印书馆以出版字典、辞书等工具书见长，我手头现存的《新华字典》是1962年的修订重排本，已经翻烂了。我记得1966年，商务印书馆还出版了一部开本比较小的《新华字典》，因为赶上"文革"，没有来得及发行，压在库中。1973年左右，社会上缺乏字典，新华书店将其拿出来，当作旧书销售，五毛钱一本，我一下子买了七八本，分别给我在部队当兵的弟弟、妹妹及朋友寄去，鼓励他们好好学习。因为我看他们的来信错别字太多了。我自己留用的两本《新华字典》，早已翻烂，现在仍在用的是1992年的重排本，那上面还钤盖着"商务印书馆购书留念"的印章。不能忽视的是那部大部头的《辞源》，"文革"后再版，出版时间拉得很长。从1979年到1983年陆续出版，我是出一本，买一本，终于凑齐。现在仍是我不能离手的最重要的工具书。再有就是《现代汉语词典》，虽然正式出版的时间较晚（1978年），但屡经增改，不断完善，尤其是收入大量现代新词，也成为我须臾不可离开案头的必备书。

商务印书馆在上世纪70年代，为配合中国加入联合国，以"内部读物"的形式，出版了一批世界国别史译著。我当时在湖北咸宁插队，有时到县城或地区专署地温泉办事，逛逛新华书店，看到书店里居然有商务印书馆出版的《埃及古代史》《阿拉伯简史》《意大利简史》等，我毫不犹豫地买下来，每晚在油灯下阅读。当时如今，重温这些书，看到书背面还盖有"咸宁地区新华书店·温泉"的印章，感慨万分！当时还有些疑惑，为什么咸宁这个偏僻的小地方的书店会有"内部读物"出售？后来才听说，那时文化部的"五七干校"就在咸宁的向阳湖，商务印书馆和中华书局的干部、编辑都在这里接受"毛泽东思想再教育"。也许是为了满足他们的需要，或者还有其他什么原因吧？不管怎么说，这些书为我打开了面向外部世界的眼光。说到译著，就不能忽视商务印书馆的重头戏——"汉译世界学术名著丛书"。这套丛书规模之大，品类之众，印数之多，可谓空前。我虽然从事的是中国古代史的研究，但不能不读"汉译名著"，如梅因的《古代法》、古罗马西塞罗的《国家篇 法律篇》、查士丁尼的《法学总论——

法学阶梯》、《拿破仑法典》等世界著名的法学著作及法学典籍。这些书为我奠定了法学的理论基础。

我从教30多年,读了不少商务印书馆的好书,尤其是近年,商务印书馆陆续出版发行了一套"中国法律史学文丛",其中有一些是我朋友和熟人的作品,我不禁也有了"什么时候能在商务印书馆出版一本自己写的书的意愿"。

我自1988年始为中国政法大学刑法学专业研究生讲授中国刑法史,因为没有合适的教材,我都是自己编写讲义。1992年后,我开始学电脑打字,于是就亲手将每次教学的讲义打印出来,发给每位学生。每年的讲义都要根据教学的情况修改、补充。经过近30年不断修订的讲义,通过选修过我课的学生们传播,恐怕不会少于千份,近年来,许多人劝我将讲义整理出书。我总是觉得还不够成熟,不好意思联系出版社。2018年,商务印书馆的王兰萍女史从我校法制史专业的老师处得知我的授课讲义,打电话给我,希望能够将其出版成书。这对我来说如同雪中送炭,我俩一拍即合。王老师又提出了许多具体的修改意见,我又用了将近一年的时间对原稿做了技术性的修订和补充,书稿终于在2019年得以出版问世。此书当年即荣获《法治周末》2019年度十大法治图书奖。我的讲义《中国刑法史讲义——先秦至清代》能够化身千百,为读者服务,确实离不开商务印书馆的扶植和帮助,在此特向王兰萍、高媛二位女史致谢!

2020年,王兰萍老师又致电我,说从我讲义的"参考文献"中看到日本学者富谷至的《秦汉刑罚制度研究》,他们已与作者和译者取得联系,准备由商务印书馆再版,希望我能为该书写一篇导读性的"序言"。我欣然接受,并很快完稿,以"秦汉刑法得失说"为名,附于该书作者感言"二十年的岁月"之后。如今此书也已面世。

回想这半个世纪以来,我从一个不知该读何书的懵懂学子,成长为能够属文著书的学人,又从读商务印书馆书籍的读者,到当上商务印书馆的作者,真可以说是"商务"伴随着我的求学、讲学、治学之路。

于 2021 年 11 月 15 日

贺商务百廿五华诞
感恩福泽葡语学子

桑 大 鹏

和商务印书馆的最初相遇缘于小学时候使用的《新华字典》。带着对于认识生字的渴望,一本红色封面的小开本工具书一次次被翻阅。和商务印书馆的重逢缘于高中时候使用的《现代汉语词典》,在备战高考的过程中见证了这本语文科目基础知识考题必备参考书的改版,封面喜庆的红色为我带来了考中理想学府的佳音。

进入大学,开始葡萄牙语这门小语种的学习,意外与商务印书馆再结前缘。一本被全国葡萄牙语专业莘莘学子誉为"红砖"的大型词典《葡汉词典》陪伴我从一个牙牙学语的零起点学习者成长为一名独当一面的葡萄牙语专业教师。

在这本大型葡汉词典诞生之前,另一本中型词典《简明葡汉词典》填补了该领域工具书的空白,解决了国内广大学习者的燃眉之急。在那个互联网尚未兴起、外国图书资源匮乏的年代，四位资深的葡语专业工作者凭借自己丰富的工作经验加上多年兢兢业业的辛苦编纂，成就了中国第一部葡汉词典的诞生，可谓功德无量。

随着经济发展和对外交流的增加，《简明葡汉词典》已经难以满足葡语毕业生在各领域不同工作岗位上的多样需求，一本收词量更多、词汇用法讲解更加细致的大型葡汉词典成为他们工作中的迫切需要，《葡汉词典》由此应运而生。甫一问世，它便凭借收词量大、讲解细致成为葡语学子和工作者的参考书首选。经过多次重印，时至今日仍然是国内的葡萄牙语学习者和专业工作者书架上的必备参考书。

进入新世代，在互联网年代成长的外语学习者对于外语—汉语双语词典提出了新的要求。得益于互联网的蓬勃发展和中国的对外开放，大量丰富的网络资源可以供外语学习者和从业者使用，纸质词典不再是外语学习者和专业工作者唯一的工具书参考资料。编写一部便携的多功能葡汉双语词典的必要性日益增加，以满足少数没有网络的特定情况下为工作者救急之需。两位教师基于自身教学经验，筛选出高频使用词汇，又考虑到不同类型学习者的使用需要，历经多年细致编纂，终于推出《精选葡汉汉葡词典》，以飨国内葡语学习者和葡语国家的汉语学习者。

一直以来，教学资料的匮乏始终是困扰广大葡语专业师生的问题。近年，商务印书馆与我所执教的澳门理工学院紧密合作，推出了"环球葡萄牙语"系列教材，为广大葡语师生在教科书的使用上提供了新的选择，推动国内葡语教材编写多样化的同时，提高葡语教学水平。此外由葡萄牙 Lidel 出版社出版的葡萄牙语系列教材教辅被国内各葡萄牙语专业广泛使用,但是原版书售价太高,大多数学习者难以承担此类开销,只能借助图书复印件进行学习。为解决这一教材使用难题,经过多年协商沟通,商务印书馆和 Lidel 出版社达成合作协议,引进其葡萄牙语经典教材和教辅,并进行适度汉化,以便利国内广大葡语学习者的语言学习。作为 *Gramática Ativa* 和 *Português XXI* 两套教程的使用者、学习者和教授者,本人有幸承担其翻译和汉化改编工作,将自己的学习和授课经验与教材的翻译结合在一起,根据中国葡语学习者的学习习惯对原书进行编译。在和商务印书馆就《葡萄牙语语法活学活用》和《21世纪葡萄牙语》两套葡语教程合作的过程中,深刻体会到编辑工作的细致耐心、一丝不苟,基于编译工作的思考又在日后反哺教学,使本人获益良多。

2022年适逢商务印书馆125年华诞。作为这家有着百年历史积淀老社的读者和译者,本人衷心感谢商务印书馆为造福葡萄牙语学习者和从业者所做出的巨大贡献,尤其是在填补葡汉双语工具书的空白和引进葡萄牙语原版经典教材两方面所取得的成就。希望贵社继往开来,以高质量的葡萄牙语工具书和教材教辅泽被更多的葡语学习者和工作者!

构建理论话语，发出中国声音
——商务印书馆与我的治学之路

曹顺庆

作为中国第一家现代出版机构，商务印书馆自1897年创立以来，历经一个多世纪的风雨洗礼，始终坚持"昌明教育、开启民智"的理念，以传承中华文化精髓、传播世界文明新知为己任。商务印书馆出版的书籍，在一代代莘莘学子心中种下了启蒙的种子，亦是几代学人开眼看世界的一扇明窗。中国近现代文化史上的学者，如严复、钱锺书、鲁迅等前辈与商务印书馆均有着千丝万缕的联系，他们或与商务印书馆合作刊发文章、出版书籍，或深受其出版书籍的涵养，从中汲取的知识养分贯通在他们一生的创作、生活之中。

2022年商务印书馆将迎来125周年庆，作为商务印书馆的忠实读者与合作伙伴，我与商务印书馆结缘久矣，它对我的求学之路和治学生涯有着重要而深远的影响。

早在20世纪70年代我在复旦大学求学期间，商务印书馆出版的书籍就常伴我身侧，时时翻阅，常有新知。20世纪80年代，我考入四川大学，成为杨明照先生的入门弟子，跟着杨先生学习中国古典文论，背诵文化元典，还进行了文献学、校勘学、版本学等的学习和研究，打下了国学基础。与此同时，我亦阅读了大量西方哲学名著。1981年开始，商务印书馆陆续出版了一系列"汉译世界学术名著丛书"，"通过这些著作，人们有可能接触到迄今为止人类已经达到过的精神世界"，这令我如获至宝。其中出版的黑格尔的一系列著作，如《精神现象学》《哲学史讲演录》《美学》等，更是让我窥见了另一片广阔富饶的学术天地。我一边跟随着杨先生醉心沉浸于中国古典文论的诗性之美，一边在长于思辨的西方哲学及文学理论中深思苦索。中西方文论的异质性在我的脑海中碰撞着思维的火花，这让我开始深入思索当时古代文论研究界出现的一些令我困惑的现象。其中之一便是关于"风骨"的论争，在研读《风骨篇》的同时，我发现西方文论中朗吉努斯的"崇高"与"风骨"相似，便将两者进行对照解读，这一对比研究令我所有的困惑顿时豁然开朗。这件事对我产生了很大的触动，于是我开始思考治学方法问题，思考古代文论研究的路子是否应该拓宽，是否应该尝试吸收西方理论的精华为我们古代文论研究所用。因此，我慢慢形成了较为清晰的中西比较的思路，并开始自觉地走上了中西比较之路。此后，我先后到美国康奈尔大学、哈佛大学访学，同艾布拉姆斯、宇文所安、乔纳森·卡勒等著名学者探讨学术，大量阅读西方文论著作，深切体验西方文化。然而我深入思索和研读西学，并不是为了利用科学的西方理论来改造中国文论，而是以西方文论为他者之镜，目的是为了更好地观照自身文化，观照我们中国文论。正如我曾在一次访谈中提及的，我希望更理智地学习西方文论精髓的同时，要清醒地意识到必须去除西式思维对中国文化和文论的遮蔽，寻回中国古代文论的元语言话语功能，以还原中国文化和文论的澄明之境。这是我学术生涯的一次重要转折，这次转折固然有诸多因素，而商务印书馆为我提供的知识养分是那把不可或缺的钥匙。

2020年，我的新作《比较文学变异学》由商务印书馆出版发行，这本书是国家社科基金结项优秀成果，也是我自2005年提出比较文学变异学迄今，在国内出版的第一部关于比较文学变异学的学术专著，因而此书于我而言具有重要的学术意义。我深知商务印书馆始终秉承"昌明教育、开启民智"的宗旨，选择出版的书籍均是各个领域内代表性的学术研究成果，变异学作为我深耕数十年的研究理论，能够经由商务印书馆推介向国内外学界，我深感荣幸。

近年来，"中国学术话语体系"的建构已经成为学术研究的重要议题，文化强国亦是当今中国的文化战略目标，其中最为艰难但也尤为重要的一环便是理论创新。上世纪90年代我提出"失语症"，直指当时中国在文学理论中的失语现象，在学界引起强烈反响。此后，我始终围绕着这一问题进行学术探索和思考。我认为，中国的比较文学就是长时间依赖西方学者建构的理论话语，以"求同"为比较文学研究的基础，排除文学横向传播影响过程中产生的一系列变异现象，缺乏中国比较文学学者自己的声音。因此，2005年我正式在《比较文学学》一书中提出比较文学变异学，承认异质文化间文学的可比性,使中国学者在学界发出了自己的声音。从2005年至今,这数十年间,我及我的学术团队发表了不少关于变异学的中英文学术论文,着力于对这一理论进行深度化、概念化发展,并运用这一理论进行了许多创新性案例解读,促使理论与实践紧密结合。

2013年我的英文专著 *The Variation Theory of Comparative Literature*(《比较文学变异学》)由全球著名出版社之一,德国的斯普林格出版社出版发行。该专著系统梳理了比较文学法国学派与美国学派研究范式的特点及局限和缺憾,首次以全球通用的英语语言提出了中国比较文学学科理论话语——比较文学变异学,并受到了国际学界的广泛关注与高度评价。国际比较文学学会前任主席、荷兰乌特勒支大学比较文学荣休教授杜威·佛克马亲自为本书作序,其中写道:"《比较文学变异学》的出版,是打破长期以来困扰现在中国比较文学学者的语言障碍的一次有益尝试,并由此力图与来自欧洲、美国、印度、俄国、南非以及阿拉伯世界的各国学者展开对话。中国比较文学学者正是发现了之前比较文学研究的局限,完全有资格完善这些不足。"国际上多位学者在不同场合关注、评介和探讨这本书的观点和贡献,这让我意识到变异学作为比较文学的中国话语之一,逐步在国际比较文学界产生了越来越多的影响。

尽管变异学已经形成良好的发展态势,但是仍然存在一些值得深化、拓展和完善的地方,国内外许多学者对此提出了一些建设性的意见与建议。因此,2013年至今,针对学界的意见与建议,我反复思考、认真琢磨,力图将这些问题想清楚、说明白,而交由商务印书馆出版的《比较文学变异学》一书就是深化变异学研究的一项成果，也是对这些宝贵建议的积极回应。在该书中，我从阐明变异学的学科理论基础、实践方法路径以及强化变异学的案例解读三个方面入手，从理论和实践两方面对变异学理论做出了深化，并进一步提出了变异学的新术语、新范畴、新路径、新结构，力图在世界上发出更为铿锵有力的中国学者自己的声音。

"文明因交流而多彩，文明因互鉴而丰富"，在倡导文明互鉴的当今社会，出版机构承担的文明互鉴、文化传播、文明交流、启迪民智的功能愈发重要。商务印书馆作为其中翘楚，在百余年的岁月流转与时代变迁中，始终以文明传承与文明互鉴为己任，与时代的有识之士携手合作，为一代代莘莘学子指引着一条广学新知、崛起自强之路。欣逢商务印书馆125周年庆，四川大学文学与新闻学院亦计划再度携手商务印书馆，出版一套"文明互鉴"丛书，由我担任丛书主编。士不可不弘毅，任重而道远，我愿意与商务印书馆戮力同心，为"中国学术话语体系"的建构、为中国学术的国际传播贡献绵薄之力。

《还乡》的还乡

张 玲

这里不仅是说"我"一人和商务印书馆的故事,而是,也更重要的是,说我们一家两代三人和商务的因缘际会。文字虽短,历时却已近于一个世纪,也可恬然谓曰源远流长了。

让我先从这个故事的尾声部分说起。

2021年10月,我参加了商务印书馆的一场"汉译世界文学名著丛书"(第一辑)的出版座谈会,与我偕同而来的,有商务新版先父张谷若教授的《大卫·考坡菲》《弃儿汤姆·琼斯史》《伤心之家》及《德伯家的苔丝》四部译作,以及亡夫张扬教授和我合作的《双城记》《傲慢与偏见》《呼啸山庄》《孤寂深渊》四部附骥尾拙译。

我们和商务,就这套丛书中自家这几本译作的出版运作,始于去年仲春。这几部译作的责编朋友近日热诚赐告,今年年内,我父女两代三人另有几部译作,亦将于年内出齐,包括《无名的裘德》《还乡》《卡斯特桥市长》《哈代中短篇小说集》。其中的《还乡》这一部，更是出版在即。

在汤马斯·哈代的作品当中，《还乡》或许不及《德伯家的苔丝》影响深远，我之所以格外关注《还乡》的信息，是因为她和《苔丝》同样，初版问世都是在商务印书馆，而且还比《苔丝》早了一年。那是1935年。

据先父自己晚年追忆，大约时间还要从1935再向前推移六七年，他还是北京大学西语系在读生的时候，出于个人爱好，开始自行翻译哈代的《还乡》。今日看来，当时的情景是，哈代这位英国最负盛名的大小说家兼诗人刚刚逝世，中国文学界作家学者正纷纷著文悼念。父亲则是以阅读、翻译他的小说寄托哀念。他自己说，首选《还乡》而不是《苔丝》习作翻译，是因为喜欢这部书中的风景描写；据拙见，哈代这位大西洋岛国作家其人早年境遇、个人气质及《还乡》这部作品所呈现的生活环境，在父亲展读翻阅中，会早有诸多感同身受，由此推断，通过英译中的文字转换，将其呈献给自己的本国读者同胞，则是再顺理成章不过之事。父亲的译稿完工之后，照当时惯例，卖给了北新书局，但迟迟未见出版音信。此时他恰巧从同窗好友处得知，当时正在运作外国经典著作翻译出版的机构称作中华教育基金会董事会的，正在为翻译哈代作品物色译者、译作，于是父亲去向北新书局索要自己的《还乡》译稿。不料他们已经把此书稿的一半丢失。年轻的父亲只得把幸存的一半译稿赎回，重新补译完成，尽快转投到前述基金会所属的编译委员会。当时这个机构的主管是胡适先生。他很欣赏父亲的译笔，采用之余，随即又面约父亲再译《德伯家的苔丝》。这样,张谷若《还乡》和《德伯家的苔丝》的译本旋即交由上海商务印书馆先后出版。日期是1935年年初和1936年3月。据胡适先生晚年回忆,因为译文好,他是以高价购得译稿。

这两部商务版哈代的小说,就是父亲在而立之年后最早问世的两部处女译作。我是父母的长女,出生七年后他们才给我添了一个妹妹。我自幼常憾闺中冷落,《还乡》比我年长一岁,《德伯家的苔丝》长我一个月,因此我曾戏称,这两部书就是我的同胞姐姐!

世事沧桑,风云变幻,往往出乎凡人所料。书籍典册这种我们人类最宝贵的文化物质,历来都是随着家国政事的浮沉而兴衰存亡,就在《还乡》《德伯家的苔丝》以及我这个人陆续出世的一两年之后,卢沟桥的炮火让我们这个包括《还乡》和《德伯家的苔丝》在内的一大家子遭受了颠沛流离。据查寻,《德伯家的苔丝》在初版两三年后,还得到一两次再版。再后,两部可视为当时流行的商务版翻译小说和其他珍贵库存从此也一起渐渐销声匿迹。此时直到上世纪40年代末这将近十年,她们没有得到延续生存和生命的适宜环境和条件。就在一年多前,还曾有远道来访的年轻同行朋友向我提问,30年代出书后的40年代这整整十年,《德伯家的苔丝》和《还乡》为什么没有再版,我想,如果稍稍回顾一下这段历史背景,问题也许就该迎刃而解。

直到上世纪50年代,《德伯家的苔丝》和《还乡》才和数不清的汉译英界文学名著一起得到新生。回想那时真恰似雨后春笋,她们一夜之间出土、拔节,遍地丛生。再往后的若干年月,又再有自己的劫难、灭迹与重生,这已无需细说,我们也都有缘亲身见证；但是多年来，或说几十年来，正当同行兄弟出版人伸出双手热切召唤、拥抱我的《苔丝》和《还乡》姐姐之时，商务怎么了？这个传统性地制造汉译世界文学名著最古老的大本营，这位《苔丝》《还乡》一双姐妹曾经的助产士，怎么竟然失联了？较早的时候我曾这样疑惑过，但是很是幸运，还没有等到以至焦虑的时候，也就自我解惑了。

这就在一年前，大疫还在蠢动，三位商务女编辑，武装到口、手，拥抱着以鲜花代替的橄榄枝光临寒舍，商定筹划我家两代译者作品的再版，我的心就顿生归属之感。我向她们三位比我年轻多多的女士提供自家这一点点"敝帚"的时候，首先就提到了《还乡》和《德伯家的苔丝》这两部书九十多年前出世的故事。也是机缘凑巧，这两部书的书名之一是《还乡》，内容主要还是一部人生追求、人性爱欲的深切悲剧故事；但是，这两个单字组成的词组"还乡"，眼前却正在真切地指引着这两部老书走上新时代的出版之路，今天，它成了吉言、喜剧！

我们中国数千年的习俗文化传统中，还乡终归是红火热烈、事涉家族门楣光鲜荣耀之事。如今，历经岁时近百，我们的《还乡》和《德伯家的苔丝》还不仅仅只是自己独自相携归来，和她俩一起，罗列成行，还有一簇家人——姐妹子弟鱼贯而至。包括《无名的裘德》《卡斯特桥市长》《哈代中短篇小说集》；还有哈代的远亲近邻《弃儿汤姆·琼斯史》《大卫·考坡菲》《双城记》《傲慢与偏见》《呼啸山庄》《伤心之家》和《孤寂深渊》等等。他们都是《还乡》《苔丝》以及我的弟弟、妹妹，以至我和亡夫张扬的亲生孩子。他们都有我们一家三人的精血基因。在他们去年重新被编排校印以及艺术设计构思和部分出版发行当中，又经历了商务馆各个环节、岗位上的朋友们心血汗水的洗涤、精化。现在从各部书册的一件件实物可证，我上述略带的庆贺赞颂之词并非谀妄。

这些后续排列成行的译本，还有一个与《还乡》及《德伯家的苔丝》不同之处，就是他们都是在她俩之后很久才出生，而且比她俩幸运：生逢治世、盛世。

我今天也尤感幸运，不仅是因为见证了自家译作对商务的回归或归附。在刚刚过去的这一年里，我和我们的责任编辑共同度过疫情不断骚扰侵袭的春夏秋冬，曾有多次面对面会见和线上沟通。从中，我亲眼见证了那三位比我年轻多多的女编辑朋友的敬业以及在基本文字和经典文学学术、艺术方面的素养与功力。尤其是在文本原著主旨理义的考究、对译文词语章法的推敲方面，这都使我，身为译作者（我也是这些书中绝大部分序言的作者）在交流互动中，难禁感佩。我更为珍惜的是，在我和我的责编中间，通过微信彼此诘问、答辩，相互意会解惑，往返交流原著者的高妙思想、语言、文心，从而无意之间达到彼此心领神会的顿悟，随之往往心生幸得知音之喜！这样一种源于制作这些厚重美图书所铸造的文字之交，正是一种扎实、脱俗的人际关系，它使我这终身与文字为伴、和文艺结缘的人，垂暮之年又体验到世间的真情至谊，再获超逸的幸福之感。

于 2022 年 1 月 18 日

一衣带水　书海结缘

〔日〕山本幸正

我作为商务印书馆外译项目的审稿专家，参与了刘沛林先生的著作《家园的景观与基因》和周星先生所著的《百年衣装》的日文稿的审读工作。那天，当我接到商务印书馆日语编辑张静的约稿邀请时，是非常开心的。其实我与商务的缘分很多年前就开始了，这是一个很长的故事。

几年前我第一次来到上海时，朋友向我推荐了一本书，蓝色封面，非常厚重。他告诉我，中国的翻译理论历史非常悠久。那本书就是《翻译论集》。我第一次知道中国也拥有悠久的翻译史、众多的翻译理论。身为日本人，我深知翻译对于日本文化的重要性。自隋唐至近代，日本文化深受中国的影响。对于古代的日本知识阶层，日本独特的"汉文"翻译法——汉文训读法——是不可或缺的素养。近代之后的日本和中国一样，为了建设近代国家而借助翻译吸收西方文化。从某种意义上而言，没有翻译就没有近代日本。日本著名的评论家加藤周一认为，日本文化就是一种"翻译文化"。但是令人费解的是，日本很少有研究者从翻译理论的视角研究翻译行为，和中国的研究不可同日而语。很多人认为中日两国的文化都源远流长，而且同属于"汉字文化圈"，可是接受外来文化的态度存在较大差异。我听了朋友的介绍，觉得要想了解中国文化，就必须熟悉中国翻译理论的历史。朋友还告诉我，虽然相关书籍众多，但是这一本最值得细读。因为编者罗新璋老师是著名翻译家，而且出版该书的商务印书馆也在西学东渐的过程中起到至关重要的作用。

我是一枚书痴，2015年到西安任教之后，经常去逛书店。因此常常看见商务印书馆的书籍。但是我所知甚少，只知道那是一家历史悠久的出版社。从上海回到西安后，我随即去书店购买了《翻译论集》。当天晚上，我和在东京的妻子视频聊天，向她展示我的收获。我有点得意地问她："你知不知道商务印书馆？据说是中国最有名的出版社哦。"我的妻子不懂中文，所以我以为她完全不了解商务印书馆。可是她的回答让我大吃一惊。"当然知道啦。近代的商务印书馆和日本的出版社关系很密切。你还记得吧？读博士的时候，我在课堂上做过发表，介绍商务印书馆和日本的出版社的合作历史。我记得你也在教室里啊。你是忘记了，还是当时在打瞌睡啊？"她现在是我的妻子，但是读研究生时却是我的学姐。对于刚刚入学的博士生，研究经验丰富的学姐是怎样的存在，可想而知啊！平时温柔贤惠的妻子，那天在视频里又变成了可敬可畏的学姐。

妻子给我发来那时课堂发表的资料。我看了之后，回想起来确有其事。我和妻子的专业都是日本近现代文学，读博时我研究武田泰淳。武田是日本战后的代表性作家，也是研究中国文学的专家。复旦大学日本研究中心的徐静波教授著有《同域与异乡——近代日本作家笔下的中国图像》，他评价武田："恐怕是最具有中国色彩的一个；或者说在战后崭露头角并卓有成就的作家中，像武田泰淳那样与中国有着密切因缘、对中国怀有深刻情结的人是十分鲜见的。"妻子的课堂发表，是关于日本近代著名文学评论家本间久雄的内容。在20世纪20年代，本间的许多著作被翻译成中文。妻子研究本间的《新文学概论》如何被译介到中国，而中译本正是由商务印书馆出版。我研究武田泰淳，所以妻子以为我十分了解商务印书馆，课堂发表后还提问，让我介绍商务印书馆的历史。当时我对商务印书馆的了解，仅限于中国最具代表性的出版社，无法提供更有价值的信息。回想起那时候她注视我的目光，如今尚觉如芒在背。

根据汪耀华撰写的《商务印书馆简史》，商务印书馆与日本的出版社有过密切的合作关系。从1903年开始，商务印书馆与日本金港堂合资经营。金港堂1875年创立于日本横滨，是日本明治时代的重要出版社。日本近代著名作家二叶亭四迷的《浮云》、幸田露伴的《露团团》等近代名作都由金港堂出版。众所周知，从1904年12月开始，商务印书馆出版中小学教科书《最新国文教科书》，启中国近代教科书之先河。汪耀华写道："历时两年，这套由张元济、高凤谦、蒋维乔、庄俞等和日本同事共同参与编辑的10册教科书及教授法出齐。"文中的"日本同事"便是金港堂派遣的编辑。商务印书馆和日本出版社曾经有过密切的合作，我却知之甚少。而在日本，除了专门从事中国研究的学者，日本人对于近现代中国的了解极为有限，这又在不知不觉间对于现今的中日关系产生了不容忽视的影响。

2018年3月，我来到复旦大学任教。山东济南的一位老师邀请我参与翻译工作，将郑振铎的《中国俗文学史》译成日语。我的专业不是中国文学，因此不知道郑振铎是谁，也不了解"俗文学"的概念。我赶紧补课，阅读与郑振铎相关的文献，学习"俗文学"的相关研究，逐渐理解了《中国俗文学史》在中国文学史上的意义。郑振铎引用的"俗文学"，远远超出我的中文水平。因此在翻译了若干章节之后，我便将其余部分的翻译委托日本的中国古典文学专家。但每天阅读《中国俗文学史》的那些日子，给我留下了难忘的印象。无论是在上海还是东京，我始终随身带着厚厚的《中国俗文学史》，一有空闲就阅读，思考如何译成日语。我阅读的《中国俗文学史》，也是商务印书馆出版的。

虽然我无缘《中国俗文学史》的翻译工作，却依然对郑振铎抱有浓厚的兴趣。2019年冬天回日本过寒假以前，我独自去了北京。那时候北京的国家图书馆正在举办纪念郑振铎的展览会"高文有典美行如圭 郑振铎诞辰一百二十周年纪念展"。北京的冬天气候干燥，让我怀念在西安的时光。但是占据我脑海的，都是20世纪30年代的上海。展览会的一张照片把我带回1937年的上海。照片题为"1937年，上海商务印书馆被日军轰炸"。这让我想起一本很久以前看过的、日本岩波出版社的《書物を燒くの記―日本占領下の上海知識人》（《烧书记——日本占领期间的上海知识分子》），书中收录了郑振铎的《烧书记》等随笔。在展览会上看见那张照片以前，我完全忘记了初中时借助日文读过郑振铎。初中时的我已经是一个书迷，周末喜欢去逛旧古书店。因此那时的我觉得，"烧书"是最可怕、最悲惨的事情之一。那张照片附有解说：

> 1937年抗日战争全面爆发，上海沦为"孤岛"。许多保存重要民族文献的图书馆、藏书楼都成为日本投弹轰炸的重要目标，日寇和汉奸疯狂攫取抢购，幸存于个人手中的典籍也纷纷被出售，赡救度难。举凡稀世孤本，珍藏秘稿，大都索价不昂，正源源不断流入美、日等国，正是"史在他邦，文归海外，奇耻大辱，百世莫涤"。郑振铎忧心如捣，日夜焦虑，他找到当时留沪又很关心古籍的名士，商讨合力抢救民族文献。据统计，郑振铎等人在此期间共抢救善本古籍多达3800余种，1.8万余册，已接近当时国立北平图书馆善本书的总数。

1932年，即1937年的五年前，商务印书馆已经被日军炸毁。《上海商务印书馆被毁记》的"出版说明"上写道："这一中国文化出版机关的巨大劫难，震惊中外。商务印书馆总厂及东方图书馆被毁是人类文化的重大损失，是日本军国主义者对中华民族犯下的滔天罪行。"商务印书馆被日军炸毁之后，发生了商务印书馆资方与职工的争端。正如鲁迅信中所写："今书馆与工员，争持正烈，实亦难于措手，……此间商民，又复悻然归来，盖英法租界中，仍亦难以生活。"无论"人类文化的重大损失"还是"书馆与工员，争持正烈""难以生活"，都因日军而起，谁又能坦言商务印书馆的历史和我无关呢？看见那张照片以前，我一无所知。以为商务印书馆和我没有任何关系。上海商务印书馆的旧址离我的住处很近，我书房里有许许多多中文书，我爱我书架上的书。可是90年前，我的先辈烧灭了"庋藏图书四十六万册，荟萃中外古籍善本"(《上海商务印书馆被毁记》)。无知者无畏。不，是无知者无耻。

对爱书人而言，"烧书"是不堪设想的悲剧。郑振铎在1937年抢救了许多书籍。而在1942年12月8日"敌兵占领了旧租界后"，他"怕因'书'惹祸"不得不亲手"烧书"了。

> 我硬了心肠在烧。自己在壁炉里生了火，一包包，一本本，撕碎了，扔进去，眼看它们烧成了灰，一蓬蓬的黑烟从烟道里冒出来，烧焦了的纸片，飞扬到四邻，连天井里也有了不少。
>
> 心头想什么梗塞着，说不出的难过，但为了特殊的原因，我不能不如此小心。
>
> 连秋白送给我的签了名的几部俄文书，我也不能不把它们送进壁炉里去。
>
> 我觉得自己实在太残忍了！我的眼圈红了不止一次，有泪水在落。是被烟熏的吗？
>
> 郑振铎《烧书记》

看到"说不出的难过"，我便说不出一个字了。"实在太残忍"的不是郑振铎，而是我的先辈。或许——也会是我自己。烧灭的书籍，永远无法复原。我能做的，是牢记如此惨烈的事件，期望日本人不要忘记先辈造成的悲剧。

因为翻译《中国俗文学史》，我结识了商务印书馆的编辑老师。而后，我考虑从事翻译研究的日本学者很少了解中国的翻译理论，就把《翻译论集》中罗新璋老师撰写的《我国自成体系的翻译理论》译成了日语。这是我在中国身为大学老师应做的工作，也出于一个目的：向日本介绍未知的中国。

2022年1月，因为疫情我不能回国，留在上海过寒假。这是自从2015年来中国之后，第一次在中国过春节。一天中午，我坐地铁去了宝山路站，出站后走了20分钟，到了天通庵路190号。这里是商务印书馆第五印刷所旧址，门牌上写着"宝山路街道临时接种点"，门卫大叔告诉我现在不能参观。我在附近逛了几十分钟，去了宝山路584号上海市市北职业高级中学。90年前，这里是商务印书馆和东方图书馆。宝山路对面是宝山路499弄，是六层楼公寓楼林立的小区。而90年前，这里是商务印书馆总厂。地面上是平静生活，地下却隐藏着"残忍"的历史。

小区门口有一家水果店，我问老板小区的历史。他告诉我："对面的市北职业高级中学，是历史上重要的遗址。不过阿拉住的小区，没啥特别的历史。"我中文不标准，所以他听出了我是外国人。他问我："侬是韩国人，还是日本人？"我回答："不好意思，我是日本人"。他疑惑地看着我："为啥讲不好意思？为啥要抱歉？"他见我拙于应答，便说道："是弗是日本人无所谓，现在侬是我的客人。阿拉的草莓老甜额，买伐？！"说实话，那天买的草莓有点酸，但是足以让我的内心得到宽慰。

我期望以后能在中国大陆过着平静、平凡，甚至平庸生活。同时去探索隐藏在地下"说不出的难过"的历史。在日常生活的水面下，或许因为一衣带水的缘分，在文字中相遇，在文字中永恒。